国家社科基金项目研究成果

廖添土 陈少晖 肖帅 等著

公共资源收益合理共享视角下的
国有企业红利分配研究

RESEARCH ON THE DIVIDEND POLICY OF
STATE-OWNED ENTERPRISE FROM THE PERSPECTIVE OF
EQUITABLE SHARING OF PROCEEDS FROM PUBLIC RESOURCE

中国财经出版传媒集团
经济科学出版社
Economic Science Press

图书在版编目（CIP）数据

公共资源收益合理共享视角下的国有企业红利分配研究/廖添土等著．—北京：经济科学出版社，2020.12
ISBN 978-7-5218-2264-9

Ⅰ.①公… Ⅱ.①廖… Ⅲ.①国有企业-企业利润-分配制度-研究-中国 Ⅳ.①F279.241

中国版本图书馆 CIP 数据核字（2020）第 264503 号

责任编辑：孙丽丽　胡蔚婷
责任校对：蒋子明
责任印制：范　艳　张佳裕

公共资源收益合理共享视角下的国有企业红利分配研究

廖添土　陈少晖　肖　帅　等著
经济科学出版社出版、发行　新华书店经销
社址：北京市海淀区阜成路甲 28 号　邮编：100142
总编部电话：010-88191217　发行部电话：010-88191522
网址：www.esp.com.cn
电子邮箱：esp@esp.com.cn
天猫网店：经济科学出版社旗舰店
网址：http://jjkxcbs.tmall.com
北京季蜂印刷有限公司印装
787×1092　16 开　30.25 印张　640000 字
2020 年 12 月第 1 版　2020 年 12 月第 1 次印刷
ISBN 978-7-5218-2264-9　定价：110.00 元
（图书出现印装问题，本社负责调换。电话：010-88191510）
（版权所有　侵权必究　打击盗版　举报热线：010-88191661
QQ：2242791300　营销中心电话：010-88191537
电子邮箱：dbts@esp.com.cn）

国家社科基金项目研究成果
（证书编号：20200517）
鉴定等级：良好

序　言

邓子基[*]

2005年10月17日世界银行的研究报告《国有企业分红：分多少？分给谁？》引发了社会各界对国有企业红利分配问题的关注，也引起了政府部门的重视。2007年，国务院发布《国务院关于试行国有资本经营预算的意见》，开始恢复了中央国有企业利润的上缴制度，各省市地方国有企业红利上缴制度也陆续恢复完成，从而结束了国有企业长达14年不分红的历史，具有重要的时代意义。但是，作为过渡时期的一项制度安排，现行的国有企业红利分配制度还存在诸多不足，总体上仍然未能走出"取之国企，用之国企"的体制内循环，国有企业红利作为全社会最重要的公共资源，如何在公平与效率兼顾的前提下实现全民合理共享，成为一项紧迫的研究课题。欣慰的是，廖添土博士、陈少晖教授、肖帅博士近期出版的专著《公共资源收益合理共享视角下的国有企业红利分配研究》，对该课题进行了深入研究，获得了重要的学术成果。

首先，该书的出版，不仅弥补了当前学术界研究的一些不足，具有重要的学术价值，而且契合了党中央政策文件精神和当下国家改革实践需要，具有重要的实践应用价值。

党的十八大首次提出"建立公共资源出让收益合理共享机制"这一改革的重大思路，十八届三中全会则进一步提出要"完善国有资本经营预算制度，提高国有资本收益上缴公共财政比例，2020年提到百分之三十，更多用于保障和改善民生"。十八届五中全会提出了"创新、协调、绿色、开放、共享"的五大发展理念，其中共享发展理念指出要坚持发展成果由人民共享，促进共同富裕发展，十九大报告再次强调了上述精神。这就意味着党中央对国有企业的红利分配制度改革越来越重视，不断强调要把国有企业收益用于民生，让全民能够分享国企红利收益。

该书紧紧围绕党的十八大提出的"公共资源出让收益全民合理共享"精神和十八届五中全会提出的共享发展基本理念，把研究的重点放在国有企业红利如何实

---

[*] 邓子基（1923— ），男，福建沙县人，厦门大学文科资深教授，博士生导师。我国著名经济学家、财政学家和教育家，是中国财政学的奠基人和开拓者之一，一向倡导、坚持与发展"国家分配论"，为中国财政理论的发展做出了卓越贡献，是中国财政学界主流学派主要代表人之一，被誉为"财政学泰斗"和"一代宗师"。

现全民共享这一目标上，通过"理论辨析—实证检验—改革构想"三个板块系统论述了"国有企业红利为什么需要全民合理分享""现行国有企业红利全民合理分享的实现程度如何"以及"如何能有效地实现国有企业红利全民合理分享"三个命题，在学术上建构了国有企业红利全民共享的理论框架，构建数量模型实证剖析了国有企业红利分配制度的缺陷，探索了国有企业红利全民合理共享的两种基本模式，并在进行综合比较的基础上，提出了分两阶段实行国有企业红利全民合理共享的改革模式，提出了一种兼具分红刚性和灵活性的红利上缴比例制度设计。该论著的出版，不仅丰富了学术界对国有企业红利分配的研究，也有助于在实践中进一步完善国有企业红利分配制度，推进国有企业改革，还有助于更好地贯彻党中央提出的共享发展基本理念，促进共同富裕，具有重要的学术价值和实践应用价值。

第二，该书内容广博，多层次、多视角分析了国有企业红利全民合理共享的理论和实践问题，提出了一系列重要的观点和见解。

其一，该书从多方面进行研究，指出了国有企业红利全民合理共享的重要性和紧迫性。专著基于公有制的本质分析国有企业利润的基本属性及其归属，阐述了国有企业红利全民共享的理论逻辑；运用制度变迁理论的分析方法系统梳理了新中国国有企业红利分配制度的历史演变，指出了国有企业红利全民合理共享的历史规律；运用博弈分析方法阐述政府、国有企业与社会公众之间复杂的利益博弈关系，从博弈均衡结果的角度阐述国有企业红利实行全民合理共享的必要性。

其二，该书在吸收国内部分学者观点的基础上，提出了一种兼具分红刚性和灵活性的红利上缴比例制度设计，即采用固定比例与浮动比例相结合的双重结构分红比例。其中，固定比例部分体现资本成本的平均回报要求，体现分红的刚性需要，实行初期可以参考国内同行业上市公司的分红比例，在具备一定条件后，将比例逐渐调整成国际上市公司实行的分红比例的水平；对于浮动比例而言，应以国家政策的导向、国企垄断程度、国企盈利能力、国资布局调整需要等为依据灵活制定，体现国家通过分红比例达到调控经济运行的政策目的，这一政策主张也具有较高的可操作性，有一定的探索创新。

其三，该书就"国有企业红利如何实现全民合理共享"这一实践性极强的重要课题进行了一些有益的探索。本书通过比较分析了国外学者米德的社会分红理论及其在各国的实践，指出了"国有企业全民共享分红在我国仍然具有适用性"这一基本观点，并总结提出了国有企业红利全民合理共享的两大基本模式：直接共享分红模式和间接共享分红模式，并对这两种基本模式各自的优势、适用范围、局限性等进行了综合比较。

其四，该书还结合我国国情，提出了我国构建国有企业红利全民合理共享机制应该分阶段选择不同的分红模式这一政策主张，即：在政策推进的早期阶段，对中央国有企业实行间接共享分红的模式，对省属、市属等地方国有企业试点采用直接共享分红的模式；在政策推进的后期阶段，即相关的条件成熟时，可以全部采用直接共享分红模式。这一政策主张在国内学术界也是比较前沿的一项探索工作，有较高的创新价值。

第三，本书研究方法综合独到，思路脉络清晰，数据资料充分翔实。专著不仅融合运用了文献分析与调研访谈相结合、历史与逻辑相统一、规范与实证相结合、定性与定量相结合的方法，还综合运用了归纳、演绎、比较等研究方法，以及理论与实践相结合，体制研究、法制研究、政策研究、管理研究、财务研究等相结合的方法，系统地研究国有企业红利分配全民合理共享的制度框架。

当然，作为一部具有重要创新探索价值的研究，该专著也还存在一定的不足。例如，本书提出了直接共享分红模式这一改革思路，但其具体的实现过程还需要结合我国现有的政府社会管理能力、人口基数变化、国企改革与发展成效等多种因素进行统筹分析，包括直接共享分红标准的制定、如何进行有效监管，分红的公平公正如何确保，等等，这些问题显然还有待后续的深入研究。

邓子基
2020.9.9.

前言

本书基于党中央提出的共享发展基本理念,坚持国有企业红利惠及全民这一基本观点,深入剖析了现行国有企业红利分配的各项制度安排,提出了国有企业红利全民共享的改革构想。本书分为上中下三篇。

上篇——理论辨析篇,包括第一章至第五章。主要分析本书研究的背景与意义、研究的核心范畴、研究思路和方法,系统梳理学术界已有的研究成果,阐述本书研究的相关理论基础及其对国有企业红利分配的理论价值,基于公有制的本质分析国有企业利润的基本属性及其归属,并从历史演变的视角梳理了新中国成立以来国有企业利润分配的制度变迁,指出国有企业红利分配全民共享改革的历史逻辑和必然性。

中篇——实证检验篇,包括第六章至第十一章。主要对当前的国有企业红利分配上缴与支出的制度安排进行实证研究。第六章运用博弈分析方法剖析国有企业红利分配中各利益主体的利益共生和矛盾关系;第七章分析现行的国有企业红利分配体制,剖析其存在的制度缺陷和成因;第八章和第九章着重分析国有企业的红利上缴制度,重点分析国有企业的红利上缴遵从行为,以及国有企业红利分类上缴比例的合理性检验;第十章和第十一章着重分析国有企业红利支出制度,重点分析国有企业红利民生支出的现实考量和优度检验,并从提高国有企业绩效和优化国资布局两个角度检验当前国有企业红利支出安排的绩效。

下篇——改革构想篇,包括第十二章至第十六章,主要基于党中央提出的共享发展基本理念,坚持国有企业红利应惠及全民的基本观点,提出国有企业红利分配全民共享的改革构想。第十二章探索分析了国外国资收益全民合理共享的基本模式和经验;第十三章剖析了学术界对国有企业红利全民共享改革观点存在的认识误区;第十四章提出了国有企业红利全民共享改革的两种基本模式——直接共享分红模式和间接共享分红模式,并综合比较分析这两种模式的优缺点;第十五章提出了完善国有企业红利分配制度的财务监督机制,保障国有企业红利分配的公平;第十六章提出了共享发展理念下国有企业红利分配改革的制度框架和政策建议,指出了国有企业红利全民共享改革的实现路径,即现阶段探索中央国有企业间接共享分红和地方国有企业直接共享分红相结合的红利共享模式,到将来社会条件成熟再全面实现国有企业红利全民直接共享分红模式的改革思路,以及践行这一改革思路需要的配套制度安排和改革举措。

目 录

上篇　理论辨析篇

第一章　导论 ··· 3
　第一节　研究背景与重要意义 ··· 4
　第二节　核心范畴、研究思路和方法 ···································· 9
　第三节　理论创新与实践价值 ··· 21
　第四节　有待于进一步研究的问题 ····································· 24

第二章　国有企业红利分配改革的研究综述 ························ 27
　第一节　近年来国有企业改革的争论与反思 ······················· 27
　第二节　国有企业红利分配的研究综述 ······························ 43
　第三节　对当前学界研究的简要评价 ································· 61

第三章　国有企业红利分配改革的理论基础 ························ 64
　第一节　产权理论 ··· 64
　第二节　委托代理理论 ·· 71
　第三节　股利分配理论 ·· 76
　第四节　可持续增长理论 ··· 82

第四章　公有制的本质与国企利润归属：一个理论框架 ……… 87
第一节　公有制的内涵及本质属性 ……… 87
第二节　国有企业利润的功能作用及基本属性 ……… 94
第三节　公有制视角下的国有企业利润归属分析 ……… 99

第五章　新中国成立以来国家与国企利润分配关系的历史考察 ……… 104
第一节　"统收统支"的国家与国有企业利润分配关系（1949～1978年） ……… 104
第二节　"税利合一"的国家与国有企业利润分配关系（1978～1994年） ……… 112
第三节　"税利分流"的国家与国有企业利润分配关系（1994年至今） ……… 123
第四节　国家与国有企业利润分配关系演变的规律分析 ……… 134

中篇　实证检验篇

第六章　国有企业红利分配中利益主体的博弈分析 ……… 143
第一节　利益相关者视角下的国有企业利润分配 ……… 144
第二节　国有企业利润征缴前政府与国有企业内部人的博弈分析 ……… 149
第三节　国有企业利润支出中国有企业发展与全民福利的博弈分析 ……… 154

第七章　国有企业红利分配的现行体制分析 ……… 158
第一节　现行国有企业收益分配制度的运行现状 ……… 158
第二节　现行国有企业红利分配制度的问题 ……… 175
第三节　国有企业红利分配缺陷的成因分析 ……… 193

第八章　国有企业红利分配中的上缴遵从行为分析 ……… 205
第一节　国有企业红利上缴遵从行为分析的必要性和理论基础 ……… 205
第二节　国有企业红利上缴遵从行为的现状分析 ……… 208
第三节　国有企业红利上缴遵从行为的实证检验 ……… 213

第九章　国有企业红利上缴比例分类测算研究 ································· 219
　第一节　国有企业分红比例政策现状 ······································· 219
　第二节　国有企业合理分红比例的影响因素 ·························· 222
　第三节　国外国有企业分红比例的实践启示 ·························· 229
　第四节　国有企业分红比例估算的模型构建 ·························· 232
　第五节　国有企业分红比例估算的实证检验 ·························· 243
　第六节　实证研究的结论 ·· 256

第十章　现行国有企业红利分配民生支出的现实考量 ····················· 259
　第一节　国有企业红利分配应当向民生财政倾斜 ·················· 259
　第二节　现行国有企业红利分配的制度安排与实践流向 ······ 261
　第三节　国有资本经营预算民生支出的优度检验 ·················· 268

第十一章　现行国有企业红利分配政策的绩效评价 ······················ 276
　第一节　国有资本经营预算提高国有企业绩效的效果检验 ···· 276
　第二节　国有资本经营预算优化国资布局的分析与检验 ······ 285

下篇　改革构想篇

第十二章　国外国资收益全民合理共享的模式 ······························ 299
　第一节　美国阿拉斯加的永久基金模式 ································· 299
　第二节　蒙古国矿产收入股票分红模式 ································· 304
　第三节　新加坡财政盈余分红模式 ··· 308
　第四节　挪威的全球养老基金分红模式 ································· 311
　第五节　国外国资收益分享实践对中国的启示 ····················· 314

第十三章　国有企业红利全民共享改革的学理辨析 ······················ 317
　第一节　国有企业全民共享分红的可行性与必要性分析 ······ 317
　第二节　理清国有企业全民共享分红的认识误区 ·················· 326
　第三节　推行国有企业全民共享分红的制度障碍 ·················· 330
　第四节　构建国有企业全民共享分红的目标框架 ·················· 334

第十四章 国有企业红利全民共享的基本模式及比较 ········· 338
- 第一节 国有企业的直接共享分红模式及其可行性分析 ········· 338
- 第二节 国有企业的间接共享分红模式及其可行性分析 ········· 344
- 第三节 直接共享分红模式与间接共享分红模式的综合比较 ········· 349
- 第四节 间接共享分红：国资收益划转社保基金的实践探索 ········· 352

第十五章 完善国有企业红利分配制度的财务监督机制 ········· 358
- 第一节 红利分配制度下国有企业财务监督体系 ········· 358
- 第二节 红利分配制度下国有企业财务监督的有效性分析 ········· 362
- 第三节 我国国有企业财务监督有效性不高的原因分析 ········· 370
- 第四节 完善国有企业红利分配制度的财务监督机制 ········· 376

第十六章 国有企业红利全民共享改革：制度框架与政策建议 ········· 383
- 第一节 国有企业红利分配改革的基本原则 ········· 384
- 第二节 构建国有企业红利分配的制度框架 ········· 389
- 第三节 逐步完善国有资本经营预算制度 ········· 393
- 第四节 探索国有企业红利全民共享的改革模式 ········· 398
- 第五节 国有企业红利分配改革的配套政策建议 ········· 404
- 第六节 加大国有"僵尸企业"的处置力度 ········· 411

参考文献 ········· 422
附表 中央国有资本经营预算相关表格 ········· 462
后记 ········· 469

上篇

理论辨析篇

本篇包括第一章～第五章，主要分析本书研究的背景与意义，本书研究的核心范畴、研究思路和方法，学术界已有的研究成果综述，本书研究的相关理论基础及其对国有企业红利分配的理论价值，基于公有制的本质分析国有企业利润的基本属性及其归属，并从历史演变的视角梳理新中国成立以来国有企业利润分配的制度变迁，指出国有企业红利分配全民共享改革的历史逻辑和必然性。

第一章

导　论

国有企业作为我国公有制的主要实现形式，在我国国民经济体系中居主导地位，对社会经济发展起关键作用。为了不断做强做优做大国有企业，增强国有企业活力、影响力和抗风险能力，党中央十分重视国有企业的改革与发展。随着我国市场经济改革的不断推进，国有企业逐步摆脱了亏损，取得了长足的进步，整体竞争力持续提升，其资产总量、营业收入和利润都大幅增加。随着国有企业盈利能力的逐渐增强，社会各界开始关注国有企业红利分配的问题，也就是国有企业红利如何公平而又有效率地在国家、国有企业及全体国民等利益相关主体之间进行分配。

国有企业红利分配问题一直是我国国有企业改革的重要内容，并随着国有企业改革的推进而不断演变。新中国成立初期，为了保证以重工业为核心的赶超型工业化战略的顺利实施，我国通过对工商业实行国有化改造建立了面大量广的国有企业，形成了以统收统支为主要内容的国有企业利润分配制度。改革开放后我国又经历了企业基金、利润留成、两步利改税、税利分流等多种利润分配制度的演进过程。从1994年到2007年的14年间，国家为使国有企业走出困境，在实行分税制的同时实际上暂停了国有企业向国家上缴利润的制度要求，直到2007年中央实行国有资本经营预算制度后才开始逐步恢复国有企业利润上缴制度。从制度演变的视角看，各个阶段国有企业红利分配制度都是针对当时改革的历史背景所做出的必要选择，取得了一定的改革成效，但作为一项仍在探索和完善中的制度安排，现行的国有企业红利分配制度仍然不能很好地处理国家、国有企业及全体国民等利益相关主体之间的利益关系，尤其是全民作为国有企业的所有者一直未能有效地共享国有企业红利收益，造成了大量红利滞留国有企业内部从而引发了国有企业过度投资、国有企业职工高福利等社会问题，引起强烈关注。因此，无论是从保障全体公民的所有者权益角度，还是从深化国有企业改革的角度，我们都应尽快建立所有者到位的国有企业红利分配制度，实现国有企业红利分配全民合理共享。

本书将研究对象定位于国有企业红利分配问题，以党的十八大以来党中央关于国有企业改革的重要论述为指导思想，以建立与社会主义市场经济相适应的国有企业红利分配制度为目标，深入贯彻党中央提出的共享发展基本理念，坚持国有企业红利全民合理共享的基本观点，通过分析国有企业红利分配的现实运行体制和政策绩效评价，在借鉴国外社会分红实践经验的基础上，提出国有企业红利全民共享的改革构想、改革思路和改革对策。

第一节 研究背景与重要意义

一、研究背景

自从党的十六大确立新型国有资产管理体制后，在国有资产管理委员会（以下简称"国资委"）的领导下，我国国有企业整体素质和效益逐步提升，不仅总体上实现了扭亏为盈，其资产总量、营业收入和利润都大幅增加。据财政部网站公布数据，2018 年全年，全国国有企业营业总收入 58.75 万亿元，同比增长 10.0%。其中，中央企业 33.88 万亿元，同比增长 9.8%，地方国有企业 24.88 万亿元，同比增长 10.4%；全国国有企业利润总额达 3.39 万亿元，同比增长 12.9%，其中，中央企业 2.04 万亿元，同比增长 12.7%，地方国有企业 1.35 万亿元，同比增长 13.2%。不可否认，在国家各项改革举措和政策倾斜的推动下，国有企业不仅走出了困境，扭亏为盈，而且不断做强做大做优，发展成为国民经济的重要支柱。[①]

伴随着国有企业的做强做大做优，国有企业的巨额红利分配问题日益成为社会各界关注的焦点。2005 年 10 月 17 日世界银行的研究报告《国有企业分红：分多少？分给谁？》引发了社会各界的强烈关注，之后 2007 年国务院发布《国务院关于试行国有资本经营预算的意见》，开始恢复了中央国有企业利润的上缴制度，此后 2011～2014 年国家又陆续提高了中央国有企业红利上缴比例。在中央国有企业利润上缴制度的示范引领下，各省市地方国有企业红利上缴制度也在陆续恢复中。在中央和地方各地的探索下，我国初步建立了国有企业红利分配制度的基本框架，具有重要的时代意义。但是，作为过渡时期的一项制度安排，现行的国有企业红利分配制度还存在诸多不足，国有企业红利作为全社会最重要的公共资源仍然未能实现全民合理共享。

---

① 财政部网站公开数据，http://zcgls.mof.gov.cn/zhengwuxinxi/qiyeyunxingdongtai/201901/t20190121_3126699.html。

首先，从纵向来看，从新中国成立至今，国有企业红利分配制度主要经历了统收统支、企业基金、利润留成、两步利改税、税利分流以及重启国有企业利润上缴制度等历史阶段。1994年税利分流制度确立后，"逐步建立国有资产投资收益按股分红、按资分利或税后利润上缴的分配制度"被提出。2003年，中共中央颁布《关于完善社会主义市场经济体制若干问题的决定》，正式将国有资产收益制度改革的方向确定为"建立国有资本经营预算制度"。2007年12月，财政部、国资委发布了《中央企业国有资本收益收取管理暂行办法》，该办法规定中央国有企业按每年实现的利润扣除往年亏损后，根据行业不同分为三类，即按10%、5%、暂缓3年上缴或者免交这三种比例向政府上缴利润。2013年，党的十八届三中全会提出，"划转部分国有资本充实社会保障基金，完善国有资本经营预算制度，提高国有资本收益上缴公共财政比例，2020年提高到30%，更多用于保障和改善民生。"2014年，国务院批转发展改革委等部门联合制定的《关于深化收入分配制度改革若干意见的通知》中提到，再次提高中央企业利润上缴比例，要求国有独资企业上缴利润比例在现有基础上再提高5%，即：第一类企业为25%；第二类企业为20%；第三类企业为15%；第四类企业为10%；第五类企业免交。由此可见，自2007年以来，国有资本经营预算实施范围在不断扩大，国有企业利润上缴的比例在逐步提高。但是，目前国有企业红利上缴比例与党的十八届三中全会提出的，到2020年达到30%的目标相比还有较大差距，现行国企利润上缴比例仍然是偏低的。

其次，从横向来看，按照国际惯例，国有上市公司股东分红比例一般为税后利润30%～40%，法国按照国家股的比例向国家上缴的红利比例达40%，意大利的国家参与制企业上缴红利比例达到65%，新加坡国有企业有的年份上缴比例甚至达到80%以上。而我国包括国有上市公司在内的国有企业分红比例目前普遍低于这些国家的水平。即使是目前上缴利润比例最高的中国烟草公司也仅达到25%。导致目前我国国有企业利润上缴比例偏低的原因有多个方面，既有历史原因导致的路径依赖，也有现实中利益主体的多重博弈。但应当明确的是，在现有国企利润分配格局的基础上，提高其上缴比例还有较大的空间。与当前日益壮大的国有企业利润总额相比，提高国有企业红利上缴比例显然成为一项紧迫任务。

最后，征缴上来的国企利润的支出结构也是公众关注的焦点。按照2007年颁布的《中央企业国有资本收益收取管理暂行办法》的相关规定，国有资本收益以资本性支出和费用性支出为主，重点用于国有经济结构调整、布局优化和改革补助等。从2008年至2014年，从国有资本经营预算支出的情况来看，超过90%的国有企业上缴红利以中央企业灾后重建、投资、改革、重组等形式用于中央企业本身，流向民生领域的部分仅占不到6%。2015～2017年，国有资本经营预算民生支出比重虽然有所上升，但其比重值也仅在15%左右，且其中部分用于国企员工的福利支出，并未真正惠及全民。由此可见，上缴的国有资本收益绝大部分流入国有企业内部，造成"取之国企，用之国企"的体制内循环格局，现行的国有企业红利分配难以让全民受益。

国有企业的公有制属性决定了其红利属于全民所有，国有企业发展应当以提高整个社会福利为目标。但是理应归属全民所有的国有企业红利却难为广大国民所共享，这显然是与社会主义共同富裕的奋斗目标背道而驰的。国有企业红利的体制内循环既不利于国有企业健康发展，也无法提高全体公民的福利水平。一方面，由于大量的国有企业利润留存于企业内部，造成了极大的资源浪费，容易造成企业的过度投资行为；另一方面，国有企业上缴红利的减少使国家财政难以向民生保障倾斜。国有企业在20世纪90年代生产经营陷入困境的情况下进行改革重组、资产剥离时产生的巨大成本，都是由国家公共财政出资予以承担解决，如今国有企业盈利能力增强，盈利逐年扩大，利润却主要留存国有企业，而不是上缴财政并为全民共享，这是当前我国国有企业红利分配制度亟待解决的重要问题。

党的十八大首次提出"建立公共资源出让收益合理共享机制"的改革思路，党的十八届三中全会则进一步提出要"完善国有资本经营预算制度，提高国有资本收益上缴公共财政比例，2020年提到百分之三十，更多用于保障和改善民生"。党的十八届五中全会提出了"创新、协调、绿色、开放、共享"的五大发展理念，指出要"坚持共享发展，必须坚持发展为了人民、发展依靠人民、发展成果由人民共享，做出更有效的制度安排，使全体人民在共建共享发展中有更多获得感，增强发展动力，增进人民团结，朝着共同富裕方向稳步前进。"[①] 这充分表明，以习近平同志为核心的党中央已经深刻认识到，国有企业红利是重要的公共资源，理应让全体公民共享国有企业发展的成果。因此，通过建立和完善国有资本经营预算制度，进一步深化国有企业利润分配制度改革，在支持国有企业"做强做大做优"的同时，实现国企红利"全民合理共享"的改革目标，就成为本书的逻辑起点和根本归宿。

二、研究意义

在社会主义市场经济条件下，国有企业仍将是我国市场经济的重要组成部分，国家作为所有者有权通过红利分配获取资本投资收益。2007年，我国重启国有企业利润上缴制度，国有企业红利分配制度在取得显著成效的同时仍然存在突出问

---

① 2015年10月26日中国共产党第十八届中央委员会第五次全体会议《中共中央关于制定国民经济和社会发展第十三个五年规划的建议》。

题,红利收益难以为全民所共享。因此,研究如何建立健全以全民共享为目标的国有企业红利分配制度,不仅具有重要的理论意义,而且还有重要的实践价值。

(一) 有利于维护国有企业所有者权益

随着我国社会主义市场经济体制的建立,国有企业日益成为独立参与市场活动、自负盈亏的市场主体和法人实体。政府作为国有企业的投资代理人,是国有资产的所有者代表。按照公司法的规定,即市场经济"谁投资、谁受益"的原则,政府应该以利润收缴的方式获得资本投资收益,实现国有股东的所有者权益。国有企业除了按照国家有关资本与财务管理的规章制度,承担国有资本保值增值的责任,还应定期向投资者或产权人上缴投资红利。1993年以来,在国有企业陷入困境的背景下,政府为提高国有企业的竞争力,帮助国有企业摆脱困境,暂停了国有企业红利上缴,将企业利润留存在国有企业以促进其快速发展。在国家的政策倾斜和制度保护下,国有企业的市场竞争力已经大为增强,利润规模大幅提升。因此,国家适时恢复国有企业红利上缴制度,国家作为全民的代表开始享有出资人权益,但是全民作为国有企业的终极所有者还难以共享国企红利收益,因此加强对国有企业红利分配制度的理论研究,建立全民合理共享的国有企业红利分配制度,有利于维护国有企业所有者权益。

(二) 有利于提高国企红利的使用效益

建立合理的国有企业红利分配制度,有利于减少委托代理成本,可以在一定程度上抑制国企高管的过度职务消费和盲目投资,不仅对建立公平的市场竞争机制有积极作用,还有助于提高国企投资效率和盈利能力。由于我国国企红利上缴比例较低,大量利润内部留存,导致国企拥有大量的闲置资本,资金利用效率过低。实践证明,通过提高国企的现金股利支付水平可以减少企业内部人随意支配的现金流,同时强化对国企留存盈利重新配置的监督,从而抑制国有企业的过度投资行为[①]。

在国企已有巨额利润的前提下,国企红利上缴比例偏低,上缴收益再回流国企,容易引发国有企业的过度投资。而我国的居民收入水平偏低,居民收入差距较大,基本公共服务也尚未实现均等化,把有限的国有资本经营预算支出投向民生尤其是民生的刚性需求领域,能够取得更好的社会效益。尤其是2008年金融危机以来,我国由外向型经济开始向内需型经济转型,若国有资本经营预算支出的重点以民生财政为导向,把国企上缴的红利投入教育、医疗、养老、社会保障、新农村建设、环境保护等关系国计民生的领域,让低收入群体更多地受益,更有利于扩大社

---

① 魏明海,柳建华. 国企分红、治理因素与过度投资 [J]. 管理世界,2007 (4):88-95.

会消费。而内需的扩大有助于促进经济的增长,并实现产业结构的优化和升级,提高就业水平与增加国民收入,进一步刺激消费,从而促进国民经济的良性循环。

(三) 有利于加快国有经济存量的调整与结构优化

根据国家统计局公布的数据,2014年中国大陆人均GDP为7595美元,已经进入了中等收入阶段。这一阶段各种社会矛盾将不断凸显,如收入分配不公,贫富差距扩大等,若不能及时妥善地处理这些矛盾、完成经济的转型升级,经济增长将会进入"中等收入陷阱"阶段,经济社会的协调发展也将不可持续。党的十五大以来,党中央、国务院多次强调要加快国有经济布局和结构调整。2016年1月27日,习近平总书记主持召开中央财经领导小组第十二次会议,明确提出了供给侧结构性改革方案。建立合理的国有企业红利分配制度,将极大地促进供给侧改革的最终实现。这一制度有利于打破现有垄断格局,使得国家财政具有充足的财力,可以对不同行业、不同领域的增量投资进行战略性的制度安排,有利于不断优化经济结构。只有建立合理的国有企业红利分配制度,才能有效控制和引导国有资本存量变现和增量的分配与使用,引导国有资本投资方向和领域,促进国有资本在全社会范围内的充分流动与优化组合,促进经济结构的合理调整和优化升级,提高国有资本的集中度和竞争力,提高国有资本的营运效率,充分发挥国有经济在国民经济中的控制力、影响力和带动力。

(四) 有利于提升公共财政支持民生事业的能力

从法理角度看,在以公有制为主体的社会主义市场经济条件下,国有企业产权的终极所有者是全体国民,因此,国有企业的利润应当属于全体国民,并由国家代表全体国民行使所有者权益。按照我国现行的制度安排,财政部是国家财权的代表,所以国有企业利润收缴事宜应该是由财政部负责,国企上缴的利润应当融入公共财政,由财政部统筹管理、合理使用,这样才能真正地实现"取之于民,用之于民"的基本原则,体现财政部的社会公共支出管理职能。然而现行的国有企业红利支出安排,目前仍存在资本性支出比重过高,而用于民生支出领域比例偏低的问题,国有资本收益全民共享的目标尚未实现。如前所述,国企上缴的红利属于公共财政收入,应纳入政府财政预算体系中,应向能使增进社会福利最大化的民生领域倾斜,如教育、卫生、医疗、三农和社保等,这些领域的支出有利于提高国民的素质和生活水平,从而提高其创新能力并产生有效需求。2013年,十八届三中全会通过的《中共中央关于全面深化改革若干重大问题的决定》中提出提高国有资本收益上缴公共财政比例,2020年提到30%,这表明,党和政府不仅已经更加深刻地认识到国有资本收益分配的全民性,而且开始从制度层面设计国企红利分配的阶段性目标，其目标导向就是国有资本收益将更多用于保障和改善民生。

随着国有企业的深化改革，国有企业竞争力不断提升，其产生的红利规模越来越大，这就要求对国有资本经营预算的支出结构予以高度重视。将国企红利分配从"以投资性划拨给国企"向"用于民生领域"进行转变，是建构全民共享国企红利机制的突破性尝试。"国有资产为民谋利"的本质特征要求归属公共财政的国有企业红利要更加向民生领域倾斜，让全体国民确实共享到国企改革的成果。显然，本书契合了党中央的精神，有利于提升公共财政支持民生事业的能力。

第二节 核心范畴、研究思路和方法

国有企业红利分配研究涉及多学科多视角的研究，由于不同的学者各自的学科背景差异，对同一研究对象相关的研究范畴各自的理解和界定不同，容易导致学术界不必要的误解和争议，因此有必要对本书涉及的核心范畴进行界定，在此基础上，阐述本书研究的思路和分析方法。

一、核心范畴

研究国有企业红利分配问题，首先将涉及国有资本、国有企业、红利分配、国资预算、全民共享分红等一系列的概念范畴，而这些核心范畴的内涵界定和特征分析目前学界并不统一，需要予以准确的界定。

（一）国有资产

理解"国有资产"这一概念，首先要正确理解"资产"这个概念。所谓资产（assets），是指可作为生产要素投入生产经营过程中，并能带来经济利益的财产。资产作为一个概念，有会计学内涵与经济学内涵的区分。会计学意义上的资产概念强调的是资产收益在货币形态上的可计量性。在经济学意义上，资产一般被定义为："由企业或个人拥有并具有价值的有形财产或无形权利"。"资产之所以对于物主有用，或者是由于它是未来事业的源泉，或者是由于它可用于取得未来的利益"[①]。经济学意义上的资产概念强调的是，只要能够增进人们的效用价值，就应被认定为有经济收益。由上述两种资产的定义我们不难看出，资产就是能够带来某

---

① 格林沃尔德. 现代经济词典 [M]. 北京：商务印书馆，1981：27.

种经济收益的经济资源，而这种资源又为特定的人或经济组织所控制①。

国有资产（state assets）是属于国家所有的一切财产和财产权利的总和②。广义的国有资产指国家依据法律取得的，或用各种方式投资在各领域、各部门以及在海外形成的经营性、非经营性财产和资源性财产③；狭义的国有资产特指经营性国有资产，即国家作为出资者在企业中依法拥有的资本及权益④。

（二）国有资本

资本存在于一切商品生产和交换的社会，是为了获得剩余价值或利润回报的价值⑤。国有资本是指国家作为出资人，在国有控股及参股企业中享有的资本及权益⑥。一般而言，国有资本的存在不受一国经济形态与发展程度的影响，各个国家都拥有一定数量的国有资本，只是各国国有资本的功能定位与占社会总资本的比例会有所差异。

国有资本从实现形式上看，是国家收入再分配的产物，是国家作为社会经济生活的管理者向社会各主体收取税收及其他形式收入的所得。从职能分工上看，国有资本是政府宏观调控、弥补市场失灵的重要手段，国家将国有资本投入私人资本无法或不愿投入的公共领域，以满足全体公民的公共需求。从委托代理关系上看，国家作为国有资本的所有者，国有企业作为国有资本的管理者，国民享有终极的国有资本收益权，国家、国民、国有企业之间存在着典型的委托代理关系。从管理方式上看，国有资本归属于价值形态领域，国有资本管理通过运营资本，以实现资本的保值增值，而不插手企业具体的业务经营。

（三）国有企业

国有企业，即国家出资企业，是指国家作为出资人投资成立的企业。在《企业国有资产法》中的划分中，国有企业共有四大类，分别是国有独资企业、国有独资公司、国有资本控股公司和国有资本参股公司。

第一类：国有独资企业，是指依照《中华人民共和国全民所有制企业法》设立的，企业全部注册资本均为国有资本的非公司制企业。按照《中华人民共和国全民所有制企业法》的规定，全民所有制企业是依法自主经营、自负盈亏，独立核算的经营单位。企业财产属于全民所有，国家依照所有权和经营权分离的原则授予企业经营管理权，企业对国家授予其经营管理的财产享有占有、使用和依法处分

---

① 邓子基，陈少晖. 国有资本财政研究 [M]. 北京：中国财政经济出版社，2006.
②④⑤ 廖添土. 国有资本经营预算：历史考察与制度建构 [M]. 北京：社会科学文献出版社，2015.
③ 张涛. 国有资本、利润分红与经营预算问题研究 [M]. 北京：经济科学出版社，2013：9.
⑥ 陈丽萍. 论国资委的出资人权利 [D]. 长沙：中南大学，2012.

的权利。企业内部的治理结构与公司制企业不同：企业的高级管理人员由政府或者履行出资人职责的机构直接任命；政府通过向企业派出监事组成监事会，对企业的财务活动及企业负责人的经营管理行为进行监督。

第二类：国有独资公司，是指依照《中华人民共和国公司法》成立，国家单独出资、由国务院或者地方人民政府授权本级人民政府国有资产监督管理机构履行出资人职责的有限责任公司。国有独资公司不设股东会，由国有资产监督管理机构行使股东会职权，也可以授权公司董事会行使部分股东会的职权；国有独资公司的公司章程由国有资产监督管理机构制定或者由董事会制定，报国有资产监督管理机构批准；董事会成员、监事会成员都由国有资产监督管理机构委派；公司的合并、分立、解散、增加或者减少注册资本、发行债券等重大事项都由国有资产监督管理机构批准。

第三类：国有资本控股公司，是指依照《中华人民共和国公司法》成立，通过持有其他公司达到决定性表决权的股份，而对该公司进行经营控制，并主要从事资本经营及其他生产经营的国有企业，包括有限责任公司和股份有限公司。实践中，国有资本控股公司包括绝对控股和相对控股，绝对控股是指国有股权持股比例占50%以上（不含50%）；相对控股是指国有股权持股比例高于30%低于50%，但因股权分散，国家对股份公司具有控制性影响。

第四类：国有资本参股公司，是指依照《中华人民共和国公司法》成立，公司注册资本包含部分国有资本，且国有资本没有控股地位的股份公司。

本书研究主要根据"终极产权论"对企业的产权性质进行区分，即通过分析研究企业及其股东间的控制关系从而确定该企业的终极产权所有者，如果国家最终掌握企业最终控制权，则判定为国有企业，反之则为非国有企业。因此，本书所指课题所研究的国有企业，是指国家对其享有最终控制权的企业，包括国有独资企业、国有独资公司和国有资本控股公司，暂不包含国有资本参股公司。

本书研究的国有企业，从管理权限上划分，可分为中央国有企业和地方国有企业。中央企业由中央政府监督管理，对于个别承担着国家重大特殊职能的国有企业，由国务院直接监管；地方国有企业由地方政府管理。从生产经营方式上看，国有企业具有公益性和营利性的特点，一方面国有企业作为市场竞争的参与者，具有一般企业的共性，以实现资本保值增值为目标；另一方面国有企业是国家宏观调控的工具，以实现国家经济发展、增加国民福利为目标。我国国有企业形式是全民制，国民是国有资本的终极拥有者，这决定了国有企业必然以实现全民福利最大化为目标。

（四）国有企业红利分配

按照本书对国有企业的概念定义，国有企业红利，即指国有独资企业、国有独资公司和国有资本控股公司的红利，暂不包含国有资本参股公司的分红。根据财务管理的相关理论，利润是指企业在一定会计期间的经营成果，可分为营业利润、利润总额和净利润。利润总额是企业各项收入（包括营业收入和营业外收入）扣除相关成本（包括营业成本和营业外支出）、费用、税金和损失以及其他支出后的净额。利润总额扣除所得税，得到公司的净利润[1]。国有企业利润指根据注册会计师审计的企业年度合并财务报表反映的归属于母公司的净利润[2]。

国有企业红利有狭义和广义之分。狭义的国有企业红利，是指国有企业在一定时期的经营过程中，营业额扣除成本和应缴纳的税款后的剩余（红利＝营业额－成本－税收），即国企的税后利润[3]。狭义的国有企业红利，主要是指股份公司通常在年终结算后，将盈利的一部分作为股息按出资额分配给股东，它是企业当年税后利润的一部分。股利的主要发放形式有现金股利、股票股利、财产股利和建业股利。广义的国有企业红利，是指国有企业给投资者带来的投资回报。本书所探讨的"国有企业红利"则是指国有企业给投资者带来的投资回报总额，即广义的"国有企业红利"。既包括国企当年经营所产生的全部税后利润，也包括以前年度未分配利润。

同理，国有企业的红利分配可以分为狭义与广义两种。狭义的红利分配，是将企业实现的净利润，按照国家财务制度规定的分配形式和分配顺序，在企业和投资者之间进行的分配。而广义的红利分配则是指国有企业将企业实现的净利润和以前年度未分配的利润，按照国有企业红利分配制度规定在企业、政府和全体国民之间进行的分配，是广义的红利分配。广义的红利分配既包括企业和政府之间红利分配的形式、顺序和比例问题，也包括政府在获得投资红利后，将其在企业、公共财政和全体国民之间的再分配问题。本书所探讨的是广义的国企红利分配。

（五）国有资本经营预算

按照2007年国务院《关于试行国有资本经营预算的意见》（以下简称《试行意见》）对国有资本经营预算的界定，国有资本经营预算是指"国家以所有者身份依法取得国有资本收益，并对所得收益进行分配而发生的各项收支预算"。由此可见，国有资本经营预算是指反映政府出资人以资本所有者身份取得的收入和用于资本性支出的预算，即是对政府在一个财政年度内经营性国有资本收支活动进行价值管理和分配的工具，反映国有资本所有者与国有企业

---

[1] 陈增寿，王辛平，岳云康，王怀伟. 财务管理学 [M]. 北京：清华大学出版社，北京交通大学出版社，2004：231.
[2] 张涛. 国有资本、利润分红与经营预算问题研究 [M]. 北京：经济科学出版社，2013：99.
[3] 郑鑫，郑林，陈晓君，廖添土. 国企红利分配刍议 [J]. 中国集体经济，2010（2）：101－102.

之间的收益分配和再投资关系。

在明确了国有资本经营预算的内涵之后，国有资本经营预算的范围也可得以相应确定。国有资本经营预算的范围是专门针对经营性的国有资产，即仅包括各类工商企业中经营性的国有资产、非经营性单位中转为经营性用途的国有资产和投入生产流通的资源性国有资产。这里排除了党政机关和事业单位中不用于营利目的的国有资产和尚未用于经营目的的国有自然资源。需要指出的是，本书课题组认为，随着今后国有资本经营预算制度的逐步完善，国有资本经营预算的范围也应逐渐由"狭义"向"广义"适当扩展，将转入经营性使用的非经营单位资产纳入国有资本预算管理范围。

国有资本经营预算是政府围绕预算而展开的，反映和监督国有资产管理机构履行出资人职责的活动，以实现国有资本的保值增值，推动经济结构战略性调整与国有企业的根本性重组，确保国有资本的优化配置，并服务于政府社会和经济管理的总体目标。实施国有资本经营预算应着眼于企业或微观层面，从而实现国有资本的保值增值。且微观层面必须服从于宏观层面，即推动经济结构调整与产业技术升级。与政府的公共预算不同，国有资本经营预算是国有资本出资人对国有资本投入、收益回报进行管理的一种形式，其目的主要是调整经济结构、优化国有资本配置、实现国有资本的保值增值。而政府的公共预算则是政府以社会管理者身份，凭借政权筹集财政资金，向全社会提供公共产品的财政收支计划。

国有资本经营预算作为一种新的预算方式，要求其编制必须以市场为导向，以提高资本金效益为核心，优化资源配置，力求以最小的投入取得最大的经济效益。建立国有资本经营预算制度，也是党的十六届三中全会提出的一项重要任务，是国有资产管理制度建设的重要内容。在制定和实施过程中，相关各方一定要坚持所有权与经营权分离的原则，处理好出资人权利与企业法人财产权的关系，政府不直接干预企业的生产经营。

(六) 全民共享分红

全民共享分红是指在全国范围内或者特定区域内，每一个国民仅根据其年龄和家庭状况就可以以一定的形式获得一定数额的国有企业红利分配。这是因为从法理上讲，在以公有制为主体的社会主义市场经济条件下，全体公民是国有企业最终所有者，有权以所有者身份要求国有企业进行红利分配，即全体公民共享国有企业经营收益。这是由市场经济"谁投资，谁所有，谁收益"的基本规则决定的[1]。

全民共享分红有狭义和广义之分。狭义的"全民共享分红"，是将国有企业红

---

[1] 廖添土. 国企红利"全民分红"的改革探析 [J]. 湖北经济学院学报, 2012, 10 (5): 77-81.

利直接以现金或者消费券的形式在全体国民之间进行平均分配。广义的"全民共享分红",既包括直接共享分红模式,即将一部分国有企业红利直接在全体国民之间进行平均分红,也包括间接共享分红模式,即政府或政府委托的专业管理机构作为全体国民的代理人收取国有企业红利,并将这些红利运用于全民共享的民生领域,实施全民普惠型社会福利。

(七) 公共资源收益

2012年党的十八大报告中首次提出了"公共资源出让收益"这一基本概念,明确指出要继续增强国有经济的活力、控制力和影响力,壮大国有资本,同时要构建"公共资源出让收益合理共享机制",由此,如何实现公共资源收益全民合理共享就成为政府部门不断探索创新的一个实务问题,也成为学术界亟待加强研究的学术问题。

公共资源有广义和狭义之分,广义公共资源一般包括自然资源和社会资源两类,自然资源也就是狭义的公共资源,一般包括诸如矿产、土地、森林、海洋等,社会资源又可以分为有形社会资源和无形社会资源两类,无形社会资源一般包括公共文化、公共教育、公共医疗等公共社会资源,有形社会资源一般包括国有资产、特许经营权等有形资源的公共财产权。[①] 关于公共资源,学术界目前尚未有统一的定义。按照我国科学技术名词审定委员会的定义,公共资源是指地球上存在的、不能划定所有权或尚未划定所有权,从而可以为任何人利用的自然资源,从上述定义中可以看出是狭义的公共资源概念。而根据《现代经济词典》的定义,公共资源是"属于人类社会共有、公用的自然与社会资源"[②]。

从上述定义可以分析发现,不管是狭义还是广义,公共资源应该具有两大基本属性,一是公共资源作为与私人资源相对应的一个概念,其产权的共有是其最大特征,公共资源应为全社会成员共同所有并共同利用。公共资源的这一基本属性决定了公共资源必须要公平、合理分配,不能被任何个人、任何团体以任何形式单独占有并处分收益,如全社会共同关注的土地资源出让收益和矿产资源收益,以及国有企业红利收益,就必须强调其全民共享这一基本要求;二是公共资源既然是公共的,那么公共资源的分配使用也就不能单纯强调经济效益,而应突出其公共性、公益性的一面,要着重强调公共资源的公平、合理利用,如社会保障、公共医疗、公共教育、公共文化、环境保护等社会资源,应该强调其公平性、公益性,不能过于

---

① 鲍丹. 公共资源出让收益,如何全民共享?[N]. 人民日报,2012-03-29.
② 格林沃尔德. 现代经济词典[M]. 北京:商务印书馆,1981.

强调其经济效益。①

根据公共资源的定义阐述，公共资源收益应该包含经营性收益、资产性收益和出让收益三大类。公共资源经营性收益，主要是公共资源在全民共同所有的前提下，通过委托授权经营产生的经营性收益，如矿产资源授权经营开发的收益，以及国有企业在全民委托下由职业经理人经营管理产生的收益，这种收益一般以税收和利润两种形式存在。公共资源资产性收益，主要是公共资源在产权共有的前提下，使用权的租赁、承包、抵押等方式产生的收益，在我国，这部分收益主要是国有土地出让金收益和国有资产抵押、承包获得的相应收益，属于资产性、财产性收益。公共资源出让收益，主要是公共资源在全民委托下通过产权出让方式获得的收益，在我国主要有矿产资源出让收益以及国有股减持出让收益，公共资源出让后由于其产权已经变更，这部分资源就未必能保留公共产权属性。

基于上述分析可以发现，公共资源是全民所共有的，这是公共资源的最基本属性，按照市场经济"谁投资、谁所有、谁收益"的基本规则，公共资源的所有收益，包括经营性收益、资产性收益和出让收益，都必须由全民共同所有，从而必须是全民所共享的。其中，公共教育、公共医疗、社会保障等无形的公共社会资源因其具有很强的公益性和正外部性特征，其收益能够自然地让全民所共享和受益。但是，自然资源收益、土地出让收益和国有企业生产经营收益以及国有股减持出让收益，这些资源的使用不具有公益性和正外部性的特征，其收益无法天然地让全民所共享，容易被特权利益集团所占有和独享，全民作为公共资源的所有者却难以从中收益，全民只享有所有权之名却无收益权之实，所有者权益没有得到真正的保护，造成全民对公共资源的主人翁意识不强，破坏社会公平。

因此，党的十八大提出要"建立公共资源出让收益合理共享机制"，从全社会所关注的、矛盾最突出的公共资源出让收益，如以矿产资源出让收益、土地出让收益等为突破口，实现公共资源出让收益全民合理共享，这是党中央分析新时代我国社会主要矛盾后提出的改革举措。本书课题组认为，党中央提出的这一改革举措，是以构建公共资源出让收益全民合理共享机制为突破口，最终实现公共资源收益的全民合理共享，也就是说当下我们不仅要建立公共资源出让收益的全民合理共享机制，也要探索完善公共资源经营性收益和资产性收益的全民合理共享，这对于我国当下进行的国有企业红利分配改革，提出了一个方向性的战略要求。近年来，随着我国国有企业盈利能力的不断增强，国有企业红利收益如何分配，引起了社会各界的高度关注。国有企业红利收益，已经成为当下我国公共资源收益中最为突出、最

---

① 李燕，唐卓. 国有企业利润分配与完善国有资本经营预算——基于公共资源收益全民共享的分析[J]. 中央财经大学学报，2013 (6)：7-12.

有活力的组成部分，实现国有企业红利收益的全民合理共享，已经成为新时代党中央对国有企业改革的战略要求，突出体现了党中央共享发展的理念。

二、研究思路

本书围绕"国有企业红利全民合理共享"这一基本命题展开探索，通过"理论辨析—实证检验—改革构想"三个篇幅系统论述了"国有企业红利为什么需要全民合理共享""现行国有企业红利全民合理共享的实现程度如何"以及"如何能有效地实现国有企业红利全民合理共享"三个命题，主要研究思路和内容如下：

（一）上篇：理论辨析

本篇主要阐述了国有企业红利全民共享的理论逻辑，从学理上建构了国有企业红利全民合理共享的理论框架，丰富了党的十八大提出的"公共资源收益全民合理共享"这一政策主张的学理依据。

一是通过分析马克思的产权理论、西方产权理论、委托代理理论、股利分配理论和可持续发展理论及其对国有企业红利分配的适用性，从理论层面阐述了国有企业红利全民合理共享的理论基础。

二是基于对公有制的内涵和本质的分析进一步探索国有企业利润的基本属性，提出国有企业利润全民所有这一基本归属。

三是运用制度变迁理论的分析方法系统梳理了新中国成立以来国有企业红利分配制度的历史演变，分析不同阶段制度演变的内涵特征，把握国有企业红利分配制度演变的历史规律，从制度变迁的视角指出国有企业红利分配全民共享改革的历史逻辑和必然性。

（二）中篇：实证检验

本篇剖析了现行国有企业红利分配制度的运行体制，本书通过调研访谈的方式收集了中央和地方国有企业红利分配数据和资料，全面统计分析了2007年以来国有企业红利分配的收支数据，剖析现行国有企业红利分配体制中存在的问题及其制度成因。

一是构建博弈分析方法阐述国有企业红利分配中国有企业、财政部门、国资管理部门和社会公众等主体各自的诉求，揭示了各主体的共生和矛盾关系。

二是把行为经济学中的遵从行为概念引入国企红利上缴分析中，从行为经济学角度出发，探讨国有企业利润上缴中的遵从与不遵从行为特征，构建国企红利上缴遵从行为模型并分析国企红利上缴遵从行为的影响因素。

三是从国有企业的双重目标出发，指出国有企业利润上缴比例的确定必须满足国家作为股东对于股权资本成本的要求，同时还必须考虑国有企业财务的可持续增长，在上述双重目标的约束下构建国有企业分红比例模型，实证检验当前国有企业红利分配上缴比例的合理性。

四是构建实证模型检验现行国有企业红利分配支出安排的缺陷，指出了当前国有企业红利分配支出安排中"取之国企、用之国企"体内循环的支出特征，剖析了国有企业红利民生支出的现实短板和优度检验，并从提高国有企业经营业绩和优化国资布局两个角度剖析当前国有企业红利支出安排的绩效。

（三）下篇：改革构想

本篇提出了国有企业红利全民合理共享的改革构想，本书在论证了"国有企业红利应该全民合理共享"这一基本观点的基础上，进一步就"国有企业红利如何实现全民合理共享"这一实践性极强的重要课题进行了一些有益的探索。

一是分析了国外学者米德的社会分红理论在国外的实践探索，通过大量收集资料，重点分析了美国阿拉斯加的永久基金模式、蒙古国矿产收入股票分红模式、新加坡财政盈余分红模式和挪威的全球养老基金分红模式，在此基础上，总结国外国资收益全民共享实践对我国国有企业红利分配的重要启示。

二是指出了我国国有企业红利全民合理共享改革的可行性与必要性，针对学术界对国有企业全民共享分红可能存在的一些认识误区进行了系统的梳理和辨析，并就推行国有企业红利全民共享改革的制度障碍进行剖析，进一步凝练概括了国有企业红利全民合理共享的两大基本模式：直接共享分红模式和间接共享分红模式，对这两种基本模式各自的优势和弊端、适用范围和条件等进行了综合比较。

三是提出了我国国有企业红利全民共享的改革构想。本书通过直接共享分红模式和间接共享分红模式的对比，结合我国国情进行分析，提出了我国应该分阶段选择不同的共享分红模式这一政策主张。本书认为，国有企业红利全民共享改革的最终模式应该是直接共享分红的模式，但由于直接共享分红模式对民众观念意识、政府管理水平等要求较高，现阶段并不适合采用直接共享分红的模式，而应该采用直接共享分红与间接共享分红相结合的模式，待条件成熟再采用直接共享分红的模式。这一改革思路是：在政策推进的早期阶段，对中央国有企业实行间接共享分红的模式，对省属、市属等地方国有企业试点采用直接共享分红的模式；在政策推进的后期阶段，即相关的社会条件成熟时，可以全部采用直接共享分红模式，这一政策主张在国内学术界也是比较前沿的一项探索。

四是在吸收国内部分学者观点的基础上，本书提出了一种兼具分红刚性和灵活性的红利上缴比例制度设计,即采用固定比例与浮动比例相结合的双重结构分红比例。其中,固定比例部分体现资本成本的平均回报要求,体现分红的刚性需要,实行初期可以参考国内同行业上市公司的分红比例,在具备一定条件后,将比例逐渐调整成国际上市公司实行的分红比例的水平;对于浮动比例而言,应以国家政策的导向、国企垄断程度、国企盈利能力、国资布局调整需要等为依据灵活制定,体现国家通过调整分红比例达到调控经济运行的政策目的。

五是为了更好地推进国有企业红利分配改革,促进国有企业红利的全民合理共享,本书提出了配套的制度框架和政策建议,提出了国有企业红利分配改革的基本原则,构建包括企业经营者个人收入共享制度、法人企业留存收益制度、国有企业红利收缴制度、国有企业红利共享制度和国有企业红利监管制度在内的制度框架,在逐步完善现行国有资本经营预算制度的基础上,分阶段推进国有企业红利全民共享改革模式,并从主体定位清晰、制度保障有力和内外监管完善等三个方面完善相关的配套措施。

三、分析方法

本书的总体思路及其运用的分析方法如图 1-1 所示。

本书以马克思历史唯物主义、唯物辩证法和马克思主义经济思想为总的指导思想,同时借鉴公共财政学、财务管理学和西方经济学的相关理论,在大量参考学术界各种观点和对国有企业红利分配进行一定实证研究的基础上,结合调研访谈完成。本书的研究涉及的领域较多,单一的研究方法和单一的分析视角都很难抓住问题的本质,很难有所创新和发展。就方法论而言,本书中主要运用以下方法:

1. 文献分析与调研访谈相结合的方法

本书的研究以文献分析法为切入点,在搜集、鉴别、整理文献的基础上,逐渐形成了对国有企业红利分配的学界认识。前人的研究成果是本书研究的重要基础,对本书研究有重要的借鉴价值。同时,本书研究也立足于对现实中国有企业红利分配的深入调研和访谈展开,本书课题组先后安排了到北京、上海、安徽、江苏、福建、山东、湖北等样本省市进行实地访谈和调研,了解各地探索国有企业红利民生支出的具体做法和经验,获取大量第一手研究访谈资料和数据,在此基础上综合文献分析和调研访谈的资料,完成本书研究的成果。

第一章 导 论

研究思路 / 内容框架 / 研究方法

- 第一章 导论
- 第二章 国有企业红利分配改革的研究综述
- 第三章 国有企业红利分配改革的理论基础
- 第四章 公有制的本质与国有企业利润归属：一个理论框架
- 第五章 新中国成立以来国家与国有企业利润分配关系的历史考察

上篇 理论辨析 ←
研究方法：文献分析、抽象演绎、理论分析、制度变迁、规范分析

- 第六章 国有企业红利分配中利益主体的博弈分析
- 第七章 国有企业红利分配的现行体制分析
- 第八章 国有企业红利分配中的上缴遵从行为分析
- 第九章 国有企业红利上缴比例分类测算研究
- 第十章 现行国有企业红利分配民生支出的现实考量
- 第十一章 现行国有企业红利分配政策的绩效评价

中篇 实证检验 ←
研究方法：博弈分析、数理统计、调研访谈、行为经济学、案例分析、面板分析、实证分析、定性与定量

- 第十二章 国外国资收益全民合理共享的模式
- 第十三章 国有企业红利全民共享改革的学理辨析
- 第十四章 国有企业红利全民共享的基本模式及比较
- 第十五章 完善国有企业红利分配制度的财务监督机制
- 第十六章 国有企业红利全民共享改革：制度框架与政策建议

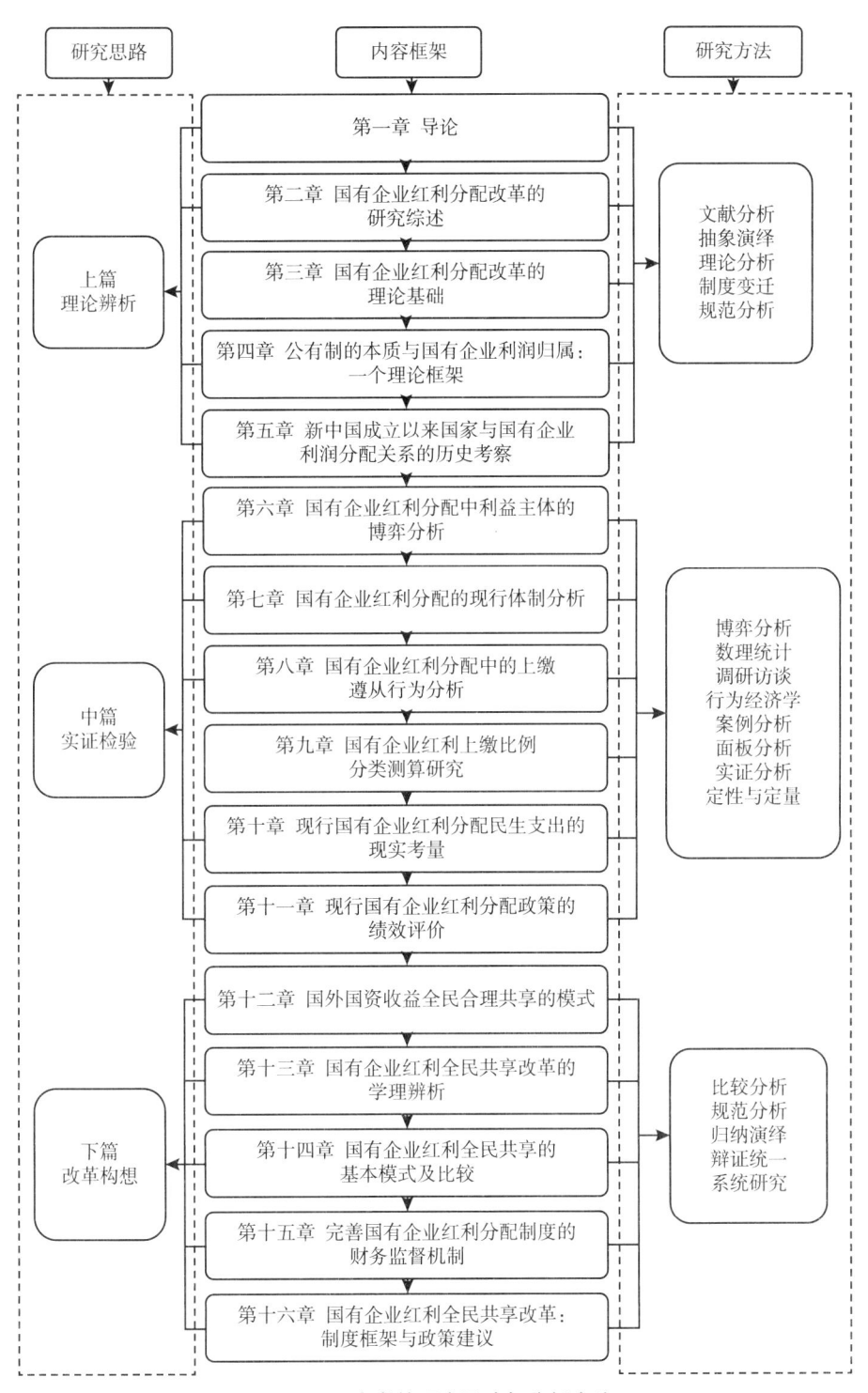

下篇 改革构想 ←
研究方法：比较分析、规范分析、归纳演绎、辩证统一、系统研究

图 1-1 本书的研究思路与分析方法

2. 历史与逻辑相统一的方法

国有企业红利分配制度改革在我国目前还是比较新的研究领域，尤其是国有企业红利全民共享这一改革在我国也是近年来才引起学术界和实务界的关注。但国家与国有企业的利润分配关系，在我国却有着深厚的历史渊源，是当前国有企业红利分配制度改革的历史基础。国家与国有企业的财政分配关系，从新中国成立初期的统收统支，到改革初期的税利合一，以及市场经济体制改革方向确立后的税利分流，再到目前税利分流框架下的国有资本经营预算，均有着内在的历史发展规律。因此，本书运用历史与逻辑相统一的方法，把国有企业红利分配研究的逻辑推理建立在历史分析基础之上，这样才能更好、更深刻地把握目前国家与国有企业利润分配关系的基本成因，才能更好地理解、把握现阶段国有企业红利分配制度建构的历史意义，进而提出更科学合理的政策建议。

3. 规范与实证相结合的方法

规范分析和实证分析是现代经济科学研究的两种基本方法。本书在撰写过程中，注重将这两种方法进行有机的结合以提高研究的科学性。本书首先对国有企业红利分配问题的相关概念作了辨析与界定，基于马克思产权理论、西方产权理论、股利分配理论和可持续发展理论对国有企业红利分配相关问题进行一些规范性的分析，尤其是运用马克思公有制的相关论述分析国有企业红利的基本归属，提出本书的基本观点。在规范分析的基础上，本书充分运用实证研究的方法，对现行国有企业红利分配制度的收入和支出安排进行了现实剖析和实证检验，通过规范分析与实证研究的结合发现其中的问题和差距，并借鉴国外的经验做法提出国有企业红利分配全民合理共享改革的基本构想，体现了规范分析与实证研究相结合的研究范式。

4. 定性与定量相结合的方法

定性分析法是对研究对象进行"质"的方面的分析，主要依靠分析人员丰富的科研经验和主观判断能力，通过运用归纳和演绎、分析与综合等方法，对各类资料进行整理，并达到对事物性质和事物发展趋势变化认识和判断的办法。本书通过对文献的梳理和理论阐析、分析制度变迁等方法对国有企业红利分配的"质"的方面进行了规范性的分析，是定性分析方法的运用，同时本书还充分运用定量研究方法研究现实的国有企业红利分配问题，例如，本书课题组通过调研访谈收集地方国有企业红利分配数据和资料，全面分析了2007年以来国有企业红利分配的收支数据，构建博弈分析模型研究国有企业红利上缴的遵从行为，构建面板数据计量模型研究国有企业的最优上缴比例，以及对国有企业红利支出的民生化进行实证检验，这些均属于定量的分析方法。通过定性与定量结合的方法增强本书研究的说服力和可信度。

5. 系统综合的研究方法

除了上述研究方法之外，本书还综合运用了归纳、演绎、比较等研究方法，以及理论与实践相结合，体制研究、法制研究、政策研究、管理研究、财务研究等相结合的方法，系统地研究国有企业红利分配全民合理共享的制度框架。比如，通过对国外国资收益全民共享的典型案例进行分析，概括分析了美国阿拉斯加的永久基金模式、蒙古国矿产收入股票分红模式、新加坡财政盈余分红模式和挪威的全球养老基金分红模式等各种模式的特征，并对这四种模式进一步抽象归纳，形成了国有企业红利全民合理共享的两种基本模式——直接共享分红模式和间接共享分红模式，并进一步运用综合比较的分析方法，对直接共享分红模式和间接共享分红模式进行对比分析，综合比较了各自的优势和弊端、适用范围和条件。通过对比分析，结合我国国情，提出了我国构建国有企业红利全民合理共享机制应该分阶段选择不同的分红模式这一政策主张。

第三节 理论创新与实践价值

一、理论创新

本书的完成得益于国家社科基金青年项目的资助，从课题立项、实地调研、撰写初稿到修改定稿，历时五年。在课题组全体成员的共同努力下，终于即将付梓。与同类研究成果相比，本书在以下几个方面具有一定的创新探索：

（1）本书研究对象是国有企业红利分配，但研究重点是"国有企业红利全民合理共享"这一基本问题，目前学术界研究还不够深入，本书能够在一定程度上弥补学术界研究的不足。本书研究的对象从属于国有企业红利分配这一领域，该领域目前学术界相关研究成果也已经比较丰富，但国外学者大都是研究一般上市公司的股利分配政策，较少触及国有企业这一具有特定产权性质的利润分配制度；虽然国内学者结合我国国情较多地研究了国有企业的利润分配，但大都是从宏观的国有资本经营预算角度进行研究，较少研究国有企业红利上缴的必要性、上缴比例的确定等微观领域。总体来看，尽管学术界对"国有企业红利分配"这一领域研究成果不少，但对"国有企业红利全民合理共享"这一问题的研究还付之阙如。本书针对学术界对这一研究的不足之处，紧紧围绕党的十八大提出的"公共资源出让收益全民合理共享"精神和十八届五中全会提出的共享发展基本理念，把研究的重点放在国有企业红利如何实现全民共享这一目标上，从理论逻辑、实证检验、体制框架和政策设计等方面展开系统论述，因此，本书的研究能够在一定程度上弥补这一研究领域的薄弱环节，具有重要的探索创新价值。

（2）围绕着"国有企业红利如何实现全民合理共享"这一主题，本书从多方面进行了研究，指出了国有企业红利全民合理共享的重要性和紧迫性，在一定程度上丰富了党的十八大提出的"公共资源收益全民合理共享"这一政策主张的学理依据。首先，阐述了国有企业红利全民共享的理论逻辑，通过分析马克思的产权理论、西方产权理论、委托代理理论、股利分配理论和可持续发展理论及其对国有企业红利分配的适用性，基于公有制的本质分析国有企业利润的基本属性及其归属，从理论层面阐述了国有企业红利全民合理共享的理论基础；其次，运用制度变迁理论的分析方法系统梳理了新中国国有企业红利分配制度的历史演变，分析不同阶段制度演变的内涵特征，把握国有企业红利分配制度演变的历史规律，从制度演变的视角指出国有企业红利分配制度改革的历史逻辑和必然性；再次，运用博弈分析方法阐述政府、国有企业与社会公众之间复杂的利益博弈关系，从博弈均衡结果的角度阐述国有企业红利实行全民合理共享的必要性；复次，从现有的国有企业分红机制和政策进行实证分析，剖析了国有企业现行分红机制和政策存在的问题，并对这些问题的多方面成因进行深入的分析；最后，通过构建国企绩效评价模型，分析2007年中央企业实行国有资本经营预算以来分红政策的实践效果，指出了当前国有企业分红政策效果仍然未能得以彰显，需要在进一步完善分红政策的基础上，积极推进国企红利全民共享机制的建构。

（3）在国有企业红利分配制度设计中，国有企业红利上缴比例的确定是一个关键问题，现行政策采取分类型统一上缴比例的做法，忽视了不同企业之间盈利能力的差异性，也难以体现国家通过分红比例调整达到贯彻国家政策、调整国资布局结构以及约束国企垄断行为政策目的，缺乏灵活性。本书在吸收国内部分学者观点的基础上，提出了一种兼具分红刚性和灵活性的红利上缴比例制度设计，即采用固定比例与浮动比例相结合的双重结构分红比例。其中，固定比例部分体现资本成本的平均回报要求，体现分红的刚性需要，实行初期可以参考国内同行业上市公司的分红比例，在具备一定条件后，将比例逐渐调整成国际上市公司实行的分红比例的水平；对于浮动比例而言，应以国家政策导向、国企垄断程度、国企盈利能力、国资布局调整需要等为依据灵活制定，体现国家通过分红比例达到调控经济运行的政策目的，这一政策主张也具有较高的可操作性，有一定的探索创新。

（4）本书不仅系统论证了"国有企业红利必须全民合理共享"这一基本观点，而且就"国有企业红利如何实现全民合理共享"这一实践性极强的重要课题进行了一些有益的探索。比如，本书系统比较分析了国外学者米德的社会分红理论及其在各国的实践，指出了"国有企业全民共享分红在我国仍然具有适用性"这一基本观点,并总结提出了国有企业红利全民合理共享的两大基本模式:直接共享分红模式和间接共享分红模式,并对这两种基本模式各自的优势、适用范围、局限性等进行了综合比较。为了更好地统一思想认识,本书还就学术界对国有企业全民共享分红可能存在的一些认识误区进行了系统的梳理和辨析。这些学术观点和政策主张在学术界有着一定的探索创新性,其中部分观点,如对国有企业红利全民合理共享的两大基本模式(直接共享分红模式和间接共享分红模式)的研究观点,在学术界应该具有较前沿的探索创新价值。

(5)本书不仅总结比较分析了国有企业红利全民合理共享两大基本模式的优劣,而且还结合我国国情,提出了我国构建国有企业红利全民合理共享机制应该分阶段选择不同的分红模式这一政策主张。本书通过对直接共享分红模式和间接共享分红模式各自的优势、适用范围和局限性等的比较分析,认为国有企业全民共享分红的最终模式应该是直接共享分红的模式,但由于直接共享分红模式对民众观念意识、政府管理水平等要求较高,现阶段我国并不适合采用直接共享分红的模式,而应该采用直接共享分红与间接共享分红相结合的模式,待条件成熟再采用直接共享分红的模式。这一改革思路是:在政策推进的早期阶段,对中央国有企业实行间接共享分红的模式,对省属、市属等地方国有企业试点采用直接共享分红的模式;在政策推进的后期阶段,即相关条件成熟时,可以全部采用直接共享分红模式。这一政策主张在国内学术界也是比较前沿的一项探索,有较高的创新价值。

二、实践价值

党的十八大首次提出"建立公共资源出让收益合理共享机制"这一改革的重大思路,十八届三中全会则进一步提出要"完善国有资本经营预算制度,提高国有资本收益上缴公共财政比例,2020年提到百分之三十,更多用于保障和改善民生",党的十八届五中全会提出了"创新、协调、绿色、开放、共享"的五大发展理念,其中共享发展理念指出要坚持发展成果由人民共享,促进共同富裕,党的十九大报告再次强调了上述精神。这就意味着党中央对国有企业的红利分配制度改革越来越重视,不断强调要把国有企业收益用于民生,让全民能够共享国企红利收益。本书遵循党中央这一系列文件的精神指示,围绕"国有企业红利如何实现全民合理共享"这一主题展开研究,对于当前的市场经济改革与发展具有重要的实践应用价值。

(1)有助于完善国有企业红利分配制度,推进国有企业改革。当前,深化国有企业改革已经成为经济体制改革的重要内容,改革开放以来,我国国有企业经过多年改革探索,在国有企业经营机制改善上已经取得了显著成效,大多数国有企业实现了扭亏为盈,资产规模和利润总额大幅度增长。但是,随之而来的一个新问题就是,这些盈利的国有企业收益如何分配?现有的理论研究和实践都还不够深入,尤其是如何按照党中央的精神,建立国有企业收益全民合理共享机制,更是当前国有企业改革中一个亟待解决的问题。本书的研究不仅弥补了这方面理论研究的不足,而且系统地提出了建立国有企业全民合理共享的可行模式和实施方案,有助于为政府职能部门在制定政策时提供参考依据,体现出其重要的实践应用价值。

(2)有助于贯彻党中央提出的共享发展基本理念,促进共同富裕。实现国有企业红利全民合理共享,能够发挥社会主义公有制的优越性,通过让民众共享国有企业红利,增加民众财产性收入,进一步完善我国的收入分配制度,促进共同富裕的实现。党的十七大报告中首次提出"创造条件让更多群众拥有财产性收入"之后,围绕如何让群众拥有更多财产性收入,理论界和实务界都进行了广泛的探索,取得了不少成果。但是,一个客观事实是,我国民众目前能够拥有的稳定的财产性收入还非常少,如何增加民众的财产性收入,依然是当前理论界和实务界的重要课题。本书课题组认为,国有企业作为全民所有制企业,是我国民众最大的公共资产,其产生的收益也自然是我国民众最多的财产性收入。如果能够建立国有企业红利全民合理共享机制,让国企红利惠及全民,不仅可以极大地增加民众财产性收入,还可以缩减国企"体制内"和"体制外"产生的贫富差距,进一步完善我国的收入分配制度,促进共同富裕。显然,本书的研究成果,能够有助于政府部门采取有效措施,积极推进国企红利分配制度和财政预算制度改革,使国有企业红利成为全体国民的财产性收入。

第四节 有待于进一步研究的问题

本书围绕"国有企业红利全民合理共享"这一主线展开研究,阐释了国有企业红利全民合理共享的必要性、重要性和紧迫性,并比较分析了国有企业全民合理共享的两种基本模式,提出了适合我国国情的分阶段推进国有企业全民合理共享的改革思路,以及相配套的各项制度框架和政策建议。但是,受到调研条件和研究能力的限制,本书现有研究成果仍存在一些缺憾和不足,这也是本书课题组未来需要进一步研究的重点方向。

一、国企红利直接共享分红模式的具体实现过程和相关条件的研究

通过比较分析直接共享分红模式和间接共享分红模式的优缺点和各自适用范围,我们主张前期先采用直接共享分红模式与间接共享分红模式相结合的形式

(即：中央国有企业实现间接共享分红模式，地方国有企业试行直接共享分红模式），等条件和时机成熟了再最终过渡到直接共享分红模式。就实践层面而言，间接共享分红模式在实践中已经逐步推行，也取得了一定的成效。但是对于直接共享分红模式，我国从中央到地方都尚未开展实践探索。本书虽然提出了直接共享分红模式这一改革的思路，但其具体的实现过程还需要结合我国现有的政府社会管理能力、人口基数变化、国企改革与发展成效等多种因素进行统筹分析，包括直接共享分红标准的制定、如何进行有效监管、分红的公平公正如何确保等，这些问题显然还有待后续的深入研究。

二、不同层级间国有企业相互间的竞争与协调关系的研究

国有企业红利的上缴及在其所有者之间所进行的分配，意味着国有企业开始向其各自的所有者负责，这对现有的不同层级间国有企业的相互关系来说，是一次质的调整，它改变了不同层级国有企业之间传统的行政关系属性，转变为彻底的市场经济条件下的竞争与合作关系，这有利于解决市场经济条件下的国有企业效率问题。但是，在平等的市场经济关系中，如何处理好不同层级间国有企业相互间的竞争与合作，确保国有企业相互间既有充分的竞争，又能保证国有企业资源在全国范围内的合理统筹安排，防止国有企业相互间的恶性竞争，以最大限度地实现国家的宏观经济政策目标，则是一个全新的研究领域，有待进一步的研究。

三、国有企业红利分配范围的拓展问题研究

我国是以社会主义公有制为主体的国家，面广量大的国有资产是我国进行社会主义建设的物质基础。在现实经济生活中，我国国有资产存在着广义和狭义之分。广义上的国有资产，包括国家以各种形式形成的对企业投资及其收益等经营性资产、国家向行政事业单位拨款形成的非经营性资产以及国家依法拥有的土地、森林、河流、矿藏等资源性资产。因此，根据预算的完整性、统一性要求，所有的国有资产都应该列入预算编制范围，即包括经营性国有资产、非经营性国有资产和资源性国有资产。但是由于受到本书课题组的人力、物力资源的限制，本书的研究重点仅限于经营性国有资产，即狭义的国有资产，没有涉及广义的国有资产，即包括金融性国有资产，资源性国有资产和党政机关、事业单位的国有资产。因此，对于广义国有资产收益分配的研究，将随着国有资产管理体制改革的不断深入，成为本书课题组今后研究的一个重要课题。

四、国有企业红利分配的相关法律问题研究

国有企业红利分配，不管是采用直接共享分红模式，还是间接共享分红模式，如果分红过程缺乏完整的法律制度约束，则难以保证分红过程的公平公正。就间接共享分红模式来说，国有企业红利需要通过政府预算来间接惠及全民，虽然现有的《预算法》对政府预算过程有了较为详细的规定，但是《预算法》各条款大都还主要是针对公共财政预算做出的，还缺乏专门的一部国有资本经营预算法律来确保整个国资预算过程有法可依。至于直接共享分红模式，虽然其分红过程可以借鉴《公司法》的相关规定实行企业向其股东分红派息，但毕竟国有企业的直接共享分红是向其所属区域的社会成员的分红，不同于《公司法》规定的企业向其在册股东的分红，因此仍然需要一部专门的法律来规范国有企业的直接共享分红模式。目前，直接共享分红模式由于在实践层面仍然未有触及，因此，在法律层面也还属于空白。因此，这也将成为包括本书课题组在内的学界同仁今后研究的一个重要领域。

第二章

国有企业红利分配改革的研究综述

近年来，学术界对国有企业利润分配问题的研究日渐增多，并且对国有企业利润分红的征收主体、分配标准、比例确定、支出方向等问题进行了深入研究，但由于研究视角和指导思想的差异，学者们的学术观点和政策建议也各不相同，甚至在一些重大理论问题上仍存有分歧。因此，总结和梳理近年来学界在国有企业红利分配问题的研究动态，不仅有助于厘清学术界在国有企业红利分配问题上的研究思路，也有助于推动国有企业红利分配改革的深化。

第一节 近年来国有企业改革的争论与反思

一、近年来国有企业改革的争论

近年来，随着国有资产管理体制改革的不断深入，关于国有企业改革的总体方向选择问题、国有企业产权问题、国有企业垄断问题、国有企业效率问题、国有资产流失问题等被广为讨论。如何正确认识并解决这些问题将直接影响到国有企业下一步的改革方向。

（一）关于国有企业改革的方向选择

对于国有企业改革的基本方向选择，学者们争议最为激烈。一部分学者基于西方市场经济理论的研究，主张国有企业应该退出竞争性领域，改革方向应该是"股份化、民营化"；大多数学者则从我国国情特点出发，主张国有企业做大做强是必要的，但应该坚持市场化改革的方向。

1. "股份化、民营化"论

张维迎[①]认为,由中央政府监督管理的国有企业股份普遍能够以公开的市场价格于股市中流通,而国企股份除了借助资本市场实现向非国有部门与社会个人的转移之外,还能够效仿英国等资本主义国家所采取的"半转让、半赠送"模式普惠全民,从而促进我国居民可支配收入的增长。他根据亚当·斯密和凯恩斯的理论对当前中国经济增长模式的转变进行了解读,认为国有企业本身缺乏创新机制,无法真正意义上实现经济的增长。

以张文魁为代表的部分学者则主张民营化,指出当前国企改革必须痛下决心推进国企民营化。国务院发展研究中心企业研究所副所长张文魁[②]将民营化作为中国国有企业改革的突破点,并指出除了极少数处于特殊与关键领域的企业,大多数国有企业均具备了民营化的必要性与可行性。他鲜明地指出,脱离民营化所进行的国企转换经营机制与三项制度改革经受不住实践的检验,而国企改革与发展路径循环反复,也正是由绕开民营化与产权改革思路所导致的。因此,唯有坚定不移地推进国有企业民营化并强化其规范性建设,才能有效防止国有资产流失,保障职工权益不受侵犯,实现国企改革向纵深推进。

对于国企民营化问题,部分学者认为民营企业完全有能力接盘大型国企。如,许小年[③]认为,民营企业现已基本具备对中国移动、中国联通、中国石油、中国石化等国有企业民营化的接盘能力。通过对电子通信设备领域进行分析后发现,以华为等为代表的民营企业完全具备承接大型国有企业民营化的能力与条件。也就是说,国家对行政垄断领域所设置的准入标准,严重限制了民营企业接盘能力的有效提高。实现国有企业民营化的前提是必须给予民营企业生存与发展的空间,而破除政府对重点领域的行政管制与垄断迫在眉睫。

2. "市场化"论

对于上述"股份化、民营化"国企的改革主张,国内大多数学者持谨慎态度,他们更多地主张国企改革应该坚持市场化的改革方向,使之与市场经济更好地兼容发展。

针对国有企业改革"股份化"的论调,华生[④]持反对意见,他在微博中指出私有化会分化国有企业的股份,企业不再为国家所有,也不再为人民共有,很可能会落入企业高管家族与官僚权贵手中。这样一来,国有企业不能继续服务于人民,并且会更加注重企业的经济效益而忽视了社会效益。长此以往,中国就会重蹈俄罗斯

---

① 钟晶晶,邢世伟. 张维迎称国企是中国成长障碍 建议股份赠送民众 [N]. 新京报,2012-03-19.
② 商灏,张文魁. 必须痛下决心推进国企民营化 [N]. 华夏时报,2012-03-26 (25).
③ 许小年:民企完全有能力接盘大型国企 [OL]. 网易财经,2011-07-26.
④ 华生. 华生的腾讯微博 [EB/OL]. http://t.qq.com/p/t/27307010839550,2012-03-20.

"贵族私有化"的覆辙。在华生看来，中国国有企业改革的总体方向应该是向市场化发展，中国多年的改革进行到现在，面临的都是一些比较具体的问题。他指出，产品价格市场化，包括要素价格市场化是解决这些问题的突破口，比如电价等关键性资源的产品价格市场化。

中国金融智库研究员高连奎①将彻底实现竞争性国企政企分离融入改革新思路之中，提出政府既不存在对宝钢集团有限公司、中粮集团有限公司、中国第一汽车集团公司、中国建材等为代表的竞争性国企经营管理与决策过度行政干预的责任，也应该尽量避免无底线扶持帮助该类国企的义务。竞争性国企应将改革方式转变为依托资本市场展开公司化改革，建立"物竞天择"的市场化竞争机制，以独立的市场主体承担经济法律责任，自负盈亏，面对并接受因市场竞争优胜劣汰所带来的经营风险。随着近年来在国资委推动下逐渐实现国有企业上市的工作进程，竞争性国企逐步接受并遵从资本市场的运作要求及规范，其体制模式最终将实现向规范化公众公司的蜕变。

有不少学者认为，国有企业坚持市场化的改革方向，应该从一般性领域和产业退出，发展混合所有制。如全国政协委员欧成中②认为国有经济范围与领域宽泛的事实，导致数量庞大的国有企业仍保留于竞争性行业之中。因此，针对特殊领域与行业国有经济市场化改革必须坚持宏观把控、有序进退。一方面，对于与国民经济命脉息息相关的关键领域与重要行业需大进快进；另一方面，截至2010年底，国有经济与民营经济实现对就业人数的吸纳分别为3000万人与1.6亿人，巨额的数字落差向社会宣告民营经济在促进社会充分就业这一发展目标上潜力巨大，意味着国有经济对于一般性竞争领域则需以大出快出的节奏，为民营经济的腾飞让出空间。国务院发展研究中心陈清泰③认为现在有巨量民间资本可以"接盘"国有企业。如果部分国有资本从一般性产业有序退出，转而充实那些更加重要的行业和领域，将产生双赢的效果，大大提高国家整体资本配置效率。从原则上讲，非公资本无意或无力进入的领域才是国有资本发挥作用、体现价值的重要空间。

还有一部分学者认为坚持国有企业市场化改革方向，应该重点发展公益性国企。高连奎④认为，新改革思路中的具有公益性质的国企，其实指的就是提供公共物品或自然垄断性产品的企业，该类国企改革的关键在于加强企业透明度建设，规避企业借助其垄断地位而侵害社会公众合法利益的发生。这也意味着，服务公众将

---

① 高连奎. 公益性国企改革符合市场经济规律[OL]. 21世纪网，2011-12-16.
② 梁军. 就国企问题与欧成中们商榷[N]. 南方日报，2011-03-17.
③ 陈清泰. 国有资本应从一般性产业有序退出[N]. 人民日报，2012-06-04.
④ 高连奎. 公益性改革符合经济规律[N]. 时代周刊，2011-12-15.

被作为公益性国有企业的最终目标。全国政协委员魏迎宁[①]提出，国有企业应逐渐退出国家安全、公共需要等公益性领域，还市场一个公平竞争的健康秩序。国有企业具备得天独厚的资源、政策、人才等多方面优势，导致市场竞争中处于天平两端的国有企业与民营企业本就存在显著落差。而国民作为国有资产最终所有人的本质决定了，在国家与政府支持下所建立的国有企业不该与民争利，应当将满足国家安全和公共服务需要作为其存在的价值与意义。

（二）关于国有企业垄断问题

随着20世纪末国有企业开始战略性兼并重组改革之后，国企数量大为减少，但剩下的国有企业资产规模却迅速膨胀。随着国有企业在经营过程中扭亏为盈并不断实现巨额利润，人们对国企"垄断"问题的担忧也日益加深。围绕国有企业的"垄断问题"，学者们争议和分歧较大。

1. 国企存在垄断且造成负面影响

部分学者认为当前国有企业存在垄断，破坏了市场竞争，主张应该破除国企垄断格局。国务院发展研究中心研究员吴敬琏[②]认为行政垄断现象在我国诸多关键部门的存在与建立社会主义市场经济要求相悖，并进一步质疑了反垄断应就事论事、区别对待的观点，强调企业反垄断的进程容易在上述观点作用下变得模棱两可、踌躇不前。

还有一部分学者认为，国企的行业垄断阻碍了国有企业的创新活动。北京大学厉以宁教授[③]认为既得利益的存在是出现行业垄断现象的根源，也是结构调整进程缓慢的根本原因。行业垄断作为计划经济下的衍生产物，与当前我国实行的市场经济存在冲突与矛盾。市场经济的大背景环境下，行使国家宏观调控权，发挥政府对于跨行业的规划和指导作用，改革严重阻碍国有企业发展与创新的行业垄断机制刻不容缓。

2. 国企垄断问题并不严重

虽然不少学者认为国有企业存在垄断并造成一些不利影响，但也有不少学者对国企垄断问题持乐观态度。

部分学者认为，我国国有企业属于完全垄断型的企业不多。国资委研究中心研究部部长许保利[④]以117家中央国有企业为分析对象，研究发现其中仅存在8家中央企业属于真正意义上的垄断企业，即中国石油、中国石化、国家电网、南方电

---

① 魏迎宁. 两会报道：竞争性国企不可行？[N]. 中国经济周刊，2012-03-06.
② 吴敬琏. 国企改革路在何方？[OL]. 和讯网，2012-11-07.
③ 厉以宁. 结构调整背后是体制问题[OL]. 新浪财经，2011-01-16.
④ 许保利. 国企"垄断"真相[N]. 瞭望，2012-06-02.

网、中国移动、中国联通、中国电信以及中国盐业总公司的食盐专营业务。基于此,他得到了完全垄断型企业数量只占我国企业总数"冰山一角"的有效结论。分析产生上述结果的原因可能在于,不同企业间以及国际之间的竞争日益激烈,即便在一些普遍被认为垄断程度较高的行业中,仍难以出现某一家企业存在真正垄断市场竞争的优势。

以中国人民大学经济学院教授刘瑞[1]为代表的部分学者主张国企存在的范围不是以垄断或竞争为依据的。他们认为,虽然少部分存在行业垄断特征的领域存在国有企业分布较为集中的现象,但在我国国有企业普遍集中的建筑、房地产、汽车、机械制造和社会服务等诸多行业之中,行业内的竞争性不容忽视。

还有学者认为,企业垄断与所有制形式没有直接的关系。国家发改委国有资产研究中心主任高梁[2]认为,将"大企业病"笼统地归咎于所有制,是不负责任的态度与行为。实际上,以市场结构状态形式存在的垄断,与所有制形式并不存在直接关联性。相对于中国国企掌控少数行业的垄断经营现象而言,即便是以私营企业为主的西方发达资本主义国家,其垄断现象反而以更为广泛、深刻及隐蔽的形式存在。

对于近年来国有企业经营绩效发生明显改善的原因,有些学者认为是依靠垄断来获得的。但是以中国人民大学经济学院教授张宇[3]为代表的另一些学者对此进行了反驳,认为国有企业经营绩效的改善主要不是来源于垄断。通过 HHI 指数赫芬达尔—赫希曼指数衡量并分析石油石化、电信、电力、钢铁和煤炭等目前饱受垄断诟病的行业,发现仅电信与电力两大行业存在自然垄断因素之外,其余行业都存在较强的竞争性。同时,根据国有企业的行业分布情况提出,分布于竞争型行业的国企数量占其总数达90%以上的结论。可以认为,国有企业经济效益的保障与提高并不取决于对行业的垄断,而在于对国有经济体制的不断创新与结构的持续优化,当前国有企业经济体制改革不应该本末倒置,将反垄断作为主要任务,而应当将焦点落在科学推动国有经济做大做强之上。

还有一部分学者认为,国有企业垄断的目的具有公益属性,在一定程度上是合理的。杨斌[4]认为,我国行业垄断的主体由国有企业组成,使得国有企业垄断行为被赋予了公益属性,即垄断服务99%,而非1%。相对于民营或私人垄断资本个人资本利益最大化的思想观念,国有企业还承担了保障社会与经济发展、提升国家产业竞争力等公共利益责任,甚至具备了与跨国垄断资本相抗衡的能力,发挥着维护

---

[1] 刘瑞. 国企"垄断"真相 [N]. 瞭望, 2012-06-02.
[2] 高梁. 国企"垄断"真相 [N]. 瞭望, 2012-06-02.
[3] 张宇. 国企改革路在何方. 和讯网, 2012-11-07.
[4] 转引自:尚前名. 国企"垄断"真相 [J]. 中国军转民, 2012 (7): 46-51.

我国经济安全的决定性作用。

3. 国有企业自然垄断问题

在我国，国有企业的垄断有相当一部分是属于自然垄断，对国有企业自然垄断问题的研究也引起了国内学者们的关注。

一部分学者从委托—代理视角分析自然垄断行业国有资产管理体制构建的经济机理。李青[1]认为，目前我国自然垄断行业的市场化程度相对较低，垄断依然严重。政府主管部门，集政策制定、资源分配、行政监管职能于一身，同时还承担了部分国有资产所有者职能，各种利益目标的混合必然会扭曲某些职能，造成所有者职能和对监管职责的缺失和不到位。陈昌智[2]提出，国有资产管理体制的重点应是"管资本"，最终目标应为国有资产经营绩效的提高。因此，必须在明确国有资产的所有权，理顺产权关系的基础上推行改革，才能使国有资本在其应该充分发挥作用的领域发挥功能。

还有一部分学者从产权视角对我国的自然垄断行业管理体制重构提出可行性建议。卢嘉瑞[3]认为，产权制度是国有资产管理体制的基本内容，国有资产管理体制改革要以产权制度改革为突破口。张鹏[4]认为，自然垄断行业国有资产管理体制改革的前提是正确区分可竞争性业务，在正确区分的基础上，对不属于自然垄断领域的可竞争业务实行纵向拆分；对于非自然垄断的竞争性业务，国有经济可完全退出，同时放开外资和民间资本的市场准入。戚聿东、柳学信、王志力[5]在研究国外自然垄断行业产权结构模式的历史变化的基础上，分析了我国自然垄断行业产权结构的现状与问题，提出提高自然垄断行业国有资产经营绩效的一个重要方法是实现自然垄断国有企业产权的多元化。他认为现阶段最为可行的路径是积极推进自然垄断行业国有企业上市进程，通过股权多元化稀释国有股权比例。

（三）关于国有企业的效率问题

1. 国有企业效率偏低

围绕国企效率高低展开的研究中，学者吴敬琏[6]以翔实数据进行分析并得到了国企效率显著低于民营企业的结论。在迎来改革开放的初期阶段，与拥有绝大部分社会资源使用权的国有部门经济缓慢增长与低效率投资现状相比，非国有部门成为了中国经济增长与效率提升的主力军。随着面临亏损的国有企业数量日渐攀升，20

---

[1] 李青. 自然垄断产业政府管制改革的中西比较研究 [D]. 厦门：厦门大学，2004.
[2] 陈昌智. 完善国有资产管理体制，优化国有资本布局 [N]. 人民日报，2014-03-19.
[3] 卢嘉瑞. 以产权制度改革为基础，建立国有资产管理新体制 [J]. 江汉论坛，1992 (6).
[4] 张鹏. 深化自然垄断领域国有资产管理改革 [J]. 青年科学（教师版），2014 (8).
[5] 戚聿东，柳学信，王志力. 自然垄断产业改革的产权模式 [J]. 财经问题研究，2007 (3).
[6] 吴敬琏. 不改革国有经济无法实现共同富裕 [J]. 理论学习，2011 (12)：40.

世纪 90 年代中期国企部门步入了全行业亏损的窘境，严重影响了国家财政金融体系健康运转。尤其是以银行系统为代表的金融行业呆账坏账日积月累，带来了极大的系统风险。基于此，学者吴敬琏以明确观点表明，唯有推崇市场竞争观，国企逐步地退出一般性竞争领域才能改变这一现状，与其持相近观点的还有张维迎（2012）、周其仁（2011）等多位经济学家。

安体富[①]表示，由于受房地产政策调控、铁路等基础设施建设项目投资增速回落的影响，我国需求呈疲弱态势，国企集中分布的诸多领域、行业产能过剩、产需矛盾突出，所呈现的成本与效益不对等局面在短期内难以有所改善。而辜胜阻的研究中以中央企业财务披露信息为基础，发现其年末拥有 28 万亿元的总资产，而净利润却不足 1 万亿元，且在剔除息税后的总资产回报率仅为 3.2%，甚至无法与银行 1 年期的基准存款利率 3.25% 等量齐观。不仅如此，如果考虑扣除国企所获得的税收、信贷、资源租等显性与隐性补贴，其最终盈利与否将被打上一个巨大的问号。[②]

2. 国有企业效率并不低

反对国企低效论的有刘国光（2012）、左大培（2012）、夏小林（2012）等一些学者。中国社会科学院研究员左大培[③]则坚决否认发展国有企业导致社会经济呈现低效率这一观点，认为产生该偏见的原因是将"利润低"与"效率低"二者画等号。

与私营企业相比，国企净产值的内部分配侧重于关照企业员工。因此，即便诸多国企的人均利润表现不如私营企业，但其人均产出也有可能高于私营企业。也就是说，将净产值内部分配差异所导致的低利润等同于低效率是不科学的。此外，他还解释了大多数人支持国企低效率甚至没有效率的原因，是因为社会各界仅关注 20 世纪 90 年代半数以上国企发生的经营性亏损现象。根据全国工商联对企业寿命展开的研究报告数据显示，我国民营企业平均寿命不足三年，在五年内破产与在十年内消亡的比例达 60%、85%；而 20 世纪 90 年代中期国企平均寿命均达 20 年以上，仅以 60% 的国有企业发生亏损即证明国有企业没有效率显然有失偏颇。

3. 国企改革中公平与效率的选择问题

秦晖[④]指出，当下中国，所谓"效率优先"往往成了不公正的特殊利益优先；而"兼顾公平"又往往被理解为公平置后。不少经济学家尊崇所谓科斯定理。根据这个定理，"初始权利"属谁无关紧要，只要交易成本为零，效率就可以最大

---

① 安体富，任强. 促进经济结构调整的财税政策研究 [J]. 涉外税务，2011（1）：20-24.
② 辜胜阻. 提升软实力要改革"硬"体制 [J]. 中国人大，2012（9）：46-47.
③ 胡秀荣. 现阶段进一步深化国企改革争论的焦点 [J]. 中国民营科技与经济，2012（5）：44-47.
④ 秦晖. 中国能否走出"尺蠖效应"的怪圈？[N]. 南方周末，2004-09-09.

化，这实际上是剥夺了公众参与讨价还价的权利。杨曾宪[①]坚持反对把国有资产卖给内部人的改革观点与实践，他认为，不仅因为这种改革举措存在不公平，而且它预后很坏，由此造成社会不公，进而可能演化成社会冲突。

（四）关于国有企业改革过程中国有资产流失问题

从20世纪末开始的国有企业战略重组改革，使国有企业剥离了原来计划体制下承担的部分社会职能，使不少国有企业扭亏为盈。但随后以管理层收购（MBO）为代表的一系列产权改革，引发了学术界对国有企业产权改革中的国有资产流失问题的高度关注。

1. 国有企业高管通过产权改革侵蚀国有资产

经济学家郎咸平[②]对国有上市公司TCL的产权改革方案提出质疑与批评，认为TCL公司陆续以集团上市、剥离核心业务等手段实现所谓的产权改革，公司董事长借助产权改革而一夜致富，但实则直接损害了中小股东的合法利益。除此之外，郎咸平又于《四问海尔公司管理层》一文中明确提出要求该企业披露高管人员与职工持股会的持股现状，指出应该约束涵盖企业高管在内的职工持股会对企业资产的控制权，防止国企高层利用产权转换前后的业绩操控手段，使得国有资产在产权改革的借口下合法地流入公司管理层。

以程恩富[③]为代表的多位学者认同郎咸平关于管理层收购的观点。他们表示，让国有企业管理层自己收购国有企业，实际上是让国有企业管理者不作为或有意做亏后自卖自买，必然使国有资产大量流入私人腰包；让私营企业收购国有企业，在目前情况下，容易使公私企业国有资产面临被侵吞的风险；让外国资本收购国有企业，又涉及民族经济主权和国家经济安全。中国政法大学商学院杨帆[④]认为，不能把管理问题简单地归结为所有制问题，纳入"私有制万能"的轨道。他指出，对经营不善的国企经理人，不但不惩罚，反而把股份送给他们，最大的危害就是将国有部门经理全部腐蚀掉，唆使他们制造亏损，然后侵吞国有资产。

2. 国有资产流失造成的原因及危害

徐传谌，孟繁颖[⑤]指出，国有资产的全方位多渠道流失已是一个不争的事实，其原因主要在于国有企业产权制度内部治理机制的缺陷及市场体系发育不完善，缺乏有效的外部治理机制，以及相关法律、法规建设的滞后及不完备等。南京财经大

---

① 杨曾宪. 精神劳动商品价值规律——"价值学视域中的劳动价值论与市场规律"系列研究之二十［J］. 社会科学论坛，2012（1）：13－27.
② 郎咸平. 质疑TCL产权改革方案［OL］. 搜狐财经，2004－09－07.
③ 程恩富等. 关于郎咸平质疑流行产权理论和侵吞国有资产问题的学术声明［J/OL］. 社会科学报，2004－09－16.
④ 杨帆. 国企改革的思路要超越左右翼［J］. 资料通讯，2005（6）：42.
⑤ 徐传谌，孟繁颖. 国有资产流失成因及治理对策研究［J］. 经济体制改革，2007（1）：54－57.

学教授陶用之①将国有资产流失所造成的危害概括为五个方面：一是以公谋私，侵害公众利益，与以人为本的科学发展观相悖；二是少数人拥有社会大部分财富，加剧社会不公平；三是影响职工正常就业；四是导致贫富差距扩大化；五是加剧社会腐败。

3. 坚持国企改革与防范国资流失

北京大学教授张维迎②强调，必须善待为社会做出贡献的人，端正看待国有企业改革过程的心态。国企改革应当是实现财富创造的过程，而非瓜分财富的过程。尤其是应该消灭"此消彼长"式的误导性观点，即认为个体效益的实现一定以国有资产流失为代价。不仅如此，政府部门对私人资产侵占行为更应当引起重视，而国有企业改革计划不应当以可能导致国有资产流失为理由而搁置。国务院发展研究中心企业所副所长张文魁③在题为《中国是否应该停止国有企业产权改革》的演讲中强调，国有企业改革势在必行，而国有资产的流失可以防止。

吴敬琏④提出，国企改制过程中蚕食与侵吞国有资产的现象确有存在，但并不意味着必须停止改制进程，个别学者存在宣扬整个企业界都在盗窃公共财产的夸张言论。

2004年9月，针对外界对郎咸平（2004）应该停止国有企业改制的质疑，郎咸平⑤认为不是说国有企业改革该停，而是不能忽视国有企业效率低这一不争的事实。他还强调，转变改革方向，预防由社会老百姓所有的国家资产进入民营与国有企业负责人的"口袋"是其呼吁停止国企改革的初衷。他认为国有企业的问题不在所有人缺位，而在职业经理人缺位。应该重新建立起职业经理人制度，可以通过高薪聘请职业经理人。职业经理人制度的存在，不仅不会导致国有资产流失，还为国有企业改革提供了新思路。

根据文献回顾可以发现，学术界围绕着国企改革进程中发生的若干问题展开的争论，长期以来一直未曾停止，亟待探索和深入研究。

（五）关于国有企业混合所有制改革问题

在我国经济社会发展进入"新常态"，处于跨越"中等收入陷阱"的关键时期，2008年爆发的国际金融危机倒逼我国加快经济发展方式的转变，实施供给侧结构性改革，作为我国国民经济支柱的国有企业面临着进一步深化改革的现实要求。党的十八届三中全会将积极发展混合所有制经济作为深化经济体制改革的重要

---

① 张晋锋. 国企改制中国有资产流失的思考 [D]. 太原：山西财经大学，2008.
② 张维迎. 中国企业的生存环境与经济学家的社会责任 [OL]. 新浪财经，2004-08-28.
③ 张文魁. 中国是否应该停止国有企业产权改革？[OL]. 搜狐财经，2004-08-29.
④⑤ 汪小文. 关于国企改革和国有资产流失的争论 [J]. 社会科学论坛，2005（6）：153-156.

内容之一，把混合所有制经济作为我国基本经济制度的重要实现形式和国有企业改革的重要方向，积极促进国有资本、集体资本和非公有资本之间的交叉持股、融合发展，实现国有资本功能放大，带动国民经济持续健康发展，要求更多国有经济和其他所有制经济发展成为混合所有制经济。2017年党的十九大报告也进一步强调要深化国企改革，积极发展混合所有制经济，培育具有全球竞争力的一流企业。近年来国内学者围绕国企混合所有制改革展开了一系列研究，主要涉及新一轮混改的内涵、混改难点、路径优化、持股比例研究等方面，在诸多领域还存在较大争议。

1. 国企混合所有制改革内涵

正确理解国企混合所有制改革内涵需厘清混合所有制和混合所有制经济的内涵和外延。多数学者[①]认为混合所有制经济是一个宏观概念，指公有制经济为主体，多种所有制经济共同发展的格局。它是我国不断探索经济发展模式的产物，均受一些共同的经济规律支配和影响，它的最终目的是维护和积极扩展公共利益。而混合所有制是微观概念，指的是存在不同类别生产资料所有制的混合。混合所有制企业是其发展的微观形态。学术上多以国企或民企为切入点对混合所有制改革进行微观层面的理解。如张虎和解星华[②]认为混合所有制是指不同所有制投资主体共同出资组建的企业。卢江[③]则基于股权结构层面阐述不同性质的出资人交叉持股，着重体现在国有企业改革上。卫兴华[④]则认为混合所有制即是专指公私资本交叉持股的股份制度。没有必要分散理论与实践焦点另将现阶段基本经济制度改称混合所有制经济。党的十八届三中全会以后，混合所有制改革内涵进一步得到探讨。学者袁惊柱[⑤]认为混合所有制改革必须充分体现公私资本的融合，不改变资本结构的国企改制、中央企业重组或不同层级国企重组均不属于混合所有制企业。李政等[⑥]认为新时期的混合所有制改革除引入非国有资本外，还应当注重管理和资源乃至文化融合，才能真正发挥优势互补，实现"国民共进"。由此可见，国内学者对混合所有制改革的内涵和外延均有不同的理解，但对公私资本融合这一本质均有共同的认识。

---

① 程恩富，谢长安. 论资本主义和社会主义的混合所有制 [J]. 马克思主义研究, 2015 (1): 51 – 61, 158 – 159.

② 张虎，解星华. 混合所有制改革对资产评估行业的影响 [J]. 合作经济与科技, 2018 (4): 124 – 125.

③ 卢江. 论双重结构下的混合所有制改革——从微观资源配置到宏观制度稳定 [J]. 经济学家, 2018 (8): 11 – 19.

④ 卫兴华. 为什么要实行和怎样实行混合所有制经济 [J]. 山西高等学校社会科学学报, 2015, 27 (6): 2 – 6.

⑤ 袁惊柱. 国有企业混合所有制改革的现状、问题及对策建议 [J]. 北京行政学院学报, 2019 (1): 71 – 78.

⑥ 李政，艾尼瓦尔. 新时代"国民共进"导向的国企混合所有制改革：内涵、机制与路径 [J]. 理论学刊, 2018 (6): 48 – 57.

2. 国企混合所有制改革难点与路径优化

我国国企混合所有制改革效果显著，但依然存在不同程度的难题。明晰当前国企混合所有制改革难点所在并提出相应的路径优化成为理论界探讨的焦点之一。李红娟[①]从统一认识、政策落地、资产定价和治理调整四个方面总结出当前国企混改难点所在并分析得出体制存障碍、历史遗留负担重、国企民企顾虑和配套政策缺失是造成上述难点的根源，必须从明晰混合所有制改革理念入手，提高配套政策协同性和精准性，利用资本市场完善定价机制、加快建立现代企业产权制度。武鹏[②]认为当前国企混改存在国企存量改革阻力大、混改与地方经济社会协调性较差、社会资本未充分等现象，必须以健全企业治理结构为突破口，把握改革方式和节奏，建设股权交易平台。袁惊柱[③]认为当前国企混改存在概念模糊、政企难分、决策与经营未发生根本改变等问题，必须基于立法角度完善各类改革具体细分政策、明晰权责、扶持资产评估和产权市场发展，为国企混改创造良好的外部条件。但也有学者持有不同的观点。如简新华[④]提出当前深化国企混合所有制改革的关键点不在于混改本身，而是更应关注国企内部治理机制和经营管理结构的完善，即公司的内部治理。杨薇薇[⑤]还通过实证分析发现混改成功的关键因素除了均衡的股权结构外，还在于董事会制度和国有企业分类。为此，钱婷和唐孝文[⑥]结合"集团治理"概念与国有企业改革难点创新提出一套国有企业内部管理的适配性优化路径，对明晰集团与成员权责关系、促进混合所有制企业文化融发、提高国有企业内部治理水平均有较大的促进作用。陈颖和吴秋明[⑦]基于混合所有制企业，研究了其治理结构与治理效率关系，结果发现"老三会"融入新的公司治理机制后可降低企业违规次数，起到强化监管作用。因此，必须深化"新三会"与"老三会"的融合，完善混改企业法人治理结构。

3. 国有股权比例研究

在混合所有制改革过程中，各资本结构比例一直是学术界争论的焦点之一。目前，国资控股、民资控股逐渐成为理论界的两大阵营。卫兴华[⑧]认为在私有资本参

---

① 李红娟. 国企混合所有制改革难点及对策 [J]. 宏观经济管理, 2017 (10): 55-62.
② 武鹏. 我国混合所有制经济发展的成就、问题与对策 [J]. 学习与探索, 2017 (12): 118-123.
③ 袁惊柱. 国有企业混合所有制改革的现状、问题及对策建议 [J]. 北京行政学院学报, 2019 (1): 71-78.
④ 简新华. 必须正确认识和合理推进国有企业的混合所有制改革——不能过分强调混合所有制改革的作用 [J]. 财经科学, 2017 (12): 1-4.
⑤ 杨薇薇. 国有企业混合所有制改革必然性分析与最佳改革成效实现路径研究 [J]. 湖北社会科学, 2016 (10): 82-88.
⑥ 钱婷, 唐孝文. 国有企业集团混合所有制改革治理完善路径研究: 基于"集团治理"概念框架的分析 [J]. 管理现代化, 2017, 37 (4): 56-59.
⑦ 陈颖, 吴秋明. 中国混合所有制企业公司治理特殊性及治理效率的实证研究 [J]. 经济体制改革, 2018 (4): 116-123.
⑧ 卫兴华. 全面准确地理解"发展混合所有制经济" [J]. 经济导刊, 2015 (10): 16-17.

股国企的情况下国有企业的存量资本一般不应出让控股权。付钦太[①]立足于我国基本经济制度,提出国企混改必须以"国有资本控股"为主,大力提倡国有资本之间"交叉持股"。夏小林[②]经过研究也认为单纯以国企"一股独大"来否认国资控股的观点是不成立的。而文宗瑜[③]则指出国有企业在大多数领域中存在所有制结构单一、行政干预严重的问题,降低了资源配置效率,加剧了经济运行中的"寻租"行为,因此必须引入民营资本来实现产权多元化以改善国有企业运行效率。彭建国[④]指出我国大部分国有企业应当逐步降低国有资本所占比例。还有学者认为各资本结构比例应当以国企混改目标为导向,积极探索国有股均衡持股比例。如张卓元[⑤]通过实证发现国有股比例减少到20%~25%有利于完善公司法人治理结构。田昆儒和蒋勇[⑥]通过大量的数据样本研究得出国有参股、相对控股、绝对控股的国有股最持股比例分别为15.46%、32.16%、74.56%;马连福[⑦]通过实证分析得出简单的股权混合并不能提高国企绩效,只有在非国有股处于30%~40%时企业绩效才能达到最佳状态。祁怀锦和刘艳霞[⑧]等人以2008~2017年A股国有上市公司为样本得出:当国有与非国有资本结构在[1/3,2/3]区间内时、混合所有制改革促进国有资本保值增值的作用更为显著。事实上,非国有股权比例的优化除以改革目标为导向外,还受其他因素影响。如李文贵和余明桂[⑨]通过研究发现非国有股权比例对民营化企业的创新能力有显著的促进作用。冯埃生[⑩]通过实证检验发现混合所有制程度与国有企业冗余雇员显著负相关,提出混改必须注重保障企业员工利益。此外,章懂宇[⑪]还发现国企引入非国有资本的比例在一定范围内与国有企业承担的社会责任之间呈正相关关系。

[①] 付钦太.关于"国有企业该不该退出竞争性领域争论综述"的结论[J].理论建设,2015(1):53-57.
[②] 夏小林.国企改革刍议[J].中国经济报告,2015(12):65-69.
[③] 文宗瑜.从垄断到所有制的混合——论基本制度层面上的中国国资改革[J].人民论坛·学术前沿,2014(7):66-71.
[④] 彭建国.积极发展混合所有制经济[N].人民日报,2014-09-15(7).
[⑤] 张卓元.积极推进国有企业混合所有制改革[J].中国浦东干部学院学报,2015,9(2):11-14,107.
[⑥] 田昆儒,蒋勇.国有股权比例优化区间研究——基于面板门限回归模型[J].当代财经,2015(6):107-117.
[⑦] 马连福,王丽丽,张琦.混合所有制的优序选择:市场的逻辑[J].中国工业经济,2015(7):5-20.
[⑧] 祁怀锦,刘艳霞,王文涛.国有企业混合所有制改革效应评估及其实现路径[J].改革,2018(9):66-80.
[⑨] 李文贵,余明桂.民营化企业的股权结构与企业创新[J].管理世界,2015(4):112-125.
[⑩] 冯埃生.混合所有制、企业性质和冗余雇员[J].云南社会科学,2016(3):84-87.
[⑪] 章懂宇.国有企业混合所有制改革最优比例研究[D].南京:南京大学,2018.

二、近年来国有企业改革的反思

国有企业改革了四十年,也争论了四十年,大到国有企业改革的基本方向选择,小到公司治理结构的关键问题,都引发了各界的密切关注和学界的广泛讨论。通过总结国有企业40年改革实践的经验教训,并对近年来的国有企业改革的理论争鸣进行反思,将有助于更加坚持国有企业改革的市场化方向,更加积极地推进国企改革的深化,最终实现国有经济"做强、做优、做大"的战略目标。

(一) 坚持国企改革的市场化方向

在国企改革的历史进程中,国家通常扮演着市场调节者和国有企业所有者的双重身份,成为市场的主要参与者和仲裁者。那么,如何建立国企与非公有制经济的公平竞争机制,取决于政府角色定位是否渐趋合理,即以政企分开为基础、政府超脱于市场竞争而对市场进行宏观监管的政企关系应形成,使国企真正成为市场化的主体。国内外实践经验表明,健康有序的市场竞争是提高市场效率和企业生产经营能力的重要驱动因素,只有那些尊重和顺应市场规则的企业(包括国有企业),才能在激烈的市场竞争中生存和发展。今后国企改革方向应当坚定市场化、公司结构治理法人化以及股权结构多元化。这就需要探讨一种在混合所有制背景下国有企业如何与市场经济结合的模式。

2015年9月13日,中共中央、国务院印发了《关于深化国有企业改革的指导意见》(以下简称《指导意见》),其中明确指出了新一轮国企改革的基本目标,要求于2020年,取得国企改革重要领域和关键环节的决定性成果,构建与我国基本经济制度和社会主义市场经济发展要求高度符合的国资管理体制、现代企业制度、市场化经营机制,合理优化国资布局结构,培育一大批兼具创新能力与国际竞争力的国有骨干企业,增强国有企业经济活力、控制力、影响力、抗风险能力。《指导意见》的颁布,标志着新一轮国企改革顶层设计与基本路线图的完成。国有企业改革作为经济体制改革的关键与核心部分,其成败决定了我国社会主义市场经济的未来发展趋势,受到社会各界广泛关注。

自20世纪80年代国企改革正式驱动以来,面临着诸多复杂性、艰巨性与不确定性,但还是取得了重大突破和显著成效。然而,不可否认的是,在国企改革进程中仍然遗留了许多亟待破解的坚硬内核。当前处于国企改革攻坚阶段,新一轮国企改革必须将市场化的战略目标与有效路径作为一大重要课题进行有效突破,将国企真正打造成为有竞争力的独立市场主体。

（二）坚持国企红利全民共享有利于破解垄断难题

在市场经济体制的环境之下，垄断被定义为少数市场主体通过其控制的巨额资本、生产规模及市场份额，以协定、同盟、联合、参股等途径，操控一个或多个部门产品生产与流通，从而获取巨额利润的过程。一般表现为以价格歧视产生的不公平竞争以及市场准入限制两大方面，分为自然垄断、竞争性垄断和行政垄断三大表现形式。

从目前的国有企业市场竞争地位来看，部分大型国有企业在市场竞争中确实获得了一定的垄断地位，并凭借其垄断地位取得高额利润，占有广阔的市场份额。尤其是许多国企的垄断属于行政垄断，完全限制或者排除了市场竞争，不能合理有效地配置资源，从而导致企业效率低下、产能过剩、创新不足、分配不公等一系列问题。

如何有效破除国有企业的垄断难题？本书课题组认为，应该按照垄断的类型具体分析。对于行业垄断，尤其是国有企业凭借政府股东背景形成的政策和资源优势获得的垄断，应该强化政企分开，进一步推进市场化改革，促进市场公平竞争。我们认为，造成国有企业能够大肆扩张甚至过度投资的一个重要根源在于自1994年分税制改革后国有企业暂停利润上缴的制度安排。虽然从2007年起建立国有资本经营预算制度，中央国有企业恢复了税后利润上缴财政的政策，但是上缴比例仍然偏低，而且上缴的利润又大都以资本性支出和费用性支出的方式返回到国有企业。正是由于国有企业利润的小比例上缴及上缴利润的回流，使国有企业税后利润大多数滞留在企业内部，充足的现金流使其能够以较低的资金成本去大肆扩张和盲目投资，导致大量国有资产的浪费和损失。因此，有必要进一步提高国企税后利润上缴比例，并使上缴的利润能够通过国资预算支出惠及全民，这不仅能够通过减少国企的自由现金流来约束国有企业的投资冲动和高管的过度在职消费，而且还可以有效削弱国有企业的垄断地位。由于自然垄断形成原因的特殊性，对于自然垄断的行业，国有企业垄断当然是好于民营企业垄断，因为垄断利润为全民所有，不是少数私营企业主所有。马克思主义政治经济学早就揭示了，市场竞争必然导致市场垄断。问题并不是垄断，而在于垄断是如何获取的，以及垄断后是否还能有效提供优质产品或服务的供给。因此自然垄断行业的国有企业，可以保持其自然垄断地位，但在强化其提供更优质的产品和服务的同时，也必须加强对其因垄断而获得的巨额红利的征缴和分配，确实保障全民作为国有企业所有者的权益。

（三）国企改革中如何兼顾公平与效率的统一

改革开放以来，我们对公平与效率的安排原则从传统体制下的过分重视公平，转变为"效率优先,兼顾公平"的基本原则。在"效率优先"为指导建构的制度框架下,不仅极大地激发了经济活力,带来了持续40年的经济高增长,综合国力显著增强,而且使东部沿海地区和一部分人率先发展和富裕起来。然而,由于在提倡效率优先的同时,未能适时关注社会公平,使国民收入分配差距迅速拉大,从而导致社会矛盾日趋尖锐。联合国统计数据显示,中国的基尼系数2008年最高达到0.491,2010年达到最高峰0.52,2015年下降至0.462。虽然近几年不断下降,但仍居于0.4的国际警戒标准之上,被国际社会评论为"全球收入分配差距最大的国家之一"[①]。

国内外的实践经验表明,在市场经济条件下,优胜劣汰的市场竞争机制必然由于效率因素带来收入分配差距,但是如果能够同时兼顾公平问题,及时构建社会保障制度,并不会危及社会稳定。而如果不能妥善处理好效率与公平的关系,效率优先的改革就会成为社会不稳定因素。

令人欣慰的是,近年来,改革中的公平缺失问题已经引起了决策层高度重视,颁布并实施多项政策以保障效率、促进公平。2006年5月,中共中央政治局召开以研究改革收入分配制度和规范收入分配秩序问题为核心的主题会议,会议提出多项建设性意见与建议,包括以科学合理、公平公正为原则构建社会收入分配体系,协调经济发展与社会公平的关系,合理调整国民收入分配格局,从而实现改革开放和社会主义现代化的建设成果全民共享;通过提高低收入群体的最低收入标准、扩大中等收入者比例等手段调节收入分配,取缔非法收入,着力缓解地区之间和部分社会成员收入分配差距扩大的趋势。

就保障公平的具体举措来看,近年来,一方面,各级政府积极推进社会保障制度建设,运用公共财政逐步提高退休职工的养老金待遇;另一方面,以"限高保低"为原则,运用所得税等政策工具,调节收入分配差距,积极破除行政性垄断,改革国企高管薪酬制度。应当承认,这些政策性保障举措收到了预期的效果,在一定程度上起到了矫正公平缺失的积极作用。

(四)应正确认识国有企业改革中的国有资产流失问题

国有资产流失问题被视为国企改革争论的新焦点,在改革过程中备受社会各界关注。应该承认,国有资产流失问题在国企改革过程中确实存在,甚至于某一阶段问题表现十分尖锐。国企产权交易过程中低估高值的国有资产、关联交易中低价出售或高价买入产品、不规范的国企管理层收购导致自卖自买等,均是国有资产流失的经典表现。

---

① 董全瑞. 中美收入分配差距比较与反思 [J]. 中州学刊, 2012 (1): 27-32.

如何正确认识国有企业改革过程中国有资产流失现象呢？首先，我们必须正确认识国有资产的范畴及主要形态。如导论中已经做出的界定，属于国家所有的、能给国家带来社会经济效益的各种经济资源的总和，均可称之为国有资产。它一般包括三种形态，即经营性国有资产、行政事业性国有资产、资源性国有资产。认识了国有资产的范畴和主要形态之后，一旦发生国有资产流失，我们就可以很清楚地知道哪一种国有资产存在流失现象，对国有资产流失的原因追根溯源，并采取相应的措施加以改善。其次，我们必须正确认识国有资产流失的主要形式。如上所述，国有资产流失的方式和渠道多种多样，无论哪一种方式，其中的一个共同特征都是国有资产的实物形态减少与价值形态贬损。此外，国有资产流失还分为正常流失与非正常流失两种形式，它们之间最主要的差别在于是否是由人为因素所致。因各种非人为因素引起的国有企业资产流失称为国有资产的正常流失，反之则称为国有资产的非正常流失。国有企业改革过程中国有资产的正常流失是各种非人为因素引起的，主要受到国家法律法规弹性和市场价格波动的影响，从而催生了国有资产的合法转移和正常的价值变化。最后，既然已意识到国有资产流失问题的存在及其危害，就应该在国有企业改革（尤其是国企产权改革）过程中从源头、渠道、形式等每一个环节加强对国有资产监管，严格控制和防范国有资产流失。

（五）积极发展混合所有制经济

2013年党的十八届三中全会提出的《中共中央关于全面深化改革若干重大问题的决定》将发展国有、集体及非公有三大资本等交叉持股、相互融合的混合所有制经济作为我国基本经济制度的重要实现形式。自新一轮国有企业改革以来，混合所有制改革逐渐成为理论界的重点研究领域和关注焦点。目前，国内学者在国有企业混合所有制改革领域已取得了重要成果，主要侧重于研究国有企业混合所有制改革内涵、改革动机、路径优化、最优国有持股比例等多方面研究。综合学者们的观点，混合所有制经济指的是，将所有制性质存在显著差异的资本纳入同一企业内部，并通过交叉持股、相互渗透、相互融合的过程形成新的产权配置结构和所有制模式。由于混合所有制经济属于所有制实现途径中的一大手段，就其本身并无性质优劣可言。但将所有制性质存在差异的各类资本纳入统一企业进行混合所有制改革之后，若其载体表现为股份制经济形式，则"混合后"经济实体性质取决于占资本控股权的那一类所有制性质。可见，在市场经济环境之下，性质单一的所有制经济于社会经济发展中是否占据主体地位、发挥主导作用决定了其能否在混合所有制经济形态掌握控股权。为此，国有经济于国企改革中能否有效发挥主导作用、焕发新活力、提升控制力与影响力的关键也与此息息相关。因此，地方政府在制定并实施混合所有制改革实施方案的过程中，不应该只考虑引入非公有制经济融入国有经济中并着力把控混改后控股权,而应该提高国有经济融入非公有制经济并占据控股地位的主动性与积极性,将中央文件要求的实现国有经济的"一主三力"落到实处。

实践来看,按照党的十八届三中全会精神,2015年国务院印发《关于国有企业发展混合所有制经济的意见》,明确规定了国企混合所有制改革的具体细则,为全国各地开展国企混合所有制改革提供了指导建议。到2017年,我国国企混合所有制改革"1+N"政策的顶层设计已初步完成。为全面落实国企改革"1+N"政策体系,2018年国务院更是印发《国企改革"双百行动"工作方案》,选取百家中央企业子企业和百家地方国有骨干企业,以期在未来三年期间全面深入推进综合性改革,力求在重点领域和关键环节率先取得突破。这一系列政策表明,我国国企混合所有制改革步伐已迈入攻坚时期,各地国企混合所有制改革进程也呈现全面提速之势。根据最新数据显示[①],2017年我国新增的混合所有制中央企业已突破700家,其中在资本市场引入的非公有资本达到3386亿元,实现了产权层面与非公有资本的深度混合。从横向角度来看,混合所有制改革涉及的行业范围正在不断扩大,已逐步扩展到石油、天然气、电力、铁路、民航、电信等国家重点领域。由此可见,我国国有企业混合所有制改革已得到稳步推进,并取得了显著成效。

第二节 国有企业红利分配的研究综述

随着国有企业改革的进一步深化,国有企业红利分配制度的改革也备受社会各界关注。近年来,专家学者从各个角度着手对国有企业红利分配问题进行了深入的研究,研究的重点主要集中于国有企业利润分红的必要性、重要意义、征收主体、分配标准、分红比例、支出方向和结构等方面。但由于没有现成的模式可借鉴,学者们见仁见智观点不一,在一些问题上仍然存在争论和分歧。对国有企业红利分配问题的研究成果进行梳理和综述,不仅有利于厘清国企红利分配问题的理论脉络和研究动态,也有助于为深化国企红利分配制度改革提供观点集成和逻辑思路。

一、国外相关研究综述

西方市场经济国家也有国有经济和国有企业,但它们存在的主要目的是提供公共产品,弥补市场的失灵,满足政府履行社会管理者职能的需要。所以,西方国家

---

① 肖庆文. 混合所有制企业数量类型和行业分布[N]. 中国经济时报,2016-02-01.

的国有资产总体上是非营利性的,在国民经济中的占比较小,其国有企业的主要职能是为社会公众提供公共产品和公共服务。由于西方国家市场经济体制较为完善,其国有企业虽然比重不大,但是管理科学、运作规范,尤其是其关于国有企业红利分配制度的政策框架和理论研究较为成熟,可资我国参考与借鉴。

(一) 关于股利支付的必要性

由于西方国家国有企业比重小,且大都不以营利为目的,因此西方学者有大量的研究集中于对股份制企业的股利政策研究。

1. 股利无关理论

20世纪60年代,经济学家米勒(Miller)和莫迪利亚尼(Modigliani)基于完全资本市场的假设提出了著名的MM股利无关论。他们认为股利政策和公司价值之间无相关性,即在完全资本市场假设下,不支付现金股利和支付现金股利对股东产生的资本利得并无差别,因而包括股利的支付形式和时间在内的股利政策和公司价值无关[①]。具体观点包括:一是投资者不关心股利分配,若公司留存较多的利润用于再投资,会导致股价上升,此时尽管股利较低,但需要现金的投资者可以出售股票换取现金。若公司发放较多股利,投资者又可以用现金再买入一些股票以扩大投资,即投资者对股利和资本利得并无偏好;二是股利支付率不影响公司价值,既然投资者不关心股利分配,公司价值就完全取决于投资的获利能力,公司在股利发放和保留盈余之间的分配并不影响公司价值。值得说明的是,该理论是基于完全市场假说提出的,然而,现实的市场环境并非如MM理论所述的那么完美,由于存在着信息不对称和交易成本,股利政策是会影响公司价值的。在MM理论的指导下,要实现股东财富的最大化,就要依据剩余股利原则来制定股利政策,即企业创造的利润要首先满足良好投资机会下资本预算的需求,有剩余的情况下才对股东进行利润分配。按照这一原则分配股利有利于保证公司相对稳定的资本结构,降低股票的发行成本,从而增大公司价值,但剩余股利分配原则下,公司的股利分配政策不稳定,不能长期有效地吸引客户,不利于维护公司形象,反过来会增加公司风险。

继MM理论提出后,法拉和塞尔文(Farrar and Selwyn,1967)提出所得税率差异理论即税差理论。税差理论放松了股利无关论中的无税负假设,认为一般情况下,现金股利税高于资本利得税,同时资本利得税的纳税时间的选择更有弹性[②],因此,股利支付率与企业价值负相关。所以,理性的投资者更倾向于选择低派现,

---

① Miller, M. H. and Modigliani, F. Dividend Policy. Growth and the Valuation of Shares [J]. *Journal of Business*, 1961.
② 沈吕琼. 上市公司股利政策对投资行为的影响研究 [D]. 天津:天津师范大学,2015.

从而推迟获得资本收益,以延迟缴纳所得税,获取税收差异。后来的一些研究说明股票的预期必要报酬率会随股票收益率增加而有正的线性关系,表明存在税收效果。税差理论认为高股利政策并不利于企业,为了使公司价值能够最大限度地体现,要做的不是将留存收益作为分红分给投资者,正确的做法应当是重视投资效率,提高资金的利用效率,获得更多的利润。继 MM 理论和税差理论之后,史密斯和沃茨(Smith and Watts, 1992)提出了契约假说,认为增长能力越强的企业会拥有越多的净现值为正的投资项目,可以投入大量资金而不必担心过度投资问题,增长能力强的企业会更多地通过资本市场融资,从而有效地发挥外部监督机制的作用[1]。

2. 股利利好理论

最早的股利利好理论是"一鸟在手"理论。麦伦·戈登(M. Gordon)在《股利、盈利和股票价格(1959)》《投资、融资和公司价值(1962)》《最优投资和财务政策(1963)》等著作与期刊上论述了关于股利政策的有关内容,并形成了著名的"一鸟在手"理论(Bird – In – The – Hand Theory)。"一鸟在手"理论的结论与 MM 理论截然不同,戈登认为将利润用于公司的再投资是有风险的,时间越长,风险越大,带给投资者的收益越不确定,所以,投资者更喜欢直接分红,而不愿意将利润留存在公司。股利支付率越高,公司的市场价值就越大。因此,他认为公司的市场价值与其股利分配政策息息相关。

在"一鸟在手"理论的基础上,西方学者提出了股利信号理论,又称作信号假说。该理论认为外部投资者与公司管理者的信息是不对称的,股利可以作为管理者释放公司内部信息的一种方式。稳定的股利及股利增长率相当于向外部传递公司效益良好的信号,促进公司股价上升,反之,公司股价将下跌。在这些理论的指导下,西方公司在红利分配过程中,主要采取了固定股利支付率、固定或稳定增长的股利、折中股利(低正常股利加额外股利)等股利分配政策。支持这一理论的典型理论模型有巴恰塔亚模型(Bhat – tacharya, 1980)、米勒—罗克模型(Miller and Rock, 1985)、约翰—威廉斯模型(K. John and J. Williams, 1985)、约翰—朗模型(John and Lang, 1991)等。

除了股利信号理论,自由现金流假说也从另一个角度论证了"一鸟在手"理论。迈克尔·詹森(Michael C. Jensen, 1986)引入了自由现金流量的概念,提出了自由现金流量假说[2]。自由现金流指的是在不影响公司持续发展,即在支付了正

---

[1] Smith C., Watts R. The Investment Opportunity Set and Corporate Financing, Dividend and Compensation Policies [J]. *Journal of Financial Economics*, 1992 (32): 263 – 292.

[2] Jensen M. Agency Costs of Free Cash Flow, Corporate Finance and Takeovers [J]. *American Economic Review*, 1986, 76 (2): 323 – 329.

净现值的投资项目后所剩余的现金流。他认为过多的自由现金流留在公司管理者手中是危险的,而股利则是减少管理者自由现金流最直接的方法之一。应采取提高现金股利支付率及股票回购的方式将自由现金流交给股东,从而降低管理层对现金流的控制程度,减少对非正净现值的投资,降低代理成本,实现股东财富最大化。自由现金流量假说可实证,也与现实较为吻合,从而也成为很多现代公司派发股利的依据。

此外,还有西方部分学者引入代理成本理论来论证"一鸟在手"理论。随着两权分离的发展,股东和企业经理人间的代理问题日益突出,代理理论应运而生。股利代理理论将现金股利当作缓解代理问题的有力工具。传统的代理理论认为,股东和经理人具有不同的效用函数,如果留存在企业的现金过多,就可能导致经理人为了自身的利益过度投资①,适时支付现金股利则可以限制经理人能任意支配的自由现金流,从而降低代理人的现金控制权,减少代理冲突②。同时,经理人控制的自由现金流减少,外部融资就会相应增加,从而吸引债权人对企业进行监督,有助于降低代理成本。研究发现,企业若与债权人签订条款限制股利的发放,可以防止财富向股东转移,有力证明了这一观点(Handjinicolaou,Kalay,1984)③。有研究又证明,发放股利可以降低代理成本,并抵销债务成本增加所损害的公司价值。因此,代理成本是企业制定股利政策时应考虑的重要因素之一(Agrawal,Jayaraman,1994)④。

(二)关于现金股利政策的影响因素

1. 融资决策

希金斯(Higgins,1972)⑤的研究发现,股利支付率和公司成长所需融资负相关,可预计增长速度、投资机会、财务杠杆和经营风险是四个制约股利支付率的重要因素。格雷厄姆(Graham,1985)⑥的研究结果表明,股利和投资政策的制定必须考虑融资因素。这说明,融资决策是现金股利政策的重要影响因素。

---

① Jensen M. C. and Meckling W. H. Theory of the Firm: Managerial Behavior. Agency Costs and Ownership Structure [J]. *Journal of Financial Economics*, 1976 (3): 305 - 360.
② Lang L. H. P. and R. H. Litzenberger. Dividend Announcements: Cash Flow Signaling vs. Free Cash Flow Hynothesis [J]. *Journal of Financial Economics*, 1989 (24): 181 - 191.
③ Handjinicolaou G. and Kalay A. Wealth Redistributions or Changes in Firm Value: An Analysis of Returns to Bondholders and Stockholders around Dividend Announcements [J]. *Journal of Financial Economics*, 1984, 13 (1): 35 - 63.
④ Agrawal A. and Jayaraman N. The Dividend Policies of All - equity Firms: A Direct Test of the Free Cash Flow Theory [J]. *Managerial and Decision Economics*, 1994, 15 (2): 139 - 148.
⑤ Higgins R. C. The Corporate Dividend - Saving Decision [J]. *Journal of Financial and Quantitative Analysis*, 1972 (3): 1527 - 1541.
⑥ Graham H. P. Dividend Policy and its Relationship to Investment and Financial Policies: Empirical Evidence [J]. *Journal of Business Finance and Accounting*, 1985 (winter): 531 - 542.

2. 公司基本特征

詹森和梅克林（Jensen and Meckling, 1976）[①]的研究表明，公司的成长机会和股东可接受的现金股利支付率呈负相关关系。法马和弗伦奇（Fama and French, 2001）[②]的研究表明，公司的投资机会、盈利能力和规模会影响股利政策。艾哈迈德和卡洛斯（Ahmad and Carlos, 2008）[③]对美国制造业的实证研究表明，股利支付率较高的公司，其流动性、盈利率、公司规模及研发投入等通常也较高。这充分说明，投资机会、盈利能力和规模大小等基本特征都会对现金股利政策的制定产生影响。其中，投资机会越多，股利支付率就可以越低。盈利能力和公司规模越大，公司在资本市场融资的门槛就越低，对内部资金的依赖程度也越低，可支持的股利支付率就越高。

3. 财务风险

罗瑟夫（Rozeff, 1982）[④]的研究发现，财务杠杆即财务风险较高的公司，股利支付率通常较低。迪安杰络（DeAngelo, 1990）[⑤]的实证研究发现，当面临财务风险时，约2/3的公司会选择降低股利支付率。否则，为保证股利的正常支付，公司需通过其他途径进行外源融资，并支付相应的交易成本霍尔德（Holder, 1998）[⑥]。因此，财务风险和股利支付率间具有明显的负相关关系。

（三）关于最优股利支付率的确定

1. Walter 公式

"Walter 公式"主要以股利、资本成本等为解释变量，研究股票价值的确定模型[⑦]。研究结果表明，最佳股利支付率取决于留存收益再投资报酬率和权益资本成本的大小对比。当前者大于后者时，应选择较低的股利支付率，以通过留存收益再投资赚取更大的收益，不支付股利时，公司价值最大。反之，应选择较高的股利支付率，100%支付股利时，公司价值最大。

---

① Jensen M. and Meckling W. Theory of the Firm: Managerial Behavior, Agency Cost and Ownership Structure [J]. *Journal of Financial Economics*, 1976 (3): 305 – 360.

② Fama E. and French K. R. Disappearing Dividends: Changing Firm Characteristics or Lower Propensity to Pay? [J]. *Journal of Financial Economics*, 2001 (60): 3 – 43.

③ Ahmad H. Juma'h and Carlos J. Olivares Pacheco, The Financial Factors Influencing Cash Dividend Policy: A Sample of U. S. Manufacturing Companies [J]. *Inter Metro Business Journal*, 2008 (2): 23 – 43.

④ Rozeff M. S. Growth, Beta and Agency Costs as Determinants of Dividend – Payout Ratios [J]. *Journal of Financial Research*, 1982 (Fall): 249 – 259.

⑤ DeAngelo H. and DeAngelo, L. Dividend Policy and Financial Distress: An Empirical Investigation of Troubled NYSE Firms [J]. *Journal of Finance*, 1990 (45): 1415 – 1431.

⑥ Holder M. E., Langrehr F. W. and Hexter, L. Dividend Policy Determinants: An Investigation of the Influences of Stakeholder Theory [J]. *Financial Management*, 1998 (27): 73 – 85.

⑦ Walter J. E. Dividend Policies and Common Stock Prices [J]. *Journal of Finance*, 1956 (3): 31 – 32.

2. Rozeff 代理成本模型

罗瑟夫（Rozeff, 1982）[①] 认为, 即使忽略税收因素, 最优股利政策依然存在, 股利支付率的确定需在两类成本间寻求平衡。一是因增发股利而减少的代理成本, 二是因外部融资而增加的交易成本（发行成本）。两类成本之和最小时所确定的股利支付率即为最优股利支付率。

3. 剩余股利模型

希金斯（Higgins, 1972）[②] 提出了剩余股利理论, 主张优先考虑整体投资和融资预算, 以目标资本结构为基础, 完成内部融资安排后, 根据剩余现金流量的多少来决定股利支付率高低。他认为投资机会和股利支付率呈负相关关系, 降低股利支付率可使权益资金的发现成本最小化。

（四）国有企业分红研究

西方国家经营性国有企业虽然较少, 但 20 世纪在西方资本主义国家先后出现过几次国有化运动, 部分学者也因此对国有企业分红进行过一定的研究。国外有关国有企业分红的讨论最早起源于 20 世纪 30 年代詹姆斯·米德提出的社会分红理论, 之后随着国有化运动的开展, 国有企业分红逐步引起国外学者的关注。许多学者从国有企业分红的必要性、影响国有企业分红的因素等不同方面探讨国有企业分红问题。

1. 国有企业分红的必要性

有一部分学者从委托代理成本角度研究国有企业分红的必要性。詹森和麦克林（Jensen and Meckling, 1976）[③] 认为国有企业利润分红的一个重要原因是企业代理成本的存在, 国有企业内部高管为了一己之私往往利用手中的权力进行不合理运营, 从而损害了股东利益。雪莱（Shirley, 1983）[④] 认为国企内部留存的过多资金使得企业在经营活动中容易发生过度投资的行为, 这在大量的国有企业中已经成为普遍的一种经营特点。因此, 国外学者普遍认为有必要进行国企分红, 以降低代理成本并限制国企高管滥用现金, 如缪尔和萨巴（Muir and Saba, 1995）[⑤] 等均持有此观点, 这些学者都主张通过对国企收取适度的现金红利, 减少委托代理成本, 从而约束国企经营者的经营行为, 提高经营效率。还有部分学者从国家利益角度分析

[①] Rozeff M. S. Growth, Beta and Agency Costs as Determinants of Dividend Ratios [J]. *Journal of Financial Research*, 1982, 5 (3): 249 – 259.
[②] Higgins, R. C. The Corporate Dividend – Saving Decision [J]. *Journal of Financial and Quantitative Analysis*, 1972 (3): 1527 – 1541.
[③] Jensen M. C., Meckling W. H. Theory of the Firm: Managerial Behavior, Agency Costs and Ownership Structure [J]. *Journal of Financial Economics*, 1976, 3 (4): 305 – 360.
[④] Shirley J. W. *Thomas Harriot: A Biography* [M]. New York: Oxford University Press, 1983: 125 – 142.
[⑤] Muir R., Saba J. P. *Improving State Enterprise Performance: the Role of Internal and External Incentives* [M]. World Bank Publications, 1995: 241 – 253.

此问题，如世界银行集团在 1991 年提出，对某些国家而言，为了促进经济发展和保障财政收入稳定，政府应创立国企并收取利润，以使国企对社会承担应尽的责任。1995 年，世界银行又指出，基本上每个国家都认为，国企应作为提供某种"津贴式价格"的组织，起到调整国民收入分配格局和缩小民众贫富差距的作用。此外，国外还有不少学者研究支持国企分红，如弗农（Vernon，1984）[1] 实证分析了国有企业和私企不同的分红因素，认为不论是公有的企业还是私人企业，留出一部分的利润作为分红都是很有必要的，同时国有企业更应该关注国家的利益和全民的利益，理应缴更多的红利[2]。詹尼弗和琼斯（Jennifer and Jones，1991）认为国有企业与私人企业的经营目标是不同的，大多数国有企业更偏向承担更多的社会责任，上缴红利的比例应当高于私人企业的分红比例[3]。由世界银行驻中国代表处高路易（Louis Kuijs）、威廉·马科（William Mako）、张春霖执笔的以《国有企业的分红：分多少？分给谁？》[4] 的报告中指出国有企业红利应上交财政部门以用于公共支出；并指出新西兰、丹麦、芬兰、挪威、瑞典以及新加坡等国在国有企业分红方面都设定了有所差别的分红计划或目标分红率。史密斯和特里比尔科（Smith and Trebil‑cock，2001）表示由于国有企业经营过程中享受了优于私人企业的政策补贴，理应承担更多的社会责任，因而必须采取分红的形式。OECD（2005）认为国有企业经营目标的多重性决定了其在保持稳定获利能力的同时必须承担提供公共产品服务的责任。

2. 国有企业分红的方式和途径

英国经济学家詹姆斯·米德（James E. Meade）在《经济分析与政策导论》（*Economic Analysis and Policy*，1936）一书中针对公有企业提出"社会化企业的分红"的构想，即：政府将从投入社会化企业的资本和土地获得利润，它可以将利润的一部分作为社会分红分给消费者，将另一部分作为对社会化企业的再投资[5]。这种形式可以使公民获得社会化企业或公共资源的实际利益。米德（1938）又在其《消费者信贷和失业》一书中进一步明确提出可以将直接分给每个公民的"社会分红"作为"反周期"的政策工具，在经济萧条时期以社会化企业的社会分红来增加社会的消费，起到了应对经济衰退的作用。米德关于国有资本收益向社会分红的理论倾向于将国有资本收益的支出分为投资支出和消费支出，但是对这两种

---

[1] Vernon. Linking Managers with Ministers: Dilemmas of the State‑Owned Enterprise [J]. *Journal of Policy Analysis and Management*, 1984, 4（1）: 39–55.
[2] 苏志强, 万方. 国有企业红利分配及其困境——文境综述 [J]. 财会研究, 2008（8）: 64–67.
[3] 杨兰品, 郑飞. 国有企业分红问题研究的评价与展望 [J]. 福建论坛（人文社会科学版）, 2013（4）: 36–40.
[4] 高路易, 高伟彦, 张春霖. 国有企业分红：分多少, 分给谁 [OL]. World Bank, 2005–10–17.
[5] 吴国玖. 全民分红理论及实践的国际比较和借鉴 [J]. 企业家天地下半月刊（理论版）, 2007（12）: 80–81.

支出之间的比例分配缺乏研究。

国外的国有资产收益实践中，将国有资产收益作为资金来源投入主权财富基金也是一种富有成效的做法。安德鲁·罗扎诺夫（Andrew Rozanov）在《谁拥有国家财富》一书中首次提出主权财富基金的概念，并指出主权财富基金是由专门机构管理的、因国家在宏观经济、财政收支状况、贸易条件方面的改善而获得的财政盈余，其资金来源主要来自自然资源的出口。国际货币基金组织（2008）认为，主权财富基金是一般政府所有的、具有特殊目的的投资基金或机构。主权财富基金具有多样化的法律、组织和管理的结构。它们形式各有不同，包括财政稳定基金、储蓄基金、储备投资公司、发展基金和没有具体养老保险债务的养老保险储备基金[1]。乔达特·巴赫贾特（Gawdat Bahgat，2010）指出，主权财富基金的投资行为更大程度有市场利率导向，政府干预较少[2]。

3. 影响国有企业分红的因素

私营企业和国有企业均存在分红问题，但影响因素却有差异。史密斯和特里比尔科（Smith and Trebilcock）[3]认为，国企由于需要承担较多的社会责任，经营目标与私企不同，这种目标的差异显然导致国企分红有别于私企分红，从而影响因素也不同。林特纳（Lintner）[4]认为，对私企而言影响因素是可分配利润和股利政策。而关于影响国企分红的因素，国外学者观点各异。哈尔和彼得（Hall and Peter）[5]认为国企经营的多重目标存在冲突，这些相互冲突的目标均会导致国企分红上的差异。弗农（Vernon，1984）等也认为国企承担着经济职能、社会职能和国家战略职能的差异，促使国家制定有差别的分红政策[6]。麦克马伦（Mcmullen）[7]认为国企经营目标的多重性会导致企业内部绩效考核标准的模糊化，这种考核标准的模糊化不仅影响国有企业的经营绩效，也会影响国有企业的分红决策。博斯（Bos）[8]认为，某些承担国家重大战略职能的国企其经营目标是非营利性的，这种非营利性容易导致政府在制定国企分红政策中，国有企业有较高的谈判筹码，从而使其在分红

---

[1] 谢平，陈超. 论主权财富基金的理论逻辑 [J]. 经济研究，2009，44（2）：4-17.
[2] 周轶海. 主权财富基金：一个文献综述 [J]. 金融监管研究，2016（3）：65-80.
[3] Smith D., Trebilcock M. J. State-owned Enterprises in Less Developed Countries: Privatization and Alternative Reform Strategies [J]. *European Journal of Law and Economics*, 2001, 12 (3): 217-252.
[4] Lintner J. Distribution of Incomes of Corporations Among Dividends, Retained Earnings, and Taxes [J]. *The American Economic Review*, 1956, 46 (2): 97-113.
[5] Hall P. Central Limit Theorem for Integrated Square Error of Multivariate Nonparametric Density Estimators [J]. *Journal of Multivariate Analysis*, 1984, 14 (1): 1-16.
[6] Vernon. Linking Managers with Ministers: Dilemmas of the State-Owned Enterprise [J]. *Journal of Policy Analysis and Management*, 1984, 4 (1): 39-55.
[7] Mcmullen K. E. Working with Technology: A Survey of Automation in Canada [M]. Ottawa: Economic Council of Canada; Canadian Government Pub. Centre, Supply and Services Canada, 1986: 271-285.
[8] B. J. D., Kapsenberg M. L. The Skin Immune System: Its Cellular Constituents and their Interactions [J]. *Immunology Today*, 1986, 7 (8): 235-240.

决策中有更多优势。经济合作与发展组织（OECD）[1]认为，国企的经营目标要同时兼顾股东利益和自身发展，需在经济职能和社会职能间进行权衡。

4. 国有企业分红面临的难题

世界各国在发展国有经济的实践中均存在着无法规避的难题与困境，即国企是否愿意上缴企业红利与政府能否确实获得国企上缴红利。外国研究者认为，上述问题的解决取决于国企对政府分红要求的游说和讨价还价两大能力。

塞尔兹尼克（Selznick，1957）[2]研究发现，某些国家存在少数国有企业能够撼动该国的政治与经济表现，将其构建的与政府和社会相对立的庞大利益集团称为"机构（institution）"，而政府从国有企业获得分红的能力将受到这些机构的约束。一些学者通过分析欧洲石油行业发现了某些国企间存在协定或共谋等行为，将严重制约政府获得国企分红的可操作性（Sto-baugh，1976）。不仅如此，弗农（Vernon，1984）[3]通过分析如电力、铁路等公共行业领域发现，政府一般不会轻易调整某些国有企业高管人员的人事变动，侧面赋予这一类高管与政府讨价还价的能力，通过这一过程让政府考虑并满足个人利益要求，间接降低了政府获得该类国有企业分红的可能性。弗农（Vernon，1984）与卡西和科宁（Hafsi and Koening，1988）[4]分别以法国航空公司和加拿大国有铁路联合企业为例，证实国有企业具备与政府谈判的能力，甚至当政府行政命令与自身利益相冲突之时，存在拒绝执行的可能性。

不仅如此，还有少数学者基于其他视角剖析国企分红所处的尴尬处境。乔治·亚罗和约翰·维克斯（George Yarrow and John Vickers，1988）[5]指出国有资产归全民所有决定了政府作为委托代理人的身份与角色，要求政府必须以保障公共利益最大化和社会经济福利最大化为出发点对国有企业进行管理与决策。然而现实情况往往与此截然相反，政府一般难以承担起作为全民代理人的责任，从而削弱了政府对国企薄弱利润分配等在内的各项重大决策的影响力。乔万尼·弗里和刘力刚（Giovanni Ferri and Li-Gang Liu，2010）[6]分析了中国当前国企分红所面临的困境，指出中国正处于向市场经济体制快速转变的关键时期，为了保障国企相关利益，强化对其约束与监督以保障其健康发展，分红政策在政府设置的诸多国企相关政策之中

---

[1] OECD. OECD Communications Outlook 2005 [M]. Paris: OECD Publishing, 2009: 115-128.
[2] Selznick. *Leadership in Administration* [M]. Evanston: Row and Deterson, 1957: 135.
[3] Vernon. Linking Managers with Ministers: Dilemmas of the State-Owned Enterprise [J]. *Journal of Policy Analysis and Management*, 1984, 4 (1): 39-55.
[4] Hafsi, Koening. The State-SOE Relationship: Some Patterns [J]. *Journal of Management Studies*, 1988, 25 (3): 235-249.
[5] George Yarrow, John Vickers. Privatization: An Economic Analysis, MIT Press Series on Regulation of Economic Activity. No. 18. Cambridge, MA: MIT Press, 1988.
[6] Giovanni Ferri, Li-Gang Liu. Honor Thy Creditors Beforan Thy Shareholders: Are the Profits of Chinese State-owned Enterprises Real?

往往不被作为重点，进而演变为国企发展中的次要目标。

二、国内相关研究综述

近些年来，国内学术界对国有企业利润分配问题进行了更为广泛和深入的研究，研究重点集中在国有企业分红的必要性、利润分配的原则、利润上缴的比例、利润收缴的主体、利润上缴后的使用等方面。

（一）国有企业利润分配的必要性

1994年我国在实行分税制改革的同时，为了应对当时国有企业陷入普遍亏损的困境，暂停了国企税后利润上缴的政策。而随着一系列放权让利政策的实施，大多数国有企业不仅走出了困境，扭亏为盈，而且迅速做大做强，资产规模和利润总额大幅度增长，国企利润留存额也越来越大。在这种情况下，无论是从理论依据还是从现实依据上来看，恢复我国国企红利上缴制度显得十分必要。对此，国内学者进行了深入的研究，取得了一批有价值的研究成果。

高路易（Louis Kuijs）等[1]认为中国国有企业的利润和改制收入属于公共收入，应当向国家分红，上缴财政部，有关红利支出的决定应该统一预算，并由全国人大审议批准。一个健全的国有企业分红政策不仅有利于保证国有企业投资项目的资金使用效率，而且有利于改善公共财政资源的整体配置。李友忠[2]主张把国有企业分红作为化解国有企业垄断难题的重要突破口，是国家进行国有经济优化布局、提高国有资本运营效率的重要工具和手段，认为建立国企红利上缴制度是推进国有企业经营绩效考核工作顺利开展的基础，国家通过分享国有企业红利，有助于解决社会保障体系建设中资金不足的问题。吴海民[3]指出，国有企业扭亏为盈，盈利能力日益增强，已具备上缴红利的条件，国家分享国有企业红利，有利于促进国有资本良性循环，是工业反哺农业的有效手段，是打破行业垄断，营造公平竞争的市场黄金的重要途径。汪平、李光贵等[4]系统考察了国外国企分红的实践模式，剖析了各国国企分红的政策特点，主张我国国有企业应该借鉴国外经验进行分红，以促进国有企业的可持续发展。刘伟等[5]认为，国家作为国有资本的所有者理应享有分红的权利，这有利于加强对国有企业的经济约束，对企业起到监督与激励的作用，抑制企

---

[1] 高路易，高伟彦，张春霖. 国企分红：分多少？分给谁？[J]. 中国投资，2006（4）：47-49.
[2] 李友忠. 政府应享受国企红利[J]. 中国投资，2006（4）：50-51.
[3] 吴海民. 国有企业红利上缴：理由、原则与制度设计[J]. 中外企业家，2007（8）：67-71.
[4] 汪平，李光贵，袁晨. 国外国有企业分红政策：实践总结与评述[J]. 经济与管理研究，2008（6）：78-86.
[5] 刘伟，蔡志洲. 国有企业应该向"政府股东"分红[J]. 新财经，2007（2）：28.

业重消费轻积累、"吃老本"等不规范的短期行为，实现国有资产保值增值。李重华、李真男[1]则认为随着国有企业盈利能力的日渐增强，国有企业已经具备了分红的基础，同时，为了缩小行业收入差距、缓和社会矛盾，实现社会和谐发展，国有企业应该进行利润分红。左大培[2]指出，20世纪80年代实施的"利改税"政策是与客观经济发展规律相违背的，只缴纳税收而免征红利的做法，剥夺了国家作为国有资本出资人享受投资收益权利。焦岩、韩丽[3]认为为了抑制国有企业投资过热，重复投资、提高投资效率，国有企业有必要对政府进行利润分红。张涛、曲宁[4]从公司财务管理目标、上市公司股利分配和公司治理结构三个角度提出国有企业进行利润分红的必要性。赵坤[5]等学者根据责任和利益对应原则，认为国有企业享受到了太多权利，而相应的义务却没有承担，所以，国企理应承担并履行更多的义务，其中最基本的义务要求就是国企红利上缴国家。杨博源[6]、曾志杨[7]等学者从所有者角度指出，国家作为出资人，是国有资产的所有者，应该以利润上缴的方式获得资本收益，实现国有股东的所有者权益。蔡立新等[8]则认为，随着社会经济的发展与国有企业收益分配制度改革的不断深入，国有企业的经济实力得到质的飞跃，经营效益不断提高，已具有上缴红利的条件。朱珍等[9]认为，国有企业享受国家的特殊政策优惠如资源垄断权，是国有企业利润积累的重要途径，而重启国有企业红利上缴制度有利于打破垄断局面，促进现代企业制度的完善。

（二）国有企业利润收缴主体

2003年，国务院提出建立国有资本经营预算制度后，围绕国有资本经营预算的编制和收缴主体究竟是财政部还是国资委，学界展开了争议和讨论。主要有以下几种观点：

第一种观点以邓子基（2005）、吴祥云（2005）、张葵[10]、左小蕾[11]、王军[12]、郑汉惠和蒋朝阳[13]等学者为代表，他们主要是基于《预算法》的规定以及从财政预

---

[1] 李重华，李真男. 国企分红纳入国家财政预算问题研究 [J]. 经济经纬，2008 (5)：129-131.
[2] 左大培. 国有经济对当前经济发展的现实意义 [J]. 当代经济，2011 (16)：6-8.
[3] 焦岩，韩丽. 国企利润分红的制度建构 [J]. 企业改革与管理，2008 (1)：6-7.
[4] 张涛，曲宁. 基于股东报酬率的国有企业分红问题研究 [J]. 山东财政学院学报，2009 (3)：25-29.
[5] 赵坤. 国有企业利润上缴的法律分析 [J]. 河南工程学院学报（社会科学版），2012，27 (1)：41-46.
[6] 杨博源. 关注国企利润分配改革：经验与路径 [J]. 现代营销（学苑版），2013 (5)：29.
[7] 曾志杨. "提高央企红利上缴比例"何争论之有？[J]. 产权导刊，2010 (7)：72.
[8] 蔡立新，曹瑞兆. 我国中央企业利润分配政策研究 [J]. 商业会计，2011 (31)：7-9.
[9] 朱珍，陈少晖. 中央国有企业利润上缴与使用去向探究 [J]. 发展研究，2009 (11)：34-37.
[10] 张葵. 国企红利"分食"难题 [J]. 经济导刊，2006 (8)：36-37.
[11] 左小蕾. 不能让部门利益主导国有资产分配 [J]. 新财经，2007 (2)：29.
[12] 王军. 现阶段我国企业社会责任问题的经济学分析 [J]. 理论学刊，2008 (11)：50-52.
[13] 郑汉慧，蒋朝阳. 基于利润性质的国企利润分配方法 [J]. 商业时代，2007 (36)：59-60.

算的统一及完整性为出发点,认为财政部理所应当是国有资本经营预算的编制主体。主要理由是国有企业是由全国人民共同出资,国有企业的利润应当属于国家和全国人民,而财政部是国家财权的代表,所以国有企业利润应当融入公共财政,其收缴应该是由财政部来负责,这样才能真正地实现公共财政"取之于民、用之于民"的根本宗旨。

第二种观点认为应该由国资委负责收缴与安排国有企业红利。主要代表有郭宝林(2005),吴炳贵[①]等,他们认为国资委代表各级政府履行出资人职责,同时负责监督管理国有企业经营,由国资委负责征收与使用国有企业利润,将有利于政企分开、政资分开。陶友之[②]也认为国资委负责收缴国有企业利润更加合理,一方面有利于落实国资委的监管职能,另一方面可以利用信息优势按时足额地收缴国企红利。海夷[③]从投资人收益最大化的角度出发,认为国资委作为国有股东代表,拥有收益分配权,应由国资委负责国有企业利润的收缴及使用。

第三种观点认为国有企业利润征缴过程中财政部和国资委二者缺一不可,两个职能部门应该相互配合,共同代表国有股东负责国企红利的征缴与使用。文宗瑜[④]、黄伯平(2006)等持有此类观点。

随着《国务院关于试行国有资本经营预算的意见》《企业国有资产法》的相继出台,从法理上确认了财政部应当作为国有资本经营预算的主管部门,负责国企红利的征缴,而各级国资委作为资本经营预算单位,负责本级国有资本经营预算的编制。至此,关于国有企业利润征收主体的讨论暂告一段落。随着国企红利征缴主体问题的解决,学界对国有企业利润分配制度的讨论重点逐渐转到了国有资本经营预算的范围以及国企利润上缴公共财政比例问题上来。

(三) 国有企业利润分配的标准

国有企业利润分配标准的界定是确定国有企业利润上缴比例的前提之一。在2010年财政部颁布的《关于完善中央国有资本经营预算有关事项的通知》之前,国企利润分配的标准问题就已经引起了学术界和社会公众的广泛关注。目前,关于国有企业利润分配标准存在两种主流观点,一种是"一刀切"的方式,另一种是"一企一政"等非"一刀切"的方式,其中支持非"一刀切"观点的学者居多。干胜道[⑤]认为,当前国有企业的利润分配标准主要采取的是普通股股权形式,结合

---

① 吴炳贵. 关于独立编制国有资本经营预算之我见 [J]. 特区经济, 2006 (3).
② 陶友之. 破解国企利润上缴的十个难题 [J]. 上海市经济管理干部学院学报, 2006 (6): 36-42.
③ 海夷. 国企分红与国企的可持续发展 [J]. 会计师, 2007 (7): 75.
④ 文宗瑜, 李铭. 上市公司国有股分红收益的征收 [J]. 国有资产管理, 2007 (8): 72-74.
⑤ 干胜道. 由央企分红引发的思考 [J]. 财务与会计, 2007 (18): 11-13.

国企自身情况制定"一企一政"。关亮[①]认为，竞争性国有企业的利润上缴比例的确定应与垄断性国有企业有所差别。张国慧等[②]认为，国有企业红利分配标准应根据地区间经济发展的差异来确定。蔡芹[③]从国企增长潜力的角度出发，认为国企未来的增长潜力是确定利润上缴比例的最佳依据。郭洪业等[④]认为，应该从国有企业利润的类型着手来确定分红标准。张风梅[⑤]认为，应按照国有企业的盈利水平来确定利润上缴比例，她还将国有企业按盈利水平的不同划分为五类，并尝试着划定相应的利润上缴比例。此外，还有少部分学者主张以"一刀切"的方式来界定国有企业利润分配标准。张文魁[⑥]主张按照相关法定程序由公司的董事会或类似机构制定出利润分配标准，并建议按照税后利润的15%~25%进行利润的上缴。李静[⑦]认为，只要利润上缴比例与国有企业当前的整个盈利状况相适应就可以采用，所以她认为"一刀切"的分红标准是合理的。除了以上两种观点，还有其他学者从不同的视角出发探讨国有企业利润分配标准。白云霞、周炜和宋晓满[⑧]认为，国有企业应当遵循企业经营的一般性理论，国有企业分红应当在保障政府股东获得必要投资报酬、激发企业高管积极性、促进企业健康可持续发展之间寻求平衡。杨汉明[⑨]主张将国有企业利润分配标准与企业所处的发展阶段联系起来，处于不同发展阶段的国有企业利润上缴比例不同。

（四）国有企业利润分红比例问题

国有企业利润分红比例的确定一直是学术界热议的话题之一。2007年重启国企利润上缴财政制度后，有关部门先后对国企利润分红比例做过若干规定。2007年，财政部颁布的《中央企业国有资本收益收取管理暂行办法》中规定国企利润最高上缴比例为10%，2010年《关于完善中央国有资本经营预算有关事项的通知》中规定的最高上缴比例为15%，2013年，党的十八届三中全会通过的《中共中央关于全面深化改革若干重大问题的决定》中提出提高国有资本收益上缴公共财政比例，2020年提到30%，并要求更多地用于保障和改善民生。随着国有企业利润上缴比例目标的不断调整，学界对这一问题的研讨也在持续深入。

---

① 关亮. 关于中国国有企业分红问题的探讨［J］. 华侨大学学报（哲学社会科学版），2006（3）：50-56.
② 张国慧，吴作章，王建志. 五省市国有资本经营预算制度试行情况的调查［J］. 地方财政研究，2006（9）：48-51.
③ 蔡芹. 企业可持续增长率的实证分析及财务策略研究［D］. 成都：西南石油大学，2012.
④ 郭洪业，杨志勇，郑磊，朱雪华，王坤. 国企红利蛋糕怎么分［J］. 董事会，2011（9）：22-26.
⑤ 张风梅. 中国垄断性行业收益分配问题研究［D］. 武汉：武汉理工大学，2010.
⑥ 张文魁. 国资经营预算箭在弦上［J］. 上海国资，2007（6）：28-31+5.
⑦ 李静. 国企分红效果分析与检验［D］. 成都：西南财经大学，2010.
⑧ 周炜，宋晓满，白云霞. 国有企业利润分配制度研究［J］. 财会月刊，2011（22）：3-5.
⑨ 杨汉明. 国企分红、可持续增长与公司业绩［J］. 财贸经济，2009（6）：23-28.

1. 不少学者认为我国当前国企利润分红比例偏低

贾康[①]指出，国际上市公司利润分配比例约为30%～40%，我国国有企业红利上缴比例过低。周天勇[②]通过对不同国家国有企业分红政策的比较分析，得出其平均分红水平为盈利1/3～2/3的结论，并认为我国国有企业的分红比例至少不能低于80%。文宗瑜[③]认为可适当提高国有企业利润的分配比例，但不可过快、过高，否则可能会影响国有企业的正常经营。祝波善[④]表示，即使"十二五"末中央企业国有资本收益上缴比例再上调5个百分点也是偏低的，应该提高到30%～50%为宜。李锦[⑤]则认为国有企业向国家上缴税后净利润的80%都不为过。盛洪[⑥]认为国企是属于国家的，应该把全部利润都上交，作为国家的财政收入。贾康[⑦]指出，西方市场经济国家国有企业红利上缴比例一般都在40%以上，而我国国企当前的利润上缴比例远远低于国际水平，理应逐步提高。周天勇（2011）对不同国家国企利润分配政策进行了比较研究，发现其他国家国企利润上缴比例普遍在盈利的1/3～2/3，因此，他认为，我国是社会主义公有制国家，更应该提高国企利润上缴比例，建议将其上调至80%以上[⑧]。刘克崮[⑨]对垄断性国企进行了研究，认为这类国企在资源垄断方面占优势，竞争压力小，其利润上缴比例应该比一般竞争性国企更高。

2. 部分学者反对大幅度提高国企利润分红比例

有部分学者对大幅提高国企利润上缴比例的观点持反对意见，他们认为国企利润从不上缴到现在的已有相当幅度的上缴比例，已经有了较大的突破，如果在短期内过快提高利润上缴比例，首先，会触及利益集团的既得利益，他们会成为国企进一步改革的阻力；其次，一味片面地强调提高国企利润上缴比例，也会让国企压力倍增，影响其可持续发展。出于改革的稳定性考虑，应该采取循序渐进的方式来推进国企利润分红制度的改革。陈少强[⑩]认为国有企业本身存在诸多未解决的问题，如并购重组、退休职工安排等，不如等国有企业自身问题解决后再上调利润上缴比例较适宜。文宗瑜[⑪]认为短期内大幅度提高国企利润上缴比例，会造成国企履行社会职能的能力不足，影响其将来的可持续发展。

---

① 胡敬艳，李新. 国企分红探路[N]. 21世纪经济报道，2007-12-24.
② 周天勇. 国有垄断加速推动两极分化[J]. 中国民营科技与经济，2012（10）：60-63.
③ 文宗瑜. 国有资本经营预算管理改革的继续深化[J]. 地方财政研究，2011（4）：9-11，23.
④ 祝波善. 央企上缴红利比例或上调[EB/OL]. 和讯网，http://www.hexun.com，2013-02-18.
⑤ 李锦. 国资国企改革步入历史新阶段[J]. 先锋队，2013（35）：16-18.
⑥ 盛洪. 二次国企改革的关键是如何定位[J]. 当代社科视野，2010（10）：55-56.
⑦ 胡敬艳，李新. 国企分红探路[N]. 21世纪经济报道，2007-12-24.
⑧ 杨兰品，郑飞. 我国国有垄断行业利润分配问题研究——以电力行业为例[J]. 经济学家，2013（4）：66-73.
⑨ 刘克崮. 关于新一轮财税体制改革的建议[A]. 中国行政体制改革研究会. 中国行政体制改革的回顾与前瞻——第三届中国行政改革论坛论文集[C]. 中国行政体制改革研究会：中国行政体制改革研究会，2012：4.
⑩ 陈少强，王思娴. 继续实施积极财政政策但需适度[J]. 中国发展观察，2012（1）：10-12.
⑪ 文宗瑜. "深化"国资预算[J]. 新理财（政府理财），2011（Z1）：64-66.

3. 大多数学者认为既要考虑国家出资人权益也要考虑国企发展需要

大多数学者认为,国有企业利润分红比例的确定既要考虑国家作为出资人的权益,又要考虑国企的可持续发展问题。吴海民[1]提出应该建立国企利润上缴奖惩机制,即对那些积极配合利润上缴的国企应该给予一些奖励,把它们上缴的利润在若干年后作为奖励返还一部分,而对那些拖欠利润上缴甚至隐瞒利润的企业采取相应的惩罚措施。胡卓娟[2]主张国企红利征缴比例的确定要参考市场的投资回报率,并把国民经济结构的调整考虑在内。赵尔军[3]认为,应从国有企业自身的经营状况、发展阶段的视角出发,去考虑国企红利上缴比例的问题。左大培[4]认为,应针对不同性质的国有企业采取差异化的利润上缴制度,对于利润微薄的国有企业应制定很少的红利上缴比例,而对于依靠资源垄断权获取高利润的国有企业,应当大幅度提高红利上缴比例,具体可提升至50%以上。邓海建[5]指出,目前我国国有企业盈利能力不断增强,现行的上缴比例与良好的经营效益和资源优势不相协调,另外从民生角度出发,提高国有企业红利上缴比例,有利于解决社会保障体系制度建设中资金不足的问题。文宗瑜[6]等考虑到国企内部资金流动性问题,指出提高国有企业红利上缴的比例应采取循序渐进的方法,现阶段可适当提高5个百分点,这一做法既增加了财政收入又保证了国有企业自身的运营与发展。

4. 部分学者主张应该分类确定国企分红比例

一部分学者主张按照行业类别来确定分红比例。张文魁[7]提出应根据发展阶段及融资成本来确定国有企业的红利分配比例。潘占杰、陈颖[8]提出应按行业、规模和盈利情况,根据投资回报率来确定分红比例,而非固定划线。胡卓娟[9]认为,国家股东决定红利分配比例时应根据增长潜力对企业进行分类。蔡芹[10]亦认为企业未来的增长潜力是确定分红比例的最好依据。刘丽靓[11]认为,确定分红比例时需考虑企业和行业所处的经济周期,寻求企业投资和股东利益间的平衡。具体到地方实践上,赵尔军[12]的实证研究表明,国有企业分红比例的确定要因地制宜,考虑不同企

---

[1] 吴海民. 国有企业红利上缴:理由、原则与制度设计 [J]. 中外企业家, 2007 (8): 67–71.
[2] 胡卓娟. 看国企重走分红之路 [J]. 时代经贸(中旬刊), 2008 (S1): 150–151.
[3] 赵尔军. 上海、深圳、北京、武汉、广州国有资本经营预算工作情况及启示 [J]. 中国农业会计, 2008 (1): 20–22.
[4] 左大培. 国有经济对当前经济发展的现实意义 [J]. 当代经济, 2011 (16): 6–8.
[5] 邓海建. 警惕国企利润下降下的"池鱼之殃" [N]. 大连日报, 2012–07–02 (A05).
[6] 文宗瑜,刘微. 国有资本预算编制的主体 [J]. 经济研究参考, 2005 (79): 16–17.
[7] 张文魁. 国资经营预算箭在弦上 [J]. 上海国资, 2007 (6): 5, 28–31.
[8] 潘占杰,陈颖. 确保出资人职能到位 实现国有资产保值增值 [J]. 国有资产研究, 2000 (1): 47–50.
[9] 胡卓娟. 看国有企业重走红利分配之路 [J]. 时代经贸:下旬, 2008, 6 (1): 150–151.
[10] 蔡芹. 企业可持续增长率的实证分析及财务策略研究 [D]. 成都:西南石油大学, 2012.
[11] 刘丽靓. 央企上缴红利须平衡国企投资与公众利益 [N]. 证券日报, 2011–02–23.
[12] 赵尔军. 上海、深圳、北京、武汉、广州五城市开展国有资本经营预算工作的情况及启示 [J]. 会计之友(下旬刊), 2007 (11): 44–45.

业的不同发展状况,并满足地区产业结构调整的需要。张国慧等[①]认为,确定国有企业分红比例时应考虑地区间经济发展的差异。

也有部分学者主张按照国有企业产权类型缺乏分红比例。这些学者认为,应分别为股份制国有企业和国有独资企业制定不同标准的分红比例。关亮[②]指出股份制国企分红比例30%~50%较适中;国有独资企业可参照乘数定价法,参考核心财务指标(如市盈率、市净率等)类似的同行业上市公司的红利支付比例。杨成炎[③]认为,国有资本分红政策的设计应遵循"等量资本获取等量收益、国家与企业共担经营风险、有利于国有资本优化配置"的三大原则,股份制国企可仿照4种西方股利政策,国有独资企业的理想模式则是定息分红政策。

5. 部分学者提出了利润分配比例估算模型

闫甜[④]选取了部分国有企业样本,并基于CAPM模型和WACC方法,估算出了其权益资本成本与综合资本成本,为我国国企利润分配比例的确定提供了很好的参照。汪平、李光贵[⑤]从股利理论、资本成本理论与可持续增长理论分析出发,构建了SPOR模型,得出可持续分红比例为54.2%。纪新伟[⑥]以总资产收益率和分红比例为变量进行实证分析,得出会计业绩最优的分红比例为40%~60%的结论。

(五) 国有企业红利的支出方向

国企上缴公共财政的红利如何合理使用,是用于国有企业的成本性和费用性支出,还是用于社会保障等方面的民生项目支出?对此,学界也存在不一致的观点。

1. 多数学者主张国企红利支出应该向民生领域倾斜

世界银行(2010)提出国企上缴的红利属于财政收入,应纳入政府财政预算体系,可用于教育、卫生和医疗等公共支出。亚洲开发银行在《2010亚洲发展展望更新》中指出,中央国有企业的利润上缴比例过低,社会公众没有分享到国企所赚取的巨额利润,国家应向国有企业征缴更多红利用于三农、就业培训和社保等公共方面的支出。杨兰品等[⑦]指出,国有企业红利支出应首先投入于教育、社会保障、医疗等民生建设领域。其余的可作为财政备用金,以备不时之需。李重华、李

---

① 张国慧,吴作章,王建志. 五省市国有资本经营预算制度试行情况的调查[J]. 地方财政研究,2006(9):48-51.
② 关亮. 关于中国国有企业红利分配问题的探讨[J]. 华侨大学学报:哲学社会科学版,2006(3):50-56.
③ 杨成炎. 国有资本红利分配政策问题探讨[J]. 财务与会计,2007(6):21-23.
④ 闫甜. 上市公司与国有企业资本成本估算及对比分析——基于CAPM的资本成本估算[J]. 财会通讯,2008(4):86-89.
⑤ 汪平,李光贵. 国有企业红利分配比例估算原则与框架分析[J]. 山东经济,2009(5):5-12.
⑥ 纪新伟. 国有企业合理分红比例研究[D]. 天津:南开大学,2012.
⑦ 杨兰品,郑飞. 国有企业分红问题研究的评价与展望[J]. 福建论坛(人文社会科学版),2013(4):36-40.

真男[①]认为上缴后的国企红利支出应当是教育支出和国企创新支出等能使增进社会福利最大化的领域。陈少晖、朱珍[②]强调国有资本经营预算支出应以民生财政为导向，更多地向民生领域倾斜。崔之元[③]、廖添土[④]提出借鉴美国阿拉斯加"全民分红"的做法，通过设立权益基金、信托基金等形式，使全体国民能够长期公平地享受社会分红。林裕宏[⑤]、池巧珠[⑥]等认为，目前国有企业上缴的红利大部分回流于国企内部，并没有做到真正的返利于民。因此，当务之急则是扩大上缴红利用于民生支出的比例，这不仅提高了我国人力资本储备水平，促进劳动生产率的提高，还可以刺激消费，扩大内需，为我国经济发展方式的顺利转型提供强大动力。

2. 部分学者主张纳入公共财政统筹安排

但也有张先治[⑦]等学者认为，国企上缴的利润被纳入公共财政框架里资本预算的收入方，从宏观角度看，应将这部分收益纳入财政预算进行统筹安排，以最终决定这笔资金的支出方向。具体可应用于以下几个方面：国有经济布局和结构调整、履行公共财政承担的部分职能、为国资系统建立有效的激励机制、国企改制和资产重组成本的支出等。张文魁[⑧]指出，现在的国有资本经营预算还不是国家预算，我们应该建立一个概念，国有企业所有的资产不只是企业或者国资委的，更应该是国家的，因此，国企红利纳入国家预算后应该由国家统一管理。针对要求"全民分红"的观点，张文魁认为这种想法不切实际，在实践层面不具有可操作性。他主张现在应该建立并完善国有资产经营预算体系，以便为将来建立社会保障预算体系打开通道。

3. 部分学者主张国企红利应该惠及全民

不少学者从其他角度切入，不同程度地提出国企分红应惠及全民。夏斌[⑨]提出应扩大国企分红范围来扶持居民消费。刘春波等[⑩]，陈华、韩丽等[⑪]提出了基于公平的国有企业分红的支出方向，包括充实社保基金、用于公共事业、补充企业国家资本金和弥补国有企业改革成本。李丛笑[⑫]认为根据国有资产的权属关系，政府及

[①] 李重华，李真男. 国企分红纳入国家财政预算问题研究 [J]. 经济经纬，2008 (5)：129-131.
[②] 陈少晖，朱珍. 民生财政导向下的国有资本经营预算支出研究 [J]. 当代经济研究，2012 (4)：32-38.
[③] 崔之元. 市场经济中的公有资产与全民分红 [J]. 商务周刊，2006 (17)：42-44.
[④] 廖添土. 国企红利"全民分红"的改革探析 [J]. 湖北经济学院学报，2012，10 (5)：77-81.
[⑤] 林裕宏. 民生导向下国企红利分配的路径选择 [J]. 经济研究参考，2012 (60)：26-27.
[⑥] 池巧珠. 国有企业红利分配制度：国际经验与改革导向——基于米德社会分红理论的视角 [J]. 西安电子科技大学学报（社会科学版），2013，23 (6)：35-41.
[⑦] 张先治. 企业投资应有明确的战略目标 [J]. 财务与会计（理财版），2013 (8)：1.
[⑧] 张文魁. 国企是"全民没有" [J]. 中国企业家，2013 (10)：24.
[⑨] 夏斌. 如何实现"消费为纲"？ [J]. 经济导刊，2009 (9)：27-28.
[⑩] 刘春波，韩丽. 基于公平的国有企业利润分配问题研究 [J]. 上海商学院学报，2008 (1)：63-65.
[⑪] 陈华，韩丽. 基于公平的国有企业利润分配问题研究 [J]. 理论与现代化，2008 (3)：58-61.
[⑫] 李丛笑. 国有资本收益分配体制改革：在公平与发展之间权衡 [J]. 北京行政学院学报，2010 (1)：52-55.

其国有资产监督管理机构并非国有资本的最终所有者,因此,他认为国有资本收益这项社会财富的真正所有权人应当为社会主义国家的全体公民。李燕、唐卓[①]通过界定公共资源的定义,将公共资源收益划分为经营性收益、资产性收益以及其他某些特定资源出让产生的收益,得到"公共资源是全民共有的,它的所有收益是社会分配的重要组成部分,应当为全民共享"的结论。由此可得到,在一些学者看来,国有资产收益应归社会主义国家的全体公民所有。

部分学者甚至提出了国企全民分红的改革设想。针对当前国有企业分红未能惠及全民的现状,崔之元[②]建议划拨50%的国有企业利润,用来组建"中国人民永久信托基金",并将其收益的50%直接分给全体公民,保证人人享有"社会分红"。陈志武[③]提出我国国有资产应该实行全民所有,通过在全国设立国民权益基金并平均分给13亿公民,让全民共享国企红利。谢国忠[④]则认为,可以拿出国有企业的股票,将其平均分给每个公民,以达到全民共享国企红利的目的。但也有观点认为目前我国财政还无法承受大规模的社会分红,只能在某些领域进行社会分红的尝试(叶雷,2008)。

(六)国企分红其他问题研究

1. 国企红利过度投资、效率低下问题

一方面,是由于我国国企红利上缴比例较低,大量利润留存企业内部,导致企业管理者盲目投资。刘银国[⑤]通过研究发现,管理层在股利决策中把扩大企业的规模和提高企业的产出水平作为目标,往往存在控制资金并进行过度投资的现象。焦健等[⑥]也通过实证研究证明了国企存在着不分红或者少分红的现象,其后果是直接导致企业资本支出的随意性,提高了企业过度投资的水平,从而对企业的业绩造成一定不利影响;另一方面,是由于目前我国国企红利形成了"取之国企,用之国企"这一体内循环格局。不少学者指出,国企红利在上缴给国家后,又作为国有资本再投资流入国企内部,导致国企拥有大量的闲置资本,企业将大量资金用于扩大再生产而不用于技术创新,造成资金利用效率过低的结果。

2. 国企分红的监管和激励约束机制研究

张文魁[⑦]指出应参照上市公司建立严格的年度审计制度,由可靠的会计师事务

---

① 李燕,唐卓. 国有企业利润分配与完善国有资本经营预算——基于公共资源收益全民共享的分析[J]. 中央财经大学学报,2013(6):7-12.
② 崔之元. 市场经济中的公有资产与全民分红[J]. 商务周刊,2006(5):42-44.
③ 陈志武. 国有资产"全民所有"该到时候了[N]. 经济观察报,2009-02-16.
④ 谢国忠. 2009我们可以期待什么?[J]. 西部广播电视,2009(1):26.
⑤ 刘银国. 自由现金流与过度投资——基于融资约束和所有制的考察[J]. 会计之友,2012(10):4-8.
⑥ 焦健,刘银国,张琛,于志军. 国企分红、过度投资与企业绩效——基于沪深两市国有控股上市公司的面板数据分析[J]. 经济与管理研究,2014(4):104-112.
⑦ 胡敬艳,李新. 国企分红探路[N]. 21世纪经济报道,2007-12-24.

所来审计。吴海明①设计了一个具有良好激励约束功能的红利上缴模式,将现有国有企业分为五类:正常赢利的、公益性或需政策特别照顾的、正常赢利且无隐瞒真实利润的、正常赢利但部分隐瞒利润的、微利且不足以分配红利或亏损性的,并视情况采取不同分红方案。陈少晖②也提出了类似构想,四类企业视情况返回红利、取消返还或按优先股股息上缴,欠缴部分顺延至下年。

3. 国企分红政策对国有上市公司的影响

罗宏和黄文华③以代理理论为基础,对我国国有上市公司的先进分红政策与高管人员在职消费相关政策提出了假设,运用2003~2006年A股上市数据进行研究,发现国企分红在抑制在职消费的同时,减少了代理成本。魏明海和柳建华④在对我国国有上市公司的股利分配政策与过度投资相关提出了假设,进行实证后证明了股利政策同过度投资相关的假设,并且在研究公司治理结构对其的影响后,得出结论认为有效的公司治理环境能够有效地限制过度投资水平。杨汉明、刘广瑞、向伶双⑤以2008~2010年国有上市公司为样本,考察了国企分红与制度环境的相关关系,结果显示国企分红与企业价值显著正相关,企业所处地区的市场发展程度、金融发展水平能有效提高企业的股利发放水平,但是法制水平的提升并不能有效提升国有上市公司的股利发放额度。张建华、王君彩⑥通过对比红利上缴办法实施前后我国国有控股上市的相关数据,得出国有企业分红能够在一定程度上促进国有企业的经营绩效的提高,国有企业分红对过度投资现象的抑制作用得到了一定程度的提高。

第三节 对当前学界研究的简要评价

通过对上述有关国有企业改革和国有企业红利分配研究相关文献的梳理可以发现,学术界现有研究成果具有如下特点:

1. 国外研究起步较早,但后续研究成果较少

应该说,国外对国有企业改革和国有企业红利分配的相关研究起步较早,在20世纪初就已经有相关的研究成果。这是因为,西方国家是比较成熟的市场经济

---

① 吴海明. 国有企业红利上缴—理由—原则与制度设计 [J]. 中外企业家, 2007 (8): 67-71.
② 陈少晖. 国有企业利润上缴: 国外运行模式与中国的制度重构 [J]. 财贸研究, 2010 (3): 80-87.
③ 罗宏, 黄文华. 国企分红、在职消费与公司业绩 [J]. 管理世界, 2008 (9): 139-148.
④ 魏明海, 柳建华. 国企分红、治理因素与过度投资 [J]. 管理世界, 2007 (4): 88-95.
⑤ 杨汉明, 刘广瑞, 向伶双. 制度环境、国企分红与企业价值关系的实证检验 [J]. 统计与决策, 2013 (9): 159-162.
⑥ 张建华, 王君彩. 国企分红、国企绩效与过度投资: 实证检验——基于国有资本金预算新政前后的对比分析 [J]. 中央财经大学学报, 2011 (8): 66-69.

国家,市场经济的相关理论基础比较扎实,对市场经济发展中出现的诸如市场失灵和政府干预等研究比较深入,尤其是20世纪二三十年代爆发的世界性的经济危机,使西方国家纷纷效仿美国罗斯福新政,以凯恩斯主义为指导,开始了国家对经济的大量干预。在这一过程中,以英国、法国和德国为代表的一批老牌资本主义国家,纷纷通过组建国有企业,壮大国有资本,以更好地加强国家干预。这些国家甚至因此而掀起声势浩大的国有化运动,建立了一大批国有企业。这些国有企业的大量存在,吸引了西方学者们对国有企业改革和发展的研究,并取得了一批有价值的研究成果。同时,西方国家股份制企业发展较早,西方学者们也自然就比较早地对股份制企业的利润分配问题进行研究,提出了一整套以MM理论、"一鸟在手"理论为代表的、具有很强实践价值的股利分配理论。

2. 国内学者研究起步较晚,但后续研究成果比国外丰硕

国外学者研究起步较早,主要归因于20世纪二三十年代凯恩斯理论的盛行和之后国有化运动的崛起,但是随着后来滞涨危机在各主要资本主义国家的爆发,凯恩斯主义越来越受到人们的质疑,之前大规模的国有化运动也遭到学者们的批判。因此,在新自由主义思想的影响下,英国、法国等主要资本主义国家又转而发起私有化运动。这场运动过后,西方国家国有企业已经数量不多,而且大都是不以营利为目的,主要承担提供公共产品等弥补市场失灵的职责。因此,西方经济学界研究重点自然就转向市场经济与新自由主义等相关理论,对国有企业的研究也就慢慢淡出西方学界的研究视野。但在我国,自1949年新中国成立后,国有企业作为我国公有制的一种主要实现形式,一直以来都是我国经济学界研究的重点。不管是在改革开放前的计划经济时代,还是在改革开放后的市场经济转型期,对国有企业和国有资产管理体制改革与发展的研究,始终是我国理论界研究的重要领域。经过七十多年的长期探索和思考,我国学者无论是对宏观的国有资产管理体制,还是对微观的国有企业经营机制,无论是对传统计划经济体制下的国有企业研究,还是对当前市场经济体制下的国企改革研究,都已经取得了比较丰硕的成果,甚至可以说形成了中国特有的国有经济理论体系。

3. 国内研究大都以解决改革的实际问题为目的,实用性较强,基础理论研究相对较弱

梳理新中国成立以来学术界对国有企业的研究文献可以发现,相关研究成果大多与同时期的国有企业改革实践相适应,具有较强的阶段性特征。其中大多数又是针对国有企业改革实践中出现的问题进行的对策性研究,具有明显的应用型特征。在计划经济时期,关于国有企业的研究基本是在计划体制的框架下进行的,这一时期的国有企业基本是作为政府部门的行政附属物存在的,国有企业基本没有什么决策自主权,因此实践中的国有企业管理主要是按照同级政府部门间及上下级政府间的行政隶属关系管理，所以这一时期的学术研究也基本是围绕国有企业的宏观管理体制展开的，有鲜明的时代特点。改革开放后，我国开始了对国有企业改革的不断探索，围绕宏观层面的国有资产管理体制和微观层面的国有企业治理机制两大主线，改革经历了放权让利、利改税、经营承包制、现代企业制度、股份制改革、战略性资产重组、国有资本经营预算、混合所有制改革等不同阶段，每一阶段都面临不同的改革目标和任务。一旦改革的阶段性目标确定，学术界对该阶段国企改革研究的力度就相应加大，各种为国企改革出谋划策的对策性研究成果大量产生。因此，研究成果也就体现出了显著的阶段性特征。应该说，这种实用性较强的学术研究，能够把我国的改革实践与理论研究较好地有机结合起来，有利于及时发现和解决我国国有企业改革中出现的问题，并制定相应的解决方案，这是这种研究范式的价值所在。但是这种以对策应用为主的研究范式也存在不足，主要体现为研究的重心经常转换，研究的深度不足，难以提出具有本质性意义的基础理论和宏观指导性的改革思路。

4. 某些领域研究还比较薄弱，理论研究滞后于实践需要

如上所述，虽然国内学者对国有企业的研究已经取得了较为丰硕的成果，为国有企业的改革实践提供了有价值的理论指导和决策参考。但是在某些领域，国有企业的学术研究还比较薄弱，理论研究滞后于国有企业改革的实践需要。比如，在国有企业的公司法人治理机制、国有企业的行政垄断问题、国有企业混合所有制改革以及国有企业红利分配制度等领域，专门性、系统性的深入研究还有待于加强，尤其是国有企业红利分配的研究尚处于初步探索阶段。党的十八大以来，以习近平同志为核心的党中央在论及国有企业改革时，都不断强调要建立"公共资源收益合理共享机制"，明确指出要加大国有企业红利向民生领域倾斜的力度。但由于缺乏比较有效的理论指导和实践层面的可行性论证，造成实践中各政府部门对推进党中央这一惠及全民的改革举措迟疑不决，进展缓慢。也正因为如此，本书以十八大以来党中央的系列指示精神为指导，结合我国国有企业改革的实践，以国有企业红利分配制度为研究对象，着重研究国有企业红利的全民共享机制，并提出改革的实践模式和对策建议，以期弥补当前学界在这一重要课题上研究的不足。

第三章

国有企业红利分配改革的理论基础

国有企业红利分配制度改革需要加强理论指导,本章分析了马克思的产权理论、西方产权理论、委托代理理论、股利分配理论和可持续发展理论及其对国有企业红利分配的适用性,从理论层面阐述了国有企业红利全民合理共享的理论基础。

第一节 产权理论

产权是指法律强制性规定的人对物的权力。作为现代经济理论的重要组成,产权理论揭示了人与物之间的归属关系。产权不是单一的权利,是包括占有权、使用权、收益权、转让权等一系列权利组合而成的权利束。与一般企业相比,国有企业的特殊性就在于其产权的特殊制度安排,国有企业红利分配的基本原则和基本规定也是内生于国有企业的产权制度安排下。因此,产权理论的基本观点对我国理顺国有企业产权关系并以此为基础进行国有企业红利分配具有重要的借鉴意义。

一、马克思的产权理论

马克思和恩格斯大量研究了人类社会各个时期特别是资本主义社会的所有制和产权关系。在他们庞大的理论体系中,产权理论占有重要的地位。美国的 S. 佩乔维奇教授指出:"马克思是第一位有产权理论的社会科学家。"[1] 对现代西方产权理论做出重大贡献的新制度学派的代表人物诺斯(Douglass C. North)也承认,马克思关于产权理论的论述是最有说服力的论述。随着马克思主义实践的发展,人们也

---

[1] S. Pejovich. Karl Marx, Property Rights School and the Process of Social Change. In Karl Marx's Economics: Critical Assessments. ed. by J. C. Wood. London: Croom Helm Ltd, 1988. Vol. VI, p. 240.

不断丰富和发展马克思和恩格斯的产权理论,从而形成了马克思主义产权理论,即由马克思和恩格斯创立并在社会主义各个时期补充、发展了的产权理论。其中,马克思关于财产关系和产权的大量论述,构建了马克思主义产权理论大厦的主体工程(吴易风,2007)[①]。马克思的产权理论主要散见于《资本论》等经典著作当中,其产权观点深邃而富有深意。具体而言,主要包括以下几方面内容。[②]

(一) 深刻阐述了产权的起源和条件

首先,产权起源于原始社会的私有财产权,主要表现为拥有土地、房屋、食物等自然物。出现私有财产权是生产力不断发展的必然结果,也是人类由原始社会向奴隶社会、封建社会等更高层次的社会形式演进的客观规律。马克思创造性地将私有财产权的起源同生产资料所有制联系起来探讨人类发展问题[③]。

其次,产权是社会分工的产物。原始社会初期,生产力水平低下,依赖血缘关系和共同劳动,产品在共同体内平均分配,从而形成原始的公有产权制度。由于没有国家和法律,这种公有产权制度是不完全的产权制度。随着原始社会中后期的三次社会大分工,劳动生产率提高,剩余产品出现,奴隶主为了维护自己的利益,建立国家和法律,把奴隶主所有制以所有权的形式体现出来,从而建立起奴隶主私有产权制度。随着生产力的发展和分工的深化,私有产权制度又经历了封建地主私有制、资本主义私有制。当自发分工发展为自觉分工时,私有产权制度最终将被公有产权制度所取代。

(二) 从生产关系的角度提示了产权的本质所在

产权(property)是财产权利的简称,马克思认为,法律中的产权,是"一定所有制关系所特有的法的观念"。[④] 而"法的关系正像国家的形式一样,既不能从它们本身来理解,也不能从所谓人类精神的一般发展来理解,相反,它们根源于物质的生活关系"。[⑤] 按照马克思的观点,产权是所有制的法律形态,产权在历史变迁过程中会随着生产关系或所有制的变换而不断变换各种存在形式。"具有契约形式的(不管这种契约是不是用法律固定下来的)法权关系,是一种反映着经济关系的意志关系,这种法权关系或意志关系的内容是由这种经济关系本身决定的"。[⑥] 因此,产权关系的内容由所有制关系特别是生产资料所有制关系来决定,它包括所

[①] 吴易风. 马克思的产权理论——纪念《资本论》第一卷出版140周年[J]. 福建论坛(人文社会科学版),2008(1):64-69.
[②] 纪新伟. 国有企业红利分配研究[M]. 太原:山西经济出版社,2015:8.
[③] 马克思,恩格斯. 马克思恩格斯选集[M]. 中共中央编译局. 北京:人民出版社,2007.
[④] 马克思恩格斯全集[M]. 中文版(第30卷),北京:人民出版社,1975:60.
[⑤] 马克思恩格斯全集[M]. 中文版(第13卷),北京:人民出版社,1962:8.
[⑥] 马克思恩格斯全集[M]. 中文版(第23卷),北京:人民出版社,1972:102.

有权、占有权、使用权、支配权、经营权、索取权、不可侵犯权等一系列权利，其中所有权是最根本的，对其他权利起决定性作用①。所有权是物的归属权问题，它是一个单一的权属。而产权则是对权利在人们之间分配的一种制度性安排，它是一组权属关系。产权所要确定的是，在一个经济共同体中，或者在彼此的经济交往中，人们各自应当拥有的权利及应当承担的责任。所有权回答的是物的归属问题，而产权所要回答的是各种权责利关系的合理配置问题。

产权作为人们之间围绕财产而建立的经济权利关系，具有二重性。一方面，从它是人们因对财产行使一定的经济职能，形成某些经济利益关系看，是一种经济关系，属于客观存在的经济基础的范畴；另一方面，从它获得法律承认和保护，具有法定权利的形式看，又是一种法权，属于上层建筑的范畴。产权虽然从现象上首先表现为人与物的关系，但这种关系在"鲁滨逊"式的社会里没有任何意义，只有在人与人相互之间发生关系的社会里才有意义。即产权实质上是以物为媒介的人与人之间建立的客观存在的经济关系。许多产权关系在无数次重复之后，由社会给予承认和保护，上升为成文的或非成文的法律。即从产生时序看，属于经济基础的财产权利的经济关系出现在先，维护这种权利关系的属于上层建筑的法权产生在后。

（三）提出并系统论述了有关财产的权利统一和分离的学说

财产权利不是单一的权利而是权利的集合，只不过在生产力落后的情况下所有权的表现形式较为单一。随着生产力的发展、分工的深化、技术的进步，生产部门逐步扩展和分化，从而形成新的生产方式，以及与此相适应的新的所有制形式。在发达的市场经济体制下，财产权利内涵的转化形式日益多元，出现了诸如支配权、经营权、收益权等分解形式。其中，生产资料所有权是产权的核心，生产资料所有权是由经济关系本身决定的，并随着社会关系的演变不断发展，深深地影响着社会的生产、交换、分配和消费等各个环节②。对现代财产权利的这种统一和分离，马克思的论著已经提出并比较深入地系统论述。马克思是通过对资本主义社会以前包括资本主义社会在内的生产资料所有制关系进行全面考察分析后，指出了资本主义社会以前包括资本主义社会在内普遍存在的包括土地、资本、劳动力等生产要素所有权与占有权的统一和分离情况，提出并系统论述了产权的统一与分离的思想。马克思认为，社会化大生产背景下分工的不断细化要求产权的各项权利也逐步分离。在产权的这些权利分解中，马克思特别强调了占有权，认为占有权具有排他性的独占权利，是所有权权利体系中最重要的部分。马克思认为，由于社会分工的大发

---

① 易风. 产权理论与实践 [M]. 北京：中国人民大学出版社，2010（3）：182-183.
② 马克思. 剩余价值论 [M]. 中共中央编译局. 北京：人民出版社，2009.

展,所有权和占有权、所有者和占有者在某些情况下是统一的,但在另外一些情况下是分离的。当然,马克思并没有因此把所有权理解为单一的占有权,在马克思看来,所有权是包括了占有、使用、收益和处置在内的各项权利,这些权利可以统一,也可以分解开来。

(四) 包含了剩余索取权的思想

马克思的产权理论提出了所有权的统一和分离学说,从而也蕴含了剩余索取权的基本思想。马克思研究的产权体系包含了所有权、占有权、使用权、支配权、经营权、收益权等一系列权利。而在这一系列的权利中,决定性的是所有权,因为所有权决定了后面的占有权、使用权、支配权、经营权和收益权等,当然,所有者可以根据需要把部分权利分解出去由他人行使。这其中,收益权是所有权权利体系中最实质的内容,是所有者的一项基本权益,这里的收益权,在所有权与经营权分离的情况下,对所有者而言,这种收益权已经包含了剩余索取权的基本思想。由于社会化大分工的发展,社会主义国家国有企业也必然要实行所有权与经营权的分离,这种分离有利于发挥职业经理人专业优势,提升国有企业活力。在两权分离下,国家作为国有企业全民所有者的代表,享有对国有企业的生产经营的剩余索取权,这种剩余索取权,就是国家作为股东享有对国有企业的分红权,这是建立在国有企业所有权的基础上的一些基本权利,也是我国当前国有企业红利上缴的基本理论依据。

二、西方产权理论

针对西方微观经济学和福利经济学存在的缺陷,西方学者创立了产权理论,旨在修正和扩展新古典经济理论。1991年诺贝尔经济学奖得主科斯(R. H. Coase)是现代西方产权理论的奠基者和主要代表,被西方经济学家认为是产权理论的创始人。科斯1937年出版的《企业的性质》一书被认为是西方产权理论的开山之作,1960年发表的《社会成本问题》是产权理论成熟的标志。除科斯之外,哈罗德·德姆塞茨(Harold Demsetz)、阿尔钦(Armen A. Alchian)、威廉姆森(Oliver Williamson)、张五常(Steven Cheng)、菲吕博腾(E. Furubotn)和佩杰威齐(S. Pejovich)等均为丰富和发展现代西方产权理论做出了重要贡献。

(一) 科斯的产权理论

科斯的产权理论通常被称为科斯定理(Coase theorem)[①],它试图提出并回答

---

① 乔治·施蒂格勒首次把科斯的命题"权利的清晰界定是市场交易的基本前提"称为科斯定理。然而不同的学者对科斯定理有不同的表述。

的问题是产权界定或产权清晰与经济效率的关系。科斯从财产权利结构的最佳设置入手探讨合理的产权制度所具有的经济促进作用。研究表明科学的产权制度具有明确性、专有性、可转让性和可操作性。这些特性赋予产权制度经济推动功能，极大地优化了社会的资源配置，提高了社会运作的效率，产生了较强的激励作用。其侧重于研究制度安排、交易费用和资源配置效率之间的关系，形成了科斯第一、第二、第三定理。

科斯第一定理表明在交易费用为零的理想状况下，不管初始产权如何安排，相关主体都会实现自身价值最大化，即市场机制会自动达到帕累托最优。科斯第二定理指出在交易费用大于零的情况下，不同的产权安排会产生不同效率的资源配置。换言之，由于交易成本的存在使得完善产权制度具有必要性。因为科学的权利界定能够产生最优的资源配置效果。作为科斯定理的核心内容，它的意义在于创造性地把制度形式与资源配置直接对应起来，使人们认识到产权的初始界定对于经济运行的重要作用，并日益重视完善权利界定和分配。科斯第三定理并非由科斯直接表述，而是人们在实践运用中加以总结概括形成的，它的内容是在交易成本大于零的情况下，初始产权的明晰界定可以减少甚至消除纠正性交易，最初的产权安排如果是最优的就能够改善社会福利[①]。

科斯定理从交易成本的存在分析产权制度对经济效率的影响，揭示了合理的产权特别是明晰的初始产权界定对资源优化配置的调节作用，得出结论：依赖政府的强制性推动力量可以规范社会经济生活中的各种产权关系，并以此推动经济增长[②]。具体到国有企业问题上，国有企业的管理者和员工并不拥有产权所有者的分配权力，他们所享有的是产权所有者按照劳动合同约定所支付的劳动报酬。这和产权私有的民营企业的雇用劳动者是一样的。然而，由于所有者缺位，国有企业员工特别是管理层出现的权力越位现象日益突出，除了内部控制严重之外，一些人还将国企红利在小范围内私自分配，致使国有资产流失。以产权理论为基础构建现代企业制度，约束国企高管行为，是实现国有资产保值增值的必要手段。

（二）西方产权理论的发展

科斯定理奠定了西方产权理论的基础后，后来的学者对科斯定理进行了不同的解释，进一步推动了西方产权理论的发展，逐步形成了西方产权理论中自由交换论、交易成本论和完全竞争论三种学说。威廉姆森（O. Williamson）、斯蒂格勒（G. Stigler）和张五常（Steven Cheng）等一批交易成本论支持者认为，市场经济运

---

① R. 科斯. 企业、市场与法律 [M]. 上海：上海三联书店，1990.
② H. 德姆塞茨. 产权论 [M]. 北京：经济学译丛，1989.

行是否有效,关键是市场交易成本的高低,因此,科斯定理可以解释为:只要市场交易成本为零,不管财产权利的初始分配如何安排,市场都是有效率的。以布坎南(J. M. Buchanan)为代表人物的自由交换论认为,不管市场有无交易成本,只要市场各交易主体权利界区清晰,市场交易自愿,那么市场资源配置就必然是有效率的,因此,科斯定理就可以解释为:只要市场能够自由交换,并且市场主体权利界定清晰,那么产权的任何初始制度安排都是有效率的。以舒尔茨(C. Schultze)为代表的一批学者则持完全竞争论观点,他们认为市场资源配置是否有效率的关键是市场是否完全竞争,他们把科斯定理解释为:只要市场是完全竞争的,那么产权的任何初始制度安排都是有效率的。因此,我们发现这三种理论都是围绕产权如何配置是有效率的问题展开论述,差别是各自的条件不同。

综合分析西方产权理论的观点,可以发现产权具有以下基本属性:(1)产权是一组权利束。产权包括了所有权、占有权、使用权、收益权、处置权等各种权利,产权不是单一的。(2)产权是可分离的。产权权利束中的所有权、占有权、使用权、收益权和处置权等各种权利是可以分离的,由不同的权利主体行使,以发挥各权利主体的优势。(3)产权是市场主体行为边界的权利界定。市场经济中,产权是受法律、道德和其他社会力量保护的,产权清楚地界定了市场交易主体各自的权利和义务,明确了各自的成本和收益的边界,市场主体就是在明确各自的权利和义务、成本和收益的边界下才能为利益最大化而努力,从而市场经济才是有效率的。(4)产权可以转让,也可以组合。市场经济条件下,产权是可以流动转让的,这种转让,促进了资源从低效率所有者手上转移到高效率所有者手上,从而提升了市场资源配置效率。产权也可以根据需要,由各权利主体进行组合,达到各资源要素所有者的优势互补。(5)产权标的物是可以逐渐扩大的。最初产权的制度安排是针对各种自然有形物展开的,随着市场经济的纵深发展,社会分工逐渐扩大,产权标的物也从最初的有形物逐步扩大到债权、知识、资本、股权等无形物上。

三、产权理论与国有企业红利分配

产权理论深刻影响着我国国有企业改革的进程,也深刻影响着当下我国国有企业红利分配。在我国相当长的计划经济时期乃至改革开放后的近十年的探索期,我国国有企业改革始终难以取得显著成效,最根本的原因在于改革始终未触及产权领域。随着改革实践中人们对国有企业改革的认识加深,国有企业的产权问题逐步受到学术界和改革决策者的重视。史正富(1987)在我国最早提出了国有企业改革要突破经营权,转向产权领域深化改革的观点,主张国有企业应该通过股份制改革明晰国有企业产权。

刘诗白（1988）、唐丰义（1987）等也提出了国有企业产权改革的观点，他们基于马克思主义的基本原理研究产权理论，提出了一些重要的观点主张，为马克思主义产权理论的发展做出了重要贡献。对于我国国有企业产权改革，他们主张把"产权清晰"作为我国国有企业制度的基本特征。在马克思主义产权理论视角下，"产权清晰"的基本要求就是在坚持国家所有权的基本前提下，明确国家与企业，以及企业内部经营者和职工等各主体的权利义务关系。这些观点深化了社会各界对国有企业产权改革的认识，国有企业改革突破了过去一个个"搞活"国有企业的传统思路，开始以国有企业产权为纽带，着力提升整体国有经济的控制力和活力，并以此为基础建立新的国有资产经营管理体制，进一步理顺了国家与国有企业的产权关系，推动了国有企业改革的深化。

在我国深化国有企业改革进程中，西方现代产权理论对我国国有企业改革理论和实践也产生了一定的影响。在理论方面，西方产权理论从资源配置效率视角研究产权理论，提出了一些产权理论思想，对于我国学术界研究有一定的影响，进一步丰富推动了马克思主义产权理论的进一步发展，具有重要的理论价值。同时，在实践层面，西方现代产权理论着眼于通过产权配置提升资源配置效率的观点和主张，对于我国面临的国有企业效率低下、国有企业活力不足等突出问题，显然具有很重要的实践参考价值，对我国国有企业产权改革进程有重要意义。

正是因为在以上产权理论的指引下，我国国有企业改革才开始触及产权问题，明确了国有企业建立现代企业制度的基本目标，国有企业通过抓大放小、兼并重组等一系列产权领域的改革，极大地提高了国有企业的活力，不仅改变了国有企业亏损的状态，还实现了国有企业的巨额盈利，这也才有了我们今天所面临的国有企业红利分配问题。

具体到我们当前的国有企业红利分配问题，由于剩余索取权（收益权）是内生于产权的制度安排，所以当前我们国有企业改革的产权规定，也就从根本上规定了我们当前的国有企业红利分配的基本内容和主要方向。

首先，无论是马克思的产权理论，还是现代西方产权理论，都突出强调了产权的重要性，都认为产权是一系列权利的集合，这些权利可以统一，也可以根据需要进行分离。在产权的权利束中，剩余索取权是所有者的一项重要基本权利，按照这一观点，国有企业上缴红利，进而让全民能够共享红利分红，是全民作为国有企业所有者应给予保障的一项基本权利。因此，可以说产权理论奠定了我国国有企业红利分配的理论基础。

其次，根据马克思主义产权理论并适当借鉴西方产权理论，国有资本的终极产权主体是全体国民，那么国民不仅拥有所有权，还享有占有权、使用权、支配权、经营权、索取权、不可侵犯权等产权束中的其他权利。因此，国有企业红利分配的收入与支出都要充分考虑人民这一所有者的利益：国有企业红利收取比例以不影响国有企业社会功能的实现为前提；国有资本财政支出应更多"泽被众生"，国有资本经营预算尽可能实现与公共预算的有效衔接。另外，产权是一种法权，与国有企业红利收支相关的行为应有对应的法律予以约束，使其纳入规范化的管理。再者，产权范围是逐渐扩大的，在探索与建立国有企业红利分配的过程中，不仅强调有形资本，也要注意无形资本的保值增值。

第二节 委托代理理论

委托代理关系是随着生产力大发展和规模化大生产的出现而产生的。在现代企业中，委托代理问题十分普遍。一方面，科技发展使得企业管理的分工不断细化，企业所有者由于知识、能力和精力的局限无法有效管理企业。另一方面，专业分工产生了一批具有管理才能的专业经营者队伍。因此，企业所有者（委托人）和经理人（代理人）结成了委托代理关系。在此基础上，"两权分离"成为包括国有企业在内的现代企业的基本特征。

一、委托代理理论的发展

委托代理理论是西方契约理论发展的一个分支，是20世纪30年代西方学者在深入研究企业内部信息不对称环境下的激励问题时发展起来的，目的是寻求在企业内部利益矛盾冲突并且内外部信息不对称的环境下，委托人通过一系列有效的契约制度安排激励代理人，减少代理人对委托人的利益损害。从学说发展史看，委托代理理论的理论溯源可以追溯到18世纪亚当·斯密（Adam Smith）[①]，他在著作《国富论》中阐述到，由于合股公司的董事受聘于他人，为他人尽力，但私人合伙的合伙人则是为自己的公司尽力，因此合股公司的董事们难以像私人合伙的合伙人那样尽心尽力监视公司钱财，造成合股公司经常出现各种疏忽和浪费，这一观点是学说发展史上首次提出所有权和经营权分离后的委托代理问题，开创了学术界对委托代理问题的研究。在亚当·斯密之后，马歇尔（Marshall）、穆勒（Mill）和凡勃伦（Veblen）等都对委托代理问题进行了不同程度的阐述。1932年，伯利（Berle A）和米恩斯（Gardiner C. Means）经过对委托代理问题的理论推演，提出了著名的"伯利—米恩斯命题"，从而标志着委托代理理论的诞生。跟前人学者研究相比，

---

① 亚当·斯密. 国富论[M]. 北京：商务印书馆，1974：303.

伯利和米恩斯提出的委托代理问题开创了从激励视角研究企业发展问题的先河，突破了传统学术界企业利润最大化的假说，从理论而非实证的角度阐述了委托代理理论。后来，曼因（Manne）、罗斯（Ross）、詹森（Jensen）及詹姆斯·莫里斯（Mirrlees）等诸多学者的研究进一步推动了委托代理理论的发展。到了20世纪70年代，詹森（Jensen）和麦克林（Meckling，1976）两人一起发表了著名的《企业理论：经理行为、代理成本和所有权结构》，该文章的发表标志着委托代理问题研究方法的正式形成。

企业生产经营中的委托代理关系，是指委托人通过明示或隐含的契约，指定或雇佣代理人为其服务，授予代理人一定权限，并根据服务数量和质量支付相应报酬。所有权与经营权分离后，全部的所有者不可能都参与到企业的日常经营中来，当一个经济主体根据某种显性或隐性的契约，授予另一主体相应的权利，使后者为其服务，最终根据服务的绩效支付相应报酬，那么双方就形成了委托代理关系。授权者是委托人，被授权者就是代理人，代理人是由委托人授权并维护委托人利益的个人或组织。生产的专业化是委托代理关系产生的基础，委托代理关系虽然解决了企业发展规模增大所要求的生产经营管理越来越专业化这一问题，但也带来了委托人和代理人之间目标不一致的委托代理问题。委托代理理论认为，在委托代理关系中，委托人和代理人都是理性的经纪人，都是追求各自的财富最大化，代理人在委托人监督下发挥自身专业优势和管理技能为委托人的利益服务。但是，由于委托人和代理人之间存在信息不对称，这种信息不对称使代理人有机会谋求自身财富最大化，造成代理人对委托人的利益侵害，这种情况下，委托人由于信息不对称也难以判断代理人是否尽力为委托人的利益服务。为了解决这一问题，委托人就需要在委托代理契约上精心设计，防范代理人的利益损害，这结果又增加了委托人和代理的契约成本。一方面，委托人会发生额外的监督成本，为了督促代理人尽心为委托人利益服务，减少代理人对委托人的利益损害，就额外需要增加监督成本，支付监督费用，比如财务报表经过外部审计产生的成本等；另一方面，代理人也会产生各种守约成本，代理人为了证明自己诚实、尽力地履行代理职责，需要设置内部审计部门，产生内部审计费用。因此，需要一套有效的制度安排，来有效减少委托代理成本。对此，委托代理理论试图在激励相容约束①和参与约束②两个基本条件约束下，寻求一套最优的委托代理契约机制，减少委托代理成本，促使代理人尽力为委托人利益服务。因此，委托代理理论就沿着这一理论逻辑发展出了规范代理理论和实证

---

① 所谓激励相容约束，是指在信息不对称情况下，委托人要让契约可以执行，必须考虑代理人自己的利益，即委托人为实现自身效用最大化而要求代理人的努力程度也要使代理人自身实现效用最大化。
② 所谓参与约束，是指委托人支付给代理人的报酬带来的效用要不低于代理人从事其他事务所获得的效用，如果低于这一效用，代理人就不会参与该契约，委托代理关系不成立。

代理理论两个分支。

规范代理理论以詹姆斯·莫里斯（James Mirrlees）为代表。规范代理理论注重通过数理模型构建，运用风险信息数据的概率分析，融合效用函数模型合理安排报酬激励，力求通过对委托代理问题的数学模型化处理，构建风险与报酬对等的合同关系，力求通过对合同内容和形式的精致设计达成委托人和代理人双方的共赢，减少委托代理成本。莫里斯在这一领域有很多重要成果，他认为委托代理问题的解决关键是事前契约合同和信息系统的涉及，他基于委托人和代理人之间信息不对称这一基本前提，运用数学处理中的"一阶化"方法和"分布函数参数化"方法，建立了标准的委托代理模型，莫里斯因这一领域的突出贡献而获得诺贝尔奖。

实证代理理论是在规范代理理论的基础上发展起来的，实证代理理论又称代理成本理论，该理论假定委托代理关系中的契约合同的规范性问题已经解决的前提下重点研究委托均衡合同的影响和激励问题，试图通过寻找一种以最小的代理成本构造契约合同的方法，从而更好地解决委托代理问题，主要代表人物有阿尔钦和德姆塞茨（1972）、詹森和麦克林（1976）等学者。其中，詹森和麦克林（1976）最早提出了代理成本这一概念，根据他们的观点，代理成本问题的产生根源于管理者也就是代理人不是企业的完全所有者，在这种情况下，代理人尽力工作，他需要承担更多的成本但却只获取小部分利润，而代理人消费额外收益时，他能够得到大部分收益并只需支付小部分成本，因此代理人不会尽力工作，并追求更高的在职消费，这就导致企业价值小于代理人是完全所有者的企业价值，詹森和麦克林把这两部分企业价值的差异称为代理成本，因此，他们主张代理成本应该成为企业所有权结构中的重要决定因素。

在实证代理理论的发展中，为了更好地对代理人行为进行量化描述，先后出现了基本的委托代理模型也就是静态代理人行为模型，和动态代理人模型。静态代理人模型代表性成果有威尔逊（Wilson，1969），罗斯（Ross，1973），米尔利斯（Mirrlees，1974，1976）等学者的研究，静态代理人模型虽然与现实代理人行为特征相比还有一定差距，但为全面刻画代理人行为模型打下了基础。现实中，委托代理关系并不是静态和一次性的，随着分析周期的延长，委托代理契约关系并不是一次性的，并且动态重复博弈的，因此，动态模型引入委托代理行为分析中，出现了刻画代理人行为特征的多种动态模型。其中，重复博弈模型是较早出现的（Radner，1981；Rubbinstain，1979），它通过引入博弈分析方法，证明了长期的委托代理关系能够降低代理人的风险，委托人也更容易观察从而判断代理人的努力程度，因此长期委托代理合同更能够促使委托人和代理人履行相应的义务，更能降低代理成本。棘轮效应模型由韦茨曼（Weitzman，1980）和里卡特和科斯塔（Ricart and Costa，1986）等学者基于苏联式计划经济模型的研究提出来的，该模型可用于解释委托代理模型中委托人和代理人风险分担不对称情况下代理人激励机制的弱化。代理人市场声誉模型在动态代理模型中具有重要作用，该模型以法玛（Fama，1980）和霍尔姆斯特拉（Holmstrom，1982）等学者为代表，他们认为在长期动态委托代理模型下，代理人为了其个人的市场声誉会努力工作，从而减少代理成本，这表明在委托代理模型中，除了合同的显性激励外，声誉等隐性激励也有重要作用。此外，还有很多学者，如麦卡菲（McAfee，1991），麦克米伦（McMillan，1991）、霍尔姆斯特伦（Holmstrom，1982）和伊藤健夫（Itoh，1991）等学者研究了其他更复杂的委托代理模型，如单个代理人面对多个委托人的代理问题以及单个委托人面对多个代理人的行为模型。在实证代理理论研究中，除了对代理人行为模型进行研究外，对委托人的监督行为及其引起的绩效进行研究也是学术界研究的一个重要领域。其中，比较突出的有巴塔查里亚（Bhattacharya，1983）、格林和斯托克（Green and Stokey，1983）、麦尔科姆森（Malcomson，1984）、卡麦克尔（Carmichae，1984）、拉齐尔和罗森（Lazear and Rosen，1981）等一批学者支持的相对业绩评估锦标制度，该模型被认为可以用以解决委托人的道德风险问题，并可用于决定代理人工资基础的一个易操作模型。也有部分学者持反对意见，如夏皮罗和斯蒂格利茨（Shapiro and Stiglitz，1984）和索格（Solow，1979）等学者，他们认为用较高的工资水平能够有效减少代理人偷懒，从而是一种有效的激励方法。

二、委托代理理论与国有企业红利分配

根据委托代理理论，企业中的股东、债权人、经理人员等诸多利益相关者的目标并非完全一致，在追求自身利益最大化的过程中有可能会以牺牲另一方的利益为代价，这种利益冲突关系反映在公司股利分配决策过程中表现为不同形式的代理成本。因此，股利代理理论作为代理成本理论的一种诞生了。罗瑟夫（Rozeff）和伊斯特布鲁克（Easterbrook）在詹森（Jensen）和麦克林（Meckling）的研究基础上加以拓展，进一步释放了理论假设，认为经济交易活动中存在代理成本和契约成本。在所有权与控制权相分离的大型股份公司里，代理成本可以解释为什么要用现金股利支付的方式作为公司价值最大化的政策：第一，外部融资发生的交易成本。如果公司管理层预期公司经营状况良好，未来将处于快速增长期，需要大量资金，那么为了降低融资成本，公司应该采用低股利支付率的政策。第二，财务杠杆和经营杠杆所产生的限制。如果公司的财务杠杆比较高，经营风险系数大，公司应该实施低股利支付率政策。第三，所有权和经营权分离引发的代理成本。此时要用现金股利支付的方式作为公司价值最大化的政策，从而降低代理成本。由此可见，股利支付政策很明显对公司的继续生存有巨大的价值，股利政策与代理成本相关。例如

支付较高的股利支付率，可以降低公司内部的自由现金流量，迫使管理层寻求外部资金，接受市场的监督。外部资金较高的融资成本也减少了企业盲目投资与过度投资的机会，而把资金用于净现值大于零的投资项目，提高资金使用效率。同时公司内部现金流的减少也降低了管理层在职消费的可能性。因此股利政策成为了约束和监督管理层的一种重要机制与手段。

具体到国有企业，上述观点也是适用的。国有资产从理论上讲属于全民，应该由全民来行使产权。但属于全民所有的国有企业的生产资料，人民不能直接去占有，只能委托国家代表人民去占有。而国家不同于自然人和企业法人，是一个宏观、抽象的概念，本身不具有具体的契约执行能力，这就造成国有企业委托人虚化。由于国家不能够直接履行委托人的职能，国有企业的委托人职能必须借助政府行政体系的力量来实现。这意味着国有企业的委托代理体系十分复杂，存在着多个层级，由人民代表大会、中央政府、地方政府、政府具体职能部门、企业经营管理人员和普通职工等层级构成，但主要是政府（股东）和国企领导人（经营者）的关系。企业的直接经营者追求个人利益的最大化，股东则追求股东价值的最大化，当经营者追求自身利益最大化而损害到股东利益时，就产生了道德风险。

在国有企业中，往往存在利润目标与政策目标。当两个目标一致，经营者的激励得到强化；当两个目标不一致，经营者会更倾向于为实现自身利益而努力；当两个目标完全不一致，经营者就完全为自己的利益而努力，而不顾股东利益。国有企业的政策性目标与利润目标通常是背道而驰的，经营者提高利润的努力可能因政策性目标所引起的负担而变得不显著，从而使得经营者根本不会为利润目标而努力。所以在建立国有资本财政制度的过程中，要逐步剥离国有企业的政策性目标，形成对经营者的有效激励，从而提高利润，为国有资本财政奠定收入来源。另外，在国有资本财政收入上缴的过程中，还要注意棘轮效应。委托人将同一代理人过去的业绩作为标准，代理人越是努力，好的业绩可能性越大，自己给自己的"标准"也越高。当他意识到努力带来的结果是"标准"的提高，代理人努力的积极性就会降低。这种标准业绩上升的倾向被称为"棘轮效应"。当利润越多，上缴的国有资本财政收入也就越多，企业经营者可支配的现金流就减少，在没有激励或激励不够的情况下，经营者没有动力去创造更多的利润。因此，国家可以采取利润返还、将经营者的绩效考核与国有资本红利上缴有机结合；出资人对经营者的考核指标往往随着企业效益的提高而提高，使得优质企业的经营目标比劣质企业更难实现，从而造成企业间的不公平和"鞭打快牛"。为避免"棘轮效应"的产生，国家应当打破预算平衡（breaking budget），进行"团队激励"和"团队惩罚"，把众多代理人的目标统一到实现出资人的总体利益上来。

第三节 股利分配理论

西方股利分配理论的核心问题是如何权衡公司股利与支付决策与未来长期增长之间的关系,以实现公司价值最大化的财务管理目标。国有企业是以国家为主要投资主体的特殊企业,具有盈利性和公共性的双重目标[①],国有企业红利分配就是向包括国有股东在内的全体投资者分配股利。基于国有企业首先作为企业具有一般性,国有企业的红利分配应通过学习借鉴西方股利政策理论并结合中国的具体情况探索适合中国国情特征的国企股利分配模式。

一、股利理论与股利政策

随着西方资本市场的发展,股利理论经历了从经典股利理论到现代股利理论的演变,并以此为依据形成了四大股利分配政策,为我国国有企业红利分配制度的改革和重构提供了有益的理论依据。

(一) 古典股利理论

古典股利理论包括完美资本市场环境下的 MM 股利无关论以及现实资本市场环境下的"一鸟在手"理论和税差理论。

首先,美国学者莫迪格利尼和米勒在 1958 年提出的股利无关论(简称 MM 理论),该理论在完全资本市场假设下认为投资者并不关心公司的股利分配,且股利支付比例不影响公司的价值,即股利分配对公司的市场价值不会产生影响。这是因为,公司的价值就完全由其投资政策及其获利能力所决定,而不是取决于股利分配比例的高低。企业当期实现利润一定的情况下,如果企业发放现金股利,那么企业必须发放更多的股票,才能抵消发放股利对股票价格的影响,从而保持目标资本机构不变。换而言之,对于投资者而言如果不发放现金股利,投资者也通过股票差价套现获得相当于现金股利的收益。因此,对于投资者而言,股利和资本利得并无优劣之分,股利政策与公司价值无关。然而实际上资本市场存在着诸多影响因素,例如交易成本、代理成本等,使得股利分配政策在一定程度上影响着企业市场价值。因此,在 MM 股利无关论之后,产生了观点相互冲突的股利政策理论。

---

① 乔丽. 国有企业红利分配政策缺陷与改进 [J]. 石家庄铁道大学学报(社会科学版),2015,9 (4):10-16.

其中，麦伦·戈登（M. Gordon）在 1959 年提出的"一鸟在手"理论认为投资者更偏好现金股利，随着公司股利支付率的提高，权益价值因此而上升。该理论的假设前提是股东偏好高的股利支付率，这是因为现实的现金股利要比未来的资本利得更为可靠，股东会更偏好于确定的股利收益，因此股利政策与公司价值相关。在股利和资本利得两种形式的收入中，对于比较现实的投资者来说，可能更偏好"实实在在"的股利。因为股利是在持续经营的基础上得到的，而资本利得的实现则是在不确定的未来。这就是所谓的"一鸟在手，胜过双鸟在林"。因此，在其他情况相同的条件下，他们就愿意为那些能够支付较高股利的股票支付一个较高的价格。所以，公司适时支付股利，有利于消除股东对投资收益的不确定感。

1967 年法拉和塞尔文（Farrar and Selwyn）提出了著名的税差理论。税差理论是第一个放宽 MM 理论的严格假设条件所形成的理论，它引进了税赋，放宽了无税收假设，同时认为个人所得税中资本利得的税率低于股利收入的税率。由于税收的存在，那么公司的股利政策将会影响公司的价值。由于股利利得税高于资本利得税，理性投资者为了减少纳税，将会选择低股利政策。因此，税差理论认为，如果不考虑股票交易成本，分配股利的比例越高，股东的股利收益纳税负担会高于资本利得纳税负担，企业应该采取低现金股利比率的分配，提高留存收益再投资的比率，使股东在实现未来的资本利得中享有税收节省。税差理论说明了当股利收益税率与资本利得税率存在差异时，将使股东在继续持有股票以取得预期资本利得与立即实现股利收益之间权衡。

（二）现代股利理论

现代股利政策理论是对古典学派的完善和发展。主要包括自由现金流量理论、信号传递假说和顾客效应理论等。虽然现代学派的各种观点在不同程度上还存在一些缺点，但它们改变了传统理论的思维定式和分析方法，极大地扩展了财务学家的研究视野，从而使股利政策问题研究在"量"和"质"上均产生了很大的飞跃。

1. 自由现金流量理论

自由现金流量理论最早是由美国西北大学拉巴波特（Alfred Rappaport）、哈佛大学詹森（Michael Jensen）等学者于 20 世纪 80 年代提出的一个全新的概念。如今它在西方公司价值评估中得到了非常广泛的应用。简单地讲，自由现金流量就是企业产生的在满足了再投资需要之后剩余的现金流量。这部分现金流量是在不影响公司持续发展的前提下可供分配给企业资本供应者的最大现金额。詹森认为，从效率的角度看，这些资金应回报给股东，比如增加分红或购回股份，而不是留存起来。但在现实中这种情况很少见。詹森指出，企业管理当局之所以保留现金而不分发给股东，在某种程度上是因为现金储备增加了他们面对资本市场的自主性，扩大了他们所管理的公司的规模——因为正如许多研究表明的"与管理人员的薪金更加密切地联系在一起的是公司的规模的扩大而不是公司价值的增加"。企业管理当局可能出于自身利益等方面的考虑,采取的企业行为会背离股东的利益,这种利益损失即为代理成本。

2. 信号传递理论

股利信号理论是基于经济学中信息不对称,认为由于资本市场中信息是不对称的,股利政策与公司价值相关。经理人与投资者处在信息不对称为特征的环境下,现金股利的支付起到了把信息从公司内部可靠传递给股东作为信息。

20世纪50~60年代,美国学者约翰·林特(John Linter)在对600家上市公司财务经理进行问卷调查的基础上,提出了一个有关公司收益分配的理论模型,并提供了有关的实证证据。研究结果表明:管理当局对分派股利的调整是谨慎的,只有在确信公司未来收益可达到某一水平,并具有持续性,基本上可以保证以后股利不会被削减时,才会提高股利。同样,只有在管理当局认为当前的股利政策难以为继时,才会削减股利。也就是说,管理当局一般会尽力保持一个与其收益水平相当的、长期稳定的目标股利支付率。因此他认为,股利分配政策是独立的,它与长期的、可持续的财务收益水平相关,管理当局通过审慎的股利政策,向外界传递了公司长期的财务收益状况。

罗斯(Ross,1977)系统地将不对称信息理论引入资本结构和股利政策分析中。他假定企业管理当局对企业的未来收益和投资风险有内部信息,而投资者没有这些内部信息。投资者只能通过管理当局传递出来的信息来评价企业价值,管理当局选择的资本结构和股利政策就是把内部信息传递给市场的一个信号。当管理者认为企业经营状况良好,处于稳定增长的阶段,那么管理层将会通过股利政策向外界传递企业未来前景好的消息,特别是如果在稳定股利的情况下突然增加股利的发放,投资者将会对企业的未来前景拥有很大的信心。相反,如果管理层对于企业未来前景不看好,管理层往往会降低现金股利的发放,这也会给投资者带来企业不景气的信号。因此,公司可以通过股利政策传递企业未来前景的信号,如果公司提高股利支付率,那么这意味着企业未来发展前景良好,管理层看好未来企业的发展,投资者更倾向于持有公司的股票,使得公司的股票价格上升,公司价值增加;反之,如果企业减少股利的发放,那么可能企业预期盈利能力不被看好,投资者将会抛售公司的股票,公司的价值减少。因此,基于信号传递理论,公司的股利政策将会影响公司的价值。

3. 追随者效应理论

追随者效应理论也译为顾客效应理论,是对税差理论的进一步扩展,研究处于不同税收等级的投资者对待股利分配态度的差异。该理论是由米勒(Miller)和莫迪格利安尼（Modigliani）提出来的。他们从股东的边际所得税税率出发，认为每个投资者所处的税收等级不同，导致其对企业股利政策的偏好也不同：收入高的投资者因其拥有较高的税率表现出偏好低股利支付率的股票，希望少分现金股利或不分现金股利，以更多的留存收益进行再投资，从而提高所持有的股票价格。而收入低的投资者以及享有税收优惠的养老基金投资者表现出偏好高股利支付率的股票，希望支付较高而且稳定的现金股利。据此，公司会相应调整其股利政策，使股利政策符合不同偏好的股东愿望。当股利政策达到均衡时，高股利支付率的股票将吸引一类追随者，由处于低边际税率等级的投资者持有；低股利支付率的股票将吸引另一类追随者，由处于高边际税率等级的投资者持有。这种股东聚集在满足各自偏好的股利政策的公司的现象，就叫作"追随者效应"或"顾客效应"。

从市场运用的角度看，按照该理论的观点，公司的任何股利政策都不可能满足所有股东对股利的要求，公司股利政策的变化，只是吸引了喜爱这一股利政策变化的投资者前来购买公司的股票，而另一些不喜爱新的股利政策的投资者则会卖出股票。因此，当市场上喜爱高股利的投资者的比例大于发放高股利的公司的比例时，则支付高股利公司的股票处于短缺状况，根据市场供求理论，它们的价格会上扬，直到二者的比例相等，市场会达到一个动态平衡。一旦市场处于均衡状态，则没有公司能够通过改变股利政策来影响股票价格。

（三）股利政策

根据上述不同股利理论并结合西方的企业现状以及企业的管理目标，西方国家目前主要采用的公司股利政策有以下四种。

1. 剩余股利政策

从股利无关论的角度出发，为实现股东财富最大化，企业应当依据剩余股利政策来制定红利分配方案。即在公司有着良好的投资机会时，根据一定的目标资本结构测算出投资所需的权益资本，先从盈余当中留用，然后将剩余的盈余作为股利予以分配，其中投资机会和资本成本决定着企业股利分配制度[①]。当企业发展趋势良好，存在净现值为正的投资项目时，企业留存收益往往先满足资本预算对资金的需求，让公司有充足的资金进行再投资，从而避免外部筹资的资本成本，降低财务费用。该项政策的优点主要表现在拥有理想的资本结构使得加权平均资本成本最低，从而实现公司价值最大化。缺点是向投资者发出相互矛盾的信号，股利发放额每年随投资机会和盈利水平的波动而波动，不利于投资者安排收入与支出。

---

① 王娟. 我国国有企业分红比例问题探讨［D］. 成都：西南财经大学，2009.

2. 固定股利政策

根据"一鸟在手"理论与"股利信号理论",企业应当选择固定股利政策,将每年发放的股利固定在某一相对稳定的水平上,并在较长的时期内保持不变。只有当公司认为未来盈余将会显著地、不可逆转地增长时,才会提高年度的股利发放额。由于股利支付与公司盈余脱节,在任何情况下,不论盈利多少,均按固定股利发放,该项股利政策一般很难被企业长期采用,因为当企业资金紧张时却仍要支付固定的股利,往往会导致财务状况的恶化。但是该项政策也有利于公司树立良好形象,保持较为稳定的股票价格,增强投资者的信心,便于投资者安排股利收入和支出。

3. 固定股利支付率政策

固定股利支付率政策是公司确定一个股利占盈余的比率,长期按此比率支付股利的政策。其理论依据是"一鸟在手"假说。与剩余股利政策的顺序相反,这种政策先考虑向投资者派发股利,然后考虑留存收益,即股利支付率越高留存收益越少。然而在股利信号理论看来,公司派发股利往往能够向投资者传达其未来发展的信号,采用股利支付率政策会使得股利随盈余的波动而变动,给投资者带来投资不稳定的印象,从而影响到公司形象。因此,在实践中,这种股利政策很少被使用。但是固定股利支付率政策也会给公司带来一定的好处,它将股利与公司盈余紧密地配合,充分体现了多盈多分,少盈少分,无盈不分的原则。

4. 低正常股利加额外股利政策

低正常股利加额外股利政策是指一般情况下,公司每年只支付数额较低的固定股利,在盈余较多时再根据实际情况向股东发放额外股利,但这并不意味着公司将永久地提高股利支付率。这一股利政策的理论基础是"一鸟在手"假说。当公司发展稳定时按固定股利发放,当公司发展势头良好,累计盈余和资金充足时,公司会另外加付一部分股利给所有者。这也在一定程度上体现了股利信号理论的思想。低正常股利加额外股利政策具有较大的灵活性,公司可以根据当年的经营状况决定股利的高低,在很大程度上避免了财务困境,同时也吸引了那些需要固定股利的股东。需要注意的是,倘若公司长期发放额外股利,突然又由于资金不足而取消固定部分股利时,就会传递出公司财务状况的风险信号,给公司带来负面影响。

二、股利分配理论对国企红利分配改革的启示

企业红利分配制度,是指企业决定把净利润按照一定比例在股东(投资者)与企业进行分配的政策安排。其关键问题在于确定企业是应该现在支付盈余,还是将盈余留存并进行再投资。具体包括:企业净现金流中红利发放数量即现金股利支

付率的高低；企业派发红利的形式；企业应该坚持稳定持续的股利分配，还是无规律的股利分配以及股利支付频率等。股利政策起源于西方的股利理论，主要就是研究股利政策与企业价值之间是否具有相关关系，并在此基础上合理确定企业的红利分配方案[①]。经过多年的发展演变，其理论体系已经趋于成熟和完善，不仅有效地指导了西方国家企业股利分配政策的调整和优化，而且也有利于企业治理机制和资本市场的完善。因此，这些理论研究成果及其政策主张，对于同样处于市场经济条件下的我国国有企业的红利分配制度的改革与完善，显然具有启示与借鉴价值。

随着社会主义市场经济的发展，国有企业日趋成为自主经营、自负盈亏的经济主体，股东财富最大化也成为国有企业财务决策的最终目标。由于独特的资本结构和公司治理结构，为实现这一目标，国有企业不能完全照搬西方的某一股利理论或股利政策，应当充分认识和借鉴上述股利理论并结合自身实际情况制定合理的红利分配政策。我们认为，虽然古典股利分配理论对于普通股份制公司的适用性较强，但对于我国国有企业的影响却相对较小，因此，我国国企红利分配制度的改革与重构应当充分参考和借鉴现代股利理论及股利政策。其中，企业的资本成本和红利发放数量是国有企业在制定股利分配政策时必须重点考量的两个因素。

一方面要考虑企业的资本成本问题。企业的资本成本是指企业取得和使用资本时所付出的代价，是企业获利能力水平的最低界限[②]。然而目前的国有企业的经营者对企业资本成本的理解往往是不全面的，他们普遍只考虑外部债权的资本成本而忽视留存收益作为自有资金的资本成本。由于对资本成本的片面理解必然导致了国有企业资产负债率偏低，充裕的利润留存导致企业普遍存在过度投资行为。如上所述股利分配理论及政策的价值取向都是实现股东财富最大化，基于这一目标，国企红利分配制度的建立应在正确认识资本成本的基础上，重视资本效率，明确无论是通过债务融资、股权融资，还是通过利润留存的内源性融资，都存在程度不同的资金使用成本。股权投资者因为承担的风险比债权人高，其所要求的报酬率必然会高于债权人。另外，国企分红不是简单的利润分配问题，还牵涉到企业的投融资问题，根据融资优序理论，国有企业的融资顺序应当是先内部后外部，先债券后股权。由此可见，虽然利润留存是企业筹资的首要渠道，但同样必须重视其资本成本，合理安排内部融资、债务融资和股权融资之间的比例关系，这对于红利分配制度的设计具有重要现实意义。

另一方面要考虑红利发放的数量问题。虽然2007年以来，恢复了国企利润上缴公共财政的制度，但现行政策框架下，一方面上缴比例偏低，另一方面，上缴后

---

① 王娟. 我国国有企业分红比例问题探讨[D]. 成都：西南财经大学，2009.
② 陈艳. 现代股利理论对国有企业分红制度的启示[J]. 财会通讯（综合版），2007（9）：73-75.

的利润又大部分回流国企。因此，实际上国企利润的绝大部分仍然是内部留存资金，从而使得国企代理人（经营者）可使用的现金数量较为充裕，这就造成企业管理层与国有股东之间的代理冲突日趋凸显。根据委托代理理论，由于信息不对称，公司管理层与股东之间的利益冲突会随着留存现金流的增加而日趋尖锐。伊斯特布鲁克（Easterbrook）[①] 和詹森（Jensen）[②] 指出：管理者所能控制的现金流量越少就越难采取不利于股东利益的行为；股东可通过降低管理者控制的现金流量来增加其任意分配资源的难度；而且增加股利支付水平是降低企业现金流量的一个重要途径。另外，根据自由现金流量假说，国有企业发放的红利数量应等于企业的股权自由现金流量，即将企业的盈余支付给股东，这是实现股东财富最大化的必然要求。从这个意义上可以说股权自由现金流量是国企分红的重要依据，如果红利发放的数量小于股权自由现金流量，则意味着企业存在剩余的现金流量，这就有可能产生代理成本问题。当然，由于我国国有企业的改革和发展仍然存在诸多困难，因而其利润分配的数量并非越多越好，必须根据《公司法》的基本原则和规范要求，在保证企业自身发展需要之后再确定其利润发放的比例与数量。

综上所述，鉴于特殊的股权结构与经营机制，我国国有企业红利分配制度的改革与重构是一个复杂的系统工程，需要在借鉴西方股利分配理论和实践模式的基础上，结合市场经济的规范要求与公有制企业的特定内涵来设计国有企业的利润分配制度。这只能是一个循序渐进的制度变迁过程，既需要以正确理论为指导的宏观层面的顶层设计，也需要尊重国有企业作为市场主体的主动性和创造性。

第四节 可持续增长理论

在企业红利分配行为中，企业把一部分利润向股东分红是为了满足股东对于资本成本的要求，而利润留存再投资于净现值大于零的项目，是为了实现企业自身的可持续发展。企业的可持续增长理论对于国有企业利润分红政策的制定也具有重要意义。

一、可持续增长理论

彭罗斯（Penrose，1959）的《企业成长理论》著作为企业可持续增长理论研

---

① Easterbrook F H. Two Agency-cost Explanation of Dividends [J]. *American Economic Review*, 1984, 74: 650-659.
② Jensenm C. Agency Cost of Free Cash Flow, Corporate Finance and Takeovers [J]. *American Economic Review*, 1986, 76: 323-329.

究奠定了基础。彭罗斯认为企业的可持续增长率受到企业扩张能力所能获得的管理服务影响，企业的资源和能力是构成企业经济效益的稳固基础①。此后企业成长理论受到了学术界的关注，在彭罗斯的研究基础上，出现了"战略成立理论""管理与技术成长理论"等具有代表性的可持续增长理论研究成果。1980 年之后，学术界开始不断使用计量工具与数学模型，对于可持续增长理论的研究也从定性分析慢慢转为定量分析，出现了许多可持续增长率计算的经典模型。

（一）希金斯可持续增长模型

希金斯（Higgins，1977）是可持续增量理论的研究代表之一，认为可持续增长率是指不发行新股，不改变经营效率和财务政策时，其销售所能达到的增长率②。可持续增长的假设条件有：（1）企业销售净利率与企业资产周转率将维持当前水平；（2）企业目前的资本结构是目标结构；（3）企业目前的利润留存率是目标留存率；（4）企业不打算增发新股。在以上假设条件下，销售增长率与可持续增长率相等。企业的资产、负债和股东权益同比例增长。因此，可以用股东权益的增长率衡量可持续增长率，其数学表达式为

$$SGR = P \times A \times T \times L \tag{3.1}$$

其中，P 为销售净利率、A 为资产周转率、T 为权益乘数、L 为利润留存比率（1 - 分红比例）。该模型利用四个财务指标，解释了可持续增长率的内在驱动因素。销售净利率代表了企业的盈利能力，资产周转率反映了企业的营运能力，权益乘数体现了企业的资本结构，利润留存比率体现了企业的分红政策。因而希金斯可持续增长模型是企业的经营业绩、资本结构和分红政策共同作用的结果。

（二）凡霍恩可持续增长模型

凡霍恩（Van Horne）认为可持续增长率是公司实现和金融市场状况相符合的销售增长率，同时选择了目标营运比率、债务比率、分红比率三个指标确定了财务可持续增长率。根据企业是否增加外部权益融资成本，凡霍恩把可持续增长模型分为了稳定和动态两种情况。

凡霍恩的稳定模型认为企业不会增加外部权益性融资，权益性融资全部来自企业自身的利润留存，即资产的增加等于负责和股东权益的增加，在资金上表现为资金的运用增加与资金的来源增加是同步的。其数学表达式为

---

① 伊迪丝·彭罗斯. 企业成长理论（第 3 版）[M]. 上海：上海三联书店，上海人民出版社，2007.
② Higgins, R. C., How Much Growth Can a Firm Afford? [J]. *Financial Management*, 1977 (Fall): 7 – 16.

$$\text{SGR} = \frac{\Delta S}{S} = \frac{b\left(\frac{NP}{S}\right)\left(1 + \frac{D}{E_q}\right)}{\left(\frac{A}{S}\right) - \left[b\left(\frac{NP}{S}\right)\left(1 + \frac{D}{E_q}\right)\right]} \quad (3.2)$$

其中，ΔS——最近一年销售额的变动额；S——最近一年的销售额（基期销售额）；NP/S——销售净利率；D/Eq——负债与股东权益比率；A/S——资产总额与销售额比率；b——留存收益比率。我们发现，凡霍恩的稳定模型同样考虑了资产周转率、销售净利率、权益乘数、利润留存比率这四个财务指标，从而凡霍恩的稳定模型与希金斯可持续增长模型在财务分析框架上是一致的。

凡霍恩的动态模型放宽了稳定假设的前提，允许涉及变量每年都发生变化，与稳定模型分析框架类似，这里不再赘述[①]。

（三）Roppaport 模型

Roppaport 模型进一步考虑了股东财富价值最大化，认为企业的可持续增长必须以实现股东财富最大化为前提，即企业的销售增长时股东财富价值也是同步增长。Roppaport 模型采用了 Van Horne 稳定模型与 Higgins 可持续增长模型的假设前提，认为企业所能实现的最大增长率是企业"可承受的增长率"，其数学表达式为

$$G = \frac{\dfrac{NI}{S_0\left(1 + \dfrac{D}{E_q}\right)}(1-b)}{\dfrac{CE + WC}{S_0} - \dfrac{NI}{S_0\left(1 + \dfrac{D}{E_q}\right)}(1-b)} \quad (3.3)$$

其中，NI/S_0 为销售利润率；CE 为资本投资支出；WC 为营运资本追加支出；$(CE + WC)/S_0$ 为 CE 和 WC 两项活动所产生的现金流量与收入之间的比率；b 为留存收益比率；D/E_q 为负债与股东权益比率。

二、可持续增长理论与国有企业红利分配

红利分配政策就是企业的分配政策，是公司在法律的规定范围内，对其获得的收益在股东之间进行分配。分红政策的目标是为了协调和均衡股利发放与公司的未来发展之间、股东眼前利益与长远利益之间的关系，以保持公司经营业绩的持续、

---

① 详见詹姆斯·C. 范霍恩. 财务管理与政策（第 11 版）[M].（刘志远主译）大连：东北财经大学出版社，2006：582 – 588.

稳定增长和股票市场价格的稳定,最终目的是实现企业价值最大化。作为公司三大财务决策之一的红利分配政策应服从于公司的经营目标,这其中主要的问题是如何制定有效的股利分红政策,使股利红利的发放与公司的未来持续发展相适应,具体就是企业应该分配多少,用什么方式分配。

通过对财务可持续模型的介绍我们发现,财务的可持续增长率是企业的一项重要财务指标。虽然不同的学者基于不同的假设与研究目的提出了不同的计量模型,但是无论是哪个可持续增长模型都可以看作是企业的经营业绩、资本结构和利润分配政策之间的平衡结果。根据可持续增长理论,由于提高经营效率并非总是可行的,而目标资本结构以及负债融资的约束又使得财务杠杆的调整受到制约,所以,制定一个合理的股利政策就成为企业保持可持续增长率的一种重要策略。

具体到当前我国国有企业红利分配政策的制定上,同样也首先要明确国有企业分红政策制定要考虑企业价值最大化这一基本目标,国有企业价值最大化也就是全民股东财富最大化,所以国有企业红利分配政策要有长远的眼光,要考虑国有企业的可持续增长需要,就是要制定一个合理的分红比例。当国有企业有较好的增长机会,可持续增长能力强时,可以通过适度降低股利支付率、降低分红比例、增加留存收益来实现全民股东财富的更大增长;反之,则可以提高分红比例。国有企业在制定红利分配政策过程中必须充分考虑可持续增长因素和股东对必要报酬率的满足,合理平衡资源的有效配置与股东财富最大化的目标。

当然,对国有企业而言,我们强调分红政策要考虑国有企业可持续发展的资金需要,并不是说就红利分配一定要优先满足国有企业的发展扩张需要。企业在进行成长管理时,增长目标的设定必须按照可持续增长率来设定,而可持续增长率是受到企业内部资源整合和财务结构的约束,以及外部环境发展提供的机遇,是内生于企业发展的内部和外部环境中的,不是国有企业经营管理者人为主观设定的。这就是说,国有企业红利分配需要考虑和满足的是国有企业内生的可持续发展率的增长需要,而不是国有企业经营管理者的增长目标需要。现实中,由于国有企业红利的过多留存,造成了国有企业大规模非理性扩张,国有企业过度投资也引发了部分学者的担忧(详见马骏[①]、李中义[②]、杨新铭[③]、蒲长春[④]、李明峰[⑤]等学者文章)。

---

① 马骏. 关于"国进民退"的初步分析 [J]. 浙江学刊, 2013 (1): 157-161.
② 李中义. 国有经济的功能定位与战略调整——兼评"国进民退" [J]. 财经问题研究, 2014 (2): 17-22.
③ 杨新铭. 对"国进民退"争论的三大问题的再认识 [J]. 经济纵横, 2013 (10): 13-17.
④ 蒲长春. 超越"国进民退"——2012年"国进民退"问题研究回顾与反思 [J]. 科学社会主义, 2013 (3): 157-161.
⑤ 李明峰. 非市场行为的国进民退是帕累托改进吗?——基于民营经济的视角 [J]. 经济体制改革, 2013 (3): 5-9.

显然，国有企业的这种增长扩大更多的是超越了国有企业自身可持续增长的非理性增长。因此，制定国有企业红利分配政策，需要客观评估国有企业内外部发展环境，谨慎推算国有企业可持续增长率，国有企业红利分配要优先满足国有企业可持续增长需要。

第四章

公有制的本质与国企利润归属：一个理论框架

近年来，随着国有企业经营能力的提升与盈利水平的逐年增加，国有企业利润上缴比例与归属问题日渐成为政界、学界及公众的焦点话题。党的十八届三中全会制定的《中共中央关于全面深化改革若干重大问题的决定》提出并于2015年中共中央会同国务院发文，再次明确要求提高国有资本收益上缴比例，至2020年国有资本收益上缴比例将逐步提高到30%，且明确指出国有资本收益支出将更多倾向于保障和改善民生。这不仅为国有资本收益上缴比例作了量的规定，还对国有资本收益的使用方向作了指引。国有企业红利支出向民生倾斜，从而惠及全民，这是由公有制的本质来决定的。鉴于学术界已有的研究成果还缺乏从公有制的本质特征分析国有企业利润归属问题的研究成果，缺乏国有企业红利分配方向的理论框架，本章拟引入马克思所有制理论，通过深化认识公有制本质特征与国有企业利润归属的内在联系，为国有企业红利民生化和国有企业红利全民合理共享提供理论框架。

第一节 公有制的内涵及本质属性

一、公有制的内涵界定

（一）公有制的核心是生产资料所有制

历史唯物主义认为，作为生产关系形成基础的生产资料所有制取决于生产力发展状况，生产力发展变化影响着所有制的具体表现形式。而所有制的具体表现形式，不是私有制就是公有制。公有制的一般规定是生产资料由一群人共同占有和使用，这一群人既可以是全体劳动者，也可以是部分劳动者。在这种所有制下，任何一个劳动者个体都是所有者,其共同占有的所有权,是任何一个劳动者具有的部分所有权与其他劳动者也同时具有的所有权合成的。这意味着每一个劳动者既能平等地占有生产资料,又能平等地参加全部社会财富的生产、分配等事务。这就是马克思所构想的公有制。他指出,"在一个集体的、以共同占有生产资料为基础的社会里,生产者并不交换自己的产品,消耗在产品生产上的劳动在这里也不表现为这些产品的价值,不表现为它们所具有的某种物的属性,因为,和资本主义社会相反,个人的劳动不再经过迂回曲折的道路,而是直接地作为总劳动的构成部分存在着。"[①]"在协作和土地及靠劳动本身生产的生产资料的共同占有的基础上,重新建立个人所有制。"[②] 如果每个劳动者皆不是生产资料的所有者,皆没有生产资料的所有权,则算不上是公有制。但换个角度来说,所有劳动者又都不是所有者,因为只有当劳动者个体的所有权与其他劳动者的所有权合为一体形成共有权时,这个所有权才具有效力。劳动者个体既不能够单人做主决定生产资料的配置和使用,也不能够凭借单人具有的所有权共享社会财富的一部分。

(二) 公有制的主体是劳动者

在社会主义条件下,生产资料公有制不仅是生产资料由全体劳动者共同所有,而且还是一种归社会全体劳动者占有、社会全体劳动者支配管理、为社会全体劳动者创造收益、提供福祉的生产资料所有制。这种生产资料公有制与其他生产资料所有者的一个重大区别是,生产资料公有制的主体是社会全体劳动者。

公有制的建立,充分表明劳动者不再遭受剥削和奴役,成为生产资料的占有主体,也是自身劳动力的所有者,生产资料可以直接与劳动力相结合,不再需要资本家作为中介。马克思在《资本论》中指出,社会主义取代资本主义也就意味着资产阶级所垄断的生产资料将被社会全体劳动者占有成为社会的财产,并且是直接占有的。恩格斯也曾在《反杜林论》中强调,社会主义的生产资料是"一方面由社会直接占有,作为维持和扩大生产的资料,另一方面由个人直接占有,作为生活资料和享受资料"。[③] 那么,根据两位马克思主义创始人的表述,生产资料直接社会占有,也就是劳动者与生产资料不再脱离、不再通过中介联合,而是直接结合。劳动者不仅是生产资料占有的主体,而且还是生产社会产品、经营社会财富的主体。"社会主义公有制与私有制存在的最大不同在于:私有制使得生产资料的所有者能

---

① 卡尔·马克思,弗里德里希·恩格斯. 马克思恩格斯文集,第3卷 [M]. 北京: 人民出版社,1995: 10.
② 卡尔·马克思,弗里德里希·恩格斯. 马克思恩格斯文集,第2卷 [M]. 北京: 人民出版社,1995: 267.
③ 卡尔·马克思,弗里德里希·恩格斯. 马克思恩格斯文集,第3卷 [M]. 北京: 人民出版社,1995: 630.

够仅凭生产资料所有权无偿赚取一份收益,而社会主义公有制的主体是社会全体劳动者,劳动者个体无权凭借生产资料所有者的地位索取任何不劳而获的好处。"①

二、不同类型公有制的特点

生产资料公有制是在人类历史上最早出现的所有制形态。在原始社会开始便出现公有制,那时期生产力水平十分低下,人们常常处于衣不蔽体、食不果腹的状态,当时同一个部落所有劳动者共同劳动、共同享用劳动果实,且将他们所占有的土地和自然物作为部落财产并共同占有。虽然原始社会实行生产资料公有制,但原始社会人们征服自然、规避自然风险能力极其低下,经常饱受饥饿和猛兽的侵袭,生存需要和安全需要尚且得不到满足。在这样十分简单、落后的公有制环境下,人类的全面发展显然是不可能的。也可以明确一点,这绝非是符合人类发展需要的公有制。

在当今世界混合经济发展的环境下,大部分资本主义国家都拥有一定数量的国有经济,该类国有经济实质上是公营经济,这种资本主义公营经济相较于社会主义公有制经济具有很大差异,表现在:一是各个资本主义国家的国有经济是其政府为了宏观调控国民经济、促进公共治理目标实现而投资筹办的企业,体现的是政府的公共管理职能;二是资本主义国家国有经济的所有者是作为投资者的各级政府,并非属于全体劳动人民,并非是生产资料与劳动者的直接联合,作为出资者的政府如私人投资者一般拥有资本权力,生产过程中劳动者仍然需要依托于资本才能与生产资料相结合;三是资本主义国家国有经济主要分布在非竞争性行业或非营利性领域,具有行业垄断性,不以获利为目的,仅作为政府优化经济结构、调控经济的手段而已;四是资本主义国家国有经济难以做到政府与企业泾渭分明,企业不是由政府直接经营就是间接管理。概括来说,资本主义国家的国有经济和我国的社会主义公有制经济存在本质差别,我国的公有制经济是代表广大人民利益的,并为广大人民服务的,而资本主义国家的这种国有经济是代表资本阶级集团利益,是为少数资本家服务的,是资本家压迫劳动者的手段工具。正如恩格斯所判定的资本主义国家国有财产性质:"不管是转变为股份公司,还是国家财产,都无法剔除生产力的资本属性……不管现代国家的形式如何,本质上都是资本主义的机器,资本家的国家,理想的总资本家。它越是把更多的生产力据为己有,就越是成为真正的总资本家,越是剥削更多的公民。"②

---

① 蒋学模,张晖明. 高级政治经济学——社会主义总论 [M]. 上海:复旦大学出版社,2001:112.
② 卡尔·马克思,弗里德里希·恩格斯. 马克思恩格斯文集,第3卷 [M]. 北京:人民出版社,1995:629.

如果所有者阶级属性和社会地位或所属范围产生变化，那么所有制性质便有所不同。社会主义国家和资本主义国家皆存在国家所有制，但资本主义国家的国家所有制仅仅是流于形式的全体劳动者共同所有，实则是反映资本主义本质的私有制。因为资本主义国家是资产阶级谋取自身利益、维护自身统治的工具，故而，资本主义国家的国家所有制的所有者实际上是资产阶级而不是全体劳动者，在其所有制中受益最大的亦是榨取剩余价值的资本家剥削阶级而非创造价值的劳动者。相反，真正代表劳动人民集体利益的社会主义国家，全民所有制便是公有制的主要实现形式。

此外，虽然我们还不能确定未来共产主义理想的公有制与我国现阶段的社会主义公有制有何重大区别，但是有三点是可以明确的：一是两者所处的生产力发展阶段必然不同，未来共产主义的生产力绝对要高于现阶段公有制生产力水平，而且是高出很多；二是公有制形式也存在差异，现阶段某些领域和行业公有化程度高，有些却较低，只是部分劳动者公有制，而共产主义公有制有且仅有一种形式，即全体人民的公有制；三是两种公有制的生产关系和分配关系也有区别。处在社会主义公有制经济的劳动者还需要通过劳动，谋取生活资料和消费资料，并且产品分配实行以按劳分配为主体、多种分配方式并存的分配制度。而在共产主义公有制经济的人们不再视劳动为谋生手段，而是只是为了满足劳动者的需要和人的全面自由发展，分配关系也转变为按需分配，满足人们的一般生活需要。因此社会主义公有制并非一成不变的，它如同史上的生产资料所有制一般受生产力状况的作用呈现出不一样的特点。

三、社会主义公有制的本质特征

（一）生产资料社会共同占有

公有制体现生产社会化趋势，而生产社会化意味着生产过程是由大规模的社会生产取代分散的小生产者，生产资料的使用也由劳动者集体共同使用取代单个劳动者分散使用，社会的产品取代个人的产品。生产社会化不仅有利于解放生产力，而且也是社会生产力发展的必然结果。马克思很早在《共产党宣言》里就明确指出："资本是集体的产物，它只有通过社会许多成员的共同活动，而且归根到底只有通过社会全体成员的共同活动，才能运动起来。"[①]

---

① 卡尔·马克思，弗里德里希·恩格斯. 马克思恩格斯文集，第7卷［M］. 北京：人民出版社，2009：499.

马克思还对公有制构成做出前瞻说明:"设想有一个自由人联合体,他们用公共的生产资料进行劳动,并且自觉地把他们许多个人劳动力当作一个社会劳动力来使用。"① 这里的"自由人联合体"体现的是公有制社会的占有方式和劳动方式,是指形成生产资料的共同占有,共同使用和单个个体劳动力合力为社会的劳动力,也就是联合占有和联合劳动。即生产资料所有者是自发联合成为劳动者集体并且每个劳动者在社会劳动过程中具有的各种社会资源所有权是平等的。需要特别指出的是,公有制的劳动是联合劳动,如果不是劳动的联合,那就是奴隶社会、封建社会、资本主义社会皆存在的分散小生产私有制。况且,近现代社会生产力发展的基本要求便是联合劳动。机器大工业的产生和发展是生产力发展最明显的标志,而机器大工业的生产必然需要联合劳动,通过劳动者的劳动联合才能顺利地完成产品的全部生产。当然,劳动联合的强度和广度随着社会主义发展阶段的不同而有所差异。对此,马克思与恩格斯一致认为,"工人只有在成了他们的劳动资料的占有者时才能自由,这可以采取个体方式或集体方式;个体占有方式正在被经济的发展所消除,而且将日益被消除;所以,剩下的只是共同占有方式。"②

(二) 劳动者集体共同治理

全体社会成员共同拥有所有权,这所有权不可由单个个体行使,而是应由社会集体成员共同行使,同时每个社会成员平等享有所有权衍生出的监督权、控制权和受益权等诸多权利。这种治理体现为全体社会成员作为一个整体对公有制的运行全过程进行参与、监督和控制,还表现在不同集体层次的社会成员在相应的集体决策中皆持有同等效力"一人一票"的决策权,即绝对的劳动者民主。真正的"集体"必须是多个社会成员的意志经由民主集中上升为统一的意志,多位社会成员的智慧和汗水通过组织发展为一个整体。这种意志统一的多人整体,才可称之为"集体"。因此,劳动者通过民主决策得出的"决策",即表达出全体社会成员真实意志的规则、决定及制度等,绝对是"集中"的成果。这种"集中"成果的形成反过来对集体中的每个成员产生不同的效力。假若决策的过程是一个民主基础上的集中过程,那么对决策的劳动者集体来说,决策的执行实施过程便是一个集中基础上的民主过程,从主客体的关系可以看出行使所有权的主体是劳动者联合体而并非社会成员个人。这实际上就是,集体产权的内排他性,即体现集体意志的公产集体对公产成员具有财产权利的排他性,要求任何成员未经集体决策授权,其中含公产代

---

① 卡尔·马克思,弗里德里希·恩格斯. 马克思恩格斯文集,第1卷 [M]. 北京:人民出版社,1995:141.
② 卡尔·马克思,弗里德里希·恩格斯. 马克思恩格斯文集,第1卷 [M]. 北京:人民出版社,1995:645.

理人在内，不得按照个人意愿随意占有、使用、处置集体财产，更不得从中谋取个人私利。

（三）确保实现劳动者的个人财产权

马克思主义创始人在《德意志意识形态》中曾特别宣告："在无产阶级的占有制下，许多生产工具必定归属每一个个人，而财产则归属全体个人"。[①] 不难看出，马克思、恩格斯十分重视劳动者的个人财产权。他们还强调，"在未来社会各个人必须占有现有的生产力总和"[②]，马克思在总结巴黎公社经验时还指出："公社是想要消灭那种将多数人的劳动变为少数人的财富的阶级所有制。它的目的是要消灭剥夺者。它是想要把现在主要用作奴役和剥削劳动的手段的生产资料、土地和资本完全变成自由的和联合的劳动的工具，从而使个人所有制成为现实。"[③] 不仅如此，马克思还对劳动者的个人财产权做了说明："劳动者对他的生产资料的私有权是小生产的基础，而小生产又是发展社会生产和劳动者本人的自由个性的必要条件。诚然，这种生产方式在奴隶制度、农奴制度以及其他从属关系中也是存在的。但是，只有在劳动者是自己使用的劳动条件的自由私有者，农民是自己耕种土地的自由私有者，手工业者是自己运用自如的工具的自由私有者的地方，它才得到充分发展，才显示出它的全部力量，才获得适当的典型的形式。"[④] 概括地说，只有劳动者以生产主体的身份占有生产资料并使之成为劳动者的生产条件，劳动者才能实现自由，即人类实现全面自由解放的首要条件就是确定个人的所有权。虽然生产资料也会被社会所占有，但实际上仅是通过这种经济制度来实现劳动者的所有权。换言之，社会主义和社会主义公有制的最终目标，即是通过社会所有的方式充分实现个人所有权。尊重和保障劳动者权利的公有制，才是马克思主义创始人理想的社会主义公有制，才是名副其实的公有制。特别需要强调的是，这里的个人所有绝对不是小生产下的个人所有，而是在生产资料共同占有使用及社会占有基础上的个人所有，只有这种社会所有下的个人所有，才能满足生产社会化的发展要求，才能促进全人类走向自由王国。因此个人所有权是否得到确认和保护，可以作为衡量公有制是否完善的首要标准。个人权利越是得到肯定和充分实现，则说明公有制越高级、完善，也就越接近马克思主义创始人理想的社会主义公有制实现形式。

[①②] 卡尔·马克思，弗里德里希·恩格斯. 马克思恩格斯文集，第10卷 [M]. 北京：人民出版社，1995：129.

[③] 卡尔·马克思，弗里德里希·恩格斯. 马克思恩格斯文集，第10卷 [M]. 北京：人民出版社，1995：59.

[④] 卡尔·马克思，弗里德里希·恩格斯. 马克思恩格斯文集，第1卷 [M]. 北京：人民出版社，1995：267.

（四）分配方式以按劳分配为主

按劳分配是社会主义生产关系对公有制的必然要求，是生产资料公有制在经济上的实现形式，也是社会主义公有制的根本收入分配方式。马克思与恩格斯曾在《共产党宣言》里强调："共产主义并不剥夺任何人占有社会产品的权力，它只剥夺利用这种占有去奴役他人劳动的权力。"[①] 马克思、恩格斯并非排斥私有财产，而是排斥利用财产占有的方式无情夺取劳动者的剩余劳动使之成为己有财富。为摆脱劳动被资本所奴役的命运，马克思提出公有制下实现按劳分配，劳动者的剩余劳动不再被资本无偿占有。在公有制的社会组织里，劳动者的劳动是自主劳动，并且在公有制的社会里作为生产资料所有者的劳动者自然就成为生产的主人，劳动自主，管理自主。此外，劳动者的收入不再是资本主义社会仅能维持基本生活需要的物质资料，而是按照劳动者的生产贡献给付，不再受资本的剥削。

按照马克思和恩格斯的观点，实行按劳分配要遵循以下原则：第一，等量劳动获得等量报酬。"一定形式的一定量的劳动可以和另一种形式的同量劳动相交换"[②]。第二，依据劳动者付出的劳动获得个人的生活消费品，"生产者的权利是和他们提供的劳动成比例的"[③]，多劳多得，少劳少得，不劳动者不得食。在社会主义市场经济的按劳分配是劳动者既能获得与劳动力价值相匹配的工资，又能获得以其劳动贡献为根据的企业利润收入。由于我国处于社会主义初级阶段，还不是高级的共产主义阶段，生产力水平还未达到马克思、恩格斯理想中的高度发达程度，社会主义市场经济体制还在成熟发育中。因此，在社会主义市场条件下，劳动者的劳动力不仅可以作为商品，还可以作为资本，表现为劳动者以自身拥有的人力资本分享企业利润。因此，在社会主义市场经济条件下，劳动者拥有两种身份，即劳动力商品的所有者和劳动力资本的所有者。作为劳动力商品的所有者，劳动者凭借自己的劳动力价值获得相匹配的工资；作为劳动力资本的所有者，劳动者根据自身劳动力的所有资本获得和他对企业贡献大小相当的企业利润。当然这里的劳动者参与分享的企业利润仅是一部分的利润，并非企业利润的全部，因为在社会主义市场经济条件下，劳动力资本同物质资本、技术及企业家才能等诸多要素一样被作为生产要素参与企业的利润分配，因此劳动者分享的利润不是全部，而是一定数额的利润。虽然目前这种分配方式并不是马克思主义创始人理想中成熟的、完善的分配形式，

---

① 卡尔·马克思，弗里德里希·恩格斯. 马克思恩格斯文集，第3卷 [M]. 北京：人民出版社，1995：288.
② 卡尔·马克思，弗里德里希·恩格斯. 马克思恩格斯文集，第3卷 [M]. 北京：人民出版社，1995：13.
③ 卡尔·马克思，弗里德里希·恩格斯. 马克思恩格斯文集，第3卷 [M]. 北京：人民出版社，1995：304.

可它与目前社会主义初级阶段的生产力发展水平相适应。

总体而言，社会主义公有制的本质特征是生产资料社会共同占有同时又是劳动者集体共同治理并且保障劳动者的个人财产权和实行按劳分配。马克思主义辩证唯物论告诉我们，事物是不断变化发展的，任何新事物都有一个变化发展的过程，从低级上升至高级，从不成熟到比较成熟，要经历漫长而复杂的发展过程。同样，新生的公有制亦有一个从低级上升至高级，从不成熟到比较成熟的发展道路，公有制特征亦尚且不完备，不似共产主义公有制特征那么成熟完整。当然，社会主义公有制会随着生产力的不断发展愈加成熟和完善，公有制的本质亦随之成熟完善，最终成为具有明显共产主义特征的共产主义公有制。

第二节　国有企业利润的功能作用及基本属性

一、国有企业利润的功能作用

企业利润，即企业获得的利润总额，是劳动者的剩余劳动所创造的剩余产品价值的一部分。利润分配是企业经营管理的内容之一。利润分配集中体现了企业与企业所有者间的利益关系，企业所有者可以通过利润分配得以维护所有者利益。此外，对企业而言，利润分配过程又是企业再次筹资的过程。盈利分配对国有企业来说，就是通过货币的形式对国有企业职工创造的剩余产品进行分配。换言之，国有企业经营所得利润总额在国家与国有企业间的分配，是全民所有制内部国家与国有企业分配关系的核心。

按照本书所界定的国有企业，国有企业利润是指国有独资企业、国有独资公司和国有资本控股公司生产经营获得的税后利润，即国有企业实现利润总额在缴纳企业所得税之后，国家根据税后利润分配先后顺序，凭借资本所有者和占有使用者身份获得的那部分投资收益。按照新企业的财务制度，国有企业的税后利润用于抵补财产损失、弥补亏损、提取盈余公积金等诸项之后向投资者分配的利润。国有企业利润的功能作用表现在以下两个方面：

首先，国有企业利润拥有雄厚的物质基础，它是我国国民经济的主导力量。据国家统计局统计，2018年我国规模以上国有控股工业企业拥有资产总计43.99万亿元，占全部规模以上工业企业资产比重38.78%，资产规模比2000年规模以上国有工业企业资产8.4万亿增长了5.24倍,年均增长达29%。①另外,国有企业在重要战略性领域仍保持主导和控制地位。

根据国家统计局网站公布的数据,国有企业在石油石化、天然气、煤炭开采、电力热力生产等重要领域都具有重要的主导作用。如表4-1所示,2018年我国石油天然气开采行业中,国有控股工业企业资产总计18453.2亿元,占全部行业资产比重95.37%,主营业务收入8140亿元,占全行业收入比重93.45%;在电力热力生产和供应行业,国有控股工业企业资产总计128072亿元,占全部行业资产比重86.83%,主营业务收入57175.2亿元,占全行业收入比重91.54%;在煤炭开采和洗选业,国有控股工业企业资产总计41813.7亿元,占全部行业资产比重75.9%,主营业务收入16492.1亿元,占全行业收入比重66.92%;在石油、煤炭及其他燃料加工业,国有控股工业企业资产总计15287.3亿元,占全部行业资产比重48.55%,主营业务收入28730.2亿元,占全行业收入比重59.97%。

表4-1　2018年规模以上工业企业资产规模和主营业务收入

项目	资产规模			主营业务收入		
	国有控股（亿元）	行业（亿元）	国有控股占比（%）	国有控股（亿元）	行业（亿元）	国有控股占比（%）
全部行业	439908	1134382	38.78	284730	1049490	27.13
煤炭开采和洗选业	41813.7	55089	75.90	16492.1	24645.8	66.92
石油和天然气开采	18453.2	19348.3	95.37	8140	8710.9	93.45
电力热力生产和供应行业	128072	147498.8	86.83	57175.2	62462.6	91.54
水资源的生产和供应行业	11607.2	14168.6	81.92	1934.3	2657.9	72.78
石油、煤炭及其他燃料加工业	15287.3	31488.4	48.55	28730.2	47910.8	59.97

资料来源:中华人民共和国国家统计局.中国统计年鉴2019[M].北京:中国统计出版社,2019.

从全国国有资产总量规模来看,根据财政部网站的最新数据②,截至2018年12月末,全国国有及国有控股企业资产总额达1787482.9亿元,2018年全年同比增长8.4%;负债总额1156474.8亿元,同比增长8.1%;所有者权益合计

---

① 中华人民共和国国家统计局.中国统计年鉴2019[M].北京:中国统计出版社,2019.
② 中华人民共和国财政部[EB/OL].http://zcgls.mof.gov.cn/qiyeyunxingdongtai/201901/t20190121_3126699.htm.

631008.1亿元，同比增长9.0%。其中，中央企业资产总额803391.7亿元，同比增长6.7%；负债总额543908.6亿元，同比增长6.3%；所有者权益合计259483.1亿元，同比增长7.5%。地方国有企业资产总额984091.2亿元，同比增长9.8%；负债总额612566.2亿元，同比增长9.6%；所有者权益合计371525.0亿元，同比增长10.1%。可见，2010年以来全国国有及国有控股企业经济运行继续保持较好发展态势。如此庞大的国有资产总量及其控制力，是全国人民团结奋斗物化劳动和智慧劳动的结晶，是国家控制国民经济命脉、保证国计民生长远发展的物质保障，是我国在风云变幻的国际经济环境中能保持不败地位的依托，更是确保社会主义经济体制全面深化改革顺利进行的物质基础。

其次，国有企业利润为改革开放与社会主义现代化建设的全面发展做出巨大贡献，并彰显其社会主义本质的无比优越性。自1949年以来，国有经济在国民经济中逐渐并长期处于主导地位。1978年改革开放后，国有企业在市场化改革导向下，作为社会主义公有制经济的主体，通过"放权让利""利税分流""承包制"、产权改革、混合所有制等一系列改革举措，不断做强做优做大，税后利润水平持续提升，国有资产总量持续增加。国有企业作为我国国民经济发展的中坚力量，对坚持社会主义基本制度，全面深化社会主义市场经济改革，稳妥推进经济实力的增长和社会和谐进步产生不可估量的作用。一是作为国家财政收入来源的重要组成部分，国有企业利润是改革开放和现代化建设得以顺利推进的物质基础。在坚持公有制经济与非公有制经济共同发展的前提下，纳入公共财政预算管理的国企利润不仅使国有经济不断壮大，而且从一定意义上可以说，各种非国有制经济的发展均是得益于国有企业利润的支撑。因为非公有制经济不仅享受国家让利、减税和低息贷款等诸多优惠政策，还无偿享有来自国家财政支出的各项公共事务费用，而数额不菲的公共事务费用其实有相当大一部分是来源于国有企业经营利润上缴公共财政的贡献。二是国有企业大都处于能源、交通、电力、通信等基础产业，不仅掌握着国家关键领域和重要行业，事关国计民生，而且能够对产业链下游的民营企业等其他类型企业提供重要的支持。基础产业链条上的国有企业产品如果出现涨价，那么会带动下游一系列产品随之涨价。因此，为顺利推进改革，保持社会安定和谐，部分经营基础产业的国有企业在特定时期内必须忍痛让利甚至是亏本经营，国有企业承担了改革成本。

二、国有企业利润的基本属性

公有制是马克思在深入剖析资本主义私有制弊端的基础上为全人类谋福利而提出的制度安排，是社会主义区别于资本主义的根本特征。正因为如此，根据我国

第四章　公有制的本质与国企利润归属：一个理论框架

《宪法》规定，国有企业的性质是全民所有制企业，国家代表全民进行管理，因此国有企业收益分配自然也属于公有。但又因为国有企业行为具有双重目标，这就决定了国有企业利润的双重属性。从企业的地位看，在社会主义市场不断完善的过程中，政府向企业放开了部分权利，允许企业根据市场实际运行状况自主决策，并鼓励企业不断创新。当国有企业也进入市场，成为其中主体之一，国有企业的生产经营和生产发展就凸显出其营利性方面的属性了，国有企业必须在激烈的市场环境中创造利润，这是资本的基本属性决定的，逐利是资本的本质和本能。然而，国有企业利润又同私人资本或其他社会资本存在差别，因其所有权是全体人民，是由全民共同占有的，具有最显著的公有性质，这决定了其具有"公共性"，需要为政府承担一定的社会职能。

（一）经济性

根据马克思对资本所做的定义，资本是能够创造剩余价值的价值，是对剩余劳动创造的剩余价值的占有权和支配权，是为了不断实现价值增值的价值运动。资本的本能和天性就是实现价值的增值，国有资本既为资本，那么其就有保值增值的动机，国有资本必然需要运用市场化的形式加以投资，追求更高的投资收益。从这点来说，国有资本收益同其他私人收益一样，内含资本逐利属性，追求价值的升值，这是资本永恒不变的自然规律，也是市场机制在资本身上的体现。虽然国有资本的经济性与其他资本一样，但在不同的社会制度下国有资本的归属和实现形式会有所差异。国家支配国有企业利润的经济目标是实现国有经济的快速增长和稳定发展，因此，主要由国有企业利润收入构成的国有资本收益是国家实现经济目标的物质基础。同时国有企业利润的经济性反过来促使国有企业不断改革创新，改善经营管理，增强国有经济活力，充分发挥国有经济在市场经济领域中的主导作用。

（二）公共性

国有企业受不同的社会制度和国家所有权的影响具有同所处社会形态相适应的制度属性。社会主义国家的国有企业也遵循这一规律，社会主义国家的国有企业在社会主义制度下，受国家所有权的影响具有公有性，并成为公有制实现形式之一。

在成熟的市场经济条件下，国有企业的存在和发展主要是为了实现社会责任和社会目标。国家常常以人民委托者的身份根据人民的意志为国有企业设立更多的社会目标，从而达到增进社会福祉，提高人民生活质量的最终目的。因此国有企业利润具有全民所有的基本属性，体现了公有制的基本特征。国有企业利润以最先进的所有制作为基础，其根本特性是广大劳动人民不再遭受资本的奴役与剥削，自己当家做主掌握生产资料，有利于激发广大劳动人民的积极性和无限的潜力。只有在这种基础上，国家才能集中力量进行坚持共同富裕、共享发展的宏观调控，才能永保无产阶级专政的国体，才能保持社会主义意识形态的支配地位，才能够实现"两个一百年"伟大目标。所以要使国有企业成功实现从资金到资本的飞跃，探索促进生产力加快发展的各种实现形式，必须坚定不移坚持全民所有制。坚持国有企业利润全民所有制就意味着国有企业利润的分配和使用要体现公有制，也就意味着国有企业利润分配要服从国家宏观调控，要承担一定的社会责任和政治责任，履行公共职能，符合国家和社会整体利益，并通过国家为全体人民服务，提供公共福祉。

因此，国有企业利润的公共性是不可变、不可取代的，是客观存在的，不会因社会经济发展阶段的不同或意识形态的变化而发生变化。习近平同志强调："国有企业是国民经济发展的中坚力量""国有企业是壮大国家综合实力、保障人民共同利益的重要力量，必须理直气壮做强做优做大，不断增强活力、影响力、抗风险能力，实现国有资产保值增值"。[①] 现实中，部分新自由主义学者因国有企业改革遇到难题，国有企业缺乏活力，而对全民所有制的基础产生动摇和质疑，甚至主张国有企业退出一般竞争性领域的错误观点，应该加以批判。实际上，我国部分国有企业缺乏活力是由于国有企业内部机制问题和历史遗留问题，以及受外部环境发生变化影响造成的，绝对不是所有制问题，随着国有企业改革的深入，这些问题可以逐渐加以解决。

总之，国有企业利润的双重属性既对立又统一。国有企业利润的公共性决定了国有企业必须服从公共利益，需要承担为广大人民群众提供公共产品和服务、保障社会公平的职责，国有企业利润的经济性使国有企业要在市场竞争中实现利润，要求保值增值。两者看似是对立的，但从我国社会主义公有制和社会主义市场经济的完善程度来看，国有企业利润的最大目标是为人民的根本利益提供公共服务，其保值增值的经济目标服从公共目标。如此一来，二者又是统一的。在宏观层面，全民所有的国有企业利润应实行公共利益为导向，促进国家宏观调控的发挥，保障和维护全民利益。在微观层面，国有企业利润定位于资本的保值增值，在关键领域和行业不断引导和促进国有企业自主创新，提高国际竞争力和影响力，为全民股东谋最大利益。由此可推出，国有企业利润的经济性是其公共性的物质基础，而国有企业利润的公共性是其经济性得以存在的目的。国有企业利润的公共性是经济性的内在动力，国有企业利润的经济性是实现公共性的经济条件，二者统一于国有企业的运行之中，缺一不可。如果国有企业利润单纯地为满足公共性而牺牲经济性，那么公共利益的实现就缺乏经济基础，其公共性的实现将举步维艰；当然，如果仅追求国有企业本身的经济利益而弱化公共性，那全民所有的国有企业将变成一句空话，

---

① 理直气壮做强做优做大国企 [N]. 经济日报，2016-07-12 (1).

国有企业利润的公共服务职能也将缺失，国有经济将难以维系，反过来国有企业利润的经济性也将难以实现。

第三节 公有制视角下的国有企业利润归属分析

一、国有企业利润由全民共同占有

首先，我国作为社会主义国家，国有企业作为全民所有制企业最本质的特征就是产权的全民所有性质以及由此决定的国企利润分配的公共性。从产权属性来说，资本主义社会必然灭亡，社会主义社会必然胜利，根本原因是资本主义私人占有和社会化大生产之间的矛盾。社会化大生产是生产力发展的必然结果，社会化大生产要求生产资料实行全民共有性质。作为公有制的高级实现形式，社会主义生产资料的全民所有制与生产力高度发展引发的生产社会化趋势是相一致、相契合的。相反，生产资料私有制的资本主义社会难以适应社会化大生产的趋势，这种生产资料的所有制形式既是社会主义社会与资本主义社会的本质区别，也是社会主义社会的制度优势所在。

这种产权优势的制度安排，具体在微观的国有企业中，就体现了我国国有企业与资本主义国家国有企业的最大差异，那就是我国国有企业的全民所有性质和国有企业利润的全民共享性。如果国有企业实现的利润归国有企业内部所有，那么国有企业的全民所有产权等同于企业私人产权，很明显这就造成了企业所有权的错位，这有损国有经济的调节作用，严重影响国有经济促进国民经济稳步发展、全面建成小康社会的宏伟目标。况且国有企业之"有"并非指的是所有权，而是占有权，是指国家机构在一定区域范围内对范围内的国有企业生产资料具有占有权，对生产资料的范围做了明确规定。而所有权同样也是关于这特定区域内的生产资料，凡是在这特定区域内生活的社会成员都享有该范围内生产资料的所有权，即使这生产资料被国家机构所占有着。以个体为单位，每一位成员都平等享有所有权，包括劳动者、私营企业主及尚有政治权利的罪犯，同样平等拥有着国有企业生产资料的所有权。[①]

其次，社会主义社会之所以要实行全民所有制，目的是消除"不劳而获"的社会产品分配关系，实现产品的按劳分配。在全民所有制下，由于每个劳动者除了

---

① 于池. 中国国有企业权利委托代理关系研究 [M]. 北京：中国经济出版社，2012：230.

自己的劳动之外不能拥有任何其他可以被其排他性占有的生产资源,由此可以推出,每个劳动者所付出的劳动是产品分配的唯一标准。换言之,在全民所有制基础上,每个劳动者集体或以企业为单位所划分的劳动者集团占有剩余产品的数量取决于他们所付出的劳动量。这是因为,在全民所有制下,虽然国有企业占有国有资本数量规模的大小直接决定了国有企业在市场上所获得的剩余产品体量大小,但是国有资本收益实际上是归资本的所有者全民所有并由国家代持,而非归国有企业员工或国企经营者所有。因此,只要全体人民是国有企业的主人,那么国有企业利润的全民所有性质就不会改变。

最后,国有企业要充分体现公有制本质的优越性,就必须贯彻按劳分配和按全民共有产权分配相结合的原则来开展利润分配。国有企业利润分配应围绕着国有企业内部和全社会两个方面展开。一方面,从国有企业内部来看,国有企业的全民性必须充分体现国有企业以按劳分配为主体的利润分配导向,鉴于我国长期处于社会主义初级阶段的基本国情和推进社会主义市场经济体制全面深化的客观要求,允许按生产要素在企业内部进行分配的客观要求,但按劳分配的主体地位是不可改变的,这是社会主义公有制与社会主义市场经济体制发展要求相结合的客观必然要求。另一方面,从全社会的角度分析,社会主义国家的国有企业属于全民所有,因此当前我国国有企业在利润分配上应充分体现国有企业全民所有制下国有企业收益全民共享的分配导向,故而在新时期国有企业两权分离的状态下,必须按照产权理论与全民共享原则坚决贯彻全民共同拥有国有企业利润,按照全民共享分红来保障全民所有者的权益。因此,必须让国有企业上缴利润,将所得利润给予全体人民共享,方能彰显国有企业是全社会人民的国有企业,方能彰显国有企业的公有制性质。

二、国有企业利润应该上缴公共财政

首先,国有企业利润与公共财政具有内在统一性。公共财政是指在市场经济的基础上,为了弥补市场失灵和满足社会公共需要,由政府向社会提供公共产品或服务而形成的资金收支分配活动或经济行为[①]。换言之,公共财政以满足社会公共需要作为价值取向,通过有效提供社会所需的公共产品或服务而形成的财政收支活动,目的是达到维护和提高社会公共福利。因此,公共财政具有公共性和非营利性的特征,为全社会提供公共产品或服务,满足社会公共需要是公共财政的基本职能。而国有企业利润是国家代表全民收取的税收利润,是全民的共同财富,因此,国有企业利润的分配和使用必须体现国家作为全民的代表行使国有资产所有者的职

---

① 邓子基.财政学[M].北京:高等教育出版社,2005:22.

能进行宏观经营，并向全体人民提供公共服务，达到保值增值和提高公共福利的目的。因此，从这个角度而言，国有企业利润与税收一样，都是来自全民的财富，国有企业利润分配活动与公共财政活动具有内在统一性，都是为了满足政府自身职能发挥的需要，都代表着社会整体利益，两者价值取向都是为了增进社会福利，并且增进社会福利的方式主要是提供公共产品和服务。因此从财政管理活动来说，国有企业利润应充实公共财政，国有企业应将税后利润向全民的代表——国家上缴，成为国有资本经营预算收入的主要来源，并在复式预算体系中划转到公共财政预算，弥补公共财政为支持深化改革和提供公共服务面临的资金缺口。在我国现有条件下，公共财政支出面临较大的民生压力，而国有企业利润纳入公共财政将大大增强公共财政的资金调控能力，促进政府公共职能的履行，更好地为全社会谋福利。

其次，国有企业利润上缴公共财政有利于完善公有制为主体的基本经济制度。党的十八届三中全会和十九大会议都强调在生产资料所有制方面要坚持公有制为主体、多种所有制经济共同发展的基本制度，这是中国长期处于社会主义初级阶段的基本国情和生产力发展不平衡不充分的现状决定的，也是中国特色社会主义制度的重要组成部分和社会主义市场经济体制的根基。在不断完善这一基本经济制度的过程中，作为公有制主要实现形式的国有企业掌握关系着国计民生的重要领域和涉及国家安全的关键性行业，是国民经济的重要支柱，承担着至关重要的责任和义务。国有企业混合所有制改革的推进，虽然国有资本比重可能有所降低，但通过混改，国有资本的功能和带动作用可以不断放大，国有资本的宏观影响力和控制力能够不断增强。此外，通过推进国企混合所有制改革，还可以利用国有资本、集体资本、非公有制等交叉持股、取长补短、相互融合，有助于公有制资本的支配范围拓宽和公有制的完善与发展，从而增强公有制的主体作用。

最后，国有企业利润上缴公共财政有利于保障国家投资收益和国有企业的宏观经营。在社会主义市场经济不断完善、成熟和现代企业制度广泛建立的过程中，国家需要通过行使国有企业与国有资本的所有权及其财产收益权，取得收入以便安排各项支出，同时采取市场化、规范化的方式经营以国有企业和国有资产形式存在的国家财产。而这些权利的行使和国有企业的宏观经营主要依靠国有资本经营预算来实现。国有资本经营预算不仅将国有企业和国有资产经营所得收入划转用于公共预算的补充与社会保障预算缺口的弥补，充分发挥国家关于国有企业产权及其财产收益权的作用，有利于国家财富的合理分配使用，而且国有资本经营预算能够调整收支的范围、方向及规模，不断推进国有企业的深化改革，激发国有经济活力，保持国有经济的平稳运行，增强国有资本保值增值能力，提升国有企业经营能力。然而，不管是对国有企业和国有资本经营收益的收取还是国有企业的宏观经营，国有资本经营预算职能作用得以充分发挥全依托于一定规模的预算收入，而国有资本经营预算收入主要来源于国有企业利润的上缴。因此，国有企业利润应该上缴公共财政，既能使国家投资收益权利得到维护和保障，又能实现国有企业做强做优做大的目标。

三、国有企业利润支出应该民生化

资本主义社会的本质特征就是资产阶级掌握生产资料的所有权，无产阶级除了自身劳动力外一无所有。在资本主义社会，也正因为资产阶级拥有生产资料的所有权，资产阶级不仅能令广大劳动者出卖自身劳动力使用权，而且在社会生产过程中剥削并夺取创造价值的主体（劳动者）的剩余劳动成果。资产阶级对其所有权的维护是极其彻底的，这不仅体现在资产阶级通过法律加以规定，"私有财产是神圣不可侵犯的"，凭借宪法权威与国家机器暴力极力维护，这体现资产阶级利益的根本性权利，而且大肆宣扬和渗透"经济人"的理性价值观为这一核心权利的运用保驾护航。私有资本企业得以建立和发展就是资本家拥有资本形式的生产资料所有权并使其充分发挥作用的结果。

社会主义公有制下的国有企业，其所有权主体与私有制企业的生产资料所有权主体有着本质的差别，然而对所有权的作用和维护上却是一致的。我国《宪法》规定：国有企业的财产属于全民所有，国家依照所有权和经营权分离的原则授予企业经营管理权力。在国有企业生产发展中明确所有权主体，国有企业的生产发展才可能有序进行，另外，也只有明确所有权主体能够合理把握国有企业利润分配的方向和根本要求，才能保障所有者主体的地位和权益。从这点上来说，明确了国有企业的所有权，就意味着国有企业利润支出应该民生化，让全民受益。

首先，共有国有企业所有权的全体人民享有相同份额的剩余索取权。国有企业、国有资产归属全体人民共同所有，每个公民都是财产所有者，享有相同份额的剩余索取权。国有企业、国有资产的全民性直接决定了国有企业利润分配的公共性。在现有的法律和社会条件下，广大民众还不能直接支配国有企业利润收入，所以将国有企业利润所有者相关权利的行使通过人大立法授予政府，由政府代为持有和管理。国有企业利润收入是国有资本收益的主要来源，国有资本收益是国家和政府凭借拥有国有资本的产权而获得的各项收益性收入。国家获得国有资本经营收入，再通过国有资本经营预算支出，将这部分国企利润以社会保障、义务教育、环境保护、公共福利等形式做出民生化支出安排，从而使广大民众以间接方式分享国企红利分配权。

其次，公有制性质与国情特征决定国有企业利润分配结构民生化。新中国70年的经济发展史表明，国家之所以建立和发展国有企业，不是纯粹为了增强经济实力，而是为了通过各种方法充分利用国有企业的财富和资源，充分体现国有企业的全民性，这是由社会主义国家的公有制本质所决定的。因此，国有企业利润不能只用于实现国有资本的保值增值或者调整经济结构，而应该根据"谁投资，谁受益"的原则，将其中的大部分用于国有企业的终极所有者——全体国民，即通过国资预算民生化支出惠及全体国民。由于我国人口基数庞大，利润收入的分配方式不一定要采取直接分红的方式，可通过将部分利润收入投向民生领域的间接方式分红，使全体人民可以通过享用公共产品和公共服务的形式更充分更实在地享受作为国有股东的所有者权益。因此，国资预算的民生性支出同资本性支出与费用性支出相比，在功能作用上更能直观地表明国有资本经营收益"民之所投，益者莫非民也"的国有资产本质。

最后，从世界各国的实践经验来看，国有企业利润更多地用在民生领域。例如，在发达国家中，美国阿拉斯加州政府所进行的全民分红实践则让民众受益匪浅。有数据显示，2014年，阿拉斯加州永久基金为当地居民发放了人均超过2000美元的社会分红[①]。意大利则采取国家参与制的国资利润分配，规定国企利润上缴65%给国库进行统一划拨，主要用于提高公众的基本生活福利水平。英国实行中央和地方两级财政预算体系，规定国企利润按照一定比例上缴国库，政府利用部分国企利润给每个新生儿童建立"教育账户"作为成长或教育基金。而在发展中国家中，蒙古国形成了矿产资源收益分红模式。2011年3月，蒙古国将陶勒盖煤矿总股份中的10%作为红利股票（折合15亿股）发放给全体公民。由此可见，国有企业利润实行惠及全民的社会分红，是包括发展中国家在内的国际通行做法，只是由于国情的不同在分红比例和模式方面存在一定的差异。我国是以公有制为主体的社会主义国家，国有资产面广量大，尤其是在近年来大力倡导国有资本"做强做优做大"的政策导向下，国有企业利润持续增长。因此，有必要借鉴社会分红的国际经验，在国有资本经营预算制度的顶层设计和实施方案中，以民生财政为导向，切实建构国资预算支出民生化机制，使国企改革和发展的成果真正惠及全体国民。

---

① 黄东贤. 国有资产收益分配民生化：国外实践及其借鉴[D]. 福州：福建师范大学，2016.

第五章

新中国成立以来国家与国企利润分配关系的历史考察

国有企业在基本内涵上是指所有权归属国家所有的企业;在外延上,包括国有独资企业,国有资本绝对控股企业和国有相对控股企业[①],按行政隶属关系的不同,又可以分为中央企业和地方企业。利润分配是企业资产所有权的集中体现,所有权决定了企业利润的归属。理论上,国家作为国有企业的出资人,拥有对国有企业经营利润的所有权和分配权。然而,国家与国有企业之间的利润分配关系长期未能理顺。自1949年新中国成立以来,国有企业利润分配制度几经变化,先后经历了统收统支、利润留成、两步利改税、利润承包、税利分流以及国有资本收益经营预算试点等历史阶段。从历史纵向的视角梳理新中国成立以来国有企业利润分配制度有助于明晰国有企业利润分配的发展历程和经验教训,不断推进国有企业利润分配制度改革,形成符合我国国情、满足多方利益的共赢利润分配制度。

第一节 "统收统支"的国家与国有企业利润分配关系(1949~1978年)

中国的国有企业形成于20世纪50年代,数量多、比重大,在国民经济的发展中,具有举足轻重的地位。作为计划经济体制的重要组成部分和中心环节,国有企业的管理体制和运营机制带有强烈的集权和计划色彩。国有企业作为国家财政收入的主要提供者,在投资决策、生产经营、利润分配等各个环节完全按照国家计划指令进行,几乎没有任何生产经营自主权。因此,与这种高度集中的管理体制相适

---

① 冷兆松. 国有企业改革新论 [M]. 北京:中国经济出版社,2006:318.

应，在这一时期国家与国有企业间的利润分配关系总体上呈现为高度集权型，基本特征是统收统支。虽然在这长达三十年的时间里，企业与国家的分配关系也有过一些变动，但是，由于整个经济体制模式没有发生根本的改变，因而这些变动并没有脱离国家对企业利润统收统支的基本框架。根据企业与国家分配关系变动的情况，可以把从新中国成立后到改革开放前这一段时间，具体分为以下几个阶段：

一、新中国初期：奖励基金制和超计划利润分成（1949～1957年）

这一时期，又分为国民经济恢复阶段和"一五"计划时期。1952年以前，即国民经济恢复时期，由于当时财政制度不够健全，实际上没有由国家统一颁布的利润分配、解缴制度。就当时大多数部门的国有企业上缴利润情况看，大体上实行的是"统收统支"，即企业利润全部上缴财政，企业所需资金由国家拨给。第一个五年计划时期，国有企业实现的利润，除了提取小部分奖励基金外，全部上缴国家财政，企业所需资金全都由国家财政拨款解决。就当时来说，这种利润分配制度有利于国家统一安排财政收支，集中使用资金，保证重点经济建设。

新中国成立最初的三年，我国国民经济正处于恢复时期，生产资料所有制的社会主义改造尚未开始，全民所有制经济在整个国民经济中所占的比重还不大，再加上百废待兴，许多相关规章制度还有待于制订。因此，在实践中还不可能形成统一和规范的国有企业利润解缴制度。但是，在1950年3月政务院颁布的《关于统一国家财政经济工作的决定》中曾明确要求"所有中央政府或地方政府所经管的企业，都要将利润和折旧金的一部分根据隶属关系按期解缴财政部或地方政府"[①]。其主要目的虽然是为了"保证军队和各级人民政府的开支及恢复国民经济所必需的投资"[②]，但我们看到，在国民经济恢复过程中，逐渐强化的计划经济体制使国有经济在国民经济中的主导地位得到了进一步巩固和加强，从而迅速提高了财政收入中国有经济上缴的比重（1952年，国有经济上缴利润占当年财政收入的58.1%）。这表明，以统收统支为特征的国有企业利润分配制度框架已具雏形。

1953年起，为了集中资源确保以重工业优先发展为核心的赶超型工业化战略的顺利实施，国家一方面加快了对生产资料所有制进行社会主义改造的进程，以保证经济资源流向国家计划控制的公有制经济范围；另一方面，在全国范围内实行高度集中统一的经济管理体制，将国有企业全部纳入国家预算管理，明确规定企业利润全部上缴国家预算，企业扩大再生产的支出由预算拨款解决。据统计，1957年，全民所有制企业上缴财政收入的比重已占到财政总收入的69.4%。而且，整个

[①②] 韩英杰，夏清成. 国有企业利润分配制度新探［M］. 北京：中国经济出版社，1995：5.

"一五"期间，财政收入平均每年增长11%，基本上保持与同期社会总产值同步增长的速度[①]。这说明，以国有企业上缴利润为主要来源的我国财政收入成为支撑"一五"期间国家重点建设所需资金的主要力量。而这一力量的形成又与国有企业实行高度集中统一的利润分配体制分不开。需要指出的是，国家在对国有企业利润分配实行统收统支的同时，为了调动企业和职工的生产积极性，还在国有企业实行了奖励基金制和超计划利润分成制度。[②]

奖励基金制是允许国有企业留用少部分利润，用于奖金和福利方面的开支，不能用于生产开支。这是集中型财政体制下常常采用的一种方式。超计划利润分成制则是将国有企业的超计划利润留给企业一个较小的部分，用于补充各种生产资金的不足。这也是集中型财政体制常常采用的一种方式。实行奖励基金制和超计划利润分成制的主要目的，是调动企业完成和超额完成国家计划，并给予企业一定的机动财力。

总体看来，这一时期的分配体制仍属于高度集中型。实行这样的分配体制，有利于国家集中财力，解决当时面临的任务，对于医治战争创伤，争取国家财政经济状况的根本好转，顺利完成"一五"计划提出的大规模经济建设任务，起到了积极作用。而且，这一时期的企业利润分配制度，在高度集中的同时，也在一定程度上兼顾了企业及其职工的物质利益，基本上适应了当时国家经济建设发展的实际需要。因而可以认为，这一时期国家与企业之间利润分配方式的选择基本上是正确的。

二、"大跃进"时期：利润全额留成制度（1958~1961年）

随着社会主义改造的基本完成，"一五"计划的提前完成，大规模经济建设的全面展开，经济管理体制中集中过多、统得过死的弊端日益突出，已不能适应进一步加快生产力发展的需要。为此，党中央决定从1958年1月起对工业管理体制、商业管理体制和财政管理体制进行改革，中心内容是调整中央与地方、国家与企业的关系，适当扩大地方和企业的权限，以克服高度集中体制所带来的弊端。为此，从1958年开始，我国进入了以"左"倾为特征的"大跃进"的改革时期。这一时期在改革国家和国有企业分配关系过程中，取消了原来的企业奖励基金制度，实行了利润分成办法，使得企业财权进一步扩大，财力得到进一步增加。

1958年，我国开始执行发展国民经济的第二个五年计划。由于指导思想上发生了"左"的偏差，导致在经济建设中发动了"大跃进"运动。这一时期企业与

---

①② 韩英杰，夏清成. 国有企业利润分配制度新探［M］. 北京：中国经济出版社，1995：7.

第五章　新中国成立以来国家与国企利润分配关系的历史考察

国家的分配关系也做了相应的调整，主要是取消了原来的奖励基金制，实行企业与主管部门利润全额留成制度。1958年5月22日国务院发布了《关于实行企业利润留成的几项规定》，对利润留成比例和留成所得的使用范围等有关问题做了具体规定。

对企业利润实行留成制度，虽然含有合理的因素，但由于处于"大跃进"这一特殊时期，受到"大跃进"大搞高指标、瞎指挥、"共产风"的影响，因此不可避免地使企业不仅不能有效地运用其自主权，而且容易使企业的积极性、灵活性变成盲目性和无政府主义。原计划国有企业利润留成三年总额不超过30亿~36亿元，结果第一年留成29亿元，第二年留成49亿元，第三年留成75亿元，三年共留成153亿元，超过近三倍。留成的利润也没有用于技术改造，绝大多数都用于搞基本建设，搞"大而全"和"小而全"。于是出现了企业任意挤占国家资金、挪用流动资金、乱摊成本，截留利润等违规现象。因此，在"大跃进"时期对企业利润实行留成制度，不仅没有达到预期的效果，反而造成了企业管理的混乱，影响了企业的经济效益。大批企业出现亏损，1961年国有企业亏损额高达103.2亿元，其中工业亏损46.5亿元，相当于工业整个税利的1/3。[①]

"大跃进"造成的严重后果之一就是国民经济主要比例关系严重失调，财政经济形势十分严峻。为了扭转这一局面，党中央于1960年决定对国民经济实行"调整、巩固、充实、提高"的方针，标志着我国经济建设进入了调整期。其中，为了强化国家的宏观调控能力，在这场调整中调低了国有企业利润的留成比例。1961年，中共中央批转财政部《关于调低企业利润留成比例加强企业利润留成资金管理的报告》，规定企业利润留成比例适当调整降低，调整的原则是普遍调低、区别对待。把全国企业利润留成资金从现有水平调低到47.7%，由原来平均占国有企业利润收入的13.2%降低到6.9%。并规定企业必须根据利润留成资金使用范围的规定，按季向主管部门报送使用计划，经审核批准后，才能动用。[②]

在实行利润留成制度的同时，"二五"计划时期，国家还曾经进行了"税利合一"的试点。1958年，财政部在武汉、沈阳、上海、天津等地试点税利合一。即把国有企业原来缴纳的工商统一税、地方各税和工商税附加，同原应上缴的利润合并，定名为"企业上缴收入"。原来的各种税收和利润，不再分别缴纳。这种"税利合一"的做法由于混淆了税利之间的差异，并掩盖了企业经营矛盾，不利于促进企业改善经营管理和经济核算，造成资金积压和利润下降，直接影响了国家财政收入的增长。"税利合一"的试点结果表明，税利合一的做法削弱了税收在社会主义经济中的作用，这种做法是不成功的。因此，税收在社会主义计划经济条件下，

[①②] 韩英杰、夏清成. 国有企业利润分配制度新探[M]. 北京：中国经济出版社，1995：5.

仍然是积累财政资金,维护国家机构正常运转,保证经济建设的重要且不可取代的手段,不能凭主观意愿随意取消。

此外,在"大跃进"时期,国家与企业分配关系的改革,除实行利润留成制度和"税利合一"试点外,还改革了若干财务管理制度,主要有:(1)把原来上缴财政的报废固定资产变价收入,全部留给企业用于更新改造;(2)取消了大修理基金不得开支"增值""变形"费用的规定,允许企业结合固定资产大修理进行革新改造的费用支出,在大修理基金中核销;(3)为了照顾一些企业的实际困难,对国防工业中新种类产品试制费用,以及其他企业非常重要的新种类产品的试制费用,如果超过本企业负担能力,仍给予一定拨款。

三、国民经济调整时期:企业奖励基金制度(1962~1965年)

从1961年开始,为了克服"大跃进"所带来的巨大困难,我国进入国民经济调整时期。为适应调整的需要,1961年1月中共中央发布了《关于调整管理体制的若干规定》,并批转了财政部《关于改进财政体制加强财政管理的报告》,内容重点都是重新强调集中统一,将前一阶段下放给地方和企业的各项经济管理权限重新上收中央政府,纳入国家统一计划管理。与此相适应,国有企业利润分配制度也进行了调整,除商业部门仍然实行利润留成办法外,企业利润全额留成制度被取消,代之以企业奖励基金制度。1962年1月10日,财政部和国家计划改革委员会公布《国营企业四项费用管理办法》,规定自1962年起,各部门的企业不再实行利润留成办法,企业所需要的技术组织措施费、新产品试制费、劳动安全保护费、零星固定资产购置费等四项费用,改由国家拨款解决。企业主管部门在国家分配的四项费用拨款范围内,分别确定企业的四项费用指标。同年1月,财政部和国家经委颁发《1962年国营企业提取企业奖金的临时办法》,标志着企业奖励基金制的恢复,但内容与"一五"时期有一定的差别:(1)企业奖励基金可以提取的条件有两个:一是企业必须按国家规定完成产量和质量、新品种、工资总额、成本降低、资金周转、上缴利润等六项计划指标,没有完成者不得提取奖励基金;二是由于原材料、产成品的价格变动和重大自然灾害而影响利润时,可以调整计算。(2)企业奖励基金的提取办法包括以下内容:一是全面完成六项计划指标的企业,可按工资总额3.5%提取企业奖励基金,比"一五"时期规定的比例有所降低;二是没有全面完成计划指标的企业,每少完成一项指标,扣奖金的1/6;三是超额完成利润计划和实际亏损小于计划亏损的企业,年终可提取计划企业奖金,盈利企业从超计划利润中提取10%,亏损企业从超计划降低成本额中提取20%;四是企业每季度可预提奖金60%~80%，年终结算，多退少补①；五是企业在季度预提时，要由主管部门审批，年度应提奖金数由财政部门批准；六是企业提取的奖励基金对盈利单位可从利润中扣抵，亏损单位则从国家弥补亏损数中解决；七是企业提取奖励基金后，其上级主管部门可集中10%，由主管部门支配使用。(3) 企业奖励基金的使用规定：首先用于发放先进工作者个人和先进集体奖金，以及社会主义劳动竞赛奖金；其次，用于对职工困难时的临时救济和职工集体福利设施的建设；主管部门集中的奖金可用于举办其所属企业的集体福利事业和补助所属没有提取奖金的企业对先进工作者、先进集体的社会主义竞赛奖金。

总之，这一阶段国家与国有企业的财政分配关系仍然是围绕着国家对国有企业的经营管理展开的，基本上适应了当时计划经济体制的需要。但是，企业生产经营自主权的再次集中上收，虽然有利于国家对国民经济的宏观调控，有效地扭转财政收支不平衡的困难局面，但同时又进一步强化了高度集中的经济管理体制，使国有企业有限的自主权再度被弱化。

四、"文革"时期：秩序紊乱的企业分配关系（1966~1978年）

正当我国完成调整经济的任务，克服了国民经济中的严重困难，开始执行发展国民经济第三个五年计划的时候，1966年5月，"左"倾错误指导思想再次在党中央占据统治地位，"文化大革命"开始，并且持续十年之久。在此期间，我国国有企业的生产秩序和经营管理处于极不稳定状态，国有经济遭受了巨大损失，整个国民经济濒临崩溃的边缘。在这种情况下，国有企业的利润分配制度也随同各项规章制度一起或被取消，或被简化，或遭破坏，主要表现在以下四个方面：

(1) 1967年，国务院发文规定，国有企业的固定资产、基本折旧基金由全部上缴国家预算改为全部留给企业和主管部门，抵作固定资产更新和技术改造资金；对原企业的"四项费用"，除其中属于全国性的新产品试制费由国家财政拨款外，其余均由企业提留的固定资产更新改造基金予以解决。

(2) 1969年取消了国有企业的奖金制度，实行利润全部上缴，所需资金由国家财政拨款的统收统支的办法。为了解决职工福利开支，1969年11月18日，财政部军管会发出《关于做好1969年决算编审工作的通知》，规定中央国有企业对企业奖励基金和福利费、医药卫生费实行合并提取的办法。按照该办法，从1969年以后，中央将按工资总额的3%和8%提取的企业奖励基金与医疗卫生补助和福利费补贴合并，统称为职工福利基金，计入产品成本。这样，自1961年以来实行

---

① 韩英杰、夏清成. 国有企业利润分配制度新探[M]. 北京：中国经济出版社，1995：5.

的企业奖励基金制从此被取消。

（3）1973年5月15日，财政部颁发了《国营工业交通企业若干费用开支办法》，再次强调职工福利基金要按国家规定的比例和工资总额，从生产成本中提取。其中，福利基金用于职工及其供养的直系亲属医药费、医务人员工资、医务经费、职工因工负伤就医路费；职工生活补助；职工浴室、理发室、托儿所、幼儿园的人员工资和各项支出同收入相抵后的差额，购置食堂炊事用具，修理费用等；集体福利设施支出、开办农副业生产和亏损补贴、按国家规定由职工福利费基金开支的其他项目支出。这表明，国有企业利润分配变成了彻底的"统收统支"。

（4）1973年12月19日，财政部、商业部联合颁发《商业企业财务管理若干问题的规定》，明确企业职工福利基金（福利费、医药卫生补助金、企业奖励基金）按工资总额11%提取，在费用中核销。但民族贸易企业仍实行按月从实现的利润中提取20%利润留成的办法；饮食服务企业仍实行分地区提取30%、50%、70%利润留成的办法。

"文化大革命"结束后，为了集中力量迅速发展国民经济，对国有工业企业管理体制又做了局部调整。根据1978年7月公布的《中共中央关于加快工业发展若干问题的决定（草案）》，即"工业三十条"的精神，中央又开始收回原下放给地方的企事业单位的经济管理权，扩大国家统一分配物资产品的范围；改变企业和主管部门掌握折旧基金的比例，规定折旧基金的50%上缴国家财政；恢复企业基金制度，全面完成国家计划指标的企业，可提取职工全年工资总额5%的基金，用于职工奖励和福利；恢复计件工资制，部分生产管理出色的企业，可提取不超过职工标准工资10%的基金作为奖金。

五、国有企业"统收统支"分配体制的客观评价

国家与国有企业的财政分配制度是国家作为国有企业所有者对国有企业进行管理的重要手段，它规定了企业利润在国家和企业之间分配的形式、比例和办法，是国有资产管理体制的重要组成部分。通过上述传统体制下国家与国有企业利润分配关系的演变过程，我们不难看出，高度集中统一的计划经济体制必然派生出与之相适应的企业利润分配体制。这种体制的主要特征是"统收统支"：企业实现的利润原则上全部上缴国家财政，发生的亏损由国家财政进行补贴；企业发展生产所需的资金，由国家财政全额拨款供给；企业的折旧基金全部或大部分上缴国家财政，其所需的更新改造资金由国家拨付，且不取决于企业上缴折旧基金数额的多少；企业使用国家拨付的资金，全部是无偿使用，无须还本付息；企业的职工福利基金和奖励基金，按工资总额的规定比例提取，与企业生产经营成果不直接发生联系。

第五章　新中国成立以来国家与国企利润分配关系的历史考察

不能否认，这种高度集中的统收统支体制是适应于当时政治经济形势和经济管理体制的需要而产生的，虽然曾对我国财政收入的增长和经济建设的发展做出了历史性的贡献，但却蕴含并累积了不可克服的弊端：

（1）在统收统支体制下，企业的财权、投资权、分配权甚至积累权都控制在国家手中，企业只充当了政府经济计划的实现工具，而没有任何独立的自主权和经济利益。企业的发展缺乏强大的动力，无法调动生产经营者的积极性。长此以往，必然影响企业创新机制的形成。正如赫希曼所言："一个投资决策集中化的经济，在从事某种创新方面，不大可能特别富有进取心"①。

（2）在统收统支体制下，企业无论盈亏均由国家承担，企业既无动力也无压力，国家对企业的预算约束软化。政府向企业无偿供给资金，并收取几乎全部剩余利润。企业用于维持再生产的资金，甚至连折旧基金也由政府分配，企业不能独立地支配和处理企业资产，也不能享有使用资产获得的收益。企业既不负盈，也不负亏。当企业因经营管理不善而造成损失、浪费或亏损时，往往可以将责任推卸给政府，政府由此承担起对国有企业的无限责任；企业的招工及职工工资标准均由政府劳动、人事部门决定，企业为职工提供医疗、养老保险、住房、子女入托、入学等社会福利服务，企业成为小社会，对职工承担无限责任。

（3）在统收统支体制下，企业的独立经济利益被剥夺，但企业职工的物质利益是客观存在的。统收统支的分配体制在处理各利益主体的利益关系时不能使他们相互协调。虽然曾几度实行了奖励基金制，但因奖励基金的提取与企业的职工人数及工资总额挂钩，而不是与企业的经营绩效相联系，这就必然造成企业之间缺乏竞争机制和创新机制，广大职工也不能从自身的物质利益上关心企业的生产、消耗和经营成果。

（4）在统收统支体制下，企业的生产经营活动都是由各级政府部门负责组织，这在工业化的起步阶段，产业结构和需求结构相对简单的情况下，尚能取得较好的效果。但随着生产社会化程度的不断提高、经济关系的日益复杂，面对众多不同类型的企业，信息的不对称必然使各级政府部门难以及时准确地掌握企业生产经营活动的真实信息，从而做出错误的判断和决策，给国家造成很大的经济损失。

总之，在传统计划经济体制中，国有企业既没有自己独立的投资政策，同时也没有自己独立的融资政策，更没有自己的利润分配政策。这意味着，在传统计划经济体制中，国有企业实际上并没有自己独立的财务活动，所谓的企业财务实际上只是国家财政的一个组成部分。随着社会化大生产在深度和广度方面的扩展，社会信息结构日趋复杂，这种与高度集中的计划经济体制相配套的国有企业利润分配体

---

① 艾伯特，赫希曼. 经济发展战略 [M]. 北京：经济科学出版社，1991：52.

制，因其对企业效率从而对国民经济发展的严重制约而逐渐退出历史舞台。20世纪70年代末，随着"文革"的结束，以邓小平同志为核心的党中央正确地提出了以经济建设为中心，实行改革开放的战略决策，从而标志着我国传统计划经济体制时期的终结。与此相适应，作为这一体制的微观基础，包括利润分配体制在内的国有企业管理体制也必然地列入了改革的重点范围。

第二节 "税利合一"的国家与国有企业利润分配关系（1978~1994年）

1978年12月举行的中国共产党第十一届三中全会，标志着我国开始进入经济体制改革的新时期。国有企业改革作为经济体制改革的中心环节，也是经济体制改革的重点和难点。这一时期的国有企业改革首先从收入分配环节入手，以财政与国有企业的利润分配关系的调整为突破口，先后经过了企业基金制、利润留成制、两步利改税、含税承包制等改革步骤。这几次改革较之1978年前的历次改革有着质的不同，每一阶段的变化也都有实质性的内涵。从整个改革的进程来看，这一阶段国家与国有企业财政分配关系的总体特征是"税利合一"，这一特征一直延续到1994年的国有企业"税利分流"改革为止。

一、企业基金与利润留成阶段（1978~1982年）

1978年党的十一届三中全会指出，我国经济管理体制的一个严重缺点就是权力过于集中，经济体制的改革应该在领导下大胆下放权力，让地方和工商企业在国家统一计划指导下享有更多的经营管理自主权。因此，改革首先是以"放权""让利"为突破口展开的。改革之初，国务院在颁布了扩大企业自主权的"十条"和"十四条"规定之后，又先后批转了《关于国营企业实行利润留成的规定》《国营工业企业利润留成试行办法》《关于国营工业企业实行利润留成和盈亏包干的若干规定》，开始试行企业基金制以及各种形式的利润留成制度。

（一）企业基金制

1978年推行经济体制改革后，为了鼓励企业加强经济核算、改善经营管理、努力完成和超额完成国家规定的各项计划指标，从1978年11月至1979年12月，国务院及其企业主管部门连续颁发了《关于国营企业试行企业基金的规定》等多个政策文件，决定在实行独立核算的国营工商企业中全面实行企业基金制度。企业基金制是指国有企业按照国家规定的条件和比例从实现利润中提取专用资金的制度。国营工业企业在全面完成国家下达的产量、品种、质量、利润和供货合同等计划指标后。可以按工资总额的一定比例提取企业基金，主要用于举办集体福利设施，弥补职工福利基金不足和劳动竞赛奖励等开支，其基本做法是：（1）凡是全面完成国家下达的产量，品种，质量，原材料、燃料、动力消耗，劳动生产率，成本，利润，流动资金占用八项年度计划指标和供销合同的工业企业，可按职工全年工资总额的5%提取企业基金。只完成产量、品种、质量、利润四项指标和供货合同的工业企业，可按工资总额的3%提取企业基金。没完成四项指标和供货合同的，不能提取企业基金。（2）各级企业主管部门，按其直属企业汇总计算，盈亏相抵以后的利润超过国家年度利润指标部分，石油、电力、外贸部门按5%，冶金、机械等部门按10%，煤炭、军工等部门按15%的比例提取企业基金。（3）企业基金主要用于举办职工集体福利事业以及发给职工奖金等项开支。企业主管部门提取的企业基金，50%用于奖励超额完成利润指标的企业，50%用于生产技术措施和本系统企业的集体福利设施。

企业基金制度的实施，使企业有了部分自主财力，可以举办集体福利，发放职工奖金，对调动职工积极性起了一定作用。但是从内容中可以看出，这次实行的企业基金制度实际上是对"文革"前企业奖励基金制度的恢复，只是在实施管理上更加规范化。新的企业基金制仍然存在不合理之处，如企业基金的提取一方面取决于企业完成国家计划指标的情况，另一方面则取决于企业职工数的多少。在各项经济关系没有理顺的条件下，各种计划指标难以制定得科学合理，不得不在实际执行中经常调整变动。而企业基金的提取与职工人数挂钩，则只能起到使企业设法不断扩张职工人数的作用，而不是激励企业努力提高生产经营绩效。因此，随着企业利润留成制度的试行，凡属在利润留成资金中开支的费用，国家一律不再拨款，也不再提取企业基金。

（二）利润留存制

为了进一步扩大企业财权，加强企业的经济责任，把国家、企业和个人三者的利益结合起来，调动企业和职工增产增收的积极性，从1979年起，在企业基金制的基础上，国家决定在部分企业试行利润留成办法。1979年7月，国务院发布了《关于按照五个改革管理体制文件组织试点的通知》（五个改革管理体制文件要求各省、自治区、直辖市和中央有关部门在工业、交通系统选择少数企业组织利润留成试点），同时印发了《关于国营企业实行利润留成的规定》。同年8月，财政部、国家经委、中国人民银行也出台相应文件对国有企业进行利润留成试点中的一些问题做了具体规定。按照这些规定，试点企业可以按国家的比例留用一部分利润，用于建立生产发展、职工福利基金和职工奖励基金。试行利润留成办法的企业，上述三项资金国家不再拨款，企业也不再在成本或费用中开支，提取企业基金的有关规定也停止试行。企业用利润留成建立三项基金时应按照核定的比例分别提取、分别管理使用。生产发展基金，可以与更新改造资金结合使用，但不得用于职工福利基金和奖金。

从1979年7月开始利润留成试点以后，仅半年时间，按国家规定试点的企业数量达1590户，加上按地方自定办法试点的企业共2100多户。这些企业的利润占全国工业企业利润的35%，产值占26%。试点情况表明，实行企业利润留成制度，兼顾了国家、企业和职工个人三者的利益，把企业所得、职工福利、奖金与企业的经营好坏、利润多少直接挂钩，对发挥企业和职工的主动性，促进企业关心生产成果，改善经营管理，努力增加盈利起了积极的作用。但在试点中也反映出这个办法还不够完善，存在着以下问题：第一，按照企业1978年的职工福利基金、职工奖励基金、企业基金、科研经费和职工培训费、新产品试制费，同全年利润挂钩核定留成比例的办法，原来利润少、用人较多、留成比例高的企业增加收入潜力大，从利润增长中得到的好处多；而原来经营管理好、利润多、用人少、留成比例低的企业，利润增长难度大，得到的好处反而少。这种"鞭打快牛"的现象显然不利于后者积极性的发挥。第二，按照试点企业的利润留成规定，企业只要有利润，就可以按照核定的比例提取利润留成资金，这显然不利于促进企业全面完成国家下达的各项计划指标。第三，有些企业把利润留成资金过多地用于职工奖金方面，造成滥发奖金的现象。为解决上述问题，1980年1月，国务院批转国家经委、财政部拟订的《国营工业企业利润留成试行办法》，其基本内容是：将企业当年利润分为基数利润和增长利润两部分，分别规定留成率，并对原规定进行了修订，允许国家对企业和主管部门，根据不同情况，实行多种形式的利润留成和盈亏包干办法。

利润留成办法的实施，给国有企业带来了深刻变化。首先使企业有了一定的经营管理权，开始把企业的经济责任、经济权力和经济利益结合起来，初步实现了国家财政收入增加、企业留利增多、职工个人收入提高的良性循环。其次使企业有了一定的生产发展基金，从而推动了企业的技术改造和技术进步，为企业以后的发展打下了一定的物质基础。但是，当时试行利润留成办法也存在明显的缺陷：一是企业留成比例偏低，用于生产发展基金太少；二是在价格体系不合理的前提下，难以合理核定利润留利基数、比例，产生了苦乐不均和争基数、争比例的问题，国家与国有企业之间的分配关系无法规范；三是未解决自负盈亏的问题，一些微利或亏损企业，基本上不适用这个办法；四是由于基数、比例是根据已有的企业利润水平核定，原来经营好、利润水平高的企业，要出大力才能获得少量增长利润，存在着"鞭打快牛"现象；五是按企业隶属关系上缴利润，企业仍然不能摆脱地方、部门的束缚,强化了行政机关对企业的干预,没有解决企业活力这一根本问题。因此,除少数工业企业外,从1983年起,企业利润留成制度基本停止实行,代之以利改税制度。

二、两步利改税阶段(1983~1986年)

为了稳定国家与国有企业的利润分配关系,配合经济体制改革对政企分开的要求,同时也是为了克服利润留成制度的弊病,因此,把所得税列入利润分配的范围,1983年国家开始对国有企业利润分配制度进行"利改税"的改革。所谓"利改税",就是把国有企业向国家上缴利润形式,改为按国家规定的税种、税率向国家缴纳税金。税后利润归企业支配,逐步把国家与国有企业的利润分配关系理顺并固定下来。利改税分两步实施。

(一)第一步利改税

1983年4月,国务院批发财政部《关于国营企业利改税试行办法》,在全国范围内对国有企业实行利改税的第一步改革。其基本内容是:

(1)凡有盈利的国营大中型企业,根据实现的利润,按55%的税率缴纳所得税,税后利润一部分上缴国家,一部分按国家核定的留利水平留给企业。上缴国家的部分,分别采取递增包干上缴、固定比例上缴、缴纳调节税、定额包干上缴等办法,一定三年不变。

(2)凡有盈利的国营小型企业,都比照集体企业,按照八级超额累进税率缴纳所得税,并按规定缴纳固定资金占用费,不再缴纳流动资金占用费;交税交费后实行承包制,由企业自负盈亏,国家不再拨款。但税后利润较多的企业,国家仍收取一定的承包费(见表5-1)。

表5-1　　　　　　　　集体企业八级超额累进税率表

级数	税率(%)	所得税级距
1	7	300元以下(包括300元)
2	10	300~600元
3	20	600~1000元
4	30	1000~2500元
5	35	2500~10000元
6	40	10000~30000元
7	50	30000~80000元
8	55	80000元以上

（3）营业性的宾馆、饭店、招待所和饮食服务公司，都缴纳20%的营业税，国家不再拨款。企业税后有盈有亏的，由企业主管部门调剂处理。

（4）国有企业归还各种专项贷款时，经财政部门审查同意后，可用缴纳所得税之前该贷款项目新增加的利润归还。此后企业向银行申请专项贷款时，必须有10%~30%的自有资金用于贷款项目。

（5）对亏损企业的补贴，按以下办法处理：①凡属国家政策允许的亏损，继续实行定额补贴或计划补贴等办法，超亏不补，减亏分成，一定三年不变。②凡属经营管理不善造成的亏损，由企业主管部门责成企业限期进行整顿，在规定期限内，经财政部门审批后，还会给予亏损补贴；超过期限的，一律不再弥补。

（6）实行利改税后，遇有价格调整、税率变动而影响企业利润时，除了变化较大，并经国务院批准，允许调整税后上缴利润或调节税率以外，一律不做调整。

（7）企业的税后利润要建立新产品试制基金、生产发展基金、后备基金、职工福利基金和职工奖励基金。前三项基金占留利总额的比例不得低于60%，后两项基金不得高于40%，由省级政府根据实际情况做出规定。

（8）实行利改税后，企业主管部门仍可从所属企业留利中集中一部分资金，用于重点技术改造、增设商业网点和建造简易建筑等开支。

第一步利改税经过一年多的实践，与原来利润留成、利润包干等办法相比有了很大的改进，其主要成效表现在以下几个方面：①打破了利润统收统支的格局，突破了国有企业不能征收所得税的禁区。利改税以后，国有企业利润大部分通过缴纳所得税的办法上缴，从而把企业与国家的分配关系基本上纳入了法制的轨道，减少了过去上缴利润讨价还价、争吵扯皮的现象。同时，对企业的利润采取征税的方法，比上缴利润有更大的强制性，这对加强企业的经营管理和稳定国家财政收入都起到了积极的作用。②较好地处理了国家、企业和职工个人三者的利益关系。利改税的实施，是国家与企业之间分配关系的一次重大调整。它把企业的大部分利润用征收所得税的办法上缴国家，以法律形式把国家与企业的分配关系固定下来，较好地处理了国家、企业和职工个人三者的利益关系。③扩大了企业的财权，调动了企业和职工的积极性。第一步利改税的改革，既明确了企业对国家的经济责任，又给企业扩大了财权，这就使企业有了活力、动力和压力，促使企业在提高经济效益上下功夫，并能够从中得到较多的经济利益。④利改税的第一步改革，为处理好企业与国家的分配关系取得了经验，为推行第二步利改税改革准备了条件。

利改税的第一步改革虽然取得了一定的成效，但也应该看到，这一改革还是很不完善的，距离经济体制改革的要求还有很大差距。存在的主要问题是：（1）利改税的第一步改革除了对大中型企业征收55%的所得税，对小型企业征收八级超额累进税以外，对原有税种和税率没有进行合理的调整和改革，税种仍然比较单一,这就难以发挥税收调节经济的杠杆作用;(2)由于税种、税率没有进行合理的调整和改革,对企业的收入水平难以进行有效的调节,企业之间留利过于悬殊的问题没有很好地解决;(3)企业在缴纳所得税后的利润还要采取多种形式在国家与企业之间协商分配,因而企业与国家之间的分配关系尚未完全得以规范;(4)企业缴纳所得税仍按企业的隶属关系分别上缴中央财政和地方财政,这样就不能割断企业与政府在经济上的联系。

(二) 第二步利改税

1984年9月,国务院又转发了财政部关于国有企业第二步利改税办法,实行完全以税代利,即将税利并存阶段的上缴利润也改为上缴税收。其主要内容有:

(1) 对盈利的国有企业继续征收所得税。国营大中型企业按55%的比例税率交纳所得税;国营小型企业按新的八级超额累进税率交纳所得税。新的八级超额累进所得税税率,调整了累进的起征点和级距,平均税负比原八级超额累进税率降低了3%~5%,减轻了小型企业的税收负担(见表5-2)。

表5-2　　　　　　　　新八级超额累进税率表

级次	应纳税所得额级距	税率(%)	速算扣除数(元)
1	全年所得额在1000元以下的	10	0
2	全年所得额超过1000元~3500元的部分	20	100
3	全年所得额超过3500元~10000元的部分	28	380
4	全年所得额超过10000元~25000元的部分	35	1080
5	全年所得额超过25000元~50000元的部分	42	2830
6	全年所得额超过50000元~100000元的部分	48	5830
7	全年所得额超过100000元~200000元的部分	53	10830
8	全年所得额超过200000元以上的部分	55	14830

(2) 将工商税按照纳税对象,划分为产品税、增值税、盐税和营业税;将第一步利改税设置的所得税和调节税加以改进,增加资源税、城市维护建设税、房产税、土地使用税和车船使用税。在增加税种的同时,对产品税、增值税和营业税,根据不同生产经营情况,另定高低不同的税率,以指导企业按国家宏观规划和方针政策开展生产经营活动。

(3) 核定调节税税率时,以企业1983年实现的利润为基数,在调整由于变动产品税、增值税、营业税税率以及开征资源税而增减的利润之后,作为核定的基期利润。基期利润扣除按55%计算的所得税和1983年合理留利后的部分占基期利润的比例,为核定的调节税税率。核定的基期利润扣除按55%计算的所得税后,余利达不到1983年合理留利的大中型企业不征调节税,并在一定期限内,经过批准减征一定数额的所得税。企业当年利润比核定的基期利润增长部分,减征70%调节税,利润增长部分按规定比例计算,一定七年不变。核定的调节税税率,自1985年起执行。

(4) 利改税后,企业自负盈亏,对于盈利多的企业国家收取一定数额的承包费,盈利不足的可以减免一定的所得税。同时,适当放宽小型企业的划定标准,并继续实行企业技措性借款和扩建借款,还款后利润可用于提取职工福利基金和职工奖励基金。

实行第二步利改税以后,在所有权与经营权的分离上有所突破,对理顺和规范企业与国家的分配关系起到了一定的积极作用。主要表现在:

第一,第二步利改税把国有企业作为一个独立的商品生产经营者纳入所得税纳税人的行列,用一种新型的方式来处理企业与国家的分配关系。通过这次改革,把国家与企业的分配关系用税的形式固定下来,较好地解决企业吃国家"大锅饭"的问题,为落实企业自主权提供了必要条件,使企业逐步做到"独立经营,自负盈亏",调动企业和职工的积极性。这对增强国有企业活力,推动城市经济体制改革,提高经济效益,发挥了重大作用。

第二,改变了长时期以来税种比较单一的状况。改革后,既有对商品流转课征的税种,也有对收益课征的税种;既有对财产使用课征的税种,也有对经济行为课征的税种。这就初步形成了具有我国特色的、多种税多次征的复合税制度,基本适应了改革开放后我国经济的变化情况,税收开始介入国民经济活动的各个领域,扩大了税收调节的深度和广度,使各个税种发挥了各自不同的作用,更好地调节生产、流通、分配和消费,有利于企业之间的平等竞争。

第三,在国家财力可能的条件下,采取了若干扩大企业财权的措施。从第二步利改税后的情况看,1986年,实行利改税制度的国有工业生产企业留利达177.78亿元,比1983年的78.43亿元增加了99.35亿元,增长了1.27倍,留利水平从1983年的15%提高到1986年的33%。事实证明,第二步利改税使企业的自我财力大为增加,调动了企业和职工的积极性,对增强企业自我改造、自我发展能力起到了良好的作用。同时,国家依法征税,可以避免争基数、争比例的现象。[①]

两步利改税试图以法律形式明确政府与企业的利益分配关系,同时力图做到为企业创造一个大致公平的竞争环境。虽然这一设想是合理的,也确实收到了一定成效,但在实施中仍然存在一些问题,并没有使国有企业缺乏活力的症结得以根本解

---

① 韩英杰,夏清成. 国有企业利润分配制度新探[M]. 北京:中国经济出版社,1995:7.

决,主要表现为:

第一,在推行利改税的时候,混淆了社会主义国家作为社会管理者和生产资料所有者的双重身份,也混淆了行政权力和财产权利之间的界限。由于实行完全的利改税,从"以利代税"的极端走向了"以税代利"的另一个极端。由于否定了具有弹性的利润分红关系,也使具有刚性的税收分配关系发生了软化。

第二,由于把全部上缴利润统统变成了税收,使所得税名义税率偏高,大中型国有企业还保留了调节税,企业税负偏重且不够公平,影响了企业的活力。

第三,利改税采取了税前还贷的办法,使企业贷款数额猛增,并使国家计税基数缩小,税收减少。这实质上形成了投资的"大锅饭",不利于理顺企业投资机制和有效地控制基本建设投资规模,加重了国家财政负担。

上述这些问题的存在,说明完全以税代利的做法并不能真正解决国有企业活力不足的痼疾,因此,这种做法并不是理顺企业与国家分配关系的有效手段。

三、含税承包制阶段(1987~1993年)

鉴于两步利改税仍然无法理顺国家与企业之间的分配关系,有效地激发国有企业尤其是国有大中型企业的活力这一主要问题。因此,改革的决策者只得再次调整改革思路,决定从1987年开始在全国范围内对国有企业实行承包经营责任制。这里之所以称之为"含税承包制",是因为企业除了承包调节税以外,将所得税也包括在承包范围之内,实际上是用承包上缴利润的办法取代了利改税中向国有企业征收所得税的办法,是对本来意义上"利改税"的否定。

(一)含税承包制的内容

承包经营责任制是指在坚持社会主义全民所有制的前提下,按两权分离(所有权与经营权分离)的原则,以承包经营合同形式,确定国家与企业间的权、责、利关系,在承包合同范围内,使企业自主经营、自负盈亏的经营管理制度。其主要内容是在"包死基数、确保上缴、超收多留、欠收不补"的基本原则下,包上缴国家利润,包完成技术改造任务,实行工资总额与经济效益挂钩。根据不同行业和企业的具体情况,承包经营责任制采取了多种形式:(1)上缴利润递增包干。即企业上缴产品税(或增值税)后,在核定上缴利润基数的基础上,逐年按照商定的递增率向财政部门上缴利润。这种形式包"死"了上缴国家财政的利润总量,保障了国家财政收入的稳定。超收部分全部留给企业,有利于激励企业加强内部管理,增强自我积累。(2)上缴利润定额包干。即核定上缴利润基数,超额部分留给企业,一定几年或一年一包。这种形式主要适用于那些利润不高而产品又有广泛的社会需求的困难企业。(3) 上缴利润超收分成。即确定盈利企业上缴利润的基数,对超收部分按规定实行比例分成或分档分成,期限可以灵活掌握。这种形式有利于减少由于基数和比例定不准、外部环境变动所带来的风险。(4) 微利、亏损企业的利润包干或亏损包干。即根据不同企业的情况,确定承包基数,有的超收(或减亏)全部留给企业,有的则按照规定的比例分成。此外,还有两种承包经营形式,一是企业经营责任制,即基数利润部分交 55% 所得税,超基数利润部分的所得税率下降为 30%;二是资产经营责任制,即用招标的办法选定企业经营者,以实现利润和固定资产增值的多少,确定经营者的薪酬。

除承包形式外,承包经营责任制还对企业的承包主体、承包基数、承包关系、承包管理及承包前后贷款的归还等相关问题做出了具体规定:(1) 承包主体。个人、合伙、集体、部门和企业五种主体均可成为承包主体。(2) 承包基数。承包制企业确定上缴利润基数时,一般以上年上缴的利润额为基数。(3) 承包关系。实行承包制的企业,必须由企业经营者代表承包方同发包方(政府有关部门)订立承包经营合同。承包者在享有合同规定的经营管理自主权的同时,必须按合同规定完成各项生产经营指标。发包方代表国家有权监督承包者严格履行合同规定的各项指标的完成情况,以维护国有资产的合法权益。(4) 承包管理。对承包制企业试行资金分账制度,即按企业资金来源将总资金划分为国家资金和企业资金两种。承包前企业占用的全部固定资产和流动资金列为国家资金,承包期间的留利及留利投入形成的固定资产和补充的流动资金,列为企业资金。企业资金仍属全民所有制性质,它可作为承包制企业负亏的风险基金,当承包者完不成合同上缴利润时,必须先用当年留利抵交,不足部分再用企业资金抵交。(5) 贷款归还。实行承包前的贷款,由国家承担的部分要在承包经营合同中规定还款额度和期限,分年还清,然后按规定调整承包基数;实行承包后的贷款,原则上要用企业自有资金归还。

(二) 实行企业承包制的利弊分析

自从承包制得到政府的认可并有计划地组织实施以来,在全国大中型国有企业中得到了最大限度的推广,到 1987 年底,全国预算内国有工业企业的承包面已达 78%,在国有大中型企业中达 80%[①]。作为一种处理国家与企业之间分配关系的改革举措,承包制之所以能够迅速地、大范围地被企业所采用,表明它一定程度上具有存在和发展的合理性。因为实行利润定额上缴或递增上缴分配办法,国家与企业之间的利益分配比较明确,因而触及了企业经营机制这个核心问题,把利益驱动和自我激励以合同形式引进了企业经营中。从表面上看,承包制继续采取上缴利润的

---

① 韩英杰,夏清成. 国有企业利润分配制度新探 [M]. 北京:中国经济出版社,1995:89.

形式，保留了"统收统支"的某些特征，但它实质上却颠倒了原来的形式。如果说原来的统收统支是把留给企业的那部分收入固定起来，使增长的收入全部上缴财政的话，那么承包制则相反，它是将上缴财政的部分相对固定起来，增长收入的大部分留给企业。企业留利的增长，不仅有利于调动经营者和生产者的积极性，增强了企业自我积累能力，而且有利于实现所有权与经营权的适当分离，逐渐确立企业在市场经济中的法人主体地位。

但是，与承包制所产生的积极效应相比，因其企业经营机制的不规范性而使其在实践中体现出的负面效应更大。不仅没有实现"建立一个既充满内在活力、又具有自我约束能力的企业经营机制"的改革初衷，反而在很大程度上影响了国家财政收入的正常增长，削弱了国家宏观调控能力。概括起来，承包制的弊端主要表现为：（1）导致财政收入机制萎缩，财政收入增长幅度明显下降，财政赤字扩大。承包制下企业的利润被分解为三个部分，即上缴利润、税前还贷和企业留利。承包前的1986年企业利润总额中上述三个部分之比为43∶18∶39，到实行承包制后的1988年变为29∶26∶45。其中，上缴利润下降了14个百分点，税前还贷和企业留利则分别上升了8个和6个百分点。税前还贷政策的实行，实质上等于财政替企业归还55%的贷款，意味着企业贷款中的55%变成了财政拨款，从而使财政收入存量被承包制企业分流。财政收入比重的下降，使我国财政赤字呈明显扩大趋势，1991年财政赤字为664.10亿元，占当年国民生产总值的3.28%，1992年为906.28亿元，占当年国民生产总值的3.71%，均已超过了国际公认的财政赤字占当年国民生产总值3%的警戒线。[①]（2）导致企业行为短期化，不利于企业经营机制的完善。完善的企业经营机制应当包括公平竞争机制、利益与风险对称机制、自我积累机制和自我约束机制等。但在承包制企业中，各项合同指标均是由政府主管部门与企业之间通过"一对一"式的谈判确定的，这种行政型的契约关系，使国家与企业的分配关系始终处于非稳定和不规范状态；由于承包期限的制约，大多数承包制企业追求承包期内的利益最大化，表现为不注重挖潜改造，而是"吃老本"、拼设备；在工效挂钩和税前还贷机制作用下，企业重消费轻积累，大幅度提高职工奖金福利水平，以刺激职工生产积极性，造成企业消费基金膨胀，人工成本上升；税前还贷机制增强了企业的投资能力，削弱了对投资主体的约束力，在这种"银行放款、企业用款、财政还款"的机制作用下，投资规模的失控和投资结构的失衡自然不可避免。（3）在预算软约束情况下，企业包盈不包亏。在市场体系还不健全的条件下，企业外部环境不确定性大。当外部环境有利时，企业一般会积极履行承包合同，上缴合同利润；而当外部环境不利，企业经营困难，完不成承包上

---

① 韩英杰，夏清成. 国有企业利润分配制度新探［M］. 北京：中国经济出版社，1995：89.

缴利润基数时，承包者并不能按照制度规定做到"以企业自有资金抵补亏损"，而是以外部环境变化为由，推卸亏损责任，使承包合同成为一纸空文。这种"包盈不包亏"的承包制当然无法培育出真正意义上自负盈亏的市场主体。（4）弱化了国家宏观调控能力，加剧了产业结构的失衡。国际上衡量一国政府宏观调控能力大小的重要指标是财政收入占国民生产总值或国民收入的比重。实行承包制以来，随着企业留利的大幅度增加，国家财政收入的相应锐减，预算内财政收入占国民收入的比重也发生显著下降，从"六五"时期的26.1%降至1992年的20.9%。尤其是主要担负宏观调控任务的中央财政支出规模在财政总支出中的比重逐年下降，从"六五"时期的48.84%降至1992年的41.41%，必然导致国家宏观调控能力的弱化。另外，承包制企业的投资受短期利益机制的驱动，主要投资于价高利大的行业和产品，不可避免地在全国范围内出现了盲目发展和重复建设，导致国民经济投资效益的严重下降和产业结构的进一步扭曲。

四、"税利合一"分配制度的简要评价

由上分析可知，国家与企业财政分配关系的演变过程，实际上是税利关系的转换过程，经历了以利代税到以税代利的发展过程。其基本特点就是税利合一，税利不分。过去的国有企业利润分配制度，无论是改革开放前的统收统支，还是改革开放后的企业基金和利润留成制度，主要是以利代税，而两步利改税完成以后，局面又从原来的税利不分走向了另一种形式的税利不分：以税代利，国家与企业的分配关系始终没有脱离税利不分的框架。不管是以利代税还是以税代利，都不是规范的国家与国有企业财政分配关系。以利代税是对税收的职能作用的否定；以税代利则是对上缴利润形式的否定。这两种形式都是在处理国家与国有企业分配关系上的绝对化。以公有制为基础的社会主义国家在参与国有企业的收入分配过程中，是以两种身份出现的。国家作为社会经济管理者，行使政权权利，通过税收参与国有企业的收入分配，形成社会经济管理者与国有企业的分配关系；同时，国家作为国有资产所有者（或其代表），行使所有者权利，通过收缴利润参与国有企业的利润分配，形成国有资产所有者与国有资产经营者的分配关系。与上述的两种不同身份、两种不同权利和两种不同分配关系相适应，国家应当采取不同分配形式，把税和利分开来。

改革的实践表明，税利合一、税利不分的分配体制不适合我国国有企业改革发展的需要，存在诸多问题：一是税利合一的分配体制阻碍着企业的自主经营，由于税利合一，企业经营决策经常受到干预，政企不分现象严重，企业难以成为权、责、利相统一的经济法人；二是税利合一的分配体制扭曲了国家与企业之间的平等

分配关系，使得分离后的资产所有权与使用权重新弥合，进一步混淆了国家与国有企业之间的双重身份关系；三是税利合一的分配体制使企业失去了平等竞争的前提条件，由于税利合一，企业难以做到公平税负，市场公平竞争也就难以实现；四是税利合一的分配体制影响了企业向自负盈亏、自我发展机制的转换，税利合一体制是不利于全民所有制企业向自负盈亏、自我发展机制进行转换的。

第三节 "税利分流"的国家与国有企业利润分配关系（1994年至今）

在针对国家与企业分配关系的多次调整中，利改税和全额利润承包制作为探索性的改革举措，都曾对国有企业利润分配制度改革做出了历史性的贡献，但由于它们各自的局限性无法适应深化经济体制改革和国有企业转换经营机制的需要，在发挥积极作用的同时，又引发了一系列新的矛盾和负面效应。因此，改革的决策者再一次调整改革思路，在总结前几次改革经验教训和精心试点的基础上，终于在指导思想上确立了理顺国家与国有企业分配关系的正确方向：国家的双重职能（社会管理职能与国有资产管理职能）是其参与国有企业利润分配的基本依据，而双重职能在社会主义市场经济条件下必须分离的客观要求，决定了国家依据社会管理职能所征收的税收收入，必须与依据国有资产管理职能所获得的国有资本投资收益相分离。这就是从1994年初开始一直实行至今的国有企业利润分配制度改革的模式：税利分流。虽然在实践过程中的提法和侧重点上有所变化，但税利分流的基本框架并未改变，成为直到目前为止理顺国家与国有企业之间收益分配关系的方向性选择，并成为我国目前构建国有资本经营预算的基本框架。

一、"税利分流"改革框架的确立（1994年）

早在20世纪80年代后期实行国有企业全额利润承包制的过程中，理论界就有许多学者提出了以"税利分流"规范国家与国有企业之间收益分配关系的观点，引起了政府有关部门的重视。政府从1988年开始进行了税利分流改革的早期试点，经过6年的试点改革，1994年开始我国逐步确立了税利分流的改革框架。

（一）税利分流改革的早期试点

在开展调研和反复测算的基础上，财政部设计了税利分流的初步操作方案，并于1988年率先在重庆市组织税利分流试点。试点工作前后历时6年，到1993年，全国已有37个省市（包括计划单列市）和22个中央部门进行了税利分流试点，试点企业近4000个，其中国有大中型企业约800户。

1. 税利分流试点改革的内容

税利分流改革的目的，就是把国有企业的所得税和税后利润分开，制定统一的企业所得税法，使各种经济成分的企业在平等纳税的基础上进行自主经营和平等竞争。从企业利润的初次分配看，应该把实现利润分为税收（所得税）和利润两部分，形成从属性和分配方式上都不同的两个范畴。从国家的角度看，它依据其政治权力，依法向企业征税，同时按资产的所有权向企业提取利润。所得税和所得利润是从企业实现利润中获得的两种不同的部分。"税利分流"的全称是"税利分流、税后还贷、税后承包"，其核心是企业必须依法缴纳所得税，同时取消所得税前利润归还固定资产投资借款的办法，改由企业用可以自主运用的资金归还。

在试点过程中，虽然各试点地区和试点企业情况各异，但改革试点的基本政策和主要内容是大致相同的，都是根据财政部等相关政府部门颁发的《关于国营企业实行税利分流的试点方案》等一系列政策文件实施的。以重庆市为例，试点的主要内容可以概括为：（1）降低所得税税率，对所有国有企业统一实行新的五级超额累进税，最高一级（所得额20万元以上）税率为35%，最低一级（所得额1万元以下）税率为10%。对降低后的企业所得税必须依率计征，严格控制减免税；（2）改革专项贷款归还办法，逐步实行税后还贷。确定1986年底以前的贷款余额为"老贷"，1987年以后发生的贷款为"新贷"。"新贷"全部由企业税后留利归还，"老贷"采取逐步过渡办法，原则上实行税前税后各还50%的办法。对某些急需改造的重点企业，可实行加速折旧的办法。实行税前还贷的企业不再提取职工福利基金和奖励基金；（3）实行企业税后利润承包。企业税后利润分为三部分，即企业留利、还贷基数和上缴承包利润。上缴承包利润基数的核定原则上以1986年财务决算数据为依据，企业所得税征收后的利润扣减核定的合理留利和归还老贷款基数后，剩余部分即为企业应向国家上交的承包利润基数。

随着试点覆盖面的逐步扩大和试点工作的初见成效，税利分流试点的规范化问题得到重视，1989～1993年，财政部等部门相继制定了完善税利分流试点工作的政策，对此前的试点政策和实际做法做了改进和规范：（1）企业所得税统一实行33%的比例税率；（2）企业固定资产贷款不分新老贷款，本金一律用企业留利归还，利息按"两则"① 规定处理；（3）取消调节税，实行多种形式的税后利润上交承包；（4）从1993年起，试点企业归还贷款的折旧和留利免交"两金"。

---

① "两则"即《企业财务通则》和《企业会计准则》，为了与中国的市场经济相适应，1992年底，中国财政部发布了《企业财务通则》和《企业会计准则》，并规定从1993年7月1日起施行，其目的为推广使用国际通用的会计报表体系，规范企业会计制度。

2. 税利分流的试点情况

1990年2月，在第七届全国人大三次会议上，李鹏总理在政府工作报告中提出要进行税利分流、税后还贷、税后承包的试点。同年8月，李鹏总理又强调指出："八五"期间乃至今后十年，仍要把企业改革作为经济体制改革的重点。不仅要增强企业的活力和自我发展能力，而且要完善企业自我约束机制。要稳定和完善企业承包制，并通过试点，逐步向税利分流、税后还贷、税后承包过渡。1991年3月，李鹏总理在《关于国民经济和社会发展十年规划和第八个五年计划纲要的报告》中也指出"八五"期间要继续实行并完善承包制，同时积极进行"税利分流、税后还贷、税后承包"制度的试点。1992年10月，江泽民总书记在中共十四大报告中强调指出：围绕社会主义市场经济体制的建立，要加快经济改革步伐。在深化分配制度改革方面，要统筹兼顾国家、集体、个人三者利益，理顺国家与企业、中央与地方的分配关系，逐步实行税利分流和分税制。按照国务院领导人的一系列指示，1988年重庆市率先对630户市属国有企业实行税利分流、税后还贷、税后承包（简称税利分流）的试点。取得很好效果。此外，上海、内蒙古、山东、浙江、江西、福建、海南、云南、贵州、甘肃、宁夏、青海、沈阳、大连、西安等地，也选择了部分地（市）、县或行业的企业进行了税利分流的试点。之后，1989年3月财政部和国家体制改革委员会决定进一步扩大试点范围。到1992年2月，全国共有2199户企业进行税利分流改革试点。其中经财政部批准的试点企业1715户，各地批准试点的企业484户。税利分流改革的试点工作，为正确处理国家和企业的分配关系，促进企业转换经营机制，做了非常有益的探索。试点办法也在改革中得到改进和完善。随着税利分流试点面的逐步扩大和改革成效的日益明显，中共中央和国务院决定将税利分流作为处理国家与企业收益分配关系的主要模式。

3. 税利分流试点的评价

经过6年的试点，税利分流改革的预期目的基本得以实现，不仅强化了企业自我积累、自我约束机制，保证了国家财政收入的稳定增长，增强了国家宏观调控功能，更重要的是，科学合理地理顺了国家与企业之间的利润分配关系，为国有企业转换经营机制和加强国有资产的监管创造了有利条件。（1）发挥了所得税合理负担的功能，体现了国家与企业利益共享、风险共担的原则，保持了企业利润分配格局的合理稳定。1990~1992年，试点企业实现利润分配按三年平均计算，上缴税利占32.2%，企业留利占38.8%，还贷占29.0%，稳定的企业利润分配结构有利于理顺国家与企业的分配关系，保证了国家财政收入的稳定增长。（2）发挥了所得税的弹性调节功能，有利于减缓经济波动。与全额承包制对宏观经济的助力机制相反，当1990年经济增长处于低谷时，试点企业的留利水平高于承包制企业7个百分点，增强了企业投资能力，促进经济回升。而当1992年经济增长接近高峰时，试点企业的留利水平低于承包制企业 2 个百分点,有利于抑制企业的投资扩张能力,从而使过热的经济增长得到一定程度的降温。(3) 税后还贷逐年增加,初步形成了企业自我约束的投资机制。实行税利分流试点前,重庆国有工业企业贷款每年都以 30% 以上的速度递增,1988 年税利分流试点企业年末贷款余额较上年仅增长 17.5%,而未试点企业却增长 34.75%①。这表明,改变还贷办法,一方面有利于抑制企业投资规模的盲目膨胀,另一方面也保证了企业合理的借贷还款能力,有利于增强企业发展后劲。(4) 强化了金融管理,促进了金融体制改革。改税前还贷为税后还贷,企业只能用自有资金归还投资贷款,势必增加信贷风险。银行为了保证贷款安全和投资回报,必须对企业贷款项目的可行性加强审核。这就从两方面建立起对企业投资贷款的约束机制,有效地克服了试点前国有企业常见的"投资饥渴症"。(5) 试点政策增强了企业技改能力和发展后劲。降低试点企业的所得税税率,固定资产投资贷款的新贷款利息计入成本,以及免征"两金"等多项优惠政策,大大减轻了企业负担,增加了企业的自主财力,加快了企业的还贷速度,从而有效地增强了企业活力。

在税利分流改革试点取得显著成效的同时,受到当时主客观因素的制约,试点工作也遇到了一些困难和障碍,使试点企业的数量增长缓慢,直到 1993 年底仅占全国工业企业的 2%。存在的主要问题是:(1) 企业经济效益普遍低下直接影响了各有关部门和企业试点的积极性。1988~1991 年正处于治理整顿时期,企业经济效益普遍低下,亏损面继续加大,影响了政府所得税的增长。为了保财政收入,有些试点地区不得不实行在税利分流办法基础上年终按全额承包合同或年收入计划兑现的"空运转"试点等变通办法,使试点名不符实。(2) 点面政策不一致形成的利益差,使税利分流改革试点步履艰难。由于税利分流改革试点的目的在于理顺关系、健全机制和规范运作,因而对试点企业政策偏硬、偏紧。而面上承包企业凭借信息优势,与政府主管部门讨价还价,获得各种优惠政策。这就使试点企业与承包制企业之间形成一个明显的利益差,直接制约了两者间的公平竞争。(3) 配套改革的滞后阻碍了税利分流改革的进程。税利分流改革是一项综合性系统改革,涉及多方面的利益调整,需要相关体制的配套改革。但试点期间,与税利分流改革相关的投资体制、金融体制、税收体制、价格体制、财政体制等大多尚未纳入改革的进程,不能不影响税利分流改革的顺利展开。此外,试点办法本身也存在税率确定不统一、税后利润上缴与企业留成比例难以划分、税后还贷负担过重等问题,同样制约了税利分流改革的进一步深入。

---

① 邓子基等. 税利分流研究 [M]. 厦门:厦门大学出版社,1994:213.

(二) 税利分流改革的全面推进

随着社会主义市场经济的改革方向的确立以及"两则"的颁布，全面推进税利分流改革的时机已经到来。1993年12月15日，国务院颁布《关于实行分税制财政管理体制的决定》，决定从1994年1月1日起改革地方财政包干的体制，实行分税制财政管理体制。伴随着分税制改革，在遵循"两则"的基础上，根据1988年"税利分流"的试点经验，国家也于1994年1月1日起对国有企业正式全面推行"税利分流"制度。

1. 企业所得税统一实行33%的比例税率

国有企业利润分配制度改革方案规定，除经济特区外，所有国有企业恢复征收所得税，企业所得税统一实行33%的比例税率。考虑到部分企业经济效益较差和利润上缴水平较低的现状，在一定时期内，作为过渡措施，暂增设18%和27%两档照顾税率，同时取消调节税。企业所得税之所以选择比例税，是因为比例税不仅具有规范、简单、透明、便捷的特点，更主要是实行比例税制能较好地体现税收的最基本原则——公平原则，不仅能保证具有相同计税利润企业之间的公平税负，而且还能保证具有不同计税利润企业之间的公平税负，符合投资收益应与投资额成正比的市场经济活动规则。另一方面，企业所得税税率之所以定为33%，是考虑到：(1) 比现实中企业实现利润上交水平略低；(2) 与国际上所得税率的平均水平 (33.8%) 接近；(3) 与非国有企业所得税率一致或接近；(4) 使国家财政收入得到较为可靠的保证。

2. 建立统一、规范、合理的企业所得税税基

改革方案规定，企业固定资产投资贷款本金一律用留用资金归还，不再从税前扣除。而且要求增提折旧，将固定资产贷款利息、各种奖金福利费用及研究开发费用等列入成本，使企业成本核算真实合理。改革前国家与企业分配关系错位交叉的一个重要表现就是税基确定不合理，一方面，企业成本偏小，使税基非正常扩大；另一方面，实行税前还贷，又使税基非正常缩小。实行税后还贷和成本真实化，才能准确地确定出企业所得税税基，而建立统一、规范、合理的企业所得税税基才能在规范企业经营行为的基础上，使国家与企业分配关系清晰化，保证税利分流的充分实现。

3. 实行税后分利，多种形式收取国有资本投资收益

改革方案规定，国有企业以及国有资本参与投资的其他企业在实现利润上缴所得税后，还要向作为国有资本所有者的国家上缴一部分利润，即"税后分利"。税后分利的形式有多种，国有独资企业实行税后利润上缴形式，而对国有资本参与投资的其他企业，如股份制企业、合资企业及合伙制企业，则按照投资比重收取股息、红利、租金等投资收益形式。税后分利的形式既可以采取国家集中的形式,也可以采取国家对国有企业追加投资的形式。国家集中形式的税后利润,形成国有资本财政收入,其用途或用于创办新企业,或用于向其他企业投资参股;追加投资的形式是国家将应收取的税后利润留在企业,作为再投资,以实现国有资本的保值增值。

4. 取消"两金"

在 1993 年对试点企业实行归还贷款的折旧和留利免交"两金"政策基础上,改革方案明确规定:取消对所有国有企业征收能源交通重点建设基金和预算调节基金,企业因此所增财力应首先用于归还固定资产投资借款。税利分流改革的根本目的就在于彻底理顺国家与企业的利润分配关系,在国家与企业之间建立一个规范、科学、合理的利润分配机制。而"两金"的开征是在 20 世纪 80 年代国家财政极其困难的情况下所采取的一种特殊的取财措施,具有不规范性,有悖于国家与企业利润分配关系的规范性要求,因此,随着税利分流改革的全面推行、国家财政状况的好转,取消不规范的"两金"也就势在必行。

(三)税利分流改革的客观评价

在处理企业与国家之间的分配关系时,首先应明确两个分配主体的地位和性质,即不仅应该明确国有企业作为独立商品生产者的地位,而且应明确国家的地位和职能。国家在我国市场经济生活中的地位是双重性的,它不仅是社会经济生活的组织者,而且同时是国有资产的财产所有者。作为国家在参与企业利润分配时,首先,要以税收形式从企业取得从事社会经济管理所需的开支,国有企业像其他企业一样,既然是市场经济中的商品生产者,就应该无例外地照章纳税。其次,国家又是国有资产所有者,凭借对国有资产的所有权,国家可以从企业分享相应的财产收益。这就是说,调节国家与国有企业之间分配关系的客观依据一是政府税制,二是建立在国家与企业之间的出资关系。这种把企业向国家的纳税同企业向国家支付的财产收益相分离的做法,具有扎实的理论基础和重要的现实意义。通过税利分流来重新调整国家与企业之间的分配关系,其重要意义主要表现在:

1. 有利于使国有企业平等参与市场竞争,硬化国有企业内部财产约束,使国有企业真正成为市场上独立的商品生产者

使国有企业成为独立的市场主体,参与市场其他所有制主体之间的竞争,首先应使它具备与其他市场主体同样的竞争条件,为之创造公平的竞争环境。具体表现在应使国有企业承担与其他企业相同的所得税率,使其承担与其他所有制企业一样的公平税负,从而使它们在同一条起跑线上。税利分流使国有企业应向国家缴纳的税收和财产收益分离开来,这样就有利于把国有企业的所得税率同其他企业的所得税率相比较，确定公平税负。另外，税利分流方式在把国有企业的所得税税率降低到同其他企业相同的水平的同时，要求国有企业应根据其所占用的国有资产情况向国家缴纳财产收益。在市场经济中，企业是各种生产要素相结合的营利性生产组织，是独立的利益主体和财产主体。企业使用的国有资产，应向国有资产所有者支付资产使用费（即国有资产所有者的财产收益），而不能无偿使用。这将有利于促使企业精打细算，想方设法降低包括国有资产使用费在内的生产成本。只有这样才能从根本上杜绝包括资产大锅饭在内的一切形式的大锅饭，真正硬化企业的财产约束；也只有这样才能真正使国有企业成为市场经济中独立的商品生产者。

2. 税利分流改革有利于维护国家税收的严肃性，同时也有利于充分发挥税收这一宏观经济调节手段的杠杆作用

在税利合一时。税收与企业占用国有资产的数量没有直接的关系。使国有资产收益附着于税收，一方面，无法确定国有资产财产收益与税收各自的界限，使国有资产财产收益在量的规定上具有明显的主观性和随意性。另一方面，由于国有资产收益是国家财政收入的重要部分，不仅国有资产需要保值，而且需要不断增值，保证国家建设基金的增长，客观上要求它在量上要持续增长。但是，税收作为国家宏观经济的调节手段和杠杆，在具体运用上具有灵活性特点，需要相对客观的经济形势作增加（如增税）或减少（如减税）等灵活变化。税利合一，必然使国家财政收入稳定增长的要求同税收这一经济杠杆的具体灵活运用相悖。税利分流则使这一矛盾迎刃而解。作为国有资产财产收入的利润被纳入国家的建设性预算，而税收则被纳入经常性预算。复式预算的建立是税利分流的必然结果，并且为税收在我国市场经济中发挥充分的经济杠杆调节作用开辟了道路。

3. 税利分流使国有资产收益分配通过市场化方式得到客观的界定，并使利润单纯表现为国有资产所有者的财产收益

一方面对经营性国有资产来说，国家作为财产所有者把财产投入市场经济营运中来，目的在于使其保值增值。因此，作为国有资产所有者的国家，要从国有资产的市场化营运中获得相应的财产收益。另一方面，作为国有资产具体使用者的微观企业，是一个与国家这一财产主体相独立的经济利益主体。企业不能无偿使用国有资产，而应该向国家支付国有资产使用费，由此形成国家的国有资产收益。国有资产所有者与国有资产使用者表现为生产要素市场上的要素供给者与需求者，两者的关系可以通过市场调节机制来确定。国有资产使用者即企业向国有资产所有者即国家缴纳的使用费（即国有资产的财产收益），实际上是国有资产使用产权出让的价格，其高低一是决定于市场供求机制的影响作用，二是决定于国有资产使用产权的出让方式，因为国有资产使用产权的出让方式经常是同国有资产使用产权的定价方式联系在一起。

二、"税利分流"框架下国企缴税不缴利润(1994~2006年)

多年的改革探索表明,实行税利分流的分配体制,既有利于增强国有企业的活力,又能使国家财政收入随着企业利润的增加而增长,是理顺国家与企业利润分配关系的方向性选择。因此,自从1994年全面实行税利分流改革之后,国家与国有企业的财政分配关系一直没有大的调整,都是"税利分流"的基本格局。在税利分流的改革框架下,国有企业一方面应按税法的相关规定向国家缴纳所得税,另一方面将税后利润按照一定的标准在国家与国有企业之间进行分配,国有企业应当既缴税也要上缴利润。

然而实践中,2007年前实行的税利分流偏离了税利分流原本的意义,即国有企业将盈利的一部分以税收的形式上缴国家,但税后利润几乎全部留给企业,而非在国家与国有企业间分配。这一时期税利分流的具体做法是统一企业所得税为33%,同时增设27%和18%两档照顾税率,并取消各种包税的做法;"作为过渡措施,近期可根据具体情况,对1993年以前注册的多数国有全资老企业实行税后利润不上缴的办法,同时,微利企业缴纳的所得税也不退库。①" 1994年9月21日,财政部、国家国有资产管理局、中国人民银行联合颁布了《国有资产收益收缴管理办法》,规定国有资产收益应及时足额上缴,同时该办法根据中共十四届三中全会提出的"建立政府公共预算和国有资产经营预算"的精神,又规定国有资产收益应按企业隶属关系就地上缴国库,列入同级政府的国有资产经营预算,用于国有资产的再投入。然而,实践中,该办法仍然践行了《关于实行分税制财政管理体制的决定》,"近期对1993年底以前注册的多数国有全资老企业实行税后利润暂不上缴的办法"。政府做出国企利润暂不用上缴国家的规定是以下几个原因的综合结果。

一是国有企业当时承担了较重的社会职能、政府职能,如学校、医院的建设,破产职工的再就业问题以及职工失业问题等,因这些职能而产生的支出需要用利润去填补。二是国有企业改革刚开始不久,尚处于探索阶段,也需要巨额的改革成本。三是利改税后,国家对国有企业固定资产的投资就由拨款改为向银行贷款,还本付息由企业自行解决,从而加重了国有企业的负担。四是当时国有企业普遍亏损,有一些国有企业甚至濒临破产或已破产。因此,为了让国有企业获得休养生息的机会,也为了分税制的顺利推行,国家做出国有企业暂不用上缴利润的制度安

---

① 国务院关于实行分税制财政管理体制的决定[EB/OL]. 人民网,http://news.xinhuanet.com/ziliao/2005-03/17/content_2709622.htm.

排。原本只是作为国有企业脱困的一种过渡措施,然而既定的制度安排所形成的路径依赖及国有企业作为"经济人"对自身利益的维护使得这种过渡性的制度安排持续了十三年之久,直到2007年才重新恢复国有企业利润上缴制度。不仅如此,许多经营性亏损的国有企业还常常以各种名目向国家申请财政补贴,而国家在对国有企业"父爱主义"的驱使下一般都会给予兑现,使得国有企业十多年来没交利润、反受补贴,企业内部积聚了大量的自由现金流。

税利分流模式下,作为社会管理者的国家可以凭借政治权力,向包括国有企业在内的所有企业征税;作为资产所有者的国家可凭借财产权利,参与国有企业税后利润及股利股息的分配,因此,税利分流是理顺国家与国有企业分配财政关系的正确方向。不仅如此,税利分流模式还有利于国家根据税收和利润两种经济杠杆的不同特性,对经济实行必要调控,发挥其各自的经济作用,并且有利于财政收入的稳定增长①。然而,在我国特定的历史条件下,为了让当时普遍亏损的国有企业获得休养生息的机会,为了配合分税制的推行,国家只凭借政治权力向国有企业征税,却没有凭借国有资产所有者权利参与国有企业税后利润的分配,因此,1994~2006年这段时间实行的税利分流并不是纯粹意义上的税利分流制度。

三、"税利分流"下国企利润上缴制度的恢复和完善(2007年至今)

自国有资产管理委员会成立以来,国有企业逐步扭亏为盈,但国企利润仍然没有上缴财政,国企巨额利润滞留在国有企业内部,催发了国企员工高福利等诸多社会问题。2005年10月,世界银行专家高路易、高伟彦、张春霖等人合作撰写了《国有企业分红:分多少? 分给谁?》的研究报告,该报告指出了国有企业分红的各种优点,认为中国国有企业的利润已大幅攀升,大型国有企业应向中国政府支付红利,该报告的发布使社会各界开始热议国有企业分红问题。

(一) 国企红利上缴制度的恢复

2003年国资委成立以来,国资委切实履行出资人职责,以国有资产的保值增值为目标,通过"抓大放小""改组改制"等一系列政策举措,促使国有企业的利润快速增长,国有企业利润从1994年的829亿元增长到2007年的1.62万亿元②。仅中央企业2007年就实现利润将近万亿元。这说明国企上缴利润不仅具有理论和政策依据,而且实施的时机已经基本成熟。于是,在社会各界的高度关注和期待

---

① 叶振鹏. 中国财经理论与政策研究——叶振鹏文选(下) [M]. 北京:经济科学出版社,2004:741.
② 摘自《中国工业经济统计年鉴2008》——中国主要年份国有工业企业主要财务指标统计(1952-2007).

下，国有资本经营预算也在酝酿之中，财政部也于 2006 年开始研究国有资本经营预算问题。2007 年 5 月 30 日，国务院审议批准了财政部会同国资委上报的请示，正式颁布了《国务院关于试行国有资本经营预算的意见》（以下简称《意见》），《意见》指出："中央本级国有资本经营预算从 2008 年开始实施，2008 年收取实施范围内企业 2007 年实现的国有资本收益。2007 年进行国有资本经营预算试点，收取部分企业 2006 年实现的国有资本收益。"这就标志着国有资本经营预算制度的正式启动，标志着国有企业将结束 13 年不向国家上缴利润的历史，国家与国有企业利润分配关系进入了一个新的阶段。

国务院颁发的《关于试行国有资本经营预算的意见》，对国有资本经营预算的基本原则、收支范围、编制和审批、执行、职责分工和组织实施等具体事项做了明确的规定。2007 年 12 月 11 日，财政部正式公布《中央企业国有资本收益收取管理办法》，今后中央政府管理的一级企业，将向政府缴纳不同比例的国有资本收益，这标志着中央国有资本经营预算框架的初步确立。从 2008 年开始中央一级企业将全额按照这一标准收取。

《意见》中要求中央政府直接管理的国有企业向中央缴纳国有资本收益。《意见》对于国有或国有控股企业上缴国有资本收益及分红的范围划定，不仅涵盖此前备受关注的国资委统领的中央企业以及地方各级国企，还包括中央汇金公司作为主要出资人的各国有或国有控股金融企业。《意见》草案明确了建立国有资本经营预算的主导部门是财政部，并确定了国有资产经营收益的收入范围、支出范围以及各种预算之间的关系。也就是说，财政部将负责编制总的国有资本经营预算，国资委以及国家其他各部委等都将分别作为预算执行单位，中央汇金公司将作为国有金融企业的预算执行单位。《意见》指出，国有资本收缴范围包括国有独资企业按规定上缴国家的利润，国有控股、参股企业取得的国有股股利、股息，国有产权、股权转让收入和国有企业清算收入。收缴的客体是各类中央企业。国有独资企业应上缴利润以归属于母公司所有者的净利润与规定的上缴比例核定。上缴年度净利润的比例按照不同行业分三类执行：第一类上交比例为 10%，主要是烟草、石油石化、电力、电信、煤炭等具有资源型特征的企业；第二类上缴比例为 5%，主要是钢铁、运输、电子、贸易、施工等一般竞争性企业；第三类上缴比例三年后再定，主要是军工企业、转制科研院所企业。国有控股、参股企业应付给国有投资者的股利股息按照利润分配的决议核定。国有产权转让收入依据产权转让协议与国有资产评估报告等核定。企业清算收入依据企业清算报告核定。其他国有资本收益依据与企业有关的财会会计资料核定。

2007 年，在《中央企业国有资本收益收取管理暂行办法》（以下简称《暂行办法》）颁布之后，国资委列出了共 117 家中央企业作为试点。在这些企业中能源、资源、电信领域的18家企业上缴比例为10%，其他99家公司上缴比例为5%。其中，2007年利润上缴按规定标准减半收取。而对于国企利润上缴的申报，《暂行办法》规定中央企业当年应交利润应当在申报日后5个月内交清。其中，应缴利润在10亿元以下（含10亿元）的，须一次交清；应缴利润在10亿元以上50亿元以下（含50亿元）的，可分两次交清；应缴利润在50亿元以上的，可分三次交清。

2007年10月开始的2006年"上缴红利"过程中，烟草企业及国资委监管的151家中国企业已陆续向财政部上缴了总额约170亿元人民币的企业红利。而预计全年国企上缴利润总额将超过500亿元。试点完成以后，从2008年开始实施中央本级国有资本经营预算，中央企业的经营收益将按照规定标准全面向国家分红。

国有资本经营预算支出项目主要为两块：一是国家根据产业发展规划、国有经济布局和结构调整、国有企业发展要求，以及国家战略、安全等需要，安排资本性支出；二是用于弥补国有企业改革成本等方面的费用性支出。对于以上两块支出项目的详细内容和实施方案，时任国务院国资委主任李荣融说道："国有资本收益应主要用于国有企业的资本性支出、国有经济结构调整和弥补改革成本解决历史遗留问题。2007年，国资委加快推进中央企业主辅分离，长时间以来，实际上是地方财政和社保承担了国企改制的成本，在缺少国有资本经营预算的情况下，地方政府接管了国有企业的社会职能，社保承担了国有下岗职工的生活保障。那么，在2006年度的'红利'到位之后，理应减轻地方财政和社保的这些负担。这方面，国资委将进一步制定和完善中央企业利润分配、国有资本收益上交、支出管理等方面的制度，编制国有资本预算收支建议草案，下达国有资本经营收支预算，组织做好中央企业年度国有资本收益上缴和支出管理等工作，及时研究和解决国有资本经营预算管理中出现的问题。对于各地方国资委，可以参照国务院国资委的做法，结合实际，进一步加强与财政等相关部门的沟通，抓紧制定试行国有资本经营预算制度的配套制度和具体办法，积极稳妥推进国有资本经营预算工作。已经本级政府授权实施国有资本经营预算的地区，要在实践的基础上不断总结完善，切实收好、用好这笔宝贵财富。"[①]

（二）国企红利上缴制度的完善

我国的国有企业主要可分为股份制国有企业和国有独资企业两大类型。从2007年实行《暂行办法》开始，财政部对于国有控股、参股企业的利润分配政策都未出现重大变化，要求此类企业应付国有投资者的股利、股息，按照股东会或者

---

① 摘自国资委主任李荣融在2008年1月28日全国国有资产监督管理工作会议上的讲话。

股东大会决议通过的利润分配方案执行,依法分配年度净利润。当年不予分配的,应当说明暂不分配的理由和依据,并出具股东会或者股东大会的决议。

对于国有独资企业而言,自2007年重启国企红利上缴制度至今,其利润分配政策(包括分红比例即净利润上缴比例和分红范围)不断完善,经历了2007年、2010年、2012年、2013年、2014年五次调整。通过政策梳理可以发现,从2007年到2010年,利润分配政策所规范的企业范围迅速扩大,比例亦有所提高;但与2010年相比,2012年的利润分配政策并无明显变化,仅第三类企业范围稍有扩大。2013和2014年两年的利润分配政策则将烟草企业作为重点单独分类,并将红利分配比例整体提升,升幅均为5%。总体来看,针对国有企业的利润分配政策以2012年为分界点,2012年之前,政策重心在于扩大分配利润的企业范围;2012年之后,参与利润分配的企业范围再无重大变化,政策重心转向分配比例的提升。经过政策调整,企业分类逐步细化,参与利润分配的国有企业逐年增多,分配比例逐年上升,呈现良好态势。然而,已有的利润分配政策的制定尚存在不少弊端,实践中国企红利分配大都还是体制内循环,这些问题也日益引起社会的关注,亟待进一步完善发展。

第四节 国家与国有企业利润分配关系演变的规律分析

通过对新中国成立以来国家与国有企业财政分配关系演变的历史考察,我们不难发现,国家与国有企业的财政分配关系的演变过程也是一个改革和探索的过程,尽管这过程中有过曲折和反复,但总体是向着合理化和规范化的方向发展。分析这一过程,我们不难发现一些具有共性特征的规律:

(1)我国国家与国有企业的利润分配制度,尽管历经多次变革,形式多样,但纵观整个过程,都是国家与国有企业之间利润分配的量变和质变交替进行的过程。

所谓量变,是指国有企业利润在国家、企业和职工之间分配量上的变化;所谓质变,是指国有企业利润在国家与企业之间分配形式上的变化。量变具体体现在国家对企业在利润分配上的集权或放权。在国家集权的时候,企业的可自主支配的实现利润很少,与此相适应,企业扩大再生产所需资金(非借款部分)也基本上由国家供应,企业职工奖金很少甚至没有,分配办法也相对较固定;相反在国家放权时,企业可自主支配的实现利润较多,企业扩大再生产所需资金有一部分能够通过自我积累解决,同时,企业职工的所得也较多,分配办法也较活。质变则是一种分配形式和分配机制的变化,这种变化更具实质性的意义,是一种更高层次的变化,它对企业整个经营活动都会产生深远的影响。在我国国有企业利润分配改革史中，第二种变化主要体现在企业实现利润是以利润形式上缴还是以税收形式上缴或二者相结合。

1978年以前，我国国有企业利润分配制度大约进行了四次变革。"一五"时期，对企业实行奖励基金和超计划利润分成制度；"大跃进"时期，对企业实行利润留成制度；三年调整时期，对企业恢复奖励基金制度；"文革"时期，对企业实行职工福利基金制度。这四种变革，基本上是在统收统支的体制下进行的，企业留利都不多。不过每次变革，企业留利水平都是有所变化的，"大跃进"时期，企业留利比重较高，达到10.4%，"文革"时期较低，只有0.17%，这是量上的变化。在分配形式上，尽管这四次变革都是采用利润上缴形式，但具体办法和作用机制是有区别的，比如，"大跃进"时期的利润留成制度、三年调整时期的企业奖励基金制度和"文革"时期的职工福利基金制度是三种形式不同、作用机制不同的办法。利润留成制度侧重于增加企业留利，扩大企业自主财力，企业奖励基金制度则主要是为了提高企业和职工的积极性，职工福利制度则是强调改善职工生活条件。

1978年以后，我国国有企业利润分配制度进行了三次较大的变革。分别为：1978～1982年，试行企业基金制度，实行利润留成制度；1983～1986年，国有企业实行利改税；1987～1993年，全面推行多种形式的承包经营责任制。这三次变革，企业留利比例都比较高，而且呈现出递增的趋势。1978～1982年，企业留利比例为22.3%；1986年，企业留利比例为41%；1987～1990年第一轮承包期间，企业留利比重达到43%。在分配形式上，1978～1982年实行的企业基金制度和利润留成制度尽管比1978年以前的几次变革有所进步，但仍没有走出旧的分配办法的框架。1983～1986年实行的利改税则是国有企业利润分配变革史上一次具有划时代意义的改革，这次改革第一次在我国国家与国有企业利润分配关系上引进了税收的概念。1987～1993年对国有企业全面推行的全额利润承包经营责任制则是又一次国家与国有企业利润分配关系的重要变革。承包制作为一种特定历史时期的产物，作为一种新的国有企业利润分配制度改革模式在国有企业利润分配制度改革史中仍然占有一席之地。

综上所述，我们可以看出，我国国有企业利润分配制度的每次变革都不是孤立的利益量的调整或分配形式的变化，而是两者的结合。

（2）国家与国有企业的利润分配制度尽管历经多次变革，且每次变革都具有不同的内容和特点，然而引起变革的主要原因，要么是经济体制的变革需要，要么是一定时期政治经济形势的要求，或者二者兼而有之。

经济体制是指社会发展到一定阶段时组织和管理经济的具体制度和形式的总和，比如，我国曾经实行过高度集中的计划经济体制，现在正在建立社会主义市场经济体制。国有企业利润分配制度作为整个经济体制的有机组成部分，是整个经济体制在分配领域中的体现，因此，我国国有企业利润分配制度改革始终受制于整个经济体制变革，可以说，我国经济体制变革对国有企业利润分配制度改革起着根本的决定性作用，国有企业利润分配制度变革的根本原因是我国经济体制的变革。一定时期政治经济形势的不同要求是我国国有企业利润分配制度变革的另一原因。当一定时期的政治经济形势要求集权时，就对国有企业的利润实行从紧的分配政策，反之，则实行较宽松的分配政策。

1978年以前，我国实行高度集中的计划经济体制，国有经济在国民经济中占有绝对的优势。国有企业的整个生产经营活动都纳入了国家计划，国有企业的产品定价权、进销货权、投资权、劳动用工权、收益分配权都掌握在各类政府机构的手中。总之，高度集中的计划经济体制下，国有企业不是一种相对独立的商品生产者和经营者。国有企业的这种身份和地位决定了国有企业不可能也不需要掌握过多的财权，国有企业的经营收益，甚至连维持简单再生产的折旧基金也都上缴国家，同时，国有企业的亏损也由国家补贴，国有企业生产经营所需资金也都由国家供给。在这种经济体制下，国有企业利润分配制度显然只要采取利润上缴方式即可，引入所得税的形式显然没有必要。因此，1978年以前，国有企业利润分配制度采取高度集中的利润上缴形式的根本原因在于当时我国实行的是高度集中的计划经济体制。

1978年以后，我国政治环境发生了重大变化，改革开放成了时代的最强音，与此相适应，改革高度集中的计划经济体制成了改革开放的核心内容。人们对事物的认识总是有一个过程，对我国经济体制改革的认识也经历了一个渐进的发展过程。从高度集中的计划经济体制，发展到有计划的商品经济体制，直到今天的社会主义市场经济体制，其中，有计划的商品经济体制又经历了"计划调节为主、市场调节为辅"和"计划调节市场、市场调节企业"等几个发展阶段。在我国经济体制改革的不同阶段对国有企业的性质、地位和作用以及国家与国有企业的关系的认识是不同的，因此，国有企业利润分配制度改革也经历了几个不同的发展阶段，每一个阶段都是当时经济体制改革的需要和体现。

（3）从我国企业与国家分配关系的历史演变过程中，可以清晰地看到企业与国家分配关系变化所表现出的以下四个特征：一是在分配权力上，由国家高度集权转变为企业具有较大的自主权；二是在分配比例上，由国家对利润的统收统支转变为企业占有较大比例的利润留成；三是在分配方式上，由国家实行单一的分配方式转变为企业与国家可以有多种分配方式；四是在分配指导思想上，由单纯地注重利益分配转变为更多地注重理顺产权关系。

①从分配权力的变化来看，企业在分配上自主权的不断扩大，是企业转变为独

立的商品生产和经营者的具体体现。企业要成为自主经营、自负盈亏的经济实体，必然要求摆脱行政部门的控制，改变完全由国家来决定企业与国家之间的分配关系。在企业享有一定自主权的基础上来理顺与国家的分配关系。这一变化在承包制的分配方式中尤为突出。

②从分配比例的变化来看，企业所得份额的增加，反映了企业的独立经济地位在增强。在国家对企业利润统收统支的情况下，企业是没有条件实现其在经济上的独立性的，也无法落实生产经营的各项自主权。企业在利润分配中占有一定的比例，是独立进行生产经营活动的必要条件。因此，改革从一开始就根本否定了国家对企业利润统收统支的做法，采取各种形式扩大企业在利润分配中所占的份额。但是，在企业与国家的分配中，究竟怎样的比例才是合适的，人们对此的看法是不一致的，因而企业与国家的分配比例问题也就成为分配改革的一个焦点。几乎所有的分配改革形式，都把这一问题作为重点。例如，利润留成中留成比例的确定、利改税过程中税率的确定、承包经营责任制中承包基数的确定，以及其他改革形式中都会涉及的所得税税率的确定，等等，其实质就是企业与国家分配比例的问题。应该承认，在所有这些改革形式中，企业与国家的利益分配比例问题并没有得到很好的解决。并且，实践证明，局限于原有的分配改革形式是不能使这一问题得到根本解决的，必须以新的思路和新的形式来规范企业与国家的分配比例。股份制的分配方式就是处理企业与国家分配比例关系的一种较为规范的方式。

③从分配方式的变化来看，企业与国家之间实行多种分配方式反映了我国在这一问题上的不断探索。高度集中的分配体制打破以后，采用怎样的分配方式来规范企业与国家的分配关系，才能更好地理顺两者的关系，这并没有现成的答案，只能在实践中不断地探索。从20世纪80年代初开始，在企业与国家之间实行的多种分配方式，一方面体现了改革思路的变化，另一方面也反映了改革的不断深入和分配关系的日益规范。各种形式的利润留成，两步利改税、承包制、税利分流、股份制等各种分配方式，清晰地反映了企业与国家分配关系的变化过程。

④从分配的指导思想变化来看，开始只是孤立地注重利润的分配，并且决定权完全在国家方面，20世纪80年代初实行各种形式的利润留成就是这种情况。随着改革的深化，对于分配改革，在指导思想上逐渐转向把利润分配与企业的生产经营权联系起来，把分配关系看作是与所有权和经营权分离相关联的一个内容，企业与国家在利润分配上的决定权，也从完全由国家决定转变为国家与企业经过谈判，签订合同的形式来确定。承包制较为典型地反映了这样的指导思想。在承包制的分配方式暴露出一些难以克服的弊端的情况下，对分配关系改革的指导思想又发生了重大的变化，即把企业与国家的利益分配关系与国家具有的双重性质联系在一起。这就是：一方面从国家作为社会管理者的角度来规范分配关系，另一方面从国家作为

财产所有者的角度来规范分配关系。这样，企业与国家的分配关系也就由税和利这两部分构成。前者是与国家的行政职能相联系，后者是与国家的产权关系相联系，从而使企业与国家的分配开始走上了法治的轨道。税利分流、股份制、现代企业制度下的分配方式，是这一指导思想在实践中的具体体现。

（4）从我国企业与国家分配关系的历史演变过程中可以发现，税利分流制度具有历史必然性，是我国经济体制改革发展到一定程度对国有企业利润分配制度的要求的体现。

深化经济体制改革，建立社会主义市场经济体制对国有企业利润分配制度提出了新的要求：统一、规范、公平。全额利润承包经营责任制的最本质特征是一对一谈判，具有很强的随意性和不确定性。国有企业的法人地位要求减少政府机关对企业的行政干预，全额利润承包责任制的承包基数是由政府机关在一对一谈判的基础上确定的，企业的前途和命运在很大程度上取决于政府机关，企业无法真正摆脱行政干预。全额利润承包责任制也不能适应国家宏观调控的要求，企业所得税是国家宏观调控的重要手段，全额利润承包责任制否定了企业所得税在国有企业利润分配制度中的存在。对国有企业实行全额利润承包责任制，对非国有企业实现利润征收所得税，无法适应多种经济成分并存的经济结构对公平竞争的要求。全额利润承包责任制的随意性使得国有企业之间的分配关系失去了公平的基础，进而影响了按劳分配原则的实施。

相反，税利分流则体现了经济体制改革对国有企业利润分配制度改革的要求。第一，税利分流统一了国有企业的利润分配制度，具有统一、公平的特点。税利分流的基本内容是国有企业的实现利润先以所得税的形式上缴国家，然后再以利润的形式上缴国家。企业所得税是国家权力的体现，具有法律强制性，它是国有企业利润分配制度的基础部分，因此，税利分流符合商品经济体制下对国家与国有企业利润分配关系的规范性的要求。第二，税利分流有利于建立国有企业的法人地位。税利分流分配方式的规范性有利于减少国家对企业的行政干预，有利于真正落实企业经营自主权。同时，对国有企业实现利润分别采取所得税和利润两种形式上缴国家，体现了国家对国有企业的社会管理者和所有者两种身份和两种职能的分离，有利于正确处理国家与国有企业的关系。第三，税利分流适应国家宏观调控的新的要求。税利分流给国家宏观调控提供了新的经济和法律手段——企业所得税，而且将国有企业纳入了国家整个宏观调控范围中来，有利于改善和加强国家的宏观调控。第四，税利分流适应了不同所有制企业之间公平竞争的需要。实行税利分流，对于国有企业来说，其实现利润部分所承担的具有强制力的税收负担就是企业所得税，这与其他所有制企业是一样的。第五，税利分流有利于按劳分配原则的实现。税利分流使国家与国有企业之间的利润分配关系有了一个统一、客观的基础，企业的留利多少将直接取决于企业的经营成果,有利于在整个公有制企业职工之间真正实现按劳分配。

因此,可以认为实行税利分流最本质、最基本的原因,是深化经济体制改革和转换国有企业经营机制对国有企业利润制度改革的要求。这是对我国国有企业利润制度变革的历史的总结和分析得出的结论,它是正确理解我国国有企业利润分配制度历次变革和把握我国国有企业利润分配制度发展方向的关键。

中 篇

实证检验篇

本篇包括第六章～第十一章，主要对当前的国有企业红利分配上缴与支出的制度安排进行实证研究。第六章运用博弈分析方法剖析国有企业红利分配中各利益主体的复杂利益关系；第七章分析现行的国有企业红利分配体制和机制，剖析其存在的问题，并探究问题的成因；第八章和第九章着重分析国有企业的红利上缴制度，重点分析国有企业的红利上缴遵从行为，以及国有企业红利分类上缴比例的合理性检验；第十章和第十一章着重分析国有企业红利支出制度，重点分析国有企业红利民生支出的现实考量和优度检验，并从提高国有企业绩效和优化国资布局两个角度研究当前国有企业红利支出安排的绩效评价。

第六章

国有企业红利分配中利益主体的博弈分析

1994年实行分税制以来,为了解决国有企业全行业经营亏损问题,政府采用了"抓大放小"等一系列战略性改革举措,使国企不仅摆脱了长期亏损的困境,而且获得了巨额利润。但是,这些主要是在政策性倾斜和资源垄断下获得的利润均滞留于国有企业内部,未能通过上缴公共财政惠及社会公众,从而引发了各界的广泛关注和讨论。正是在这一背景下,2007年,财政部和国资委联合发布《中央企业国有资本收益收取管理暂行办法》,开始恢复实行国有资本税后利润上缴政策,从而终结了1993年以来国企只纳税不向政府上缴利润的历史。2007年9月,国务院发布《关于试行国有资本经营预算的意见》,决定从2007年1月起对国有企业实行国有资本经营预算制度。这两个政策性文件的颁布,意味着国企税后利润不仅将在企业与政府之间分配,而且还要通过国有资本经营预算在政府与社会公众之间进行再分配。

从整个国有企业红利分配过程看,在国企利润分配关系中涉及多个利益相关者之间的利益分配关系,包括政府、国有企业、社会公众、债权人和其他非国有股东。基于本书研究的主题需要,本章重点选择国有企业、政府与社会公众三个主要利益相关者进行分析。之所以不考虑债权人和其他非国有股东,主要是因为:第一,债权人是按照举债时约定的利率收取债务利息,在国有企业财务中一般作为财务费用从国有企业收入中进行了扣除,是在国有企业利润分配之前就已经完成的分配活动,不能参与国有企业红利分配,不属于国有企业红利分配的范畴;第二,在国企推进混合所有制的改革中,确实产生了大量非国有股东,他们有权参与国有企业红利分配,但由于本书所研究的国有企业,是指国家对其享有最终控制权的企业,即政府享有对国有企业红利分配的主导控制权,非国有股东对国有企业红利分配的决策影响不大,而且非国有股东得到分红后的处置与本书的研究对象关系不大。因此,本着模型构建简明清晰的原则,本书从利益相关者的视角,在分析国企利润分配现状的基础上,通过构建委托代理模型,深层次地剖析国有企业利润分配中国有企业、政府与社会公众三者之间的利益博弈行为，并构建国有企业利润分配相关主体的利益协调机制。

第一节 利益相关者视角下的国有企业利润分配

我国国有企业利润量大面广，分配涉及的利益主体比较复杂，需要分阶段进行分析：一是国企利润征缴前政府与国企内部人的利益分析，二是国企利润上缴后支出安排中国企发展与全民福利之间的利益分析。

从第一阶段来看，在我国国企利润上缴公共财政过程中，主要涉及的相关主体有政府和国有企业内部人。政府作为国有企业的股东，不仅要享有剩余索取权，同时还要具有参与企业重大决策和重要人事任免的权力。企业内部人是企业的实际控制人，承担国有资本的运营和企业日常经营管理职能，大量的利润留存于企业内部，国企内部人可以利用信息优势获得更多的内部人控制收益。

从第二阶段来看，国企利润上缴后如何分配，是让全民直接共享还是政府统筹安排，如果是政府统筹安排，那又涉及国企利润是用于国有企业发展还是用于民生发展，就现有国有经营预算支出安排来看，国资支出主要适用于费用性支出和资本性支出，用于社保等民生支出比重还不高，因此这过程事实上涉及的是国企发展和全民福利之间的利益关系。

一、国企利润征缴前政府与国企内部人的利益分析

在计划经济体制中，国有企业直接由政府控制，企业的生产经营及由此产生的利润都是由国家统一进行调度与分配。在这种经济体制中，正是由于国有企业没有自己独立的经营目标，从而使其对盈利追求的积极性也不高。这种情况下，国有企业的目标是单一的，即按时按质完成产量，这和政府的目标是总体一致的，因此二者在利润分配上不会产生利益上的冲突。但是，这一情况随着1994年税利分流政策的实行而改变。税利分流后，国有企业得到了休养生息的机会，国有企业的自主经营权也得到了一定程度的落实，国有企业成为了相对独立的利益主体。这就形成了一种新的格局：一方面，在国家各种保护性政策的倾斜下，国有企业不仅扭亏为盈，摆脱困境，而且获得了巨额的垄断性利润，直接引发了其过度投资的动机和行为；另一方面，长期以来，在国有企业解困过程中政府承担了大部分改革成本，却没有得到相应的补偿。这样一来，政府与国有企业从各自利益视角出发，基于"理性经济人"的趋利动机，对国有企业利润分配将产生一种动态的博弈。

第六章　国有企业红利分配中利益主体的博弈分析

如前所析，我国实行的是以公有制为主体的社会主义基本经济制度，正是这种全民所有制，从根本上决定了我国的国有资产归全体公民共同所有。但是，由于国有资产规模非常庞大，其产权关系和资产结构又非常复杂和分散，这就意味着虽然国有资产的终极所有权归属全体国民，但是现实生活中每一个国民并不能行使这一所有权，而是将自己的所有权交给国家，由政府代为统一行使。在我国现行国有资产管理体制下，虽然政府代表全体公民统一行使其对国有资产的所有权，但并不直接参与企业的日常生产经营。这就使得国有企业的所有权和控制权实际上处于分离状态，这种状态造成了政府对国有企业保留剩余索取权的同时，将控制权让渡给了国有企业内部人，从而形成了政府与企业内部人之间的委托代理关系。

在信息完全对称的情况下，由于政府作为委托方，能够完全掌握国有企业内部人在日常经营活动时的努力情况，并且也能够完全了解国有企业的生产经营情况；作为代理人，国有企业内部人也能够完全了解在不同的工作努力程度下市场中能够取得的薪资报酬。因此，在信息完全对称的情况下，政府与国有企业内部人之间的委托代理关系就是简单的政府对国有企业内部人的监督和激励问题，政府与国有企业内部人之间是完全的信息静态博弈关系。可是，在现实的经济活动中，信息不对称的情况时常发生，大部分的委托者与代理者都处于信息不对称的状态。在信息不对称的情况下，政府（委托人）不能够完全掌握国有企业内部人（代理人）在企业日常经营活动中的努力程度，不能够了解国有企业内部人所做出的经济行为是否能够符合自身的利益最大化。在面对国有企业内部人隐藏行为的道德风险时，政府只能间接根据企业产出水平来了解企业内部人的努力程度，并且根据企业的产出水平来确定国有企业内部人的薪资问题。

作为国有企业代理人的内部人在隐藏其自身行为动机的同时，会做出过度投资或是过度在职消费的行为，进而使得国有企业拥有的现金流量将低于市场的价值。股利分配理论的研究成果表明，企业利润的支付一方面能够向投资者传递企业未来盈利能力的信号，另一方面能够迫使企业的现金流流出企业。这样就不仅能够达到减少企业内部人控制自由现金流量的目的，还能够使企业在将来需要融资时接受市场投资者的监督管理，最大限度地约束企业内部控制人隐藏其利润留存的行为，从而增加企业的价值总量，最终达到企业所有者的目标[①]。

在我国现有的国有企业红利上缴制度下，由于非国有企业内部人的薪酬激励机制是根据市场力量决定的，而国有企业内部人的薪酬激励是内生于政府的行政安排，所以在现有的激励和约束机制下，如何制定国有企业利润上缴比例，进而影响

---

① 辛清泉，谭伟强. 市场化改革、企业业绩与国有企业经理薪酬 [J]. 经济研究，2009，44（11）：68 - 81.

国有企业内部人的行为，杜绝发生国有企业内部人隐藏行为的道德风险，防止国有企业内部人过度投资和在职消费，迫使其国有企业内部人的行为符合其政府自身利益最大化，就成为国有企业利润分配制度改革亟待解决的一个重要课题。按照经济学的"理性经济人"假定，国有企业内部人，利用自身在信息上的优势，在规定的利润上缴比例下，也会从自身利益出发，做出利己的行为选择，如利用留存利润提高职工薪酬福利、过度在职消费等行为，从而达到规避利润上缴的目的。所以，在现行政策框架下，围绕国有企业利润上缴问题，政府与国有企业内部人之间其实是一种信息不对称的利益博弈关系。

因此，由于政府与国有企业内部人之间存在信息不对称问题，这为国有企业内部人员隐瞒或操纵利润提供了便利的外部环境。近年来，关于公司内部人利润隐瞒或利润操作的影响因素，学术界已经取得了丰富的理论和实证研究，理论研究方面先后出现了二因素论（又称冰山理论）、欺诈三角理论（又称三因素论）和 GONE 理论（又称四因素论）。后来，学者博洛尼亚（Bologua）[①] 等进一步发展了 GONE 理论，提出了财务欺诈风险因子理论，认为财务欺诈行为受到一般风险因子与个别风险因子控制。其中，一般风险因子即由机构组织所控制的影响因素，比如，组织内部发生欺诈的各种机会、被发现欺诈的概率及受到的惩罚力度等，个别风险因子是欺诈主体的个性因素，包括道德、文化和动机等。按照上述理论的分析，国有企业内部人与政府之间由于信息不对称，不仅增加了国企内部人发生利润隐瞒或财务欺诈的各种机会，也降低了被组织发现欺诈的概率，同时，由于国有企业内部人与政府部门之间存在较强的政治关联等问题，也一定程度上降低了利润隐瞒或财务欺诈行为被发现后的惩罚力度，这些都容易诱发国企内部人的利润隐瞒和利润操作行为动机。

除了理论研究之外，关于内部人利润隐瞒和利润操纵行为影响因素的实证研究也取得了比较丰富的成果。通过梳理分析已有的实证研究成果看，财务欺诈行为不仅受到个体行为因素影响，还受到组织内部环境因素和组织外部环境因素等多种因素的综合影响。其中，来自政府的外部因素对财务欺诈的影响也引起了学术界的关注：一类是法律化、制度化的正式影响因素，我国目前尚未真正建立因会计造假而承担的民事责任制度，而且在我国现有的资本市场监管制度下，公司因为会计舞弊等各种财务欺诈行为而被监管机构查处的概率并不高，被查处后相应的惩罚力度也

---

① Bologna G. Jack, Lindquist Robert J. and Wells Joseph T. *The Accountant's Handbook of Fraud and Commercial Crime* [M]. John Wiley & Sons Inc, 1993: 20 – 31.

偏小（李世权、周舟[①]，2008）。另一类是政府干预等非正式影响因素，杜兴强[②]等学者的研究表明，企业的政府干预越强，财务欺诈的行为就越频繁，企业的会计信息质量也越差。

经验数据方面，近年来审计署对国有企业的审计抽查结果显示，国有企业普遍存在财务收支中的弄虚作假行为，部分国有企业不同程度地存在虚减利润问题。同时，本书根据国泰安 CSMAR 数据库违规处理研究库中选取在上海证券交易所和深圳证券交易所上市的国有企业会计舞弊案件为研究对象进行统计分析，结果显示，国有上市公司会计舞弊发生最多的类型是推迟披露、虚假记载，以及重大遗漏，占比分别为 28.21%、20.76%、11.73%，这三种信息披露舞弊占了舞弊合计数量的 60% 以上，可见国有上市公司中的财务舞弊和隐瞒利润等行为具有一定的普遍性。

二、国有企业利润支出安排中国有企业发展与全民福利的利益分析

国有企业利润分配的第二个阶段就是关于国有资本收益上缴后的支出流向和结构问题。在 2007 年 9 月国务院颁布的《关于试行国有资本经营预算的意见》中明确规定了国有资本预算支出项目的范围主要集中在三类：第一类是资本性支出，主要依据产业发展规划、国有经济布局和调整、国有企业发展要求，以及国家战略、科技投入、国家安全等需要向国有企业注入资金；第二类是费用性支出，主要用于弥补国有企业的改革成本等；第三类是用于社会保障和公共服务等方面的支出。我国以公有制为主体的经济体制决定了国有资产所有权最终归全体公民所有。但由于全民资产规模庞大，结构复杂，而且相当分散，所以全体公民将其对国有资产的所有权委托给政府，这样，政府在国有企业利润分配中具有行政主体和国有资产所有权主体的双重身份。在国有企业利润分配的第一阶段，即在国有企业利润上缴公共财政的过程中，政府是作为委托人，将对国有企业的控制权让渡给国有企业；而在第二阶段，即国有企业上缴收益的再分配中，政府仍然是受托人，全体公民将对国有资产获取的收益处置权委托给政府，由其通过财政预算统一安排这部分收益的支出结构。

根据经济人假设和委托代理理论，政府作为理性经济人具有追求自身利益最大化的效用目标。因此，其在处置国有企业上缴的资本收益时，同样可能存在与全体

[①] 李世权，周舟. 上市公司会计舞弊：公司治理结构视角的分析 [J]. 中国管理信息化，2008 (18)：31-33.
[②] 杜兴强，郭剑花，雷宇. 政治联系方式与民营上市公司业绩："政府干预"抑或"关系"？ [J]. 金融研究，2009 (11)：158-173.

公民的目标差异，这就意味着政府与社会公众之间也存在着动态博弈关系[①][②]。在这一动态博弈关系中，由于公有制派生出的共有权，使得国民很难直接独立行使其收益权和处置权，也就只能将收益权和处置权让渡给国家行使。但是国有资产的最终所有人又是全体国民，所以对于国有企业经营的成果全体国民又有受益权。这种全体国民的收益权和受益权的相分离，使得全体公民有权要求政府对国有资本上缴收益进行民生化导向的合理安排，以确保整体社会福利增加。而国家作为动态博弈的另一方，在对国有资本上缴收益的支出安排方面，主要是体现在实现经济增长和增加社会福利两方面。按照现行国有资本经营预算的政策框架，政府通过资本性支出和费用性支出，将国有资本上缴收益的大部分用于国企改革成本、技术改造、产业结构优化等方面，目的在于促进经济增长目标的实现。而对于增加社会福利的民生保障方面，目前的国资预算支出政策仅仅是提出"必要时，也可用于社会保障等方面"。显然，这一制度安排与广大民众期望的国资收益民生化导向是偏离的。

将国有资本上缴收益用于社会保障和公共服务等方面的支出属于公共福利性支出。公共福利性支出除了能起到稳定经济增长作用的同时，更能够优化消费和投资结构，能够提高中低收入水平居民的生活水平，进而促进社会更加公平和谐，并且将支出用于公共福利性支出，也是民众最直接最明显国有资产受益的方式。然而，目前政府在处置国有资本上缴收益时，将大部分的收益用于资本性支出和费用性支出，而用于民生化的支出目前还偏低，实际上形成了"取之于企业，用之于企业"的体内循环格局，这种格局与全体国民要求"取之于企业，用之于全民"的诉求相背离。这种"体内循环"不仅造成国有企业过度投资加剧、在职消费膨胀，而且还会导致国有企业职工与非国有企业职工薪酬差距拉大，进而加剧社会贫富差距，影响国家的和谐稳定。

从上述分析不难看出，现有政府与全体国民在关于国有企业利润上缴及支出问题上的博弈，不是单纯的静态博弈，而是一种动态博弈。如何在动态博弈过程中取得一个双方目标接近的均衡解？我们认为，关键是如何确定政府关于国有资本收益分配的最优结构。这就要求政策设计时，国有企业上缴的收益既能降低国有企业改革成本，优化产业结构，促进宏观经济的稳定增长，又能够满足民众对国有资本收益用于社会保障、教育、医疗等公共性福利领域支出的需求，最终达到"取之于企业，用之于全民"的根本目的[③][④]。

---

① 叶仁荪. 从委托—代理关系看国有企业制度配制的理性选择 [J]. 中国软科学，2000（9）：40-43.
② 张英婕，陈德棉. 国有企业委托代理关系分析及建议 [J]. 商业研究，2005（5）：135-137.
③ 汪立鑫，付青山. 转型期国有资本收益的公共福利性支出 [J]. 财经科学，2009（1）：103-110.
④ 赵惠萍. 国有资本收益分配、机制改革与路径分析——基于国有资本预算"新政"实施的路径探析 [J]. 财经问题研究，2014（1）：97-104.

第二节 国有企业利润征缴前政府与国有企业内部人的博弈分析

如前所析,在市场经济条件下,所有权与经营权的分离使国企内部人对企业具有最终控制权,这就可能使其产生利用信息不对称的优势对利润进行隐瞒或者转移的动机。企业内部人的利润转移主要表现为扩大在职消费、进行过度投资等各种形式。而利润转移的规模显然受分红比例及激励机制的影响。本节运用委托代理计量模型,在综合考虑影响国企内部人利润转移因素的基础上,对政府与企业之间的动态博弈关系进行实证研究。

一、模型假设

假设1:国企利润取决于国企内部人的工作努力程度,假设利润与国企内部人的努力程度具有线性关系:$\pi_1 = a_1 + \theta_1$,其中 a_1 表示国企内部人的努力程度,政府是无法准确察觉的;θ_1 表示外生不确定变量,其中 θ_1 服从 $E(\theta_1)=0$,$Var(\theta_1)=\delta_1$ 的正态分布。

假设2:利润转移的多少取决于国企内部人的转移利润的努力程度,假设利润转移的多少与国企内部人的转移利润的努力程度具有线性关系:$\pi_2 = a_2 + \theta_2$,其中 a_2 表示国企内部人的转移利润的努力程度,政府也是无法完全察觉的;θ_2 表示外生不确定变量,其中 θ_2 服从 $E(\theta_2)=0$,$Var(\theta_2)=\delta_2$ 的正态分布。

假设3:假设国企内部人工作努力程度与转移利润的努力程度是相互独立的,并且内部人的成本函数为:$C(a) = \frac{1}{2}ba^2$,且等价于货币成本,其中 $b>0$ 表示成本系数,即同样努力程度 a,b 越大所带来的负效用越大。国企内部人成本由两部分组成,一部分是工作努力所付出的成本,另一部分是国企内部人转移利润的行为被发现后所要承担的处罚成本,所以国企内部人的总成本函数为:$C(a_1, a_2) = \frac{1}{2}b(a_1^2 + a_2^2)$。

假设4:国企内部人的保留工资为 $\overline{w}$,表示国企内部人如果不在国企工作所能得到的最低工资,如果政府给予国企内部人的工资低于 $\overline{w}$,则国企内部人不会接受这份工作。

假设5:未进行红利上缴时国企内部人采取的激励合同为:

$$S(\pi_1, \pi_2) = \alpha + \beta(\pi_1 - \pi_2) = \alpha + \beta(a_1 - a_2); \quad (5.1)$$

在实行红利上缴下,企业内部人采取的激励合同为:

$$S'(\pi_1, \pi_2) = \alpha + \beta(1-t)(\pi_1 - \pi_2) = \alpha + \beta(1-t)(a_1 - a_2); \quad (5.2)$$

其中,α 表示固定工资,β 表示上报利润留在企业的比例(也能理解为对国企内部人的薪酬激励),t 为红利上缴比例。

假设6:假设政府是风险中性的,国企内部人是风险规避的。国企内部人具有不变绝对风险规避特征,即 $u = -e^{-\rho w}$,其中 w 表示实际货币收入,ρ 表示绝对风险规避量,ρ 越大,表示国企内部人规避风险的程度越高。此外,国企内部人的风险成本为:$\frac{1}{2}\rho\beta^2(\delta_1^2 + \delta_2^2)$。

二、未上缴红利情况下的委托代理博弈模型

未实行红利上缴政策时,国有企业只需进行缴纳税收,而不需要进行利润分配,使大量利润滞留于企业内部。但是,我国的许多国有企业除了具有公共性特征外,还具有营利性的一面,所以国家在建构国有资产管理体制时,仍然需要考虑如何设计有效的国企激励机制,从而在推进国企改革的同时,使自身利益最大化。

1. 政府的目标函数为

$$E[\pi_1 - S(\pi_1, \pi_2) - a_2]$$
$$= E[a_1 + \theta_1 - \alpha - \beta(a_1 + \theta_1 - a_2 - \theta_2)]$$
$$= -\alpha + (1-\beta)a_1 + \beta a_2 - a_2;$$

2. 国企内部人的实际收入为

$$W = s(\pi_1, \pi_2) - C(a_1, a_2) + a_2 = \alpha + \beta(a_1 - a_2) - \frac{1}{2}b(a_1^2 + a_2^2) + a_2;$$

国企内部人的确定性等价收入为:

$$CE = E(W) - \frac{1}{2}\rho\beta^2(\delta_1^2 + \delta_2^2)$$
$$= \alpha + \beta(a_1 - a_2) - \frac{1}{2}b(a_1^2 + a_2^2) + a_2 - \frac{1}{2}\rho\beta^2(\delta_1^2 + \delta_2^2)$$

3. 未上缴红利情况下委托代理博弈模型求解

$$\max: -\alpha + (1-\beta)a_1 + \beta a_2 - a_2$$

$$\text{s.t.} \quad (IR) W = \alpha + \beta(a_1 - a_2) - \frac{1}{2}b(a_1^2 + a_2^2) + a_2 \geq \overline{w}$$

$$(IC)(a_1, a_2) \in \arg\text{Max}\{W\}$$

4. 该模型的解为

$$\beta = \frac{2}{2 + \rho b(\delta_1^2 + \delta_2^2)}$$

$$a_1 = \frac{\beta}{b}, \quad a_2 = \frac{1-\beta}{b}$$

5. 模型讨论

因为 $0 \leq \beta \leq 1$，$a_1 \geq 0$ 且 $a_2 \geq 0$，只有在 $\beta = 1$ 或 $\beta = 0$ 这两种极端情况下，$a_2 = 0$ 或 $a_1 = 0$。这表明国有企业内部人在信息不对称情况下，一定会进行利润的转移，利润转移与激励机制的强弱负相关。利润转移可以看作是国企内部人对承担风险的一种自我补偿机制。除非国企内部人承担所有风险，即完全占有对利润的剩余索取权，否则国企内部人的利润转移是无法消除的。

同时，在信息完全对称下，由于激励约束条件（IC）$(a_1, a_2) \in \arg\max\{W\}$ 不起约束作用，则委托代理博弈模型为：

$$\max E(R) = t(a_1 - a_2) - \alpha - \beta(1-t)(a_1 - a_2) - ta_2$$

s.t. (IR) $\alpha + \beta(1-t)(a_1 - a_2) + a_2 - \frac{1}{2}b(a_1^2 + a_2^2) - \frac{1}{2}\rho\beta^2(\delta_1^2 + \delta_2^2) \geq \overline{w}$

求解模型可得：

$$a_1^* = \frac{t}{b}, \quad a_2^* = \frac{1-2t}{b}, \quad \beta^* = 0$$

$$\frac{\partial E(R)}{\partial t} = a_1 - 2a_2 = 0; \quad a_1 = 2a_2$$

当 $a_1 = 2a_2$ 时，$t^* = 40\%$；在信息完全对称下，最优的国企红利上缴比例为 40%。

三、红利上缴情况下的委托代理博弈模型

在未实行红利上缴政策时，政府仍然对企业内部人实行激励合同，且激励比例为：$\beta = \frac{2}{2 + \rho b(\delta_1^2 + \delta_2^2)}$。非国有企业的内部人的薪酬激励是根据市场力量决定的，但是国企内部人的薪酬激励是内生于政府的行政安排，同时政府与国企内部人之间存在严重的信息不对称，从而导致了政府对企业内部人实行整齐划一的薪酬管理体制。这种整齐划一的薪酬管理体制必然导致国企内部人激励机制的滞后性和刚性。因此，在执行红利上缴政策的情况下，对国企内部人的薪酬激励仍然实行上缴红利政策之前的薪酬激励机制。

1. 政府的目标函数为

$$E(t(\pi_1 - \pi_2) - S'(\pi_1, \pi_2) - ta_2)$$

$$= t(a_1 - a_2) - \alpha - \beta(1-t)(a_1 - a_2) - ta_2$$

2. 国企内部人的实际收入为

$$W = S'(\pi_1, \pi_2) - C(a_1, a_2) + a_2 = \alpha + \beta(1-t)(a_1 - a_2) - \frac{1}{2}b(a_1^2 + a_2^2) + ta_2;$$

国企内部人的确定性等价收入为：

$$CE = E(W) - \frac{1}{2}\rho\beta^2(\delta_1^2 + \delta_2^2)$$

$$= \alpha + \beta(1-t)(a_1 - a_2) + a_2 - \frac{1}{2}b(a_1^2 + a_2^2) - \frac{1}{2}\rho\beta^2(\delta_1^2 + \delta_2^2)$$

3. 红利上缴下委托代理博弈模型求解

$$\max\ t(a_1 - a_2) - \alpha - \beta(1-t)(a_1 - a_2) - ta_2$$

s.t. $(IR)\ \alpha + \beta(1-t)(a_1 - a_2) + a_2 - \frac{1}{2}b(a_1^2 + a_2^2) - \frac{1}{2}\rho\beta^2(\delta_1^2 + \delta_2^2) \geq \overline{w}$

$(IC)\ (a_1, a_2) \in \arg\max\{W\}$

4. 该模型的解为

$$t = \frac{2\beta^2 + 3\beta - 2}{2\beta^2 + 6\beta}$$

$$a_1 = \frac{\beta(1-t)}{b},\ a_2 = \frac{1 - \beta(1-t)}{b}$$

5. 模型讨论

对企业内部人的行为分析可以发现：$\frac{\partial a_2}{\partial t} = \frac{\beta}{b} > 0$，$\frac{\partial^2 a_2}{\partial t \partial b} = -\frac{\beta}{b^2} < 0$，表明企业内部人的利润转移会随着红利上缴比例的扩大而扩大，但同时会随着违规成本的提高而减小。$\frac{\partial a_2}{\partial \beta} = -\frac{(1-t)}{b} < 0$，$\frac{\partial^2 a_2}{\partial t \partial \beta} = \frac{1}{b} > 0$，表明企业内部人的利润转移会随着薪酬激励加强而减少，但是在提高红利上缴比例的同时增强薪酬激励机制，还是会增加企业内部人的利润转移。

对于红利上缴情况下政府的收益函数为：

$$G = \frac{3\beta t(1-t)}{b} - \frac{2}{b}t - \frac{\beta^2(1-t)}{b} + \frac{1}{2b} - \frac{1}{2}\rho\beta^2(\delta_1^2 + \delta_2^2)$$

收益函数的一阶导：

$$\frac{\partial G}{\partial t} = \frac{1}{b}[3\beta - 2 + 2\beta^2 - (6\beta + 2\beta^2)t] = 0,$$

即：

$$t^* = \frac{2\beta^2 + 3\beta - 2}{2\beta^2 + 6\beta}$$

收益函数的二阶导：$\frac{\partial^2 G}{\partial t^2} = -\frac{1}{b}(6\beta + 2\beta^2) < 0$；

最优红利上缴比例的一阶导：$\frac{\partial t^*}{\partial \beta} = \frac{6\beta^2 + 8\beta}{(2\beta^2 + 6\beta)^2} > 0$

由此可知，政府收益与上缴比例呈现倒"U"型变化。在 $t \leq t^*$ 时，政府收入随着红利上缴比例的上升而增加，在 $t \geq t^*$ 时，政府随着红利上缴比例的增加而下降。这就为我国恢复实行国企红利上缴制度的必要性提供了实证依据。根据财政部发布的数据，2010年，国有企业利润近2万亿元，上缴公共财政440亿元红利，上缴比例为5%~10%；2015年，国有企业利润近2.3万亿元，上缴公共财政2560亿，上缴比例为15%~20%[①]。这都表明，我国实行国企红利分红，有利于增加政府公共财政收入；在征缴比例提高的同时，能进一步增加政府收入。但是，征缴比例也不能一味提高，因为随着红利征缴比例的提高，$\frac{\partial a_2}{\partial t} = \beta \geq 0$ 会加剧国企内部人的利润转移，从而造成国企待分配利润减低，继而使政府财政收入相应减少。

四、模型应用的进一步探索

政府如果同时考虑国企利润上缴比例和激励机制，从而在使企业利润最大化的同时，使企业内部人转移利润最小化，那么有：

1. 委托代理博弈模型求解

$$\max_{(\alpha,\beta,a_1,a_2)} E(R) = t(a_1 - a_2) - \alpha - \beta(1-t)(a_1 - a_2) - ta_2$$

s.t. $(IR) \alpha + \beta(1-t)(a_1 - a_2) + a_2 - \frac{1}{2}b(a_1^2 + a_2^2) - \frac{1}{2}\rho\beta^2(\delta_1^2 + \delta_2^2) \geq \overline{w}$

$$(IC) a_1 = \frac{\beta(1-t)}{b}$$

$$a_2 = \frac{1 - \beta(1-t)}{b}$$

模型简化后：

$$\max_{(t,\beta)} \frac{3\beta t(1-t)}{b} - \frac{2}{b}t - \frac{\beta^2(1-t)^2}{b} - \frac{1}{2}\rho\beta^2(\delta_1^2 + \delta_2^2) + \frac{1}{2b}$$

分别对 β 和 t 求一阶导：

$$t = \frac{2\beta^2 + 3\beta - 2}{6\beta + 2\beta^2}$$

---

① 中华人民共和国财政部网站，http://www.mof.gov.cn/index.htm.

$$\beta = \frac{3t(1-t)}{2(1-t)^2 + \rho b(\delta_1^2 + \delta_2^2)}$$

通过数值分析，β 和 t 取值均与 $\rho b(\delta_1^2 + \delta_2^2)$ 相关，不同 $\rho b(\delta_1^2 + \delta_2^2)$ 取值，β 和 t 取值不同，且 β 和 t 取值范围为：β≤0，t≥1，根据现实意义，最终且 β 和 t 取值为：β=0，t=1。

2. 模型讨论

当 β=0，t=1 时：

$$\begin{cases} a_1 = 0, \ a_2 = \dfrac{1}{b} \\ E(R) = -\dfrac{2}{b} - \alpha < 0 \\ \alpha = \overline{w} - \dfrac{1}{b} \end{cases}$$

任何一家国企，如果政府与国企内部人均是理性的，而且始终处于相互博弈状态，那么最终结果则可能是，国家对国有企业实行利润存量全额上缴，对企业内部人实行零激励合同。在这种情况下，国企内部人可能做出两种选择：或者降低工作努力程度，或者进行利润转移。无论其做出哪一种选择，其结果都是政府获得的利润收入减少，甚至为负值。

第三节　国有企业利润支出中国有企业发展与全民福利的博弈分析

政府与全体国民在关于国有企业利润上缴及支出问题上的博弈结果可以通过国有资本收益分配结构来体现。但是如何合理分配这部分来自国企利润的预算收入？是用于国企改革和发展，还是融入公共财政用于民生领域？前已述及，国企红利征缴比例倍增目标下的国有资本经营预算支出应当更多向民生倾斜。此处，本书课题组基于各利益主体博弈分析的结果，运用付青山（2009）构建的数理模型做进一步的论证。

一、模型基本假设

（一）政府的目标函数假设

假设政府在对国有企业上缴收益进行分配时，并不是直接将私人消费以及一般性公共财政支出的社会总福利作为目标,而是重点关注国有企业上缴收益支出所能够影响的社会总福利增量部分,即如何达到社会总福利效用增量最大化。因此,在构建政府目标函数的时候,我们应该将下面两种情况一起纳入目标函数:一是国有企业上缴收益用于经营性支出对经济增长的影响,以及经济增长对社会总福利的间接增加;二是国有企业上缴收益用于社会保障和公共服务等方面,直接提高的社会总福利部分。

那么政府目标函数为:

$$\Delta W = U[F(IE)] + \Delta U(WE)$$

其中:$U[F(IE)]$ 为经济增长带来的社会福利间接增加部分;$\Delta U(WE)$ 为国有企业上缴收益用于社会保障和公共服务等方面直接提高的社会总福利部分。IE 为收益用于经营性支出的部分,WE 为收益用于社会保障和公共服务等方面支出的部分。

(二) 经济增长带来的社会福利间接增加部分效用的假设

(1) 假设将全社会企业笼统地分为国有企业和非国有企业两大部分,这样经济增长中的资本存量也能相应地分为国有资本和非国有资本两个类别。那么令:经济增长带来的社会福利间接增加部分的效用函数可以采用如下形式表示:

$$U[F(IE)] = \ln F(IF)$$

其中:$F(IE)$ 为规模报酬不变的生产函数。

$$F(IE) = A[K + IE + E_N]^\alpha L^{1-\alpha}$$

其中:α 为资本的产出弹性,L 为社会总劳动力,K 为经济体期初的资本存量,E_N 为非国有企业的期末资本存量。

(2) 假定经济体中,国有资本占比为 $s(0 < s < 1)$,非国有资本占比为 $1 - s$;国有资本平均利润率为 π,反映的是国有企业整体经营绩效状况。

(3) 政府在对国有企业上缴收益进行处置时,编制的预算收入就是国有企业的上缴收益。为了便于分析,在前文模型分析的基础上,我们弱化了其中一些假设,假设国有企业上缴的收益均为国有企业上缴利润,而国有企业上缴利润主要是取决于当期资本存量和国有企业资本存量的平均利润率,即:

$$SCE = \pi s K = IE + WE$$

(4) 假设非国有资本的增长率为:$\upsilon(-1 < \upsilon < 1)$,那么期末非国有企业的期末资本存量:$E_N = \upsilon(1-s)K$

(5) 假设国有企业上缴收益用于社会保障和公共服务等方面的支出比例为 $\theta(0 \leq \theta \leq 1)$,用于经营性资本投入的比例则为 $1 - \theta$,那么有:

$$WE = \theta SCE$$

$$IE = (1-\theta)SCE$$

（6）期末国有企业上缴收益的经营性资本支出所带来的经济增长的间接社会福利增长效用为：

$$U[F(IE)] = \ln\{A[K + IE + E_N]^\alpha L^{1-\alpha}\}$$
$$= U[F(SCE, \theta)]$$
$$= \ln\{A[K + (1-\theta)SCE + (1-s)\upsilon K]^\alpha L^{1-\alpha}\}$$

（三）社会保障和公共服务等方面支出带来的社会福利增加的直接效用假设

为了便于模型讨论，假设国有企业上缴收益用于社会保障和公共服务等方面带来的社会福利增加的直接效用表达式为：

$$\Delta U(WE) = \psi g \ln(WE) = \Delta U(SCE, \theta) = \psi g \ln(\theta SCE)$$

其中：g 为基尼系数，用来衡量居民的财富差距。g 越大，居民的财富差距越大，那么就需要加大对社会保障、教育、医疗等公共方面的福利支出，因为加大政府对国民收入的影响有利于缩小居民财富差距。ψ 为其他影响因子，出于简化分析的目的，我们将只要能影响社会保障和公共服务等方面支出带来的福利变化的其他因子统一归结到影响因子中，比如：国家宏观经济调控能力、居民消费结构合理化水平、社会稳定等因素。

二、模型构建

根据以上假定，我们将政府关于国有企业上缴利润支出最优结构模型表述如下：

$$\max_{0 \leq \theta \leq 1} \Delta W(\theta) = \ln\{A[K + (1-\theta)SCE + (1-s)vK]^\alpha L^{1-\alpha}\} + \psi g \ln(\theta SCE)$$
$$s.t.\ SCE = \pi s K$$

化简为：

$$\max_{0 \leq \theta \leq 1} \Delta W(\theta) = \psi g \ln(\theta \pi s K) + \alpha \ln[1 + \pi s(1-\theta) + (1-s)v] + \ln A K^\alpha L^{1-\alpha}$$
$$s.t.\ 0 \leq \theta \leq 1$$

那么令 $\frac{\partial \Delta W}{\partial \theta} = 0$，则有：

$$\theta = \frac{\psi g[1 + \pi s + (1-s)\upsilon]}{s\pi(\psi g + \alpha)}$$

且：

$$\frac{\partial^2 \Delta W}{\partial \theta^2} = \frac{-\psi g}{\theta^2} + \frac{-\alpha s^2 \pi^2}{[1 + s\pi(1-\theta) + (1-s)\upsilon]^2} < 0$$

则，θ 存在极大值；

因为 $0 \leq \theta \leq 1$，那么就必须满足 $\psi g[1+\pi s+(1-s)\upsilon] \leq s\pi(\psi g+\alpha)$，特别是当 $\theta=1$ 时：$\psi g[1+\pi s+(1-s)\upsilon]=s\pi(\psi g+\alpha)$

三、模型结果分析

（1）改革开放以来，邓小平提出了先让一部分人富起来，然后先富起来的人带动其他人后富起来。经过 40 多年的改革开放，我国整体经济实力得到了显著的增强，人民生活水平也得以稳步提高。但是居民间的财富差距越来越大，已经呈现出两极分化现象。根据上述模型结果，我们不难得出：

$$\frac{\partial \theta}{\partial g}=\frac{\alpha(1+\upsilon-s\upsilon+s\pi)}{\pi s(\psi g+\alpha)}>0$$

这表明，政府应该通过国民收入再分配机制，加大对社会保障和公共服务等民生方面的支出，其中的一个重要的战略就是在进一步提高国企利润征缴比例的同时，调整和优化国企上缴收益的使用方向和支出结构，加大用于全社会公共福利的投入力度。

（2）党的十八届三中全会以来，党中央明确了"市场在资源配置中起决定性的作用"这一战略定位。那么，在深化国有企业改革实践中，就应该通过市场机制淘汰不适应市场的企业，鼓励符合产业发展前景，具有创新活力的企业成长壮大。通过上文的分析，我们可以得出：

$$\frac{\partial \theta}{\partial s}=\frac{-\psi g(1+\upsilon)}{\pi(\psi g+\alpha)}<0$$

这表明，虽然在市场化改革进程中国有资本比重有所下降，但是随着一大批低效率国企的退出，以中央国有企业为代表的国企反而做大做强，不仅体量规模迅速扩大，而且经营绩效也明显提高，利润总量近年来均保持在万亿元以上。因此，政府不仅有必要，而且也有能力将国有企业上缴收益更多用于社会保障等公共福利性领域，真正使国有企业改革和发展的红利惠及全体国民。

（3）通过考察非国有资本增值率与非经营性资本支出的关系，可以发现：

$$\frac{\partial \theta}{\partial \upsilon}=\frac{\psi g(1-s)}{s\pi(\psi g+\alpha)}>0$$

这说明，在社会主义市场经济条件下，不仅国有资本在发展壮大，非国有资本的增长率也在提高。实证分析结果表明，国有资本和非国有资本都能够对经济增长起到促进作用。尤其是处于市场竞争环境中的非国有资本相对于国有资本更具有创新活力和产业竞争力，为我国的税收增长和就业岗位创造作出了重要的贡献。因此，政府应该加大对公共服务的财政投入力度，并建构和完善对所有市场主体一视同仁的公共服务均等化机制。

第七章

国有企业红利分配的现行体制分析

自从2007年我国开始在中央国有企业恢复利润上缴制度以来，围绕完善国有资本经营预算制度，相继出台了一系列的政策文件，国有企业分红的体制机制不断健全。然而，囿于制度实施中碰到的诸多阻力，现行国有企业分红机制并不尽如人意，本章将介绍我国国有企业分红的现行体制与机制，分析其存在的问题并剖析其成因。

第一节 现行国有企业收益分配制度的运行现状

中国的国有企业形成于20世纪50年代，数量多，比重大，地位举足轻重。随着中国经济体制的不断变革，国有企业体制也在不断调整与变革，其收益分配制度也在不断革新。1994年分税制改革后，确立了税利分流的分配方式。但考虑到国有企业的改革和发展任务较重，且当时国有企业普遍亏损，多年来国有企业并没有向作为股东的国家上缴税后利润。然而，随着国企社会职能的逐步剥离及国企改革的逐步深化，国有企业大多已经摆脱亏损并快速盈利。2018年全年，全国国有企业利润总额33877.7亿元，同比2017年增长12.9%。其中，中央企业20399.1亿元，同比2017年增长12.7%；地方国有企业13478.6亿元，同比2017年增长13.2%。[1] 大多数国有企业不仅走出了困境，还获得了巨大的利润，国有企业不分红的制度已经不符合社会的需要。2007年《国务院关于试行国有资本经营预算的意见》及《中央企业国有资本收益收取管理办法》的相继颁布和实行，使得国有企业利润分配制度框架初具雏形。随后，相关部门对国有资本的经营预算不断进行完善，本节将对国有企业收益分配制度的运行现状进行分析，让大家对现有的国企

---

[1] 中华人民共和国财政部网站. http://zcgls.mof.gov.cn/qiyeyunxingdongtai/201901/t20190121_3126699.htm.

红利分配制度有较为清晰的认识。

一、国有企业内部收益分配情况分析

从我国财务管理的角度出发，企业利益分配的对象是利润总额，即研究利润总额如何在国家、企业、企业所有者和企业职工之间进行分配（王化成，2002）。国有企业中，国家作为所有者，享有出资人应有的利润分配权利。另外，由于国有企业存在的所有权与经营权分离的委托代理问题，其收益在企业职工间的分配对国有企业的改革发展至关重要。自1993年以来，国有企业内部收益分配体制产生了人力资本的概念，先后提出了"工资总额同经济效益挂钩""经营者年薪制""股权激励制"等内部收益分配制度的改革措施，同时鼓励技术、资本等生产要素参与国企内部收益分配，积极开展内部职工持股的试点，基本形成了财务资本与人力资本共同作为内部收益分配主体的格局。而这里的人力资本可以进一步分为经营劳动提供者和生产劳动提供者，在现在国有企业内部收益分配中主要表现为国有企业高管（经营者）和国企职工（生产劳动者）的收益分配。

国有企业高管的薪酬制度现状：

一般情况下，企业高层管理人员约束与激励机制问题的提出是由于企业所有权与经营权的分离以及由此产生的委托代理关系。国有企业高管人员的约束与激励问题形成的根源也在于委托代理关系，而且由于国有企业性质的特殊性导致了特有的国有企业代理问题。计划经济时期，国有企业实行集中统一管理体制，企业是行政机构的附属，企业负责人按行政管理级别享受待遇。改革开放后，随着社会主义市场经济体制的逐步建立和完善，国有企业负责人的薪酬制度也在不断完善，不断探索与市场经济相适应的国有企业高管薪酬制度，逐步实现了国有企业经营者业绩与国有企业效益相挂钩，并借鉴西方企业经营者业绩激励机制，探索了企业经营者年薪制与股票期权等新的经营激励机制，较好地提升了国有企业经营者的积极性。2003年5月，国务院发布的《企业国有资产监督管理暂行条例》以及同年11月国资委发布的《中央企业负责人经营业绩考核暂行条例》推动了国企高管薪酬向以年薪制为主的以及与企业经营业绩挂钩的薪酬制度。这一薪酬改革不仅取得了理论上的重大突破，而且逐步提高了企业经营者的薪酬水平，收入形式也逐步多元化。

尽管中国国有企业经营者薪酬制度改革取得了一定成效，但其改革还相对滞后，仍存在比较多的问题。一是激励结构失衡，总体上比较重视中短期激励，激励方式主要以薪金和奖励的方式，忽视了经营者持股、股票期权等长期激励机制的应用，一定程度上造成了国有企业经营者经营上的短视现象。激励制度的失衡使得经营者缺乏对未来的考略，不利于国有企业的长远发展。二是激励与业绩不挂钩。虽然规定要求国有企业经营者的薪酬与经营业绩相挂钩，但由于缺乏制度化、规范化的绩效考核方法以及对不同类型国有企业没有进行分类考核，使得当前国有企业经营者的薪酬与企业经营业绩的联系不紧密，相关度不高。三是激励过度与激励不足并存。一方面，由于国有企业经营者薪酬与企业经营业绩关联度不高，对其存在着约束不足的问题。部分高管薪酬增长率大于公司业绩增长率，"高管拿高薪，企业绩效低"，国企高管薪酬与业绩倒挂的现象也被社会各界所诟病。为此，国家出台了所谓的"限薪令"政策对国有企业高管的薪酬进行管理。早在2009年9月16日，中央专门出台了《关于进一步规范中央企业负责人薪酬管理的指导意见》，对国有企业高管薪酬进行了约束。然而，实践中这一文件仍未能有效遏制国有企业高管薪酬乱象，为了进一步规范国有企业高管薪酬激励机制，2015年1月1日中央进一步出台了《中央管理企业负责人薪酬制度改革方案》，该方案要求严格规范中央管理企业负责人薪酬分配，防止国有企业高管薪酬过度膨胀，加强国有企业高管的市场业绩激励，逐步形成国企高管与企业职工之间的合理收入分配关系，并对中央企业高管行业间的薪酬差距过大问题进行了合理调节。然而，诸多学者认为"限薪令"政策并不能起到限制高管年薪的作用，反而会起到反作用，进而影响激励效果。另一方面，由于国企高管激励缺乏制度化、规范化，使得竞争性国有企业管理人员的收入水平与同行业企业管理人员相比并没有优势，因此造成国有企业人力资源的流失。

二、国有企业红利征缴情况分析

国有企业实现的收益在向企业经营者及职工支付薪资并交税后，剩余的利润应向股东分配。2007年中央国有资本经营预算制度实行至今，国资预算的范围有所扩大，上缴的最高比例亦从最初的15%提升至25%，并且分类上缴政策的不断修正使国企红利上缴制度不断完善，虽然目前征缴比例还偏低，但跟2007年之前的情况相比，应该肯定其取得的成绩。

（一）近年来国有企业利润大幅增长

随着国有企业改革的深化，国有企业的盈利能力不断增强，自2003年国资委成立至2018年底，国有企业资产总额从7万亿元增至178.7万亿元，实现营业总收入28.75万亿元,利润总额达33877.7亿元[①]。从图7-1可以看出,自2003年以来,我国国有企业利润增长较快,虽然2008年,2009年受经济危机影响,利润总额有所下降,但仍然保持在万亿元以上。2010年,国民经济回升,全国国有企业主要效益指标创历史新高。2010年后,虽然增长速度放缓,但国有企业仍保持较强的盈利能力,2015年与2016年呈负增长态势,随后2018年国企利润总额创出33877.7亿元的新纪录。

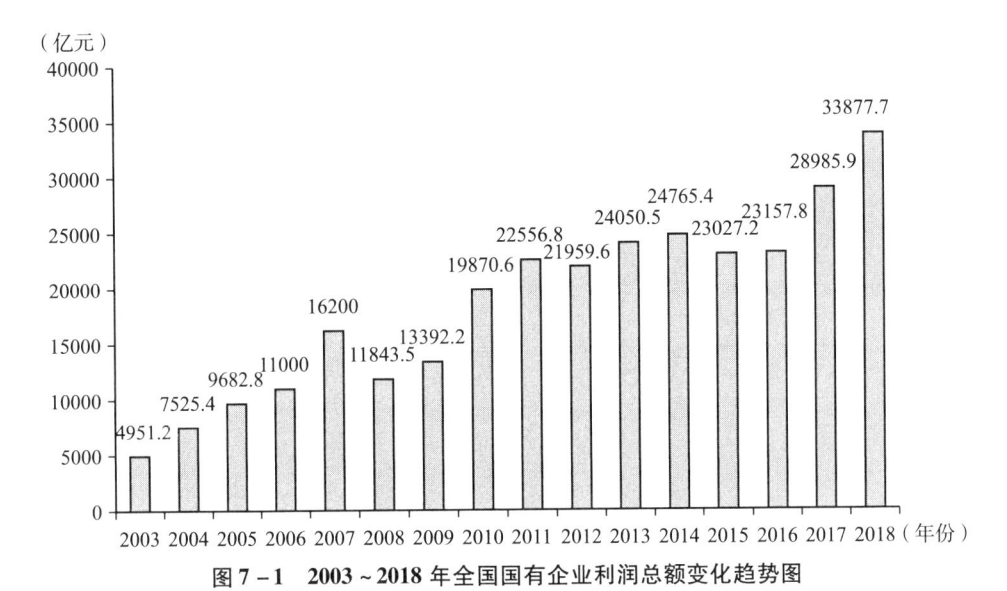

图7-1 2003~2018年全国国有企业利润总额变化趋势图

资料来源:根据中华人民共和国财政部网站数据整理所得。

(二)国企红利的上缴比例情况分析

1. 中央国有企业红利上缴比例

随着国有资本经营预算制度的建立和不断完善,其在国企红利征缴比例上也在不断调整。2007年国有资本经营预算制度试行,同年12月出台的《中央企业国有资本收益收取管理暂行办法》规定国有企业应缴利润的比例按行业分三类执行:第一类为烟草、石油石化、电力、电信、煤炭等具有资源型特征的企业,上缴比例为10%;第二类为钢铁、运输、电子、贸易、施工等一般竞争性企业,上缴比例为5%;第三类为军工企业、转制科研院所企业,上缴比例3年后再定。该政策的颁布形成了现行国有企业红利分配政策的基本框架。2010年12月,国家颁发的《关于完善中央国有资本经营预算有关事项的通知》规定国有企业的红利征缴按行业分为四类,并适当提高了收益上缴比例。2014年5月6日,财政部决定将利润

---

① 中华人民共和国财政部网站. http://zcgls.mof.gov.cn/qiyeyunxingdongtai/201901/t20190121_3126699.htm.

收取比例在现有基础上提高5%，即第一类企业为25%，如中国烟草总公司；第二类企业为20%，如中国石油天然气集团公司；第三类企业为15%，如中国铝业公司；第四类企业为10%，如中国核工业集团公司；第五类企业免交当年应交利润，如中储粮总公司。表7-1汇总了中央国有企业利润征缴比例变化情况，我国中央企业的税后利润上缴的比例2010年和2014年分别比2007年提高了5%和10%，即最高比例由2007年的10%，逐步提高到2010年的15%，并提高到2014年的25%。中共十八届三中全会中制定的《中共中央关于全面深化改革若干重大问题的决定》提出2020年国有资本收益上缴比例要提高到30%。

表7-1　　　　　中央企业税后利润上缴比例调整情况汇总表

项目	2007年	2010年	2014年
烟草、石油石化、电力、电信等垄断性企业	10%	15%	25%
钢铁、运输、电子等一般竞争性企业	5%	10%	20%
军工、科研院所、航空航天、核工业类企业	暂缓征收三年	5%	10%
中国邮政、中央管理的出版类企业以及教育部、文化部、农业部和中国贸促会所属企业	无	5%	10%
中储棉和中储粮执行储备任务的政策性企业	免征	免征	免征

资料来源：财政部、国资委：《关于试行国有资本经营预算的意见》；财政部：《关于进一步提高中央企业国有资本收取比例的通知》，国务院：《中央国有资本经营预算编报办法》。

从政策执行的情况来看，中央国有企业大多数能够按照规定的预算上缴比例上缴利润，并且由于税后利润总额不断增加，上缴的利润总额均比前一年有较大提升。其中，上缴利润总额排名前列的大都来自国有垄断企业，如烟草、电信、电力、石油石化和煤炭等行业，此外，一般竞争性行业利润上缴额也占一定比重，如贸易、建筑、机械等行业。

尽管这些政策文件对具体行业的红利上缴比例做出了明确规定，但在实践中由于国企在博弈中的信息优势、内部人控制等原因，本应按比例上缴的国企红利仍存在未足额上缴的现象。根据财政部网站、历年《中央国有资本经营预算的说明》、历年《国有及国有控股企业经济运行情况》的相关数据显示，2007~2017年，中央企业税后利润上缴比例统计后如图7-2所示。

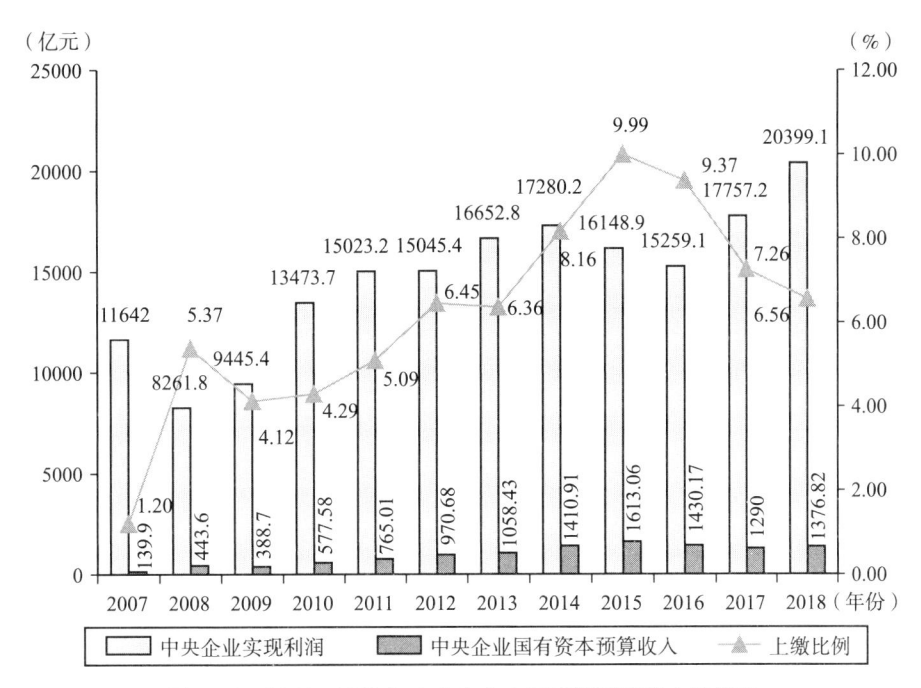

图 7-2 2007~2018 年中央企业实现利润及利润上缴概况

资料来源：财政部网站：http://zcgls.mof.gov.cn.；历年《中央国有资本经营预算的说明》；历年《国有及国有控股企业经济运行情况》。

2007~2018 年平均上缴比例为 6.19%。近几年，红利上缴比例虽有明显的提高，但最高水平仍没有超过 10%，尤其是 2016 年以来实际上缴比例还呈现下降趋势，这表明，国企红利上缴比例的提升空间依然较大，而且与党的十八届三中全会提出来的 30% 征缴比例仍有较大的距离。

2. 地方国有企业红利上缴比例

上述分析是基于中央国有企业的数据，从地方国有企业上缴情况来看，由于我国中央与地方国有企业在法律上是平等的市场竞争关系，国务院国资委和地方国资委分别作为中央政府和地方政府的特设机构，分别代表中央和地方履行出资人职责，国务院国资委和地方国资委之间不是上下级行政隶属关系，所以中央国有企业实现的红利上缴制度规定对地方仅具有指导性意义，不具有强制约束力，地方国有企业可以根据各地的实际情况制定地方国有企业的红利收缴分配制度。2007 年《国务院关于试行国有资本经营预算的意见》对此明确指出，"各地区国有资本经营预算的试行时间、范围、步骤，由各省、自治区、直辖市和计划单列市人民政府决定"，对地方企业收益收缴的比例也未做出统一要求。实践中，上海、广州、武汉等地方国有企业红利上缴甚至比中央国有企业起步更早，其他各地国有资本经营预算制度安排也基本在 2007 年中央国有资本经营预算制度确立后逐步确定下来，根据本书课题组调研所获取的资料分析，各地国有资本经营预算制度安排还是有较大差别。具体到各省市国有企业红利上缴比例看，各省市在收缴比例的规定上各不相同，有些采取"一刀切"，即规定统一比例，有些则根据情况进行调整。具体有如下类型：

第一类：只规定了最低的征收比例，具体征收多少则由财政部门和地方国资委根据情况而定，以深圳市、福建省为代表。

深圳市是较早探索国资收益上缴的省市。2005年《深圳市属国有企业国有资产收益管理暂行规定》第十七条规定："国有独资企业、国有独资公司应当上缴利润比例原则上不得低于当年度企业净利润的30%，具体比例由市国资委根据实际情况确定。"第二十条规定："国有控股公司每年向全体股东分配的利润，原则上不得低于当年度净利润的40%。提取的公积金累计额达到注册资本50%以上的，每年向全体股东分配的利润原则上不得低于当年度净利润的60%。"在实际执行中，深圳市属国有企业收益上缴比例是动态调整的。比如2009年编制市属国有资本经营预算收入时，市国资委鉴于市属国有企业2008年受国内外经济形势影响，经营情况不佳，2009年面临困难较多、资金压力大的情况，因此适当调低了2008年度市属国有企业利润上缴比例：国有独资公司、国有独资企业应上缴利润比例原则上不得低于当年度企业净利润的20%；国有控股公司向全体股东分配利润原则上不得低于当年度净利润的30%。本书课题组调查中获取的数据也显示，2017年深圳市本级国有企业利润上缴比例与2009年一样，即：国有独资公司、国有独资企业应上缴利润比例原则上不得低于当年度企业净利润的20%；国有控股公司向全体股东分配利润原则上不得低于当年度净利润的30%。总体平均来说，深圳市自从2004年开始试点以来到2017年，市级国有企业利润实际上缴比例达到30%，高于中央国有资本经营预算的上缴比例。

2007年《福建省人民政府国有资产管理委员会所出资企业国有资本收益管理暂行办法》第十三条明确规定："省国资委按所出资企业年度生产经营情况、盈利能力、现金流量，以及企业发展战略、国有经济布局结构战略性调整等具体情况，确定所出资企业年度净利润上缴比例。所出资企业应当上缴利润比例原则上不得低于当年度企业可分配利润的20%直至全额。本办法所称企业可分配利润是指按经审计的会计报表计算并弥补以前年度亏损、计提法定盈余公积金后的企业净利润。"规定了不低于20%比例上缴。

第二类：采取统一比例征收的方式，以武汉市、青岛市为代表。

早在2002年武汉市就开始了国有企业利润缴纳的试点工作，2002年《湖北省武汉市关于实施国有资产经营预算试行意见》规定："集中性国有资产经营预算收支为纳入国有资产经营预算资金专户管理的预算收入和支出，集中性国有资产经营预算收入按营运机构取得的国有资产收益的30%收缴,由市国资办纳入预算专户实行统一管理,市国资委统筹安排。"2012年《武汉市人民政府关于试行国有资本经营预算的实施意见》规定:"国有独资企业上缴利润按照年度净利润30%的比例征收。上缴利润后的剩余部分为国家所有,经批准后可转为国家资本金或者资本公积。""国有控股、参股企业中国有股权(股份)应当分得的股利、股息全额上缴。"由此可见,目前武汉市国有企业利润上缴比例为国有独资企业30%上缴,国有控股、参股企业按照应得股利股息全额100%上缴。

青岛市2008年《青岛市企业国有资本收益收缴管理暂行办法》规定:"国有独资企业按其净利润的5%上缴;国有股东(政府及其有关部门、机构)直接持有控股、参股企业中国有股权、股份获得的股利、股息,按获得总额全额上缴;产权转让收入全额上缴;清算收入全额上缴。"2018年《青岛市市级国有资本经营预算管理暂行办法》也沿用统一比例征收的方式,但提高了国有独资企业上缴比例,由5%提高到15%,其他股利股息收入、产权转让收入、清算收入和其他收入全额上交。

第三类:逐年递增上缴比例,以广州市为代表。

广州市也是较早进行国有资产收益上缴管理的地市之一,早在2001年《广州市国有资产收益收缴管理办法》就规定,国有法人股等按税后利润按20%比例收缴,包括:国有资产授权经营机构中国有股权应得的税后利润、股份有限公司的国有法人股分得的股利、其企业因占有使用国有资产而产生的税后利润;股份有限公司的国家股分得的股利按100%收缴;国家所有者权益转让收益按30%收缴,包括:国有产权转让净收入、股份有限公司中国家股或国有法人股股权转让(包括配股权转让)净收入、有限责任公司国家(或国有法人)出资部分转让的净收入;其他未授权经营的国有独资企业整体产权转让的净收入按100%收缴。

2013年《广州市市属国有企业国有资本收益收缴管理暂行办法》规定:(1)国有独资企业按规定上缴国家的税后利润。除法律、行政法规另有规定外,以年度合并财务报表反映的归属母公司所有者的净利润为基础,在抵扣以前年度亏损和计提法定公积金及其他国家规定允许扣除的项目后,按20%的比例上缴;(2)股利、股息收入,即国有控股、参股企业国有股权(股份)获得的股利、股息。国有控股、参股企业按照董事会或股东会决议通过的利润分配方案,应付国有股东的国有股利、股息按100%上缴;(3)产(股)权转让收入,即国有独资企业产权和国有控股、参股企业国有股权(股份)转让净收入,按100%上缴;(4)清算收入,即扣除清算费用后的国有独资企业清算收入和国有控股、参股企业国有股权(股份)享有的清算收入,按100%上缴。

2016年《广州市市属国有企业国有资本收益收缴管理办法》规定按如下比例

上缴：（1）利润收入，市国资监管机构监管的市属国有独资企业按规定上缴国家的税后利润。除法律、行政法规另有规定外，以年度合并财务报表反映的归属母公司所有者的净利润为基础，在抵扣以前年度亏损和计提法定公积金及其他国家规定允许扣除的项目后，按规定比例上缴：2015 年按 20% 上缴，2016～2019 年按 25% 上缴；2020 年按 30% 上缴；（2）股利、股息收入，市国资监管机构直接持有的国有控股、参股企业按照董事会或股东会决议通过的利润分配方案，应付国有股东的国有股利、股息按 100% 上缴；（3）产（股）权转让收入，市国资监管机构监管的市属国有独资企业的产权和直接持有的国有控股、参股企业的国有股权（股份）转让净收入，按 100% 上缴；（4）清算收入，市国资监管机构监管的市属国有独资企业清算收入和直接持有的国有控股、参股企业国有股权（股份）享有的清算收入，扣除清算费用后按 100% 上缴。

第四类：分行业确定上缴比例，以成都市、安徽省和重庆市为代表。

成都市市级企业国有资本收益收缴一开始也是采用统一比例上缴的方法。2010 年《成都市市级企业国有资本收益收缴管理试行办法》规定：国有独资企业按净利润的 10% 上缴国有资本收益，具体企业包括成都工业投资集团有限公司、成都市兴蓉投资有限公司、成都城乡商贸物流发展投资（集团）有限公司、成都文化旅游发展集团有限公司、成都交通投资集团有限公司、成都市兴城投资有限公司（含小城镇公司）、成都市现代农业发展投资有限公司、成都城建投资管理集团有限责任公司；国有控股、参股企业的国有股利（股息）收入全额上缴，具体企业包括成都投资控股集团有限公司、成都地铁有限责任公司；成都传媒集团暂缓上缴国有资本收益。2017 年，成都市财政局出台了《成都市市级国有企业国有资本收益收缴管理办法》，采用了分行业确定上缴比例的方法，规定如下：（1）国有独资企业以合法审计后的上一年度合并财务报表反映的归属于母公司所有者的净利润为基数，可按照《企业财务通则》的规定抵扣以前年度未弥补亏损、提取 10% 的法定公积金后，竞争类、功能类市级国有独资企业从 2018 年起按 20% 比例上缴，从 2020 年起按 30% 比例上缴；公益类企业（成都地铁有限责任公司、成都市公交集团公司）暂不缴纳。（2）国有控股、参股企业依法分配取得的国有股权（股份）的股利、股息，全额上缴。（3）企业在按照相关规定扣除交易过程中发生的各项费用后的国有产权（股权）转让净收入全额上缴。（4）国有独资企业清算收入（扣除清算费用），以及国有控股、参股企业国有股权（股份）分享的公司清算收入（扣除清算费用），由清算组或者管理人据实申报后全额上缴。

2008 年安徽省财政厅、安徽省国资委出台《安徽省省属企业国有资本收益收取管理暂行办法》，规定：国有独资企业上缴年度净利润的比例，区别不同行业，分资源性行业和竞争性行业收缴，资源性行业按 10% 收缴，竞争性行业按 5% 收缴。资源性行业主要包括淮南矿业（集团）有限责任公司、安徽省皖北煤电集团有限责任公司、淮北矿业（集团）有限责任公司三家，竞争性行业包括安徽省能源集团有限公司、安徽长安电子（集团）有限公司、安徽省高速公路总公司、安徽省投资集团有限责任公司、安徽叉车集团公司和安徽省盐业总公司等30家；省属金融企业和文化企业在试行期间暂不上交。国有控股、参股企业应付国有股股利（股息），按照股东会或者股东大会决议通过的利润分配方案执行。

2008年《重庆市市级企业国有资本经营收益收缴管理办法（试行）》发布，开始试行市级国有企业收益收缴管理，规定对国有企业按行业特征分类，核定年度上缴利润的比例：第一类工商产业等一般竞争性企业（含金融、能源、工业、商贸流通、建筑施工、房地产开发、交通、粮棉油及资产经营公司等企业），上缴比例不低于10%；第二类为转制科研院所以及其他国有企业，暂缓3年上缴；第三类为经市政府批准设立承担并实施政府公益性、基础设施建设的投资类企业，利润及土地储备净收益由市政府根据当期收益核定上缴。

从总体上看，除了深圳和武汉两地的收益上缴比例达到30%，超过中央规定的比例外，其他各省市国有资本收益上缴比例普遍偏低，处于5%~20%之间，低于中央国有企业的上缴比例。

（三）国企红利的征缴范围情况分析

自2007年国有资本经营预算实施之日起，中国151家试点中央企业中就有117家需要上缴国有资本收益。为了扩大实施国有资本经营预算范围，进一步完善国有资本经营预算制度，2010年2月23日，财政部发布《关于完善中央国有资本经营预算有关事项的通知》决定从2011年起，将教育部、文化部、农业部、国家广电总局等所属的657家企业纳入中央国有资本经营预算的实施范围。2012年1月13日，财政部发布《关于扩大中央国有资本经营预算实施范围有关事项的通知》将工信部、体育总局、卫生部、民航局等所属的301家国有企业纳入国有资本经营预算实施范围。2013年共有813户中央部门和中央企业集团所属的一级企业纳入中央国有资本经营预算实施范围。然而在2014年预算时，国资预算范围内的一级企业总数又降至与2011年相当的水平；到2015年，教育部所属企业有了较大幅度的增长，但其他部门并无太大变化。根据现有公开数据，截至2017年12月，中央各部门所属企业已达845户，上缴利润的国企数量呈现出逐年增加的趋势。目前国有资本经营预算的范围涵盖了除金融类企业以外的中央企业和36个省、市的国有企业，但还有一些本应归属于红利上缴范围的企业却从未上缴红利，完全游离于红利上缴的范围之外，而且并不是所有的中央企业都实行国有资本经营预算。但是，根据有关资料显示，现行的分红制度仅涉及国资委旗下的100多家中央管理企业及中国烟草总公司,中央其他部门所属的4000多户国企却未纳入红利上缴范围,甚至包括拥有巨额利润的金融企业。

从地方红利收缴范围来看,在中央国有资本经营预算试行后,地方的国有资本经营预算的收入收缴范围总体上基本与中央保持一致,主要包括:(1)国有企业、国有独资公司中国家应分得的税后利润;(2)国有控股、参股公司中国家股应分得的股息、红利;(3)企业国有产(股)权转让净收入;(4)国有企业及国有独资公司清算净收益,国有控股、参股公司清算净收益中国家股应分享的净收益;(5)其他按规定应上缴的国有资产收益。虽然各省市的具体表述有所不同,但在具体内容上并无实质性区别。实际执行中,各省市的金融类、文化类国有企业普遍也还未纳入收益收缴范围。

三、国有企业红利支出状况分析

按照现行的制度设计,国有企业上缴公共财政的红利主要用于资本性支出、费用性支出和其他支出。其中,资本性支出是指根据国家产业发展规划、国有经济布局和结构调整所产生的企业改制、重组以及技术创新等方面的支出;费用性支出是指用于支付国企改革成本,解决历史遗留问题以及重点行业节能减排等方面的支出;其他支出主要是指用于社会保障等方面的民生支出。具体的支出范围需根据国家经济发展需要进行调整。由表7-2不难发现,不论资本性支出或费用性支出出于何种目的,具体支出项目如何设置,其最终还是"取之国企,用之国企",只是侧重点有所差异。从总体上看,目前国企红利支出仍未走出以资本性支出和费用性支出为主的格局,但涉及民生的社会保障支出呈现出了上升的趋势。从中央国有资本经营预算编制情况来看,资本性支出占比都在80%左右。这表明我国国有资本收益主要用于国有企业的再投资,呈现出现行国资预算"体内循环"的特征。

表7-2 国有资本经营预算支出安排

预算支出	目的	支出项目
资本性支出	发展国有企业; 提高核心竞争力	(1)产业布局和结构调整; (2)改革重组; (3)补充国有资本金; (4)灾后恢复重建; (5)境外投资
费用性支出	弥补国企改革成本; 解决历史遗留问题	(1)改革脱困补助; (2)职工社会保障

续表

预算支出	目的	支出项目
其他支出	惠及公众，还利于民	（1）充实社保基金； （2）调入公共财政预算

资料来源：《国务院关于试行国有资本经营预算的意见》，2007-9-8。

当然，随着国企的发展以及国家政策向民生领域的倾斜，我国国企上缴的收益用于社保、教育等民生方面的其他支出数量有所增加。在2009年到2013年期间，用于民生支出的数量和占比都有所提高。根据中国财政部网站所公布的国有资本经营预算收支数据，2008年、2009年，中央国有资本经营预算支出约1550亿元，而用于社会保障民生的支出只有10亿元；2014年，中央国有资本经营预算支出1419.12亿元，其中用于社会保障民生支出184亿元。按照《中共中央关于全面深化改革若干重大问题的决定》和《财政部关于完善政府预算体系有关问题的通知》要求，2015年中央国有资本经营预算除继续加大调入一般公共预算用于保障和改善民生支出力度外，主要用于解决国有企业历史遗留问题及相关改革成本支出、对国有企业的资本金注入及国有企业政策性补贴等方面。2015年中央国有资本经营预算用于保障和改善民生支出230亿元。

从地方国有企业红利支出情况看，2007年国务院国有资本经营预算的试行办法将国有资本经营预算的支出方向归结为以下几个方面：（1）资本性支出。根据产业发展规划、国有经济布局和结构调整、国有企业发展要求，以及国家战略、安全等需要，安排的资本性支出。（2）费用性支出。用于弥补国有企业改革成本等方面的费用性支出。（3）其他支出。各省市在执行过程中也主要投入在这几个方向，但在具体支出项目上还是存在差异（见表7-3）。其中，以其他支出的内容为依据，国家宏观经济政策以及不同时期国有企业改革和发展的任务统筹安排确定的资金，必要时可以部分用于社会保障支出。从表中可以看出，资本性支出和费用性支出是国有资本经营预算支出中的最主要内容，在其他支出项目上，各省市有所区别。福建省在支出内容上设置了担保支出（即经省政府批准后建立"所出资企业专项担保资金"的支出）和应急支出，这与其他地方有所不同。

表7-3　　　　　　　　各省市国有资本经营预算支出项目

项目	深圳	武汉	青岛	上海	福建	北京	安徽	四川	重庆
资本性支出	√	√	√	√	√	√	√	√	√
费用性支出	√	√	√	√	√	√	√	√	√

续表

项目	深圳	武汉	青岛	上海	福建	北京	安徽	四川	重庆
国资监管费用支出	√	√	√						
担保支出					√				√
应急支出					√				
融资支出	√								√
其他支出			√	√		√	√	√	√

资料来源：本课题组调查所获取资料进行统计。

总之，自2007年实行国有资本经营预算以来，以资本性、费用性支出为主的分配格局得到了逐步调整，其社会保障支出不断提高。另外，也有部分国有企业通过举办重大活动或者民生工程等来参与民生建设。例如，北京市国有企业在北京市重大项目和民生工程中发挥着主力军的作用，比如北京奥运工程项目、小汤山项目建设，以及新中国成立60周年活动的相关场馆建设和食品供应等，北京国有企业均做出了重大贡献。

四、国有"僵尸企业"未能实现盈利

党的十六大以来，国有企业在党和政府的统一领导下，尤其是国资委成立后对国有企业的并购重组，国有企业经营效率大幅度提升，大多数实现了国有企业的扭亏为盈，并有中国石化、中国石油等这类优秀国有企业实现了巨额红利，由此引发了国有企业红利的上缴和分配管理。但不容忽视的是，在多数国有企业实现扭亏为盈并逐步实现巨额红利的同时，还有大量的国有"僵尸企业"，不仅处在生产停顿、经营不善、扭亏无望的境地，还消耗了大量政府财政补贴和银行贷款，损害了社会福利。

"僵尸企业"最早是与供给侧改革连在一起的，2015年9月18日，国务院总理李克强主持召开深化国有企业改革和发展座谈会时提出，要"抓紧处置'僵尸企业'、长期亏损企业和低效无效资产，提高国有资本配置和运行效率"，增强企业活力、竞争力和抗风险能力，确保国有资产保值增值，促进宏观经济运行改善。接着，10月8日至10日，中央财办主任刘鹤在广东考察时提到，要按照中央要求，大力推进市场取向的改革，更加重视供给侧调整，加快淘汰"僵尸企业"，有效化解产能过剩，提升产业核心竞争力，不断提高全要素生产率。同年11月4日，国务院总理李克强在中共十八届五中全会后的第一次国务院常务会议上也提出"加快推进'僵尸企业'重组整合或退出市场，加大支持国企解决历史包袱"。同年11月10日，习近平总书记在中央财经领导小组会议上的讲话虽然没有直接提"僵尸企业",但对于经济结构性改革的第一个关键点就提到了"促进过剩产能有效化解,促进产业优化重组"。同年12月,国务院国资委再次将焦点对准了"僵尸企业":处置"僵尸企业"将坚持分类处置,积极地推动兼并重组一批,强化管理一批,淘汰落后一批。显然,重视供给侧调整,加快淘汰"僵尸企业"已经在决策层达成共识。

(一)"僵尸企业"的概念和特征

僵尸(zombie)一词来源于西非刚果的方言,意思是"被某种巫术复活的尸体"。僵尸企业(zombie firm)不是法律上的规范用语,带有更多的文学性色彩。处置"僵尸企业",首先面临的就是如何界定"僵尸企业",如何划分"僵尸企业"的范围。目前,关于"僵尸企业"的定义众说纷纭,没有明确、具体、统一的认定标准,政府的标准与学者们的标准不一致,政府不同部门之间的标准也不尽相同。

从国际视野看,"僵尸企业"并非是我国的专利,世界各国都存在"僵尸企业"。20世纪80年代美国发生储蓄贷款危机之后,20世纪90年代末日本资产价格泡沫破灭之时,都存在"僵尸企业"的情况并引发了大量讨论,日本企业的"僵尸化"现象甚至被认为是导致日本经济停滞20年的重要影响因素之一,实际上,"僵尸企业"概念的盛行也来自凯恩(Kane,1987)等学者对日本20世纪90年代经济金融危机的解析。学界目前普遍认同的是经济学家彼得·科伊的定义,即:"僵尸企业"是指那些没有办法继续经营、应该破产但又没有实施破产的企业,这些企业由于获得放贷者或政府的支持而免于倒闭。①

2015年12月9日召开的国务院常务会议明确提出"对不符合国家能耗、环保、质量、安全等标准和长期亏损的产能过剩行业企业实行关停并转或剥离重组,对持续亏损三年以上且不符合结构调整方向的企业采取资产重组、产权转让、关闭破产等方式予以'出清',清理处置'僵尸企业'"。根据国务院提出的标准,"僵尸企业"是指那些"不符合国家能耗、环保、质量、安全等标准和长期亏损的产能过剩行业企业,以及持续亏损三年以上且不符合结构调整方向的企业",这主要是从国家产业政策调整的角度提出的"僵尸企业"识别标准。

2016年2月,工信部将我国的"僵尸企业"定义为"已停产、半停产连年亏损、资不抵债,主要靠政府补贴和银行续贷维持经营的企业"。我国国内学者也普遍认为,"僵尸企业"的产生或多或少地与政府的政策支持、银行的不当贷款等非市场化因素有关。尽管如此,并非所有"僵尸企业"对社会都是有危害的,因此,对"僵尸企业"有"黑名单"和"白名单"之说。2016年10月10日,国务院发

---

① 清理僵尸企业需要断合离[N]. 第一财经日报,2015-10-13.

布《关于市场化银行债权转股权的指导意见》，其中给出了"僵尸企业"的"白名单"，包括：因行业周期性波动导致困难但仍有望逆转的企业；因高负债而财务负担过重的成长型企业，特别是战略性新兴产业领域的成长型企业；高负债居于产能过剩行业前列的关键性企业及关系国家安全的战略性企业。对这些"白名单"中的"僵尸企业"，"债转股"是较好的安排。目前，中国特色社会主义市场经济还没有发展完善，有时市场行为不够理性，有些短视。如果使因为行业周期性不景气或行业尚未成熟而亏损但未来仍能创造价值的企业，或对国家有关键性作用但利润不高的企业破产，从长期看，不利于我国经济发展。

学术界对企业的普遍定义是以营利为目的的经济组织。所谓"企业"有两大基本特征，一个是盈利，一个是自主经营自负盈亏。目前各界对"僵尸企业"还没有达到一致的认定的标准，其最突出的特点是企业形式还存在，却不能产生经济效益，形似僵尸，靠吸食国家的财政血液而生存，其本身"吸血"具有长期性和依赖性，企业早已名存实亡。亏损企业包括"僵尸企业"，但并不是所有亏损的企业都是"僵尸企业"，也并不是去产能的企业都是"僵尸企业"。基于上述分析，本书认为，所谓僵尸企业，是指那些丧失市场自我生存能力，但因获得政府补贴或银行不当续贷等非市场化措施支持而免于倒闭的负债企业。[①] 在市场经济条件下，"僵尸企业"本已"行将就木"，但由于一些非市场化因素的干扰，却侥幸"苟延残喘"地存活下来。"僵尸企业"基本上包含了以下主要特征：

一是经营陷入困境，自生能力基本丧失。"僵尸企业"的生产经营遇到了非常大的困难，大多资不抵债，陷入停产、半停产状态，受制于市场环境、企业生产条件和企业创新等因素的影响，企业不具有自我救赎和创新重生的能力，只能依靠外部力量维持。

二是问题的长期性，大多数企业已经病入膏肓。"僵尸企业"的问题不是当前发生和形成的，在出现停产、半停产之前，已存在较长时期经营困难的问题，甚至是连年亏损、资不抵债的情况。与一般企业所处的成长阶段不同，"僵尸企业"长期处于"淘汰企业"的行列。

三是"僵尸企业"往往会形成较大的系统性风险。一般而言，当企业无法维持经营时，都会按照《破产法》退出市场，通过破产保护，为企业提供良好的退出机制，并为社会资源的重新配置和有效使用创造条件。而这些企业之所以会成为"不破不退"的"僵尸企业"，就在于这些企业背后往往牵涉非常复杂的政企、银企关系，并由此带来潜在的社会稳定问题，一旦启动破产退出程序，就会释放风险导致较大的社会问题，这些风险的存在制约了"僵尸企业"的退出。

---

① 王欣新. 僵尸企业治理与破产法的实施[J]. 人民司法，2016（13）.

(二) 国有"僵尸企业"规模和数量占比

上述"僵尸企业"的特征给识别"僵尸企业"提供了一定的标准,如企业长期亏损、靠政府补贴和银行贷款生存等。为了尽量精准识别"疑似僵尸企业"[①],学者周振华、肖林、权衡[②]采用1998~2013年中国工业企业数据库这一大样本,并采用利息法和利润法两种不同的方法来识别"僵尸企业"。

利息法又称CHK方法,由学者里卡多·卡巴莱罗(Ricardo j. Caballero)、武雄南子(Takeo Hoshi)和阿纳克卡斯亚普(AnlK. Kashyap)提出,其核心就是计算出一个理论最低的利息,如果企业的实际利息支出低于该理论最低的利息,则表明企业主要依靠银行贷款为其"输血"而保障企业生存,识别此企业为"僵尸企业"。然而该方法可能会存在对"僵尸企业"的误判,因此日本学者小山真-福田(Shin-ichi Fukuda)和中村纯一郎(Jun-ichi Nakamura)对上述方法进行优化。按照该优化后的方法,学者周振华、肖林、权衡测算得出我国"僵尸企业"的规模数量,如表7-4所示。按照中国工业企业数据库的企业所有制分类标准,我们将企业所有制分成六大类:国有控股、集体控股、外资控股、港澳台资控股、私人控股和其他。根据利息法测算结果,我国1998~2013年累计"僵尸企业"数量为195023家,占全部统计企业数的8.33%,其中,国有控股"僵尸企业"数94899家,占全部"僵尸企业"数量的48.66%,将近一半,在国有控股企业总数中国有控股"僵尸企业"的数量占比为27.85%,远高于其他所有制类型企业(见表7-4)。

表7-4 我国"僵尸企业"的所有制类型分布(利息法测算)

控股情况	非"僵尸企业"			"僵尸企业"		
	数量	占同类型所有制企业比重(%)	占非"僵尸企业"数比重(%)	数量	占同类型所有制企业比重(%)	占"僵尸企业"数比重(%)
国有控股	245836	72.15	11.45	94899	27.85	48.66
集体控股	780871	91.87	36.38	69136	8.13	35.45
其他	83036	93.39	3.87	5874	6.61	3.01
外资控股	113256	96.28	5.28	4378	3.72	2.24
港澳台资控股	108767	96.50	5.07	3947	3.50	2.02

---

① 这里用疑似"僵尸企业"一说,原因在于尽管从理论上讲"僵尸企业"的标准比较容易制定,但在具体识别时由于数据方面的局限,并不能完全一致地进行识别,但按照文中所述方法识别的这些企业都具有"僵尸企业"的核心特征,从动态的角度来看,这些企业也是我们经济转型中需要重点治理的企业。
② 周振华,肖林,权衡. 风险防范与经济转型中国经济分析2016-2017 [M]. 上海:汉语大词典出版社,2017:4.

续表

控股情况	非"僵尸企业"			"僵尸企业"		
	数量	占同类型所有制企业比重（%）	占非"僵尸企业"数比重（%）	数量	占同类型所有制企业比重（%）	占"僵尸企业"数比重（%）
私人控股	814758	97.98	37.96	16789	2.02	8.61
总数	2146524	91.67	100	195023	8.33	100

资料来源：周振华，肖林，权衡. 风险防范与经济转型中国经济分析 2016－2017［M］. 上海：汉语大词典出版社，2017.04.

利润法是根据国务院提出的"僵尸企业"标准，即那些"不符合国家能耗、环保、质量、安全等标准和长期亏损的产能过剩行业企业，以及持续亏损三年以上且不符合结构调整方向的企业"，考虑到"不符合国家能耗、环保、质量、安全等标准"和"不符合结构调整方向"这两个因素难以量化，学者周振华、肖林、权衡[1]采取了简化处理，即如果一个企业连续三年利润总额减去补贴收入为负即认定为"僵尸企业"。这样的处理主要体现了政府补贴对"僵尸企业"的影响，即如果没有政府的补贴，"僵尸企业"难以在市场上存续。按照该测算方法结果如表 7－5 所示，我国 1998～2013 年累计"僵尸企业"数 122326 家，占全部统计企业数的 8.37%，其中，国有控股"僵尸企业"数 53217 家，占全部"僵尸企业"数的 43.5%，将近一半，在国有控股企业总数中国有控股"僵尸企业"的数量占比为 21.74%，远高于其他所有制类型企业。

表 7－5　　　　我国"僵尸企业"的所有制类型分布（利润法测算）

控股情况	非"僵尸企业"			"僵尸企业"		
	数量	占同类型所有制企业比重（%）	占非"僵尸企业"数比重（%）	数量	占同类型所有制企业比重（%）	占"僵尸企业"数比重（%）
国有控股	191543	78.26	14.31	53217	21.74	43.50
集体控股	53141	91.73	3.97	4790	8.27	3.92
其他	535856	93.25	40.04	38815	6.75	31.73
外资控股	63849	93.27	4.77	4610	6.73	3.77
港澳台控股	62913	93.54	4.70	4342	6.46	3.55

---

[1] 周振华，肖林，权衡. 风险防范与经济转型中国经济分析 2016－2017［M］. 上海：汉语大词典出版社，2017：4.

续表

控股情况	非"僵尸企业"			"僵尸企业"		
	数量	占同类型所有制企业比重（%）	占非"僵尸企业"数比重（%）	数量	占同类型所有制企业比重（%）	占"僵尸企业"数比重（%）
私人控股	431145	96.30	32.21	16552	3.70	13.53
总数	1338447	91.63	100	122326	8.37	100

资料来源：周振华，肖林，权衡. 风险防范与经济转型中国经济分析2016－2017［M］.上海：汉语大词典出版社，2017.04.

由上述分析可以发现，无论是利润法还是利息法，国有控股企业中"僵尸企业"的数量和比重都是最高，占全部"僵尸企业"数比重将近一半，明显高于其他所有制类型的企业，说明"僵尸企业"在国有控股企业中比较普遍，国有企业由于预算软约束的特征，能够获得较多政府补贴和银行信贷，所以更具备催生"僵尸企业"的体制环境。

第二节　现行国有企业红利分配制度的问题

自新中国成立以来，国有企业在经济发展中始终发挥着主导作用，是中国经济发展的重要推动力。新中国成立之初的30年，国有企业作为实施计划经济体制的内生性制度安排，其发展对中国工业化的实现起到了关键作用。但在计划经济时期，国家与国有企业之间的利润分配呈现出"统收统支"的高度集权特征，国家对国有企业管得过多，统得过"死"，经济运行效率低下。改革开放后，国有企业也进入了"放权让利"的市场化改革，在国企红利分配体制上经历了企业基金制、利润留成制、两步利改税、含税承包制等阶段的调整。1994年分税制改革后，在国资收益分配上采取"税利分流"，但囿于当时国有企业不同程度的亏损局面，国家做出了亏损性国有企业暂缓上缴利润的过渡性政策。随着国有企业改革的不断深化，国有企业不仅摆脱了亏损，其税后利润规模也已经十分庞大，恢复国企上缴红利的呼声也不断增强。2007年《国务院关于试行国有资本经营预算的意见》的试行标志着以恢复国有企业红利上缴制度为基础的国有资本经营预算制度的正式启动。国有资本经营预算制度自2007年试行至今，其间经过几次不同程度的改革和完善，制度本身已逐步改进，但由于我国既有的历史因素和制度惯性，国有企业红利分配制度还未能形成合理、规范的制度框架，本节将从国资收益的范围、比例、支出流向等方面分析我国国有企业红利分配的制度存在的问题。

一、国有企业内部职工和高管收益偏高

近年来,国有企业红利大量留存致使国企高管和员工收入远高于社会平均水平,这一问题引起了社会的广泛关注。国企员工以超额公积金、绩效奖金、过节费用、限价买房、公款旅游等各种方式过度消费性质公有的国企红利,主要表现为不合理的高工资和高福利。

首先,国有企业高管薪酬居高不下。据《2011 年、2012 年中国上市公司总经理薪酬报告》[1],2011 年,在 A 股上市的 933 位国有控股上市公司总经理的平均薪酬为 67.6 万元,比非国有企业高管薪资高 8.45 万元[2],而当年全国就业人员平均工资还不超过 5 万元。2012 年,在 A 股上市的 1071 家国有企业,高管平均薪酬为 69.94 万元,比非国有企业高管薪资高 9.51 万元。其中,中集集团总裁的薪酬高达 998 万元,四大国有银行的总经理高管也动辄几百万[3]。国企特别是垄断行业的经理薪酬之高可见一斑。

其次,国有企业职工工资明显高于其他所有制公司职员。从图 7-3 不难看出,2008~2012 年,全国城镇非私营单位就业人员平均工资比私营单位的就业人员平均工资高出很多,高出的比例分别为 71.2%,79.9%,78.9%,72.9%,62.7%。尽管,如此大的差距与统计口径[4]大小不一有关,但图中所揭示的私营企业(包含私营有限责任、股份和独资等形式)职工平均工资偏低的事实却不容置疑。2013~2018 年,私营企业平均工资偏低的事实仍然存在,但在一定程度上得到了缓解。这五年中,全国城镇非私营单位就业人员平均工资比私营单位的就业人员平均工资高出的比例依次降低为 57.4%,54.9%,56.7%,57.7%,62.4%,66.2%。当然,国有企业职工工资比私营企业职工工资普遍偏高,但不代表要降低国企职工工资,而是可以将私营企业工资提高。

从图 7-3 可知,2008 年、2009 年,国有企业人均收入是私营企业人均收入的 1.5 倍多。而这只是均值的比较,如果再进一步区分行业、地区,恐怕这一比例要翻番。2012 年,中央企业职工的平均年薪达到 13 万元,比当年全国在岗职工平均工资高一倍多,208 家上市中央企业中,员工平均年薪超过 10 万元的就有 93 家,最高的平均薪酬达到了 37.68 万元[5]。据媒体披露的资料显示 2012 年 287 家中央企业及其上

---

[1] 第一财经研究院、尚道管理咨询公司. 2011 年、2012 年中国上市公司总经理薪酬报告 [R]. 2013.
[2] 国企上市公司总经理人均年薪 68 万 高于非国企 [N]. 第一财经日报,2012-05-26.
[3] 上市公司总经理人均薪酬 64 万 万科郁亮年薪最高 [N]. 第一财经日报,2013-05-25.
[4] 在工资统计调查中的城镇地区非私营法人单位,具体包括国有单位、城镇集体单位,以及联营经济、股份制经济、外商投资经济、港澳台投资经济等单位。私营法人单位具体包括私营有限责任公司、私营股份有限公司、私营合伙企业和私营独资企业。
[5] 朱丹丹. 208 家上市央企职工薪酬 5143 亿 净利 3342 亿 [N]. 21 世纪经济报道,2013-04-19.

市子公司在岗职工年均工资为11357元,同比2011年增长8.2%,是私企职工平均工资的3.8倍。即使扣除隐性收入,国企员工平均工资也比私企员工高出90%[①]。

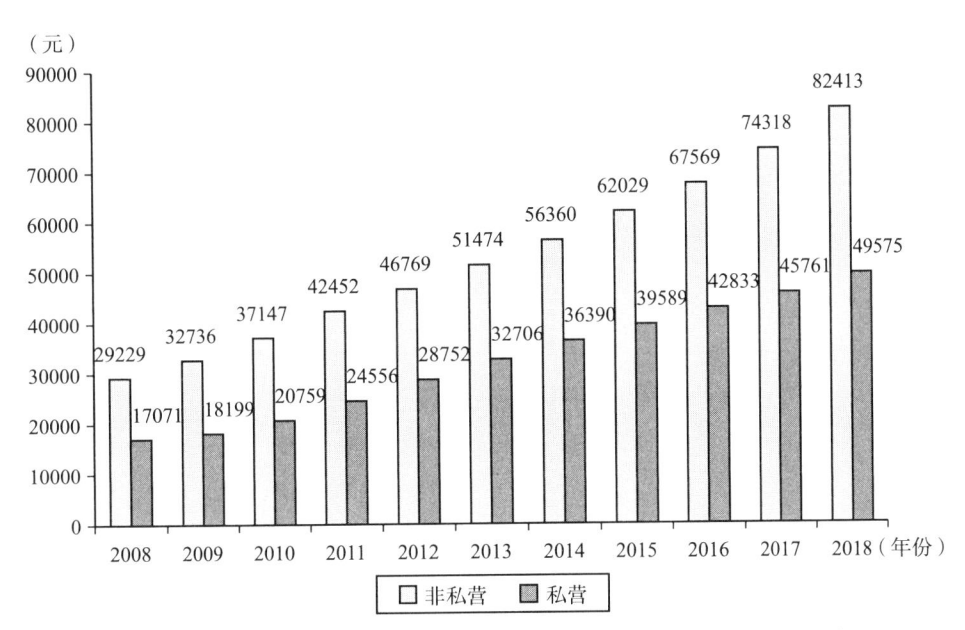

图7-3 2008~2017年全国城镇非私营和私营单位就业人员年平均工资

资料来源:2008~2017年度人力资源和社会保障事业发展统计公报。

二、国有企业红利上缴比例偏低

随着国有企业改革的不断深入,国有企业获得了极大的发展,盈利能力发展很快。自2003年国资委成立至2018年底,国有企业资产总额从7万亿元增至178.7万亿元,实现营业总收入28.75万亿元,利润总额达33877.7亿元[②]。从表7-6全国国有企业利润总额表可以看出,虽然近年来受国内外大环境的影响,国有企业利润有些波动,但都在2万亿元以上,利润总额仍比较丰厚。

表7-6　　　　　全国国有企业利润总额表(2013~2018年)　　　　单位:亿元

年份	2013	2014	2015	2016	2017	2018
利润总额	24050.5	24765.4	23027.5	23157.8	28985.9	33877.7

资料来源:根据中华人民共和国财政部网站数据整理所得。

---

① 熊海鸥.国企平均工资达私企1.9倍 高管员工薪酬差10倍[N].北京商报,2013-12-13.
② 中华人民共和国财政部网站.http://zcgls.mof.gov.cn/qiyeyunxingdongtai/201901/t20190121_3126699.htm.

2007年国有资本经营预算制度的试行改变了国有企业不分红的状况,而且在运行过程中也在不断调整和完善。表7-7归纳了国有企业红利上缴比例的调整情况,从表中我们可以看出,我国国有企业红利上缴比例呈现不断增长的态势。2015年8月发布的《关于深化国有企业改革的指导意见》也明确指出:"要建立覆盖全部国有企业、分级管理的国有资本经营预算管理制度,提高国有资本收益上缴公共财政比例,2020年提高到30%,更多用于保障和改善民生。"可以预见,未来随着国有资本经营预算制度的不断完善,我国国有企业红利上缴比例还将进一步提高。

表7-7　　　　　　　　　国有企业红利上缴比例调整情况表

企业类型	2007年	2011年	2012年	2013年	2014年
中国烟草总公司	10%	15%	15%	20%	25%
石油石化、电力、通信等资源垄断型企业	10%	15%	15%	15%	20%
钢铁、运输、电子等一般竞争性企业	5%	10%	10%	10%	15%
军工企业、转制科研院所	暂缓三年上缴	5%	5%	5%	10%
中国邮政集团公司、2011年起新纳入国资预算实施范围的企业	—	5%	5%	5%	10%
2012年新纳入国资预算实施范围的企业	—	—	5%	5%	10%
包括中国储备粮总公司、中国储备棉总公司	免缴	免缴	免缴	免缴	免缴
应交利润不足10万元的符合小型微型企业规定标准的国有独资企业	—	免缴	免缴	免缴	免缴

资料来源:根据中国政府网站相关资料整理归纳。

实践中,国企红利上缴比例一直饱受非议。由图7-4不难发现,2007~2012年国有企业红利上缴平均比例为4.19%。显然,这个比例远远低于政策规定之初最低的5%。从具体的实施情况来看,只有2008年、2011年和2012年三年上缴的比例超过5%,而且最高上缴比例仅为6.95%。两次提高国企红利上缴比例产生的效应最终也只实现了1%、2%的增长。尽管有可能由于数据不准确或统计口径不一导致上缴比例有所偏差。但官方(财政部和国资委)从未否认过国企红利上缴比例低,并一直在酝酿提高比例。

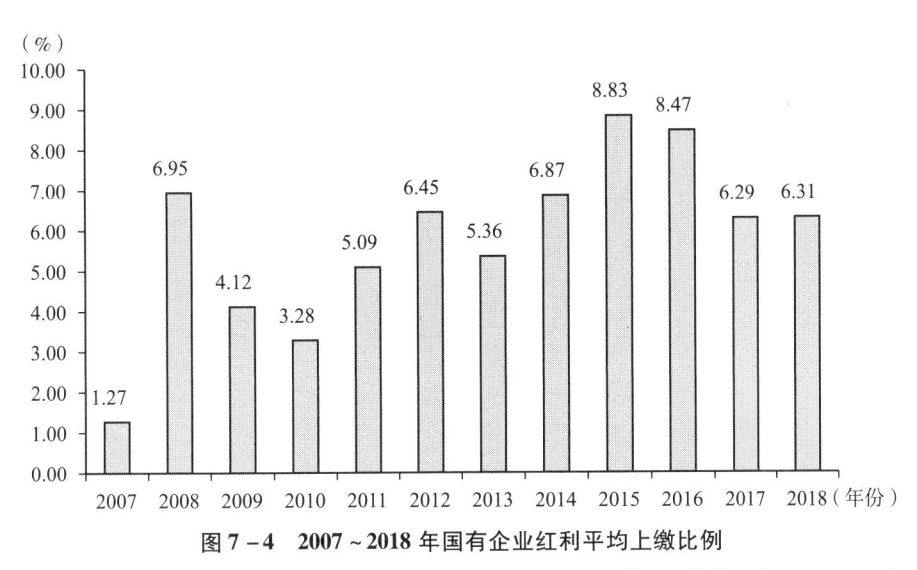

图 7-4　2007~2018 年国有企业红利平均上缴比例

资料来源：根据 2007~2018 年 1~12 月全国国有及国有控股企业经济运行状况以及 2017~2018 年中国统计年鉴数据进行计算。其中，2009 年的比例是扣除了 600 亿元的电信重组收入计算而得，该笔收入非利润性质。

从表 7-8 也可以发现，2013 年以来，国有资本经营预算收入上缴比例基本在 6% 左右浮动，2015 年达到最高比例 8.83%，2016 年和 2017 年却下降为 8.47% 和 6.29%，2018 年保持为 6.31%。在经济新常态的大背景下，全国国有资本经营预算收入逐年上升，尤其是 2015 年实现大幅增长，涨幅高达 14.32%，这表明国有企业在红利上缴政策的执行程度上有所提升，但是相对政策标准而言，国有企业红利的上缴情况与其还有一定的距离。国有企业红利上缴比例依旧有很大的提升空间，要想达到政策要求的标准还有很长的一段路要走。

表 7-8　国有企业红利上缴情况（2013~2018 年）

项目	2013 年	2014 年	2015 年	2016 年	2017 年	2018 年
全国国有企业利润总额（亿元）	24050.45	24765.40	23027.50	23157.80	28985.90	33877.70
国有资本经营预算收入（亿元）	1288.08	1700.15	2033.89	1961.62	1823.78	2138.49
平均上缴比例（%）	5.36	6.87	8.83	8.47	6.29	6.31

资料来源：根据中华人民共和国财政部网站数据整理所得。

国有企业中占据一定地位的国有控股企业的红利上缴情况也不容乐观。按照《公司法》第 167 条关于税后利润的规定，税后利润首先用于弥补以前年度的亏损，然后提取一定比例的公积金，剩余部分要按照股东持有的股份进行合理分配。我国国有企业的股份主要由国家股和非国家股构成，国家股从根本意义上来说应是全民所有的，从国有企业现存的利润分配规则来看，"同股不同权"的现象严重，国家股相比非国家股而言，没有享受到同等的分红待遇。以我国的钢铁行业为例，根据陈少晖、朱珍（2011）的研究，我国钢铁行业国有控股企业的红利分配主要有以下几个特点：（1）现金分红是这些国企分派红利的主要方式，但是派息率往往非常低而且分红的周期很长；（2）国有控股企业往往把利润交到国有企业集团，上市公司的分红派现往往被集团公司截留，不会将全部或是部分上缴国家；（3）企业税后利润的内部留存率较高，导致了企业高管工资很高，过度投资行为频繁①。

从总体情况看，我国国有企业名义与实际的征缴比例差别甚大，即便是国企红利征缴真正执行了现行国有资本收益收取办法规定的 5%～20% 四档比例，这也不意味着国企红利上缴水平就能够与国际接轨。事实上，这一上缴比例不仅与中共十八届三中全会提出 30% 上缴目标比例相比还有较大差距，与海外上市的国有企业分红比例、国外国有企业分红比例也仍有一定的差距。

从在海外上市的国有企业分红比例来看，H 股国企上市公司（134 家）2001～2009 年平均分红率为 36%。黄明、张冬峰（2012）根据中银国际提供的原始数据测算的 H 股国企上市公司（134 家）2002～2009 年平均分红率为 25.87%；这一平均分红率仅比在沪深股市的 150 家国企高 3.02%②。张春霖根据彭博社的数据计算出 2000～2008 年在 H 股上市的国企（172 家）的平均分红率为 22.9%。由于内地和香港市场发展的程度不同，发行程序不同，溢价不同，投资收益率存在差异无可厚非。

从国外国有企业③分红比例来看，世界银行发布的研究报告表明 2000～2008 年，49 家国外国有企业平均分红水平为 30%～45%，其中，能源、电信等行业的分红率高达 70% 多（见表 7-9）。从代表性国家的做法来看，意大利原则上规定 65% 国有企业盈利上缴国库。英国则根据企业盈利情况确定上缴数额，从几百万英镑到十几亿英镑不等，比例高的话可以达到 70%～80%④。瑞典确定国有控股企业分红比例一般为 1/3，Vattenfal 公司和 SJ 公司长期以来执行这个标准⑤，2007 年，

---

① 陈少晖，朱珍. 国有上市公司利润分配与国有资本经营预算的建构——以钢铁行业为例［J］. 东南学术，2011（6）：104－115.
② 黄明，张冬峰. 国企上市公司 A 股与 H 股分红差异有多大？. http：//stock. hexun. com/2012－02－15/138278712. html.
③ 国外国有企业指代"国营企业（State Enterprise）""国家主办企业（State-Sponsored-Enterprise）""政府企业（Government Enterprise）""国有化企业（Nationalized Industries）""政府企业（Government Enterprise）""国有公司（State-Owned Company）"等，只是称呼不同，内涵差别不大.
④ 余斌. 国有企业利润处置不是只有上缴一途［N］. 中国企业报，2011－03－18.
⑤ 马光远. 只上缴 10% 利润是不是太少［N］. 南方人物周刊，2009－05－31.

该国征收的国企分红为净利润的58%[①]。新加坡国有企业利润上缴的比例一般为净利润的35%～70%，具体视企业的经营情况而定，高的话可以达到80%～90%[②]。芬兰国家投资组合中的公司平均分红水平高于其他同行业公司，2008年，平均分红率为69%[③]。法国国有企业则根据董事会的提议决定分红，取决于公司的价值创造能力和盈利能力，2007年，国有企业共向国家上缴净利润的40.3%。美国并没有规定政府公司要向国家分红，而是遵循自愿原则，如2009年，美联储就将474亿美元利润上缴美国财政部。美国州政府有权自行决定是否分红，如阿拉斯加州政府设立了主要由石油资源收益组成的"资源永久基金"，自1982年起，连续20多年向该州公民发放几百到上千美元不等的红利[④]，真正实现了1936年米德所提出的"全民共享分红"的设想，也成功开创了公共资源市场化运作的先例。当然也有一些国家分红比例不高，2008年，新西兰的分红率大概为盈利的15%；法国的Telecom公司2000年红利仅为利润收入的16%[⑤]。一般而言，大多欧美国家国企均保持在42%～65%的高水平分红比例[⑥]。尽管国情不同，分红的形式比例有所差异，但总体而言，国外大多数国家的国有企业分红水平高于中国。

表7-9　2000～2008年49家国外国有企业分红率观察值分行业汇总

行业	国企数量	观察值数量	数量	分红率在0～100%之间的观察值		
				最小值	最大值	平均值
航空	6	52	49	0.0	30.6	10.5
能源	5	44	41	22.5	52.4	35.1
制造业	9	68	56	15.3	52.4	29.9
媒体	3	22	18	5.0	54.8	31.5
电信	9	78	63	20.5	75.3	44.6
运输及邮政	8	59	56	0.0	52.4	30.5
公用事业	9	64	61	17.0	77.0	40.9
总计	49	387	344	0.0	77.0	33.0

资料来源：彭博公司数据库；"贸易政策回顾"欧洲共同体秘书处报告。

[①③] 张春霖，王丽虹等.有效约束、充分自主：中国国有企业分红政策进一步改革的方向[R].世界银行，2010.
[②] 王新.我国国有企业收益分配制度研究[D].北京：财政部财政科学研究所，2009.
[④] 李辉.国企红利要让老百姓实际受益[N].中国青年报，2007-06-01.
[⑤] 汪平，李光贵，袁晨.国外国有企业分红政策：实践总结与评述[J].经济与管理研究，2008（6）：78-86.
[⑥] 陈少晖.国有企业利润上缴：国外运行模式与中国的制度重构[J].财贸研究，2010，21（3）：80-87.

财政部财政科学研究所原所长、著名财经学家贾康指出,在国际上,国有资本的税后利润上缴比例普遍要高于30%~40%,英国一些盈利情况较好的企业红利上缴比例甚至能达到70%~80%。根据世界银行在2005年发表的文章《国有企业分红:分多少?分给谁?》中有数据显示,在挪威、奥地利、新加坡等一些国家,一些公共事业企业的分红比例甚至达到了100%。由此可以看出,我国的国有企业红利上缴比例还有很大的提升空间。而且从政策的执行情况来看,由于既有的制度惯性和路径依赖,以及国有企业的某些特性使然,我国国有企业真正上缴的税后利润也并没有达到要求的标准。

因此,我国国有企业的总体分红情况有很大的改善空间。国有企业现如今的盈利状况十分可观,但是由于制度惯性,红利上缴比例相对巨额的盈利情况来说很低,因此这极不合理。过高的企业利润内部留存一方面会导致社会福利的缺失,另一方面会造成国企高管薪酬过高,使得社会收入差距拉大。因此,尽快提高国有企业的红利上缴比例、减少国有企业利润的内部留存就有着十分重要的现实意义。

三、分类上缴的划分依据不够科学

严格来说,作为市场经济的主体,国有企业利润上缴比例应该由国企和政府代表在"一对一"的谈判协商中确定。但由于我国国有企业数量众多,采取这种谈判方式成本极高,而且谈判双方地位不对等也不具备可操作性。实践中,我国根据国有企业的性质和资源优势差异划分为五类,分别执行5%~20%的红利缴纳比例[①]。表面看来,这样的划分整齐划一,分类清晰,便于操作。但从行业分布、产业特点和企业盈亏的具体情况来看,这样"一刀切"的做法过于笼统,存在诸多不合理之处。

首先,划分比例的依据不合理。根据资源优势区分企业类别,并没有考虑到各个划分层次所属企业的经营情况和盈利能力,即便归属同一层次,由于行业不同,各个国有企业的盈利情况也会有差异,并且对规模庞大、经营面广的企业来说,很难准确界定其所属层次,这样难以准确界定的划分依据显然不周密。

其次,确定比例的方法不合理。政府行政命令直接确定红利上缴比例,缺乏弹性限度。不论比例设计是否符合市场本身的内在规律,国有企业都要被动接受。在一定程度上,国有企业作为经济主体的能动性被削弱。然而,政府单方面确立的刚性利润上缴比例并未经过严格测算,缺乏严谨性和科学性,从而造成国有企业利润

---

① 第一类:中国烟草总公司,征收20%;第二类:石油石化、电力、电信等垄断性企业,征收15%;第三类:钢铁、运输、电子、贸易、施工等一般竞争性企业,征收10%;第四类:科研院所和转制后的军工企业,征收5%;第五类为免缴企业,中国储备粮管理总公司和中国储备棉管理总公司。

的上缴在执行上存在一定困难。

最后,比例确定的程序缺乏透明度。分红比例的制定缺乏一套有效完整的程序机制。政府尚未建立分红比例制定、论证和公示相关制度,公众看到的只是最后发布的执行标准,即使有质疑和异议,也没有行之有效的渠道进行反馈,这使得国企红利上缴比例确定缺乏公信力、说服力和权威性。

四、国有企业分红范围覆盖不全面

国有资本经营预算制度自2007年试行以来,其征缴范围也在不断扩大,表7-10归纳了财政部从2010年到2017年以来的中央国有资本经营预算的征缴范围。

表7-10　　　　　　　　中央国有资本经营预算征缴范围调整情况表

年份	中央国有资本经营预算征缴范围
2010	国资委监管企业、中国烟草总公司和中国邮政集团公司
2011	国资委监管企业共122户;教育部所属企业共623户;中国国际贸易促进委员会所属企业共21户;农业黑龙江北大荒农垦集团公司、广东省农垦集团公司;文化部直属中国东方演艺集团公司、中国文化传媒集团公司、中国动漫集团公司;国家广播电影电视总局直属中国电影集团公司;中国烟草总公司;中国邮政集团公司;中国出版集团公司;中国对外文化集团公司
2012	国资委监管企业117户,所属企业55户;教育部所属企业508户;工信部所属企业81户;农业部直属黑龙江北大荒农垦集团公司、广东省农垦集团公司;卫生部所属企业3户;国家广播电影电视总局直属中国电影集团公司;国家体育总局所属企业53户;中国国际贸易促进委员会所属企业27户;中国民用航空局直属首都机场集团公司;中央文化企业国有资产监督管理领导小组办公室履行出资人职责的中央文化企业113户;中国烟草总公司;中国邮政集团公司。以上共计一级企业963户
2013	国资委监管企业117户,所属企业37户;教育部所属企业389户;工信部所属企业79户;农业部直属黑龙江北大荒农垦集团公司、广东省农垦集团公司;卫生部所属企业3户;国家广播电影电视总局直属中国电影集团公司;国家体育总局所属企业53户;中国国际贸易促进委员会所属企业28户;中国民用航空局直属首都机场集团公司;中央文化企业国有资产监督管理领导小组办公室履行出资人职责的中央文化企业101户;中国烟草总公司;中国邮政集团公司。以上共计一级企业813户
2014	国资委监管企业113户,所属企业37户;教育部所属企业381户;工业和信息化部所属企业78户;农业部直属黑龙江北大荒农垦集团公司、广东省农垦集团公司;卫生计生委所属企业3户;新闻出版广电总局直属中国电影集团公司;体育总局所属企业49户;中国国际贸易促进委员会所属企业27户;民航局直属首都机场集团公司;中央文化企业国有资产监督管理领导小组办公室履行出资人职责的中央文化企业105户;中国烟草总公司;中国邮政集团公司。以上共计一级企业799户

续表

年份	中央国有资本经营预算征缴范围
2015	国资委监管企业112户，所属企业37户；教育部所属企业410户；工业和信息化部所属企业75户；农业部直属黑龙江北大荒农垦集团公司、广东省农垦集团公司；卫生计生委所属企业3户；新闻出版广电总局直属中国电影集团公司；体育总局所属企业48户；中国国际贸易促进委员会所属企业29户；民航局直属首都机场集团公司；中央文化企业国有资产监督管理领导小组办公室履行出资人职责的中央文化企业112户；中国烟草总公司；中国邮政集团公司。一级企业共计832户
2016	国资委监管企业106户、所属企业36户，最高人民检察院所属企业2户，教育部所属企业371户，工业和信息化部所属企业72户，民政部所属企业5户，司法部所属企业1户，财政部所属企业1户，环境保护部所属企业4户，水利部所属企业8户，农业部所属企业5户，文化部所属企业10户，卫生计生委所属企业7户，新闻出版广电总局所属企业1户，体育总局所属企业49户，国家林业局所属企业1户，国家旅游局所属企业2户，国家机关事务管理局所属企业1户，国家海洋局所属企业2户，民航局所属企业9户，国家文物局所属企业2户，国家食品药品监督管理局所属企业1户，国家中医药管理局所属企业1户，中直管理局所属企业2户，共青团中央所属企业3户，中国文联所属企业5户，中国国际贸易促进委员会所属企业27户，中央文化企业国有资产监督管理领导小组办公室履行出资人职责的中央文化企业108户，以及中国烟草总公司、中国邮政集团公司和中国铁路总公司，共计一级企业845户
2017	国资委监管企业102户、所属企业33户，最高人民检察院所属企业2户，教育部所属企业368户，工业和信息化部所属企业83户，民政部所属企业5户，司法部所属企业1户，财政部所属企业1户，环境保护部所属企业3户，水利部所属企业8户，农业部所属企业5户，商务部所属企业1户，文化部所属企业10户，卫生计生委所属企业6户，新闻出版广电总局所属企业1户，体育总局所属企业49户，国家林业局所属企业1户，国家旅游局所属企业2户，国家机关事务管理局所属企业1户，国家海洋局所属企业2户，民航局所属企业9户，国家文物局所属企业1户，中直管理局所属企业2户，共青团中央所属企业3户，中国文联所属企业5户，中国国际贸易促进委员会所属企业24户，财政部代表国务院履行出资人职责的中央文化企业110户，以及中国烟草总公司、中国邮政集团公司和中国铁路总公司等840多户中央一级企业
2018	国资委监管企业98户、所属企业32户，最高人民检察院所属企业2户，教育部所属企业377户，工业和信息化部所属企业82户，民政部所属企业5户，司法部所属企业1户，环境保护部所属企业2户，水利部所属企业8户，农业部所属企业5户，商务部所属企业1户，文化部所属企业10户，卫生计生委所属企业6户，新闻出版广电总局所属企业1户，体育总局所属企业46户，国家林业局所属企业1户，国家旅游局所属企业2户，国家海洋局所属企业2户，民航局所属企业9户，国家文物局所属企业1户，中直管理局所属企业2户，共青团中央所属企业3户，中国文联所属企业5户，中国国际贸易促进委员会所属企业25户，财政部代表国务院履行出资人职责的中央文化企业117户和中国烟草总公司、中国邮政集团公司、中国铁路总公司等，以及新疆兵团所属国有企业

资料来源：财政部《关于2010年中央国有资本经营预算的说明》《关于2011年中央国有资本经营预算的说明》《关于2012年中央国有资本经营预算的说明》《关于2013年中央国有资本经营预算的说明》《关于2014年中央国有资本经营预算的说明》《关于2015年中央国有资本经营预算的说明》《关于2016年中央国有资本经营预算的说明》《关于2017年中央国有资本经营预算的说明》《关于2018年中央国有资本经营预算的说明》。

由表7-10可以看出，2010年中央国有资本经营预算只包括国资委监管的企业、中国烟草总公司和中国邮政集团公司，预算内的企业数量较少，红利上缴范围很窄;从 2011 年开始,教育部下属的 623 家企业、中国国际贸易促进委员会下属的 21 家企业和农业部、文化部等其他一些部委下属企业都被纳入了国有资本经营预算编制范围之中;2012 年,实行红利分配的国有企业的范围继续扩大,涵盖了包括工信部、卫生部、民航局等部委所属的一些国有企业,重点是中央文化企业,但是其中国资委监管的企业数量减少到 117 家;2013 年预算范围变动不大,但企业总数有些许减少,相比 2012 年时减少了 150 户;至 2014 年预算时,国资预算范围内的企业数量进一步减少,降至与 2011 年相当的水平;2015 年,教育部所属企业有了较大幅度的增长,纳入经营预算的有 420 户,但其他部委并无太大变化;2016 年,教育部所属企业数量有所缩减,其他部委的数量大幅度增加,从而总数上升 13 户;2017 年工业和信息化部明显增加 11 户,其他部委则出现了一定程度的减少,但总数变化较小;2018 年除国资委监管企业户数有所减少外,其他部委户数有所增加,其中,财政部代表国务院履行出资人职责的中央文化企业增加 7 户,总体预算范围有所扩大。

根据审计署向全国人大提交的《审计报告》显示,截至 2017 年底,中央部门所属事业单位的 4900 余户企业中,有 4100 余户(占 83%)尚未纳入国有资本经营预算范围,值得一提的是这一数字在 2011 年审计署提交的《审计报告》中就已经出现,说明 2011 年至今,中央国有资本经营预算并没有明显扩大,国有企业红利上缴还远未覆盖全部国有企业。中央企业的税后利润征缴情况尚且如此,地方性国有企业那就可想而知了。因此,虽然国有资本经营预算内上缴税后利润的中央企业数量相比过去已呈现出增加的态势,但所占比例仅为所有中央各部委下属企业数目的大约 1/8,还有大量的中央国有企业没有将其税后红利上缴国家财政。尤其是利润丰厚的金融类国有企业,到 2017 年都还未被列入上缴红利的范围之内。

习近平在中央政治局第十三次集体学习时指出:"金融活,经济活;金融稳,经济稳。经济兴,金融兴;经济强,金融强。经济是肌体,金融是血脉,两者共生共荣。"金融是国之重器,是国民经济的血脉,金融行业对于经济发展起到巨大的促进作用。国家统计局发布的《改革开放 40 年经济社会发展成就系列报告》指出,改革开放以来,我国银行、证券、保险等金融体系日益健全,金融业繁荣稳定发展。1979~2017 年,金融业增加值年均实际增长 12.2%,高出服务业年均实际增速 1.7 个百分点,占 GDP 的比重从 1978 年的 2.1% 提高到 2017 年的 7.9%[1]。

图 7-5 描绘了 2007~2018 年金融业对 GDP 的贡献值变化趋势,从 2007 年的 15173.7 亿元增加至 2018 年的 69099.9 亿元,增长速度可见一斑。由此可见,金融类国有企业在所有国有企业当中利润不容小觑。作为中国最大的金融投资国有独资

---

[1] 国家统计局.改革开放 40 年经济社会发展成就系列报告[R].2018.

公司汇金公司2012年的净资产总额达到了4.8万亿元（相当于当年我国GDP的9.25%），实现净利润总额8000多亿元。根据2012年国有四大商业银行披露的年报可知四大行的净利润总额为7229亿元。相比之下，具有资源垄断优势的中国石油、中国石化、中国海油当年的净利润就逊色得多了，分别为1153.26亿元，639亿元，636.9亿元[①]。2013年上半年，五大国有银行净利润合计4660.88亿元。此外，《金融业发展和改革"十三五规划"》提出金融服务业的增加值占GDP的比重要进一步扩大。金融业特别是国有银行、券商、保险等机构的盈利能力可见一斑，这笔国有资本收益也相当可观。可以说，没有涵盖金融业的国企红利上缴范围不管怎样扩大终究是不全面的。

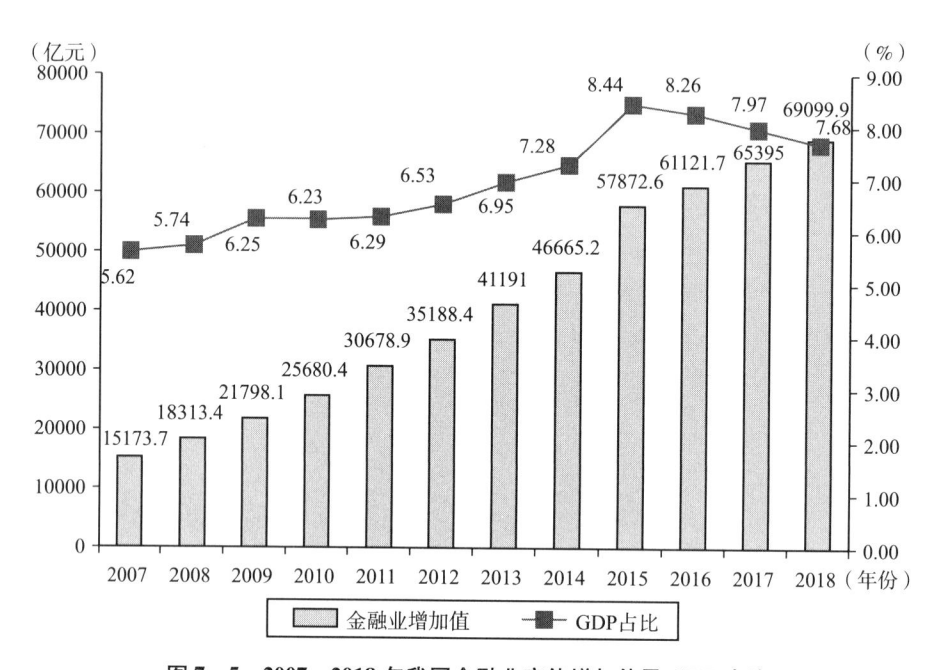

图7-5 2007～2018年我国金融业产值增加值及GDP占比

资料来源：中华人民共和国国家统计局．中国统计年鉴2019［M］．北京：中国统计出版社，2019．

五、红利分配民生支出比例偏低

国企红利的民生分配是将留存收益用于教育、就业、医疗卫生事业、环保等方面，旨在改善公众生活，提高人民福祉。当前，不论是制度设计之初的"必要时"安排支出还是实践执行中总量的缓慢增长，国有资本经营预算支出并未体现民生分

---

① "三桶油"2012年净利润均下滑 资源基础进一步巩固［EB/OL］．http：//news.xinhuanet.com/energy/2013-03/25/c_124497650.htm.

配倾向。国有企业是全民所有制的企业，其税后利润理应由全民股东共享。但实践中，囿于各种困难和阻力，国有企业红利民生支出比重始终偏低。

(一) 制度施行初期国企红利分配次序先国企后民生

根据《国务院关于试行国有资本经营预算的意见》，国有资本经营预算支出可以分为国有经济调整支出、调入一般公共预算用于保障和改善民生支出、国有股份减持补充社保基金支出、解决历史遗留问题及改革成本支出、公益性设施投资支出、战略性产业发展支出、支持科技进步支出、保障国家经济安全支出、对外投资合作支出、国有企业政策性补贴和其他国有资本经营预算支出，可以将这些支出归纳为资本性支出、费用性支出和其他支出三类。廖添土（2013）指出，资本性支出主要是根据国家产业发展规划，进行国有经济布局和结构调整所产生的企业改制、重组以及技术创新等支出；费用性支出主要是用于支付国企改革成本，解决历史遗留问题，包括困难企业职工养老保险、离退休职工医疗保险、特困企业职工生活补助、分离企业办社会职能[①]、企业后勤服务社会化等涉及企业职工切身利益的问题以及重点行业节能减排；其他支出主要是用于社会保障方面[②]。然而其他支出中对于民生支出并没有专门硬性规定，仅有提及"依据国家宏观经济政策以及不同时期国有企业改革和发展的任务，统筹安排确定。必要时，可部分用于社会保障等项支出"。这就是被外界解读为国企红利民生支出"适度"和"从低"的原则，这两个原则也饱受社会争议，但从政策制定者的角度考虑，国有企业红利过去长达14年不分红，现在实行分红政策，必然面临种种困难和阻力，为了减少这种困难和阻力，顺利推进国有资本经营预算，在制度实行的过渡期将国企红利更多返回国有企业，少部分用于民生支出，显然是一个比较理性的决策。

根据财政部网站公布的数据，在制度实行初期，中央国有资本经营预算支出在2008年、2009年两年共达1553.3亿元，其中用于社会保障类的预算支出约15亿元[③]。从2008年至2010年制度实行早期的国有资本经营预算的支出结构情况看，用于国企内部的资本性支出及费用性支出比重很大，均在95%以上。这表明国家财政将国企上缴的税后利润一大部分又用在国企身上，支撑国企投资和发挥职能，国有企业自身发展的地位远远高于民生的社会福利。

[①] 国有企业办社会职能是指由于历史等原因，国企承办了本应由社会化经营主体或公共机构承办的各种社会服务职能，主要包括职工住宅"三供一业"（供水、供电、供气及物业）、离退休人员管理、承办教育机构、医疗机构和消防市政等。
[②] 廖添土，廖雅珍. 国有企业红利分配：制度变迁与改革前瞻[J]. 龙岩学院学报，2013，31（1）：99-104.
[③] 林裕宏. 国企红利分配的民生导向探讨[J]. 地方财政研究，2013（8）：61-62.

(二) 近年来国企红利民生支出比重虽有增加但仍偏低

2011年以来,国有企业红利上缴比例经过了多次调整,国有企业利润上缴总量和比例均有较大提高,制度推行面临的阻力也有所减少,党中央和国务院因此适时地做出提高国有企业红利民生支出的决定安排。党的十八大亦提出要提高国有资本收益上缴公共财政比例,更多用于保障和改善民生。中共十八届三中全会通过的《中共中央关于全面深化改革若干重大问题的决定》明确指出,划转部分国有资本充实社会保障基金。完善国有资本经营预算制度,提高国有资本收益上缴公共财政比例,2020年提到30%,更多用于保障和改善民生。2011年,从国有资本经营预算调转进公共预算用于充实社保等民生以及补充养老保险基金的只有90亿元,这只占到了支出总额的10.48%。而到了2012年、2013年,这一比例不仅没有提高反而降低了,分别减少到了8.01%和7.05%[①]。2014年之后,国家开始加大国企红利的民生支出比例。如表7-11所示,2014年中央国有资本经营预算民生支出占比提高到了12.64%,2015年和2016年继续提高到14.25%和14.38%,尤其是到了2017年,中央国企红利上缴后的民生支出占比提高到20.19%。因此,应该肯定的是,近年来中央国有企业资本经营预算支出民生占比增速很快,反映了中央加大国企红利民生支出占比的决心和魄力,但也必须看到,目前中央企业国资预算支出的民生占比还是偏低,国企预算支出仍然是以资本性支出和费用性支出为主,仍然是国企"体制内循环"的基本特征。

表7-11　　　　中央国有资本经营预算民生支出情况(2010~2017年)

项目	2011年	2012年	2013年	2014年	2015年	2016年	2017年
补充社保基金(亿元)	50	20.1	65	10.42	11.36	12.47	29.34
调入公共预算(亿元)	40	50	11.34	184	230	246	257
社保等民生性支出(亿元)	90	70.1	76.34	199.42	241.36	258.47	286.34
中央国资预算支出(亿元)	858.56	875.07	1083.11	1578.03	1693.98	1797	1418.03
占比(%)	10.48	8.01	7.05	12.64	14.25	14.38	20.19

资料来源:根据财政部网站历年关于中央国有资本经营预算的说明整理计算。

因此,国有资本经营预算支出总额虽然有所增长,但总体上红利支出安排中民生占比仍然未能达到民众的需求。虽然国有资本经营预算支出中用于民生支出的比

---

① 苏贵斌. 公平视角下的国有企业红利分配制度改革 [J]. 石家庄铁道大学学报(社会科学版), 2015, 9 (2): 38-42, 54.

重不断加大,但依旧处于一个相对较低的水平,用于国企历史遗留问题和改革的成本支出以及国有企业经济调整支出是国有资本经营预算支出的主要流向,国企红利"取之国企,用之国企"的现象依旧存在。由此可见,2007年《国务院关于试行国有资本经营预算的意见》"必要时"用于民生的提法将民生置于较次要的地位,形成的民生红利分配"适度、从低"的格局实践中目前还没有发生根本性变化,以国有企业红利为主要来源的国有资本经营预算体系实践中仍然主要用于调整国有资本在不同行业与企业间的配置,民生投入比重仍然偏低[①]。

(三) 国资收益民生分红比例也低于国际水平

由于欧美国家有健全的监督控制体系,国有企业的经营、管理和利润分配大多需经议会(国会)或董事会审议,代表民意的议员会主张国企红利的分配倾向民生领域。从世界范围来看,大多数国家将收缴的国企红利投入国家公共事业。例如,在发达国家中,美国阿拉斯加州政府所进行的全民共享分红实践则让民众切实享受到了福利。阿拉斯加州的永久基金年盈利能力超过10%,已位居全球100家最大的基金之列,成为国有资源利益全民共享的突出代表。自1982年至今,阿拉斯加州政府连续多年向当地住满6个月以上的居民派发社会红利,2014年,阿拉斯加州永久基金已实现超过人均2000美元的社会分红[②]。意大利则采取国家参与制,规定国企红利上缴65%给国库进行统一划拨,主要用于提高公众的福利。英国实行中央和地方两级财政预算体系规定国企红利上缴国库,政府利用部分国企红利给每个新生儿童建立"教育账户"作为成长或教育基金。受此影响,拉美、以色列乃至美国新墨西哥州也发生了要求实行全民共享分红的民主示威活动。而在发展中国家中,蒙古国形成了矿产分红模式。2011年3月,蒙古国真正将"让国家矿产资源的收益惠及每个公民"的承诺落到实处,发放给全体公民陶勒盖煤矿总股票份额中的10%作为红利股票(折合15亿股)。全体公民获取的不仅仅是现金红利,还包括股票红利。由此可见,国有企业向股权所有者分红已经成为国际通行的做法。

整体来看,我国国企红利民生分配比例却仍低于国际水平,我国全体公民尚未享受到国企红利分配带来的福利。因此,必须借鉴国际经验,不断缩小差距。从理论上来说,国有资产属于全体国民所有,国有资本的收益理应惠及更多的国民。国家收缴国有企业的税后利润,只有使得更多的国民受益,国有资本红利分配制度才能体现出合理性。如果把国有资本利润和全体国民割裂开来,国有企业利润上缴之

[①] 王昊. 国有企业利润分配的沿革与现状分析 [J]. 经营管理者, 2013 (8): 167.
[②] 黄东贤. 国有资产收益分配民生化: 国外实践及其借鉴 [D]. 福州: 福建师范大学, 2016.

后大部分又以各种形式返还到国有企业当中去,这就违背了现代的企业制度和股权制度,使得国有企业利润在"体内循环",从而增加代理成本,导致过度投资,损害全体国民的利益。

六、支出安排更多返回国企诱发过度投资

前已述及,由于国有企业的利润不仅上缴国家比例低,而且支出安排上由大多国有企业自身发展,形成了国有企业"体内循环"的困局,这不仅形成了国有企业高管享受高薪、国有企业员工福利过高引发社会不公外,还诱发了国有企业的过度投资和破坏市场公平竞争的社会问题。根据詹森和麦克林(Jensen and Mckling,1976)的理论,如果企业有很多的可支配现金,就会大大加剧管理层进行过度投资的可能性,提高委托代理成本。中山大学教授魏明海(2007)通过实证研究,选取了2001~2004年的国有上市公司为样本,考察了国有上市公司的现金股利政策、治理因素与企业投资行为之间的关系。研究发现国家作为国有资本出资人应当行使收益权这项股东的基本权利。通过提高国企的现金股利支付水平以减少企业内部人可以随意支配的现金流,同时强化对国企留存盈利的重新配置的监督,从而抑制其严重的过度投资行为①。

据财政部统计的数据,2008~2018年国资收益回流于国企内部的资本性支出及费用性支出分别为:100%、100%、97.73%、89.52%、91.99%、92.95%、87.36%、85.75%、85.62%、79.81%、71.60%,年平均占总支出比例高达91.07%。由表7-12所展示各个项目的支出情况可知,每一年至少88%以上的红利留存国企内部。收缴了的国企红利经过预算安排又名正言顺地回流。2008~2012年,用于国有企业产业布局和结构调整的分别为196.3亿元,59亿元,183亿元,495.5亿元,133亿元,占比29.67%。2013~2017年用于国有经济结构调整的占比为21.62%,比例有所下降。2008~2010年,用于中央企业灾后恢复重建的费用分别为81.5亿元,139.6亿元,20亿元,占比10.44%。2010~2012年,用于中央企业改革脱困补助分别为120亿元,30.5亿元,225亿元(见表7-12)。2013~2017年解决历史遗留问题及改革成本支出总额为1619.4亿元,占比达到21.15%(见表7-13)。

---

① 魏明海,柳建华.国企分红、治理因素与过度投资[J].管理世界,2007(4):88-95.

表 7-12　2008~2012 年国有资本经营预算支出项目及比重

预算支出项目	2008年(亿元)	2009年(亿元)	2010年(亿元)	2011年(亿元)	2012年(亿元)	合计(亿元)	占比(%)
国有经济和产业结构调整	196.3	59	183	495.5	133	1066.8	29.67
重点中央企业新设出资和补充国有资本	270	75	0	0	0	345	9.60
中央企业重大技术创新和节能减排	0	0	62	70	190	322	8.96
中央企业兼并重组	0	0	0	80	80	160	4.45
电信改革重组	0	600	0	0	0	600	16.69
中央企业安全生产保障、对外经济合作、财务管理信息化试点	0	0	0	10	35	45	1.25
中央企业灾后恢复重建	81.5	139.6	20	0	0	241.1	6.71
中央企业改革脱困补助	0	0	120	30.5	225	375.5	10.44
中央企业境外投资	0	0	30	30	80	140	3.89
新兴产业发展	0	0	0	45	45	90	2.50
中央企业社会保障	0	0	5	5	5	15	0.42
调入公共财政预算	0	0	10	40	50	100	2.78
补充社保基金	0	0	0	50	20.1	70.1	1.95
预留资金	0	0	10	2.56	11.97	24.53	0.68

资料来源：根据 2008~2012 年关于中央国有资本经营预算的说明整理计算。

表 7-13　2013~2017 年国有资本经营预算支出项目构成及比重

预算支出项目	2013年(亿元)	2014年(亿元)	2015年(亿元)	2016年(亿元)	2017年(亿元)	合计(亿元)	占比(%)
国有经济结构调整	379.88	615.1	265	203	193	1655.98	21.62
重点项目	336.12	374.76	—	—	—	710.88	9.28
产业升级与发展	176.76	154.25	—	100	—	431.01	5.63
境外投资及对外经济技术合作	67.9	149.5	—	—	—	217.4	2.84
困难企业职工补助	20	5	—	—	—	25	0.33
国有企业政策性补贴	—	—	88	74	70	232	3.03
保障国家经济安全	—	—	85	—	—	85	1.11
支持科技进步	—	—	20	—	—	20	0.26
安全生产能力建设	—	—	—	16	14	30	0.39

续表

预算支出项目	2013年（亿元）	2014年（亿元）	2015年（亿元）	2016年（亿元）	2017年（亿元）	合计（亿元）	占比（%）
对外投资合作	—	—	20	52.35	5.65	78	1.02
前瞻性战略性产业发展	—	—	60	100	110	270	3.53
公益性设施投资	—	—	86	25		111	1.45
转移支付	—	—	288.5	360	114	762.5	9.96
解决历史遗留问题及改革成本	—	—	527	582	510.4	1619.4	21.15
调入公共财政预算用于社保等民生	65	184	230	246	257	982	12.82
国有股减持收入补充社保基金	11.34	10.42	11.36	12.47	29.34	74.93	0.98
其他支出	5	70	—	114.41	114.64	304.05	3.97
预留资金	21.11	15	13.12	—	—	49.23	0.64

资料来源：根据2013～2017年关于中央国有资本经营预算的说明整理计算。注："—"表示该年关于中央国有资本经营预算的说明中并未提及。

据天则研究所分析，2001～2009年，国有及国有控股工业企业平均的净资产收益率为8.16%，比非国有工业企业低4.74%[①]。理论上，受边际报酬递减规律影响，资本要素的投入量达到一定程度时很难或不能促进生产。实践中，一些中央企业只重量不重质的过度扩张加剧了行业的产能过剩。据国家统计局数据显示，2007～2016年，我国国有企业固定资产投资额呈逐年递增的状态，累计增长90332.11亿元，年均增幅达十四个百分点，占全国固定资产投资额的21%～33%。而据财政部的统计数据，2007～2015年，我国国有资产的净资产收益率总体显现出下降态势，从2007年的12.1%下降到2015年的5.2%，年平均下降了10.02%。投资额不断增加，收益率却呈下降趋势，这些数据说明了我国国有企业存在盲目、低效投资（见图7-6）。

在巨额的资金支持下，国有企业不仅在国内大肆扩张，在国外也同样频频出现中央企业的巨额投资。据统计，截至2009年底，中央企业境外资产总额超过4万亿元（当年中央企业资产总额为21万亿元）。尽管拥有资金优势，但失去了行政垄断的地位，中央企业在境外陷入了"水土不服"的尴尬局面。

---

① 天则经济研究所课题组. 国有企业的性质、表现与改革[R]. 天则经济研究所, 2011-4-12.

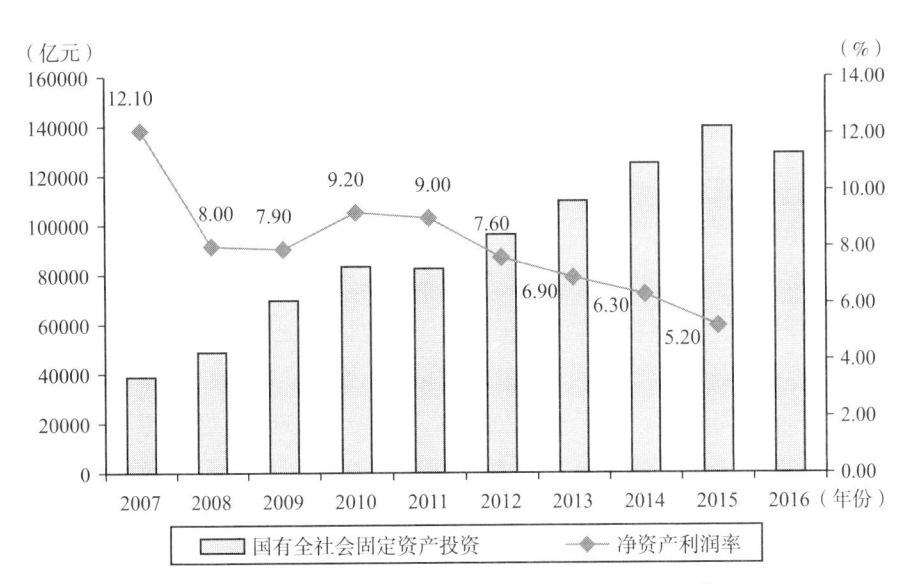

图 7-6　历年我国国有企业固定资产投资额及净资产收益率

资料来源：2008~2017年《中国财政年鉴》。

第三节　国有企业红利分配缺陷的成因分析

现行的国有企业红利分配制度缺陷亟须弥补，剖析制度缺陷的成因是解决问题的关键所在，现行国有企业红利分配制度的缺陷成因主要有以下几个方面。

一、国企多年利润未上缴的制度惯性

美国经济学家道格拉斯·诺思在其制度变迁理论中提出了著名的"路径依赖"思想。"路径依赖"（path dependence）原是用来描述技术变迁过程的自我强化、自我积累性质的，即是指新技术的采用往往具有收益递增性质，由于某种原因首先发展起来的技术常常可以凭借其优势地位，利用巨大规模促成的单位成本降低，利用普遍流行所导致的学习效应和许多行为者采取相同技术产生的协调效应，使得其在市场上越来越流行，人们也就越来越相信它会更加流行，从而实现自我增强的良性循环。相反地，一种具有较之其他技术拥有更为优良的品质的技术也可能由于晚入一步，没有拥有足够的跟随者，而陷入恶性循环，甚至"闭锁"（lock-in）在某种被动状态，无从解脱。诺思把技术变迁的上述机制扩展到制度变迁中，用"路径依赖"概念来描述过去的绩效对现在和未来的强大影响力。诺思指出，由于存在规模效应、学习效应、协作效应和适应性预期使得制度变迁具有报酬递增和路径

依赖的特征。人们一旦选择了某个制度,就好比走上了一条不归之路,惯性的力量会使这一制度不断"自我强化,让你轻易走不出去"。路径依赖原理告诉我们"历史是至关重要的""人们过去做出的选择决定了他们现在可能的选择"[1]。我国国有企业不分红的历史形成了惯性的路径依赖,其对现行国有资本经营预算制度的实行带来了较大的阻碍。

国家在1994年正式开始实施分税制改革,规定国有企业和国有资本参与投资的其他企业在利润上缴所得税之后,还要向作为国有资本所有者的国家上缴一部分税后利润,但是考虑到当时国有企业的整体经营状况不佳,作为一种过渡性措施,《国务院关于实行分税制财政管理体制的决定》规定1993年之前注册的多数国有独资老企业可以实行税后利润不上缴的办法。2007年国家颁布了《中央企业国有资本收益收取办法》,实行中央国有企业税后利润分类上缴,重启中央企业利润分配制度。然而,由于分税制下形成的特殊税利分流制度长时间存在,中央国有企业形成了税后利润留存的路径依赖,税后利润始终难以做到足额上缴。从2007年到2015年,国家几次从政策文件角度提高国有企业税后利润上缴比例,并将国有企业红利征缴比例在2020年提高到30%作为国企改革的目标之一。

二、关于国有企业所有者缺位的探讨

在我国,国有企业是国有产权的主要表现形式。在国有产权制度中,产权的直接主体是全体公民,而非某一单独个体[2],使得国有资产的收益或损失对其最终所有者并不能形成很强的激励和约束。表现在国有企业中,即最终所有者全民股东并不十分关心国有企业的红利,形成了国有企业的所有者缺位。究其根源,一方面,若对国有企业进行监督,每一公民因企业的盈利(或亏损)所获得(或承担)的收益(或损失)都微乎其微;另一方面,为获取(或避免)该微小收益(或损失),公民需付出比预期收益(或损失)更为高昂的代价[3]。这两方面的因素导致作为国有企业最终所有者的全体公民缺乏监督国有企业的动力,所以公民个人就可能对国有产权持漠不关心的态度。

由于国有企业实现的利润总额是总收入扣除总成本(包括国企经营者和员工的薪资)后得到的,并应在缴税后按比例分配给股东,剩下的才能留存企业继续投资。同时,鉴于我国国有企业的特殊性,作为主要债权人的银行也缺乏监督其股利政策的动机。因此,根据利益相关者理论,在众多利益相关者中,与国有企业利

---

[1] 道格拉斯·C. 诺思. 经济史中的结构与变迁 [M]. 上海:上海三联出版社,1994:1-2.
[2] 刘凡,刘允斌. 产权经济学 [M]. 武汉:湖北人民出版社,2002:197.
[3] 刘凡,刘允斌. 产权经济学 [M]. 武汉:湖北人民出版社,2002:200.

润分配直接相关的利益主体主要包括全民股东、政府监管者（兼股东代理人）和企业管理者。

从现实来看，国有企业所有者缺位这一问题已经有诸多学者展开了研究，孟鹏[1]、史正富、刘昶[2]、朱星文、刘泽民[3]、郭祁战[4]等均认为我国国有企业存在所有者缺位，从而导致国有企业的效率低下，当然也有学者（陈永正，2001[5]）反对国有企业"所有者缺位"这一提法，认为我国国有企业所有者是明确的，即国有企业是全民所有制企业，全体人民是国有企业的所有者，国有企业缺位的不是"所有者"，而是"所有权"，他们认为我国国有企业存在国企所有权的缺位构造格局，这就是：一方面，劳动者群体作为全民的局部代表者未能获得必要的法权表现，即未能被赋予国企所有权的微观权能；另一方面，国家作为全民的整体代表者获得充分的法权表现即被赋予国企所有权的宏观权能的同时，代替劳动者群体直接充当所有者的局部代表者并越位行使国企所有权的微观权能，从而出现国家角色越位。

上述学者的研究成果表明，不管是"所有者缺位"还是"所有权缺位"，都表明我国的国有企业治理机制中"所有者"不能有效发挥作用的问题。现实中，国有企业因为所有者未能发挥有效监督和制约作用而导致的经营问题屡见不鲜。

三、国有企业代理成本过高

现代经济对资金和技术规模的要求都很高，企业终极所有权与资产经营管理权的分离不可避免，国有企业亦是如此。国有企业的最终所有者是全体公民，但全民所有者不是一个独立的个体，集体实施产权主体职责的成本过大，亦缺乏现实可行性。因此，需要政府作为全体公民的代理人，代替全民行使所有者的权利。在我国，国有企业由国资委通过国有资产经营公司来管理，委托代理层次体现为：全国人民—全国人民代表大会—全国人民代表大会常务委员会—国务院—国资委—国有资产运营公司—国有企业，委托代理链条冗长且复杂。

从学术研究来看，例如，党印（2011）认为，国有企业问题的根本症结在于多重委托代理关系。中央和地方两级政府、两级国资委、国有企业集团及下属企业等冗长的代理链条使逆向选择和道德风险的概率逐层增加，寻租及合谋行为滋生，

---

[1] 孟鹏. 浅析国企改制中的公司治理问题 [J]. 山西农经，2017（9）：75 - 76.
[2] 史正富，刘昶. 看不见的所有者——现代企业的产权革命 [J]. 决策探索（下半月），2012（12）：54 - 55.
[3] 朱星文，刘泽民. 管理层问责：后国企改革时代的新课题 [J]. 当代财经，2010（11）：77 - 85.
[4] 郭祁战. "公众治理"是国企改革面临的必然选择 [J]. 广西电业，2006（9）：7 - 10.
[5] 陈永正. "所有者缺位论"质疑 [J]. 西南民族大学学报（哲学社会科学版），2001（11）：145 - 148 + 235.

权利与责任难以对等,最终导致效率低下。张维迎[①]分析了公有经济的委托——代理关系及对效率的影响,证明了公有经济的效率随着委托—代理层次的增加而递减,国有企业的高昂代理成本可以归因于这种庞杂冗长的委托代理关系。他指出,中国的国有企业改革没有解决经营者的长期激励问题和经营者的选择问题,因为国有企业的经理是政府官员而非真正承担风险的资产所有者选择的。这一理论得到了经验支持,刘德强[②]利用其在1999年对中国钢铁企业比较集中的辽宁、河北、四川和江苏四省的20余家不同所有制类型的企业1995~1999年的调查数据,在对国有企业、乡镇企业以及股份企业和三资企业进行统计分析后发现,国有企业的经营者不仅努力不足,能力也不足,这意味着我国目前的国有企业,不仅缺乏对经营者的激励机制,同时也缺乏对经营者合理的选拔机制。平新乔、范瑛、郝朝艳[③]对中国国有企业代理成本的规模、原因做了估计与分析发现,在现存的国有企业体制下,代理成本使企业效率只达到了30%~40%。模拟估算的结果显示,采取租赁、出售或租售国企的方式,大约可以使利润潜力的利用率增加20个百分点。李寿喜[④]选择政府管制较少、竞争较为充分的电子电器行业作为研究对象,考察了产权制度与代理成本和代理效率的关系,研究发现,在代理成本上,国有产权企业普遍高于混合产权企业,混合产权企业高于个人产权企业,在代理成本差异上,混合产权企业与个人产权企业的差异小于与国有产权企业的差异。而且,随着市场竞争程度的提高,各类产权企业的代理成本都呈现下降趋势,其代理效率呈现增高趋势。

　　由于固有企业委托代理关系的存在,出资者往往无法在内部参与国有企业的日常经营活动,企业的经营管理通常由管理者进行。因此,管理者掌握着更多有关企业经营管理的信息,拥有更多的信息优势。由于管理者和出资者的目标不一致,存在一定的利益冲突,在理性经济人动机下,管理者会利用信息不对称优势追求个人利益最大化,在总利润中,尽量争取为自己分割到相比于自己的努力更大的一块,获取不应有的收益,即控制权私利[⑤]。控制权私利是指企业现金流量中由经营者享有的私人收益,如高薪及特殊津贴等[⑥];与其对应的是控制权公共收益,即股东所得的股息流量现值。按照这一理论,管理者低效投资、豪华办公、在职消费等都属于控制权私利的范畴,都是以管理者自身利益最大化为目标,却损害了全民股东的

---

① 张维迎. 国有企业面临生死抉择 从国企病态现象看产权改革 [J]. 中外管理导报, 2000 (10): 12 - 14.
② 刘德强. 国有企业的经营者: 是能力不足还是努力不足——关于钢铁工业的实证研究 [J]. 经济学 (季刊), 2002 (1): 419 - 434.
③ 平新乔, 范瑛, 郝朝艳. 中国国有企业代理成本的实证分析 [J]. 经济研究, 2003 (11): 42 - 53 + 92.
④ 李寿喜. 产权、代理成本和代理效率 [J]. 经济研究, 2007 (1): 102 - 113.
⑤ 毛程连. 国有资产管理新学 [M]. 上海: 复旦大学出版社, 2005: 67.
⑥ Grossman S. and O. Hart. The Costs and Benefits of Ownership: A Theory of Vertical and Lateral Integration [J]. *Journal of Economics*, 1988 (11): 42 - 64.

利益，造成了资源极大的浪费和效率损失。

由于代理问题的存在，控制权私利成为国有企业管理者对抗分红的有力工具，大大减少了本属于全民股东的利润总额。单纯强制性提高分红比例所导致的结果，或者是加剧管理者的控制权私利，或者是促使管理者通过融资来弥补分红造成的资金空缺，带来更大的成本损失和浪费，并不能真正还利于民。因此，短期内政府无法大规模提高分红比例，也无法将红利全部或多数用于民生。对于某些关系国计民生的行业，强制性分红更要慎之又慎。

四、国有企业监管约束机制有待完善

中纪委在2015年8月3日发表《深化改革 健全制度 加强监管》一文，文章指出国有企业制度不健全、监管不到位的现象普遍，对资产和资金的管理疏松，国有资产成为被少数人瓜分的"唐僧肉"[1]。国有企业红利分配制度的有效执行需要相关的配套措施，长期以来，我国国有企业政企不分、产权不清、企业制度不健全、内部控制体系缺失等问题始终存在，国有企业的监管和约束机制并不完善，这使得我国国有企业的红利分配制度难以有效执行。

中共十一届三中全会以来，我国国有资产管理体制改革分别经过了20世纪七八十年代的以放权让利为特征的初步探索时期和以两权分离为特征的进一步探索阶段，进入了以建立现代企业制度和实施国有资产战略性改组为特征的改革阶段[2]。中共十六大提出要建立"管资产和管人、管事相结合的国有资产管理体制"，是新一轮国有资产管理体制改革的开端。2003年国有资产监督管理委员会的成立标志着新型国有资产监督管理体制的初步建立。2009年《中华人民共和国企业国有资产法》（以下简称《国有资产法》）的施行，标志着我国现行国有资产管理体制基本形成。经过30多年的改革，我国基本上建立了一套政企分开，权责利相统一，管资产和管人、管事相结合的国有资产管理体制。国有资产管理体制的建立和完善是国有资本经营预算执行和监管的制度保障。另外，一些相关法律的出台也为国有企业收益分配体制的监管奠定了法律基础。2012年《国有企业负责人职务消费行为监督管理暂行办法》、2014年《央企负责人薪酬改革方案》的颁布为有关部门对国有资产收益分配的监管提供了法律保障，为进一步提高国有企业收益分配的监管水平奠定了法律基础。可以说，自国有资本经营预算实行以来，国有企业的收益分配逐步趋于科学化和合理化，国家通过国有资本预算管理使得国有企业的收益在一

---

[1] 深化改革 健全制度 加强监管[EB/OL]. 人民网，2015-08-03.
[2] 黄速建，金书娟. 中国国有资产管理体制改革30年[J]. 经济管理，2009（1）：23-29.

定程度上连为一体并通过国家实现再分配从而惠及国民，如此一来，不仅增加了国家财政收入、提高了政府的宏观调控能力，还减少了国有资产的流失。在国家与国企之间的收益分配中，国家是根据国有企业的收入来安排中央级国有资本经营预算支出，实现编制独立。这种新型的利润分配制度克服了以往国有资本收益分配体制中收支混乱的问题，但由于监管和约束机制的不完善，使得我国国有企业的收益分配仍存在较多问题。

首先，国有资产监管机制不完善。一是国有企业外部监督没有发挥应有作用。一方面政府监督目前的效用还未能显现，政府审计效率和质量也有待提高。另一方面国民作为国有企业权利主体的"主人翁"意识还很淡薄，对于国有企业监督的参与度还很低。二是缺乏相关的信息披露制度。国有企业是一个公共企业，其有义务向公众披露财务及其他重大信息。国有资本经营预算应提交人大审议并及时向社会公示，接受社会监督。而我国现有的国有资产经营预算并没有建立相应的信息披露制度，国有资本收益的资金使用去向不够公开透明。三是缺少相应的审计制度。由于现有的审计制度缺失，很多国有企业负责人由于内部人控制等原因，刻意寻找法律漏洞，实现利润转移，使得国企的红利无法如实上缴，存在大量国有资产流失的问题。

其次，国有企业的约束机制不健全。第一，国有企业的经营者经营风险意识不足，由于企业高层的收入和企业的绩效相关性较少，企业经营者目标和企业目标不一致，国家对国有企业承担无限责任，经营者不承担经济和法律责任。第二，国有企业经营者的综合素质、专业知识总体来说还不够高，自我约束的能力较差，不仅不足以提高企业的管理水平和经济效益，而且在如数上缴税后利润上也缺乏自觉性。第三，国有企业内部现代企业制度不健全，所有者"缺位"，企业经理层受股东约束相对较少，遭到解雇的可能性也较低。从企业外部来说，顺畅的产权市场和健全的经理人市场缺乏，使得企业的经营者缺少外部的市场约束。因此从企业的内外部来看，企业的经营者都缺乏足够的约束，这使得他们有很大的空间来操作企业可供分配的税后利润数目，这无疑会使得可供分配红利减少，造成社会福利受损。

国有企业监管和约束机制的不完善使得国有企业利润有可能落入少数人手中，分红资金无法保证，国有企业可用于分配的红利比实际要低很多，上缴国家财政的利润减少，这无疑将损害广大人民的利益。

五、国企利润上缴激励机制待完善

建立与完善国有企业高层管理人员的激励约束机制是深化国有企业改革、完善公司治理、实现国有企业改革目标的一项重要内容，其对国有企业红利分配制度的改革和完善同样至关重要。就目前国有企业高层管理人员的激励机制而言，不能说不存在相配套的激励措施，但并未形成制度化、规范化的激励体系，而在国企红利上缴上更是相关甚少。

从我国国企经营者激励机制目前的运行现状看，我国从中央到地方对国有企业经营者的激励机制还处于不断探索中，虽然取得了一定成效，但是仍然存在激励模式还不够多、激励力度还不强、经营者行为还偏重短期化等问题，以下结合西南某省对国有企业经营者的调查数据[①]和上海荣正投资咨询有限公司与上海证券报联合举办的"中国上市公司经营者持股专题调查"资料[②]进行分析说明：

一是缺乏对国有企业高层经理有效的报酬激励，还未从机制上促使职业经理形成声誉观念。

二是目前对国有企业业绩考核的有效程度较低、激励方式激励有效性不足。国有大中型与小型企业认为对高层经理业绩考核的有效性分别为69.4%与76.3%，低于上市公司、民营企业和非上市股份制企业92.1%、94.0%和81.4%的比例。国有大中型企业领导认为激励方式有效的仅为29%，认为不大有效占48%，认为无效占20%。

三是目前的业绩考核机制促使国企经营者行为短期化趋势严重。对所有样本企业的调查表明，10%的人认为取决于5年以上，40%的人认为经营者的收入和奖惩应取决于未来3~5年的工作成绩，24%的人认为取决于2年的工作业绩，26%的人认为取决于未来1年的工作业绩。

四是经营者持股的股权激励方式还处于起步阶段。在问及"哪种方式最能激励你的工作热情"时，43%和43%的人分别选择了"给予事先约定的奖金数量""从利润中提取一定比例的奖金"，3%的人选择"赠与干股"，1%的人选择"赠与购买股票的权利"，10%的人选择"赠与企业股票"。调查表明，虽然企业高层经理认同赠与企业股票是最有利于企业长远发展的激励形式，但从个人角度而言，最愿意接受的是奖金形式，这既表明高层经理不愿意承担风险的心态，也表明高层经理对企业未来预期差，不愿意采取长期化的行为。在问及"哪种方式最适合企业的长期发展"时，选择"赠与企业股票"的比例最大，为35.4%，选择"赠与购买股票的权利"的比例仍然少。这除了反映高层经理不愿承担风险和采取长期化行为的心态外，还说明人们对股票、股票期权之类激励方式的接受还有一定的困难。

五是还未能很好地运用马斯洛的需求层次理论，不能很好地实现企业家的价

---

① 黄群慧，李春琦. 报酬、声誉与经营者长期化行为的激励 [J]. 中国工业经济，2001 (1).
② 激励机制与经营者持股 [N]. 21世纪经济报道，2001.6.

值。根据调查情况统计，现阶段企业家和骨干人员的价值实现不如人意。认为企业家和骨干人才所做的贡献能够得到完全体现的比例较低，明确表示人才价值没有得到实现的占15%，价值体现不明显的几乎占了一半。

因此，我国固有企业激励机制总体有待进一步完善，激励效果有待提高。我国国有企业高层往往兼具企业经营者、企业家和政府官员等多重身份，国企管理人员都是行政任命。在现代的企业制度中企业经理人的收入往往要与企业的经营状况挂钩，但是在国有企业中收入水平往往都要根据学历、职称、级别等非经营因素来决定，国企管理者的收入水平和企业经营情况的关联性较差，使得国企高层的付出和回报难成比例，这就难免产生了对自身利益重视程度要高于企业利益甚至股东利益的情况，增加了他们在控制企业支出控制各种成本方面的随意性。在国有企业中，虽说年薪制已经被采用，但是这一制度的落实程度还有待提高，而类似股权激励制度和养老金制度更是缺失。对于人员的考核指标、考核方法也缺乏相应的管理机制。而在足额上缴国企红利问题上，目前的激励机制更是鲜有涉及，既不存在足额上缴的相应激励，也没有对为完成目标的约束机制。因此，对国有企业经营者而言，其没有动力主动上缴国企红利，甚至有冲动进行"资源转移"。

党的十八届三中全会上发布的《中共中央关于全面深化改革若干重大问题的决定》指出要在2020年把国有资本收益上缴公共财政的比例增加到30%作为国有企业改革的目标之一。随着国有企业利润上缴比例的不断提高，国有企业内部人员可以享受的收入空间将会被进一步压缩。在国有企业红利上缴缺乏激励约束机制的情况下，企业"内部人"出于效用最大化的经济考虑，必定会将国有企业利润前移，来减少红利上缴的基数。

上述的制度缺陷使得我国当前国有企业的红利分配制度并不完善，想要推进国有企业利润上缴，甚至实现全民分红，使得国有红利惠及全体国民，提高社会福利，因此，从政策上和实际执行上都还有很长的一段路要走。虽说我国国有企业现行的红利分配情况相对国际水平抑或是人们期望的水平而言还存在一定的差距，但就从政府改革的决心和现今的发展趋势而言，我们还是可以有所希冀的。随着国有企业改革的不断深入、国有资本经营预算制度的不断完善，国有企业改革成果惠及全民的目标也将逐步实现。

六、国有企业财务监督不够透明

财务监督体制是财务治理的主要组成部分，也是公司治理的核心，是产权制度和委托代理关系发展的必然结果。国有企业的财务监督体制主要由国家、政府机构的外部监督和企业内部治理机构、职能部门的内部监督组成[①]。然而,内部监督的主要组成机构和人员大多数处于经营管理者的管辖范围内,直接执行经营管理者的财务监督指令,监督程序不规范。对于投资、贷款和并购重组等国有企业的重大财务决策,只要董事会讨论通过,即可付诸实施。在国家股为第一大股东的情况下,企业在治理结构方面倾向于董事兼任经理职位[②],很容易形成总经理自己监督自己的局面。

内部监督乏力,外部监督也并不乐观,主要表现在以下三个方面:其一,未能有效监督高管违规谋私利的行为。对于国有企业高层管理人员存在的私设小金库、过度职位消费、利用招投标谋取私利、利用职务便利私设企业转移国有资产等违规行为,缺乏有效的财务监督,造成国企高管畸形消费,极大地侵害了终极所有者的利益。其二,对国有企业的财务报告等会计信息的真实性不能及时、有效监督。定期公布的财务报表是国有企业财务信息的主要来源,是外部审计的重点。然而,国有企业的年度财务报告等资料很容易在管理层的作用下,被人为修饰,从而导致严重的账实不符,造成监督者与被监督者之间的信息不对称,弱化了外部监督的作用。其三,年度财务报告审计委托关系存在问题。在外部监督体系中,政府审计部门是审查国有独资企业财务报告的主要责任主体,证券会监管下的股份制国有企业却主要靠第三方会计师事务所来出具审计报告。为控制会计师事务所的审计意见,国有企业高管通常制定较短的聘用期,若所聘事务所"不合意",期满即重新选聘。这样的委托制度迫使很多事务所违心发表审计意见,对国企高管违纪问题的揭露缺乏积极性,甚至出现审计鉴证严重失真的现象。

七、国有"僵尸企业"僵而不死

"僵尸企业"并非凭空出现,它们的产生与我国经济大环境、地方政府供养及企业本身问题密切相关。改革开放以来,虽然中国市场化不断深化,但不可否认的是中国市场制度还很不完善,市场配置资源的能力还没有完全发挥,政府部门对经济的干预程度较深,导致政企不分、资源配置扭曲的现象长期得不到缓解。众多"僵尸企业"不能退出市场,在很大程度上源于转型经济的预算软约束。从"僵尸企业"形成的表面现象看,其直接受外部冲击的情况显现出来,但本质在于其自身效率的低下导致其抗风险能力较差。"僵而不死"说明有非市场的因素在支撑企业继续留在市场,使得市场无法及时出清。

---

① 饶晓秋. 国有公司治理中的财务监督体制研究 [M]. 北京:中国财政经济出版社,2006:116-137.
② 林朝南. 中国上市公司控制权私利影响因素的理论与实证研究 [M]. 北京:中国经济出版社,2011:55.

（1）政企关系扭曲是"僵尸企业"产生并长期存在的主要因素。一是地方政府对经济的过度干预导致众多企业在市场的灰色地带"野蛮成长"，抗风险能力较差。尽管我们市场化的改革在不断推进，但计划经济遗留下来的政府决策主导发展方向、政府配置资源的经济发展方式还有很大的市场。特别是在市场化的初期，政府对经济的干预较深，给政企结合带来了较大的空间。通过与地方政府建立"良好"的关系，能为企业带来土地、税收等各种资源获取上的好处，因此，企业也热衷于将资源用在维系政府关系上。这就造成了企业内部资源的错配，企业在创新等资源的配置上就会被挤占，企业的竞争力提升有限，形成一个恶性循环。当市场环境有所恶化时，由于整体技术含量不高、产品附加值低，无法实现资源合理配置，不能提供社会需要的产品、服务以及劳动者充分就业的机会，难以接入新的社会产业链和价值链，企业就容易陷入经营亏损、复苏能力有限的困境，进而"僵尸化"。二是地方政府与潜在"僵尸企业"的利益捆绑。正是由于政府过度干预市场，破坏了市场的功能，与潜在的"僵尸企业"形成了利益共同体，面对"僵尸企业"的破产危机，地方政府出于政绩和社会稳定的考虑，不愿企业倒闭破产，在地方财政收入增速放缓甚至下降的情况下，失业救济等支出将使地方政府面临更大的财政收支压力，从而对"僵尸企业"难以痛下"杀手"，持续利用财政补贴或动员债权银行支持等手段，寄希望于企业能够继续维持、风险在短期内不爆发。毫无效率的不断"输血"最终导致亏损企业成为"僵尸企业"。

（2）长期投资刺激政策造成产能过剩，以及企业市场化程度低与转型升级慢，是催生"僵尸企业"的重要因素。我国长期实行的以投资刺激为主的增长模式是造成产能过剩的主要原因。从2005年中央就已经开始关注产能过剩问题，在2012年的中央经济工作论坛上，修复产能过剩问题成为了平衡经济的核心。2012年国际货币基金组织发布的文件显示，我国的平均资本利用率从2007年底的80%下降至2011年的60%，显示着经济运行效率减慢。产能过剩影响了我国的许多行业，包括化工、钢铁和可再生能源这样的新兴产业。产能的过剩会导致产量的过剩，但产量的过剩并不直接推断出产能过剩，产能过剩是供给端因素，而产量过剩还可能糅合需求端因素。从行业分布看，"僵尸企业"主要分布在重化行业，企业市场化程度低与转型升级慢也是"僵尸企业"大量产生的重要原因。部分企业抓住政府追求GDP、稳定、就业的心理，同时强调企业是城市名片、历史贡献较大，对地方政府进行"道德绑架"。这种心态在传统国企中尤为突出。在"僵尸企业"中，国企的数量并不多，但却占据了亏损总额的70%左右，因为国企的体量都比较大。国企的70%处在钢铁、有色、水泥、石油石化等过剩的重化工业，是去产能的"重灾区"。

（3）地方政府的GDP考核导向，通过银行或政府的不断"输血"维持现状，这是"僵尸企业"存在的重要原因之一。早在2009年初,中国经济持续下行,各级地方政府纷纷鼓励当地的传统制造企业大肆扩张产能,从而对当地GDP增长起到一时的作用。多年来唯GDP导向的结果下催生了一批"僵尸企业",因为一些大型"僵尸企业",承载着就业、税收等重要责任,地方政府出于社会稳定的考虑,既不敢让这些企业破产,也没能力使其获得新生,同时,在地方政府看来,辖区内的上市公司屈指可数,如果因经营不善、业绩欠佳而退市或倒闭,实在难以对外交代。而作为地方政府辖区内的大型国企,关乎地方政府的"面子"和形象工程,地方政府当然也要出手援助,使其顺利通过每年的"保壳战"。再者,只要"僵尸企业"一直成为A股市场的"不死鸟",便可以顺利在资本市场上融资。鉴于A股市场的融资功能的重要性,很多"僵尸企业"都想方设法避免退市。有的并非靠主业扭亏为盈,而是靠出卖名下土地或固定资产获得的收益,使报表扭亏,从而达到暂时摆脱退市风险的目的。我国经济进入新常态之后,一些市场之外的人为因素导致了"僵尸企业"的大量出现。最主要的就是部分地方政府出于保就业、保稳定的考虑,干扰企业正常破产退出。2012~2014年期间,前述266家上市公司共获得政府补助达356亿元。此外,它们还从资本市场募集资金高达2500亿元。以重庆钢铁为例,其2012~2014年分别获得各项补贴为20.04亿元、9.23亿元,同期利润分别为99000元、-24.99亿元、0.51亿元。①

(4)市场化退出机制的不完善使很多"僵尸企业""僵而不退"。按照市场化的原则,"僵尸企业"本应该是退出市场的,但造成现阶段这部分企业"僵而不退"的原因在于市场化的退出机制不完善,导致这类企业积重难返,企业难以拿到"死亡证书"。首先,2007年中国才正式施行《破产法》,依法破产的历史并不长,且最高法院至今尚未出台对《破产法》的司法解释,使《破产法》的一些具体实施细节仍不完善,在具体操作中仍有不少模糊地带。其次,按照司法程序破产的企业数量相对较少。2006年以来,全国法院受理的破产案件连续6年下降,2015年回升到3000多件。同期,通过其他渠道退出市场(包括未依法年检而被吊销或非经依法清算而径直注销)的企业却持续上升,通过司法渠道破产退出的企业不足1%。② 同时,破产案件的审理周期冗长,社会成本较高。据上海市浦东新区法院统计,2011~2013年期间,审结的28件破产清算案件平均审理期为347天。③ 同时,社会保障制度不完善,生产要素市场发展滞后,各项政策措施不配套致使政府、企业、银行、法院对"僵尸企业"市场出清望而生畏,对企业依法破产或依法重整更是很少问津。

---

① ③ 李一心. 当分类对待"僵尸企业"[J]. 上海国资, 2016 (5).
② 巩亚宁. 国有"僵尸企业"清理的难点和对策[J]. 上海国资, 2016 (8).

(5）银行出于不良贷款的考虑，难以对"僵尸企业"贸然"断供"。"僵尸企业"的另一个重要成因在于银行不断地对其"供血"，银行愿意继续对"僵尸企业"发放贷款，是因为企业的账跟银行的账是关联的。银行给企业的贷款一方面是企业的负债，但另一方面也是银行的资产。一旦贷款企业的还款能力出了问题，对应的贷款就会被当成不良贷款。按照银保监会相关规定，每一笔不良贷款都需要银行拿出一部分资本金作为风险准备金，由此银行的自有资本就会减少，资本充足率就会下降，更有甚者，一笔严重的不良贷款就有可能会直接影响到银行的经营。[1] 因此，为了避免出现不良贷款，银行会在企业刚遇到困难的时候给企业提供一笔资金，如果银行的某些客户之间有较多的商业信用往来，那么为避免某一客户倒闭导致客户之间出现连锁反应，银行就会不得已提供低息贷款。当贷款额度较大时，一家企业倒闭可能意味着多家企业同时倒闭。这时，银行就不得不救助困难企业，避免出现更多的呆账坏账，由此形成连锁反应，不敢贸然断供，这种心态也把银行与"僵尸企业"捆绑在了一起。银保监会发布的数据显示，截至 2015 年第三季度末，商业银行不良贷款余额 11863 亿元，不良贷款率 1.59%，连续 15 个季度持续上升。

---

[1] 何帆、朱鹤. 僵尸企业的识别与应对 [J]. 中国金融，2016 (5).

第八章

国有企业红利分配中的上缴遵从行为分析

行为人的遵从行为分析是近年来行为经济学中研究中的一个热点问题,主要用于研究纳税人的遵从行为,提升纳税人的税收遵从度,实现税收的及时足额上缴。本书认为,当前国有企业红利上缴存在着上缴比例低、上缴阻力大等诸多困难,国企经营者作为理性经济人,在国企红利上缴中也存在利用信息优势和内部控制优势阻碍或减小国企红利上缴的行为动机,因此,有必要把行为经济学中的遵从行为概念引入国企红利上缴分析中,从行为经济学角度出发,探讨国有企业利润上缴中的遵从与不遵从行为特征,构建国企红利上缴遵从行为模型分析国企红利上缴遵从行为的影响因素,实现国有企业红利应缴尽缴,从而构建更完善的国有企业红利上缴制度。

第一节 国有企业红利上缴遵从行为分析的必要性和理论基础

红利上缴是指国有企业将实现的税后利润按照规定上缴给作为国有资本所有者的国家。目前,学术界尚未提出"国企红利上缴遵从行为"概念,关于遵从行为的研究主要存在于税收领域。20 世纪 70 年代,美国学术界就开始进行纳税人行为分析。我国对税收行为人的研究从 20 世纪 90 年代开始,1997 年国家税务总局编制的《西方税收理论》中首次对纳税遵从行为进行界定,指出只有合乎税收法律的精神和立法意图的行为才称为税收遵从行为[1]。2003 年,我国国家税务总局正式提出"税收遵从"概念,指出纳税遵从是根据税法的规定履行纳税义务的行为[2]。

本书认为,纳税行为与红利上缴行为有诸多类似的地方,都有相关的法律制度

---

[1] 国家税务总局税收科学研究所. 西方税收理论 [M]. 北京:中国财政经济出版社,1997.
[2] 国家税务总局关于印发《2002 年 - 2006 年中国税收征收管理战略规划纲要》的通知,http://www.chinatax.gov.cn/n810341/n810765/n812198/n813086/c1207101/content.html.

作为实施依据、规定征收或上缴的实施范围、对不同主体规定不同征收或上缴比例等。因此，参考税收遵从行为的概念，本书将红利上缴遵从行为定义为：国有企业依照国家法律法规的相关文件要求，履行自身所承担的红利上缴义务，准确计算红利上缴数额，及时进行红利上缴的申报工作，按时足额地向国家上缴红利的行为。

一、国企红利上缴遵从行为分析的必要性

2003年国资委成立以来，随着国有企业兼并重组和减轻包袱改革的实施，国有企业逐步摆脱了亏损，盈利能力不断提升。近十年来，我国国有企业及国有控股企业实现营业总收入从2007年的17.87万亿元增长到2017年的52.20万亿元，年均增幅达11.32%；实现利润从2007年的1.58万亿元增长到2017年的2.90万亿元，年均增幅达6.23%。随着国有企业盈利能力不断增强，国家开始重视国有企业税后利润的征缴，国有企业红利上缴制度的改革逐步成为理论界和实务界共同关注的话题。2007年9月，国务院颁布的《关于试行国有资本经营预算的意见》指出，国企所创造的利润应按时、足额地上缴。这表明，延续长达14年之久的国有企业只缴税不缴利润的历史终于结束。此后，国家开始逐步提高国有企业利润上缴比例。2013年11月，中共十八届三中全会提出，到2020年实现国有企业红利上缴比例为30%，并逐步将国有企业红利更多地投入于民生和社会保障领域。①

然而，从实践层面来看，国有企业作为独立的市场经营主体，有其自身的利益追求，在国有企业过去长达14年不分红的制度惯性约束下，国家作为股东开始向国有企业征缴税后利润，必然面临诸多困难与阻力。这种困难和阻力，突出地表现在：一方面，我国国有企业红利上缴比例目前偏低，2007~2017年我国国有企业红利上缴比例由1.20%增长到7.26%，年平均上缴比例为6.16%，与中共十八届三中全会提出的要达到30%的目标还有较大差距，与国外国有企业红利上缴比例相比也偏低；另一方面，目前已经开始征缴的国企红利，在现实各项困难和阻力影响下，又大都回流到国有企业，形成了目前国有企业红利制度"体制内"循环的格局，国企红利难以惠及民生。造成这一问题的主要原因是，我国尚未建立保障国企红利上缴的刚性制度，国家在国有企业利益上缴行为中未能建立针对国企的有效的制衡机制，致使国有企业利用内部控制的信息优势，在理性经济人的行为驱使下，产生国有企业红利上缴的不遵从行为。

在国家与国有企业利润征缴的博弈中，国家虽然享有股东权力的强制性，但国有企业确享有信息优势，基于市场经济下"理性经济人"的利益驱使，国有企业

---

① 根据中华人民共和国财政部网站公开数据整理，http://www.mof.gov.cn/gkml/caizhengshuju/。

可以通过利润操纵、盈余管理、盲目投资、会计政策选择以及增加员工福利和在职消费等方式，对国有企业利润上缴制造各种障碍，不利于国有企业红利上缴制度的建立。因此，有必要借鉴行为经济学中的前景理论，研究国有企业利润上缴中的行为特征，减小国企红利上缴中的阻力，推进国有企业红利上缴制度的完善。因此，有必要把行为经济学中的遵从行为概念引入国企红利上缴分析中，从经济学理论和社会行为学理论的基本原理出发，构建国企红利上缴遵从行为的博弈模型，并对国有企业红利上缴遵从行为进行实证研究，探讨提高我国国有企业红利上缴遵从行为水平的对策建议，推进国有企业红利上缴制度的完善。

二、国企红利上缴遵从行为分析的理论基础

前景理论作为行为经济学理论的重要组成部分，是一门在心理学的基础上研究经济学问题的学科。前景理论假设人是有限理性的，人在做决策时不仅会考虑决策给自身带来的货币效益，还会受社会道德感知、公平待遇等非理性因素的影响，具有"利己"面与"利他"面。前景理论认为，人的决策行为具有确定性效应、反射效应、分离效应和参照点效应。

以国企红利上缴行为为例，确定性效应是指，在国企红利上缴制度完善且易于遵守，规避利润上缴行为的经济、道德舆论威慑大，风险与收益对比分明的情况下，即便转移利润拥有更好的预期收益，国企行为人仍会倾向做出遵从利润上缴的行为；相反，若红利上缴制度烦琐且存在巨大的漏洞，不完善的制度让国企无所适从，若此时国企转移利润成风，并且所承担的风险较小，则国企行为人很有可能做出红利上缴不遵从行为，因为国企更倾向接受确定的结果。反射效应认为，人们对于损失与收益的偏好相反，面对损失呈风险偏好型，而面对收益则呈风险规避型，因此，在国企红利上缴的过程中，并不是惩罚强度与稽查率越高对国企的约束效用越强。分离性效应是指，由于受到认知水平的约束，国企在做决策时无法将所有影响因素纳入思考范围，因此国企无法做出完全理性的决策。

前景理论将决策分为编辑、评价两个过程。在编辑过程中，行为人会通过各自方式简化问题、合并事件进行决策，并寻找一个合适的参考点，当决策的预期结果超过该参照点，这意味着收益，反之则为损失。在评价阶段，行为人会依据期望预期的结果进行选择，若期望预期是获得收益，则他们会表现的小心谨慎，呈风险规避型；若预期结果是损失，则行为人处于不甘心，会愿意冒险，呈风险偏好型。

本书认为，国企在红利上缴的决策过程中存在行为人的典型特点，也同样存在确定性效应、反射效应、分离效应、参照点效应。因此，在重构国有企业利润上缴制度的实践中，有必要借鉴行为经济学的前景理论，在国企红利上缴行为中将理性

因素与非理性的因素相结合，研究国有企业利润上缴中的行为特征，从而有助于减小国企利润上缴中的对抗性，推进国有企业红利上缴制度的完善。

第二节　国有企业红利上缴遵从行为的现状分析

从 2007 年国有资本经营预算制度试行以来，我国国有企业红利上缴范围不断扩大，红利上缴比例亦有所提高。但现实中仍存在国企红利上缴比例低、无法保障出资人利益、全民股东无法充分享受到国有企业红利等问题。本章从分析国有企业红利上缴的现状出发，在对红利上缴遵从行为分类的基础上，进一步分析我国国有企业利润上缴不遵从行为的具体表现及成因。

一、国有企业红利上缴的总体情况

国有企业红利收入，是指国家作为出资人从国有企业中分得的利润。根据"谁投资、谁收益"的原则，国家作为国有资本的所有者，理应享有国有资本投入国民经营领域的投资收益权利。根据企业会计准则及国家财务制度的规定，企业实现的利润，存在着再分配的顺序过程，企业实现的利润只有在弥补亏损、提取公积金后，才向股东分配股利。另外，目前多数国有企业逐步实现了股权多元化，中小股东分享的利润比例约占 25%。由此看来，国有企业形成的利润只有部分可上缴国家财政。在施行税利分流政策后，政府应根据国有企业的税收利润及企业自身的发展战略，制定相应的国有企业红利上缴制度，使得国有企业实现的利润可以在国家和企业之间进行合理有序的分配。

从国有企业实现利润情况上看，随着国有企业改革深化，我国国有企业的资产规模不断壮大，资产总额呈逐年递增的态势。截止到 2017 年，全国国有企业资产总额增长到 1517115.4 亿元，十年来累计增加 1169447.3 亿元，年均增长率高达 15.87%。国有企业经营效益也显著提高，我国国有企业实现的资产利润总额 10 年来增长了 3.99 倍，年平均增长速度达 6.23%。其中中央国有企业实现的利润总额十年来累计增加 6115.2 亿元，年平均增长率为 4.31%，地方国有企业利润总额以年均 10.36% 的速度增长。[①] 近年来，我国经济进入新常态，我国国有企业利润总额增速稍有放缓，其中 2012 年、2015 年这两年国企利润出现负增长。但总的来说，纵观 10 年我国国有企业利润总额仍是呈增长趋势（见图 8-1）。

---

① 根据中华人民共和国财政部网站公开数据整理，http://www.mof.gov.cn/gkml/caizhengshuju/。

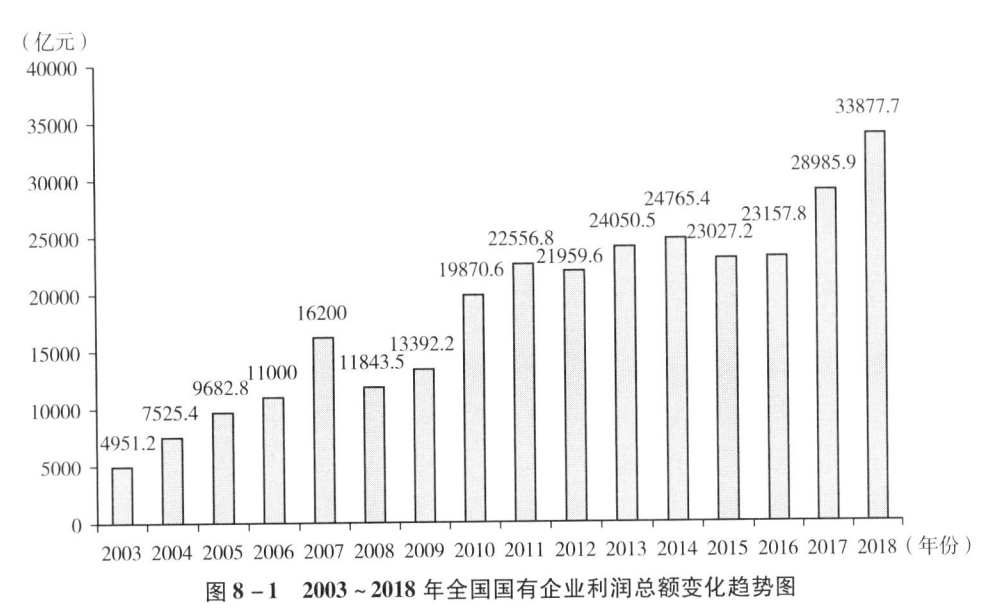

```
（亿元）
40000                                                                    33877.7
35000                                                          28985.9
30000                                              24765.4
                                         22556.8  24050.5  23027.2 23157.8
25000                                  21959.6
                                19870.6
20000                    16200
15000             13392.2
         9682.8 11000 11843.5
10000  7525.4
    4951.2
 5000
    0
    2003 2004 2005 2006 2007 2008 2009 2010 2011 2012 2013 2014 2015 2016 2017 2018（年份）
```

图 8-1 2003~2018 年全国国有企业利润总额变化趋势图

资料来源：根据中华人民共和国财政部网站数据整理所得。

从国有企业利润上缴情况上看，自 2007 年国有资本经营预算制度试行以来，截止到 2018 年，中央企业实行利润 20399.1 亿元，从 2007 年的 11642 亿元增长到 20399.1 亿元。在国有企业红利上缴制度不断完善，国有企业盈利水平不断提升的背景下，十年来，收取的国有资本收益总额呈不断上升的趋势，其中央企业实现利润的份额在波动中也呈上升态势，2007~2018 年，国有资本收益占中央企业实现利润的份额分别为 1.20%、5.37%、4.12%、4.29%、5.09%、6.45%、6.36%、8.16%、9.99%、9.37%、7.26%、6.56%，年平均占比为 6.19%（见表 8-1）。

表 8-1　　　　　　　2007~2018 年中央企业实现利润及利润上缴概况

项目	2007 年	2008 年	2009 年	2010 年	2011 年	2012 年
中央企业实现利润（亿元）	11642	8261.8	9445.4	13473.7	15023.2	15045.4
中央企业国有资本预算收入（亿元）	139.9	443.6	388.7	577.58	765.01	970.68
平均上缴比例（%）	1.20	5.37	4.12	4.29	5.09	6.45
项目	2013 年	2014 年	2015 年	2016 年	2017 年	2018 年
中央企业实现利润（亿元）	16652.8	17280.2	16148.9	15259.1	17757.2	20399.1
中央企业国有资本预算收入（亿元）	1058.43	1410.91	1613.06	1430.17	1290	1376.82
平均上缴比例（%）	6.36	8.16	9.99	9.37	7.26	6.56

资料来源：根据财政部网站.2007~2018 年《中央国有资本经营预算的说明》、2007~2018 年《国有及国有控股企业经济运行情况》中整理得出。

二、国企红利上缴遵从行为与不遵从行为的分类

根据行为经济学的情景理论,按照行为经济人的情景反应,国企红利上缴中的遵从行为和不遵从行为均可以分为三种类型。

(一)国企红利遵从行为的三种类型

1. 防卫性遵从

国有企业有规避红利上缴义务的倾向,但对该行为被揭发的概率估算偏高且不愿意承担惩罚成本,迫于政策制度的压力,不得不依法将红利上缴国家财政。

2. 制度下遵从

国有企业有逃避红利上缴义务的企图,同时也不惧怕逃避红利上缴所带来的违规成本,但由于现有制度十分完善,不存在制度漏洞,而导致企业没有违规的机会,只能不自觉地进行红利上缴的行为。

3. 忠诚性遵从

国有企业对红利上缴义务具有准确的认识,国家红利上缴制度比较完善,义务人总能按时、准确地履行红利上缴义务。

(二)红利上缴不遵从行为的三种类型

1. 自私性不遵从

国有企业出于自身利益最大化的动机,总是通过各种手段如操纵盈余管理、增加在职消费、盲目投资等躲避国有企业红利上缴的行为。据国家统计局数据显示,2007~2016年,我国国有企业固定资产投资额年平均增长14.32%,而我国国有资产的净资产收益率总体呈下降趋势,从2007年的12.1%下降到2016年的5.2%,年平均下降了10.02%。说明了我国国有企业存在盲目、低效投资的情况。

2. 无知性不遵从

红利上缴义务人主观上没有逃避义务的企图,但由于对上缴红利的申报程序及法律规定的义务缺乏了解,而没有准确、按时地履行红利上缴义务。

3. 情感性不遵从

红利上缴义务人对现行的国有企业红利上缴制度不认可,对红利的具体使用流向不满意,对国有资产的管理制度及自身薪酬待遇的不满意,为宣泄不满情绪而有意识地不履行红利上缴的行为。

自2007年我国国有资本经营预算制度试行以来,仍处于改革试水的初步阶段,国企红利上缴制度尚未健全,我国目前的国有企业红利上缴遵从行为大多数属于防

卫性遵从，若国有企业内部人属于风险厌恶性，则会高估不履行红利上缴义务的惩罚成本，国有企业会在转移利润所获得的收益与所承担的成本之间进行博弈，而产生防卫性的税收遵从行为。而国企红利不遵从行为主要是属于自私性不遵从行为。在现代企业管理制度模式下，我国国有企业内部人很少拥有或不拥有国有企业的剩余利润分配权，出于自身效用最大化的动机，国企内部人会利用自身的信息优势进行信息利润转移，从而形成自私性不遵从行为。

三、国有企业红利上缴遵从度不高的具体表现

自2007年国有资本经营预算制度试行以来，国有企业表面上按时上缴国企红利。但由于受到长达14年不分红的制度惯性影响，使得国有企业尚未形成上缴红利是自身义务的思维。另外，在国家与国有企业利润征缴的博弈中，复杂的委托代理链条使得国有企业享有信息优势，国企为了追求自身利益最大化，会通过利润操纵、盈余管理、会计政策选择以及员工福利和在职消费等方式，规避利润上缴。国有企业自身规避或减少利润的上缴的行为，使得过多利润滞留于企业内部，造成国有资产流失，严重损害了出资人的利益，作为股东的民众更是无法切实分享国有资本投资收益。

首先，国有企业红利上缴比例始终偏低，上缴比例提高阻力很大。如图8-2所示，自2007年中央国有资本经营预算试行与推广以来，中央国有企业红利上缴比例虽有所提升，但仍存在分红比例过低的问题。2007~2018年我国中央国有企业红利上缴平均比例为6.19%，仅超过政策规定之初最低档1%的水平，近几年，红利上缴比例虽有明显的提高，但最高水平仍没有超过10%的分红比例。

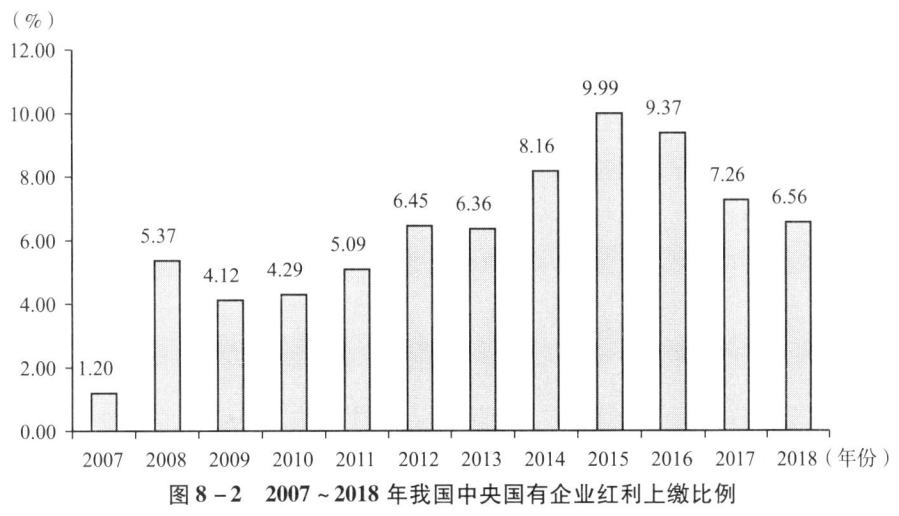

图8-2 2007~2018年我国中央国有企业红利上缴比例

资料来源：财政部网站. 历年《中央国有资本经营预算的说明》、历年《国有及国有控股企业经济运行情况》。

其次,国企上缴红利范围难以扩大。2007年试行国有资本经营预算制度以来,虽然国有资本经营预算内上缴税后利润的中央企业数量相比过去已呈现出增加的态势,但所占比例仅为所有中央各部委下属企业数目的大约为1/8,还有大量的中央国有企业没有将其税后红利上缴国家财政。尤其是利润丰厚的金融类国有企业,到2017年都还未被列入上缴红利的范围之内。

最后,制度试行过程中迫于各种阻力,已经上缴的红利最终大部分又返回到国有企业内部。据财政部统计的数据显示,2008~2018年国资收益回流于国企内部的资本性支出及费用性支出分别为:100%、100%、97.73%、89.52%、91.99%、92.95%、87.36%、85.75%、85.62%、79.81%、71.60%,年平均占总支出比例高达91.07%。

四、国有企业红利上缴遵从度不高的成因分析

(一) 尚未建立保障国企红利上缴的刚性制度

2007年我国国有资产经营预算制度的试行结束了国企14年只缴税不上缴红利的历史。然而,在国有企业红利上缴制度尚未完善的情况下,国家作为股东开始向国有企业征缴税后利润,必然面临诸多障碍。

首先,国有企业红利上缴缺乏刚性制度的约束。由于存在着路径依赖,国有企业出于自身效用最大化的动机必然会对利润上缴产生强大的阻力。现行的《企业国有资产法》没有明确相关主体的法律关系,对于国有资本经营预算的收入来源、上缴比例、实施范围、收支主体等都缺乏明确规定,存在着立法范围窄、各主体监管职责不清等缺陷。其次,国企红利上缴尚未形成系统的配套保障制度体系。国有企业违规成本较低,国有企业会在转移利润所获得的收益与所承担的成本之间进行博弈,若转移利润所带来的收益远高于为此付出的成本,则会增加国企内部人产生不遵从行为的动机。然而,目前我国尚未建立其足够有效的激励与约束机制,国有企业违规成本偏低,为了追求自身利益最大化极有可能会产生红利上缴的不遵从行为。最后,政府作为国有企业的所有者,并未实际参与企业的管理经营,由于存在企业内部信息不对称性,政府无法完全真实有效地掌握国企管理者的个人努力情况、国有企业的盈利情况等信息。国企内部人必然会产生道德风险问题,为了追求自身利益最大化,则可能会出现操纵盈余管理、增加在职消费、多发福利等操作,加上目前国有企业尚未建立公开透明的财务监督机制,这更加剧了国企内部人会利用自身的信息优势,做出红利上缴不遵从行为。

(二) 国有资本经营预算制度处于试水期

2007 年，我国开始实行国有资本经营预算试点。此后，为了完善制度，强化管理，财政部先后多次发布意见、办法和通知①。时至今日，重新恢复的国有企业红利上缴和使用制度仍在不断完善当中。2007 年，我国对 2006 年实现的国有资本收益按标准减半征收。即便此后几次调高利润上缴比例，但每次的幅度也只有 5%。事实上，如果过高过快地要求国有企业上缴利润，不利于国有企业迅速调整红利分配政策。国有企业红利上缴比例在狭小的空间内有限地调整，突破国企红利再分配的利益格局需要强大的推动力量。政府在国有企业利润分配制度改革的初步阶段，只能退而求其次，制定较低的利润征收比例。这是"诺斯悖论"下，政府平衡经济发展和民众福利的最佳选择和合适落脚点②。

第三节 国有企业红利上缴遵从行为的实证检验

前景理论作为行为经济学理论的重要组成部分，是一门在心理学的基础上研究经济学问题的学科。前景理论认为行为人是有限理性的，摆脱了期望效用理论（简称 EU）的局限，是行为经济学的基础理论。前景理论认为行为人在做决策的过程分为两个步骤。第一步是对将要发生的事件及主体对决策的看法进行收集资料与整理工作。第二步是，主体对决策的预期期望值进行评估，并选择出一个最优方案进行决策。

一、模型的基本原理

前景理论指出，行为人做决策时所比较的预期期望值是由 W、T 个变量组成其中，W 是用以衡量各个可能结果 u 的价值，即 W(u)，是衡量各个决策的价值同参照点的偏离程度。T 是同决策结果的实际发生概率 p 相关联的决策权重，即 T(p)，它是衡量概率 p 对整个期望预期值的影响。预期期望值表示为：$R = \sum T(p)W(u)$。若

---

① 主要的文件有《关于试行国有资本经营预算的意见》《中央国有资本经营预算编报试行办法》《中央国有资本收益收取管理暂行办法》《关于完善中央国有资本经营预算有关事项的通知》《关于扩大中央国有资本经营预算实施范围有关事项的通知》《关于提高中国烟草总公司国有资本收益收取比例的函》《关于推动地方开展试编国有资本经营预算工作的意见》《关于推动地方开展国有资本经营预算工作的通知》。

② 诺斯悖论：诺斯在 1981 提出，国家具有双重目标，一方面，通过向不同的势力集团提供不同的产权，获取租金的最大化；另一方面，国家还试图降低交易费用以推动社会产出的最大化，从而获取国家税收的增加。国家的这两个目标经常是冲突的。

决策 A 使出现 u 的概率为 p，决策 B 使出现 J 的概率为 q，当满足以下条件时，行为人选择 A 决策，而不选择 B 决策：$\sum T(p)W(u) > \sum T(q)W(u)$。

（一）前景理论的价值函数

预期效用理论认为，人们在做决策时会出于预期效用（EU）最大化的动机进行决策，即根据效用值 u 与其发生的客观概率 P 的内积之和来选择，且边际效用是递减的，效用函数是凹向原点的（见图 8-3）。而前景理论的价值函数是反映行为人决策的主观价值函数 W(u)，即前景理论是以财富的变动值来衡量价值的。其中，β 为参数变量（β>1），γ 为偏好系数，具体形式为：

$$W(u) = \begin{cases} u^{\beta} & u \geq 0 \\ -\gamma(-u)^{\beta} & u < 0 \end{cases} \tag{8.1}$$

如图 8-4 所示，前景理论的价值函数呈 S 型。参照点被赋值为 0，在参照点上的效用函数 W=0；当预期的财富值超过该参照点，则意味着收益，它们会表现的小心谨慎，价值函数呈凹型；若预期结果小于该参照点，则意味损失，则行为人出于不甘心而愿意冒险，此时价值函数呈凸型。

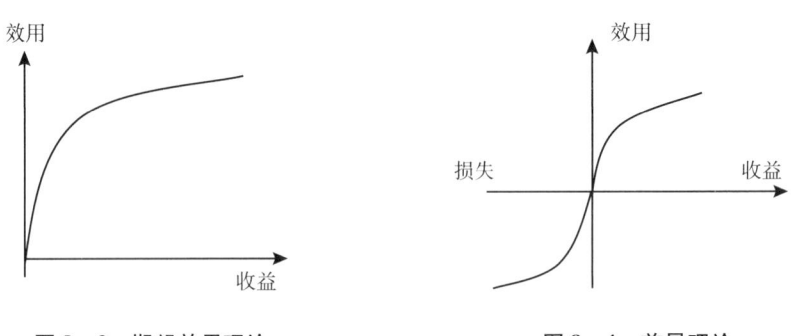

图 8-3 期望效用理论　　　　图 8-4 前景理论

通过图 8-4 可知，当效用值小于参照点时曲线趋于陡峭，说明行为人对损失更为敏感，例如，在获得 800 元中奖与受到 800 元罚款相比，人们往往对损失的 800 元更加敏感。同时，前景理论认为，人们在面对收益时呈风险规避型，而面对损失时是呈风险偏好型的。

（二）前景理论的权重函数

在前景理论中，每个可能发生结果的值都是以决策权重进行加权而得到的，权重函数是 t 关于客观概率 p 的函数，是人们的心理概率。该函数呈递增趋势，斜率在 0 和 1 之间。前景理论认为，行为人未被稽查时处于收益区域，权重为 $T^{+}(1-p)$，被查获时处于损失区域,权重为 $T^-(P)$。对于大概率事件,人们会对低估其发生的可能,大概率结果的决策权重小于实际概率,即 $T(P)<P$,而对于极小概率发生的事件,人们往往会对其进行高估,其决策权重会大于实际概率即 $T(P)>P$。这就很好地解释了一些现实中的现象:人们总是愿意去买彩票或赌博,因为他们可以用很少的成本去获得很大的收益,虽然这是极小概率事件,但人们总会高估它发生的概率。

权重函数具有以下特征:

(1) T 是一个递增函数,且 $T(0)=0$,$T(1)=1$。
(2) 小概率事件的决策权重大于其发生的概率,即 $T(P)>P$。
(3) 大概率事件的决策权重小于其发生的概率即 $T(P)<P$。
(4) $T^-(P)$ 是损失时的决策权重,$T^+(1-P)$ 是获益时的决策权重。
(5) 对于所有的 $P\in(0,1)$,$T(P)+T(1-P)<1$。

二、国企红利上缴遵从行为的模型分析

本书借鉴达哈米和阿勒·诺怀希(Dhami and Al-Nowaihi,2007)的研究,以国企如实上缴红利后的剩余利润作为国企收益的参照点,基于前景理论,通过设计我国国有企业红利上缴行为的权重函数和价值函数,构造国企红利上缴遵从模型。

(一) 模型假设

(1) 国有企业内部人是有限理性的,所做的决定并不是出于自身货币效益最大化的动机,而是在认知范围内最优的决策。
(2) 国企内部人所做的决定会受到道德舆论、羞愧感等外部因素的影响,若规避红利上缴会对自身造成名誉损失。
(3) 政府部门对内部人红利上缴情况的稽查是按概率进行的。

(二) 参数变量

(1) w 为国企当期实现的利润,x 为当期申报的利润,且 $0<x<w$。
(2) s 为红利上缴比例。
(3) P 为政府部门对国企红利上缴行为的稽查概率,且 $0<P<1$。
(4) c 为国有企业规避上缴红利部分的惩罚比例,且与未申报的利润 $(w-x)$ 呈正比,惩罚额为 $cs(w-x)$。
(5) m 为名誉损失率,与未申报的利润 $(w-x)$ 呈正比,名誉损失成本为 $m(w-x)$。

(三) 价值函数

W 表示国有企业规避红利的行为没有被政府部门稽查到的收入，E 表示国有企业规避红利的行为被政府部门稽查到并受到一定罚款后的收入。W^* 表示企业如是上缴红利后的剩余利润所得。具体表示为：

$$W = w - xs \tag{8.2}$$

$$E = (1-s)w - cs(w-x) - m(w-x) \tag{8.3}$$

$$W^* = w(1-s) \tag{8.4}$$

由式 (8.2)、式 (8.3)、式 (8.4) 进一步推导，可得：

$$W^+ = W - W^* = W - W^* = s(w-x)$$

$$E^- = E - W^* = -(m+cs)(w-x)$$

其中，W^+ 为国有企业规避上缴红利的行为没有被政府部门稽查到情况下的所得相对于如实上缴利润的收益。E^- 为国有企业规避红利的行为被政府部门稽查到并受到一定罚款后的剩余利润相对于如实上缴利润的损失。由于 $0 < x < w$，所以可知，$W^+ > 0$，$E^- < 0$。接下来，将 W^+、E^- 代入价值函数 (8.1) 中得到：

$$W(x) = \begin{cases} [s(w-x)]^\beta & s(w-x) \geq 0 \\ -\gamma[(m+cs)(w-x)]^\beta & -(m+cs)(w-x) < 0 \end{cases} \tag{8.5}$$

(四) 权重函数

前景理论认为，权重函数是指同决策结果的实际发生概率 p 相关联的决策权重即 T(P)。行为人在决策时往往会低估大概率时间而高估小概率事件。假设国企在红利上缴行为过程中，所获得收益和损失的权重函数分别为 $T^+(1-P)$、$T^-(P)$。

(五) 国企红利上缴的遵从模型

现将行为人的主观权重函数与价值函数代入期望价值函数 $R = \sum T(j)W(u)$ 中得到：

$$R(w, s, c, m, \gamma) = T^+(1-p)s^\beta(w-x)^\beta T^-(p)\gamma(m+cs)^\beta(w-x)^\beta \tag{8.6}$$

假设政府部门稽查 P(x) 是关于国企申报红利数 x 的函数，并且与红利申报数额 x 呈正比，当 $\frac{\partial R}{\partial x} = 0$ 时，$\frac{\partial^2 R}{\partial^2 x}$ 的值是无法确定的，所以在这种情况下得不到一个最优 x^*，使得国企获得最大效用，因此，我们假定 P 是一个固定值，令：

$$F(w, s, c, m, \gamma) = [T^+(1-p)s^\beta - T^-(p)\gamma(m+cs)^\beta]$$

则 R(w, s, c, m, γ) 可简化改写成：

$$R(w, s, c, m, \gamma) = (w-x)^\beta F(w, s, c, m, \gamma) \tag{8.7}$$

（六）国企红利上缴遵从行为的模型分析

由式（8.7）可知，价值期望函数 R(w, s, c, m, γ) 的正负取决于 F(w, s, c, m, γ)，而 F(w, s, c, m, γ) 的符号存在不确定性，其正负值取决于国企在红利上缴中的遵从和不遵从的决策权重，及预期价值相对于参照点的偏离程度。

接下来，对式（8.4）求一阶导数，得：

$$R' = -\beta(w-x)^{\beta-1}F(w, s, c, m, \gamma)$$

求式（8.4）求二阶导数为：

$$R'' = \beta(\beta-1)(w-x)^{\beta-2}F(w, s, c, m, \gamma)$$

通过对上式的分析，可以得出效用最大化时的条件，具体如下：

若 F<0，则 R′>0，R″<0，此时当 w=x 时达到效用最大化，即产生完全遵从行为。

若 F>0，则 R′<0，R″>0，此时当 x=0 时达到效用最大化，即产生完全不遵从行为。

若 F=0，则 R′=0，R″=0，此时当 0<x<W 时达到效用最大化，即产生部分遵从行为。

即：

当 $\dfrac{T(1-P)}{T(P)} < \gamma\left(c+\dfrac{m}{s}\right)^{\beta}$ 时，x=w 表明国企在红利上缴中表现出完全遵从行为。

当 $\dfrac{T(1-P)}{T(P)} > \gamma\left(c+\dfrac{m}{s}\right)^{\beta}$ 时，x=0 表明国企在红利上缴中表现出完全不遵从行为。

当 $\dfrac{T(1-P)}{T(P)} = \gamma\left(c+\dfrac{m}{s}\right)^{\beta}$ 时，0<x<w 表明国企在红利上缴中表现出部分遵从行为。

三、国企红利上缴遵从行为模型分析的结论

通过上述研究，得出国企红利上缴遵从度主要受如下因素影响：

（1）红利上缴比例。通过降低 s，可以使 $\gamma\left(c+\dfrac{m}{s}\right)^{\beta}$ 值增大，即国企红利上缴遵从度与政府划定的红利上缴比例呈反比，即减少红利上缴比例可以提升国企的遵从度。

（2）处罚力度。通过提高 C 可以使 $\gamma\left(c+\dfrac{m}{s}\right)^{\beta}$ 值增大，即国企红利上缴遵从

度与政府部门采取的约束机制呈正比,即提高处罚力度可以提升国企的遵从度。

(3) 名声损失。通过提高 m 可以使 $\gamma\left(c+\dfrac{m}{s}\right)^{\beta}$ 值增大,即国企红利上缴遵从度与国企自身对名声的在乎程度呈正比,即提高名声损失成本可以提升国企的遵从度。

(4) 对损失的厌恶程度。通过提高 γ 可以使 $\gamma\left(c+\dfrac{m}{s}\right)^{\beta}$ 值增大,即国企红利上缴遵从度与国企对损失的厌恶程度呈正比,即提高损失厌恶程度可以提升国企的遵从度。

(5) 政府的稽查率。国企红利上缴遵从度与国企与政府的稽查率呈正比,即加强政府对国企红利上缴行为的稽查制度可以提升国企的遵从度。

综上所述,本书基于行为经济学中的前景理论,构建国企红利上缴遵从行为模型,探索分析国企在红利上缴中的遵从行为,对我国重塑国企红利上缴制度给予了一定启示。从前景理论的视角上看,一般而言,增强稽查力度、提高惩罚力度、国企对名声的重视,对风险的厌恶及降低红利上缴比例等可以提高国企的遵从度。但需要指出的是,在理论上降低红利上缴比例可提高国企红利上缴的遵从行为,但就我国当前的现状而言,不具有可实施的条件。从国有资本的本质上看,社会公众作为国有资本的终极所有者,决定了其首要的经济职能是满足全体公民的公共需求。当前我国国企分红比例处于5%~25%的水平上,与西方国家相比仍处于较低的水平,这样的分红水平尚不能保障出资人利益,且真正返利于民的部分远远不够满足民众的公共需求,在国家、企业、民众的利益无法得到公平兼顾的情况下,保持甚至是提升国企红利上缴比例是我国红利上缴的刚性需求,因此根据我国具体国情而言,我国尚不具备实施这一因素的条件。

第九章

国有企业红利上缴比例分类测算研究

2013年11月12日党的十八届三中全会审议通过《中共中央关于全面深化改革若干重大问题的决定》，要求进一步提高国企利润上缴公共财政比例，2020年提高到30%，组建若干国有资本运营公司，划转部分国有资本充实到全国社会保障基金，更多用于保障和改善民生。国家作为国有企业的股东，理应享有国有资本收益的权利。国有企业利润分红是满足股东投资回报的重要形式。由于我国国情的特殊性以及国有企业的双重目标，对于国有企业利润分配的研究时间比较晚。同时国有企业的利润不断增加，从2007年开始，国资委所属的中央企业开始上缴国有资本收益，但是上缴比例多少合适，目前学术界还存在争议。

对于国有资本收益如何上缴以及上缴给谁等问题，目前学术界已基本达成共识。但是对于国有企业利润上缴比例的研究主要集中在理论领域，从实证角度研究的学术成果比较少。2013年党的十八届三中全会明确提出提高国有资本收益上缴公共财政的比例，但是由于国有企业的双重目标，一方面扮演了"理性经济人"角色，以追逐利润最大化为目标；另一方面国有企业占用了大量的国家资源，社会要求其必须履行更多的社会责任。因此，对于国有资本收益上缴比例多少比较合适，以及上缴比例确定的理论依据存在比较大的争议。本书从国有企业的双重目标出发，国有企业利润上缴比例的确定必须满足国家作为股东对于股权资本成本的要求，同时还必须考虑国有企业财务的可持续增长，构建国有企业分红比例模型，对于国有企业分红比例的确定具有重要现实意义。合理确定国有企业的分红比例以及理论依据，对于提升国有企业经济效益和社会责任也具有重要意义。

第一节 国有企业分红比例政策现状

国有企业利润不断增加，国家作为国有企业的股东，履行出资人的角色，理应享有国有企业利润分红的权利。国有企业资本收益分配一直是世界各国国有企业管理的核心问题之一,尤其是对我国这样一个拥有量大面广的营利性国有企业,确定合理的国有企业分红比例更加重要。

一、我国国有企业红利分红比例的政策规定

我国关于国有企业利润分红问题的研究始于2005年10月17日世界银行的研究报告《国有企业分红:分多少?分给谁?》。2007年12月,《中央企业国有资本收益收取管理暂行办法》(以下简称《办法》)规定区分不同的行业,国有独资企业上缴不同的比例,具体方案为:第一类10%,第二类5%,第三类暂缓3年上缴或者免缴[①]。自该《办法》颁布之后,国有资本经营预算范围不断扩大和国有资本收益上缴比例也不断提高。

2010年12月23日财政部发布《关于完善中央国有资本经营预算有关事项的通知》,进一步扩大了国有资本经营预算预算范围,同时提高了国有资本收益上缴比例,规定从2011年起,将教育部、中国国际贸易促进委员会等所属企业,纳入中央国有资本经营预算实施范围;适当提高中央企业国有资本收益收取比例。具体收取比例分以下四类执行:第一类为企业税后利润的15%;第二类为企业税后利润的10%;第三类为企业税后利润的5%;第四类免缴国有资本收益[②]。2012年财政部发布《关于扩大中央国有资本经营预算实施范围有关事项的通知》,文件规定从2012年起,将工信部、体育总局等所属企业,纳入中央国有资本经营预算实施范围。新纳入实施范围的国有独资企业按照中央国有资本收益收取政策第三类企业归类,上缴利润比例为税后净利润的5%。同时,收取比例分为五类执行:第一类为烟草企业,收取比例20%;第二类为具有资源垄断型特征的行业企业,收取比例15%;第三类为一般竞争性行业企业,收取比例10%;第四类为军工企业、转制科研院所、中国邮政集团公司、2011年和2012年新纳入中央国有资本经营预算实施范围的企业,收取比例5%;第五类为政策性公司,包括中国储备粮总公司、中国储备棉总公司,免缴国有资本收益[③]。

2013年11月12日党的十八届三中全会审议通过《中共中央关于全面深化改革若干重大问题的决定》,提出提高国企利润上缴公共财政比例,2020年提高到30%,组建若干国有资本运营公司,划转部分国有资本充实社会保障基金,更多用于保障和改善民生。2014年,为了进一步贯彻落实党的十八届三中全会及《国务

---

① 资料来源:http://www.gov.cn/zwgk/2007-12/17/content_836608.htm.
② 资料来源:http://qys.mof.gov.cn/zhengwuxinxi/zhengcefabu/201012/t20101229_393241.html.
③ 资料来源:http://qys.mof.gov.cn/zhengwuxinxi/zhengcefabu/201202/t20120202_625752.html.

院批转发展改革委等部门关于深化收入分配制度改革若干意见的通知》，财政部发文决定进一步提高国有资本收益收取比例：国有独资企业应交利润收取比例在现有基础上提高5个百分点，即：第一类企业为25%；第二类企业为20%；第三类企业为15%；第四类企业为10%；第五类企业免交当年应交利润。

通过上述文件整理，我们发现自2007年《中央企业国有资本收益收取管理暂行办法》发布之后，国有资本经营预算范围不断扩大和国有资本收益上缴比例不断提高，从最初上缴比例5%～10%，到现在最高的上缴比例25%，以及未来2020年提高到30%。因此，国有企业利润分红问题不断纵深，为本书研究提供了背景与契机（见表9-1）。

表9-1　　　　　2007～2014年国有企业利润分配政策变化表

项目	2007年	2010年	2012年	2013年	2014年
烟草企业	10%（第一类）	15%（第一类）	15%（第一类）	20%（第一类）	25%（第一类）
石油石化、电力、电信、煤炭等具有资源垄断型特征的行业企业	10%（第一类）	15%（第一类）	15%（第一类）	15%（第二类）	20%（第二类）
钢铁、运输、电子、贸易、施工等一般竞争性企业	5%（第二类）	10%（第二类）	10%（第二类）	10%（第三类）	15%（第三类）
军工企业、转制科研院所	暂缓3年上交（第三类）	5%（第三类）	5%（第三类）	5%（第三类）	10%（第四类）
中国邮政集团公司、2011年起新纳入国资预算实施范围的企业	—	5%（第三类）	5%（第三类）	5%（第四类）	10%（第四类）
2012年新纳入国资预算实施范围的企业	—	—	5%（第三类）	5%（第四类）	10%（第四类）
政策性公司（包括中国储备粮总公司和中国储备棉总公司）	免交（第三类）	免交（第四类）	免交（第四类）	免交（第五类）	免交（第五类）
应交利润不足10万元的小型微型国有独资企业	—	免交（比照第四类）	免交（比照第四类）	免交（比照第五类）	免交（比照第五类）

资料来源：根据财政部2007～2019年的通知文件整理而成。

二、完善国有企业合理分红比例政策的重要性

国家作为国有企业的股东,理应享有国有资本收益的权利。国有企业利润分红是满足股东投资回报的重要形式。因此,股利政策一直是公司财务学领域研究的重点。自米勒和莫迪利亚尼(Miller and Modigliani,1961)提出"股利无关论"之后,对于股利政策的研究取得了不少学术成果。诸如"一鸟在手"理论、税差理论、代理成本理论、信号传递理论等。上述理论对于制定上市公司股利政策都产生了重要作用与积极影响。

由于我国国情的特殊性以及国有企业的双重目标,对于国有企业利润分配的研究时间比较晚。对于国有资本收益如何上缴以及上缴给谁等问题,目前学术界基本达成共识。但是对于国有企业利润上缴比例的研究主要集中在理论领域,从实证角度研究的学术成果比较少。2013年党的十八届三中全会明确提出提高国有资本收益上缴公共财政的比例,但是由于国有企业的双重目标,一方面扮演了"理性经济人"角色,以追逐利润最大化为目标;另一方面国有企业占用了大量的国家资源,社会要求其必须履行更多的社会责任。因此,对于国有资本收益上缴比例多少比较合适,以及上缴比例确定的理论依据存在比较大的争议。本书从国有企业的双重目标出发,国有企业利润上缴比例的确定必须满足国家作为股东对于股权资本成本的要求,同时还必须考虑国有企业的财务的可持续增长,构建国有企业分红比例模型,对于国有企业分红比例的确定具有重要现实意义。合理确定国有企业的分红比例以及理论依据,对于提升国有企业经济效益和社会责任也具有重要意义。

第二节 国有企业合理分红比例的影响因素

国有企业合理分红比例的测算是一个复杂的涉及诸多因素的研究工作。首先,国有企业作为一个企业,是市场经济的一个主体,有着和其他非国有企业一样的企业行为属性,其分红政策的制定与其他一般企业一样,受到诸如公司规模、盈利能力、股权结构等因素的影响;其次,作为国有企业这一特殊的产权性质,由于承担着贯彻国家战略和履行更多社会责任等特殊性,其分红政策又显然有别于一般的非国有企业。因此,在探索制定合理的国有企业分红比例政策时,不仅要先系统梳理下一般企业分红比例的影响因素,还要分析国有企业特殊的分红比例影响因素。

一、一般企业分红比例的影响因素

股利政策一直都是财务学领域研究的重点。分红比例的估算研究，也是股利政策的核心内容之一。对于现金股利政策影响因素的研究，国内外不乏研究成果，这些研究成果表明了企业分红比例影响因素的复杂和多样。

(一) 盈利水平

林特纳（Lintner, 1956）通过调查 28 家具有代表性的公司，首次提出"股利平稳化"的概念，认为股利政策具有"粘性"，同时股利政策与企业的盈利水平紧密相关，企业的盈利能力是企业制定股利政策的重要影响因素[1]。在 Lintner 模型中，企业的股利水平与上一年的股利水平和本年的盈余等变量相关，股利的变动是为了实现既定的股利支付率目标而进行的调整。在林特纳的研究基础上，多位学者对股利政策与企业盈利水平的关系进行了进一步的研究，法玛（Fama, 1968）、沙托（Chateau, 1979）、拉塞尔（Lasfer, 1996）以及布雷托（Bravetal, 2005）的研究成果均支持了林特纳的观点，并且在不同的国家和地区得到了验证。吕长江和王克敏（1999）从代理理论与信号传递理论出发，采取 1996 ~ 1999 年我国上市公司的数据，研究表明：公司的盈利能力、公司规模、流动性、资产负债率等都会对现金股利政策产生影响。公司规模、流动性与现金股利呈正相关关系，而公司的自我发展与成长性等因素与现金股利呈负相关关系[2]。

(二) 公司规模

公司规模是股利政策的另外一个重要影响因素。大规模的公司在资本市场上更容易获得资金，同时也有能力倾向更高的股利支付率。艾耶尔·H. 和麦金森·W（Eije H., Megginson W., 2006）以欧洲 3400 家工业类上市公司为研究对象，选取了 1980 ~ 2003 年的数据研究，研究发现：上市公司的规模越大，上市公司越倾向于分配现金股利，即上市公司规模与现金股利支付率呈正相关。同时，上一年度的现金股利政策对于本年的股利政策也具有正向影响[3]。萨沃里和韦伯茨（Savorvy S. and Weberz M., 2006）以德国上市为样本，运用实证分析法研究了现金股利政策的影响因素，也得到了类似的结果，实证研究表明：上市公司规模与每股现金股

---

[1] Lintner, J. Distribution of Incomes of Corporations Dividends, Retained Earnings, and Taxes [J]. *American Economic Review*, 1956 (46): 97 - 113.
[2] 吕长江，王克敏. 上市公司股利政策的实证分析 [J]. 经济研究，1999 (12): 31 - 39.
[3] Eije H., Megginson W. Dividend Policy in the European Union [J]. *Journal of Finance*, 2006: 156 - 187.

利呈正相关①。但是，也有学者研究表明相反的观点。

刘淑莲和胡燕洪（2003）以2002年上市公司为研究样本，采用实证研究方法，从上市投资机会和上市公司派现能力角度分析了现金股利政策的影响因素，研究发现：资产规模、每股收益与现金股利呈正相关，而资产负债率、投资机会与现金股利呈负相关。同时还考虑了现金流量（FCFE、ONCF、NCF）对现金分红的影响②。

（三）资产负债率

董理（2013）选取了2005~2011年上市公司数据，以公司的盈利能力、公司规模、公司成长性为控制变量，同时还控制了公司上一年度的盈利能力、股利支付意愿和股利支付率，研究发现：现金股利支付意愿以及支付率与公司成熟度呈正相关关系，但是如果企业的负债能力不同，正相关关系会发生变化。当公司的剩余负债能力较高时，正相关关系不显著；剩余负债能力较低时，正相关关系增强。这就要求企业必须考虑公司的长远发展，权衡现金股利与留存收益必须考虑企业的剩余负债能力③。

李常青和彭锋（2009）基于生命周期理论，选取2000~2006年A股非金融行业上市公司为样本，以资产规模、总资产报酬率、资产负债率、市值面值比为控制变量，研究发现：公司的现金股利与资产总额、总资产报酬率呈正相关，与资产负债率呈负相关④。刘孟晖（2011）以委托代理理论为分析框架，采用实证方法，选取2008~2009年上市公司数据，也得到了类似的结论⑤。

（四）股权结构

股权结构很大程度上决定了治理结构，从而影响现金股利政策。因此不少学者从股权结构角度出发，对股权结构如何影响现金股利股利政策进行了研究。约瑟夫（Rozeff，1982）选取了美国1000多家上市公司为研究对象，采用多元线性回归分析法，研究了现金股利支付率与内部人持股比例、贝塔系数、增长率的关系。研究表明：内部人持股比例、贝塔系数、增长率与股利支付率呈负相关，而股东数量与

---

① Savovy S., Weberz M. Fundamentals or Market Movements: What Drives the Dividend Decision? [J]. The Financial Review, 2006 (7): 81-98.
② 刘淑莲、胡燕鸿. 中国上市公司现金分红实证分析 [J]. 会计研究, 2003 (4): 31-39.
③ 董理、茅宁. 公司成熟度、剩余负债能力与现金股利政策——基于财务柔性视角的实证研究 [J]. 财经研究, 2013 (11): 59-68.
④ 李常青、彭锋. 现金股利研究的新视角：基于企业生命周期理论 [J]. 财经理论与实践, 2009 (9): 67-73.
⑤ 刘孟晖. 内部人终极控制及现金股利行为研究——来自中国上市公司经验数据 [J]. 中国工业经济, 2011 (12): 122-132.

现金股利支付率呈正相关①。肖特，基塞和杜克斯伯里（Short H., Keasey K. and Duxbury D., 2002）也研究了现金股利政策与股权结构的关系，研究发现：现金股利是机构投资者最重要的收益之一，机构投资者持股比例与现金股利支付率呈正相关。同时由于机构投资者持股数量大而且集中，因此更倾向于长期持有股票，获得更多的现金股利。机构投资者可以通过长期持有股票，影响管理层的决策方式。而管理层持股比例与现金股利支付率呈负相关，因为企业处于成长期时，管理层更倾向于减少现金股利的分配，作为留存收益进行再投资，获得更多的投资机会，扩大生产规模②。

高俊（2009）基于代理理论的视角，采用实证研究方法，以2003~2007年沪深1341家A股公司为样本，以股权结构质、股权集中度、股权竞争度为研究变量，研究发现：股权分置改革改变了上市公司的股权结构，同时改善了公司的治理结构，使得上市公司的现金股利政策也发生了变化，具体表现为：超派现行为与融资派现行为的减少以及股利分配连续性增强。同时，第一大股东持股比例越高，代理成本越小，第一大股东通过降低股利支付率减少现金股利的发放从而保持更多的盈余；有国有股的上市公司比没有国有股的上市公司派发更低的现金股利③。原红旗（2001）认为在国外股利政策是控制代理成本的一种工具，而在国内股利政策巧合是代理成本问题没有解决的产物，上市公司控股股东会通过现金股利政策进行利益输送，特殊的股权结构与治理结构都对现金股利政策产生重要的影响与作用④。

（五）大股东利益输送

在股权高度集中的情况下，大股东与管理者之间的代理问题转为了大股东与小股东之间的利益侵占问题。控股股东为了自身利益，将公司资产与利润通过现金股利政策进行输送的行为，称为"利益输送"。利益输送方式主要表现为两种方式：第一，控股股东为了实现自身利益通过自我交易实现资产与利润的转移；第二，控股股东不转移资产和利润，而是通过增加自身的份额，达到占用资产的目的，例如通过股票发行，稀释其他股东股权等。对于利益输送与现金股利的关系，国内不乏相关研究成果。高俊（2009）通过对股权分置改革前后的研究发现：股权分置状态下，非流通控股股东具有较强的分红偏好，现金股利政策成为控股股东利益输送的"隧道"；而股份分置改革后，超派现行为减少，股东分红欲望减少，再次说明

---

① Rozeff M. S. Growth, Beta and Agency Costs as Determinants of Dividend – Payout Ratios [J]. *Journal of Financial Research*, 1982 (Fall): 249–259.
② Short H., Keasey K., Duxbury D., Capital Structure, Management Ownership and Large External Shareholders: An UK Analysis [J]. *International Journal of the Economics and Business*, 2002 (3): 375–399.
③ 高俊. 股权分置改革、股权结构与现金股利政策研究 [D]. 武汉：华中科技大学，2009.
④ 原红旗. 中国上市公司股利政策分析 [J]. 财经研究，2001 (3): 33–41.

股权分置改革后,良好的股权结构使得大股东通过现金股利政策进行利益输送的动机减弱。袁淳等(2010)还对利益输送方式的选择进行了研究,他对关联交易与现金股利两种利益输送方式的成本与收益关系进行分析,认为如果利益输送程度是一定的,则关联交易与现金股利政策两种利益输送方式都存在一定的替代关系,并且大股东的持股比例不同,对于两种利益输送方式的选择也不同。这为我国上市公司利益输送方式的选择提供了新的经验证据[1]。穆晓丹(2014)以创业板上市公司为研究样本,也得到了类似的结论,认为关联交易和现金股利股利政策两种利益输送方式存在一定程度的替代关系。但是在创业板的上市公司无论控股股东持股比例的高低,关联交易与现金股利两种利益输送方式都存在负相关关系,特别是控股股东的持股比例越高,负相关关系越明显[2]。唐清泉(2006)通过实证研究也表明大股东的利益输送会对小股东的利益造成侵犯,现金股利政策常常作为控股股东利益输送的方式,同时实证结果表明大股东的持股比例与现金股利呈正相关关系,而第二大和第三大股东对于利益输送行为的监督作用不明显[3]。

(六)公司的外部成长机会

良好的成长机会是企业获得可持续发展的重要保证。希金斯(Higgins,1972)的研究发现,如果公司存在良好的成长机会,则公司倾向于减少现金股利,即股利支付率与公司增长机会所需要融资呈负相关,从而增加了企业的融资。同时,希金斯还认为除了良好的成长机会,企业的股利支付率还与企业的成长速度、投资机会、财务杠杆以及经营风险相关[4]。詹森和梅克林(Jensen and Meckling,1976)认为,如果公司的成长机会比较多,那么股东愿意放弃短期的现金股利,接受短期内较低的现金股利支付率从而换取未来更多的价值回报,换言之,现金股利支付率与公司增长机会呈负相关关系[5]。艾罗姆、格雷厄姆,哈维(Alom B.,Graham J.,Harvey C.,2004)采用对上市公司财务经理调查问卷的研究方式表明也得到了类似的研究结果,进一步支持了詹森(Jensen)和梅克林(Meckling)的结论。公司投资决策往往都在股利决策之前,股利决策会根据投资决策的资金需要进行调整,如果具有良好的投资机会与成长机会的公司现金股利要少于没有投资机会的上市公司。

---

[1] 袁淳、刘思森、高雨. 大股东控制与利益输送方式选择——关联交易还是现金股利 [J]. 经济管理,2010(5): 113 - 120.
[2] 穆晓丹. 创业板上市公司大股东利益输送方式的选择——关联交易还是现金股利 [J]. 郑州航空工业管理学院学报,2014(2): 76 - 79.
[3] 唐清泉、罗党论. 现金股利与控股股东的利益输送行为研究——来自中国上市公司的经验证据 [J]. 财贸研究,2006(1): 92 - 97.
[4] Higgins R. C. The Corporate Dividend - Saving Decision [J]. *Journal of Financial and Quantitative Analysis*,1972(3): 1527 - 1541.
[5] Jensen M. and Meckling W. Theory of the Firm: Managerial Behavior,Agency Cost and Ownership Structure [J]. *Journal of Financial Economics*,1976(3): 305 - 360.

二、国有股权分红比例的影响因素

国家作为国有企业资产的终极所有者,在国有资产管理中履行出资人角色,理应有权利享有国有资本收益。国家作为国有企业股东,追求"股东价值最大化"原则,国有资本收益的上缴比例至少应该满足股权资本成本的要求,否则股东价值将受到损害。因此厘清国有股权资本成本的估算原则与方法,对于确定国企资本收益上缴比例具有重要意义。

自夏普(Sharpe,1964)、林特(Linter,1965)分别在各自的论文中提出了CAPM模型后,国外学者们对其进行了不断的修正,并且将CAPM模型运用于资本成本的估算。虽然我国对于股权资本成本的估算研究起步比较晚,研究文献不多,但是也出现了一些可圈可点的具有重要研究价值的文献,为本书的研究奠定了必要的基础。

张郭力(2006)从四个方面论述了资本成本的指标的功用与计量模型的选用:第一,资本成本率自动取代资本成本额;第二,筹资净额基础自觉取代筹资总额基础;第三,税收基础与税前基础的统一;第四,简单算术平均向几何算术平均的演进。认为资本成本可以衡量为特定主体为使用资本而发生的经济利益的总流出,同时在投资决策的过程中,投资项目的预期报酬率必须大于股东的必要报酬率,这样才能使企业获得超额回报,实现股东财富价值最大化。换言之,资本成本率与预期报酬率必须匹配使用,唯有预期报酬率能够补偿资本成本率的投资项目才具备财务的可行性,股权资本成本的满足是新的投资项目为使股东权益不受损害而必须赚取的最低报酬率。如果在企业的投融资决策中,没有实现资本成本率的满足,那么财务的资源配置将无法最优化[1]。

汪平、袁光华、李阳阳(2012)介绍了我国股权资本成本的估算方法与估算范围,目前估算我国股权资本成本的主要方法有:内含报酬率法、风险补偿法、历史报酬率法,指出从截至目前的资料来看,内含报酬率法主要应用于学术界,而风险补偿法、历史报酬率法更多地应用于企业界。同时,他们选取了2000~2009年的上市公司样本数据,分别采用了Gordon模型、CAPM模型、OJ模型、GLS模型四种方法分不同行业和年份对资本成本进行了估算。研究发现:根据Gordon模型,2000~2009年股权资本成本的平均值为9.36%,其中2007年的资本成本最高,2002年的资本成本最低;如果按照CAPM模型,2000~2009年股权资本成本的平均值为9.24%,其中2008年的资本成本最高,2006年的资本成本最低。根据OJ

---

[1] 张郭力. 论资本成本的计量及运用[J]. 会计研究,2006(6):78-79.

模型下，2000~2009年股权资本成本的平均值为8.42%，其中2006年的资本成本最高，2000年的资本成本最低。采用GLS模型，2000~2009年股权资本成本的平均值为4.68%，2006年的资本成本最高，2001年的资本成本最低。因此，采用不同的计算方法，得到的结论也显然不一致。最后，作者还指出股东实际报酬率、债务资本成本、无风险报酬率是股权资本成本估算过程中最不可忽视的三个因素①。

徐春立、任伟莲（2009）指出资本成本是财务管理的核心概念之一，与发达国家相比我国关于资本成本理论的研究还处于探索阶段。目前我国学者对于资本成本理论研究集中于公司融资偏好与资本成本影响因素两个方面，研究方法上主要借鉴国外的研究模型结合中国资本市场自身的特点进行实证研究。认为主要采用以下指标对资本成本因素进行度量：公司的透明度、信息披露水平、投资者的法律保护、政府干预等。作者还指出，我国学者应该重视资本成本的理论研究，同时从研究方法上从偏实证研究转向规范研究与实证研究相结合，研究重点应该由有关变量与资本成本的关系向资本成本的科学计量转移②。

徐浩萍、吕长江（2007）认为企业在市场化进程中，难免受到政府的干预，于是他们研究了政府角色转变对不同所有权性质企业的权益资本成本的影响。研究发现：政府减少对企业的干预一方面会产生可预期效应，降低股权资本成本；另一面会减少对企业的保护，产生保护效应，提供了权益资本成本。而从最终控制人角度来看，如果最终控制人是地方政府则保护效应较强，对于非国有企业保护效应比较弱③。

汪平、李光贵（2009）以资本成本理论与可持续增长理论出发，构建了国有企业可持续分红比例模型，选取了2002~2006年12家具有资源垄断型特征的中央企业上市公司为样本，以资本资产定价模型估算了国有企业的股权资本成本，以销售净利率、总资产周转率、权益乘数、收益留存率四个指标计算了企业的可持续增长率。研究发现：样本的留存收益再投资回报率能够满足股权资本成本的要求，但是样本的实际分红比例为54.12%未能兼顾企业财务可持续发展的要求；同时，样本检验表明，仍旧有一些国有企业的股东权益报酬率小于股权资本成本，盈利能力差、营运效率低和资本结构不合理是导致这些企业投资效率不能满足股东要求的根本原因④。

李光贵（2011）基于企业经济增加值EVA的理念，将可持续分红比例模型与

---

① 汪平、袁光华、李阳阳. 我国资本成本估算及其估算值的合理界域：2000-2009 [J]. 投资研究，2012（12）：101-114.
② 徐春立、任伟莲. 我国资本成本理论研究的现状及其未来展望 [J]. 当代财经，2009（3）：122-127.
③ 徐浩萍、吕长江. 政府角色、所有权性质与权益资本成本 [J]. 会计研究，2007（6）：61-68.
④ 汪平、李光贵. 资本成本、可持续增长与国有企业分红比例估算 [J]. 会计研究，2009（9）：58-65.

经济增加值 EVA 结合起来,构建了企业价值创造理论框架体系,分析了价值创造体系的内在驱动因素是:销售净利率、总资产周转率、权益乘数三个财务指标。选取了 2002~2006 年样本数据进行了实证分析,研究发现:目前多数国有控股上市公司都处于股权资本成本投资无效率的状态。国有企业应该树立经济增加值与资本成本的理念,提高留存收益再投资回报率的水平和对业务的识别处理能力,形成和保持有利于价值创造的财务可持续增长能力①。

纪新伟(2012)认为现金分红比例可以用最优股利支付率衡量,选取了 2006~2009 年的中央企业上市公司为样本,以后续期间净利润最大化作为股利净现值最大化的代理变量,构建上市公司分红比例模型,研究发现:对于中央企业上市公司样本,合理的分红比例变动为 51%~55%,而控制所有变量以后,中央企业上市公司的合理分红比例为 54%,因此,使会计业绩达到最优的合理分红比例在 40%~60% 这一区间是合理的②。

第三节 国外国有企业分红比例的实践启示

从世界范围来看,国有企业上缴较高比例利润给国家是普遍的做法。从法国、美国、新加坡等国家的情况来看,50% 左右的分红比例较为普遍。这些国家的红利上缴政策充分参考国有企业的自身情况,分红比例的设定更加具有弹性,这些为我国制定合理的国有企业分红比例提供了良好的借鉴。

一、国外国有企业分红比例的总体情况

从世界范围来看,不论是什么机构作为国有资产的代表,由于出资人是全体国民,利润当然是属于全体所有,绝大多数国家的普遍做法是将国有企业利润上缴财政,用于公共支出。根据世界银行驻中国代表处报告《国有企业分红:分多少?分给谁》中提到的国外国有企业分红情况,丹麦、德国、韩国与新加坡的国企分红比例较高,超过 50%;荷兰、瑞典、挪威等国家的国企分红比例为 30%~40% 左右;而新西兰国企分红比例则较低,为 15%。总体而言,国外国有企业分红政策普遍倾向于上缴利润比例较大的国家(见表 9-2)。

---

① 李光贵. 资本成本、可持续分红与国有企业 EVA 创造 [J]. 经济与管理研究,2011 (5):39-48.
② 纪新伟. 国有企业合理分红比例研究 [D]. 上海:南开大学,2012.

表 9-2　　　　　　　　　成熟市场国家国有企业分红情况

国家	国有企业	行业	国家股份比例（%）	分红政策与比例	主管部门
丹麦	CPH	机场	37	制定稳定的分红比率，2004年为盈利的50%	财政部
荷兰	Outkumpu	钢铁	49	支付红利不少于集团利润的1/3	财政部
瑞典	SJ	铁路	100	至少为净利润的1/3	财政部
德国	Deutsche Telekom	电信	38	2004年比例为56%	经济部
新西兰	Air New Zealand	航空	81	分红率为15%	财政部
挪威	Statoil	石油	100	几年内平均分红率为45%~50%	财政部
韩国	KT&G	烟草	100	60%~80%	财政经济部
法国	France Telecom	电信	31	2004年分红比例为43%	一般性预算和国家养老基金
新加坡	PSA	港口	100	2003年红利相当于收入的61%	淡马锡基金

资料来源：王新. 我国国有企业收益分配制度研究［D］. 财政部财政科学研究所，2009.

二、国外国有企业分红政策的典型案例

（一）法国

法国是西方国家中国有企业占比较大的国家，特别是通过三次国有化运动后，金融、军工企业、能源企业、交通等行业都有国有企业的身影，占其内固定投资的比例达到30%左右。为了管理好国有企业，法国政府设置了专门的管理机构对其进行管理，这些部门代表国家行使其所有权。法国国有企业的基本制度和经营模式是股份制，由财政部代表国家控股。法国国有企业一般实行经理负责制，按照竞争程度分为垄断性和竞争性国有企业。法国政府对垄断性国有企业，有比较严格的管理制度，企业拥有的自主权利相对较少，而对于竞争性的企业则有较为充分的自主权利，避免政府干预企业的正常经营活动，保持政府与企业的分离，国家只是以财产所有者的身份按比例获取分红。法国国有企业分红政策的制定比较注重对国有企业经营状况的考察，包括盈利能力、财务状况等。法国国有企业上缴到政府的利润大约是税后利润的一半，除国家资本的红利部分上缴国库外，其余的部分用于企业内部，大部分投入后备基金和发展基金，用于弥补亏损或者用于再投资以及用于职工的奖励。法国政府将企业上缴的红利纳入财政预算体系中，是一般预算的主要收入来源之一。此外，中央级国有企业的重大事项由主管经济的财政部来进行决

策,特别重大事项需要报请内阁会议决定。①

(二) 美国

美国的国有企业受到政府的控制,在国民经济中的占比较小,主要集中于基础设施与国防领域,如桥梁、电力、公路、铁路、军工、邮政等。美国政府基本上通过成立专门机构立法管理和采取出租经营、项目承包的方式运作这两种方法管理国有企业。对于尖端技术,特别是与国防有关的特殊产品,议会通过立法的方式决定其组建,并通过这种方式来解决企业管理体制等相关的重大问题,严格规范企业的行为,这些企业可根据自身的经营情况向白宫申请预算,由财政部拨款,接受审计监督;对于出租经营和项目承包方式运作的国有企业,相当于将国有资产出租给私人经营,承包人具有经营自主权,政府不能干涉。国有企业利润上缴财政部方面采取的是自愿的原则,上缴的比例为30%~50%。令人特别注意的是阿拉斯加州,设立了"资源永久基金",将该州的部分石油收入投入基金中去,这样该州的民众每年可以享受政府发放的几千美元红利。

(三) 新加坡

新加坡的国有企业根据所在的行业性质采取不同的管理模式,主要分为经营领域和社会服务、社会基础设施两类。前者采取与世界各国的通行做法,设立国有控股公司行使所有权,与私企公平竞争,以营利为目的,追求利润的最大化,保证国有资产的保值增值。新加坡国内最大的国有控股公司淡马锡控股公司在性质上由财政部全资控股,但是在公司运营上享有完全的自主权;后者则是非营利性的企业,目的是创造良好的公共服务,推进市场有序经营,促进社会公平。新加坡国有企业利润上缴财政部的比例一般为35%~70%,有时会高达80%。

三、启示

(一) 国有企业红利分配比例以企业经营状况为考量

合理的国有企业红利分配比例,必须要根据企业的实际经营情况来制定,具体的收益分配比例的确定不仅取决于所处行业,还要考虑到企业的盈利水平、收益稳定性以及企业的可持续发展,这样才能够有效地抑制国有企业过度投资的行为,促进国有企业的健康发展,同时有更多的资金投入民生领域,促进社会和谐,增进社

---

① 汪平、李光贵. 国外国有企业分红政策:实践总结与评述 [J]. 经济与管理研究,2008 (6).

会福利。从各国的国有企业上缴利润的情况来看，分红比例高的可以达到净利润的80%，低的达到20%~30%，采取"全民分红"的也有，这要根据企业自身的状况，而不能够采取"一刀切"的方式来确定，目前我国国有企业利润上缴的比例是分为五类，这主要是根据企业所处的行业与所具有的资源优势来划分，同时分红比例确定的严谨性不足，显得十分死板。我国国有企业利润分红比例可以更加具有弹性，根据国外的经验，再立足于国有企业的盈利状况，进行相应的调整。

（二）根据企业不同性质采取相应的利润上缴比例

成熟市场国家大多根据国有企业所在的产业的不同，采取不同的管理模式，上缴的分红比例也各异。美国大致上把国有企业分为直接管理与国有控股公司经营；新加坡采取与美国相类似的划分办法；而法国根据竞争的程度分为垄断性和竞争性的国有企业。相对于资源垄断性质的企业而言，因为其具有资源优势，业内竞争较少，盈利水平更高，应该采用比竞争性企业更高的分红比例。这样更加细化的上缴比例划分能够考虑到企业所处行业的性质，对于企业的长远发展较为有利。我国国有企业利润分配的划分也是按照企业所处的行业性质进行的，但是在细化程度上有待进一步改善。

（三）国有企业利润分配惠及全民

因为国有企业属于全体国民所有，从世界各国的经验来看，国有企业上缴的红利更多地用在民生领域，法国国有企业的分红上缴财政部，纳入公共财政预算；美国的阿拉斯加州更是采取了"全民分红"的形式；新加坡国企分红比例也较高。这样有利于维护社会稳定、提高人民生活水平，促进社会和谐发展。而我国国有企业占有大量的资源，享有垄断利润，却时常还要国家财政补贴。上缴的企业利润又都基本上回流到企业内部，只有很少的部分被用于改善民生。我国国有企业利润在使用方面，应当借鉴国外，将上缴利润更多地从投资转向公共服务。

第四节 国有企业分红比例估算的模型构建

理论研究结果和国外的实践探索表明，在国有企业的经营活动过程中，现金股利政策将会受到众多因素的影响。具体说来，在利润分配问题上国有企业首先应该满足国有股权资本成本的满足，同时也要考虑企业自身的可持续发展。可以说国有企业分红比例的估算最终解决的是"分多少"的问题，即国企利润上缴公共财政比例为多少。因此，分红比例的估算是国家与企业两者之间的一种利益博弈的过程。我们可以看作分红比例是兼顾国家作为股东必要报酬率的满足和企业财务可持续发展的一种利润分配模式。在该种分红模式下，既可以保证国有企业资产的增值保值，也可以满足企业的可持续发展。因此，本章从兼顾股东必要报酬率的满足和企业财务可持续发展两个角度，构建国有企业分红比例模型。

一、相关机理分析

(一) 股东必要报酬率的满足

国家作为出资人，即作为国有企业的股东，理应享有利润分红的权利。国有企业在制定分红策略时，必须充分考虑股东的权利，对于股东投入的资本给予必要的回报。股东必要报酬率反映的是资本的回报率，股东必要报酬率的满足至少达到股权资本成本的要求。米勒和莫迪利亚尼（Miller and Modigliani，1966）认为"作为企业投资者，资本成本是实物资产获得回报的最低预期报酬率。"在市场经济的环境中，多方面因素的综合作用决定着企业资本成本的高低，其中主要有：利率、市场风险、税率、资本结构、股利政策和投资政策等。对于股权资本成本的估算技术，主要有资本资产定价模型、套利定价模型、三因素模型等。使用最广泛的方法是资本成本定价模型。按照资本成本定价模型，股权资本成本等于无风险利率加上风险溢价。

$$K_s = R_f + \beta \times (R_m - R_f) \quad (9.1)$$

R_f 为无风险报酬率；β 为该项资产的贝塔系数；R_m 市场平均风险报酬率；$R_m - R_f$ 为市场风险溢价；

而股东财富被定义为公司未来股利的折现值。在股利增长模型中，假设股利增长率为 g，根据 Gordon 模型（1959），股东财富可以表示为：

$$P_0 = \frac{D_1}{K - g} \quad (9.2)$$

其中，P_0 代表股票当前市价，D_1 代表预期年股利额，K 代表股权资本成本；g 代表股利的年增长率。科普兰（Copeland，2003）指出股东财富的实现，得益于股东必要报酬率的满足。我们对公式（9.2）进行变形，则：

$$K = \frac{D_1}{P_0} + g \quad (9.3)$$

对于 g 股利的年增长率的估计，我们可以采用历史增长率，也可以采用可持续增长率。假设未来不发行新股，并且保持当前的经营效率和财务政策变，则可根据可持续增长率来确定股利的增长率。

股利的增量率 = 可持续增长率 = 利润留存比率 × 期初权益预期净利率

令第一期每股盈余为 EPS_1;股利支付率为 POR,则利润留存比率为 $(1-POR)$;期初权益预期净利率为 ROE;股利增长率 $g=(1-POR)\times ROE$:

则公式(9.3)可以进一步表示为:

$$K = POR \times \frac{EPS}{P_0} + (1-POR) \times ROE \qquad (9.4)$$

式(9.4)表明,股利增长率与企业利润留存比率和期初权益预期净利率相关,即利润留存比率和利润留存再投资回报率决定了股利增长率。利润留存再投资回报率越高,股东未来收益也就越大。股东财富的另一个表达式为:

$$P_0 = \frac{EPS_1}{K} + NPVFI \qquad (9.5)$$

其中,NPVFI 表示利润留存未来投资回报的净现值。即企业当前的经营价值与未来净现值之和。当利润留存再投资回报率大于股权资本成本时,股东未来价值将增加;当利润留存再投资回报率小于股权资本成本时,股东未来价值将会减少。

(二)企业可持续增长

可持续增长的基本含义是指:人类在社会和经济发展过程中,保证资源与环境的长期协调发展,做到既满足当代人的需求,又不损害后代人满足需求的能力[①]。企业是符合理性经济人假设的利益体,企业可持续增长是指:企业在追求利益最大化,做"大"做"强"的同时,还必须考虑企业资源的协调发展,不得以损害未来利益为前提。

希金斯(Higgins,1981)从财务角度出发,认为"可持续增长率是指在不要耗尽财务资源的情况下,公司销售所能实现增长的最大比例"。同时,提出了可持续增长模型。

$$SGR = ROE \times L \qquad (9.6)$$

其中,ROE 为期初权益预期净利率,R 为利润留存比率。进一步分解:

$$SGR = \frac{留存收益}{期初股东权益} = \frac{净利润}{销售收入} \times \frac{销售收入}{资产总额} \times \frac{资产总额}{期初股东权益} \times \frac{留存收益}{净利润} \qquad (9.7)$$

$$SGR = P \times A \times T \times L \qquad (9.8)$$

其中,P = 销售净利率,A = 资产周转率,T = 权益乘数,L = 利润留存比率。希金斯(Higgins,1981)提出的财务可持续增长模型,为我们揭示了保证企业财务可持续增长的内在驱动因素,即销售净利率、资产周转率、权益乘数、利润留存比率。销售净利率和资产周转率分别代表了企业的盈利能力和营运效率,属于经营

---

① Robert. C. Higgins. Sustainable Growth under Inflation [J]. *Financial Management*,1981,(10):36-40.

杠杆效应，体现了企业经营业绩对可持续增长率的影响；而权益乘数和利润留存比率，属于财务杠杆效应，体现了财务杠杆对可持续增长率的影响。

因此，可持续增长率是公司经营业绩、资本结构和股利政策等多种因素共同作用的均衡结果。企业制定合理的分红比例政策必须考虑可持续增长率的影响（见图9-1）。

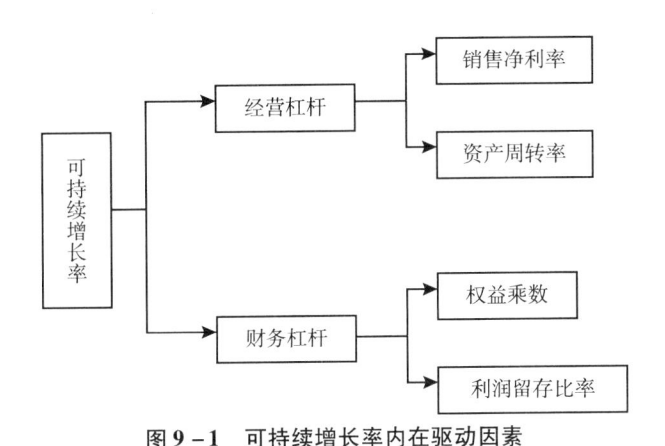

图9-1 可持续增长率内在驱动因素

二、权益资本成本及其估算技术

权益资本成本的估算，历来是财务学领域的难点。权益资本成本反映的是股东必要报酬率的要求，股东获得报酬主要有股利利得。公司的利润分配必须在留存收益和股东分红之间寻求平衡。按照现代财务理论，如果企业的税后利润不能带来高于股权资本成本的报酬率的话，应该把利润分配给股东。由于资本成本的重要性，西方学者对于资本成本的估算进行了比较详细的研究。在实践中也总结了一些估算方法与模型。但是到目前为止，西方学者对于具体的估算方法与技术并没有达成一致意识。

在国外对于资本成本常用的估算方法主要有资本资产定价模型、股利折现模型、历史平均收益法、投资者期望报酬率法等。由于资本资产定价模型的使用范围最广[1]，因此本章主要介绍资本资产定价模型在股权资本成本估算中的运用。

（一）资本资产定价模型

夏普（Sharpe, 1964）、林特（Linter, 1965）分别在各自的论文中提出了

---

[1] 根据 John R. Graham 和 Campbell R. Harvey（2001）调查研究显示 CAPM 模型是目前最为常用的股权资本成本的估算方法，具体参见 John R. Graham and Campbell R. Harvey. The Theory and Practice of Corporate Finance; Evidence from the Field [J]. *Journal of Financial Economics*, 2001 (60): 187-243.

CAPM 模型,他们认为市场风险是影响资产收益率的唯一因素[①],因此 CAPM 模型也称为单因素模型。但是他们提出的资本资产定价模型具有一系列严格的假设:(1) 所有投资者是风险厌恶型的,追求单期财富价值最大化,并且以期望收益和标准差进行市场组合选择;(2) 市场上的买卖双方信息对称,不存在税收和交易成本,买卖双方没有能力影响市场价格;(3) 存在无风险资产,投资者可以无风险利率借贷资金;(4) 所有资产收益率呈正态分布。这些假设把市场风险和资产收益率联系在了一起。CAPM 模型的核心预测是投资财富的市场组合在 Markowitz 的意义上市均值方差是有效的。市场组合的有效性意味着资产收益是市场风险的一个线性函数。资本资产定价模型是目前使用范围最广的风险——收益度量工具。该模型认为,资本成本由公司的系统风险决定,具体表达式为:

$$K_s = R_f + \beta \times (R_m - R_f)$$
$$= 无风险报酬率 + 风险补偿$$

R_f 为无风险报酬率;β 为该项资产的市场风险贝塔系数;R_m 市场平均风险报酬率;$R_m - R_f$ 为市场风险溢价。根据该公式,我们发现投资者的报酬率等于无风险报酬率和风险补偿之和。即投资者的必要报酬率取决于三个变量:无风险利率、贝塔系数、市场风险报酬率。如果能够科学阶段和计算这三个变量,则能计算出投资者的必要报酬率,进而确定资本成本。

首先,无风险报酬率的确定。尤金·F. 法玛和路易斯·C. 卡布斯基(Eugene F. Brigham and Louis C. Gapenski,1996)认为,在美国,市场无风险利率可以政府 20 年长期债券收益率作为替代。在我国,朱武祥[②]、汪平[③]等学者对资本成本进行估算时,则采用 10 年期的国债利率作为无风险利率。这主要是政府债券收益稳定,且信用度高等因素的考虑,选择长期政府债券利率作为无风险利率可以比较好地衡量资产收益状况。

其次,市场风险溢价的估计。市场风险溢价为市场风险报酬率与无风险报酬率的差值。主要表现为以两种报酬率进行估算,一是历史报酬率,二是期望报酬率。历史报酬率法,即根据历史报酬率计算市场风险溢价,而期望报酬率法则是根据股利的增长模型估算市场预期增长率,然后借用价格水平作为市场指数来估算市场收益率,进而推算市场风险溢价。当内外环境变化不大时,以历史报酬率作为基础对市场风险溢价进行估算具有较强的实用性。但是如何确定历史数据的期间,目前还没有统一定论。达摩达兰(Damodaran)认为一个国家的市场风险溢价可以由两个

---

① Lintner J.. The Valuation of Risk Assets and the Selection of Ris Investments in Stock Portfolios and Capital Budgets [J]. *Reviews of Economics and Statistics*,1965(47):13 – 37.
② 朱武祥. 资本成本理念及其在财务决策中的应用 [J]. 投资研究,2000(1):11 – 15.
③ 汪平,李光贵. 资本成本. 可持续增长与国有企业分红比例估算——模型构建与检验 [J]. 会计研究,2009(9):58 – 65.

部分组成：成熟市场的风险溢价和该国股权的国家风险溢价。

某国的市场风险溢价 = 成熟市场的风险溢价 + 该国股权的国家风险溢价

$$股权国家的风险溢价 = 国家违约风险溢价 \times \left(\frac{\sigma_k}{\sigma_s}\right)$$

其中，国家违约风险溢价一般根据国际对该国的风险评级进行确定，σ_k 为该国历年代表性股票指数的报酬率的标准差，σ_s 为该国长期政府债券收益率的标准差。假设美国为成熟的资本市场，则按照上式的定义，中国的股权市场风险溢价 = 美国市场的风险溢价 + 中国股权国家风险溢价。

最后，市场风险系数贝塔值的估算。贝塔系数反映的是该公司自身风险相对于整个市场风险的波动性。贝塔系数越高，说明该公司风险越大；贝塔系数越低，说明该公司风险越小。在数学上，贝塔值是证券报酬率与市场报酬率的协方差之间的比率。通常我们说的贝塔系数是历史贝塔系数，即通过历史期的数据简单线性回归得到。将公司股票的回报率作为因变量，市场回报率作为自变量，那么回归的斜率即为贝塔系数。也就是说，贝塔系数是通过历史数据而得到的，它代表着股票过去的交易风险。如果过去和现在的内外因素没有发生很大的变化，那么可以采用历史数据的贝塔系数替代预期的贝塔系数；如果环境变化大，风险程度不同，那么需要根据历史数据进行适当的调整。

因此，如果确定了以上三个变量，就可以通过资本资产定价（CAPM）模型确定股权资本成本。除了CAPM模型之外，在股权资本成本估算技术发展的过程中，也不乏其他经典模型和方法。如布莱克－斯科尔斯（Black－Scholes，1973）期权定价模型、罗斯（Ross，1976）的套利定价模型（ATP），法玛和弗伦奇（Fama and French，1992）的三因素模型以及哥布哈特·李·史瓦米那尚（Gebhardt, Lee and Swaminathan, 2003）的剩余收益折现模型等，限于本书的研究范畴，不再做详细介绍[1][2]。

资本资产定价模型提出之后，国外众多学者对其进行了更深一步的研究。布伦南（Brennan，1970）、默顿（Merton，1973）对CAPM模型进行修正之后，分别提出了税后资本资产定价模型，和跨期资本资产定价模型。罗斯（Ross，1976）认为除了市场风险这一因素以外，还有一系列因素影响资产收益率，在考虑多因素的情况下，提出了套利定价理论。该理论从单因素过渡到多因素，被认为是资本资产定价模型描述资本市场风险——收益均衡的工具。法玛（Fama，1992）基于共同期

---

[1] Ross S. A.. The Arbitrary Theory of Capital Asset Pricing [J]. *Journal of Economic Theory*, 1976 (12): 101–121.
[2] Fama E. French K. R.. The Cross–Section of Expected Stock Returns [J]. *Journal of Finance*, 1992 (47): 427–465.

望假设前提下,研究了期望收益与投资者预期不一致的情况下的资本市场均衡,从而对 CAPM 模型进行了修正。布伦南(Brennan,2001)在不考虑税负情况下,研究了资本利得、股息、红利等不同情况下的 CAPM 模型,对 CAPM 模型的应用进行了更深入的研究[①]。(Shefrin and Statman,1994)在行为金融学的基础上,构建了行为资本资产定价模型。勒内·M. 斯塔茨(Rene M. Stulz,1995)研究了全球化与股权资本成本的关系,他认为每一个国家的 CAPM 模型是相对独立的,而全球的 CAPM 模型必须基于全球指数来进行评估。同时,实证研究发现:使用本国的 CAPM 模型估算资本成本将会使结果偏大,全球化可以降低股权资本成本。

由此可见,自资本资产定价模型提出之后,学者们就对其进行不断的完善与发展至今,其理论与现实意义不能一概而论了。该模型已经成为财务管理学领域的重要里程碑之一,对于股权资本的估算具有参考和借鉴意义。

(二)资本资产定价模型分析与评价

自夏普(Sharpe,1964)提出资本资产定价模型之后,CAPM 模型在公司理财、金融学、投资学、财务管理等领域得到了广泛的应用,成为了经典模型之一。同时,CAPM 模型也是企业管理者、投资者等应用的主要工具之一。在资本市场上,无论是单一股票的波动,还是整体股市的波动都离不开资本资产定价模型。

1. CAPM 模型的研究意义

CAPM 模型是第一个关于资本资产定价的模型,也是第一个可以进行计量检验的资产定价模型。更重要的是,在充满市场风险的环境中,CAPM 模型为广大投资者提供了资产定价的依据。同时为收益和风险搭起了一座桥梁,模型还明确指出了资产的期望收益率等于无风险利率和风险补偿两者之和,揭示了风险与收益的内部关系。

CAPM 模型的另一个重要意义是,它将风险划分为了系统风险和非系统风险。系统风险是整个市场的固有风险,它与经济环境、政治环境息息相关,不可以通过合理的投资组合分散系统风险。而非系统风险是公司自身所特有的风险,通过合理的资产投资组合可以分散非系统风险。

由于资本资产 CAPM 模型表明了风险和收益的关系以及对风险的正确分类,为财务管理和金融学领域的研究带来了重大突破,同时给投资者的投资决策也带来了重要参考借鉴和指导意义。例如在证券市场中,投资者可以根据资本资产定价模型选择合适的股票。如果市场行情处于上升状态,那么投资者可以选择风险系数 β 值高的股票进行投资,因为此时行情被看好,风险高意味着可以带来更高的收益。

---

① Brennan M. J.. Taxes, Market Valuation and Corporate Financial Policy [J]. *National Tax Journal*, 1970 (4): 417 – 427.

如果市场行情处于下降状态，那么投资者可以选择风险系数 β 值低的股票进行投资，因为此时行情不被看好，应该选择风险相对比较低的资产进行投资，从而最大程度避免了损失。当然，投资者也可以同时选择多项风险系数不一样的资产进行组合投资，通过合理的资产组合可以最大限度地消除非系统风险，实现既定风险下的收益最大化，或者收益既定下的风险最小化。

综上所述，资本资产定价模型已经成为财务管理、金融学等领域的重要研究工具。资本资产定价模型的重要意义在于，它为风险和收益搭建了一座桥梁，为投资者提供了合理的资产定价依据以及投资理财选择的依据，为投资者分散风险、保障收益提供了思维框架。

2. CAPM 模型的局限性

自资本资产定价模型提出之后，对财务管理等领域的研究带来了巨大的推动作用，但是 CAPM 模型一系列的严格假设以及参数估计也给该模型带来了一定的局限性。

首先，CAPM 模型假设所有投资者都是风险厌恶型的，但是在资本市场的众多投资者中，不同的投资者对于风险的偏好是不同的。对于不同风险偏好，投资者的投资行为也不一样。例如风险偏好型的投资者，由于投资者追求高风险高收益，即使在行情不被看好的情况下，投资者还是会选择高风险资产期望获得高收益。而对于风险中立型的投资者，无论市场行情如何，投资者都会选择能够给自己带来稳定收益的投资目标，不管风险情况如何。因此所有投资者都是风险厌恶型的这一假设成为了 CAPM 模型局限性之一。

其次，CAPM 模型假设认为市场交易双方信息对称，没有交易成本和资本利得税收。然而在现实的经济环境和市场交易中，这样的投资环境是不存在的。税收和交易成本在现实经济活动交易中客观存在且对资产的定价产生影响。例如如果现实交易中的交易成本和税收之和大于交易之后获得的资本利得，那么投资者将会放弃交易。因此由于交易成本的存在以及对资本利得征税，将会使得投资者持有不同资产的风险投资组合。布伦南等（Brennan et al., 2001）在考虑资本利得与税收的情况下，对资本资产定价模型进行了修正，建立了税负调整的 CAPM 模型，研究表明：税收的存在会造成投资者不同的投资偏好，当投资者偏向于更高收益的投资策略时，一方面带来了收益，另一方面也带来了额外的非系统风险[1]。

最后，投资者以期望收益和标准差进行市场投资组合选择。但是资产收益率的不同分布也会导致产生相同的期望收益率和方差[2]。但是 CAPM 模型并没有充分考

---

[1] Brennan, Michael and Jihong Xia. Assessing Asset Pricing Anomalies [J]. *Review of Financial Studies*, 2001 (14): 905–942.
[2] 闫甜. 国企分红制度中的资本成本估算研究 [D]. 北京：首都经济贸易大学, 2008.

虑到这一点,将导致模型的计算结果带来误差。

通过上述分析,我们发现 CAPM 模型的一系列严格假设前提给该模型带来了一定的局限性。但是,纵观经济学、管理学等各领域的重要假说、理论以及模型都是建立在一系列的严格假设前提之上的,之后学者根据自己的研究目标和研究对象不同,对相应的理论或模型进行适当的调整与修正,从而进一步拓展了理论或模型的适用范围。

鉴于资本资产定价模型在财务领域的重要作用与意义,该模型的运用在发达国家的资本市场得到了广泛运用。如表9-3所示,根据约翰·R.格雷厄姆和坎贝尔·R.哈维(John R. Graham and Campbell R. Harvey,2001)调查研究显示 CAPM 模型是目前最为常用的股权资本成本的估算方法[1]。

表9-3　　　　　美国企业界对于股权资本成本估算的主要方法　　　　单位:%

资本成本估算方法	资本资产定价模型	历史平均收益法	多贝塔CAPM模型	股利折现模型	投资者期望报酬率	通过调整决策方法
CFO 使用比例	73.49	39.41	34.29	15.74	13.93	7.04

综上所述,虽然 CAPM 模型具有一系列研究的假设,但是这并不影响该模型在实务界的使用。正如著名财务管理学家米勒(Miller)所言,财务模型的实际使用价值并不会受到该模型所设定的假设前提的影响,即假设前提的存在绝不意味着该模型不具备现实使用价值与意义。资本资产定价模型提出之后,学者们的不断修正与运用,进一步奠定了该理论模型在财务管理领域的地位。

三、分红比例估算模型构建与运用分析

(一) 分红比例估算模型构建

综上分析,国家作为国有企业的出资人,追求股东财富最大化。当股东必要报酬率大于股权资本成本时,股东未来价值是增加的,否则,股东未来价值将受到损害。股东财富与企业股利增长率紧密相关,对于股利增长率的计算,主要方法有:第一,历史增长率。这种方法是根据过去的股利支付数据估计未来的股利增长率。股利增长率可以按几何平均数,也可以按算术平均数。两者计算的结果会有很大差

---

[1] John R. Graham and Campbell R. Harvey. The Theory and Practice of Corporate Finance: Evidence from the Field [J]. Journal of Financial Economics, 2001 (60): 187-243.

别。哪一种更适合股利增长模型呢？几何增长率适合投资者在整个期间长期持有股票的情况，而算是平均数适合在一段时间持有股票的情况，由于股利折现模型的增长率，需要长期的平均增长率，几何增长率更符合逻辑。有了历史增长率，就可以利用股利增长率模型计算股权资本成本了。第二，可持续增长率。当股利增长率采用可持续增长率时，股利增长率 $g = SGR = (1 - POR) \times ROE$，这样可持续增长率与期初权益预期净利率为 ROE 联系在一起。而期初权益预期净利率 ROE 必须大于或者等于股权资本成本 K 时，股东财富才能实现增长。因此可持续增长率与股权资本成本的关系，数学表达式推导过程如下：

$\because SGR = (1 - POR) \times ROE$

$ROE \geq K$

$\therefore SGR \geq (1 - POR) \times K$

$\therefore \dfrac{SGR}{K} \geq 1 - POR$

$\therefore POR \geq 1 - \dfrac{SGR}{K}$ （9.9）

因此，为了实现股东财富最大化，期初权益预期净利率 ROE 必须大于或者等于股权资本成本 K。可持续增长模型，为我们确保了期初权益预期净利率 ROE 的最低约束，即股权资本成本。在此约束下，企业才能实现可持续增长与股东财富价值最大化。为了合理确定分红比例，我们先假设期初权益预期净利率 ROE 等于股权资本成本 K，这样我们得到了可持续分红模型的数学表达式：

$$SPOR = 1 - \dfrac{SGR}{K}$$ （9.10）

当 $ROE \geq K$ 时，$SPOR \leq POR$；当 $ROE \leq K$ 时，$SPOR \geq POR$。因此可持续分红比例模型为我们提供了一个可以兼顾股权资本成本和企业可持续增长的分红路径。同时，当期初权益预期净利率 ROE 大于股权资本成本时，现实分红比例大于可持续分红比例，为了保持现有的可持续增长率和股东未来财富价值最大化，可持续分红模型确保了现实分红的最低股利支付率。当期初权益预期净利率 ROE 小于股权资本成本时，现实分红比例小于可持续分红比例，此时如果利润留存比率过高，则利润留存再投资收益率无法满足股权资本成本，股东未来价值财富将受到损害，可持续分红比例模型确保了现实分红的最高股利支付率。

（二）分红比例估算模型运用分析

上一节通过可持续增长率与股权资本成本的关系，推导出了可持续分红比例模型的数学表达式。在现实情况中，由于不同企业的可持续增长率和股权资本成本不同，因此得到的可持续分红比例也不同。具体来说，可持续分红比例的计算结果主要有三种可能情况：

（1）当 SGR < 0 时，那么 SPOR > 1。即企业的可持续增长率小于零，表现为负的增长，此时可持续分红比例大于100%。换言之，由于企业缺乏成长性，没有净现值大于零的投资项目，此时利润留存已经意义不大。应该最大限度地把利润分配给股东，其中包括前期为分配利润，以满足股东对于股权资本成本的要求。

（2）当 0 ≤ SGR ≤ K 时，那么 0 ≤ SPOR ≤ 1。即此时企业的可持续增长率大于零，但是小于股权资本成本，企业处于良好的成长期，存在净现值大于零的投资项目。企业的利润必须分成两部分，一部分用于企业的扩大再投资项目，满足企业自身成长需求；一部分用于分配给股东，满足股东对于股权资本成本的要求。

（3）当 SGR > K 时，那么 SPOR < 0。即此时企业处于高增长状态，且增长率大于股权资本成本。企业的自身利润留存已经难以满足成长的需求，必须通过其他融资手段获得资金需求。这时股东为了实现未来价值财富最大化，可以选择短期不分配利润，而把利润进行再投资，未来获得更多的回报。

综上所述，运用可持续分红比例模型时需要考虑企业的自身情况，不同的企业可持续分红比例的结果也不相同。高增长的企业为了企业自身的成长，可以选择少分红；而对于低增长甚至负增长的企业，应该选择多分红，从而满足股东对于股权资本成本的要求。

需要说明的是，运用可持续分红比例模型时，资本成本是一个非常重要的变量。资本成本估算结果的高低，直接影响了分红比例的结果；同时资本成本的满足也是能否实现股东价值最大化的重要因素。分红比例的最终估算必须通过股权资本成本体现出来，国家作为国有企业的股东，可以通过股权资本成本的调整来实现股东财富价值最大化的目标。

（三）各指标变动对分红比例估算影响分析

通过上一节的推导，得到了可持续分红模型的数学表达式：

$$\text{SPOR} = 1 - \frac{\text{SGR}}{\text{K}} \tag{9.11}$$

对于可持续分红比例取决于两个重要变量：可持续增长率与资本成本。因此这两个变量的变动都会对分红比例产生重要影响。

1. 可持续增长率对于分红比例的影响

利用可持续分红模型的数学表达式，我们发现分红比例与可持续增长率负相关，即可持续增长率越大，企业分红比例越低。这一结果与可持续增长理论相一致，即如果企业可持续增长率越大，处于成长期，具有比较好的投资机会，那么企业可以减少分红比例，把利润留存并投资于净现值大于零的项目，那么企业的价值增加，会给企业股东带来更多的财富。

同时，可持续增长率与销售净利率、资产周转率、权益乘数、利润留存比率成正相关关系。

$$SGR = P \times A \times T \times L \tag{9.12}$$

其中，P＝销售净利率，A＝资产周转率，T＝权益乘数，L＝利润留存比率。

在四个变量中，如果某三个变量不变，那么任何一个变量的增大（减小），都将会使得可持续增长率增大（减小）。换言之，企业可以通过改变自身的经营杠杆或者财务杠杆达到改变可持续增长率的目的，从而进一步影响可持续分红比例的大小。

2. 资本成本对于分红比例的影响

在可持续分红比例模型中，资本成本与分红比例呈正相关关系，即企业资本成本越大，分红比例越高。而资本成本是股东必要报酬率的满足，如果企业分红比例过低，不能满足股东必要报酬率的要求，那么股东将会"用脚投票"投资于其他企业净现值大于零的项目，从而获得分红，实现股东必要报酬率的满足。换言之，如果企业的资本成本比较高时，应提高分红比例。因此，资本成本对于分红比例的影响与资本成本理论一致。

对于资本成本的计算采用资本成本定价模型，

$$K_s = R_f + \beta \times (R_m - R_f)$$
$$= 无风险报酬率 + 风险补偿$$

即资本成本的大小取决于三个变量：无风险利率、贝塔系数、市场风险报酬率。无风险利率一般与政治环境、经济形式相关，实务中常采用长期的政府债券收益率替代。而市场风险溢价为市场风险报酬率与无风险报酬率的差值，即市场风险溢价增加（减小），资本成本增加（减小），那么分红比例增加（减小）。市场风险系数贝塔值反映的是该公司自身风险相对于整个市场风险的波动性。贝塔系数越高，说明该公司风险越大，资本成本增加，分红比例增加；贝塔系数越低，说明该公司风险越小，资本成本减小，分红比较降低。即无风险利率、贝塔系数、市场风险报酬率三个变量通过影响资本成本，进一步影响分红比例。

第五节　国有企业分红比例估算的实证检验

上文的模型分析发现国有企业分红最终需要解决"分多少"的问题，国有企业分红比例的确定必须兼顾国有股权资本成本的满足和企业自身的可持续发展。一方面是满足股东股权资本成本的安排，另一方面也是企业追求自身可持续发展的一种行为。目前我国对于国有资本收益征缴办法是分类别征缴，根据企业的不同性质,对应的征缴比例也不同。对于资源性国有企业按高比例上缴国有资本收益,对于竞争性国有企业按照低比例上缴国有资本收益。从2007年的5%~10%到2014年的10%~25%,国有资本收益上缴比例逐渐增加,但是对于具体的征缴比例多少比较合适,目前还没有统一定论。本章将按照财政部、国资委对于国有企业征缴范围分类别对国有企业分红比例估算模型进行实证检验,探讨合理的分红比例。

一、研究设计

(一)样本的范围

2014年,为了进一步贯彻落实党的十八届三中全会及《国务院批转发展改革委等部门关于深化收入分配制度改革若干意见的通知》,财政部发文决定进一步提高国有资本收益收取比例:国有独资企业应交利润收取比例在现有基础上提高5个百分点,即:第一类企业为25%;第二类企业为20%;第三类企业为15%;第四类企业为10%;第五类企业免交当年应交利润。

虽然国有资本收益收取针对的是一级企业,但是目前一级企业多数非整体上市公司,财务数据难以获得或者数据不完全。然而,一级企业把绝大多数的优质资产注入了旗下控股的上市公司,一级企业的绝大部分利润来源于控股的上市公司。因此,本书选取一级企业旗下控股的上市公司作为样本。同时,为了体现分红比例政策制定的合理性,本书按照中央国有资本经营预算实施范围对样本分为五类。第一类为烟草企业,由于烟草属于国家专卖的政企合一企业,按照上市规则是不允许上市的,数据难以获得,加之此类样本较少。本书对于第一类烟草企业不予考虑。第五类为政策性公司,包括中国储备粮总公司、中国储备棉总公司,免交国有资本收益。对于这类公司也不予考虑。对于其他三类企业,样本选择进行了以下的处理。

(1)选择2007~2013年沪深A股上市公司。由于《中央企业国有资本收益收取管理暂行办法》在2007年颁布,考虑到数据的完整性和不同会计期间的可比性等因素,本书把会计期间限定在2007~2013年。

(2)剔除了ST和PT公司以及净利润为负值的公司。因为净利润为负值的公司不能够进行利润分配,不具备红利上缴的能力。因此,把此类样本剔除。

(3)剔除金融类上市公司。由于与一般公司相比,金融类上市公司的资本结构与会计核算具有特殊性,同时金融行业现金流巨大,加之其为非实体行业,金融公司本身不创造价值,因此把此类样本剔除。

(4)剔除期初所有者权益为负值的公司。所有者权益代表净资产,净资产为负数,说明公司的资产完全靠负债承担,公司资不抵债随时有濒临破产的风险,股东权利得不到保障。

（5）剔除财务数据不全的上市公司。

（二）样本数据来源

本书研究的数据均来自国泰安（GTA）数据库。其中包括 CSMAR 中国上市公司股利政策研究数据库、中国上市公司财务年报数据库、中国上市公司财务指标数据库、中国上市公司红利分配研究数据库以及中国股票市场风险评价 β 数据库等。

通过上述方法的筛选，剔除不符合研究的样本，共得到了第二类具有资源垄断型特征的行业企业上市公司样本 24 家，第三类一般竞争性行业企业上市公司 138 家，第四类军工企业、转制科研院所等公司上市公司 92 家。

二、股权资本成本的估算

如前所述，对于股权资本成本的估算存在许多不同的方法：资本资产定价模型、折现现金流量模型、三因素模型、套利定价模型、剩余收益折现模型等。在国内，沈艺峰、肖珉、黄娟娟[1]利用剩余收益贴现模型进行估算权益资本成本，汪祥耀和叶正虹[2]采用 PEG 模型估算了上市公司资本成本，朱武祥[3]、姜付秀和陆正飞[4]、汪平和李光贵[5]、李光贵[6]等分别都利用资本资产定价模型对我国资本市场股权资本成本进行了估算。因此对于股权资本成本的估算，不同的学者根据不同的研究对象与研究需要，选取的估算模型也不一样。但是资本资产定价模型已经成为使用最为成熟与广泛的方法。本书采取 CAPM 模型估算股权资本成本。按照资本资产定价模型，股权资本成本等于无风险利率加上风险溢价。

$$K_s = R_f + \beta \times (R_m - R_f)$$

R_f 为无风险报酬率；β 为该项资产的市场风险贝塔系数；R_m 市场平均风险报酬率；$R_m - R_f$ 为市场风险溢价。

---

[1] 沈艺峰，肖珉，黄娟娟. 中小投资者法律保护与公司权益资本成本 [J]. 经济研究，2005 (6)：115 – 124.
[2] 汪祥耀，叶正虹. 执行新会计准则是否降低了股权成本——基于我国资本市场的经验证据 [J]. 中国工业经济，2011 (3)：119 – 128.
[3] 朱武祥. 中国公司金融学 [M]. 上海：上海三联书店，2005.
[4] 姜付秀，陆正飞. 多元化与资本成本的关系——来自中国股票市场的证据 [J]. 会计研究，2006 (6)：48 – 55.
[5] 汪平，李光贵. 资本成本、可持续增长与国有企业分红比例估算——模型构建与检验 [J]. 会计研究，2009 (9)：58 – 65.
[6] 李光贵. 资本成本、可持续增长与分红比例估算研究 [D]. 北京：首都经济贸易大学，2010.

（一）无风险报酬率的确定

文献综述中提到对于无风险报酬率的确定办法，国内外学者普遍采用长期政府债券的收益替代。由于 2007~2013 年 10 年期政府债券期数较少，因此本书采用 2007~2013 年 5 年期凭证式国债利率平均值 5.40% 作为资本资产定价模型的市场无风险报酬率 R_f（见表 9-4）。

表 9-4　　　　　　2007~2013 年 5 年期凭证式国债利率表

年份	期数	利率%
2007	1 期	3.81
	2~3 期	4.08
	3 期	5.74
	5 期	6.34
2008	1~4 期	6.34
	5 期	5.98
2009	1~3 期	4
	4~5 期	无
2010	1~4 期	无
	5 期	4.6
2011	1 期	5.75
	2 期	6
	3~4 期	6.15
2012	1 期	6.15
	2 期	5.32
	3 期	5.32
2013	1 期	5.41
	2 期	5.41
	3 期	5.41
	4 期	5.41
平均值		5.40

资料来源：根据中国人民银行网站整理而得 http://www.pbc.gov.cn/。

（二）市场风险溢价的确定

如前所述，市场风险溢价为市场风险报酬率与无风险报酬率的差值。本书采用

Damodaran 学者的观点：一个国家的市场风险溢价可以由两个部分组成：成熟市场的风险溢价和该国股权的国家风险溢价（见表 9-5）。即：

中国的股权市场风险溢价为 = 美国市场的风险溢价 + 中国股权国家风险溢价

表 9-5　　　　　　　　　中国市场风险溢价的估算　　　　　　　　　单位：%

年份	美国市场风险溢价	中国股权国家风险溢价	中国市场风险溢价
2007	4.79	1.05	5.84
2008	5.00	2.10	7.10
2009	4.50	1.35	5.85
2010	5.00	1.05	6.05
2011	6.00	1.05	7.05
2012	5.80	1.05	6.85
2013	5.00	0.90	5.90

资料来源：根据 Damodaran 个人研究网站 http://www.stem.nyu.edu/~adamodar 整理而得。

（三）市场风险系数贝塔值的估算

贝塔系数反映的是该公司自身风险相对于整个市场风险的波动性。对于市场风险系数的计算，一般根据历史期的数据线性回归而得到。本章采用沈艺峰（2005）、姜付秀和陆正飞（2006）等学者的方法，市场风险系数 β 值来源于国泰安数据服务中心中国股票市场风险评价系数 β 数据库综合市场年 β 值。

三、可持续增长率的估算

根据 Higgins 的可持续增长模型 $SGR = P \times A \times T \times L$，本书的可持续增长率的指标选取与指标计算公式如表 9-6 所示：

表 9-6　　　　　　　　可持续增长率研究变量与计算公式

变量	符号	计算公式
销售净利率	P	销售净利率 = 本年净利润 ÷ 本年主营业务收入
总资产周转率	A	总资产周转率 = 本年主营业务收入 ÷ 期末总资产
权益乘数	T	权益乘数 = 期末总资产 ÷ 期初所有者权益
分红比例	POR	分红比例 = 每股现金股利 ÷ 基本每股收益
利润留存比率	L	利润留存比率 = 1 - 分红比例
可持续增长率	SGR	可持续增长率 = 销售净利率 × 总资产周转率 × 权益乘数 × 利润留存比率

变量中涉及的净利润、主营业务收入、期末总资产、期初所有者权益等数据来源于国泰安数据服务中心 CSMAR 中国上市公司财务报表数据库。分红数据来源于国泰安数据服务中心中国上市公司红利分配研究数据库。个别样本缺失数据补充来源于新浪财经网站。

四、实证结果分析与检验

(一) 第二类样本实证结果分析

纳入中央国有资本经营预算实施范围的第二类中央企业分红比例估算期初权益预期净利率、资本成本、可持续增长率、实际分红比例、可持续分红比例、利润留存比率等指标的估算结果如表 9-7 所示。通过相关指标描述性统计，我们发现：第一，2007~2013 年期初权益预期净利率 ROE 普遍能够满足股东必要报酬率（股权资本成本）K 的要求，这说明国有企业盈利能力、营运状况相对比较合理。国家作为出资人，股权资本成本能够得到满足。第二，2007~2013 年，每年国有企业的实际分红比例 POR 平均值中的最大值 32.12%，最小值 17.78%，第二类样本 6 年平均值为 25.15%[①]，说明国有企业分红比例比较低。国有企业总体分红比例平均值比较低，可能的原因是分红成本比高，如分红利得需要缴纳个人所得税等、大股东们认为不分红是为了将资金进行更多投资并赚取高于银行存款利息的回报。上述原因都可能导致国有企业不愿意进行利润分红。第三，国有企业可持续分红比例 SPOR 最大值 70.71%，最小值 36.18%，平均值 56.81%[②]。目前，纳入中央国有资本经营预算实施范围的第二类中央企业利润上缴比例为 20%，根据可持续分红比例估算模型可以进一步提高国有企业利润上缴公共财政比例。可持续分红比例比现实分红比例高，说明目前我国国有企业利润留存比较高，提高国有企业分红比例可以降低国有企业高管人员的在职消费，达到降低国有企业代理成本、提高国有企业绩效的目的[③]。

[①] 注：此类统计的样本包含了期末没有进行分红的国有企业（即包含了分红比例为零的样本），同时剔除了分红比例超过 100% 的具有"高派现"现象的不正常样本。

[②] 注：根据可持续分红比例模型，当可持续增长率 SGR 大于股权资本成本 K 时，可持续分红比例 SPOR 计算结果为负值，此时不满足可持续增长率模型的假设，对于此类样本暂不考虑。

[③] 罗宏、黄文华. 国企分红、在职消费与公司业绩 [J]. 管理世界，2008 (9)：139-147.

表9-7 2007~2013年第二类中央企业分红比例估算结果

项目	2007年	2008年	2009年	2010年	2011年	2012年	2013年	最大值	最小值	平均值	标准差
ROE	14.71%	13.29%	11.98%	11.60%	13.69%	13.04%	12.79%	14.71%	11.60%	13.01%	0.0076
K	10.67%	11.31%	10.15%	9.87%	10.85%	9.60%	9.53%	11.31%	9.53%	10.28%	0.0056
SGR	7.10%	3.71%	4.81%	4.93%	4.01%	3.25%	3.71%	7.10%	3.25%	4.50%	0.0095
POR	17.78%	23.19%	26.55%	27.16%	32.12%	18.91%	30.33%	32.12%	17.78%	25.15%	0.0445
L	82.22%	76.81%	73.45%	72.84%	67.88%	81.09%	69.67%	82.22%	67.88%	74.85%	0.0445
SPOR	36.18%	67.80%	54.55%	47.94%	63.73%	70.71%	56.74%	70.71%	36.18%	56.81%	0.0909

通过纳入中央国有资本经营预算实施范围的第二类分红样本估算结果图9-2，我们发现可持续增长率SGR与期初权益预期净利率ROE曲线图形状比较相似，说明两者之间存在比较强的线性关系，这也进一步验证了可持续增长模型理论的可靠性。同时，图9-2显示，国有企业可持续分红比例SPOR的波动性比较大。这说明，可持续分红比例的模型的影响因素比较多，任何一个因素的波动都会影响国有企业可持续分红比例。如体现经营杠杆效应的销售净利率和资产周转率分别代表了企业的盈利能力和营运效率等因素的影响，以及属于财务杠杆效应的权益乘数和利润留存比率等因素的影响。

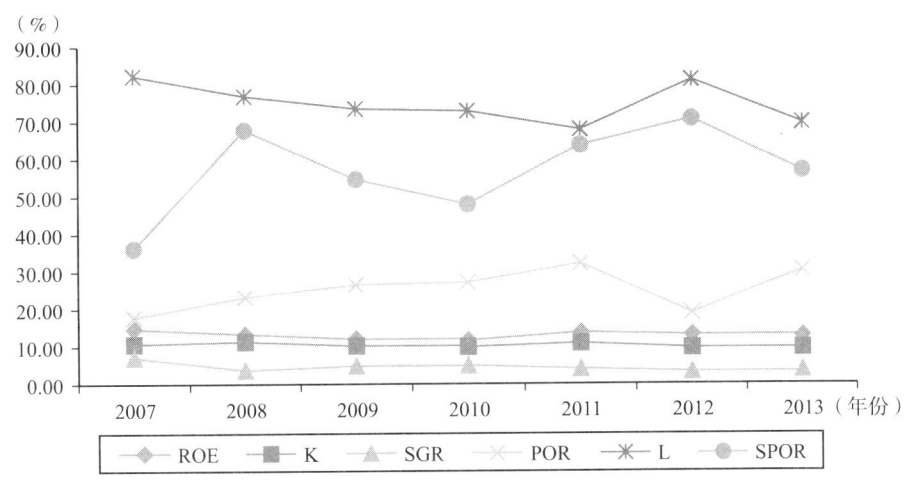

图9-2 第二类样本相关指标估算结果图

(二) 第三类样本实证结果分析

采用相同的方法，根据资本资产定价模型、可持续增长模型等，对纳入中央国有资本经营预算实施范围的第三类中央企业分红样本数据进行实证检验。

第三类样本的分红比例估算结果如表9-8所示。同第二类样本估算结果类似：第一，第三类样本2007~2013年期初权益预期净利率ROE普遍大于股权资本成本K，即该类国有企业经营状况相对良好，基本满足国家作为股东对于资本成本的要求。同时，2007~2013年第二类样本的国有企业的股权资本成本最大值11.31%，最小值9.53%，平均值10.28%，而第三类样本的股权资本成本的最大值12.64%，最小值11.12%，平均值11.64%。总体来说，第三类样本的股权资本成本大于第二类样本。如前所述，股权资本成本的计算依据是资本成本定价模型，股权资本成本与市场风险系数呈正比。第二类样本均是资源垄断性企业，而第三类样本更多的是一般竞争性企业。资源垄断性企业由于依靠垄断优势，经营风险较小，因此股权资本成本也相对较小；一般竞争性企业处于竞争比较激烈的环境，对于企业自身的经营效率，管理能力都有比较高的要求，市场风险相对较大，因此股权资本成本也比较高。通过第二类与第三类样本的股权资本成本的比较分析，进一步论证了资本资产定价模型运用的正确性。

第二，2007~2013年，第三类样本国有企业的实际分红比例POR的最大值为25.88%，最小值为19.31%，平均值为21.79%。总体来说，国有企业的分红比例比较低。同时通过比较发现，第三类国有企业分红样本的实际分红比例平均值为21.79%低于第二类国有企业的实际分红比例25.15%。可能原因是纳入中央国有资本经营预算实施范围的第二类企业主要是具有垄断性质的特大型国有企业。该类型国有企业日常经营占用国家公共资源，垄断的性质为其带来了更多的利润。国家作为股东，履行出资人角色，对于垄断型资源性企业，理应享有更高的分红比例。因此，第二类样本现实分红比例高于第三类样本，符合国家作为股东对于必要报酬率的满足的理论要求，也体现了国家作为股东追求"股东价值最大化"的理财目标。

第三，第三类样本的可持续分红比例SPOR最大值为63.69%，最小值为47.85%，平均值为55.57%。按照国有资本经营预算范围的最新规定，第三类样本税后利润上缴国家公共财政的比例为15%。根据可持续分红比例模型的估算结果，对于第三类样本可以适当提高利润上缴公共财政的比例。同时可持续分红比例高于实际分红比例，根据自由现金流量原则，也表明可以适当提高上缴比例，从而降低国有企业内部的自由现金流量，提高国有企业的经营效率，防止国有企业出现过度投资、在职消费、国有资产流失等问题。同理，将第二类样本与第三类样本的可持续分红比例SPOR估算结果比较研究发现：第三类样本的可持续分红比例SPOR的标准差0.0401小于第二类样本的标准差0.0909，这表明第三类样本的可持续分红比例的波动性小于第二类样本。可能的原因是一方面由于第二类样本属于资源垄断性企业，该类样本比较少，从而波动性更大；但笔者认为更重要的是，另一方面，由于第三类样本更多属于一般竞争性国有企业，与民营企业竞争过程中，为了提升自身的竞争力，竞争性国企必须提高经营效率，保持行业中稳定的增长率、资产周转率、分红比例等，降低企业相关经营指标的波动性，从而第三类国有企业的可持续分红比例的波动性小于第二类企业（见表9-8）。

通过第三类分红样本估算结果图9-3我们可以发现类似于第二类样本曲线，第三类样本的期初权益预期净利率ROE曲线图形状与可持续增长率SGR也比较相似，也证明了期初权益预期净利率与可持续增长率两者之间的线性关系。为可持续增长模型理论的可靠性提供了更多的经验证据。同理，第三类样本的可持续分红比例曲线比第二类样本的可持续分红比例曲线相对平坦，即第三类样本的可持续分红比例的波动性小于第二类样本。这也表明，第三类样本销售净利率、资产周转率、权益乘数等的相关财务指标优于第二类样本的相关财务指标。

表9-8　　　　　2007~2013年第三类中央企业分红比例估算结果

指标	2007年	2008年	2009年	2010年	2011年	2012年	2013年	最大值	最小值	平均值	标准差
ROE	18.11%	14.29%	14.27%	17.45%	13.26%	11.75%	10.34%	18.11%	10.34%	14.21%	0.0208
K	11.27%	12.64%	11.12%	11.12%	12.27%	11.81%	11.28%	12.64%	11.12%	11.64%	0.0051
SGR	6.04%	5.93%	4.22%	5.15%	5.84%	5.38%	4.42%	6.04%	4.22%	5.28%	0.0059
POR	19.31%	22.28%	22.81%	20.18%	20.21%	21.86%	25.88%	25.88%	19.31%	21.79%	0.0162
L	80.69%	77.72%	77.19%	79.82%	79.79%	78.14%	74.12%	80.69%	74.12%	78.21%	0.0162
SPOR	47.85%	54.27%	63.69%	53.63%	53.44%	54.61%	61.49%	63.69%	47.85%	55.57%	0.0401

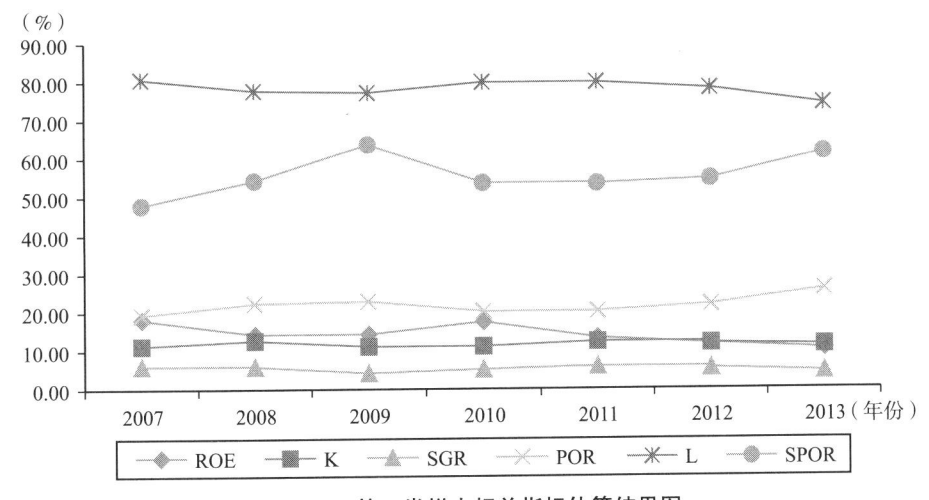

图9-3　第三类样本相关指标估算结果图

(三) 第四类样本实证结果分析

纳入中央国有资本经营预算实施范围的第四类企业主要是军工企业、转制科研院所、中国邮政集团公司,2011 年和 2012 年新纳入中央国有资本经营预算实施范围的企业。对于第四类样本分红比例估算结果如表 9-9 所示。对于第四类样本的估算结果与第二类、第三类样本有相似之处,也有一些自身的特点与不同之处。

第一,第四类样本的可持续分红比例 SPOR 的估算结果的最大值为 44.81%,最小值为 15.72%,平均值为 32.89%。目前纳入中央国有资本经营预算实施范围的第四类企业税后利润上缴公共财政比例为 10%,因此可以适当提高第四类企业税后利润上缴公共财政比例。通过上述三类样本的实证结果发现,目前国有企业利润上缴公共财政比例普遍低于可持续性分红比例,国家作为国有企业股东,履行出资人角色,可以适当提高利润上缴公共财政比例,保证全民共享国有企业分红。

第二,如前所述,当期初权益预期净利率 ROE 大于股权资本成本 K 时,可持续分红比例模型提供了兼顾企业自身可持续发展与股权资本成本的最高股利支付率,此时企业为了自身发展,可以适当地少分红。而当期初权益预期净利率 ROE 小于股权资本成本 K 时,此时企业的投资回报率不能满足股东资本成本的要求,根据可持续分红比例模型,企业可以适当地提高分红比例。第四类样本分红估算结果显示,2011~2013 年企业的期初权益预期净利率均小于股权资本成本,即这一时期可以适当提高分红比例,从而满足股东对于股权资本成本的要求。同时,可持续分红比例模型估算结果显示该时期可持续分红比例普遍高于 2007~2010 年的值,进一步为可持续分红比例模型的理论提供了经验证据。

第三,根据可持续分红比例模型,第四类样本的可持续分红比例 SPOR 的估算结果的最大值 44.81%,最小值 15.72%,平均值 32.89%,估算结果均小于第二类样本和第三类样本。可能原因是第四类企业样本普遍属于军工企业或者转制科研院所等,例如军工企业的代表集团有核工业集团、航天科技集团、船舶工业集团、兵器装备集团等。该类企业集团普遍涉及国家公共安全与国家机密等,从而对于该类集团可以适当降低税后利润上缴公共财政比例。而转制科研院所等所属企业在日常经营活动需要投入更多的研发支出,对于该类企业也可以适当降低税后利润上缴公共财政比例。换言之,第四类样本税后利润上缴公共财政的比例可以低于第二类和第三类样本上缴公共财政的比例。这恰好与我国目前《中央企业国有资本收益收取管理暂行办法》的对于不同的企业分类上缴的做法相一致。即根据企业不同的性质,分类确定不同的上缴比例的做法在一定程度上符合可持续分红比例模型的要求。同时,可持续分红比例模型也为分红比例的确定提供了理论依据(见表 9-9)。

通过第四类样本估算结果见图 9-4,我们发现期初权益预期净利率 ROE 曲线图形状与可持续增长率 SGR 也比较相似,也证明了期初权益预期净利率与可持续增长率两者之间的线性关系。这与第二类和第三类样本的结论相似,进一步论证了可持续增长模型。

表 9 - 9　　　　　2007~2013 年第四类中央企业分红比例估算结果

指标	2007 年	2008 年	2009 年	2010 年	2011 年	2012 年	2013 年	最大值	最小值	平均值	标准差
ROE	16.31%	10.30%	9.73%	12.80%	9.84%	8.70%	9.22%	16.31%	8.70%	10.99%	0.0203
K	11.11%	12.75%	11.48%	12.19%	12.92%	12.38%	12.22%	12.92%	11.11%	12.15%	0.0048
SGR	13.73%	8.43%	7.78%	10.00%	7.79%	6.63%	6.92%	13.73%	6.63%	8.75%	0.0177
POR	20.93%	19.48%	19.88%	17.69%	18.07%	23.06%	25.53%	25.53%	17.69%	20.66%	0.0215
L	79.07%	80.52%	80.12%	82.31%	81.93%	76.94%	74.47%	82.31%	74.47%	79.34%	0.0215
SPOR	26.61%	32.24%	30.60%	15.72%	37.86%	44.81%	42.38%	44.81%	15.72%	32.89%	0.0753

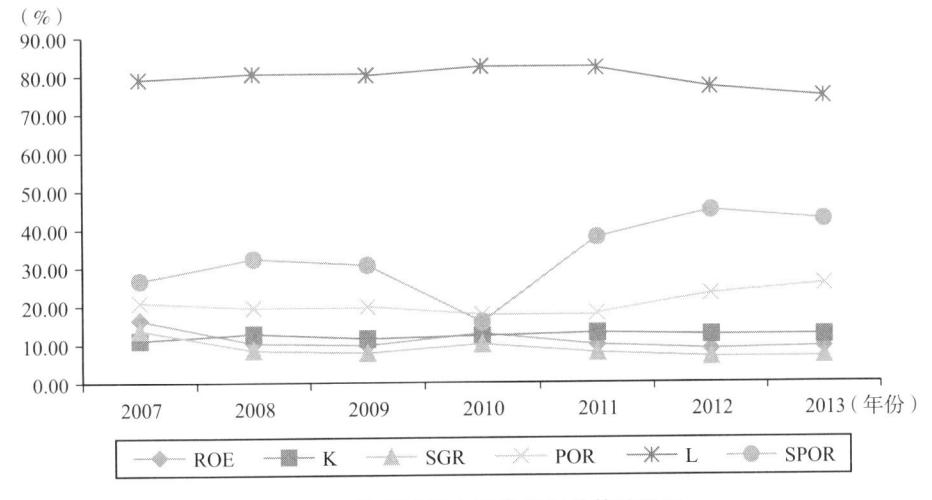

图 9 - 4　第四类样本相关指标估算结果图

(四) 三类样本可持续增长率的比较分析

在三类样本实证结果中,分析了样本的股权资本成本、可持续分红比例等指标,接下来对样本的可持续增长率进行进一步的分析。

如前所述,企业的可持续增长率 SGR = P × A × T × L,(P = 销售净利率,A = 资产周转率,T = 权益乘数,L = 利润留存比率)。企业的可持续增长率的计算与企业各项财务指标密切相关,揭示了财务可持续增长率的内在因素四个指标,分别是销售净利率、资产周转率、权益乘数、利润留存比率。前两个指标资产周转率与销售净利率分别代表了企业的营运能力和盈利能力,属于经营杠杆效应;而后两个指标权益乘数与利润留存比率体现了企业的资产负债状况，属于财务杠杆效应。换言之，企业的经营杠杆和财务杠杆均会影响企业的财务可持续增长率，可持续增长率是公司经营业绩、资本结构和股利政策等多种因素共同作用的均衡结果。企业制定合理的分红比例政策必须考虑可持续增长率的影响。从而对于样本可持续增长率的比较分析显得十分必要。

通过表9-10我们发现，2007~2013年期间，第三类样本的可持续增长率普遍大于第二类样本的可持续增长率（2007年、2009年除外），而第四类样本每年的可持续增长率均大于第三类和第二类样本的可持续增长率。从平均值的角度来看，也符合这一规律，即8.75% > 5.28% > 4.50%。根据可持续分红比例模型SPOR = 1 - SGR/K，可持续分红比例与增长率呈负相关关系。但如果企业的可持续增长率比较大，存在净现值大于零的投资项目业由于自身财务增长的需要，可以适当减少利润分红，将利润留存再投资扩大生产，实现财务的可持续增长；另外，由于企业的可持续增长比较大，股东愿意放弃短期的利润分红从而实现未来财富的价值最大化。因此，如果企业的可持续增长率比较大，可以适当地减少分红比例。根据实证结果显示，第四类样本的可持续增长率8.75% > 第三类样本的可持续增长率5.28% > 第二类样本的可持续增长率4.50%，那么根据可持续分红比例模型，第四类样本的可持续分红比例 < 第三类样本的可持续分红比例 < 第二类样本的可持续分红比例。综上所述，从可持续增长率角度来看，也证明了目前《中央企业国有资本收益收取管理暂行办法》对于不同的企业分类上缴的做法存在合理性，只是可以适当提高分红比例而已。

表9-10　　　　　　2007~2013年三类样本可持续增长率比较分析

SGR	2007年(%)	2008年(%)	2009年(%)	2010年(%)	2011年(%)	2012年(%)	2013年(%)	最大值(%)	最小值(%)	平均值(%)	标准差
第二类	7.10	3.71	4.81	4.93	4.01	3.25	3.71	7.10	3.25	4.50	0.0095
第三类	6.04	5.93	4.22	5.15	5.84	5.38	4.42	6.04	4.22	5.28	0.0059
第四类	13.73	8.43	7.78	10.00	7.79	6.63	6.92	13.73	6.63	8.75	0.0177

（五）中央企业利润分行业上缴的聚类分析

目前，国有资本经营预算将纳入预算范围的中央国有企业按照行业性质不同分为五类执行不同的收取比例。应该说，分行业收取不同比例应该是当局政策层面的一个现实选择，那么，现行的划分标准是否合理，是否是兼顾了股东财富最大化及企业可持续增长的分类？只有合理的分类依据才是分类执行的基础，本书基于资本成本的角度,应用聚类分析的统计方法,从兼顾股东财富最大化及企业可持续增长的维度重新划分样本企业,并通过与原有分类对比来对我国现有的分红比例进行评估。

1. 聚类分析方法

聚类分析是用以研究"物以类聚"的多元统计方法,能够将样本数据按照特征的亲疏程度在没有先验知识的情况下进行自动分类,类内部个体特征具有相似性。聚类分析方法根据其原理可以分为多种类型,本书采用 K – Means Clustering 即 K – 均值聚类方法进行分析。K – 均值聚类方法以距离测度个体间的差异程度,通过反复迭代进行分类。在个体间距离的衡量上,用欧氏距离进行测度。在统计学中,对于两个数据点 (X_1, Y_1, Z_1) 和 (X_2, Y_2, Z_2),欧氏距离的计算公式为:

$$\text{Euclid}(1, 2) = \sqrt{(X_1 - X_2)^2 + (Y_1 - Y_2)^2 + (Z_1 - Z_2)^2} \tag{9.13}$$

2. 分析结果(见表 9 – 11)

表 9 – 11　　　　　　　　　　　初始聚类中心情况

项目	聚类		
	1	2	3
可持续增长率	0.00	0.67	1.86
股权资本成本	0.09	0.12	0.12

本书是基于资本成本的角度,从兼顾股东财富最大化和企业可持续增长的维度对样本企业进行分类,为了与原有分类进行比较,要求系统分成 3 类,初始类中心点由 SPSS 自动生成。聚类分析的结果如表 9 – 11、表 9 – 12、表 9 – 13 所示,表 9 – 11 呈现了 3 个类的初始中心的情况。从表 9 – 11 中可以看出,第 3 样本企业的可持续增长率及股权资本成本值是最优的,第 2 类次之,第 1 类最差,即第 3 类企业是最能兼顾股权资本成本及企业的可持续发展的。

表 9 – 12 给出单因素方差分析的结果,结果显示所选取的变量在 Sig. 上是显著的,即各变量的均值在 3 类中的差异是显著的,各项数据的含义依次为:组间均方、组间自由度、组内均方、组内自由度。

表 9 – 12　　　　　　　　　　　　　ANOVA

项目	聚类		误差		F	Sig.
	均方	df	均方	df		
可持续增长率	7.035	2	0.003	1351	2153.709	0.000
股权资本成本	0.004	2	0.000	1351	18.207	0.000

表9-13输出了每个类当中的成员数,从1354个有效样本来看,第1类的样本数最多,第2类次之,第3类的样本数最少。整理比较样本数据的原分类与聚类后分类,具体结果见表9-14。从表9-14中,我们可以看出,在原始的第二类、第三类、第四类企业中,聚类后的第1、2、3类的样本数占比差异并不明显,可见,现行的分类执行标准并不十分科学,至少其在行业划分上没有从资本成本的维度进行。但由于现行的分红比例都偏低,低于可持续分红的比例,所以从简化程序、便于操作的层面,现行的分类标准不失为一种现实的选择。

表9-13　　　　　　　　　　每个聚类中的案例数

聚类	1	1081.000
	2	269.000
	3	4.000
有效		1354.000
缺失		8.000

表9-14　　　　　　　　原分类与聚类后分类对比情况表

原分类	聚类后分类					
	1		2		3	
	样本数	占比	样本数	占比	样本数	占比
第二类	114	82.7%	24	17.3%	0	0
第三类	546	74.8%	181	24.7%	3	0.5%
第四类	421	86.6%	64	13.2%	1	0.25

第六节　实证研究的结论

为了正确估算国有企业分红比例,本书以资本资产定价模型计算国有股权资本成本,以希金斯可持续增长模型计算企业的可持续增长率,构建了可持续分红比例模型。选取了2007~2013年纳入国有资本经营预算范围的第二类、第三类和第四类企业集团控股的上市公司为研究样本,分类别对国有企业分红比例模型进行了实证检验与分析,研究发现:

第一,对第二类资源垄断性质样本实证检验发现:(1)该类样本的期初权益预期净利率ROE普遍能够满足股东必要报酬率(股权资本成本)K的要求,说明该类样本的国有企业经营业绩、盈利能力、资产状况、资本结构相对比较合理，达到了国有股权对于资本成本的要求；(2) 该类样本的现实分红比例平均值为25.15%，总体来说分红比例还处于比较低的状态；(3) 根据可持续分红比例模型的估算，第二类样本的国有企业可持续分红比例最大值为70.71%，最小值为36.18%，平均值为56.81%。目前第二类中央企业利润上缴比例为20%，因此可以进一步适当提高国有企业利润上缴公共财政比例。同时，分红结果估算结果图显示，可持续增长率SGR与期初权益预期净利率ROE曲线图形状比较相似，说明两者之间存在比较强的线性关系，这也进一步验证了可持续增量模型理论的可靠性。

第二，对第三类一般竞争性质的国有企业样本实证检验发现：(1) 该类样本的2007~2013年期初权益预期净利率ROE普遍大于股权资本成本K，基本满足国家作为股东对于资本成本的要求；(2) 第三类样本的股权资本成本平均值11.64%大于第二类样本股权资本成本平均值10.28%，主要原因是股权资本成本的计算依据的是资本成本定价模型，股权资本成本与市场风险系数呈正比，而垄断性行业的经营风险比一般性竞争企业的风险更小，通过第二类与第三类样本的股权资本成本的比较分析，进一步论证了资本资产定价模型运用的正确性；(3) 第三类样本的可持续分红比例SPOR最大值63.69%，最小值47.85%，平均值55.57%，目前第三类样本税后利润上缴国家公共财政的比例为15%，对于第三类样本可以适当提高利润上缴公共财政的比例。同时，第三类样本的可持续分红比例的波动性小于第二类样本，表明第三类样本销售净利率、资产周转率、权益乘数等的相关财务指标优于第二类样本的相关财务指标。

第三，对第四类军工企业、转制科研院所等性质的国有企业样本实证检验发现：(1) 第四类样本的可持续分红比例SPOR的估算结果的最大值为44.81%，最小值为15.72%，平均值为32.89%。目前第四类企业税后利润上缴公共财政比例为10%，因此可以适当提高第四类企业税后利润上缴公共财政比例；(2) 该类样本2011~2013年企业的期初权益预期净利率均小于股权资本成本，即这一时期可以适当提高分红比例，从而满足股东对于股权资本成本的要求。同时，可持续分红比例模型估算结果显示该时期可持续分红比例普遍高于2007~2010年的值，进一步为可持续分红比例模型的理论提供了经验证据；(3) 第四类样本的可持续分红比例SPOR的估算结果的最大值为44.81%，最小值为15.72%，平均值为32.89%，估算结果均小于第二类样本和第三类样本，目前第四类样本税后利润上缴公共财政的比例也低于第二类和第三类样本上缴公共财政的比例。因此，根据企业不同的性质，分类确定不同的上缴比例的做法在一定程度上符合可持续分红比例模型的要求。

第四，通过三类样本可持续增长率的比较分析发行，第四类样本的可持续增长率8.75% > 第三类样本的可持续增长率5.28% > 第二类样本的可持续增长率4.50%，那么根据可持续分红比例模型，第四类样本的可持续分红比例 < 第三类样本的可持续分红比例 < 第二类样本的可持续分红比例。证明了目前《中央企业国有资本收益收取管理暂行办法》对于不同的企业分类上缴的做法存在合理性，但可以适当提高分红比例。

第五，国有企业应树立科学的资本成本理念。资本成本是投资所要求的最低报酬率，政府股东同样有权要求企业实现其最低的投资报酬，这是政府股东股权行使方式的一种体现。国有企业必须要树立科学的资本成本理念，注重政府股东的报酬率补偿，这不仅能实现国有资本的保值增值，也是实现企业的价值最大化。因此，国有企业要努力保持和不断提高留存收益再投资的报酬水平，促进国有企业的可持续增长。股东股权收益率（ROE）作为留存收益再投资的一种替代，取决于企业的销售净利率、权益乘数以及总资产周转率。国有企业必须从资本成本的理财目标出发，努力保持和提高留存收益的报酬率，这是企业可持续增长的价值源泉，也是建立良好分红机制的基础。

第六，应将兼顾资本成本及企业可持续增长目标纳入分红比例估算的考量标准。从上文聚类分析的结果看，现行的分类标准并没有将资本成本及企业可持续增长纳入考量的依据。股东财富最大化的理财目标体现了企业可持续增长的能力及企业的盈利和运营状况，这是国有企业分红比例确定的一个重要的依据，我们应分行业估算国有企业的股权资本成本，从而为科学分红制度的确立提供现实依据。虽然其不能提供一个完全准确的比例，但提供了一个兼顾股权资本成本和企业可持续增长的分红机制的方向。

第十章

现行国有企业红利分配民生支出的现实考量

从政策规定上看，国企红利主要用于资本性支出、费用性支出和其他支出三大项，在其他支出项中，"必要时，可部分用于社会保障等项支出"，也就是说，政策规定上没有直接体现"谁投资，谁受益"的市场经济原则。在实践中，国有资本收益主要用于国企的再投资，这样使得本已有巨额利润的国企内部拥有了更多的现金流。这些现金流一方面用于国企的过度投资，尤其是固定资产的低效率重复投资。另一方面，用于国企内部消费，如用于发奖金（尤其是国企高管奖金的发放）、涨工资、增福利及"工作性消费"等。这样的国企红利支出安排使得国有资本收益的收取在某种程度上没有达到抑制国企过度投资的初衷，广大民众作为国有资产的终极所有者也未能切实有效地共享国有经济做强做大的成果。因此，本书将在考察近年来国有企业红利分配的政策规定和现实实践情况下，构建模型实证分析国有企业红利分配"体制内"循环的检验，并基于适度普惠型社会福利的视角，考察国有企业红利民生支出的现实短板。

第一节 国有企业红利分配应当向民生财政倾斜

国企红利分配的重点向民生财政倾斜不仅是贯彻科学发展观、践行包容性增长、构建和谐社会的内在要求，也是发展市场经济的题中之义，更是提振内需、发展经济的重要手段。

一、构建和谐社会要求国有企业红利分配应向民生领域倾斜

构建社会主义和谐社会，必须坚持以人为本，使改革和发展所创造的社会财富为全体人民所共享。改革开放以来，中国经济高速增长，然而，国民并没有切实分

享到经济发展进步的成果,这种格局最终将弱化劳动者创新与创造财富的积极性,不利于我国经济的持续增长。当前我国的民生问题已发展到相当严重的程度,直接影响到和谐社会的构建。因此,作为政府预算的重要组成部分,国有资本预算支出应重点投向民生领域,以助于解决各种民生问题,让国民在安居乐业中感受到国有资本作用的发挥。此外,我国的人均GDP已超过3000美元,进入了中等收入阶段,同时也正经历着各种社会矛盾凸显的时期,如收入分配不公,贫富差距扩大等矛盾,若未能及时妥善地处理这些矛盾、完成经济的转型升级,经济增长将会进入"中等收入陷阱"阶段,经济社会的协调发展也将不可持续。如果把国有资本预算支出的重点放在国企内部,形成国企的"体内循环",容易诱发国企将更多的现金流用于国企职工工资的发放,将会扩大行业及个人的收入差距,引发新的不公平。而把国有资本收益直接或间接地投向民生,不仅减少了国有企业内部的现金流,减少职工薪酬,还会增加民生的收入或福利,这样在一定程度上可缩小收入差距;且让全体人民共享国企改革发展的成果,保障了民生的基本问题,有利于激发人们创新与创造财富的积极性,有助于实现经济的转型升级。科学发展观、包容性增长等与和谐社会的内涵是一致的,也倡导民众公平合理地分享经济增长,寻求社会和经济的协调发展、可持续发展,我国不同社会阶层的民生问题与民生期待各异,但更加富裕、更加公平正义是民众的共同诉求。国有资本预算支出向民生领域倾斜,构建惠及全民、合理公平的国有资本收益分配制度正是贯彻科学发展观、践行包容性增长、构建和谐社会的题中之义。

二、国有资本本质与市场经济原则要求国资分配应以民生为重点

我国《宪法》第一章第二条规定:中华人民共和国的一切权力属于人民。宪政上的这种规定说明了国有资产本质上是全民所有的资产,是全社会的财富和价值。国有资本分配以民生为重点,让民众感受到自己是国企的所有者,这有助于消除国企与民众之间的对立情绪,也为国企发展创造了良好的群众基石。此外,《公司法》第一章第四条规定:公司股东依法享有资产收益、参与重大决策和选择管理者等权利。既然国民是国企真正的出资人,按照《公司法》的规定,即市场经济"谁投资、谁受益"的原则,其理应直接或间接地享受到国企发展的回报。国企通过从消费者身上榨取垄断利润及公共财政的补贴等方式来获取充足的现金流,这些现金流一方面被用于过度投资,不仅推动了房价上涨,也不断挤压着民间资本的发展空间,民众的福利受损;另一方面被用于大幅度地发放高管薪酬等,使得中央企业和其他企业的员工工资的分配存在极大的不公平,社会总体福利再次受损。《中华人民共和国企业国有资产法》起草小组成员李曙光说,"如果用公共财政的

钱来补贴国企发展,又不让纳税人享受国资收益,这就相当于让纳税人来资助与自己有竞争关系的企业。这显然不公平。"所以,如果把40多万亿元的国有资产变成少数人的利益分配,违背国有资产本质与市场经济原则,是一种低效乃至无效的再分配。而以民生为重点,是落实国有资产出资人所有权的必然要求,是改善国民福利的内在使然。

三、扩大内需与发展经济也要求国资分配以民生财政为导向

在国有资本经营预算试行的初期,国有资本收益较少,然而,有限的国有资本收益却面临着巨大的支出需求,有投向国企的资本性及费用性需求,也有投向民生的社会性需求。在国企已有巨额利润的前提下,把国有资本预算再投向国企,根据边际效用递减规律,其效用是比较低的;而我国的居民收入水平偏低,居民收入差距较大,基本公共服务也尚未实现均等化,把有限的国有资本经营预算支出投向民生尤其是民生的刚性需求领域,效用是较高的。尤其是金融危机以来,我国开始向内需型经济转型,然而我国居民的整体收入水平不高,若国有资本经营预算支出的重点以民生财政为导向,把国企红利投入教育、医疗、养老、社会保障、农村建设等关系国计民生的领域,让低收入者增加收入比高收入者增加同样收入,更有利于扩大社会消费,国企红利也将转化为更多的内需消费。内需的扩大有助于提振国内发展经济的信心,调整产业结构,增加就业水平与国民收入,进一步刺激消费,从而促进国民经济向良性的方向运转。且从国外的运行经验来看,大部分国家都把国企收益纳入公共财政预算,取之于民,用之于民。因此,国有资本经营预算以民生财政为导向,不仅符合国际惯例,更有利于增加边际消费倾向,扩大内需并发展经济,尽管国有资本收益量小,但带来的传导示范效应却是显著的。

第二节 现行国有企业红利分配的制度安排与实践流向

随着国有企业改革的不断深化,尤其是2003年国务院国有资产监督管理委员会成立以来,国有企业利润大幅增长。2007年9月,国务院发布的《关于试行国有资本经营预算的意见》规定中央本级国有资本经营预算从2007年起试行,地方试行国有资本经营预算的时间、范围和步骤由各省(区、市)及计划单列市人民政府决定。由此,国企结束了14年不向政府上缴利润的历史。截至2017年,从国家出资企业分得的利润收入是国有资本财政理论上最主要的收入来源,按20%、

15%、10%、5%、0%五档标准来收取国有企业利润。当然，可喜的是，党的十八届三中全会通过的《中共中央关于全面深化改革若干重大问题的决定》指出要继续提高国有资本收益的上缴比例，2020年要提高到30%。李克强总理在2014年两会上所做的《政府工作报告》也指出要提高中央企业国有资本收益上缴至公共财政的比例。为了贯彻党的十八届三中全会精神，财政部于2014年4月颁布了《关于进一步提高中央企业国有资本收益收取比例的通知》，规定国有独资企业应缴利润比例继续提高5%，从而目前中央企业国有资本收益上缴比例最高达25%，此为中国烟草总公司国有资本收益的上缴比例。按照这一规定，2014年中央企业按照25%、20%、15%、10%、0%五档标准来上缴国有企业利润。国有企业红利分配的合理与否是国有资本经营预算制度成功施行的归结点与落脚点。倘若国有企业红利分配不合理，那么国有资本收益的上缴在一定程度上也就失去了意义。按照宪法精神，广大民众才是国有资产的终极所有者，理应享有终极的国有资本收益权。国家作为人民的代表，可以首先代人民收取国有资本收益，但应该以各种有利于改善民生的形式把国有资本收益返还于民众。然而，现行的政策制度以及实践中的国有资本经营预算支出都未能切实体现向民生倾斜的导向，不仅有悖市场经济原则，还使民众的福利受损，不利于国有资本经营预算的顺利推行。

一、现行国企红利分配的制度安排

2007年9月颁布的《国务院关于试行国有资本经营预算的意见》（以下简称《意见》）规定国有资本经营预算的支出主要包括资本性支出、费用性支出、其他支出三大类内容。资本性支出是基于产业发展规划、国有经济布局和结构调整、国有企业发展要求，以及国家战略、安全等需要而安排的支出；费用性支出是指用于弥补国有企业改革成本等方面的支出；但该《意见》并没有说明"其他支出"的具体去向。该《意见》还指出具体支出范围依据国家宏观经济政策以及不同时期国有企业改革和发展的任务，统筹安排确定。必要时，可部分用于社会保障等项支出。为规范中央国有资本经营预算编报工作，2007年11月20日，财政部印发了《中央国有资本经营预算编报试行办法》（以下简称《试行办法》），此《试行办法》也将中央国有资本经营预算支出分为资本性支出、费用性支出与其他支出。该《试行办法》对三大支出都下了定义。向新设企业注入国有资本金，向现有企业增加资本性投入，向公司制企业认购股权、股份等支出即为资本性支出；弥补企业改革成本等方面的费用即属费用性支出；用于社会保障等方面的支出即为其他支出。2008年2月25日，国资委印发了《中央企业国有资本经营预算建议草案编报办法（试行）》（以下简称"编报办法"），指出中央企业国有资本经营预算支出包括资本性支出、费用性支出和其他支出等。资本性支出和费用性支出的定义与《意见》相同,此外,该预算建议草案还给"其他支出"下了更具体的定义。其他支出是指国资委用于中央企业结构调整和企业重组重大项目聘请中介机构的费用,中央企业外部董事薪酬,以及用于预算支出项目的各项管理费用等。为适应中央国有资本经营预算扩围的要求,进一步规范中央国有资本经营预算的编报工作,财政部对《中央国有资本经营预算编报试行办法》进行了修订,并于2011年10月13日印发了《中央国有资本经营预算编报办法》。相较于《试行办法》,新的编报办法在规定具体的支出上,资本性支出和费用性支出仍然沿用原来的定义,但取消了《试行办法》中对其他支出的具体定义。新《编报办法》在编制国有资本经营预算的时间规定上有了较大的进步。"一是将编制下一年度中央国有资本经营预算草案的时间从每年8月起改为每年6月起;二是将编报的国有资本经营预算支出项目计划报中央预算单位并抄报财政部的时间从每年9月底以前改为每年8月底以前;三是将中央预算单位所编制的国有资本经营预算建议草案报财政部的时间从每年10月底以前改为每年9月底以前;四是中央国有资本经营预算草案经国务院批准后,财政部于预算执行年度3月底以前改为在30个工作日内批复各中央预算单位。①"另外,新《编报办法》还规定,经国务院批准后,中央国有资本经营预算草案随同中央政府公共预算(草案)报全国人大常委会预算工作委员会和全国人大财政经济委员会审核,提交全国人民代表大会审议。

  按照现行办法,国有资本经营预算支出主要有三类九表,即由财政部编制的国有资本经营预算支出表、由中央预算单位编制的国有资本经营预算表、中央企业编制的国有资本经营预算表。由财政部编制的国有资本经营预算支出表又包括三表,即反映中央国有资本经营预算支出汇总情况的中央国有资本经营预算支出表(见附表1)、反映中央预算单位所监管企业国有资本经营预算支出情况的中央国有资本经营预算支出明细表(见附表2)、反映中央国有资本经营预算支出项目安排的相关内容的中央国有资本经营预算支出项目表(见附表3)。由中央预算单位编制的国有资本经营预算支出表也包括三表,即反映企业国有资本经营预算支出汇总情况的中央预算单位国有资本经营预算支出表(见附表4)、反映企业国有资本经营预算支出明细情况的中央预算单位国有资本经营预算支出明细表(见附表5)、反映企业国有资本经营预算支出项目安排的相关内容中央预算单位国有资本经营预算支出项目表(见附表6)。中央企业编制的国有资本经营预算表由反映企业国有资本经营预算支出安排的相关内容的中央企业国有资本经营预算支出表(见附表7)、反映企业国有资本经营预算支出明细情况的中央企业国有资本经营预算支出明细表

---

① 中央国有资本经营预算编报办法. 中国政府网, http://roll.sohu.com/20111108/n324885178.shtml.

(见附表8）及反映企业国有资本经营预算支出项目安排的明细内容的中央企业国有资本经营预算支出项目表（见附表9）。

从附表1可知，不管是在教育、科学技术、文化体育传媒等哪个行业中，中央国有资本经营预算支出都只归纳为三类：用于国企再投资的资本性支出，解决国企改制成本的费用性支出，以及未给予明确指定的其他支出，从支出表设计上并未看出向国有资本经营预算支出的民生领域的倾斜。附表2的"中央国有资本经营预算支出明细表"和附表3的"中央国有资本经营预算支出项目表"也体现了支出上的这种划分。各中央预算单位的国有资本经营预算支出同中央国有资本经营预算支出也基本一样。附表4的"中央预算单位国有资本经营预算支出表"和附表1"中央国有资本经营预算支出表"，在支出分类上也是一样，归纳为资本性支出、费用性支出和其他支出三大类，而附表5的"中央预算单位国有资本经营预算支出明细表"和附表6的"中央预算单位国有资本经营预算支出项目表"也分别与附表2和附表3一样。具体到各中央国有企业，其国有资本经营预算支出也与总表和国有资本经营预算单位支出表一致，支出安排上也分为资本性支出、费用性支出和其他支出。如附表7、附表8和附表9分别与附表1、附表2、附表3在结构上基本一致。

二、实践中国企业红利分配的流向分析

如上所述，《国务院关于试行国有资本经营预算的意见》等政策规定国有资本收益主要用于资本性支出、费用性支出，社会保障等民生性的支出只是在必要时才予以考虑，有些政策连社保支出的具体规定都没有论及。因此，国有资本财政政策上的支出规定主要是"取之于国企，用之于国企"。在实践中，这种规定同样体现得淋漓尽致。"2008年中央企业国有资本经营预算支出总额547.8亿元，其中，用于重点中央企业新设出资和补充国有资本的预算支出为270亿元，约占支出总额的49%；用于中央企业灾后重建的预算支出196.3亿元，占比36%；用于推进中央企业产业布局和结构调整等方面的预算支出81.5亿元，占比15%。[①]""2009年中央企业国有资本经营预算支出总额873.6亿元，其中用于重点中央企业补充国有资本的预算支出75亿元，约占支出总额的8.6%；用于中央企业灾后恢复重建的预算支出139.6亿元，占比16%；用于推进中央企业产业布局和结构调整等方面的预算支出59亿元，占比6.7%；用于电信重组改革支出600亿元，占比68.7%。"

---

① 郑晓波．今年国有资本经营预算支出548亿，证券时报［N］．2008-11-27，http://finance.qq.com/a/20081127/001595.htm.

第十章 现行国有企业红利分配民生支出的现实考量

2010 年以来，中央开始公布国有资本经营支出预算表，2010 年中央国有资本经营支出预算数为 440 亿元，执行数为 563.43 亿元；2011 年预算支出 858.56 亿元，执行数为 769.54 亿元；2012 年预算支出 875.07 亿元，执行数为 929.79 亿元；2013 年预算支出为 1083.11 亿元。[①] 这里需要说明的是，2012 年 9 月财政部下发了《关于编报 2013 年中央国有资本经营预算建议草案的通知》，将国有经济结构调整支出，重点项目支出、产业升级与发展支出、境外投资及对外经济技术合作支出、困难企业职工补助支出五类支出作为 2013 年中央国有资本经营预算支出编制的重点。这些支出分类与 2012 年之前的具体分类有所区别，加上 2012 年的执行数是在 2013 年的国有资本经营支出预算表中反映出来的，因此，表 10-1 中，2012 年和 2013 年的支出只列各个大类的总数，而没有具体到子类明细的数据；2017 年 1 月 1 日，财政部开始施行《中央国有资本经营预算支出管理暂行办法》，其中第七条规定中央国有资本经营预算支出除调入一般公共预算和补充全国社会保障基金外，主要用于以下方面：（一）解决国有企业历史遗留问题及相关改革成本支出；（二）国有企业资本金注入；（三）其他支出，规定中央企业根据相关专项资金管理办法编制国有资本经营预算补充社保基金支出、解决国有企业历史遗留问题及相关改革成本支出、国有企业资本金注入、国有企业政策性补贴和其他国有资本经营预算支出。这些支出分类与 2015 年之前的具体分类有所区别，故自 2016 年度起，中央国有资本经营支出决算明细表另起一表（见表 10-2）。

表 10-1　　2010~2013 年中央国有资本经营支出决算明细表　　单位：亿元

项目	2010 年	2011 年	2012 年	2013 年
一、教育		0.21	2.18	4.00
其中：其他教育支出		0.21		
二、文化体育与传媒		6.03	6.20	14.00
其中：文化		4.00		
体育				
广播影视		0.42		
新闻出版		1.61		
三、社会保障和就业	148.54	0.51	17.21	11.34
其中：补充全国社会保障基金	148.54	0.51	17.21	11.34

[①] 郑晓波. 今年国有资本经营预算支出 548 亿，证券时报 [N]. 2008-11-27, http://finance.qq.com/a/20081127/001595.htm.

续表

项目	2010年	2011年	2012年	2013年
四、农林水事务	5.51	19.33	14.79	
其中：农业	5.51	19.33		22.51
林业				
五、交通运输	45.14	23.20	35.34	93.50
其中：公路水路运输	5.14	5.97		
民用航空运输	40.00	13.96		
邮政业支出		3.27		
六、资源勘探电力信息等事务	274.59	592.03	685.46	724.67
其中：资源勘探开发和服务支出	11.71	112.22		
制造业	138.45	244.72		
建筑业	3.44	10.65		
电力监管支出	11.53	176.94		
工业和信息产业监管支出	14.77	29.83		
其他资源勘探电力信息等事务支出	94.69	17.67		
七、商业服务业等事务	70.33	87.23	108.64	109.98
其中：商业流通事务	34.82	81.01		
旅游业管理与服务支出	1.50	5.00		
涉外发展服务支出	34.01	1.22		
八、地震灾后恢复重建支出	9.32	1.00	9.94	
其中：工商企业恢复生产和重建	9.32	1.00		
九、其他支出			0.03	38.11
其中：其他支出				
十、转移性支出	10.00	40.00	50.00	65.00
其中：国有资本经营预算调出资金	10.00	40.00	50.00	65.00
中央国有资本经营支出	563.43	769.54	929.79	1083.11
结转下年支出	14.17	31.07	72.11	

表10－2　2016～2017年中央国有资本经营支出决算明细表　　单位：亿元

项目	2016年	2017年
一、国有资本经营预算补充社保基金支出	59.61	34.86
中央本级支出	59.61	34.86
二、解决历史遗留问题及改革成本支出	796.77	625.12

续表

项目	2016年	2017年
中央本级支出	283.24	393.73
对地方转移支付	513.53	231.39
三、国有企业资本金注入	399.00	252.43
中央本级支出	399.00	248.45
对地方转移支付		3.98
四、国有企业政策性补贴	93.28	77.28
中央本级支出	93.28	77.28
五、其他国有资本经营预算支出	101.95	12.02
中央本级支出	101.95	12.02
中央国有资本经营支出	1450.61	1001.71
国有资本经营预算调出资金	246.00	257.00
结转下年支出	128.03	113.59

资料来源：根据中华人民共和国财政部网站 2010 年以来公布的《中央国有资本经营收入预算表》整理而得。

三、国企红利分配"体内循环"的特征

从上述分析可以发现，国家实施分红政策以来，绝大部分上缴的国有资本收益回流用于国企重组与改革等方面，只有很小一部分用于社会保障等民生性的支出，国有资本收益依然呈现体内循环的状态。国有资本收益分配"体内循环"机制呈现下列特征：

首先，资金使用效率低下。由于国有资本收益分配"体内循环"机制导致国有企业盲目扩张和投资，非但没有提高企业的利润率，反而还严重地影响了资金使用效率。由于大量的国有企业红利仍在其内部消化，而企业股利分配可以不受严格的审核监督，对投资效率的负面影响几乎是肯定的。其次，国有资本收益分配的非公平性。部分国有企业一方面享受着国家政策补贴，另一方面却将绝大部分的高额利润自留在企业内部，连上缴的大部分红利也依然循环回去，说明了其收入分配缺乏公平性。最后，国有资本收益分配的非民生性，在目前国有资本收益分配制度下，用于国计民生的社会保障和民生事业等方面的资金杯水车薪，无益于人民生活水平的进步与国民经济的协调发展。2016 年，国有资本预算调入公共预算用于社保等民生支出以及补充养老保险基金支出只有 59.61 亿元，占全部支出总额的 6.36%，国有资本预算转入社会保障和其他民生支出仅为 59 亿元，占总支出的

6.36%，社会保障基金面临巨大缺口，国有企业红利在民生事业的支出显得微乎其微。

第三节 国有资本经营预算民生支出的优度检验

2007年《国务院关于试行国有资本经营预算的意见》已经提出"必要时，可用于社会保障支出"之后，国家逐步加大国有资本经营预算的民生支出占比。党的十八届三中全会《中共中央关于全面深化改革若干重大问题的决定》提出了国有企业未来改革的目标及任务，在完善国有资本经营预算制度上，提出要提高国有资本收益上缴公共财政比例，2020年提高到30%，并更多用于保障和改善民生。为落实这一政策目标，财政部在《关于2014年中央国有资本经营预算的说明》中提出，从2014年起，中央企业国有资本收益收取比例在现有基础上再提高5个百分点。2017年中央国有资本经营收入预算数为1290亿元，决算数为1244.27亿元，完成预算的96.5%，利润收入预算数为1170亿元，决算数为1107.63亿元，完成预算的94.7%[1]。随着国有资本收益的收缴范围的扩大及比例的不断提高，纳入国有资本经营预算的收入也将不断增长，国有资本经营预算民生支出未来将会有更雄厚的盈利基础。可见，民生支出是国有资本经营预算支出的一个重要内容，但在政策执行的过程中，我国国有资本经营预算的民生支出的成效如何？其应该在多大规模上用于民生支出？这在学术界尚未达成共识。本书将从适度普惠型社会福利的视角对国有资本经营预算的民生支出进行优度检验。

如此庞大的国有资本经营预算收入的支出流向问题，自然受到各界的高度关注。目前，关于国有资本预算支出这一流向，学术界基本形成两类观点：一类主张国有资本的经营性，认为其预算收入应主要用于国有企业的在发展。陈少强（2010）[2]主张国有资本经营预算应重点支持国有经济布局和结构调整，可适当用于履行社会责任。一类则主张国有资本经营预算支出应向民生倾斜，在其支出中，应着眼于构建和谐社会，体现民生政策导向（文宗瑜，2008）[3]，向社会保障、医疗、教育等民生领域倾斜（汪立鑫、付青山，2009）[4]。但从两类观点来看，二者并不完全对立，双方并没有否认资本性支出与民生支出的必要性，只是侧重点不同。事实上，无论是现有的政策文件，还是相关的研究观点，对于国有资本经营

---

[1] 中华人民共和国财政部. 关于2017年中央国有资本经营决算的说明 [EB/OL]. http://yss.mof.gov.cn/qgczjs/201807/t20180712_2959972.html.
[2] 陈少强. 合理安排国有资本经营预算支出 [J]. 国有资产管理, 2010 (8).
[3] 文宗瑜. 从央企国有资本收益收取看民生政策与民生财政 [J]. 中国投资, 2008 (1).
[4] 汪立鑫, 付青山. 转型期国有资本收益的公共福利性支出 [J]. 财经科学, 2009 (1).

预算支出应当投向民生领域这一问题上,已经基本达成一致。但对于应该在多大程度上用于民生支出,还存在分歧。因此,笔者认为,关于国有资本经营预算的支出流向,问题的关键并不是方向问题,而是结构问题,亦即本书所要研究的国有企业红利分配问题。本书拟从适度普惠型社会福利的视角来检验我国国有资本经营预算中民生支出的适应性问题,以期为该问题的深入探讨拓展一个新的研究视角。

一、适度普惠型社会福利的内涵界定与考量标准

从上文对国有资本经营预算民生支出的现状分析来看,2007年国有资本经营预算制度试行以来,我国国有企业利润总额不断提高,但缴纳公共财政的国有资本收益总量及用于民生支出的比重都比较低。针对这一问题,很多学者从国有资本全民所有等角度出发,提出国有资本经营预算支出应该向民生领域倾斜的观点或建议,但在倾斜程度的考量上并没有给出具体的标准。本书拟从适度普惠型社会福利视角来考量我国国有资本经营民生支出与经济发展的优度。

(一) 适度普惠型社会福利的内涵与特征

对于社会福利的定义,不同的学者给出了不同的定义。著名社会保障学者郑功成认为,社会福利是一个整体的概念,是一个社会全体成员的个人福利的总和或个人福利的集合[①]。社会福利可以有广义和狭义之分,狭义的社会福利是国家政府部门改善特定人群社会生活的一种制度措施,广义的社会福利扩展到了全体公民,是为保障全体社会成员过上更好的物质和精神生活而进行的一种制度安排。而适度普惠型的社会福利其服务对象是介于狭义的社会福利与广义社会福利之间的一种福利制度。适度普惠型社会福利是2007年底由民政部门提出来的,"认为我国未来福利事业要由'补缺型'向'适度普惠型'转变。"本书在综合各学者社会福利定义及国家相关部门关于福利政策导向的基础上,将适度普惠型社会福利的内涵界定为:与特定的社会发展阶段相联系,从传统的补缺型社会福利向全民普惠型社会福利转变的一种中间的社会福利状态。

根据上述界定,笔者认为,我国适度社会福利应该具备以下几个特征:一是历史的阶段性。适度普惠型的社会福利是一个历史范畴,是我国从21世纪初进入小康社会到21世纪中叶达到中等发达国家这一阶段相适应的福利化进程。二是适应性。适度普惠型的社会福利应该是与经济发展水平、国民观念、社会民主发展及物

---

① 郑功成. 社会保障学——理念、制度、实践和思辨[M]. 北京:商务印书馆,2000.

质技术条件相适应的。三是渐进性。我国适度普惠型社会福利应该是一个随着经济发展程度稳步提高，渐进发展的福利化过程。

(二) 适度普惠型社会福利的考量标准

上文已经阐明，适度普惠型社会福利应该是与我国现阶段经济发展水平相适应的一个福利化进程，其应该是一个什么样的水平以及我们用什么样的尺度来考量是我们要解决的问题。

1. 社会福利与经济发展水平的适应关系

关于社会福利水平的评估，我国学者大多是以社会保障的支出水平来测度。因此，关于社会福利与经济发展适应性的分析也主要借鉴社会保障水平理论。国际上关于社会保障水平的测度方法主要是用社会保障支出总额占国内生产总值的比重来衡量，即：

$$社会保障水平 = \frac{社会保障支出额}{GDP} \times 100\%$$

关于社会保障水平与经济适应性的测度，本书借鉴杨翠迎（2004）社会保障水平发展系数，即社会保障支出水平的增长弹性来考察。

$$CSS = \frac{RSSL}{RGDP} = \frac{\Delta SSL}{\Delta GDP} \times \frac{GDP}{SSL} \tag{10.1}$$

其中，CSS 表示社会水平发展系数，表示社会保障水平对经济增长的反应程度。RSSL 为人均社会保障水平增长率，RGDP 为人均国内生产总值增长率。如果 CSS<0，说明社会保障水平与经济发展呈反方向变动。如果 0<CSS<1，说明其与经济发展呈正向变动，但增长幅度小于经济发展。如果 CSS=1，说明社会保障水平与经济发展同水平增长。如果 CSS>1，说明社会保障水平增长速度快于经济发展。

2. 不同阶段社会保障水平估值

由于在经济发展不同阶段，国家对社会保障的发展策略是不一样的，因此，不能单凭社会发展系数来判断其与经济发展程度的适应性。国内外的相关研究表明，社会保障与经济发展之间呈现低水平适应—高水平调整—高水平适应的向右上倾的倒 "U" 型曲线。穆怀中（1997）从西方国家社会保障发展轨迹中通过实证分析将社会保障水平分为四个阶段，并给出了与其相适应的经济发展水平与社会保障水平（见表 10-3）。

表 10-3　　　　　　　　　　社会保障与经济发展适应情况

社会保障发展阶段	前社会保障时期	形成时期	上升期	上升期	稳定期
经济发展水平	人均GDP2000美元以下	人均GDP2000~4000美元	人均GDP4000~10000美元	人均GDP10000~20000m美元	人均GDP20000美元以上
社会保障发展状况	不存在真正意义上的社会保障	低水平适应	快速增长	增速放缓	平缓增长
社会保障水平	—	13.2%~17.24%	17.24%~26.58%	26.58%~28.75%	28.75%~32.04%

从表 10-3 中我们看到，人均 GDP 在 4000~10000 美元是社会保障发展最快的时期。2013 年我国国内生产总值达 568845 亿元，同比增长 7.7%，人均 GDP 约为 6767 美元。这意味着我国具备建立适度普惠型社会福利的经济实力，已经进入了社会保障快速增长的上升期。

二、国有资本经营预算民生支出的优度检验

如上文所述，我国已经进入适度普惠型社会福利制度的建设时期，而且进入了社会保障快速增长的上升期。因此，其社会发展系数 CSS 应该略 >1，适度超越经济的发展速度以弥补前期低水平适应的不足。另外，社会保障水平（即社会保障支出总额占 GDP 的比重）应该达到 17.24%~26.58%。笔者认为，要建立与现阶段我国经济发展水平相适应的适度普惠型社会福利制度，除了进一步加大公共财政的民生投入力度外，还应该拓展新的资金来源渠道，逐步提高国有资本经营预算民生支出的比重。基于这一观点，首先有必要对现行国资预算民生支出与社会保障水平提高之间的关系进行优度检验。

（一）国有资本经营预算民生支出优度的考量标准

其一，从现有国有资本经营预算民生支出的内容来看，其主要也是投入社会保障，因此，我们对全国社会保障水平的测度，应该是公共财政与国有资本经营预算中社会保障支出的加总，即：

$$社会保障水平 = \frac{社会保障支出额}{GDP} \times 100\%$$

$$= \frac{公共财政社会保障支出额 + 国有资本财政民生支出额}{GDP} \times 100\%$$

(10.2)

按照历史发展经验,这一时期社会保障支出水平应该占 GDP 的 17.24% ~ 26.58%,我国是否达到这一水平,其中国有资本财政的民生支出的贡献度多大是首要的考量标准。

其二,我国已经进入社会保障发展快速增长的时期,其社会发展系数 CSS 应该略 >1,即社会保障增长率应该略快于经济增长。全国社会保障的收入来源由公共财政社会保障支出与国有资本财政的民生支出构成,因此,这两个部分支出的增长都应该略快于经济增长才能确保这一时期社会保障需求的快速增长。综上所述,对国有资本经营预算民生支出的优度考量可以从以下两个方面进行:一是国有资本经营预算民生支出在 17.24% ~ 26.58% 优度值中的贡献度(占比),二是国有资本经营预算民生支出增长对经济发展的反应程度。

(二) 国有资本经营预算民生支出的优度检验

由于中央国有资本经营预算在 2010 年才正式开始编制,关于国有资本经营预算的民生支出才有比较准确的统计数据,所以本书在对其进行的优度检验只能从国有资本经营预算实行前后对比来考察。选取的数据为中央国有资本经营预算正式编制后 4 年(2010 ~ 2013 年)及其对称的前 4 年(2006 ~ 2009 年)。

首先,从国有资本经营预算民生支出在 17.24% ~ 26.58% 优度值中的贡献度(占比)来看。从表 10 - 4 中可以看到,中央国有资本经营预算试行前后,我国社会保障支出总额占 GDP 的比重都没有超过 3%,远远低于国际经验实证所得 17.24% 的下限。2006 年社会保障支出总额占 GDP 的比重达 5%,这主要是由于统计口径不一致造成的。而从国有资本经营预算中民生支出的贡献度来看,其并没有对提高我国社会保障水平起到应有的作用。除 2010 年外,我国国有资本经营预算中的民生支出对社会保障支出总额的占比不到 1%,这样的水平远不能体现国有资本经营预算支出的民生导向,广大国民并没有分享到国企改革和发展的成果。

表 10 - 4　　　　　国有资本经营预算编制前后社会保障情况表

	年份	2006 年	2007 年	2008 年	2009 年
中央国有资本经营预算正式编制前	公共财政社会保障支出额(亿元)	11859.90	5447.16	6804.29	7606.68
	GDP(亿元)	236314.43	265810.31	314045.43	340902.81
	社会保障水平(%)	5.02	2.05	2.17	2.23

续表

	年份	2010 年	2011 年	2012 年	2013 年
中央国有资本经营预算正式编制后	公共财政社会保障支出额（亿元）	9130.62	11109.40	12585.52	14417
	国有资本财政民生支出额（亿元）	158.54	40.51	67.21	84.29
	社会保障支出总额（亿元）	9289.16	11149.91	12652.73	14501.29
	GDP（亿元）	401512.80	473104.05	519470.10	568845
	社会保障水平（%）	2.31	2.36	2.44	2.55
	国有资本财政民生支出的贡献度（%）	1.71	0.36	0.53	0.58

资料来源：根据历年《中国统计年鉴》，财政部及国家统计局网站数据整理所得。需要指出的是，2007年后才有专列"社会保障与就业支出"项目，故2007年后社会保障支出费用这一项目支出数据。2006年社会保障支出主要包括：行政事业单位离退休费、失业保险基金、企业职工基本养老保险、抚恤和社会福利支出以及社会保障补助支出等。

其次，从国有资本经营预算民生支出增长对经济发展的反应程度来看。从表10-4我们可以看到，2010~2013年我国国有资本经营预算中民生支出分别为158.54亿元、40.51亿元、67.21亿元、84.29亿元，2011年较2010年急剧下降，但后两年又有上升，规律性并不明显，且其基数比较小，因此用其本身对经济发展的反应程度来衡量并不能反映真实情况。而全国的社会保障总额为公共财政社会保障支出与国有资本财政民生支出的加总，我们可以对比2010年加入国有资本财政民生支出后，社会保障发展系数CSS是否有所提高，提高的幅度有多大。按照国际经验，我国现已经进入社会保障快速增长的上升期，因此，社会发展系数CSS以大于1的速度发展是符合社会发展规律的。但相比之下，我国国有资本经营预算中民生支出对整个社会发展系数的提高并没有发挥多大的作用。从图10-1社会保障支出增长弹性图可以看到，公共财政社会保障支出增长弹性线与加总后的社会保障支出的增长弹性线几乎重合。2011年加入国有资本经营预算民主支出后，社会保障发展系数反而下降了0.1个百分点，这是由于2011年国有资本经营预算中民生支出急剧下降造成的。

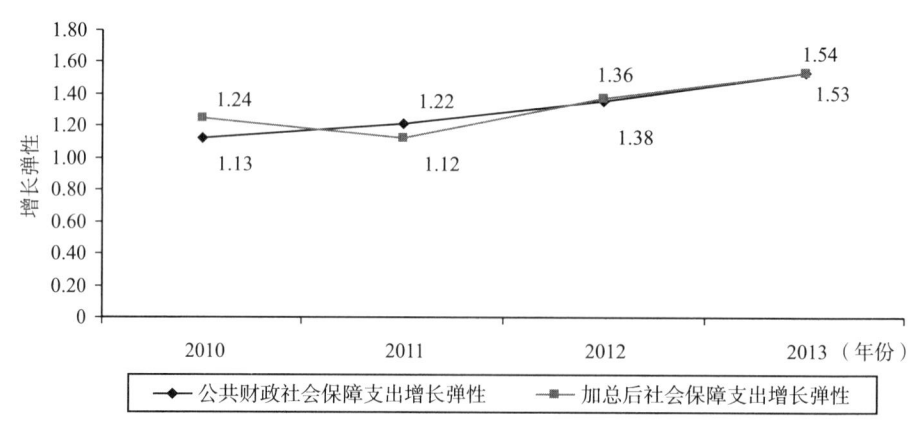

图 10-1 社会保障支出增长弹性图

三、实证研究的结论

我国实行的是社会主义公有制为主体的基本经济制度，广大国民是国有资本的终极所有者，应该让全民共享国企发展的成果，国有资本经营收益支出应该向民生领域倾斜，这已在各界基本达成共识。但是，从前面笔者对国有资本经营预算民生支出的优度检验不难看出，在具体执行过程中，现行国有资本经营预算中虽然已有关于民生支出的内容，支出总额也在不断增大，但相比整个国有资本收益及资本性支出，其比重明显偏低，并未发挥其应有的作用。按照国际经验，我国现在社会保障水平应该占 GDP 的 17.24%～26.58%，但目前不足 5%，存在较大的差距。而国有资本经营预算民生支出在其中的贡献非常微弱，不足 1%。而对比公共财政社会保障支出与加总后社会保障支出增长弹性来看，二者几乎没有差别。这就表明，我国国有资本经营预算民生支出对社会保障发展系数 CSS 提高的贡献度也非常有限。

因此，笔者认为，在下一步的政策制定与执行过程中，相关决策及职能部门应当对现行国资预算支出体制进行进一步的调整与完善：一是要从法律上保证国有资本经营预算中民生支出的明确地位。《试行意见》中对民生支出的表述过于含糊和笼统，在资本性支出与民生支出产生冲突时，极有可能产生对民生支出的挤占问题。国家应该通过法律明确规定国有资本经营预算中民生支出的支出比例、资金分配和支出流程。同时，还应该明确民生支出的内涵，将其从单一的社会保障向教育、医疗、就业等更宽泛的民生内容扩展。另外，要规定国有资本经营预算中民生支出的适度增长比例。如前文所述，我国现处在社会保障快速增长的上升期，民生支出增长比例应略高于经济发展速度，以弥补前期低水平适应的不足。二是要健全国有资本经营预算制度中民生支出的监管体系。首先，要完善国资预算的审计制度，审计国有企业是否存在转移收益，虚增成本的情形以保证国有收益的应收尽收。在此基础上，审计支出的合理性，以确保民生支出的相应比例。以此保证国资收益的应收尽收，在此基础上确保民生支出的相应比例。其次，要建立民生支出的绩效考核体系。我国已有的民生支出不足，但也存在滥用民生资金的情况。为了合理利用有限资源以及强化监督效果，我们应建立完善的民生支出绩效考核机制，其内容应涵盖支出的规模效应，支出效率以及执行效果等。最后，要建立民生支出效果的反馈机制。明确民生支出的目标、任务以及落实时间等并定期检查执行情况。同时，通过信息化，网络化管理以提高全国范围内对民生支出的监督和管理。

第十一章

现行国有企业红利分配政策的绩效评价

2007年9月,国务院发布《关于试行国有资本经营预算的意见》标志着中国开始正式建立国有资本经营预算制度。国有资本经营预算试行至今已十多年,该政策的执行效果如何?对国有企业本身而言,分红政策是否起到了抑制国企过度投资,提高企业利润的效果?国有资本经营预算中每年用于国资布局调整的比例较大,这部分的资金是否起到优化国资布局的目的?本章将从提高国有企业利润,促进民生事业以及改善国资布局等角度来全面考察国有企业分红的政策效果。

第一节 国有资本经营预算提高国有企业绩效的效果检验

国有资本经营预算自2007年试行至今已接近12年,该政策的实行对国有企业而言,是否起到了抑制过度投资,提高企业绩效的作用?笔者将通过构建面板向量自回归(VAR)模型,检验国有资本经营预算对国企利润的脉冲响应,从而评价国资预算的实践效果,以期对构建规范合理的国资预算制度提供实证依据。

从理论上讲,构建国有资本经营预算不仅是市场经济"谁投资,谁受益"的内在要求,而且有助于减少国企的自由现金流,抑制国企过度低效的投资,从而提高企业经营绩效。在国外,构成国资预算重要组成部分的企业分红政策是学者们长期研究的重要课题,有著名的MM理论、"在手之鸟"理论、自由现金流假说等。其中,自由现金流假说是詹森(Jensen)于1986年提出的,被人们广泛引用,詹森主张自由现金流应完全交给股东,这将降低代理人在现金方面的自由控制权与代理成本,从而减少对负净现值项目的投资。世界银行驻中国代表处专家高路易、世界银行驻中国代表处高级私营部门发展专家高伟彦、世界银行驻中国代表处高级企业重组专家张春霖等(2005)认为健全的国有企业分红政策有利于提高投资效率并改善公共财政资源的配置。

一、文献述评

实践中,国资预算试行七年来,其效果如何却有待检验。很多学者基于国企巨额的垄断利润、国际上较高的分红比例等缘由认为国资预算收入太少,尤其是构成国资预算重要组成部分的国企红利上缴的比例过低。魏明海、柳建华(2007)实证检验了现金股利政策与企业过度投资的关系,指出当前国有上市公司的低现金股利政策促进了其过度投资。陈燕(2009)实证检验了国有企业过度投资与国有企业分红的关系,发现国有企业分红可以在一定程度上抑制国有企业的自由现金流,从而抑制国有企业过度投资。张建华、王君彩(2011)实证检验了国有资本金预算新政实施前后国有企业分红与国有企业绩效以及过度投资的关系,得出"国有企业分红能在一定程度上促进国有企业经营绩效的提高、国有资本金预算意见的出台使国有企业过度投资现象得到一定程度的抑制"的结论。但现有研究多数选取国有上市公司的数据作为样本,在国资预算意见试行前,国有上市公司也有向集团公司分红,但集团公司没有缴纳给国家,国资预算意见试行后,集团公司才开始向国家上缴红利。因此,看国资预算是否有成效,应侧重研究国有企业集团公司的经营绩效是否提高。

二、前提假设:国资预算对国企利润的影响机理

文章考察国有资本经营预算的实践效果,主要看国有资本经营预算的试行是否真正减少了企业的自由现金流,提高了国有企业的投资效率,从而反过来促进国有企业利润的提升。

1. 假设一:纯粹考察国有资本经营预算收入对国企利润的影响

评价国有资本经营预算的实践效果不仅要看收入预算,也要看支出预算,然而,国有资本经营预算是以收定支的预算,收入的合理与否直接影响到支出的有效性。因此,文章将剔除国有资本经营预算支出实践效果的研究,而纯粹考察国有资本经营预算收入(特别是国有资本收益)的实践效果,这不仅使研究具有针对性,也为规范的国有资本经营预算支出制度的后续探讨建立基础。

2. 假设二:巨额现金流使国企内部具有盲目投资的冲动与行为

詹森(Jensen,1986)提出了自由现金流量(Free Cash Flow)假说。他主张自由现金流应完全交给股东,这将降低代理人在现金方面的自由控制权与代理成本,从而减少对负净现值项目的投资。近年来,我国固定资产投资持续高速增长,

由 2006 年的 109998 亿元增加到 2012 年的 364835 亿元,① 而高投资并没有带来高回报,我国实际增量资本产出比多数维持在 4.5~5.0 之间,即每增加 4.5~5.0 的资本投资才能增加 1 元的 GDP 产出,投资率在上升,效率却在降低。而在这些固定资产的投资总额中,国有企业占比高达 50%,我国固定资产投资效率低下的现状亦是国有企业投资效率低下的现状。这些现象与国企内部的巨额现金流息息相关,即巨额现金流使国企内部具有盲目投资的冲动与行为。

3. 假设三:收取国有资本收益可以实质上减少企业自由现金流

很多学者认为,两税合并后,国有企业的自由现金流增加 8%(所得税率由 33% 减少至 25%),而国有资本收益收取的比例分别为 15%、10%、5%,加上国企内部人员隐藏国有资本收益的行为,综合来看,国企内部的自由现金流并没有明显减少。然而,一方面,两税合并是针对所有的企业,而非国企的特权,不能以这一客观的制度来有力佐证国企现金流的增加;另一方面,不论国企内部人员是否有少报、虚报、转移国有企业利润的情况,试行国有资本经营预算的国企都要向国家缴纳一定比例的税后利润,从而使其可支配现金流减少。故文章假设收取国有资本收益可以实质上减少企业自由现金流。

三、面板向量自回归模型的构建:国有资本预算对国企利润的影响

(一) 变量定义与数据来源

由于国有资本经营预算是从 2007 年开始从中央层面试行,因此本书选取中央企业作为研究对象,时间跨度为 2007~2011 年。以国务院国资委网站公布的《中央企业 2008 年、2009 年、2010 年度分户国有资产运营情况》《中国国有资产监督管理年鉴 2008、2009、2010、2011》及各分户中央企业网站公布的企业利润、国有资产总量等为数据来源,所得有效样本 2007 年为 131 家,2008 年为 118 家,2009 年为 108 家,2010 年为 102 家,2011 年为 102 家,取各年共有的中央企业为最终样本,并剔除利润为负值和零的中央企业,获得面板数据 465 家。检验软件为 Eviews 6.0,采用的方法是面板向量自回归(PVAR)检验。

1. 被解释变量

国有企业利润(profit,以下简写为"pf")是测定集团公司绩效最直接的指标之一,其可综合反映企业的盈利能力,该指标越高,表明企业所创造的价值越多,属于企业股东的财富也就越高。因此,本书选取 465 家分户中央企业的利润作为被

---

① 资料来源于国家统计局网站。

解释变量，同时对数据取对数以消除异方差，即 lpf = log(pf)。

2. 解释变量

本书选取国有资本经营预算收入中的国有资本收益（budget，以下简写为"bg"）作为解释变量考察国有资本经营预算对国企利润的影响。由于国有资本收益由集团公司（母公司、总公司）以年度合并财务报表反映的归属于母公司所有者的净利润为基础申报，故各个分户中央企业的国有资本收益等于归属于母公司所有者的净利润减去以前年度亏损后乘以相应的国有资本收益收取比例。同样对数据取对数以消除异方差，即 lbg = log(bg)。

3. 控制变量

国有资产量大的中央企业更易获得来自政府的发展资金，抗风险能力也较强，当然也可能产生多头领导、效率低下等问题。因此，有必要将中央企业分户国有资产总量（stated-owned capital，以下简写为"sc"）作为控制变量纳入研究。对数据取对数以消除异方差，即 lsc = log(sc)。

（二）面板向量自回归模型的构建：国资预算对国企利润的脉冲响应分析

向量自回归模型（vector autoregressive model，简称"VAR 模型"），由希姆斯（C. A. Smis）提出，在一个含有 n 个方程（被解释变量）的 VAR 模型中，每个被解释变量都对自身以及其他被解释变量的若干期滞后值回归，若令滞后阶数为 k，则 VAR 模型的一般形式可用下式表示：

$$Z_t = \sum_{i=1}^{k} A_i Z_{t-i} + V_t$$

其中，Z_t 表示由第 t 期观测值构成的 n 维列向量，A_i 为 n×n 系数矩阵，V_t 是由随机误差项构成的 n 维列向量，其中随机误差项 v_i（i = 1, 2, …, n）为白噪声过程，且满足 $E(v_{it}v_{jt}) = 0$（i, j = 1, 2, …, n, 且 i≠j）。本书采用的是面板数据（panel data），故构建的是面板向量自回归（PVAR）模型。

对某变量全部滞后项系数的联合检验能够告诉我们该变量是否对被解释变量有显著的影响，但是不能告诉我们这种影响是正还是负，也不能告诉我们这种影响发生作用所需要的时间。为解决这一问题，经常应用的方法是测量脉冲响应，脉冲响应度量的是被解释变量对单位冲击的响应。

第一，本书采用 JJ 检验法来检验三变量是否协整。

设回归方程 $LPF_t = a + bLBGt + cLBGt + \varepsilon_t$，其中 a、b、c 为回归系数。模型残差数列 $\{\varepsilon_t\}$ 可以通过 $\varepsilon_t = LPF_t - a - bLBGt - cLBGt$ 得到。

对三变量进行协整回归，得到方程：

$$LPF_t = -0.3921 + 0.6414LBGt + 0.3713LSCt$$
$$t = (1.7973)(11.6143)(5.9411)$$

残差序列 $\varepsilon_t = LPF_t - 0.6414LBGt - 0.3713LBGt + 0.3921$

对残差进行单位根检验，发现 ε_t 为 1 阶单整，则变量 lpf_t、lbg_t、lsc_t 为 (2, 1) 阶协整。取显著性水平为 0.05，对 lpf_t、lbg_t、lsc_t 建立误差修正 (ECM) 模型，结果如下：

$$D(LPF) = 0.6268 \times D(LBG) + 0.3921 \times D(LSC) - 0.8467ET(-1) \quad (11.1)$$

式（11.1）中的结果表明国有企业利润与国有资本经营预算收入特别是国有资本收益存在长期稳定的均衡关系，国有资本经营预算收入的变动对国有企业经营绩效会产生正向的影响。

第二，构建面板向量自回归模型。

利用 AIC 和 SC 准则，确定出最佳滞后期为 1 期，因此，采用 PVAR (1) 模型进行分析。可设定 PVAR (1) 模型为如下联系方程组：

$$DLPF_t = a_{11}DLPF_{t-1} + a_{12}DLBG_{t-1} + a_{13}DLSC_{t-1} + C_1 + \varepsilon_{1,t}$$
$$DLBG_t = a_{21}DLPF_{t-1} + a_{22}DLBG_{t-1} + a_{23}DLSC_{t-1} + C_2 + \varepsilon_{2,t}$$
$$DLSC_t = a_{31}DLPF_{t-1} + a_{32}DLBG_{t-1} + a_{33}DLSC_{t-1} + C_3 + \varepsilon_{3,t}$$

ε_t 是扰动向量，它们相互之间可以同期相关，但不与自己的滞后值相关及不与等式右边的变量相关。通过 Eviews 6.0 软件的检验，可得出国有企业利润、国有资本经营预算收入、国有资产数量间的 VAR (1) 模型，如下：

$$DLPF = 0.5347DLPF(-1) + 0.2831DLBG(-1) + 0.1720DLSC(-1) + 0.0437 + \varepsilon_1$$
$$DLBG = 0.0274DLPF(-1) + 0.8393DLBG(-1) + 0.1102DLSC(-1) - 0.0443 + \varepsilon_2$$
$$DLSC = 0.0386DLPF(-1) + 0.0797DLBG(-1) + 0.8401DLSC(-1) + 0.6863 + \varepsilon_3$$

对 PVAR 模型进行 AR 根的检验，发现被估计的 PVAR 模型所有根模的倒数均小于 1，即位于单位圆内，则说明该 PVAR 模型是稳定的（见图 11-1）。

第三，PVAR 模型的稳定性是做脉冲响应的前提，前文构建的 PVAR 模型是稳定的，据此可进行脉冲响应（Impulse Response Function，IRF）分析（见图 11-2）。

结果显示国有资本经营预算在受到一个正的冲击时，国有企业利润开始减少后来逐渐增加，然后恒定在一个水平值上。从长期效果来看，其一定程度上带来了国企利润的增加，但效果不明显。

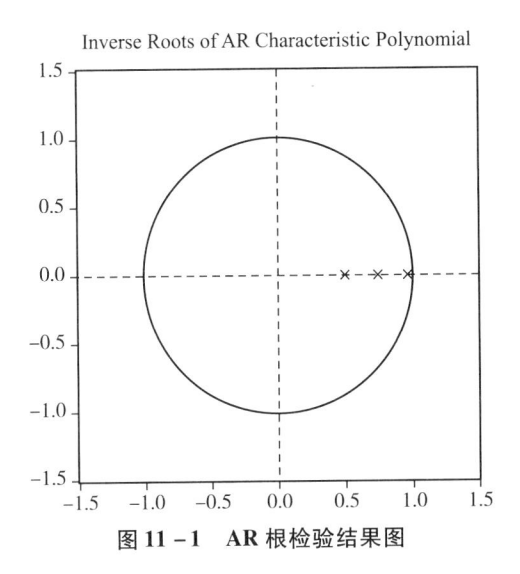

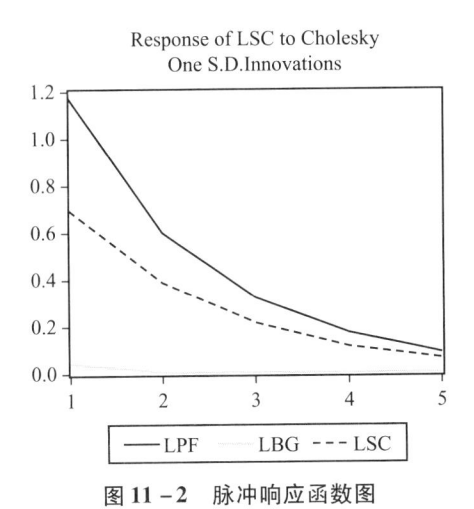

第十一章 现行国有企业红利分配政策的绩效评价

图 11-1 AR 根检验结果图

图 11-2 脉冲响应函数图

第四，方差分解分析。

方差分解主要考察国资预算收入对国有企业利润变化的贡献程度。结果如图 11-3 所示。从结果可以看出，不考虑国企利润本身的贡献率，国有资本经营预算收入对国企利润的贡献率逐年增加，但增加的比例很少，总体上贡献程度维持在 2% 左右。

图 11-3 方差分解图

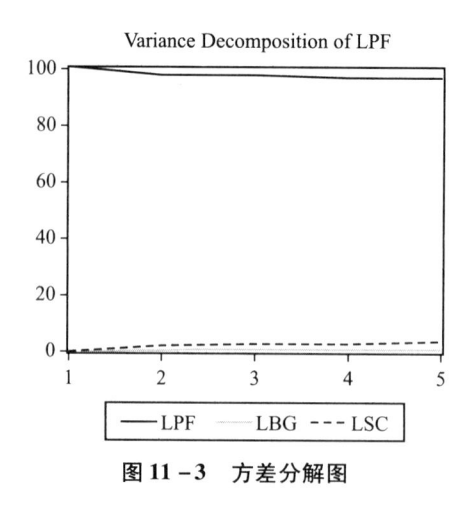

四、结论与建议：国资预算的实践效果评价

（一）结论：国资预算的实践效果

（1）上述的实证研究结果表明，国有企业利润与国有资本经营预算收入特别是国有资本收益存在长期稳定的均衡关系，国有资本经营预算收入的变动对国有企业利润会产生正向的影响。可能的解释是国有资本经营预算收入的增加使得企业可支配的自由现金流减少，负净现值项目的投资减少，从而利润增加。这说明国有资本经营预算制度的施行是合理的，是符合市场经济发展方向的，应继续发展与完善该制度。

（2）上述的实证研究结果表明，从现行的国有资本经营预算制度来看，国有资本经营预算在受到一个正的冲击时，国有企业利润开始减少后来逐渐增加，然后恒定在一个水平值上。从长期效果来看，其在一定程度上带来了国企利润的增加，但效果不明显。这是以下四个原因四重作用的结果：一是现行政策规定的国企上缴的红利比例较低，2011 年、2012 年比例有所提高，但仍是偏低，最高仅为 20%（英国、意大利、瑞典等国家的国有企业均把大部分的税后利润上交财政部，法国国企按股份向包括政府在内的所有股东发放红利，美国政府也定期向国企收缴利润，阿拉斯加州还把利润直接用于对当地居民的分红），相对于庞大的国企垄断利润而言，国资预算收入依然很少，上缴这部分极少的红利后，国企依然拥有可观的现金流。二是除了分红以外，国有资产转让收入、从国家出资企业取得的清算收入都是国有资本经营预算收入的组成部分，但由于国有资产产权转让、国有企业清算制度等欠完善，使得国有资本经营预算收入偏少。三是国企内部没有足额上缴本来就很少的红利，而这种行为也没有相应的惩罚措施，从而进一步鼓励了该行为。四是国资预算支出中大部分资金重新投向国企,纳入公共预算的少之又少(见图11-4),国企红利的上缴形式大于实质,国企内部的自由现金流没有明显减少。在这四重因素的影响下,国企依然拥有很多自由现金流,盲目、过度、低效的投资难以得到遏制,国企经营绩效也就很难随着国资预算的深入而持续提升。当然,笔者不是否定国有资本经营预算制度,而是说该项制度应有所改进来更好地促进国企绩效的提升。

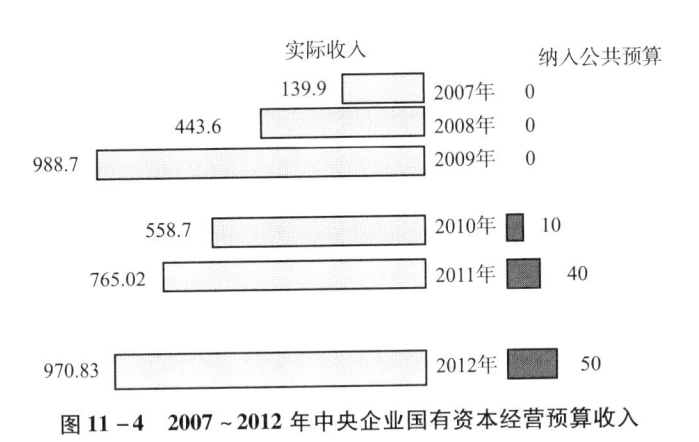

图11-4 2007～2012年中央企业国有资本经营预算收入

资料来源:根据中华人民共和国财政部网站数据整理所得。

(3)上述的方差分解得出"国有资本经营预算收入对国企利润的贡献率逐年增加,但增加的比例很少,总体上贡献程度维持在2%左右"的结论。这也在一定程度上佐证了国企现行分红比例低、范围小的事实。说明应继续在实践中探索合适的分红比例并扩大国有资本经营预算的范围。

(二)完善国有资本经营预算制度的对策前瞻

1. 根据国家的战略发展规划分行业确定分红比例

随着国有资本经营预算制度实施范围的逐渐扩大,国家以股东身份确定的分红比例应根据企业营利还是亏损以及行业自身的实际情况做出相应调整。要根据诸如煤炭业、钢铁行业等这样具有可比性且具体的行业情况,同时结合企业的战略规划以及其所处的发展阶段来确定分红比例。如果是国家鼓励要做大做强的企业或者企业处于资本支出大规模增加的阶段,分红比例不宜过高;如果是需要"战略性退出"的企业、处于资本性支出规模减小的阶段或者从事高增长业务、成熟业务、发展潜力巨大的公司应该适当提高分红比例。国有股分红收益的征收应该具有政策的权威性和稳定性。并且要适当借鉴西方发达国家高分红的经验,建立上市公司强制分红的刚性机制,避免国内分红与海外分红的巨大反差。要对分红收益建立统一的预算，完善并强化预算的编制、执行、审计、监督等一系列程序，使国有股分红收益的征缴纳入国有资本经营预算的规范化管理。

2. 逐步扩大国有资本经营预算的收缴范围

应根据中央企业分红试点的成功经验，逐步扩大收缴范围。首先，应把工行、中行、建行等市值居于全球前列的国有金融银行纳入红利收缴框架，扩大国有资本经营预算的范围，使国家能从真正意义上享有出资人权益；其次，把收缴范围延伸至所有的国有企业，并允许地方在一定权限内编制地方的国有资本经营预算，从而建立规范的涵盖所有国企的国资收益上缴制度；第三，改变国有集团公司截留利润的局面，保证国有控股参股的股利股息如实按期上缴，把红利收缴上升为国有企业的法定义务，从而建立完整的国有资本财政收入制度。

3. 提高资金使用效率

在现行的制度下，当期的国有资本经营预算收入是以上期的国有企业利润为基数，上期的国有资本收益一般要到当期6月、7月才能核算出来，再经财政部门层层审核后，纳入国库时间较晚。这种跨年度的核算方式使国资收益使用效率较低，少量的国有资本经营预算收入不能有效地影响国有企业利润。因此，国资委在2013年4月11日发布的《关于做好中央企业2012年度国有资本收益申报工作的通知》中关于中石油等七家企业预交国有资本收益的规定是政策的进步，这有利于提高资金的使用效率，有助于国家提前筹备资金进行战略型投资。国资委应督促国有企业核算当年利润，使其尽可能在第一季度前依据净利润核算出国有资本收益并相应地纳入国库以提高资金使用效率。

4. 设置激励约束机制

在国资预算上缴的过程中，仍存在不足额上缴、税前转移利润等情形，这就要求对纳入利润上缴范围的国企设置激励约束机制，把对各部门的激励约束建立在严格的业绩考核基础上，把业绩考核制度和奖惩制度紧密结合起来，综合运用物质激励和精神激励，激发国企上缴红利的积极性，减少国有资产流失，实现国有资产保值增值的目标。对有正常盈利且无隐瞒真实利润或超额完成收益上缴任务的企业，应给予其一定的利润返还；反之，对有正常赢利而又瞒报虚报利润的企业，实行责任追究和惩处制度，取消红利返还并收取一定比例的滞纳金或加大下一年度红利上缴比例。对于中央企业管理者，可以将国有资本收益的上缴情况纳入企业负责人业绩考核内容，业绩考核加入民情民意，并将其作为经营者年薪收入考核的一项重要指标，以增强经营者上缴国有资本收益的积极性。此外，要加强审计，保证国有资本收益上缴的利润基数、范围、规模的准确性。应聘请权威中介机构对国有资本经营决算数据进行专项审计，确保决算的真实性与精确性。

第二节 国有资本经营预算优化
国资布局的分析与检验

随着工业化、城镇化的不断推进，中国经济正在经历显著的结构性变化，从以往近10%的高速增长调整到7%的"新常态"。当前中国经济发展放缓的重要原因在于经济内部结构性矛盾凸显，经济结构扭曲，如何促进经济结构的深度调整是当前中国经济面临的严峻挑战。党的十八大报告、十八届三中全会强调要"促进重大经济结构协调和生产力布局优化"以实现经济的稳定健康发展，而经济结构调整的核心是产业结构的调整与优化。国有经济作为中国经济的重要组成部分，其产业布局是否合理将对中国经济产生重要影响，2015年8月24日《中共中央、国务院关于深化国有企业改革的指导意见》也将"布局结构优化，主导作用有效发挥"作为国有企业改革的主要目标之一。为实现国有经济布局的结构调整，我国国有资本经营预算自2007年试行以来，每年都安排专项资金用于国有经济的结构调整以及产业升级，那么这些被外界认为是国有企业"体内循环"的资金究竟有没有起到优化国有经济布局的作用？其作用有多大？另外，如何评判国有经济布局是否优化？本节将从国有经济的功能定位重新衡量其产业布局的合理性，并应用灰色关联的方法检验国有资本经营预算支出在优化国有经济布局上的作用。

一、经济新常态下国资布局调整的重要性

当前，中国经济增长态势处于由高速增长阶段过渡至中高速增长的新时期，且很可能呈现长期化，中央政府以"新常态"来定义这一经济转型阶段。然而，经济增速放缓只是一个表象，其背后是经济结构转型和增长动力的转换（张文魁，2015）[1]。多数学者[2]认为，中国"高投入、低产出"和建立在廉价劳动力与巨大能源消耗基础上的发展模式已经无法持续，必然面临调整与升级。未来中国经济的发展应该是在对经济结构调整和发展方式转变的过程中继续前行，因此，经济结构的优化升级是中国经济增长面临的主要问题。

---

[1] 张文魁. 国有企业改革与中国经济增长 [M]. 北京：中国财政经济出版社，2015，5：67-68.
[2] 郝书辰，蒋震. 国有资本产业分布的决定因素和变动趋势实证研究 [J]. 中国工业经济，2007（7）：14-21.

(一) 经济新常态下国资布局调整的重要性

如上文所述,在经济新常态下,经济结构的优化升级是当前中国经济发展的关键问题,而经济结构调整的核心是实现产业结构的优化升级。国有经济作为中国经济的重要组成部分,其布局是否合理将对整个中国经济结构的调整产生重要影响。

首先,国有经济的布局是经济结构调整的重要组成部分。"公有制为主体、多种所有制经济共同发展的基本经济制度,是中国特色社会主义制度的重要支柱",因此,国有经济本身布局的合理性是经济结构合理的重要组成部分。长期以来,我国国有资本广泛分布在各个行业,其自身的产业分布对经济结构的调整和升级作用不容忽视。国有经济在我国历次的产业结构调整中都起着举足轻重的作用,是推进经济发展的中坚力量。

其次,我国国有经济还是国家实现产业调整的政策手段。一般来说,各国政府为了实现既定的经济和社会发展目标,会对资源配置的过程实施干预,以优化资源在各个产业中的配置。在我国这样一个"公有制为主体,多种所有制经济共同发展"的国家,国有经济不仅是产业政策调整的对象,也是产业政策实施的工具。作为产业政策实施工具的国有经济,其可以通过以下效应来实现对产业结构的优化升级。一是规模效应,国有经济的主体地位决定了其在产业间的配置是影响产业格局的基本因素。二是挤压效应,国有经济以其较强的规模和竞争力进入或退出某个产业,必然对其他资本的流动产生挤压或推动效应,从而改变产业结构。三是带动效应,国有经济在一个产业或部门中的投入必然带动相关产业的投资扩张,从而引起产业结构变动。四是示范效应,国有经济在一个产业中开创的盈利局面将吸引更多社会资本对该产业及相关产业的投资,从而推动产业结构的变动。

(二) 国有资本经营预算支出绩效的不确定性

从上文的分析可以看出,国有经济的布局将对中国的产业结构优化升级产生重要影响,而政府对国有经济的产业布局问题也历来重视,特别是2007年国有资本经营预算试行以来,在国有资本经营预算支出中每年都有安排专项资金用于国有经济的战略性调整,表11-1列明了2008年以来国有资本经营预算支出中用于国有经济结构调整的支出总额及其占比。需要说明的是,由于国有资本经营预算中支出项目的统计口径并不一致且每年都有所调整,而其中用于"国有经济结构调整""重点项目支出""产业升级和发展"以及"新兴产业发展支出"等项目均具有调整经济结构的性质。因此,本书以具有产业调整性质项目支出的汇总额来衡量国资预算中产业结构调整的支出情况。同时,为了统计的一致性,本书的统计数据均采用财政部网站发布的历年预算说明的支出数据。

第十一章　现行国有企业红利分配政策的绩效评价

表 11-1　中央国有资本经营预算经济结构调整支出情况（2010~2017 年）

项目	2010 年	2011 年	2012 年	2013 年	2014 年	2015 年	2016 年	2017 年
中央国有资本经营预算支出总额（亿元）	440.00	858.56	875.07	1083.11	1578.03	1693.98	1551.23	1161.03
用于经济结构调整支出（亿元）	245.00	645.50	448.00	892.76	1144.11	536.00	408.35	322.65
占比（%）	55.7	75.2	51.2	82.4	72.5	31.6	26.32	27.79

资料来源：根据中华人民共和国财政部网站数据整理所得。

从表 11-1 我们可以看出，中央国有资本经营预算支出总额除了 2010 年受经济危机影响大幅下降外，其他年份的支出总额都呈现不断增长的趋势。而其中用于经济结构调整的支出份额都较大，2015 年前，大部分的年份都在 50% 以上，个别年份（2013 年）还达到 80% 以上。如此庞大的支出也引起了外界的广泛质疑，认为我国的国有资本经营预算多数用于"体内循环""取之于国企，用之于国企"，没有惠及民生。笔者认为，国有资本经营预算支出用于充实社保基金，调入公共财政是其惠及民生的直接表现，而这部分用于经济结构调整的支出改善了国有经济的布局，促进了国民经济的发展，同样是其惠及民生的间接表现。问题的关键是，如此庞大的国资预算支出，其究竟有没有起到优化国有经济布局的作用，作用有多大？这是评判其支出绩效的重点和难点。

二、国有经济布局优化检验的逻辑框架

2013 年，财政部对 2008~2011 年安排的中央国有资本经营预算"国有经济和产业结构调整""兼并重组""技术创新""节能减排"四类支出项目开展绩效评价，并制定了评价指标体系，既有定量指标，也有定性指标[①]。评价的指标体系较为全面，评价的程序也较为客观合理。但笔者认为该评价体系也存在不尽合理之处，一是从单个企业的微观层面来衡量国有经济调整的宏观效率并不适合。二是评价系统从经济效益和社会效益两个层面来进行绩效评价，但在社会效益上仍是采用主观评价的方式，缺乏实证分析。例如其设置"产业结构优化"二级指标来评价其产业结构调整支出的绩效，以企业提供的证明材料作为判断的依据，判断其对发展现代产业体系作用"明显、一般、没有"，这显然具有主观性。

笔者认为，国有资本经营预算中对经济结构调整的相关支出是对整个国有经济

---

① 财政部.关于开展 2012 年国有资本经营预算支出项目绩效评价工作的通知.财政部网站，2013-10-17.

而言的,其产生的作用应是宏观而非微观。因此,对该支出进行绩效评价,应从宏观层面设置客观标准进行衡量更为科学合理。对国有资本经营预算中用于经济结构调整项目支出进行绩效评价的关键问题以及难点在于两个:一个是如何衡量国有经济产业结构的优化?二是用什么方法检验国资预算支出对国有经济布局调整的影响?

(一)当前研究现状的简要梳理

随着国有企业改革不断深入推进,学界对国有企业改革相关问题的研究成果颇丰,要评价国有经济产业结构的调整首先要厘清国有经济的产业分布依据。西方主流的经济学理论认为自然垄断和"市场失灵"是国有经济存在的依据,现有多数文献也都以自然垄断特性解释国有经济的产业分布(Ware,1986;Toshihiro,1996;Stigler,1998)[1],认为国有企业是解决自然垄断的有效形式。产业关联是国有经济产业分布的另一个视角,国有经济可以通过产业间的相互联系产生"溢出效应",国有经济应分布在具有"外部性"的产业上(Andrew,1999[2])。

但国外对国有经济的研究并没有形成一致的结论,在对中国国有经济产业分布的研究上,国内一些学者也接受了西方经济学的思想,认为国有企业要彻底退出竞争领域,作为市场经济的特殊现象而存在(樊纲,1996)[3]。多数学者则从我国国情出发分析了国有经济产业分布的依据。金碚[4]的系列文章从国有企业的特殊性出发,系统论述了国有企业的功能和作用、优势、产业选择和改革方向。其最新研究[5]认为国有经济应保证民生基础产业的稳定供应,同时要在转变经济发展方式及实现新兴产业发展上实现突破。陆军荣[6]从国有企业的产业特质分析国有企业的产业分布。

(二)国资预算经济结构调整支出项目评价的逻辑框架

从当前研究现状的简要梳理中我们可以看到,学界对国有经济产业分布的研究一直非常关注,争论异常激烈,但由于各自的研究范式不同,显然难以达成共识。笔者认为,对国有资本经营预算经济结构调整相关支出进行绩效评价的关键在于评价的标准,标准的确定是评价效率与否的前提。那么现在的问题是国有经济产业结构优化的标准该如何确定?关于产业结构的理论研究发展较早,"配第—克拉克定

---

[1] Wayne Taylor and Allan. A. Privatization of State Enterprise: Policy Drivers and Lessons Learned [J]. International Journal of Public Sector Management,1998 (7).
[2] Andrew Pendleton. The Evolution of Industrial Relations in UK Nationalized Industries [J]. British Journal of Industrial Relations,1999 (2): 145 – 172.
[3] 樊纲. 中国渐进改革的政治经济学 [M]. 上海:上海远东出版社,1996.
[4] 金碚. 论国有企业是特殊企业 [J]. 学习与探索,1999 (3): 11 – 14; 金碚. 再论国有企业是特殊企业 [J]. 中国工业经济,1999 (3): 5 – 11.
[5] 金碚. 论国有企业改革再定位 [J]. 中国工业经济,2010 (4): 5 – 11.
[6] 陆军荣. 国有企业的产权特质:国际经验及治理启示 [M]. 北京:经济科学出版社,2008: 1.

理""霍夫曼定理"以及钱纳里、库兹涅茨关于产业结构变动的理论都是产业经济学的重要学说，但这些学说都是从整个经济发展角度，以三次产业的变动来分析产业结构。国有经济由于其特有的产权性质，显然不能用同样的标准进行衡量。笔者认为，国有经济的产业布局应该从国有经济的功能进行定位，在中国特色社会主义经济下的国有经济具有其特有的经济功能。对国有经济的功能定位是确定国有经济产业分布的理论依据，因此，本书尝试构建图 11-5 的评价逻辑和框架。

国有经济功能定位 —前提→ 国有经济产业分布标准 —依据→ 国资预算绩效评价

图 11-5　国资预算支出绩效评价逻辑框架

三、国有经济的功能定位与布局调整

国有经济的功能定位是其产业分布的前提和依据，关系着国有企业改革的方向和性质。在国有经济功能定位上，西方主流的经济学将国有经济的存在限定于补充"市场失灵"，认为国有经济只有在自然垄断和公共物品等领域才有存在的必要。国内一些学者受其影响，也认为国有经济应专门从事"市场失灵"的领域产业，从竞争性行业完全退出。笔者认为，我国是社会主义国家，在中国特色社会主义经济制度中，国有经济扮演着不同于社会主义国家的性质，其存在不仅限于"市场失灵"领域。

（一）"市场失灵"不是国有经济存在的依据

"市场失灵"是国有经济存在的必要条件，但不是充分条件，国有经济有弥补"市场失灵"的功能，但不能将国有经济的功能局限于此。从世界各国的实践来看，不管是发达国家还是发展中国家，其国有经济不仅存在于公共物品和自然垄断行业，而且在竞争性行业中也广泛存在，在实现社会目标的同时也追求了经济利益。如果按照"市场失灵"来定义国有经济的存在，其逻辑必然是彻底的私有化。笔者认为，将国有经济定位于弥补"市场失灵"的功能就忽视了基本经济制度的差异和经济发展阶段的差别。国有经济与一国的社会制度密切相关，在社会主义国家，以国有经济为主要形式的公有制是社会主义制度的基本特征。公有制经济是我们建立和发展社会主义市场经济不容忽视的重要成分，要将公有制与市场经济结合起来，我国的国有经济是服务于社会主义市场经济建设的。因此，我国国有经济的战略调整是以社会主义市场经济发展需要为依据的，是要实现公有制和市场经济的结合，更好地发挥市场经济和社会制度优势。

另外，国有经济的规模和领域是动态发展的，在一国经济发展的不同阶段，国有经济存在的依据和功能也是发展变化的。对于发展中国家而言，由于经济落后、私人资本薄弱、市场不发达，国有经济利用国家力量来集中和动员资源，是实现一国国民经济压缩式、赶超式发展的重要途径。国有经济在推动国家经济的发展中往往扮演着重要的角色。

（二）我国国有经济的功能定位与布局调整

我国是社会主义国家，以国有经济为主要形式的公有制是国民经济中的重要组成部分。同时，我国还是一个发展中国家，当前的经济发展阶段要求国有经济发挥主导带动作用。因此，我国国有经济的功能定位不仅局限于弥补"市场失灵"，更关键的应该是发挥其对国民经济的宏观调控作用。国有经济是国民经济的主导力量，这是我们正确认识社会主义市场经济的国有经济存在依据的出发点。以此为出发点，本书尝试定位国有经济的主要功能，并据此做出国有经济的布局调整战略。

第一，弥补"市场失灵"功能要求国有经济分布于自然垄断和公共产品领域。虽然"市场失灵"不是国有经济存在的充分条件，但却是国有经济存在的必要条件。我国在社会主义市场经济建设过程中同样存在自然垄断和公共产品等"市场失灵"的领域，在这些领域需要国有经济发挥作用。这一功能要求国有经济要分布于公共物品和自然垄断行业，主要包括公共事业、教育、医疗、交通运输、供水供电等行业。

第二，经济宏观调控职能要求国有经济分布于主导产业。国有经济是国家进行宏观调控的重要手段，其调控功能的发挥在于不断提高国有经济的控制力和影响力。主导产业由于其本身的成长性很高，而且具有较强的产业关联度，对一定阶段的产业结构升级具有导向和推动作用。国有经济分布于主导产业有利于发挥其控制力和影响力，从而调节国民经济发展的方向、速度和结构，主要包括重大装备制造业、汽车产业、电子信息、航运业等。

第三，提高国际竞争力，实现国家现代化功能要求国有经济分布于战略性新兴产业。在经济全球化不断加深，国际竞争日趋激烈的形式下，要提高国家的竞争力，必须要加强对战略性新兴产业的开发和利用，建设创新型国家，提高国家竞争力。国有经济在国民经济中的主导地位决定了国有企业必须在技术进步和产业升级中走在前列，在战略性新兴产业的培育上要发挥领头羊的作用，主要包括节能环保、生物、新能源、新材料等。

四、基于优化国有经济布局的国资预算支出绩效检验

国有经济的功能决定了其产业布局的调整，基于其弥补"市场失灵"、宏观调

控及提高国际竞争力的作用，国有经济的产业应主要分布于自然垄断、公共产品、主导产业以及战略性新兴产业，部分存在于一般竞争性行业。国有经济的功能定位为其产业分布标准的确定提供了依据，那么国资预算中用于国有经济结构调整的支出究竟有没有起到调整产业布局的作用？

（一）实证检验的难点及处理方案

在对国资预算支出优化国有经济产业布局绩效上的实证检验存在两个难点：一是产业发展的交叉性和动态性。虽然国有经济的功能定位确定了其产业分布的大致方向，但各产业的性质存在交叉性，而且各个产业的发展是动态变化的。比如交通运输、能源行业既是自然垄断行业，也是国民经济发展中的支柱产业。同时，每个时期的主导产业、战略性新兴产业随着生产力的发展也会发生变化。比如以前电子信息是战略性新兴产业，现在已经被其他产业所取代。二是数据的可获取性和统一性。实证检验需要统计口径相对一致且相对连续的数据来支持，但现有关于产业分布上的统计口径差异较大而且不具有连续性。这两个难点使得现有关于国有经济产业布局上的分析基本上都是属于描述性的分析，各个学者按照自己的统计方式计算国有经济相关产业的分布变化。

为解决上述两个难点，本书拟采取以下方案进行实证检验。一是在产业的分布检验上，采取全面检验的方式来测度国资预算支出对产业分布的影响。这样就避免了产业交叉性及动态性的困扰，通过全面的动态检验来分析其影响程度。二是在检验方式上，采用灰色关联的方法来检验。由于国资预算从2007年试行至今时间跨度不长，采用一般的回归或相关分析可能由于时间跨度不够会影响实证分析的结果。而灰色关联对样本数据的数量和连续性要求不高，因此，囿于数据连续性不强及数据的可获取性，本书采用灰色关联的分析方法进行检验。

（二）国资预算支出与国有经济产业分布调整的灰色关联分析

1. 灰色关联的分析方法

灰色关联分析方法是对一个系统发展变化态势的定量比较和反映，它的特点是根据因子序列的微观或宏观几何相似程度来分析和确定因子间的影响程度或因子对主行为的贡献度[1]。灰色关联度是其测度两个系统或因素间相关程度的变量，如果两个系统或因素在发展过程中相对变化态势相似性高，则关联度大，反之则相反。与回归分析相比，灰色关联的分析方法对样本数量和分布规律的要求不高，其在时间序列较短的情况下仍然能够得到较好的分析结果。灰色关联的计算步骤如下。

---

[1] Liu S F, Lin Y. *Grey Systems: Theory and Applications* [M]. Springer-Verlag, 2011.

第一步：确定分析序列。设系统特征行为序列，即母序列。

$X_0(t) = \{x_0(1), x_0(2), \cdots, x_0(n)\}$ 其中 o 和 t 分别代表母序列和年份，且 t = 1, 2, $\cdots$, n-1, n。相关因素行为序列（子序列）：$X_i(t) = \{x_i(1), x_2(2), \cdots, x_i(n)\}$。其中 i 和 t 分别代表子序列和年份，且 i = 1, 2, $\cdots$, m-1, m；t = 1, 2, $\cdots$, n-1, n。

第二步：将数据进行无量纲化处理。

经数据变换后的母序列为：$Y_0(t) = x_0(t)/x_0(1)$。子序列为：$V_i(t) = x_i(t)/x_i(1)$。其中 o、i 和 t 分别代表母序列、子序列和年份，且 i = 1, 2, $\cdots$, m-1, m；t = 1, 2, $\cdots$, n-1, n。

第三步：计算关联系数。计算公式为：

$$\delta_{oi}(t) = \frac{\min_i \min_t |Y_o(t) - Y_i(t)| + \rho \max_i \max_t |Y_o(t) - Y_i(t)|}{|Y_o(t) - Y_i(t)| + \rho \max_i \max_t |Y_o(t) - Y_i(t)|} \quad (11.2)$$

$\delta_{oi}(t)$ 为母序列 o 与各子序列 i 在各年份 t 的关联系数，$\min_i \min_t |Y_o(t) - Y_i(t)|$ 和 $\max_i \max_t |Y_o(t) - Y_i(t)|$ 为母序列 o 与各子序列 i 初始值标准化数值在同一年份相减之后取绝对值的最小值和最大值。ρ 是分辨系数，其取值在 0~1 之间，本书根据统计学上 95% 的置信区间，取 $\rho = 0.05$。

第四步：计算关联度。计算公式为：

$$\gamma_{oi} = \frac{1}{n} \cdot \sum_{t=1}^{n} \delta_{oi}(t) \quad (11.3)$$

γ_{oi} 为子序列 i 与母序列 o 的关联度，n 为时间序列长度即年份数。

2. 数据说明

本书需要检验国资预算中经济结构调整的相关支出对国有经济布局调整的影响，如上文所述，囿于产业间的交叉和动态发展，采取全面分析的方法。查阅现有的统计数据，全国国有企业的基本行业分类按照相对一致的统计口径统计了国有企业在各个基本行业中的经济统计指标。本书以历年国有企业在各个基本行业中的资产总额比重衡量国有经济在各行业中的布局变化，以国资委编制的历年《国有资本经营预算说明》中经济结构调整相关支出比重的变化作为参照序列。国有企业基本行业的分布数据来源于《中国财政统计年鉴（2010~2014）》，国资预算支出根据财政部网站公布的预算说明计算得出。需要说明的是，国资预算支出对国有经济布局的调整需要一个时间反应，存在滞后效应，即国资预算支出对国资布局调整往往体现在后面的年份。因此，本书在进行灰色关联分析上对国有企业在各个行业资产比重变化作滞后一期处理，即国有企业在各个基本行业中资产比重变化年份变化的时间序列为（2009~2013年），国资预算支出比重变化时间序列为（2008~

2012 年)[①]。

3. 实证分析

首先,设国资预算支出的时间序列为母序列 $X_0(t)$,各个基本行业资产总额比重变化的时间序列为子序列,$X_1(t)$、$X_2(t)$、$X_3(t)$ …… 限于文章篇幅,本书未列出母序列及子序列的原始数据。

然后,对原始数据进行无量纲化处理后,根据公式(1)计算关联系数,$\delta_{o1}(t)$、$\delta_{o2}(t)$、$\delta_{o3}(t)$、$\delta_{o4}(t)$、$\delta_{o5}(t)$、$\delta_{o6}(t)$ …… 最后,根据关联系数运用公式(2)计算母序列和子序列之间的关联度,结果如表 11-2 所示。

表 11-2　　　　国资预算经济结构调整支出与各基本行业灰色关联度

基本行业	关联度	排序	基本行业	关联度	排序
一、农林牧渔业	0.613	23	三、建筑业	0.607	29
农业	0.638	17	四、地质勘探及水利业	0.607	28
林业	0.692	6	五、交通运输及仓储业	0.625	20
畜牧业	0.663	12	其中:铁路运输业	0.632	19
渔业	0.634	18	道路运输业	0.438	36
二、工业	0.690	7	水上运输业	0.685	8
1. 煤炭工业	0.648	16	航空运输业	0.706	3
2. 石油和石化工业	0.609	26	仓储业	0.608	27
3. 冶金工业	0.674	10	六、邮电通信业	0.407	38
4. 建材工业	0.655	14	七、批发零售业	0.621	21
5. 化学工业	0.660	13	八、房地产业	0.652	15
6. 森林工业	0.717	1	九、信息技术服务业 IT	0.483	34
7. 食品工业	0.682	9	十、社会服务业	0.521	31
8. 烟草工业	0.472	35	十一、卫生体育福利业	0.372	39
9. 纺织工业	0.497	33	十二、教育文化广播业	0.615	22
10. 医药工业	0.672	11	十三、科学研究和技术服务业	0.595	30
11. 机械工业	0.611	24	十四、机关社团及其他	0.431	37
其中:汽车工业	0.610	25			
12. 电子工业	0.697	5			
13. 电力工业	0.717	2			
14. 市政公用工业	0.512	32			
15. 其他工业	0.701	4			

[①] 国有资本经营预算自 2007 年试行,相关支出说明从 2008 年开始编制,直至 2015 年。但国有企业在各行业的分布上,现有统计年鉴只能查阅到 2014 年,即对 2013 年分布状况的统计。因此,在对国有企业产业分布作滞后一期处理后,本书在各指标时间序列的选取上做以上安排,跨度为 5 年。

表 11-2 具体呈现了国资预算经济结构调整相关支出与各基本行业的灰色关联度，从灰色关联分析的结果来看，即国资预算用于经济结构调整的相关支出对大部分行业的调整都起到作用，程度有所差异。7 个关联度在 0.5 以下的产业为：纺织工业、信息技术服务业、烟草工业、道路运输业、机关社团及其他、邮电通信业、卫生体育福利业，说明国资预算支出并未对这 7 个行业的布局调整产生作用。由于关联度在 0.5 以上的行业较多，本书重点考察关联度排序在前 5 的行业，分别为：森林工业、电力工业、航空运输业、其他工业、电子工业。可见，国资预算支出对这 5 个行业的布局调整起到的作用较大。

五、结论及简要的政策建议

上文对国资预算中用于经济结构调整的相关支出对各基本行业的布局调整影响用灰色关联的方法进行了实证分析，下面对分析结果进行说明并提出简要的政策建议。

（一）灰色关联分析结果的说明

第一，国资预算经济结构调整相关支出对国有经济布局调整起到相应的作用，但对不同产业的影响程度存在差异，但区分度不大。从灰色关联的结果来看，其支出比重与大部分基本行业的资产比重变化的关联度都在 0.5 以上，即其对国有经济布局的调整确实起到相应的作用。其中，与国资预算支出关联度最大的 5 个行业为森林工业、电力工业、航空运输业、其他工业、电子工业，即国资预算对这 5 大行业的影响最大。电力工业带有自然垄断性质，航空运输、电子工业是我国国民经济的主导产业，国资预算支出优化了这些产业的布局，增强了国有经济的影响力和控制力。但需要指出的是，进一步观察关联度在 0.5 以上的行业，其中的关联度都集中在 0.6，区分度不大。

第二，国资预算经济结构调整相关支出对部分需要优化的产业并未起到作用。国资预算支出与纺织工业、信息技术服务业、烟草工业、道路运输业、机关社团及其他、邮电通信业、卫生体育福利业这 7 个行业的关联度在 0.5 以下，并没有起到应有的调节作用。其中，信息技术服务业属于战略性新兴产业，道路运输、邮电通信业属于基础设施建设，带有较强的外部性，卫生体育福利业属于公益性行业，这些行业是国有经济需要加强的领域，但国资预算支出并没有起到相应的作用。

（二）简要的政策建议

基于上文两个结论，本书认为国有资本经营预算中用于国有企业经济结构调整的支出确实起到了相应的作用,这部分回流于国有企业的资金在优化国有经济布局,推动产业结构升级上确实起到了相应的作用。因此,社会上对这部分"体内循环"资金的质疑是对其作用的误解。这部分回流于国有企业的资金是作用于优化国资布局,增强国有经济影响力和控制力的"大民生"上,是民生支出的一种间接表现。

因此,国有资本经营预算中用于国有经济结构调整的支出是其支出项目中必不可少的内容,其能起到优化国资布局的作用。但这部分支出对各行业的影响程度差异性并不明显,而且对一些需要调整的主导产业、战略性新兴产业及公益性产业的作用不大,在下一步的预算支出中,应有选择、有重点对一些亟须调整的产业进行支出,这样能更好地发挥这部分资金在增强国有企业影响力和控制力上的作用。

下 篇

改革构想篇

本篇包括第十二章~第十六章，主要基于党中央提出的共享发展基本理念，坚持国有企业红利应惠及全民的基本观点，提出国有企业红利分配制度的改革构想。第十二章概括分析了国外国资收益全民合理共享的模式探索和经验借鉴；第十三章分析了国有企业红利全民共享改革的观点主张，剖析学术界对该观点主张存在的认识误区；第十四章提出了国有企业红利全民共享改革的两种基本模式——直接共享分红模式和间接共享分红模式，并综合比较这两种模式的优缺点；第十五章提出了完善国有企业红利分配制度的财务监督机制，保障国有企业红利分配的公平诉求；第十六章提出了共享发展理念下国有企业红利分配改革的制度框架和政策建议，提出了国有企业红利全民共享改革的实现路径，以及配套的制度安排和改革举措。

第十二章

国外国资收益全民合理共享的模式

国资收益以何种方式进行共享在国外已有富有成效、各具特色的实践，并积累了相当宝贵的经验，对探索和建立适合我国国有企业红利分配制度模式具有重要的借鉴价值和启示作用。在高度发展的市场经济发展水平条件下，美国阿拉斯加州根据自身情况，采取了以独立的政府持股基金为中心的社会分红管理模式，全州公民享受丰厚的国有企业分红。地广人稀的蒙古国依赖其加工出售矿产资源所得的丰厚收入以股票形式进行全民分红，并致力建立一个主权财富基金。效仿企业把利润盈余用于对股东进行分红的做法，新加坡政府提出了"政府盈余全民分享计划"，利用财政盈余中的部分资金，向全体国民发放"红包"。挪威利用其拥有的丰富石油资源，建立独具特色的全球养老基金分红模式。

第一节 美国阿拉斯加的永久基金模式

美国是当今世界市场经济发展最为发达的国家，其国有资产主要分布在公路、铁路、机场、邮政、电力、能源等基础设施和公益性领域，政府在国有资产管理以及国有资产利润分配方面已颇具经验，其中，尤以阿拉斯加州的永久基金为突出代表。自1982年至今，阿拉斯加州政府连续多年向当地住满6个月以上的居民派发社会红利，使大部分人的收入增加了10%以上，尤其是低收入的农村住户。通过阿拉斯加州石油收益的分红，使得石油创造的收益真实公正地进行分配，民众能够自行决定怎样使用资金。

一、永久基金设立的背景

阿拉斯加州永久基金创造性地设立构想既依托于其本身具有丰富的自然资源禀

赋及优越的地理位置，同时也得益于美国的法律制度和国有企业管理制度，使永久基金的构想得以实现。

（一）阿拉斯加州具有优越的石油、矿产资源禀赋

阿拉斯加州位于美国西北部，州面积1717854平方千米，占全国面积的1/5，是美国面积最大的州，拥有丰富的石油、天然气、海鲜、木材和矿产资源，是美国自然资源最为优越的地区之一。

阿拉斯加州得天独厚的石油和天然气储备优势为石油和天然气产业成为阿拉斯加州的支柱产业提供了雄厚的物质基础。该州拥有美国最大的油田——The Prudhoe Bay Unit（PBU），根据相关数据显示，截止到2012年8月，该油田自20世纪70年代起已出产了128亿桶原油，而位于阿拉斯加州北部的天然气聚集区吸引了一些石油公司的浓厚兴趣，北部地区所蕴藏的天然气资源可为油田提供充足的电力，提高石油的开发和生产的效率和质量。阿拉斯加州通过对石油和天然气的开采和制造，并开通管道运输和油气田服务。石油和天然气产业成为该州提供就业量最多的产业，也是该州最重要的支柱产业，该州一半的财政收入均来自于此。

阿拉斯加州的锌、铅、金、银、煤储量丰富，2011年，阿拉斯加矿产品出口总值为18.4亿美元，其中对中国出口达到4.8亿美元。该州拥有世界最大的铅锌矿——红狗矿（Red Dog Mine）以及多个储量丰富的金银矿和煤矿。红狗矿位于Kotzebue的东北部，现由Teck – Cominco Alaska, Inc. 公司经营，已探明的储量为10141264吨，其中有20.0%的锌和5.4%铅，预计总储量可达57540650吨，其中有16.6%的锌和4.4%的铅。位于Juneau西部，由美国Hecla矿业公司（Hecla Mining Company）经营和所有的格林克里克铅锌银矿（Greens Creek Mine）的估计储量为8064697吨，其中每吨有13.71盎司银，108盎司金，3.83%的铅和10.55%的锌。①

（二）阿拉斯加州地理位置特殊，海运航运发达

阿拉斯加州的地理位置特殊，海运航运发达。位于美国西北部的阿拉斯加州北部和西北部濒临北冰洋，西靠白令海峡和白令海，南接太平洋和阿拉斯加湾，是美国拥有最长海岸线的州府，便于发展海运，利于该州石油和矿产资源出口的海上运输。由于阿拉斯加州山脉聚集，因此相较于公路运输，该州的航运极为发达。

---

① 由商务部数据整理所得：阿拉斯加州主要产业介绍 [EB/OL]. 商务部 http://www.mofcom.gov.cn/aarticle/i/dxfw/nbgz/201208/20120808307196.html.

（三）美国各州拥有独立的立法自主权

美国在政治体制上实行联邦制，由 50 个州共同组成联邦政权，其国家立法机构分设众议院和参议院，两院共同行使立法权。基于美国宪法的规定，在保证统一联邦政权的基础上，美国各州拥有相当广泛的自主权，其中，最主要的就是立法自主权。美国各州基本都设立上下两院，上院亦称为参议院，下院亦称为众议院，上下两院共同对各州立法行使权力，并且在与美国宪法不冲突的前提下，各州上下两院可根据实际情况修订其所在州府的州宪法。

（四）美国独具特色的国有企业管理制度

美国是世界上市场经济最为发达的国家，其并不需要国有企业以实现对市场经济走向的掌控。因此，美国并不具有发达的国有经济。美国的部分国企由国会授予政府直接经营，但大部分国企在国家所有的前提下都出租给私人企业经营，并且以合同的法律形式予以监督。承租企业自主经营、自负盈亏，政府不得干预企业的生产和销售，但享有资产收益权。美国颇具特色的国有企业管理模式决定了美国国有企业利润上缴的独树一帜。"美国的国有企业承包制是一种全权委托式的资产承包，承包者既要上缴承包的利润，还要承包国有企业资产的保值增值，这在一定程度上符合了国有企业红利上缴的原则。"[①]

二、阿拉斯加永久基金的历史沿革

阿拉斯加州的永久基金成立至今已近 50 年，在经历了基金设立构想的萌芽、各界热烈讨论直至基金成立之后，阿拉斯加州的永久基金早已跃居全球 100 家最大的基金之列，成为了年盈利能力超过 10% 的大型基金，是国有资源利益全民共享的突出代表。

（一）永久基金的萌芽期

永久基金的设立原因最初应追溯到 1969 年阿拉斯加州的巨额石油租赁收入。1969 年 9 月，阿拉斯加州以租赁普拉德霍海湾的石油获得 9 亿美元的财政收入。巨额的收入使阿拉斯加州政府陷入如何使用这笔资金的难题。该州立法部门就以存款方式还是以满足阿拉斯加人民需求的消费方式委托布鲁金斯研究所于 1969 年末

---

① 张涛，曲宁. 西方国有企业分红模式及政策比较：经验与借鉴[J]. 会计之友（中旬刊），2010（6）：19-22.

展开对此问题的研讨会。最终，在经过认真细致的讨论后，研讨会建议政府将这笔资金用以满足该州人民教育、福利以及自然资源和环境保护等方面。隔年，基德皮巴迪投资银行的罗伯特·格朗茨和时任阿拉斯加州州长的基思·米勒提议立法设立资源永久基金的构想，并获得广泛赞同。

但设立永久基金的构想受到了来自州宪法的阻力。1975 年，由于公众对于租赁普拉德霍海湾的石油所得 9 亿美元的支出情况存在质疑，众议院议案委员会在参议院提案的基础上，决定建立一个旨在为后世子孙谋求福利的基于阿拉斯加自然资源收入的资源永久基金，但由于与该州宪法相违背，哈蒙德州长驳回上诉提案。直到 1976 年，公民修宪完成，阿拉斯加州建立起第一个资源永久基金。政府提案提出，该资源永久基金由立法部门全权处理，但需保留本金，资金则由该州石油资源及相关收入的 25% 构成。

（二）永久基金的成立初期

1977~1978 年，阿拉斯加州社会各界对阿拉斯加永久基金提案具体实施方案的探讨。1977 年，由工商界代表、消费团体代表、政府部门、立法部门与公众代表组成了阿拉斯加州投资顾问委员会，哈蒙得州长同该投资顾问委员会就永久基金的相关问题召开了多次听证会，并逐步提出"永久基金归全民所有"的目标。此外，投资顾问委员会就关于基金拨款比例、投资领域、基金收入流向等方面向立法部门提出了相关议案。

随着永久基金提案的通过，永久基金的运作等细节问题接踵而至，特别地，作为立法部门的众参两院对基金管理与收入使用上存在分歧。在基金管理架构方面，众议院认为永久基金管理应独立于政府部门，即主张在政府部门之外成立一个由立法部门监督、对公民直接负责、不受政府约束控制、独立运行的基金管理公司来管理，而参议院反对这一主张，认为应该由阿拉斯加州税收部门来管理永久基金及永久基金投资，不需另外设立基金管理公司。在基金收入的使用方向上，参议院主张基金更多用于企业贷款，重点帮助扶持中小企业和从属于可再生资源领域的新兴企业，但众议院反对这一观点，认为基金收入不能只用于企业贷款，而应该划拨给阿拉斯加州的普通基金。关于基金的具体使用由立法部门决定其用途，对于众议院和参议院的主张，阿拉斯加州州长均表示反对，认为应该将基金收入以直接分红的方式分给阿拉斯加州的公民[①]，州长认为众参两院提出的关于扩展受补贴的政府项目与低息贷款的提供等这些方案仅能使一部分阿拉斯加人从中受益，而非全体阿拉斯

---

① 周建军，黄胤英. 社会分红制度的历史考察：阿拉斯加的经验 [J]. 经济社会体制比较，2006 (3)：72-76.

加州公民，但是阿拉斯加州的石油财富是全州公民的共同财富，人人都可以收益，不应仅局限于纳税人，包括广大非纳税人、家庭主妇、失业和退休人员，都应该共同享有全州石油财富的分配收入，全州公民人人都应该得到分红，基于此，州长认为应该实行全民直接分红，只有直接分红的方案才能使全体阿拉斯加州公民从中受益。

（三）永久基金的正式成立

经过长时间的讨论，在1978年，阿拉斯加州立法部门依法设立阿拉斯加企业投资公司和阿拉斯加永久基金公司。阿拉斯加企业投资公司主要负责为中小规模私人企业提供融资支持，而阿拉斯加永久基金则负责将基金收入进行投资，投资领域受法律限制。立法部门将约等于1969年租赁普拉德霍海湾的石油所得的9亿美元以及额外的18亿美元专项经费划拨进该永久基金。在保证永久基金的本金和有价证券安全的同时，要求阿拉斯加州资源永久基金必须独立运营。

1980~1982年，阿拉斯加州各界就永久基金收入如何使用展开了激烈的争论。1980年立法部门就基金收入如何使用提出最后目标，其中包括：（1）由该州资源使用所得的收入需储存一部分并将这部分收入用于为该州公民谋求福利；（2）在保证基金本金安全的基础上实现收益最大化。

（四）永久基金成立至今的社会分红

阿拉斯加州的永久基金成立之后，依照当地法律规定，合理进行运营，并每年向该州公民发放基金红利。1982年，阿拉斯加州立法部门通过了分红提案：给予所有在阿拉斯加居住六个月以上的公民平等的资源基金分红权利。在首付1000美元的基础上，给予在该州居住六个月以上的公民永久基金的前5年收入的50%作为红利分配。永久基金分红提案的通过，一方面避免政府在日常开支中肆意挥霍数额庞大的资源收入，另一方面，保证公民能够公平地共享该州资源收入，并拥有对该分红完全的自主处理权。同年秋冬季，该州40多万公民都收到来自阿拉斯加州资源永久基金的1000美元分红，一同见证了当代美国最富实践意义的社会分红。

三、阿拉斯加永久基金模式

美国阿拉斯加的永久基金模式第一次在实践中成功尝试了米德的"社会分红"构想，开创了地方资源收益全民分红的形式，具有目标开创性、管理独立性、地方资源收益资本化等特点。

（一）目标开创性

阿拉斯加州永久基金是在"永久基金归全民所有"的创造性目标上建立的。阿拉斯加州自然资源的所有权属于该州公民，因此，经由由地方政府负责开采、生产及加工获得的巨额的石油资源租赁收益当属该州公民。在米德的"社会分红"构想的理论基础上，确立"永久基金归全民所有"的根本目标，是永久基金能够成功建立并发展的重要决定。

（二）管理独立性

美国阿拉斯加永久基金是以独立的政府持股基金为中心的社会分红管理模式的主要代表（崔之元，2005）。永久基金的运营是由独立于政府之外的阿拉斯加永久基金公司管理的，除受到地方立法机构的监督外，不受政府的行政干涉。阿拉斯加永久基金公司在法律层面上应属独立法人，并非政府部门，是以营利为目的的企业，其日常经营运作政府不得进行行政干预。管理独立性将永久基金的运营与阿拉斯加永久基金公司的企业目标直接挂钩，摆脱了不必要的行政干预，在实现阿拉斯加永久基金公司企业最大化的同时，达到永久基金价值增值的目标。

（三）地方资源收益资本化

永久基金的终极目标是保存公共财富，因此永久基金以公共信托基金的形式建立。公共信托基金的本金只能用于产生收益的投资，而不能做任何他用。1976年美国阿拉斯加宪法修正案做出明确规定：本州内至少25%的全部矿产资源租金、矿区使用费、矿区出让收益、联邦矿产收入分成以及州级红利应设立为永久基金。美国阿拉斯加永久基金公司（APFC）是州政府所有的营利性机构，负责为本州公民管理和保护石油等资源的租金收入以及其他信托基金。基金分两部分：本金和投资收益。本金用于长期投资，未经公民投票不得支出。这使得相当一部分阿拉斯加人，尤其是农村家庭的收入增加了超过的10%。

第二节 蒙古国矿产收入股票分红模式

地广人稀的蒙古国是一个由中俄包围的、面积为156.65万平方千米、人口约294万的内陆发展中国家，其在因历史问题遗留而造成的经济凋敝的形势下，凭借自身国有资产收益的全民共享，改善人民生活水平，成功地完成了向市场经济的过渡。蒙古国的矿产分红模式是在美国阿拉斯加州永久基金模式的借鉴中形成的，但与永久基金模式存在差别。

一、蒙古国分红模式的背景

蒙古国矿产分红模式的形成不仅与其自身特殊的社会发展背景有关，也与其自身丰富的自然资源禀赋有关，也与蒙古国当时针对其国情实施国有企业私有化的措施有关。

（一）蒙古国特殊的社会发展背景

20世纪90年代~21世纪初蒙古国经济凋敝，人民贫困潦倒，社会动荡不安的局面是激发蒙古国模式产生的社会背景原因。自20世纪20年代至20世纪90年代初，蒙古国在政治上仿效苏联走"非资本主义发展道路"的总路线，并完成社会主义革命，于1946年宣布独立，成为一个社会主义国家，即"蒙古人民共和国"。在经济层面，蒙古国在苏联的帮助下建立现代工业部门，仿照苏联建立社会主义经济体制，加入由苏联组织的"经互会"，完成一个农牧国家向计划经济国家转型。但由于蒙古国对苏联将近70年的政治和经济高度依赖性，在东欧剧变及苏联解体之后，蒙古国丧失苏联的援助和合作，经济、社会受到极大的冲击，国民收入年均增长由原来的6.3%降为3.8%。[①] 20世纪90年代初，蒙古国开始实行经济、政治上的激进式改革，引进西方民主制度，成为以生产资料私有制为主导的资本主义国家。但政治经济的转轨加剧了蒙古国的贫困化，失业率增大，贫富差距拉大，犯罪率上升等一系列经济社会问题。蒙古国政府迫切需要寻找解决这些问题的关键手段。

（二）蒙古国丰富的自然资源禀赋

蒙古国是一个矿产资源大国，已发现和确定拥有80多种矿产，建有800多个矿区和8000多个采矿点，主要蕴含铁、铜、钼、煤、锌、金、铅、钨、石油、油页岩等资源。其中，铜矿储量20多亿吨，黄金储量达3400吨，煤矿储量达3000亿吨，石油储量达80亿桶，铁矿储量为20亿吨，萤石矿床储量2800万吨，磷矿储量2亿吨，钼矿储量24万吨，锌矿储量6万吨，银矿储量7000吨等。转型之前的蒙古国在荒凉的戈壁和沙漠之下所蕴藏的146.8吨金、1万吨银、5万吨铀、800万吨铜和4.528亿吨铁等已探明的80多种矿产资源，为蒙古国的经济转型及经济发展提供了充足动力。以2008年为例，蒙古国当年GDP达到了50亿美元，其中，矿产资源收入和农业收入共占到一半份额。[②]

---

①② 杨军，张乃和. 东亚史——从史前至20世纪末 [M]. 长春：长春出版社，2006：432.

蒙古国矿产收入分红的资金来源主要为塔温陶勒盖煤矿和亚洲最大的铜金矿——奥尤陶勒盖铜金矿的收入。塔温陶勒盖煤矿位于中蒙边境，矿区煤炭储藏面积达400平方千米，该煤矿属优质炼焦用煤，原煤出焦率60%以上，是世界上紧缺的煤种。初步探明的焦煤储量约为64亿吨，其中主焦煤18亿吨，动力煤46亿吨，价值3000多亿美元，是全球最大的未开采煤炭矿藏之一。另外，据蒙古国政府估计，奥尤陶勒盖铜金矿已探明多达3200万吨的铜和1200吨的黄金储量。塔温陶勒盖煤矿和奥尤陶勒盖铜金矿丰富的矿产资源和开采价值确保了蒙古国矿产资源收益全民分红得以长久推进的根本源泉。

（三）蒙古国国有企业私有化改革

蒙古国之所以能够拥有如此卓越的全民分红实践，其在20个世纪80、90年代所进行的经济改革之中的国有企业私有化的方式值得一提。蒙古国自1990年起走向市场经济之路，其自20世纪80年代始的经济改革改变了过去僵化的经济体制、企业生产经营模式，实现生产关系的重大改革。其中，国有企业私有化成为改革的关键点。

1991年5月，蒙古国家小呼拉尔通过了《财产私有化法》，将对除铁路、能源、矿山、民航、银行、邮电等关系国民经济命脉部门以外的绝大多数国有企业和农牧业实行私有化。之后，蒙古国依照此法建立以总理为领导的政府所属的财产私有化委员会，并根据自身国情，参照俄罗斯国有企业私有化的做法，将价值220亿图克里克的占全国44%的国有资产向每个蒙古国公民发放产权证书，以此实现国有资产私有化。在实现国有资产私有化过程中，蒙古国公民可通过面额为7000图克里克的"蓝卡"购买国有企业的股票，以此使国有企业转变为股份制企业。除此之外，蒙古国将一些具有高垄断性、高集中度的国有大型企业进行了分割，将分割而得的这些大型企业的下属生产企业进行私有化，并根据生产协作的需要和专业化分工原则，将这些企业重新组织改造成为股份制集团公司。

虽然蒙古国的国有企业私有化并未达到预期效果，但蒙古国通过国有企业私有化，使每个蒙古国公民成为国有资源的真正主人，在国有企业私有化过程中，明确了产权关系，并给予市场更多的竞争。由每个公民所持有的产权凭证购买国有企业股权，之后通过所拥有的股权享受国有企业红利的做法可谓是对"全民分红"富有实践意义的尝试。

二、蒙古国矿产收入股票分红模式

蒙古国矿产收入分红模式是蒙古国政府结合自身国情，探索全体公民共享国有资源收益路径的成果，其具有以下两个特点。

（一）全民分红采取股票分红方式

蒙古国矿产收入分红模式是公民作为国有资产直接所有者参与国有企业股票分红的典型例子。通过对美国阿拉斯加州永久基金的借鉴，蒙古国结合自身国有企业私有化积累的有效经验，将利用开发矿产资源获取的收益以向全体公民发放股票红利的方式，使全体公民作为国有资产的直接所有者，共同享受国有资产收益，实现国有资产收益的"全民共享"。

鉴于对美国阿拉斯加州永久基金的参考，在塔温陶勒盖煤矿和奥尤陶勒盖铜金矿丰厚的矿产资源收益作为夯实的资金基础上，为了确保全民分红的可持续性并实现全民分红收益最大化，蒙古国政府在解决塔温陶勒盖煤矿设备落后、产能低下、缺少充足启动资金等问题的同时，提出以增强国民经济水平和人民生活水平为目标的塔温陶勒盖煤矿的资金吸引计划。蒙古国政府采取 IPO（首次公开募股）募集资金，其中，蒙古国国企 Erdenes 控制塔温陶勒盖煤矿 85% 的资源。Erdenes 公司的股权被划分为四部分，30% 由海外投资者掌握，国内投资者拥有 10%，10% 用于全民免费分红，而蒙古国政府持有剩下 50% 的股份。蒙古国政府保证分配给蒙古国公民的国有企业股票红利是具有发展潜力的优质股，保证公民长期享受国有资产的巨额收益，避免了政府"让国家矿产资源的收益惠及每个公民"的承诺流于形式。

2011 年 3 月 31 日，蒙古国宣布履行"让国家矿产资源的收益惠及每个公民"的承诺：将塔温陶勒盖煤矿总股票份额中的 10% 作为红利股票（折合 15 亿股）发放给全体公民。当时，蒙古国有 280 万公民，通过以股份形式发放的全民分红，分配而来的红利股票合计每个公民能够得到 536 股。

（二）国有企业证券化

蒙古国通过采取国有企业境外上市、吸引外国资金的方式，使公民分红所得国有企业股票实现收益最大化。蒙古国政府官员曾表示塔温勒陶盖煤矿股票将在纽约、伦敦或者香港的证交所上市，并已获得摩根大通、高盛、德意志银行等世界著名投行的极大关注，此外，由于中蒙接壤，蒙古国丰富的矿产资源正是中国经济发展所需要的。因此，分配给蒙古国公民的国有企业股票红利是具有发展潜力的优质股，保证公民长期享受国有资产的巨额收益，避免了政府"让国家矿产资源的收益惠及每个公民"的承诺流于形式。

第三节 新加坡财政盈余分红模式

"亚洲四小龙"之一的新加坡是东南亚一个经济发达的城市国家。新加坡虽国土面积相对较小,但却是亚洲重要的金融、服务和航运中心之一。新加坡国有经济在其经济发展中占据着重要的一席之地。根据相关统计数据显示,1980年新加坡国有经济部门占其国内固定资本形成总值的比例达到26.8%。虽自1987年起,新加坡对国有经济部门开展"私有化"进程,即向私人企业出售股份,使国有股份由原来的独资地位转变为控股角色,但仍不能改变国有经济部门在新加坡经济发展中的重要角色,国有经济部门的税收收入亦是新加坡财政收入的主要部分。效仿企业把利润盈余用于对股东进行分红的做法,新加坡政府提出了"政府盈余全民分享计划",利用财政盈余中的部分资金,向全体国民发放"红包"。

一、新加坡分红模式的背景

新加坡财政盈余分红模式是在1998年金融危机的影响下形成的,而新加坡富有特色的公共财政预算管理制度也是财政盈余分红模式成功实现的重要因素。

(一)金融危机下的新加坡经济

新加坡政府之所以采取财政盈余分红方式以提升公民福利,主要源于政府为改善1998年亚洲金融危机所带来的本国经济下滑,人民生活水平降低情况的初衷,这也是新加坡财政盈余分红模式形成的重要环境因素之一。

新加坡自20世纪60年代起,通过推行以劳动密集型产业为主的出口导向的外向型经济,在短时间之内实现经济腾飞,成为"亚洲四小龙"之一,并逐步发展金融、旅游等服务业产业,跻身重要的国际金融中心。但1998年东南亚的金融危机波及了亚洲大部分国家,以开放型经济为主的新加坡也受到一定的影响。1998年新加坡有25000家公司停止营业,中小企业为抵抗危机大量裁员,造成失业人数急剧增加,致使1998年新加坡失业率达到4.5%,截至1999年第二季度,新加坡失业人数一度上涨到6.2万人。新加坡汇率也受到影响,新加坡元兑美元的汇率1998年1月8日下跌到了1美元兑1.8050新元的低点,比1997年7月2日的1美元兑1.480新元下挫了26.18%。①

---

① 赵超. 新加坡产业发展及其对我国的启示 [J]. 开发研究,2010 (4): 23-26.

稳固的金融体系虽在一定程度上使新加坡经济避免了金融危机的巨大打击，但新加坡经济仍在短时间内处于衰退状态，因此，在 2001 年，为帮助国民走出困境、渡过难关，时任新加坡总理的吴作栋便呼吁实施"新新加坡股票计划"。该计划具体为：从多年的财政盈余中划出部分资金，让国民享有分红。这是新加坡政府为抵挡亚洲金融危机而提出的计划，是新加坡财政盈余分红模式的雏形。

（二）新加坡公共财政绩效预算管理制度

新加坡在财政收支方面实行其独有的公共财政绩效预算管理制度，其主要特点包括：财政支出结构的公共性、预算硬约束与部门执行自主性有机结合以及财政盈余的保值增值。第一，新加坡公共财政支出结构的公共性表现在其财政收入除保证经济发展的正常需要外，主要用于国防、教育、卫生、法律等公共事业以及基础设施建设方面的投入。第二，新加坡的公共财政预算实行硬约束，即对各部门的财政预算采取限额，各部门仅能在各自限额中规划使用，但可在部门内部进行调整。预算硬约束与部门执行自主性有机结合的监管方式有利于避免部门滥用财政资金，提高财政资金利用效率。第三，新加坡利用财政资金投资设立政府全资的投资公司——新加坡政府投资联合公司和淡马锡控股私人有限公司，二者通过在不同市场上的投资实行财政资金的保值增值。[①]

新加坡独特的公共财政绩效预算管理制度在确保公共财政合理利用、财政资金有效配置方面发挥了积极的作用。一方面，通过实行政府各部门的财政预算硬约束，避免财政资金的滥用，实现财政资金的"节流"，另一方面，借助新加坡政府投资联合公司和淡马锡控股私人有限公司的投资行为盘活闲置的财政资金存量，实现财政资金的"开源"。在新加坡公共财政绩效预算管理制度背景下的财政资金的"开源节流"为实现其国民财政盈余分红提供了可能性。

二、新加坡财政盈余分红模式

为响应 2001 年新加坡总理吴作栋提出的"新加坡股票计划"，且因 2007 年新加坡财政盈余创下自 1994 年以来最高纪录，多达 64 亿新元（约合人民币 320 亿元），因此，新加坡政府在 2008 年从 2007 年财政盈余中划拨出 18 亿新元（约合人民币 90 亿元），并以"红包"的形式还富于民，这是新加坡政府真正意义上创造了新加坡独有的财政盈余分红模式。

相较于美国阿拉斯加永久基金模式与蒙古国矿产收入股票分红模式的直接发放

---

① 王晓明，谭静. 新加坡的绩效预算管理 [J]. 中国财政，2010（5）：75-76.

红利不同,新加坡的财政盈余分红模式在发放红利的过程中更为注重全民分红民生化的纵向深入及横向细化的结合,将财政分红按不同比例在不同的年龄、职业、收入水平等阶层进行分配,并提供相应技术保障分红的精确化。

(一) 新加坡财政盈余分红模式的双向结合

对于社会分红实践,新加坡政府一直坚持"全民分红"的核心原则,即帮助弱势群体渡过难关,摆脱困境,旨在惠及每一个国民的基础上,更倾向于帮助老年人、低薪阶层和困难家庭。为达到此目标,新加坡政府将财政分红按不同比例在不同的年龄、职业、收入水平等阶层进行分配,实现全民分红民生化的纵向深入及横向细化的结合。

在 2008 年的首次财政盈余分红中,新加坡政府将其中的 8.65 亿新元(约合人民币 43 亿元)分别在当年 4 月和 10 月作为分红发给年满 21 岁的公民,而穷人与老人受惠更多。同时,按与家庭资产成反比的原则,给予所有在 2008 年介于 7~20 岁的孩子每人最高 600 新元到最低 150 新元不等的津贴,以促进新加坡教育事业的发展。

早在 2006 年初,新加坡政府已经尝试从财政预算中划拨资金用以全民现金分红,而其中最值得关注的是新加坡政府提出的"经济增长分红""国民服役花红"和"就业奖励花红"。这为新加坡财政盈余分红模式的纵向深入与横向细化结合的可行性提供了现实依据。"经济增长分红"主要向不小于 21 岁的新加坡成年人发放,根据个人的收入与住房情况,每人所能获得的数额介于 200~800 元之间。"国民服役花红"是对服役人员为国家防卫所做贡献而设立的奖励机制。对于已经完成国民服役训练的国民服役人员,可以分得 400 元的现金;对于那些仍在服役的国民服役人员,可以先获得 100 元现金,待其完成战备役后,再领取剩余的 300 元;而在国民服役部队中时任关键职务的国民服役人员,由于他们需要承担更多的责任,因此将可以分享到 2000 元的所得税回扣。"就业奖励花红"则用于不小于 40 岁,月均收入在 1500 元以下的工作者,旨在鼓励低收入工作者的就业积极性。

(二) 技术保障财政盈余分红的精确化

信息技术是当代社会发展需要依赖的重要工具,而将信息技术引入制度设计必将达到事半功倍的效果。新加坡的财政盈余分红就是将完备的信息技术与制度设计巧妙联系起来的成果。新加坡的财政盈余模式具有准确到个人的高度精确化,并且其财政盈余分红能够有效、便捷地进行,完全是由于新加坡利用先进的信息技术,设立了完备透明的个人信息系统。该信息系统将公民个人收入、纳税情况、家庭状况等详细信息纳入系统中,每个公民仅需凭借个人身份证号即可查询到自己所需的详细信息。因此,通过借助技术完备的个人信息系统,新加坡政府能够精确计算出每个公民所应获得的"红包"大小,之后再将规定数额的分红金额分发至每个公民的银行账户上,避免了公民"红包"错发漏发的现象发生。

第四节 挪威的全球养老基金分红模式

位于斯堪的纳维亚半岛西部的挪威,是全球拥有现代化工业的高福利的发达国家之一,同时也是西欧最大的产油国和世界第三大石油出口国。基于石油工业发展而来的挪威石油基金,正是挪威全球养老基金的前身。挪威全球养老基金(the Government Pension Fund – Global,简称"GPFG")亦是全球极负盛名的以石油资源收益为基础的主权财富基金,是挪威政府对于石油枯竭预先做好的防范措施,同时防范油气资源收入对国家其他部门产生的挤出效应。

一、挪威全球养老基金分红模式的背景

挪威全球养老基金模式的形成既是挪威丰富的石油资源禀赋及发达的石油工业带来的结果,同时也是挪威政府为避免未来石油匮乏而产生经济下滑或衰退的情况而采取的措施。

(一) 挪威的石油资源禀赋及其产业

挪威位于挪威海和巴伦支大陆架,濒临北海油气田,拥有丰富的石油和天然气储备。20世纪60年代初,挪威对约占北海面积的1/4(约13.1万平方千米)宣示主权,并开始对北海进行石油勘探。勘探结果显示北海拥有丰富的石油和天然气储量。挪威的第一个油田Ekofisk于1969年发现,并探明石油开采储量达2.37亿吨。[1] Ekofisk的发现加速了挪威政府在石油和天然气能源方面的勘探且陆续探明了相当数量的油气田。截止到2014年,挪威大陆架已在产油田总数为76个,61个位于北海,14个位于挪威海,1个位于巴伦支海。这些油田在2012年日产原油190万桶,全年产天然气1110亿立方米。[2] 目前,挪威是全球第七大石油生产国和

---

[1] 王越,邱海峻,孟刚. 挪威石油工业、能源发展战略及启示 [J]. 中国国土资源经济,2009,22 (2):34–36.
[2] 如何参与挪威海上油气开发. 中华人民共和国商务部官方网站,2014–06–27.

全球第三大天然气生产国。① 丰富的石油和天然气资源为挪威创造了巨大的财富。在 2012 年挪威新创造的价值总额中，挪威石油天然气产业创造了 23% 的价值，且此产业收入占挪威政府财政收入的比重高达 30%。②

自 20 世纪 70 年代起，挪威石油开采主要由挪威三大石油公司——挪威国家石油公司、挪威海德罗公司和 Saga 石油公司负责，并由挪威石油能源部代表国家行使在这三家公司的股东权益。其中，挪威国家石油公司（Statoil Hydro）是以负责包括原油勘探与开采以及成品油生产销售在内等为经营业务的国有控股公司，由原有的 Statoil 公司（政府持股 70.9%）和海德鲁公司（政府持股 43.8%）石油天然气业务合并而成，是挪威最大的油气公司。其设立的目的是建立挪威首个经营集油气勘探、生产、冶炼、运输和销售为一体的本国所有的石油公司。目前，挪威国家石油公司已是世界最大的原油供应商之一，同时也是欧洲重要的天然气供应商。

为有效利用丰富的石油天然气禀赋并在市场机制下运用国家权力有效管理石油天然气产业创造的新财富，挪威政府开辟了两条石油和天然气产业的参股路线：一是直接投资国有企业，二是将国家所持油气田、输油管道及陆上相关设施的许可权所得收益充入国家直接财富收益基金（the State's Direct Financial Interest，SDFI），并由国家控制的 Petoro 公司代表国家实施日常管理。挪威国家石油公司经挪威议会同意购得该基金 15% 的份额，完成该公司国有股份的部分退出。此外，国家全资所有的 Petoro 公司和 Gassco 公司则分别负责管理国家直接财政收益及天然气运输业务。

（二）挪威的社会高福利

众所周知，挪威属于北欧高福利国家，具有相当完备的社会福利体系，其中包括基本养老金和补充养老金相结合的双重养老金、失业补助、儿童及意外受伤者的免费医疗、社会免费教育、性别平等的家庭福利政策等多方面的内容。挪威政府十分重视其社会福利制度的建设，规定将每年国家财政预算的 1/3 划拨到社会福利方面，所有挪威公民均可享受政府提供的各种经济补助及其他形式补助。

作为挪威社会福利制度的重要组成部分，挪威的社会保险制度相较其他国家是相当完善的。挪威的社会保险制度遵循政府主导的原则，提倡通过制度运行提高就业水平、降低失业，并以法律形式确保社会公平的实现。

二、挪威全球养老基金模式

挪威全球养老基金的前身是挪威政府石油基金（the Government Petroleum

---

① ② Oil and Gas, Ministry of Petroleum and Energy. https://www.regjeringen.no/en/topics/energy/oil-and-gas/id1003/.

Fund),该基金的成立源于20世纪90年代挪威政府对于石油资源的不可再生性导致的石油利润下降可能造成的经济波动,以及对人口老龄化导致的社会养老缺口问题的考量。

(一) 挪威全球养老基金的运作模式

挪威全球养老基金模式是以国有石油资源收益为资金基础,运用科学有效的投资策略,实行石油资源收益资本化转变的国有资本收益运作模式。

在基金的资金来源方面,挪威政府在石油收入再分配方面所采取的两个途径确定了挪威政府石油基金的初始资金来源:一是石油税收收入,即除征收28%的企业所得税之外,另对石油产业征收50%的特别税,二是国家直接参与石油资源开发,所获收益约占国家石油收入的35%。[①] 证券市场上的投资收益是石油基金的主要组成部分。为保障挪威汇率平稳,避免国内通货膨胀,石油基金全部投资于海外市场,并从固定收益债券投资逐步转变为固定收益债券和股权的组合投资,并于2010年改为挪威全球养老基金。

在基金的运作管理方式上,挪威全球养老基金是由以极高的透明度和优良的公司治理闻名国际投资界的挪威中央银行资产管理部(简称"NBIM")实施日常运营管理,以海外市场的固定收益债券和股权相结合的分散化投资组合为策略,且为尽量减少不同国家金融市场系统性风险的影响,其股权投资及债券投资覆盖发达国家和新兴市场国家的多数企业和政府债券,同时,为避免未来石油枯竭带来的投资风险,挪威中央银行资产管理部在投资过程中侧重投资房地产等非石油产业的证券投资,以此平滑石油收入,实现石油资源收益向金融收益的资本化转变。此外,挪威全球养老基金每年均会以季报和年报的方式对外公告其投资意向,公民可从中了解基金的实际情况和发展方向,基金借此接受公民和议会的监督。

(二) 挪威全球养老基金与公民福利

挪威全球养老基金是以自然资源收入平衡代际收入、维护代际公平为目标的储备基金。刘黎平(2013)指出主权财富基金中的储备基金类型主要用于代际财富的转移和分享,其目的主要是为应对自然资源收入下降对养老基金体系的冲击。具有突出的储备基金特点的挪威全球养老基金本着"石油财富属于未来的挪威人民"的主旨,以应对未来石油枯竭带来的政府财政税收减少以及弥补扩大的养老金缺口为主要任务,将石油资源收益转变为公民养老金的代际转移,是挪威社会福利体系中的重要一环。挪威政府将全球养老基金并入国家财政预算体系,将石油收入及基

---

① 鲍海森. 挪威石油基金:保险柜里的摇钱树 [N]. 经济参考报,2011-07-12(6).

金证券投资收益作为该基金收益,当国家财政预算出现赤字时,划转部分基金平衡国家预算,确保国家财政的稳定投入,维持其社会福利体系的正常运作,同时由议会规定4%的划转比例,4%是基金的预期年回报率,即政府仅可使用基金的利率而非本金,避免基金滥用情况的发生。

第五节 国外国资收益分享实践对中国的启示

国有企业与国家所有权相联系,并非社会主义制度所特有。国有企业与政府乃至全民股东共享其收益是世界各国的普遍做法。我国国有企业利润分配政策尚处于探索阶段,需借鉴国际经验,探索真正让全民股东合理共享国企红利的方法。纵观世界各国,尽管红利分配方式不同、比例不一,但多数直接或间接返利惠民,而非用于体内循环。分析国外国资收益全民分享的实践可以为我国构建国有企业红利全民分享改革模式提供重要的经验借鉴。

一、全体公民作为国有资产最终所有者地位明确

从不同经济发展程度的国家在国有资产收益分配实践上看,虽或因各自国情不同而导致国资收益分配的手段、方式的不尽相同,但从根本目的的角度上看,以上三种国有资产收益分配实践都是由全体公民共享国有资产收益作为其根本的落脚点。因此,为达到全体公民共享国有资产收益的根本目标,就必须首先明确全体公民作为国有资产最终所有者的地位,这是以上各种模式建立的基石。

无论是人民生活水平富裕、经济发展水平高、社会体制相对完善的发达国家,还是经济发展相对落后、人民生活水平相对贫穷的发展中国家,其国家所拥有的国有资产都是该国全体公民的共有财产,这是毋庸置疑的。实际上,政府作为全体公民的代理人对国有资产行使处分权,国有资产的开发、使用、变造等所获收益从表面看是国家收益,但从委托代理的角度看,全体公民作为委托方理应享受其国有资产最终所有者所要求的国有资产收益的公平分配。

二、国有资产收益分配重视公平与效率的统一

实现全社会的"帕累托改进"是政府决策的出发点和落脚点,而公平与效率则是政府决策中必须权衡的关键。国有资产收益作为全体公民的共有资产,是实现全社会"帕累托改进"的重要手段。明确全体公民作为国有资产最终所有者的地

位确保了以上各种模式的成功建立，并且各种模式在实施过程中尽管侧重点略有不同，但都非常重视公平和效率之间的统一。

美国阿拉斯加州永久基金与蒙古国矿产股票分红优先选择公平，并以公平实现效率的提升。石油和矿产收益的全民分红均等化，是起点公平前提下的结果公平，即在全体公民共有的国有资产收益面前，全体公民拥有均等机会共享国有经济的发展成果，这不受公民的年龄、职业、社会地位、家庭等多方面因素的限制，其结果是国有资产收益的全民均等分配。反观挪威全球养老基金则是在确保效率的前提下，实现起点公平。国家发展需要雄厚的财政资金，国家经济稳定需要确保财政收支平衡，挪威全球养老基金作为挪威政府财政的重要补充，是稳定和发展挪威经济的有力支撑。在弥补财政预算赤字并实现效率提升之后，挪威全球养老基金才用以解决全民养老问题，促进全体公民福利。

三、体现国有资产收益全民共享的发展理念

明确全体公民作为国有资产收益最终所有者的地位仅仅只是实现全民共享国有资产收益分配目标重要的第一步，而以何种方式实现国有资产收益分配则是真正实现全民共享国有资产收益分配的关键。上述各种模式既以实际的运作表明国有资产收益应为民所用的理念，同时为中国提供了国有资产收益直接分配与间接分配的探索经验。

美国阿拉斯加州永久基金的现金分红与蒙古国矿产股票分红具有国有资产收益直接分配的特点。全体公民可通过直接分配的方式便捷地掌握应享收益的数额、分配时间等信息，准确获得所享受收益，可避免在中间环节政府的转移支付造成的公民财富缩减，且现金及股票较高的流动性也将使公民在所得收益的处置上具有灵活性。反之，挪威全球养老基金采取的是国有资产收益的间接分配。作为挪威社会福利体系的重要一环，在保证社会高福利水平的实现下，以基金收益充补国家财政预算，减少财政预算赤字，稳定财政收入，实现高福利和财政预算盈余的平衡，促进国家社会福利体系的良性循环。此外，这三者都具备较为直接、明确的资金指向性，即向民生方面投入，公民对国有资产收益"取之于民、用之于民"具有清楚的认识。

四、注重国资收益部分资本化实现分红的持续性

资源的稀缺性导致资源财富收入的减少是美国阿拉斯加州永久基金模式、挪威全球养老基金模式以及蒙古国模式建立的根本原因。这几种模式均是以石油、天然气、矿产的资源收益为资金基础，石油、天然气属于重要的能源资源，其在带来巨

大财富的同时，也因其自身的稀缺性和不可再生性而导致未来代际财富的锐减。因此，将石油、天然气、矿产的开采、制造、租赁等收益实行资本化是解决未来代际财富锐减、实现资源收益保值增值的有效手段。

然而，石油、天然气、矿产的资源收益并非全盘资本化，而是这些收益的部分资本化。资本市场具有极高的风险性，高风险性意味着高收益和高损失，而政府必须确保每个公民能够分享国有资产收益，若是全盘资本化，必然导致二者之间的矛盾。因此，国有资产收益资本化是在确保本金安全的前提下将国有资产收益的部分资本化。

从上述各种模式中可看出，国有资产收益部分资本化的工具选择和运作方式存在差异，这是不同国家根据自身情况不同所做的选择，但整体而言，国有资产收益的部分资本化是借助日益多样化的金融工具在国内或国际金融市场上以合理的投资策略配置资金实现国有资产收益的财富增值。

五、注重根据各国具体国情展开实践探索

上述各种模式之所以能够成功推进，得益于其均是在对自身经济社会发展、资源禀赋以及所处的相应制度环境的合理充分的分析前提下进行的全民分红探索。

对于美国阿拉斯加州永久基金而言，其既是对自身丰富资源禀赋的有效利用，同时也是在全民分红实践的探索中不断丰富改善自身条件的典范。美国阿拉斯加州社会各界以修宪的方式为巨额石油收入全民分红的构想提供法律依据，发挥法律规范特有的强制性特点，保障永久基金能够运作至今，以法律形式监督约束政府及相关机构履行保护永久基金本金的义务，是公民维护自身作为国有资产最终所有者权利的最强有力的手段。以法律形式确保全民分红的正常有序实施，使永久基金的所有参与者均能做到有法可依、有法必依，并以完善法律制度安排作为基石，促进永久基金更为长远的发展。

对于蒙古国模式以及挪威全球养老基金模式而言，二者的成立离不开对自身国情的合理把控。蒙古国当时的积贫积弱、社会动荡、民生凋敝以及挪威未来对石油、天然气等不可再生资源的锐减而产生的代际财富不均衡是二者形成各自特殊分红模式的重要因素。这也说明不同国家的全民分红实践必须是在其国情的合理考量之下推进，并结合当前经济社会发展问题创造并实施符合自身国情的探索。

而对于新加坡财政盈余分红模式而言，其之所以选择此种分红方式，离不开其当时所处的社会经济背景。作为城市国家，人力资源是其发展的动力。财政盈余资金用以缩小贫富差距、增强教育、改善民生，发展人力资本，能够为新加坡的社会稳定和安全提供支撑。

第十三章

国有企业红利全民共享改革的学理辨析

随着我国经济社会的不断发展，以及国有企业改革的不断深化，我国国有企业的发展创造了举世瞩目的成绩，其利润总额不断增长。根据中华人民共和国财政部的统计数据显示，我国国有企业利润总额从2007年的16200亿元提高到2018年的33877.7亿元，翻了1倍多，可见国有企业所创造的利润已经是一笔巨大的财富。按照市场经济的逻辑，谁投资，谁所有，谁受益。国有企业"全民所有"的产权属性，决定了国有企业收益必须让全民共同分享，即实行国有企业红利全民共享改革。然而，目前我国国有企业改革虽然开始了国有企业红利上缴的进程，但是上缴的国企红利大都还是体制内循环，全民作为国有企业的最终所有者，却不能有效地分享到国企红利收益，导致了社会对国企的诸多不满以及国企改革自身的诸多问题。在当前我国社会主义市场经济改革的新形势下，我们已经具备了实行国有企业全民共享分红改革的诸多条件，应该澄清当前学界对国企全民共享分红改革的认识误区，重点突破推进国企全民共享分红改革的制度障碍，建立国有企业全民共享分红改革的目标框架。

第一节 国有企业全民共享分红的可行性与必要性分析

近年来，我国国有企业收益增长迅速，财政管理体制日益完善，国家治理能力也不断加强，这些意味着我国已经具备了实施国有企业全民共享分红的基础条件。同时，国有企业自身的问题，国家经济和社会和谐发展等问题，使得我们加快建立国有企业全民共享分红机制具有紧迫性和必要性。

一、国有企业全民共享分红的可行性分析

在分析国有企业全民共享分红的可行性时,主要从两个方面进行理解,即内部因素与外部因素。对于国有企业全民共享分红而言,能够实行这一政策,根本原因在于国有企业近年来的快速发展已经具有比较强大而稳定的盈利能力,具备了分红的基础条件。此外,一些外部因素,比如国家财政管理体制的不够完善,国家治理能力的加强以及国外社会分红的理论与实践,也使国有企业全民共享分红具备了外部条件。

(一) 内部因素

国有企业全民共享分红的前提条件是有利可分,这是国有企业实行全民共享分红的基础。近年来,随着我国经济社会的不断发展,以及国有企业改革的不断深化,国有企业利润总额不断增长,具备了实行全民共享分红的利润基础。

第一,近年来国有企业改革不断深入,国有企业自身发展迅速,国有资产总量规模不断壮大。根据财政部网站数据,纳入中央国有资本经营预算编制范围的中央企业资产总额自 2010～2017 年每年 12 月资产总额依次为 291166.21 亿元,338144.5 亿元,385867.6 亿元,422667.86 亿元,537067.99 亿元,634340.48 亿元,686043 亿元,741457.06 亿元。从 2010～2015 年年均增长率都维持在 10% 以上,近两年虽然有所回落,但企业资产增加速度仍呈现较高态势,发展前景可观。从全国范围来看,根据财政部网站的最新数据[①],截至 2018 年 12 月末,全国国有及国有控股企业资产总额达 1787482.9 亿元,2018 年全年同比增长 8.4%;负债总额 1156474.8 亿元,同比增长 8.1%;所有者权益合计 631008.1 亿元,同比增长 9.0%。其中,中央企业资产总额 803391.7 亿元,同比增长 6.7%;负债总额 543908.6 亿元,同比增长 6.3%;所有者权益合计 259483.1 亿元,同比增长 7.5%。地方国有企业资产总额 984091.2 亿元,同比增长 9.8%;负债总额 612566.2 亿元,同比增长 9.6%;所有者权益合计 371525.0 亿元,同比增长 10.1%。可见,2010 年以来全国国有及国有控股企业经济运行继续保持较好发展态势。[②]

第二,伴随着国有资产规模的不断壮大,国有企业大都摆脱了过去的亏损状态,实现了国有企业的持续稳定盈利。根据中华人民共和国财政部数据显示,中央

---

① 中华人民共和国财政部,http://zcgls.mof.gov.cn/qiyeyunxingdongtai/201901/t20190121_3126699.htm.
② 中华人民共和国财政部,http://www.mof.gov.cn/zhengwuxinxi/caizhengshuju/.

企业实现利润总额从 2010 年的 13202.85 亿元提高到 2017 年的 17757.17 亿元，中央国有资本经营预算收入从 2010 年的 421 亿元提高到 2017 年的 1290 亿元（见表 13-1），上涨幅度为 206%，不管是利润总额还是预算收入，每年都处于上涨状态，良好的企业发展状态是能够进行全民共享分红的根本原因。从全国范围来看，2018 年全年国有及国有控股企业营业总收入为 587500.7 亿元，同比增长 10.0%。其中，中央企业 338781.8 亿元，同比增长 9.8%；地方国有企业 248718.9 亿元，同比增长 10.4%。全年国有及国有控股企业利润总额 33877.7 亿元，同比增长 12.9%。其中，中央企业 20399.1 亿元，同比增长 12.7%；地方国有企业 13478.6 亿元，同比增长 13.2%。全年国有及国有控股应缴税金 46089.7 亿元，同比增长 3.3%。其中，中央企业 32409.3 亿元，同比增长 3.5%；地方国有企业 13680.4 亿元，同比增长 2.8%。[①]

表 13-1 2010～2017 年中央国有资本经营预算收入 单位：亿元

项目	2010 年	2011 年	2012 年	2013 年	2014 年	2015 年	2016 年	2017 年
实现利润总额	13202.85	14943.9	15134.3	16224.2	17280.16	16148.93	15259	17757.17
预算收入	421	844.39	875.07	1083.11	1578.03	1550	1400	1290

资料来源：根据中华人民共和国财政部网站数据整理所得。

第三，国有企业收益打破了 14 年来不上缴所形成的制度依赖，国有企业收益上缴比例不断提高，收缴范围不断扩大，完成了实行国有企业全民共享分红最关键的制度突破。

首先，2007 年国务院颁布的《国务院关于试行国有资本经营预算的意见》结束了国有企业自 1994 年以来长达 14 年只缴税不缴利润的历史，突破了国有企业全民共享分红改革中最关键的制度障碍和阻力。按照 2007 年国务院颁布的《国务院关于试行国有资本经营预算的意见》，2008 年中央本级国有资本经营预算开始实施，2007 年进行国有资本经营预算试点，国资委监管的中央企业和中国烟草总公司作为试行单位，上缴上一年度实现的国有企业税后利润。上缴比例分三类执行：第一类 10%，第二类 5%，第三类暂缓 3 年上缴或者免缴。此后，2011 年和 2013 年又对中央国有资本收益收取比例进行调整，收取对象根据企业类别进行更细化划分，并且调高收取比例。从 2014 年起，为落实《中共中央关于全面深化改革若干重大问题的决定》，中央企业国有资本收益收取比例在 2013 年的基础上再提高 5 个

---

① 中华人民共和国财政部，http://zcgls.mof.gov.cn/qiyeyunxingdongtai/201901/t20190121_3126699.htm。

百分点,即纳入中央国有资本经营预算实施范围的中央企业税后利润的收取比例分为五类执行:第一类为烟草企业,收取比例25%;第二类为石油石化等资源型企业,收取比例20%;第三类为钢铁、运输等一般竞争型企业,收取比例15%;第四类为军工企业、中国邮政集团公司等企业,收取比例10%;第五类为中国储备粮总公司等政策性企业免交当年应缴利润(见表13-2)。

表13-2　　　　　　2007~2018年中央国有资本收益收取比例　　　　　单位:%

	2007~2010年	2011~2012年	2013年	2014~2018年
一类	10	15	20	25
二类	5	10	15	20
三类	免交	5	10	15
四类		免交	5	10
五类			免交	免交

资料来源:根据中华人民共和国财政部网站数据整理所得。

其次,从国企收益收缴范围来看,现行国有资本经营预算制度的实施范围在不断扩大,2007年,财政部同国资委颁布了《中央企业国有资本收益收取管理暂行办法》,规定了国有资本收益的收取范围包括国资委所监管企业和中国烟草总公司。2010年中央国有资本经营预算编制范围又增加了中国邮政集团公司。2011年起,将教育部、中国国际贸易促进委员会所属企业,国家广播电影电视总局直属中国电影集团公司,文化部直属中国东方演艺集团公司、中国文化传媒集团公司、中国动漫集团公司,农业部直属黑龙江北大荒农垦集团公司、广东省农垦集团公司,以及中国出版集团公司和中国对外文化集团公司纳入中央国有资本经营预算实施范围。2013年中央国有资本经营预算编制范围进一步增多,共计一级企业813户,然而2014中央国有资本经营预算编制范围相比较2013年有所减少,减少到799户。为落实党的十八届三中全会通过的《中共中央关于全面深化改革若干重大问题的决定》,2015年、2016年中央国有资本经营预算编制范围依次增加为832户、845户,2017年国有资本经营预算编制范围仍维持在840户以上。

上述国有企业收益收缴比例的不断提高和收缴范围的扩大,为国有企业全民共享分红的实施提供了基本的前提和条件。

(二)外部因素

除了上述内部因素外,国家财政管理体制的不断完善和国家治理能力的不断加强,以及国外社会分红的理论和实践,也使国有企业全民共享分红具备了外部因素。

首先，国家财政管理体制的不断完善和国家治理能力的不断加强，理顺了国家与国有企业的财政分配关系，为国有企业全民共享分红的实施提供了重要的体制保证。新中国成立以来，我国由改革开放前的计划经济体制逐步转向了社会主义市场经济体制，财政体制也随之开始转型改革。1998年，我国正式确立了建立与社会主义市场经济体制相适应的公共财政体制的目标框架。此后，围绕着市场经济改革的需要，我国着重进行了诸如推行和完善部门预算、国库集中收付、政府采购、招投标和收支两条线等改革，将公共财政资金、政府性基金、国有资本经营预算收入和社会保险基金等各类政府性资金全部纳入政府预算，推动建立公开、透明、规范、完整的预算体制。按照党的十八届三中全会的精神，我国将于2020年基本建立现代财政制度。在财政体制改革不断深化的过程中，国家治理能力建设也不断加强。所谓国家治理能力，体现为三个基本方面：经济发展能力、整合能力和变革能力[①]。改革开放以来，我国政府在社会主义市场经济建设的实践中，在探索国家与市场、社会之间的关系的动态调整中，政府治理能力在不断提高。中共十八届三中全会通过的《中共中央关于全面深化改革若干重大问题的决定》将"完善和发展中国特色社会主义制度，推进国家治理体系和治理能力现代化"作为全面深化改革的总目标，这被视为中国的"第五个现代化"。国家财政体制的不断完善和政府治理能力的加强，有利于我国在微观层面上更好地推进国有企业全民共享分红改革。

其次，国外社会分红理论的实践，也为我国推进国有企业全民共享分红改革提供了重要的经验。早在20个世纪30年代，詹姆斯·米德等学者提出了著名的社会分红理论，主张把国有资产收益进行社会分红，提升社会福利。这一理论在国际上引起广泛关注，很多国家和地区（主要是一些资源禀赋高的国家和地区）在不同程度上实践了米德的社会分红理论，取得了一定的经验和成效，这些对我国国有企业红利的全民共享改革提供了重要的经验借鉴。比如，美国阿拉斯加的永久基金模式，该州拥有丰富的自然资源，盛产石油、天然气、矿物、木材等，这些作为该州全体州民的共有财富，其实现的收入也自然应该归该州全体公民共同分享，为此，政府于1980年专门设立了阿拉斯加州资源永久基金，这是一个独立于政府行政机构、直接对全体公民负责、由州立法机构监管的机构组织，每年该州矿产资源收入的一半以上划入该基金，该基金投资收益直接用于该州全体公民的分红发放，该基金从1982年开始发放分红至今已经运行了将近40年，只要符合在阿拉斯加州居住满半年以上的公民都可受益。这一做法和模式的成功表明国企红利全民共享是完全可行的。此外，新加坡政府实行的财政盈余分红模式也具有重要的借鉴价值。新加

---

① 褚松燕. 论中国国家治理能力现代化——国家构建的视角[J]. 当代世界, 2015 (5): 27-31.

坡政府从 2006 年开始就给其全体国民发放各种形式的财政盈余分红，如"经济增长分红""就业奖励花红"和"国民服役花红"，分别针对成年人、年纪达 40 岁的工人和战备役的国人，根据不同条件，发放额度不同，每年分红数额均达数十亿元，2006 年第一年就为全体公民发放 26 亿元的社会分红。其他国家，如蒙古国、科威特等也根据各自的国情进行社会分红实践，虽然各国的实践未必都是成功的，但可以看出对国有企业进行社会分红是历史发展的趋势，为我国提供了重要的借鉴意义。因此，国有企业收益应该进行全民共享分红，以及分红目标、分红形式、分红比例、市场化运作等具体操作方案和相关制度设计，国际上各地区的实践给我们带来了一定的参考价值，在实践过程中根据我国国情需要取其精华去其糟粕，并结合我国特色进行合理借鉴。

二、国有企业全民共享分红的必要性分析

国有企业不是我国特有的现象，国外很多国家也有大量国有企业。从国外的经验来看，国有企业不管采取什么样的分红形式，全国人民都能共同分享到国企增值带来的收益。对于我们国家而言，国有企业量大面广，而且大都具有市场垄断地位，主导着国民经济的命脉。在我国当前经济发展面临众多问题挑战的形势下，国有企业的巨额红利更应该让全民共享。

（一）国企红利实行"全民共享分红"是由国有企业的所有权决定的

按照党的十六大确立的国有资产管理体制，中央和地方国资委分别代表中央和地方政府，监督中央和地方国有资产，享有出资人权益。由此可见，国资委虽然是国有资产的出资人代表，但并不是国有资产的真正所有者，只是国有资产所有者的代理人而已。按照我国宪法规定，我国的国有企业，又称全民所有制企业，其产权属性是全体人民共同所有。因此，国家、国资委乃至国企经营者都只是国有企业的代理人，不是国有企业的所有者。当然，私有股份制企业股东和经理人之间也是普遍性的委托—代理关系，但是我国国有企业的委托代理关系与私有股份制企业的委托代理关系有所不同。根据蓝定香（2012）在《大型国企产权多元化改革研究》中的介绍，不同于私有产权的委托与代理，国有产权的委托—代理理论在三个方面体现其独特性：（1）委托代理的标的不同。私有产权与国有产权委托标的的差异主要体现在"所有权"上，私有产权只存在经营权的委托与代理，而国有产权根据宪法规定其产权属性是全体人民共同所有，从法律上来说所有权是全体人民，但是从实际经济运行上并不能落实到每一个人上，只能将自己的所有权委托给国家，国家再将所有权委托给国资管理部门，国资管理部门再将经营权委托给各级国有企

业，因此国有产权委托与代理从本质上来说是全体人民的所有权委托。（2）委托代理的目标不同。私有企业的所有权是私人，从"理性经济人"上来说追求的是私人效益最大化，而国有企业的所有权是全体人民，但是其目标并不是每个人能决定的，而是由其代理人决定，因代理人是国家，所以国有产权委托代理的目标应是经济效益、政治效益和社会效益，具体何者为主要，根据国家战略的不同而不同。（3）委托代理的性质不同。私有产权的委托代理一般是资本性的委托，目标单一，主要从经济性上考虑，追求利润最大化；而国有产权的委托代理是集资本性、行政性、社会性并存的委托，目标是多元化的，包含经济性、行政性和社会性，但当它们之间发生冲突时，首先应考虑到的是行政管理，国家的和谐稳定为第一地位，其次是社会性，社会效益高于经济效益，国有企业的经济发展最终也是为国家行政管理和社会效益服务的。

从以上对国有产权的委托—代理理论的分析，可以清楚地知道我国国有企业的所有权实际上是全体人民，全体人民通过委托国家为其代理人，实现政治效益、社会效益和经济效益。所以，国有企业的财产所有权属于全体人民，国有企业资本收益也应该归全体公民所有。国有企业进行分红，是对其所有者进行的利润分配，自然要向其所有者即全体人民进行分配。这是由市场经济"谁投资，谁所有，谁收益"的基本规则所决定的。虽然，国有产权的"公共性"决定了其政治性为首要地位，在这个前提下，实现社会效益，把国有企业发展带来的收益向全体人民进行分红，实现全民共享，而非目前的状态——取之国企，用之国企。当然，国有企业的保值增值也很重要，只有国有企业的不断发展，才能带来更多的收益，但是国有企业的保值增值是手段，而实现国家和谐稳定以及全体人民的共享才是目的。

（二）国企红利实行"全民共享分红"是社会经济发展的要求

在我国当前宏观经济步入"新常态"的背景下，实行国有企业全民共享分红有利于提高民众收入，扩大内需，拉动经济增长。在全球经济高速发展的大背景下，为了不落后于世界上的其他国家，我国必须保持经济持续增长的趋势。但是，我国现行的经济增长模式存在不足之处，表现为过于依赖出口和投资，消费一直拉动不起来。在2008年美国金融危机的冲击和人民币汇率不断升值的影响下，我国企业的出口贸易受到重创，大量的中小企业倒闭。为了保持我国经济的增长趋势，政府采取了强大的经济刺激政策，通过大量的投资来阻止经济下滑。这种靠投资刺激拉动经济的做法导致了我国产能过剩、环节污染加剧、资源进一步枯竭等社会问题。为了保持我国经济高速增长的可持续性，我国必须要转变经济增长的模式。投资、消费、出口是拉动经济增长的三驾马车，尤其是消费，是一个国家经济持续快速增长的强大动力。按照马克思的观点："一个社会不能停止消费，同样，它也不能停止生产,因此,每一个生产过程,从经常的联系和它的不断更新来看,同时也就是再生产过程。"① 也就是说,消费是社会再生产的重要组成部分,离开消费,社会再生产便无法继续进行,促进消费增长是社会经济发展和人民生活改善的内在要求。按照学者崔之元的观点,利用国有企业收益建立"中国人民永久信托基金"②,每年按一定的比例收取国有企业的收益,投入"中国人民永久信托基金"进行投资收益,再按比例把投资收益进行社会分红,可以增加居民收入等。根据凯恩斯的消费函数理论,总消费是总收入的函数:$C = \alpha + \beta Y t$,其中 C 为总消费,α 为自发性消费,β 为边际消费倾向,Yt 为即期收入,βYt 表示引致消费,总消费是自发消费和引致消费的总和,消费者的消费主要取决于即期收入。因此对国有企业收益进行全民共享分红,虽然分红的形式可以多种多样,例如发放现金,或者是充实社会保障资金等,都可以在一定程度上增加居民的可支配收入,从而增加消费支出,不仅有利于消化过剩产能,而且随着消费倾向的变化,促进第三产业在经济中的占比进一步上升,加速经济结构的转型,有利于促进我国经济增长方式的转变,提高经济增长质量。

(三) 国企红利实行"全民共享分红"有利于加快我国供给侧改革的推进

近年来,我国宏观经济告别了过去的高速增长态势,宏观经济增长步入"新常态"的低速增长。为了应对新常态的各项挑战,2015 年 11 月 10 日,中央财经领导小组第十一次会议召开,会上首次提出"供给侧改革"。供给侧结构性改革的提出,标志着我国宏观调控政策的转型,即由过去传统的需求端管理转向需求与供给同时着力,是为适应我国当前国民消费新变化而提出的。《世界旅游组织旅游亮点 2018 年版》报告显示,2017 年国际游客总数达到 13.23 亿人次,数量增长了 7%,为 2010 年以来最大增幅,比上一年增加了约 8400 万人次,已是连续 8 年保持数量增长。与此同时,2017 年旅游业出口达到 1.6 万亿美元,成为世界第三大出口部门。中国继续引领全球出境旅游,中国游客 2017 年在国际旅游上花费了 2580 亿美元,几乎占全球旅游总支出的 1/5③。由此可见,国民消费倾向在发生变化。但是现有的产品服务供给却无法满足国民消费的这种变化,因此加强供给侧结构性改革势在必行。

2015 年 11 月召开的中央财经领导小组第十一次会议提出,加强供给侧改革要"在适度扩大总需求的同时,着力加强供给侧结构性改革,着力提高供给体系质量

---

① 马克思. 资本论(第一卷)[M]. 北京:人民出版社,1975:233-238.
② 崔之元. 市场经济中的公有资产与全民分红[J]. 商务周刊,2006(17):42-44.
③ 中国产业经济信息网数据,http://www.cinic.org.cn/hy/ly/447634.html.

和效率,增强经济持续增长动力",改革重点为劳动力、土地、资本、创新四大要素。在供给侧结构性改革中,国有企业改革是一个重要的内容。2016年的政府工作报告在"加强供给侧结构性改革,增强持续增长动力"的内容中,专门强调,大力推进国有企业改革,坚决打好国有企业提质增效攻坚战。

也正因为如此,在供给侧改革中,如何对国企进行改革,把国企带给供给侧的矛盾和问题解决好,把"僵尸企业"问题解决好,就成了最为关键和核心的问题。只要国企在供给侧的问题解决好了,其他所有制企业的问题就不难解决。反之,国企问题解决不好,就会直接影响到其他所有制企业问题的解决。

而要解决国有企业的问题,最根本的手段还是加快国企市场化改革。其中,关键是要按照市场规则加快建立合理的国有企业收益分配机制,通过红利分配约束国企经营者的投资冲动,达到化解当前国企过剩产能、推动国企"僵尸企业"退出、释放更多要素资源、释放市场空间和支持创新企业发展,从而提高供给效率。虽然这里的红利分配还不一定是"全民共享分红",但实行国有企业红利"全民共享分红"的方式,比普通的红利分配更能够抑制国企经营者的投资冲动,化解过剩产能,从而加快供给侧改革的推进,因为国有企业红利上缴后如果不能更多地用于全民共享,而是用于资本性支出等方式回流给国有企业,正如我国当前的国有企业红利"体内循环"的问题,这种红利分配现状达不到减少国有企业的现金流,抑制国有企业的投资冲动,化解国有企业过剩产能的目的。因此,实行国有企业红利分配,尤其是实行国有企业红利全民合理共享,能够加快我国供给侧改革的推进。

(四)国企红利实行"全民共享分红"有利于调节社会贫富差距

改革开放以来,随着我国经济的持续高速增长,我国的贫富差距也日趋严重。2000年国家统计局公布我国基尼系数已经达到0.412,已超过国际公认的警戒线。2000年后,虽然国家统计局未再公布我国的基尼系数,但是我国贫富差距不断加大却已是不争的事实。根据联合国的数据显示,2010年中国的基尼系数突破0.52,成为世界上贫富差距最大的国家。中国百万美元富翁家庭达111万户,世界第三;超过1亿美元的家庭达393户,世界第八。但按世界银行每天2美元的标准,中国贫困人口依然有1亿多。这些数据表明,我国的贫富差距正在加速扩大。

因此,调节社会贫富差距是我国当前经济社会发展面临的一个重要问题。目前,我国国有企业利润丰厚,实行"全民共享分红"有利于调节社会贫富差距,抑制贫富差距的扩大趋势,缓和社会矛盾。据统计,2004~2009年中央企业留存收益20782亿元形成31496亿元资产,2010年国资委监管的122户中央企业上缴税费1.4万亿元。2010年中央企业利润总额1.1315万亿元,归属于母公司净利润5621亿元。据国资委测算,2011年收取的2010年度中央企业资本预算总收入约为

600多亿元，超过10%。① 目前，由于国有企业分红制度不完善，上缴的国企红利大都还是体制内循环，导致了国有企业职工的普遍高薪，这高薪背后的根本性原因是国有企业利润分配问题。因此，如果将这部分国企巨额利润进行全民共享分红，一方面，可以减少国企巨额利润在国企内部的滞留，防止国企利润成为国企职工高收入的来源；另一方面，通过国企的社会分红，普通的中低层收入者可以通过国有资本增值获得较稳定的财产性收入，从而减少贫富差距，缓和社会矛盾，维持社会环境的稳定。

(五) 国企红利实行"全民共享分红"有利于提高全民对公共资产的关心度

目前，我国的国有企业在获得丰厚利润的同时，国有资产流失现象也非常严重，其中一个原因在于民众对公有资产的关心度不够。如果民众不能够享有国企红利，则国企对于普通公民而言只不过是国家所独占的资源，与己无关。对于国有企业的产权，国有企业的利润，国有企业是否在最大程度上创造价值的态度都是持一种隔岸观火，甚至漠不关心的态度。如果国企红利实行全民共享分红，则国企发展将直接与每个人的利益挂钩。在利益刺激下，人们对国企不再是一种事不关己的态度，而是密切关注国企的决策，重视国企的盈利能力。全民对于公共资产关心度的提高，有利于加强对国有企业的外部监督，人们将在"全民共享分红"实行后自发地对国有企业进行监督，从而改善国有资本"所有者缺位，监督者虚位"的情况，国有企业的管理者将更加严格地约束自己的行为，保证国有企业在企业营运过程中合理、合法、规范地进行，以促进国有企业的长期稳定发展。

第二节 理清国有企业全民共享分红的认识误区

国有企业实现盈利不是最终目的，最终目的是通过盈利为全体人民提供更多的福利，针对我国国有企业全民共享分红，学界和政界从不同角度进行考虑、设计方案，都有一定的合理性，但也有不少学者对此提出了不同意见。本节内容旨在理清对国有企业全民共享分红的认识误区，为构建国有企业全民共享分红统一思想认识。②

---

① 白天亮. 国企"分红"水平稳步提升 [N]. 人民日报，2011-03-09.
② 卫民富博客. http://blog.people.com.cn/u/5993147.html.

第十三章 国有企业红利全民共享改革的学理辨析

一、全民共享分红会不会使国企经营陷入困境？

国有企业持续性保值增值是进行全民共享分红的前提，一定量的利润留存是国有企业发展的基础，并非把所有的利润都用于人民才是最好的。我们所提倡的国有企业全民共享分红，并非是把国有利润全部收上来，用于全民共享分红。只是取出其中的一部分，用于全民共享分红，目的是提高国有利润的使用效率，发挥最大效益，促进共同富裕。根据行业发展需要，该留给企业的，仍留给企业，根本不存在因全民共享分红，使国企经营陷入困境这样的问题。如果有国企经营陷入困境，那是企业自身的问题。

目前，我国国企上缴利润的比例与国企依靠垄断地位获得的巨额利润相比还是偏低的。从2007年国务院颁布的《国务院关于试行国有资本经营预算的意见》开启国有企业利润上缴起，国企税后利润上缴比例虽然不断提高，但社会各界仍然认为上缴比例过低，在接下来若干年国有企业改革进程中，应该不断调高国有资本收取比例和收取范围，但是对于利润上缴应该设定在合理范围。根据党的十八届三中全会提出的改革目标，到2020年国有资本收益上缴比例将提高到30%。

此外，与国外国有企业税后利润上缴比例相比，我国国企利润上缴比例还有待提高。法国电讯公司红利分配为利润收入的16%~43%，新西兰航空分红率为盈利的15%，美国阿拉斯加州分红率为矿物资源收益的50%以上，2005年瑞典分红率为42.65%，各国都将分红后的剩余利润留归企业进行支配，一个重要的因素是国有企业的长远发展是进行可持续分红的根本，因此，西方国家制定国有企业分红政策时，把国有企业的可持续发展作为政策制定的重要参考因素，如法国、挪威、德国、芬兰等国家把盈利状况、财务状况、投资计划等企业经营因素作为分红政策的参考因素。目前我国国企利润留归企业的比例过高，处于"取之国企，用之国企"状态，带来的过度投资和资源浪费现象严重，因此各界呼吁提高利润上缴比例，把更多的收益进行全民共享分红，实现全民共享，但过高的分红比例会制约企业的可持续发展，降低企业利润增长，最终将减少全民共享分红的利润总额，学界根据测算方法和角度不同，对利润上缴比例说法不一，不过普遍范围为40%~60%之间。

因此，实现国有企业全民共享分红，合理分配与使用好国有利润，不但不会影响国企的经营，反而有利于促进国企的深化改革。使国企精打细算，用好每一分资金，经营好企业，为我国的经济发展，人民的共同富裕做出更大贡献。

二、全民共享分红是不是全民均分国有资产，搞平均主义？

人民论坛问卷调查中心曾对 8532 人做过国企相关问题的随机调查，关于"您是否赞同全民平均持股、平均获得分红"的调查结果显示，选择赞同的有 67.7%，在构建国有企业全民共享分红制度的过程中，有学者提出我国国有企业属于全民所有制企业，所有权属于全体人民，应该将国有企业股份平均分给全体人民，将利润平均分给每一个人民，那么对国有企业进行全民共享分红是否意味着平均主义？

首先，我们所提倡的国有企业全民共享分红，并不是指全民均分国有资产。我们所提倡的全民共享分红是红利的平均分配，而非国有资产的私分，我们强调的是国有资产作为一个整体是神圣不可分割的，任何人都不能私自占有，对国有企业产生的利润平均落实到每一个所有者身上。正如私营股份制企业需要把红利分配给每一个股东，但股份制企业左右独立的法人拥有企业的全部资产，任何单个股东都不能占有一样。虽然有学者认为，国有资产股份化、均等化分给全民，每人一份，更能体现全民所有，比全民共享分红更好。这是我们所反对的，这实际上是搞国有资产的私有化。苏联解体后，俄罗斯国有资产的私有化，结果导致了市场寡头垄断的出现，造成了严重的社会问题。

其次，全民共享分红也并不等于平均主义。全民共享分红的基本实现方式有两种，一种是直接分红，即全民平均直接分配；一种是间接分配，即国企红利上缴国家后由国家财政为全民提供公共产品，比如社会保障、环境治理等。如果是间接分配的分红方式，民众的红利受益与国企并没有直接关系，不是平均主义的方式。如果是国企直接向民众分派红利，正如股份制私有企业一样，从公平的角度出发，直接分红应该是对所有者平均分配的，但这并不能说是搞平均主义。这是因为在社会主义市场经济条件下，广大民众收入来源多元化，主要是工资收入。工资的高低，基本上与劳动者的贡献相关。贡献越大，工资越高。直接分红，作为民众共享国有利润的收入，占民众个人收入的比例较低，但它有普惠性、均等化的特点，并不构成大锅饭。即使将来经济发展了，直接分红仍然只是职工收入一个较小的部分。

三、全民共享分红是撒胡椒面，解决不了什么问题？

按照现有的国企红利收缴情况，实现全民共享分红，一年每人平均分几百元，一月才增加几十元。有学者认为这是撒胡椒面，解决不了什么问题。反倒助长依赖心理、等待心理，依赖、等待国家多分红。但多分，分不起，因为没有那么多的国有利润可以分。还不如多加点工资,工资加200元,每月就增200元,比全民共享分红一年分几百元强多了。

这一说法,我们认为很有问题。首先,全民共享分红确实每人所分红利不多,每人一年区区几百元,民众收入提高不多。但不容置疑,确实增加了民众的收入。总起来看,这么多人全民共享分红是一笔巨款,用于消费,不是没有解决什么问题,而是大大增加了消费,对经济的较快、平稳、可持续发展,有积极的促进作用,不能说是撒胡椒面。正如国家出台财政刺激政策,平摊到每个人身上,其影响力也不大,但作为总体,对国家经济刺激具有重大作用。其次,全民共享分红,每人分得的红利不多,不是人们的主要收入来源。没有人会依赖、等待全民共享分红去过日子。并不存在所谓的依赖心理、等待心理。最后,全民共享分红不如多加工资,这个说法也不成立。这是因为:其一,加工资,农民加不到,会导致社会分配不公平;其二,加工资会影响物价,所加工资相当一部分被涨价抵消了,而全民共享分红基本不影响物价;其三,全民共享分红有很多积极作用,如共享国有利润,体现全民所有,冲破二元结构,创新分配制度,合理分配财富等,这些都是增加工资所不具备的;其四,工资照常加,又增加全民共享分红,为民众多添一个收入来源。全民共享分红起步时,红利不多,但会逐步提高。提高多少,视国企的发展和国有利润的增加幅度而定。

四、全民共享分红会不会影响私有企业?

对于国有企业全民共享分红,有些私有业主(包括私企控股股东、大股东、老总高管等)担心全民共享分红会影响私有企业的经营和发展。其实,这个担心完全不必要。国有企业中的国有资产属全民所有,是全民共有的资产。国有资产产生的国有利润,理所当然应由全民共享。私有企业的利润,属于私人资产,除了交税,理所当然不应上缴利润,不能拿私人资产去全民共享分红。

我国正处于并将长期处于社会主义初级阶段,坚持公有制为主体、多种所有制经济共同发展的基本经济制度,是我国的国策。私有企业是社会主义初级阶段十分重要、十分积极的经济力量。国家鼓励、支持和引导私有企业的发展。全民共享分红不会影响私有企业的经营和发展。实施全民共享分红,国有企业会有一个较大的发展。但这并不会排斥私有企业的发展。全民共享分红的根本目的是加快经济发展,走向共同富裕。而中国要实现共同富裕,离开国有、民有、私有企业的共同发展,是不可能的。

五、全民共享分红有没有副作用？

不少学者担心全民共享分红会有一些副作用，我们认为，世上万事万物都是有利有弊的。在一定的条件下，利弊可以相互转化。全民共享分红也不例外。全民共享分红可能产生的弊端有两个：一是某些国有企业可能借口"为人民多创利多分红"，搞垄断经营，乱涨价或变相涨价牟取暴利；二是某些人可能为了一己的私利，不惜煽动群众要求高分红。

对此，我们认为必须采取坚决措施，反对国企垄断经营，制止国企乱涨价或变相涨价牟取暴利，教育国企职工反对高分红。要严格抵制以"为人民多创利多分红"为借口，垄断经营，拉抬物价乱涨价，损害公众利益。

此外，全民共享分红具有很强的刚性，上去了，下不来。分红一旦开启，就一直要分下去，不论出于什么原因，想要停分或不分，会引发民众的强烈不满与抗争。如果分红过度，把国有企业税后利润和应得红利，大部分甚至全部分光，国家背上沉重的包袱，也会潜藏着很大的风险。一旦经济发展遇到下降周期，或者遭遇什么突发事件、什么挫折，国企大多甚至整体亏损，可能会给社会带来很大的麻烦。所以，全民共享分红必须把握好分红的"度"，坚决反对高分红。

只要坚决制止垄断经营，把握好分红的度，控制在一个合理的范围内，全民共享分红的利远远大于弊，是值得我们推行的。

第三节 推行国有企业全民共享分红的制度障碍

国务院 2007 年开始试行国有资本经营预算以来在 12 年左右的时间里国有企业红利上缴比例不断提高，但国有资本收益大都还是返回国企，这种红利分配制度显然距离我们所提倡的全民共享分红还相差甚远。必须清楚认识到的是，推行国有企业全民共享分红将触及诸多人的利益，改革不可能一帆风顺，会面临诸多的阻力和障碍。

一、国企多年来不分红产生的利益集团阻力

1994 年分税制改革时，中央考虑到当时国有企业的经验困难，为了帮助国有企业渡过难关，摆脱困境，实行了国有企业只缴税收不缴利润的举措。由此，国有企业开始了只缴税不缴利润的时期，即使在 2000 年后大多数国有企业摆脱了困境

之后仍然如此。由于国企大量的利润没有上缴，滞留在国企内部的巨额红利，就成了国企经营者乃至国企员工高额福利的来源，造成了社会悬殊的贫富差距。围绕着滞留在国企内部的巨额利润分配，就形成了一批包括政府管理人员、国企经营者乃至国企广大职工在内的既得利益方。从这点上看，国家实行国有资本经营预算，一开始先实行小比例、小范围的利润上缴，打开制度的突破口后再逐步扩大上缴范围，提高上缴比例，并且实行上缴利润再返还的过渡性举措，都是为了减小制度推行的阻力，是一种渐进性的改革举措。这种举措也意味着尽管改革方向正确，但是改革的过程不会是一帆风顺的，必然会面临诸多阻挠。

二、国企委托代理人的道德风险

虽然实行全民共享分红具有促进改变国内收入格局、刺激民生事业发展、增强全体人民"主人翁"地位的信心等诸多益处，但是实行全民共享分红，首先遇到的问题便是"委托—代理"制问题。由于我国国有企业实行的是全民所有制，而全民所有制意味着单独的个人对于国有企业都不享有实际的所有权，而是由政府通过委托代理人进行运营和管理。虽然我国已经实现了股权改革，但是在国有企业的管理中仍然存在委托-代理链条，只有中央政府是最终的授权人，而其他层次都是代理人，存在政府管理部门的道德风险。中央政府的目标是促进利益的最大化，不仅仅是经济利益而且包括各种社会利益的最大化，但是作为中央政府下属的各级政府部门，因为受委托代为管理国有企业等经济事务，所以也就相当程度上会存在寻求经济利益的动机。各级管理部门存在在极尽可能地扩大部门利益的前提下充分理解和运用上级政策和要求规定来"打擦边球"或者利用信息的不对称和上级主管部门讨价还价。

各层级政府管理部门虽然名义上对国有企业负有监督管理职责，但是实际上具体管理的还是国有企业内部各职能部门的经理层。这样一来，作为管理国有企业资产的政府部门并不参与实际的生产活动，在管理事务多、信息繁杂的国有企业实际运行当中，并不能够全面把握生产决策和经营情况，要想对其进行有效的监督和衡量生产经营情况，存在许多困难。从"经济人"利益出发，经理层级会为了自己的利益而不断谋求高福利、高薪酬，从而减少国有企业上缴的利润。国有企业创造的新增价值分为三部分：上缴利税、企业留利和企业职工薪资。

近年来，国有企业一直被认为上缴分红过少，2007年以来，尽管国有企业的收益不断上升，但是国有企业上缴的利润却一直处于较低的水平，据计算，2013年国有企业上缴的利润仅占利润总额的 5.36%。但是，国有企业高管每年所领取的年薪和福利却稳居高位，根据中国石油化工总公司（以下简称"中石化"）2011

年公布的全年业绩显示其2010年业绩并不如人意,仅在炼油业务上就亏损高达376亿元远远超过预期,但是用于职工费用却有增不减达到了415亿元,比上年增加79亿元。这些数字意味着,中石化2011年职工费用增幅已超23%。[①] 处于垄断地位的国有企业及其高管和体制内的员工获得了远高于社会平均工资水平的薪酬和福利,如此将会利用"委托—代理制"、信息不对称的优势和长期以来形成的国有企业不上缴利润的"制度惯性"宣扬"国有企业获得利润应该大部分用于企业发展"的论调。

三、信息不对等的参与困难

根据宪法精神,广大人民才是国有资产的法定拥有者,理应享有最终的收益权。但是现在实行的制度却没有规定向教育、公共医疗和社会福利等民生支出的分红比例,实践中也主要将资金用于补充国有资本和企业的战略性调整,普通公众没有能够充分分享国有企业发展和改革的成果,可以说红利的使用背离了市场经济的原则。另外,从市场要素的配置来看,大部分生产要素被国企掌控,而国企则只解决了8.2%的社会就业,红利的使用也不惠及民生,这有悖于市场公平。从制度上分析,主要原因在于没有建立透明的信息披露制度。按照OECD公司治理原则,国有企业应建立高标准的透明度原则。只有在国有企业建立了充分透明的信息披露制度的前提下,社会公众才能从外部实现有效的监督,从而将非正式制度与正式制度连接有效地耦合,给企业的过度投资和过度摊派等行为造就无形的压力,使国企分红走向更加合理的公平、公正、公开的规范化进程。

从立法层面来说,国企分红应该严格地走人大审议路线,改变政策易被更改而导致政策执行低效,甚至被废除的局面,使各项规定具备法律上的严格效力。而由政府单方面决定执行分红政策,在某些特定的情况下将会把低效的制度安排作为制度的选择,通过人大审议的决策相对来说会更严格,不至于导致社会福利的过度损失。阿拉斯加州永久基金的建立、基金目标的确立,以及基金的使用和基金分红方案的确立,全民的参与都起到了不可或缺的重要作用。从1977～1978年的立法会议期间,议会任命的永久基金专门委员会在该州的环州公路举办了多次大型的听证会,40多万阿拉斯加的公民参与了这项美国当代历史上重要的社会实践。相比之下,2010年中央国有资本经营预算才提交全国人大审批,与一般公共财政预算相比,国有资本经营预算的监督和管理明显滞后。

---

① 国企无节制发福利不改不行. 人民网,2012-03-28.

四、预算划分的边界难以确定

党的十八届三中全会在《中共中央关于全面深化改革若干重大问题的决定》中提出，要完善国有资本经营预算制度，提高国有资本上缴公共财政比例，到2020年达到30%，将更多的资金用于保障和改善民生。而2014年的上缴比例为11.7%，与中央政府提出的目标还存在很大的差距。从所有制性质上来说，国有资本收益应当是由全民共享的。从客观原因来说，依赖于公共财政大力支持的国有企业才能实现成功转型并实现盈利，尤其是在市场经济改革的初期，公共财政为国企改革承担了大量的改革成本，在当下公共财政收不抵支的情形下，国有资本经营预算有必要加大调入公共财政的力度，缓解其支付压力。中央国有资本经营预算与一般公共预算的联系在进一步加强，但是由于国有资本经营预算相对于一般经营预算存在独立性，在二者之间的界限比较难以界定。由于国有资本经营预算与一般经营预算存在的独立性，而且在性质、收入来源、目标机制、编制方法、监督管理方式和绩效管理方式上均存在着很大的差别，所以在界定上存在着比较大的难度。从当前的情况来看，政府只是规定了需要加强国有资本经营预算和一般经营预算的统筹和衔接，增大资金的调入规模，或者提出了一个分阶段的调入比例目标，对于具体的年度指标及操作流程均没有细化的规定。国有资本经营预算作为独立的资本预算，其资本收支必须要遵守法律的规定，尤其是对于支出规模日益庞大的调入公共财政资金来说更应该遵守法律规定，而不能够仅仅只根据政府的文件政策规定就可以决定庞大资金的支出去向。

五、会计基础的制约需要破解

实现国有企业分红的一个重要基础是国有资本经营预算通过政府大范围的调入到一般的公共财政预算，通过公共财政预算的安排将国有企业的利润以转移支付的形式向民生项目支出，从而实现广大人民群众能够切实得到利益。然而国有企业预算编制是按照企业的预算制度和科目来编制的，在将国有企业预算制度纳入一般公共财政预算的时候将会产生对接问题，国有企业的经营预算收入和支出范围比例的确定是建立在企业信息真实和完整的基础之上的。毫无疑问，企业提供的财务信息会影响到预算管理部门对于预算指标的确定，而反过来，预算管理部门确定的指标又会对企业财务信息的提供产生极大的影响。所以，两者之间能够对接的基础在于企业信息提供的真实程度上，如果国有企业提供的是虚假的会计信息，那么国有资本预算指标的确定就会与事实产生偏差，这种已经偏差的指标又会对企业的财务信息产生误导。二者的关系是相辅相成，互相影响的。

六、间接持股的模式阻碍分红

从国有上市公司的持股主体来看，主要有直接持股和间接持股两套模式。由国资委直接持有的上市公司数量较少，国资部门较难取得其持股公司的分红收益，大部分公司还是通过国资委通过国有集团公司以间接的形式控股。从而方便通过母子公司的隶属关系取得分红收益。间接持股模式的财务核算相互独立的特殊之处直接导致了国有集团公司可以直接截留部分甚至全部红利，并留存于集团公司内部自由支配使用，这种截留上缴红利的行为导致作为国有资产出资人的国资委不能够真正实现其收益分配权。同时，在现行的会计体制下，国有上市公司国有股股利，股息的收取以及归属于母公司所有者的净利润再加上年初未分配利润作为可供分配的利润基数，这就意味着以前年度亏损乃至亏损大大超过净利润的时候，母公司将不对股东进行分红，国有资本收益权也就难以得到有效的落实。

七、政府企业的博弈制约分红

作为政府出资设立的国有企业，由于性质上的特殊性，多分担着一些政府公共服务供给的责任，是政府实现某些目标的重要工具，所以国有企业对政府施加压力的能力会强于一般的企业。所以说，政府会在一定程度上保障国企的正常运营，国有企业的经营管理者因此也具备了与政府谈判的能力。

2007年12月出台的《中央企业国有资本收益收取暂行管理办法》规定，国有企业应缴利润的比例，按行业分为三类执行：第一类为烟草、石油石化、电力、电信、煤炭等具有资源型特征的企业；第二类为钢铁、运输、电子、贸易、施工等一般竞争性企业；第三类为军工企业、转制科研院所企业，上缴比例三年后再定。这种利润分配比例并没有清楚地说明政策依据，显然是政策主体讨价还价的结果，并没有根据企业的资本结构以及利润分配方案以制度化的方式获得，显得随意性很大。

■ 第四节　构建国有企业全民共享分红的目标框架

国有企业全民共享分红改革，归根到底是国有企业改革的一部分，必须是服从和服务于我国国有企业改革这一主线，并在这基础上，让国有企业惠及全民，实现其全民属性的回归。

一、推进国有企业市场化改革

国企全民共享分红改革的主要目标之一,是通过建立国有企业收益共享制度,加快推进现代企业制度建设,造就市场经济的微观基础和增强企业活力。

我国国有企业改革,归根到底是从属于我国社会主义市场经济改革。新中国成立以后,由于当时的意识形态和现实的需要,我国向苏联学习,建立了高度集中的计划经济体制。这种计划经济体制,在新中国成立初期曾经发挥过重要作用,但随着计划经济实践的逐步深入,其弊端也日益显著。试图以一成不变或难以调整优化的国家统一计划,代替企业及时针对社会需求、技术发展、生产竞争和产业结构变化等所进行的自主决策,结果导致社会经济僵化、落后和国企效率普遍低下。

因此,1978 年我国开始改革开放,开始逐步探索激活国有企业活力。党中央也一再重申和强调,我国进行体制改革的中心任务和重要环节,是增强企业活力。甚至明确指出:"具有中国特色的社会主义,首先应该是企业有充分活力的社会主义。而现行经济体制的种种弊端,恰恰集中表现为企业缺乏应有的活力。"[①] 这就把国有大中型企业活力的增强,看作我国经济和社会发展的希望。然而,要增强国企活力,必须要从根本上促使企业形成自主经营、自负盈亏、自我约束和自我发展的内在机制,建立现代企业制度,使国有企业真正成为市场经济的微观经营者。

当前,我国国有企业经过多次改革,经营活力大为增强,大多数企业摆脱了经营困境,实现了扭亏为盈。但是,要让国有企业真正成为市场经营者,还必须像市场其他私营企业一样,建立税后利润分配机制来实现国企的自我约束和发展。在市场经济中,企业向股东分配利润,不仅是股东获取资本这一生产要素回报的需要,还是股东借以向经营者进行约束的重要手段。在市场经济中,国有企业也只有向其所有者分配利润,才能使国有企业感受到来自市场竞争淘汰机制的压力和政府作为所有者代表的产权制约,因而认真履行自身职责,严格规范企业行为,从根本上改变预算的软约束,同时形成不断优化经营的强烈利益驱动。国有企业只有建立完善的分红机制,才能够与私营企业一样,在市场经济中平等参与竞争,这也是国有企业从过去的政府行政附属物转变为市场经济中的微观经营者所必须具备的条件,有利于国有企业真正成为自负盈亏、自我约束发展的经济主体。

---

① 中共中央关于经济体制改革的决定 [M]. 北京:人民出版社,1981:12.

二、实现国企全民所有者的回归

国企全民共享分红改革的主要目标之二，是通过建立国有企业收益共享制度，让全民作为国有企业的最终所有者，能够共享国企红利收益，提高民众财产性收入，促进共同富裕的形成。

首先，实现公有制曾经是人类社会的崇高理想，这种理想在我国已经成了现实，这主要是通过我国广大的国有企业来实现的。国有企业，也称为全民所有制企业，其第一个特征是生产资料属于全体社会成员，每个社会成员都是全民生产资料（以下简称全民资产）的所有者，在全民资产面前都处于平等的地位，拥有无差别的权利。在这种公有制关系里，任何一个社会成员的所有对象都是全部全民资产，任何一种全民资产的所有者都是全体社会成员，各个主体对客体的权利不存在差别与界限。值得注意的是，在公有制下，任何社会成员对全民资产的公有权，只有同其他一切社会成员的公有权相结合构成统一的公有权时，才是有效的，才能发挥作用。这就意味着全民所有制的所有者具有整体性和唯一性的特征，全体社会成员集中为一个整体时，才是全民资产的所有者，离开了这个整体，个人不能独立地操作和实现他的公有权，不能直接占有和支配全民资产。公有制下个人的所有权只有集中成统一的公有权才能存在和实现，它否定和排斥个人直接占有和支配全民资产，也就是排斥个人直接所有。因此，尽管全民是国有企业的所有者，这是全民所有制企业的性质所决定的，也是我国宪法明确规定的，但全民中任何一个个人，并不能直接占有和使用国有资产，必须由国家代表全民授权国资委等相关国有资产管理机构，由它们统一行使所有权。正如股份制企业中，所有的股东也都是企业的所有者，但任何一个股东都不能随意干预和控制公司资产一样。所有权是统一不能分割的，所有权的核心应该是收益权，这是任何一个股东让渡自己资产使用权的必然目的。所以，作为全民一分子的每一个所有者，他们享有所有者权益的关键和保证并不是对全民资产的个体占有和控制，而是资产收益权的分配。因此，落实国有企业的全民共享分红权，是全民作为国有企业所有者的必然要求。

其次，在社会主义市场经济条件下，落实国有企业的全民共享分红权，也有利于发挥社会主义优越性，提高全民财产性收入，促进社会共同富裕的形成。中国特色社会主义的感召力和凝聚力，来自中国特色社会主义制度的优越性。社会主义制度的优越性最根本的有两条：一是在政治上能够真正实现人民当家做主；二是在经济上走全国人民共同富裕的道路。在这两条中，更带根本性、更具决定性意义的是共同富裕，因为经济基础决定上层建筑，人们的经济地位决定其政治地位。邓小平同志曾经明确指出："社会主义最大的优越性就是共同富裕，这是体现社会主义本质的一个东西。"① 因此，我们要把发挥社会主义制度优越性的主要着力点放在缩小贫富差距、推进共同富裕上。但是，改革开放以来，我国民众物质生活得到极大改善的同时，贫富差距也逐步扩大，其中的一个重要原因是近年来国企职工普遍高福利引致的"体制内"和"体制外"的收入差距，不利于共同富裕的实现。当前，我国民众主要收入都是依靠劳动收入所得，缺乏有效的财产性收入，要想提高普通民众的财产性收入，减少贫富差距，就必须通过国有企业的全民共享分红，减少"体制内"和"体制外"的收入差距，并提高普遍民众的财产性收入，实现共同富裕。

---

① 邓小平. 邓小平文选（第3卷）[M]. 北京：人民出版社，1993：364.

第十四章

国有企业红利全民共享的基本模式及比较

在股份制企业中,企业向股东分红主要是通过派发股息、红利等形式,这在国内外股份制企业中已经形成比较成熟的模式。但是国有企业不同于一般的股份制企业,这不仅仅是因为它涉及的所有者数量众多——全体人民,还在于它的经营管理有更复杂的委托代理链条,不仅承担着与其他股份制企业一样的生产经营功能,还承担着特殊的政治使命和功能。因此,国有企业的全民共享分红如何实现,以何种模式来推行,必须进行综合比较分析。纵观世界各国的国有企业红利分配,尽管分配方式不同、比例不一,但多数直接或间接返利惠民,而非用于体内循环。例如,美国阿拉斯加直接以现金的形式给公民分配红利,意大利、法国、芬兰等欧洲国家则将国有企业红利上缴给财政部门,纳入公共财政预算,最终用于公益事业。综合分析,各国的红利分配实践可归纳为直接共享分红和间接共享分红两种典型形式。

第一节 国有企业的直接共享分红模式及其可行性分析

一、国有企业的直接共享分红模式

国有企业全民共享分红的直接模式是国家把国有企业的社会盈利以现实可见的现金又或是股利的形式分配给全体国民,而不是以充实社保等间接的形式来惠及民众,提高社会福利。从国际经验上来看,实行国有企业全民共享分红直接模式的有阿拉斯加的石油分红、新加坡和科威特以及蒙古国的全民分红。

（一）现金分红

直接共享分红模式的一个表现形式是现金红利分配，以新加坡为代表。2006年新加坡政府发放了数额最大的"红包"，总计26亿新元的资金以现金的形式分发给了新加坡国民。新加坡的全民分红旨在帮助低收入人群改善生活，让全体国民分享国家的财政盈余，分红主要包括了"经济增长分红""就业奖励花红"和"国民服役花红"三种。"经济增长分红"面向全体的新加坡成年人发放，所有的新加坡成年人根据自身的不同情况都能享受到100~900新元不等的"红包"收入。"就业奖励花红"针对收入较低人群发放，以鼓励他们继续工作。而"国民服役花红"分配给那些完成了部队服役的新加坡国民，每人可领取400新元。除了这三种分红之外，新加坡还有针对公务员和外籍在新工作人员等的分红。[①]

（二）基金收益分红

这种模式以阿拉斯加为代表。如前所述，美国阿拉斯加州盛产石油和天然气等自然资源[②]，且其租赁及其他收入可达GDP的90%。政府规定，全州的自然资源及其巨额收入是公有财产，所有权属于人民。1980年阿拉斯加通过哈蒙德方案，正式成立以石油等公有资产收益为基础、所有权归全体居民的"资源永久基金"，每年至少将50%的公有资源租赁及所得收入划拨其中。该基金以公共信托基金的形式存在，本金用来投资，利息用于给公民分配红利。现行的全民分红方案是1982年在1980年的方案上进行修正产生的，该分红方案规定，所有居住在阿拉斯加六个月以上的居民，不管其是否纳税人，不管其是富人还是穷人，抑或是失业者，都可以平等地享有该信托基金的社会分红，充分体现了全民平等受惠的特点，1982年当年第一次计划分红1000美元，后续年度分红数额根据永久基金的收入情况而定，按照永久基金五年收入的平均数为基准，每年将平均收入的一般比例进行分红，该方案的实施获得阿拉斯加州公民的热烈支持，并吸引了其他州的居民过来定居，促进了该州经济的发展。阿拉斯加州的石油分红使得阿拉斯加居民切实地享受到了当地公共资源所带来的利益，当地居民无论贫富都能平等地享受这一政策，石油分红改善了低收入人群的生活，明显提高了社会福利。而且通过永久资源基金收入的全民分红还提高了居民纳税的积极性，确保了税收的稳定性。经济学家们通过对石油分红和将石油收入用于其他途径的收效进行比较之后发现，阿拉斯加州的

---

① 吴国玖. 全民分红理论及实践的国际比较和借鉴 [J]. 企业家天地下半月刊（理论版），2007（12）：80-81.
② 池巧珠. 国有企业红利分配制度：国际经验与改革导向——基于米德社会分红理论的视角 [J]. 西安电子科技大学学报（社会科学版），2013，23（6）：35-41.

永久资源基金分红毫无疑问是促进当地经济发展的最有效的手段①。吴国玖②研究显示,从1982年起,居住半年以上的公民均可得到阿拉斯加州政府的现金红利,每人每年几百至上千美元不等(见表14-1)。这使得一大部分阿拉斯加人尤其是农村家庭收入的增加超过了10%③。

表14-1　　　　　　1998~2005年阿拉斯加永久基金红利分配表　　　　　单位:美元

年份	1998	1999	2000	2001	2002	2003	2004	2005
人均分红	1540.88	769.84	1963.86	1850.28	1540.76	1107.56	919.84	845.76

资料来源:吴国玖.全民红利分配理论及实践的国际比较和借鉴[J].企业家天地:下旬刊,2007(12):80-81。

(三)股权分红

除现金红利分配外,直接共享分红模式的另一表现形式是股权红利分配。蒙古国就曾以发放股票的形式向全体公民直接分配红利。2011年3月31日,蒙古国政府决定将"额尔德斯-塔温陶勒盖"(简称"TT矿业公司")矿业公司的股票无偿发放给本国近280万公民,平均每人536股,共计15亿股,约占股票总数的10%。按照目前定下的询价区间0.25~0.8美元/股计算,每位蒙古国公民所持有的536股股票将至少获得134~429美元。根据世界银行的蒙古国人均收入数据,这相当于多则一个半月、少则半个月的收入。蒙古国政府把属于每位公民的股票存入他们的社会福利账户之中。根据规定,在煤矿开采和股价稳定前,国民不允许出卖股票。蒙古国通过直接分配股票的方式,实现了全民共享属于每一位蒙古国公民的矿产财富。虽然股权红利分配跟现金红利分配意义不同,但都属于公有资源红利的直接共享。

二、直接共享分红模式的可行性分析

从国际上的直接全民共享分红经验上来看,全民共享分红给分红国家国民带来的好处是实实在在能看得见的,但是全民共享分红适不适合在中国施行,中国有没有能力进行全民共享分红也需要进一步的分析。

---

① 周建军,黄胤英.社会分红制度的历史考察:阿拉斯加的经验[J].经济社会体制比较,2006(3):72-76.
② 吴国玖.全民红利分配理论及实践的国际比较和借鉴[J].企业家天地:下旬刊,2007(12):80-81.
③ 陈少晖.国有企业利润上缴:国外运行模式与中国的制度重构[J].财贸研究,2010(3):80-87.

（一）国外有比较成熟的经验可供借鉴

上述三种国外直接共享分红的形式，都是以国有企业的收益为来源，直接惠及民生的。相对而言，直接共享分红具有明显的优势，是最佳的红利分配途径。这种模式可以使公共财富公平地增进不同阶层的福利水平，让所有公民从他们自己的资源财富中直接受益，提高公民对公共资源的关注度和关心程度，但操作难度相对较大。国外的成功分红实践，给我国国有企业直接共享分红的实施提供了很好的经验借鉴。阿拉斯加的全民社会分红为我国国有企业的红利分配实践提供了一定方向的指引；挪威建立石油资源支持型养老基金的成功经验，对改变我国养老金积累不足、管理相对落后、运行效率不高等现状具有重要的借鉴意义。直接共享分红的实施有径可循。事实上，新加坡（2008）、科威特（2006）、澳大利亚（2009）等国都曾一次或多次向国民发放现金或消费券红利，虽然来源并非单纯的国有企业红利，但其本质是直接共享分红，值得我们学习和借鉴。直接共享分红在我国国有企业中具有一定的可行性。

虽然前文分析的国有企业直接共享分红模式的国家和地区，大都人口规模较小，具备比较完善的法律制度、国企管理制度和完备的社会福利体系。比如，美国阿拉斯加的永久基金模式，阿拉斯加州只有40多万公民；蒙古国矿产收入的股票分红模式，也是基于蒙古国只有280万公民；新加坡财政盈余分红模式，实现了全民分红民生化的纵向深入和横向细化，但是新加坡全国人口也不足700万。而我国的基本国情与这些国家相比有较大差异，国土面积广，人口多，地区发展不平衡，而且我国的法律制度和国企管理制度尚不完备，采用直接共享分红模式，带来的资金管理成本和实施难度会很大，但本书课题组认为，基于以下几方面原因，该模式还是有很大可行性的：

第一，该模式的推行可以采取试点先行，分阶段推进的方式。正如本书课题组在第十六章第四节"探索国有企业红利全民共享的改革模式"中指出的，可以先采取在个别地方小范围试点的方式，比如选择一些社会管理条件比较成熟的市域地区，对该地区的市属国企探索直接共享分红模式，待试点成熟后在推广到省域范围内，对省属国企实行直接共享分红模式，直到最终在全国范围内对中央企业实行直接共享分红模式，这种改革方式应该说不是完全不可能的。

第二，作为一种改革构想，我们更应该关心的是方向对不对的问题，而不是条件成不成熟的问题。只要方向是对的，即使现在的条件不成熟，未来也会有条件成熟的时候。本书提出的国有企业红利全民直接共享模式，虽然现阶段面临人口多、法制不健全造成难以操作和实施等条件问题，但只要我们坚定认为，实行国有企业红利全民直接共享，不仅能够让全民公平地共享国企红利，真正体现国有企业全民所有的本质属性，有利于增加群众财产性收入，实现共同富裕，体现社会主义的本质特征，还能够提高全民对国有企业的关切度，实现国有企业"所有者"的回归，化解国有企业委托代理问题，提高国有企业效率，盘活国有经济，做强做优做大国有企业，壮大公有制经济，那么即使现在的条件不成熟，我们也可以克服困难创造条件。改革不是一步到位的，是需要相关的配套制度审慎推进的。

第三，从现有科学技术的发达程度和发展速度看，应该也很快可以具备实行国有企业红利直接共享的技术条件。大数据、人工智能、5G通信、互联网+等一系列高新技术的大发展，大大改变了我们的生产和生活，也为政府的社会管理提供了诸多技术上的便利，这些高新技术的应用可以加快推进国有企业红利直接共享模式的应用。

（二）直接共享分红的经济基础不断夯实

直接共享分红的前提，是国有企业取得了可供分配的丰厚利润，或者具有可转化为丰厚利润的自然资源。纵观我国国有企业全局，自1994年起，国有企业利润大幅攀升，尤其是某些垄断行业，高管高薪屡见不鲜，为直接共享分红的实施提供了充分的资金保障。直接共享分红的条件已经成熟。根据财政部的数据，我国国有及国有控股企业近些年的利润总额和营业收入数据由表14-2～表14-3所示：

表14-2　　　　2011～2018年国有及国有控股企业各年营业收入　　　　单位：亿元

年份	2011年	2012年	2013年	2014年	2015年	2016年	2017年	2018年
营业收入	367855	423769.6	464749.2	480636.4	454704.1	458978	522014.9	587500.7

资料来源：根据中华人民共和国财政部网站数据整理所得。

表14-3　　　　2011～2018年国有及国有控股企业各年利润总额　　　　单位：亿元

年份	2011年	2012年	2013年	2014年	2015年	2016年	2017年	2018年
利润总额	22556.8	21959.6	24050.5	24765.4	23027.5	23157.8	28985.9	33877.7

资料来源：根据中华人民共和国财政部网站数据整理所得。

由表14-2，表14-3可知，我国的国有及国有控股企业近些年来的收益很大，各年的利润总额都达到了2万亿元，盈利水平还有不断上涨的趋势，国有企业的规模相对民营企业而言更是庞然大物。2015年公布的中国企业500强中有293家国有企业，293家国有企业的营业收入总计达到了46.6万亿元，占中国企业500强的78.3%，纳税额更是占到了88.7%。我国从2007年开始实行国有企业部分税后利润的分类上缴，迄今为止，国家规定的国有企业税后红利上缴比例也已经经历了四次调整，还预计要在 2020 年将国有企业 30% 的税后利润上缴国家财政，所以政策上在不断向好发展。虽说在实际执行上，国有企业的红利上缴比例离政策要求还有一定的差距，各项改革措施还有必要进一步落实。但是就目前情况来看，国有资本经营预算收入已初具规模，站上了千亿台阶。根据财政部 2017 年财政收支数据显示，2017 年国有资本经营预算收入为 2578.69 亿元，较 2014 年数字增加了 27.5%。所以就资金来源角度来说，实行国有企业的全民直接共享分红绝不是空谈（见表 14-4）。

表 14-4　　　　　　　2012~2018 年国有资本红利上缴情况表

年份	2012	2013	2014	2015	2016	2017	2018
全国国有企业净利润（亿元）	16068	19000	24765.4	23027.5	23157.8	28985.9	33877.7
国有资本经营预算收入（亿元）	1154.02	1288.08	1410.91	1612.92	1400	1244.27	2899.95
平均上缴比例（%）	7.18	6.78	5.70	7.0	6.00	4.3	8.56

资料来源：根据中华人民共和国财政部网站数据整理所得。

（三）直接共享分红不存在大的技术难题

现代科学发展迅速，电子信息技术已经在现代社会中普及，会计电算化、移动支付、网络转账等已经成为我们生活中很常见的一部分。于是直接共享分红不需要人为地把现金手对手的交到每一个人手中，电脑就可以代替人工完成大部分的工作，突破了时间和空间的限制。政府可以委托相关的社会保障部门为每一个公民在指定的银行设立社会保障账户，建立一个数据库在发放分红的时候对各种指标进行集中核算，为不同的公民设定不同的分红标准，并将相关标准予以公示。政府把分红直接打入每个公民的社会保障账户之中，从而使得满足不同条件的公民都能够相对公平地获得相应分红收入。所以说直接共享分红不仅无须大量的人力劳力，而且分红标准也公开可查，便于国民监督。对于防伪这一方面也无须过分担心，社会保障账户可以和个人身份信息直接绑定，分红遭到他人冒领的可能性也很低。

（四）直接共享分红存在广泛的民意支持基础

近年来，国有企业红利分配引起了社会的广泛关注，很多学者都提到了全民分红这一理念，随着国家进一步提高国有企业税后红利的上缴比例，对这一议题的讨论也逐渐升温，詹姆斯·米德的全民分红理论在学术界并不缺少支持者。曾有人大代表在 2012 年的全国两会上提出了发放"消费券"的议案，议案的主旨是要由国家统一印制面值为 50 元、100 元的消费券，分两年向全体中国公民发放，每年发放 1500 元/人。此消费券在使用时可以直接抵用人民币，均为一次性使用，不找零。我国虽然已经成了世界第二大经济体，但是人均收入还处于较低的水平，贫富差距也很明显，这也是大部分国民响应对于直接共享分红号召的主要原因。对于直接共享分红，一些疑虑的确存在，一少部分国民担心直接共享分红不但会减少国家收入，还会带来一些副作用。还有一部分人认为直接共享分红虽然能够刺激消费，但是作用不像直接增加工资来得明显。这些担心并不是没有道理的，但是从阿拉斯加、新加坡、科威特和蒙古国直接全民分红的经验中可以看出，直接全民共享分红的做法无疑会使国民受益。相对于极小部分持疑虑观点的国民，大部分群众对于直接全民共享分红的态度都是十分积极的，广泛的民意支持基础使得直接全民共享分红切实可行。

第二节 国有企业的间接共享分红模式及其可行性分析

一、国有企业的间接共享分红模式

间接共享分红模式主要是指国有企业通过财政预算体系将红利上缴国库，用于义务教育、公共卫生、社会保障、环境保护、新农村建设等公益事业，从而间接惠及民生。从国际经验上来看，大部分国家的国有企业都是通过间接共享分红的形式来实现国企红利全民共享的，其主要模式有：以控股公司为中心的国家参股管理模式（意大利）、以财政部为核心的公共财政管理模式（德国、英国、法国、日本）、以公司董事会为决策层的分权管理模式（瑞典）和以社会保障基金为中心的社会分红管理模式（挪威）等。

（一）以控股公司为中心的国家参股管理模式

以控股公司为中心进行国有企业管理的国家主要有意大利和新加坡，这种管理模式的基本特点是国家通过参股的方式，设置大型控股公司来对国有企业进行管理。在这种管理模式下，国有企业红利收益也主要是通过国有控股公司获得相应国有企业的红利。

意大利政府通过设置国家参股的控股公司实现对国有企业的管理，利润分配相应按照国家参与的股权份额获得红利收益。这种模式是典型的国家参与制管理架构，政府通过设立专职的管理机构——国家参与部统一代表国家管理全国的国有企业，该机构成立于 1956 年，隶属于政府内阁管辖，在 1993 年撤销（王金存，1999）[①]。在这种国家参与制管理架构下，国有企业管理体系是一个典型的金字塔架构，最顶端是国家参与部，属于政府管理部门，中间是若干数量不多的国有大型控股公司，再往下是国有次级持股公司和部门企业集团，最后是各底层企业。在这种制度架构下，国有企业利润分配一般遵循如下规定：（1）底层国有企业每年盈利的 65% 需上缴国库部，剩下 35% 中 20% 归企业自身发展，15% 作为科研开发特别基金；（2）企业发生偶然亏损时，国库部从上缴利润中拨付部分款来帮其弥补；（3）如果亏损额巨大，超过了企业留存的储备金，经申请批准后可以用特别基金来弥补，如果还不足以弥补，还可以将上缴的 65% 利润留作特别基金；（4）国有企业母子公司间的利润分配，若涉及民间股份，按政府与民间股份的比例进行分配，属于国家的部分逐级上缴，属于私人的部分任投资者处理[②]。

新加坡国有企业分红与意大利类似，政府也是通过国有控股中心管理旗下营利性的国有企业，不同于意大利，新加坡国控股中心由政府全资投资，经营管理不受财政部约束，其中，1974 年成立的淡马锡（Temasek）控股公司是新加坡政府设立的最大的资本控股公司，由财政部 100% 持股。控股公司每年从国有企业收取一定比例的利润，再将所得利润按一定比例上交给财政部，直接纳入财政收入；未交部分用于国内外资本运作。新加坡国有企业的国有股分配率一般在 35%~70% 的范围内，高的甚至达到盈利的 80%~90%。例如新加坡 PSA（国家控股 100%）2003 年红利相当于税前经营现金收入的 61%。其分红主要考虑经营现金流量（即折旧前盈利）而不是利润[③]。

（二）以政府部门为核心的公共财政管理模式

以政府部门为核心进行国有企业管理的国家主要有法国、英国和印度。其基本特点是以特定的政府部门为管理机构，对国有企业进行监督和管理。

法国的国有企业由 2004 年建立的政府持股机构 APE 与总统办公室以及其他部委共同管理，但并不制定硬性的红利分配规定。国有企业的红利分配政策由各自公司的董事会根据盈利能力、财务状况等提议决定，国有资本红利上缴国库的比例一般为税后利润的 50%。法国把国有企业利润红利分配纳入财政预算中，建立了与公共行政机构相适应的包含"中央预算、地方预算和国家社会预算的预算体系"。作为中央预算主体部分的一般预算，其收入除了税收之外，还包含了国有企业的利润分红。

[①] 王金存. 世界国有企业比较研究［M］. 上海：华东师范大学出版社，1999：222.
[②] 王金存. 世界国有企业比较研究［M］. 上海：华东师范大学出版社，1999：240.
[③] 汪平. 基于价值管理的国有企业分红制度研究［M］. 北京：经济管理出版社，2010：31.

英国的国有企业可以分为三类：政府直接管理的国有企业、具有独立法人地位的国有企业、公私合营的国有股份公司。英国国有企业的最高管理机构是英国议会，议会直接代表公民，国有企业的利润分配方案由议会决定。不同定位的企业实行不同的红利分配政策，并且在财政部编制的政府预算中予以明确。英国是中央和地方两级预算体制，国有企业红利分配收入以及国有股权转让所得，属于政府公共收入，直接上缴国库，纳入中央财政预算体系。

除了英国和法国，印度的国有企业管理也是以政府部门为核心的管理模式，政府设立国营企业部直接管理全国国有企业。国有企业股利分配比例根据国有企业盈利状况以及国有企业投资需要进行安排，近年来其股利上缴比例大都维持在25%~45%之间，这其中，除了2008年受到金融危机影响国有企业盈利下降当年股利支付比例略有下降之外，总体上国有企业股利上缴比例总体上呈现稳步上升态势，2011年以来其支付比例大都超过40%，上缴红利总额平均超过2500亿卢比。[①] 印度国有企业红利上缴中央财政部后，由中央财政部统筹安排支出，所以属于间接共享分红模式。

（三）以公司董事会为决策层的分权管理模式

以董事会为决策层进行国有企业管理的国家有瑞典和芬兰。二者都是以私有制为基础的发达的市场经济国家，国有企业在国民经济中所占比例不大。

瑞典国有企业的红利分配大体实行的是分权管理模式，红利分配由公司的董事会决议。政府作为企业出资人，根据其控股、参股比例获得相应的税后利润。瑞典的国有企业中，完全竞争企业的利润占大多数，其红利分配是中央财政预算的主要来源，比例相对较高。例如，铁路业和电力业公司的利润红利分配通常为净利润的1/3，甚至有时候企业还需要支付特殊红利。

芬兰的国有企业主要归属总理办公室下设的国有企业管理司管理，监事理事会代表国家行使大股东的权力。芬兰的国有企业经营在管理上比较注重市场的公平竞争，国有企业与私营企业相比总体上没有太多来自政府的政策倾斜，国有企业除了与私营企业一样缴税外，也要根据企业的盈利情况向国家支付一定的股息。2011年，芬兰国有上市公司的平均股利支付率为53.2%。其中，富腾能源公司为64%，耐斯特石油公司则高达76%。

（四）以社会保障基金为中心的社会分红管理模式

在20世纪70年代，位于英国与挪威之间的北海陆续发现油气田。自1969年

---

① 廖红伟，赵翔实. 国外国有经济发展演进的历史轨迹与启示 [J]. 江汉论坛，2014 (9): 69-74.

发现油田后,海上石油、天然气逐渐成为挪威国民经济的支柱产业。挪威议会于 1972 年通过决议,出资成立国有挪威石油公司,同时规定该公司上缴 80% 石油扩张的净利润,并按其利润与资产的合理比例进行分红①。1990 年挪威议会凭借石油收入出资建立了石油基金,总额 2.47 万亿克朗(约合 4100 亿美元),成功地降低了国际油价变动对国内经济发展的不利影响。2006 年,议会面对人口老龄化以及不可再生石油资源等诸多问题,出资成立挪威全球养老基金,该基金是由国有挪威石油基金与保险计划基金改组构成的,议会进一步明确该基金是为应对未来养老金缺口而建立的养老金储备,基金的收益(约 4%)并入政府预算,以逐渐注入国民经济;本金则用于持续投资,为挪威赢得了源源不绝的巨额收益。截至 2012 年,该基金规模约为 7000 亿美元,年收益率高达 9.72%。虽然退休养老金的分配并不从挪威全球养老基金中划拨,但挪威全球养老基金为挪威社会保障资金的来源提供了保障,缓解了政府的财政压力,带来了全民福利的提升。2002 年,挪威社会保障基金的开支总额就已高达 1925 亿克朗(约合 285 亿美元),占政府财政预算的 34%,占国民生产总值的 13%,2007 年单身的退休公民最低养老金更是高达每年 110000 克朗(约合 1.8 万美元)。由此可见,强制性的养老制度和社保体系(医疗保健、事业保障、养老金等)一直伴随着挪威公民。而这一切,与挪威的石油基金投资收益和利润分红是分不开的。挪威的红利分配模式不同于美国的现金分红,其特点是将国有资产红利收益转入社保基金,将自然资源转化为金融资产,通过此方式积累未来财富;该基金虽未用于现行养老,却为强制性养老金制度和社保体系(医疗保险、失业保障、养老金等)的资金来源提供了有力保障,成为应对人口老龄化的成功案例。挪威养老基金通过直接将国有企业油气收益用于社保体系的方式实现了社会分红,是直接共享分红的另一种表现形式。显而易见,这种模式的优势在于政府可以更合理有效地利用国有资本进行投融资,从而实现国有资本的保值增值,进而通过社会分红提升国民整体的福利水平。②

综上所述,我们不难看出,国有企业向股权持有者分红是世界各国通行的做法。然而,由于各国的政治、经济、社会、文化等诸多国情差异,各国的国有企业管理模式乃至国有企业分红政策制定也各有特点,基本上与该国的国情体制相适应。对于上缴的国有企业红利,在支出安排上各国虽然侧重点有所不同,有些国家比较重视弥补国有企业亏损,但大多数国家都比较重视能够平等地让全民共享,但在具体的共享机制和模式设计上,各国也有较大差异。

---

①② 池巧珠. 国有企业红利分配制度:国际经验与改革导向——基于米德社会分红理论的视角 [J]. 西安电子科技大学学报(社会科学版), 2013, 23 (6): 35-41.

二、间接共享分红模式的可行性分析

从国际上的间接共享分红模式可以看出,国企的间接共享分红能够给人民带来实实在在的好处。那么国企的间接共享分红模式能不能在中国实行呢?下文将对此进行可行性分析。

(一)间接共享分红有较好的体制基础

间接共享分红模式是周期较长的分红模式,通过国家政策来实现。从红利收缴到政策制定实施,需要经历相对较长的时间。这种红利分配模式可能不易被民众感知,但长期来看会提高民众的隐性福利,是全民共享国有企业红利的重要方式。从国外经验来看,采取间接共享分红的国家大多以财政预算为渠道收缴国有企业红利,并通过不同的方式将国有企业红利用于义务教育、社会保障等公共领域,因此,间接共享分红是利用现有的财政预算体制。经过多年的改革,我国财政预算体制已经比较成熟,具备实施间接共享分红的体制基础。

(二)间接共享分红的技术实施难度较低

间接共享分红模式的前提是国有企业将其税后红利上缴财政部,并由政府根据义务教育、社会保障等公共事业的特点研究制定分配政策。相对于直接共享分红而言,间接共享分红更容易实施,技术难度较低。如果将国有企业上缴红利用来充实社保或者投入惠及全民的基础设施建设或者科教文卫事业,则只需将国有资本经营收入账户在账目上进行独立核算,在实际操作中与一般性财政支出进行统筹规划即可。政府只需对国有企业相关行业进行调研分析、确定出适当的红利分配比例,间接红利分配即可通过政府的政策条例推广执行。因此,国有企业的间接红利分配可操作性较强。

(三)间接共享分红具备一定的监督基础

间接共享分红模式下,国企红利先上缴政府部门再经政府预算以公共产品和公共服务的形式让全民间接受益,因此如何保证政府部门在分红过程中的公平公正,保证国企红利不被非法侵占十分重要,因此需要比较健全的监督机制来保证分红的公平性和效率性。目前,我国已经建立了国有资产专职管理机构,也建立了相应的监督机制,有较好的监督组织基础。此外,实行国有企业的全民共享分红必将得到广泛的民意支持,有助于提高全体公民对于国家的认同感和自豪感,提高公民对于国民经济健康运行的关心度和关注度。[①] 全民共享分红一旦实行，公民将会自发对国有企业的日常运营进行监督，有利于国企的进一步改革。

综上所述，国企实行全民共享分红是必要的，间接共享分红模式实施难度较低，在我国有其可行性。虽然从制度层面来看，当前的国有企业分红制度还存在一定缺陷，但我们可以参考相关的成功国际经验，并结合我国的实际情况，完善相关制度，使惠及全民的分红制度能早日确立，全民共享分红的方法能早日实施。

第三节 直接共享分红模式与间接共享分红模式的综合比较

考察现代西方股利政策的理论与实践，满足股权资本投资者的报酬率要求以及保障企业的长远可持续发展，是科学、合理的企业利润分配机制所必须具备的两大要素，缺一不可。国有企业的利润采用何种模式进行分配，体现的是国有企业现代公司治理结构的完善程度，国家、企业与社会公众各方面利益是否得到公平兼顾。因此，科学而合理的国有企业利润分红制度的设计应当遵循的基本原则是：在国家股东的法定权益（资本最低要求报酬率）得到保障的前提下，国企的税后利润分红不会危及企业的可持续发展。[②] 如上所述，直接共享分红模式和间接共享分红模式都是进行国有企业红利分配的重要方式，都可以使全民共享到国有企业的红利，带来全民福利的提升。在保证遵循分红制度设计的基本原则下，具体采用何种分红模式是我们必须要综合比较的。

一、直接共享分红模式

相对而言，直接红利分配模式具有明显的优势，是最佳的红利分配途径，但也存在一定的局限性。

（一）直接共享分红模式的优势

直接红利分配的优势主要表现在如下五个方面。

1. 提高红利分配的公平性

根据詹姆斯·米德的理论，社会红利分配是公民经济权利的重要来源，而且是

---

① 吴国玖. 从公共财政角度探讨建立"全民分红"机制的可行性[J]. 企业家天地下半月刊（理论版），2008（9）.
② 陈少晖. 国有企业利润上缴：国外运行模式与中国的制度重构[J]. 财贸研究，2010（3）.

兼顾公平与效率的。采用现金或持股的红利分配方式，可以使公共财富公平地增进不同阶层的福利水平。这种红利分配方式对穷人和富人的影响都相同，尤其可以惠及最需要帮助的人群，让全体公民平等地享受公用资源收益。

2. 提高民众的关注度

直接以现金或股份的形式向公民进行红利分配，可以让所有公民从他们自己的资源财富中受益。这一方面可以提高公民对公共资源的关注度和关心程度，另一方面可以使他们关注国有企业的扩张；这在很大程度上提高了公民对公有财富运营的监督动力，有效防止某些机构部门及其他少数团体损公肥私、操纵公有资源。

3. 提高财富的利用效率

直接以现金形式进行红利分配可以减少集中滞留在国有企业内部的现金流，同时增加民众的真实财富。一方面，国有企业资金流的减少会促使高管谨慎投资，从而提升企业资本的投资效率；另一方面，民众的真实可支配收入增加时，引致消费会随之增加，从而产生乘数效应。可见，当资源所有人比较分散的时候，财富利用的效率会更高。

4. 分红效果显著

以直接共享分红的模式向民众分配国有企业红利，可以有效减少中间环节，避免因多环节介入带来时间和资本的效率损失，从而产生更大的红利分配效应，达到预期的效果。

5. 保障政府税收收入

直接进行红利分配可增加居民的财富总量，从而提高个人的可支配收入。增加的可支配收入会导致消费的增加，并通过乘数效应引起下一轮收入及消费的增加。在此过程中，消费税、增值税、个人所得税等构成的政府税收收入会同步增长，从而形成良性循环。企业红利的分配不但没有减少税收收入，还为新的税收收入创造了来源。

（二）直接共享分红模式的弊端

1. 操作难度大

直接共享分红具有明显的优势，然而，这种红利分配方式需要综合考虑经济周期及地方差异等因素，红利基数、民众基数、衡量口径、分配形式的确定都需要严密的计算分析和反复论证，甚至模拟试验以确定影响程度，操作度相对较大，尤其是在我国人口多，面积大，相关法律制度和管理制度还不健全的情况下，实施起来还存在很大的困难。

2. 存在政策风险

一旦直接共享分红政策大范围试行，积极影响和消极影响都会同时被放大；如有不慎出现不良影响，短期内难以矫正。也正是由于这个原因，直接红利分配所涉及的区域一般均具有经济体量小、影响范围窄的共性。

二、间接共享分红模式

间接共享分红模式可以在一定程度上提高民众的福利，但效果相对有限。

（一）间接共享分红模式的优势

通过间接共享分红模式来实现国有企业红利的全民共享，具有很强的可行性，只要政府出台相关政策即可全面推行，操作难度相对较小，适合作为过渡时期的红利分配方式。

（二）间接共享分红模式的弊端

间接红利分配模式的弊端主要表现在以下三个方面。

1. 有失公平

间接共享分红模式一般是通过义务教育、社会保障等形式惠及民生的。然而，并非每个公民都符合义务教育或社会保障所规定的条件，从而在间接共享分红模式下，某些群体会被阻隔在政策优惠的大门外。因此，间接共享分红模式不能保证每个人都公平地分享到国有企业的税后红利，造成只有部分群体受益的局面。

2. 缺乏监督

间接共享分红模式所带来的福利通常具有隐性的特征，不易被普通民众所感知。由于缺乏公有资产主人翁的意识，普通民众对国有企业的关注度有限，从而不能形成有效的民间监督机制。低效监督的直接后果是难以防范内部人控制等风险，导致红利分配政策大打折扣。

3. 分红效果不佳

间接共享分红模式主要通过财政汇集国有企业的税后红利，再集中投入义务教育、社会保障等惠民福利中去。红利收回及发放的过程要经过诸多部门的配合，中间环节越多，资金损失的可能性越大，没有办法保证全部红利都能真正被民众共享。同时，涉及的部门越多，时间损耗就越多，无法产生立竿见影的效果。

4. 存在政策风险

间接共享分红模式需通过政策实施，这就引入了一定的主观因素。如果政策制定者决策失误，会造成极大的资源浪费和福利损失。甚至可能在政策制定者与特殊利益集团博弈的过程中，让国有企业红利异化为少数人的利益，无法有效实现全民共享。

第四节 间接共享分红：国资收益划转社保基金的实践探索

近年来，我国人口结构老龄化问题越来越严重。为此，社会各界开始广泛讨论"延迟退休"方案，但即使真正落实这一方案，拓宽社保资金来源渠道依然是一个重要问题。前已述及，国有企业红利作为全民的共同财富，应该本着全民合理共享的基本原则进行分配，让国企收益能惠及全民。因此，在当前人口老龄化背景下，探索建构国有资本收益划转充实社保基金是当前实现国企红利间接共享分红的一种重要形式，对于弥补人口老龄化背景下养老基金缺口意义重大。目前，国有资本收益划转社保基金作为社保基金来源的渠道已经成为理论界和实务界的共识，国内一些省市，如山东省、上海市等对此进行了较早的探索。在2017年11月出台《国务院关于印发划转部分国有资本充实社保基金实施方案的通知》（以下简称《划转方案》）作为各省市的执行样本后，各省市关于国有资本充实社保基金的试点工作逐渐加快。

一、探索国资划转社保基金的总体情况

国资划转社保的思路构想在我国早已进行了探索。2001年，劳动和社会保障部与财政部联合发文规定，我国的社会保障基金包括国有股减持划入的资金及股权资产。此后，党和政府多次在重要会议和政府工作报告中强调要划转部分国有资本充实社会保障基金。2017年《划转方案》明确规定国有资本划转社保基金的比例为10%，划转对象包括中央各部委直属国有企业、各级地方政府所有的国有企业、国有控股大中型企业和各类国有金融机构。此后，各部委、各省市先后进行国资划转的试点工作。2018年3月，国资委启动第一批试点，将中国联通等三家中央企业进行股权划转；同年11月，国资委又进行第二批试点，这次的试点企业则扩大到包括中国华能在内的15家中央企业。这两批试点企业划转资本共计750亿元。2019年5月，根据全国社保基金理事会提供的数据显示，从全国社保基金理事会管理的资金规模看，已经从最初的200亿元增加到现在的3万多亿元，其中从国有资本划转社保基金的达0.11万亿元。在2019年7月10日召开的国务院常务会议上，国有资本充实社保基金成为一大关注点。会议要求在此前部分中央企业和部分省市试点工作的基础上全面推开国有股权的划转工作。按照这一会议精神，国资委积极着手研究开展第三批试点，并于7月16日的新闻发布会上宣布，预计这批划

转工作将完成35家中央企业股权划转工作。其企业数量接近前两批企业总量的两倍,划转股权金额更是前两批试点总金额的6.4倍。此外,这三批试点企业所划转的国有股权总金额预计将高达6038亿元。随着党中央不断扩大国有资本划转社保的试点企业范围,国资股权在社保基金中的比重和贡献也日益突出。但就国有资本的划转进度而言,仍然总体偏慢。2019年2月,在全国两会上时任全国社保基金会理事长的楼继伟明确要求,应进一步加快推进国有资本划拨社保基金的施行进度。对于划转进度,他当时仅用了一个"慢"字作为回应。2019年6月26日,审计署在审计报告中提到,截至2019年3月底,中央企业已完成划转社保基金的国有股权,不到全部拟划转总额的10%,只有1132亿元。从地方情况来看,2018年以来,只有安徽、云南、新疆、四川四个省份相继出台了国有资本充实社保基金实施方案,连同此前早期探索的山东、上海、辽宁,合计只有7个省市进行了实践探索。

二、国资划转社保基金的实践模式

当前,我国国有资本实行"统一所有,分级代表"的管理体制。在这一体制框架下,尽管地方国有资产管理部门接受中央国有资产管理部门的指导和监督,但并不是严格法律意义上的行政隶属关系。由于中央国资监管部门和地方国资监管部门分别代表国家行使其所属国有企业的出资人所有权,双方在法律上是平等的市场出资主体,这就使得中央国有企业和地方国有企业之间也是既相互竞争又相互合作的平等的市场经济主体。因此在这一体制作用下,中央并不能直接干预地方国资和国企的利润分配行为,当然也包括国有资本划转社保工作的推进。这就使得中央和地方在探索国有资本划转社保的时间、方式、路径等方面并不统一。

因此,为加快各地推进国有资本划转社保基金工作,有必要更全面地把握地方国有资本划转社保基金的试点做法,剖析存在的问题并总结先进的经验。本书课题组分成华东、华北、华南、华西、华中五支调研团队分别赴全国各地展开调研,通过与各地的国资管理部门、财政部门和人社部门等机构进行深入访谈,发放问卷,收集相关资料文件等方式全面梳理分析国资划转社保基金的做法。经过对反馈回来的资料数据进行整理,我们把地方探索国有资本划转社保的做法分成两种模式,一种是股权划转模式,以山东为代表;一种是收入划转模式,以上海为代表。此外,全国还有多数省份由于面临一些困境尚未出台相关的文件。

(一)股权划转模式

所谓股权划转模式,是中央和地方政府在全民委托下,将国有资本监管机构所属的国有股权按照一定比例划归到社保基金管理机构，由社保基金管理机构充当国有企业股东并按照其持股比例享有国有资本收益，从而增加社保基金收入的一种国资预算支出民生化模式。这种模式以山东为主要代表。早在2015年，山东省就已经开始探索国企股权划转社保基金方案，划转比例达到30%。2017年，国务院在山东试点的基础上颁布了《划转方案》，明确国资预算支出民生化可采取国有股权划转社保基金的模式，并规定所有中央企业的划转比例为10%。此后，安徽、云南、新疆、四川也出台了相应的方案，进入了实践操作层面的探索。基于国务院2017年颁布的《划转方案》，各省市的国有资本划转社保基金执行方案大致相同，主要包括以下六点。

1. 划出主体及其范围

各省所选定的划转对象主要为省级国有企业及省级国有控股大中型企业和金融机构，但是暂不划转公益类、文化类国有企业股权，也对政策性和开发性金融机构暂不执行划转方案。

2. 划转比例的规定

各省在《划转方案》出台后普遍将其省内的国有股权划转比例统一定为各类拟划转企业国有股权的10%。

3. 承接主体的规定

国有股权的承接主体为各省已有或拟组建的省国有资产运营有限公司，市、县不再设立承接主体。

4. 划转程序的规定

各省大都包括以下四个划转步骤。第一，由各省拟划转国有股权的国有资产监督管理机构负责提出其所辖各类企业拟划转股权的建议方案，并由该省财政部等相关部门给予审核确认。第二，省级国有资产监督管理机构按照审核后方案，在规定时间按规定流程划出约定比例国有资产股权，并由承接主体接收股权并设立专门账户加强管理。（其中，如拟划转国有企业涉及多个国有股东的，由第一大股东的国有资产监督管理机构进行初审，提交同级财政部门确认，并根据其产权归属关系划转至中央或省级承接主体。如拟划转国有企业为上市公司，划出主体应同时完成证券的登记工作，并抄送承接主体。）第三，承接主体收到划入股权后应及时进行账务调整并做好相应的产权变动登记工作。划出主体应根据相关规定及时通知其收益相关方，如是上市公司，应切实履行其应尽的信息披露义务。最后，应按规定做好股权划转工作的报告、汇总工作。

5. 承接主体的权利

《划转方案》颁布后，各省新定方案均明确指出，承接主体作为财务投资者，享有所划入国有股权的收益权和处置权。承接主体的收益主要来源于股权分红。另外，除了国家有规定承接主体对部分企业必须保持特定持股比例以外，大部分企业的承接主体在经过批准以后还可以通过买卖股权而获取资本利得。当然，各省新定方案也明确规定，承接主体不得干预划出企业的日常生产经营管理，即一般不向划出企业派出董事。如确实需要向企业派出董事的，必须提出申请并通过审核方可派出。

6. 承接主体的义务

承接主体除了应履行普通股东的正常义务以外，各省还普遍增加承接主体的禁售期义务。一般要求承接主体在3年以内不得出售其所承接的国有股权，并应承继原持股主体的其他限售义务。

调研中本书课题组发现，各省执行方案大都是参照中央顶层设计并结合自身市实际情况制定，其主要目标基本围绕以下四个方面。一是弥补企业职工基本养老保险基金缺口，通过向各省级社保基金划转省属、市属国有企业的部分国有股权，有利于增强省级社保基金的自我保值增值能力，有利于解决历史遗留问题所产生的基金缺口，有利于实现省级社保基金的可持续经营。二是避免出现对同一国有企业或同一部分国有股权进行重复划转问题。各省一般都只划转企业集团股权，根据企业集团公司制改革现状分别采取不同的划转路径。例如，针对已完成公司制改革的企业集团，则直接划转其10%的股权给社保基金。而针对仍未完成公司制改革的企业集团则从两个方面加以努力，一方面积极推动其完成公司制改革，待其完成改制后再划转股权；另一方面努力探索规范划转国有股权，努力探索如何将未完成公司制改革的企业集团所属一级子公司股权划转社保基金。三是明确各省国有资产运营有限公司为各省承接主体，实行统一管理，提高社保基金的运营效率。四是注重提高市县积极性。将划转的国有股权收益并入省级社保基金，实行统筹运营，统筹分配，提高市县通过各种途径提高其获利水平，从而调动市县积极性。

（二）收入划转模式

自国务院2017年颁布《划转部分国有资本充实社保基金实施方案》以来，股权划转模式成为各省市国资预算支出民生化采取的基本模式。但是在2017年之前，与山东省一样，上海市、辽宁省等部分省市也较早开始了国资划转社保的探索。但是与山东省采取股权划转模式不同的是，上海、辽宁探索采取了收入划转模式。

所谓收入划转模式，是指地方政府将其所属的国有及国有控股企业每年的利润按照一定比例通过财政预算的方式划转到社保基金管理机构，达到充实社保基金的一种传统模式。它与股权划转模式相比，二者都是为了实现国有资本收益充实社保基金，更好地服务民生项目，而且二者的收入来源都是国有资本收益，具有周期性、波动性的特点。

当然，收入划转模式与股权划转模式也存在较大的差别，主要表现在：第一，从划转的对象看，股权划转模式划转的对象是国有公司股权，涉及产权的变更，而收入划转模式划转的对象是国有企业上缴的利润。第二，从划转的程序看，股权划转模式只要通过一次股权划转，社保基金监管机构就成了国有企业的股东，依法享有股东的权益，包括一定的生产经营监督权和收益索取权，因此是一次性划转行为；而收入划转模式下，国有公司每年产生的收益需先向财政部门上缴利润，之后再通过每年的国资财政预算将国有资本收益按照规定的比例划拨给社保机构，因此是每年重复划转行为。第三，从划转活动的实质看，股权划转模式下，国有公司每年盈利后向其股东（包括财政部门和社保机构）分配收益，就完成了国有资本收益充实社保基金的过程，因此是属于国有企业的收益分配范畴。而收入划转模式下，社保基金管理机构是通过每年的财政预算收入获得国有资本收益，因此是属于财政预算分配范畴。第四，从划转的结果看，股权划转模式下，社保基金管理机构成为国有公司股东，按照股权持有比例享有国有资本收益；而收入划转模式下，社保基金管理机构并不是国有企业的股东，不具有股东身份，不能行使股东权益，也不能干预国有公司的生产经营管理权。

（三）两种模式的比较分析

从上述分析发现，不管是股权划转模式还是收入划转模式，都是在我国社保基金存在较大缺口的背景下展开。近年来，我国一直大力推进减税降费，社保费率呈逐步降低的态势，我国社保基金面临的缺口压力也不断增大。在如此严峻的形势下，国家实行国有资本划转社保基金是国有资本民生化支出的重要创新，不仅能够缓解社保基金缺口压力，增强我国社会发展的民生保障，也是我国国有企业改革中探索国有资本回馈社会的具体行动，开创了一条独特的公有制产权利润分配之路，具有以下几个理论价值和实践意义：一是国有企业作为国有资本的主体力量，将国有企业的国有资本划转社保基金，是一项新的国有资本收益的分配方案，是我国在社会主义市场经济条件下财政分配的一次新尝试，有可能对社会主义财政分配理论形成一定补充和发展。二是国有资本划转社保基金是国家运用国有资本及其收益服务于全民股东，实现国资收益全民共享的一次制度创新；三是社保基金管理机构持有部分国有股权但不参与企业经营管理，这是中国公有制产权模式改革一次重要创新，有可能为国家更深入的产权变革提供有益的尝试。

当然，通过对两种模式的对比，还可进一步发现股权划转模式更具有优势，第一，由于具有严格的时间限制、比例限制和流程管理，社保基金机构对划转后的股权一般不直接变现，而只是根据其所承接的国有股权获得相应的股息收入，并利用这些股息收入来弥补原社保基金存在的缺口，有利于保障社保基金持续获得资金补充。第二，不同于收入划转模式每年财政预算安排带来的不确定性，股权划转模式能够在一定程度上夯实社保基金按期偿付的资产基础，具有更高的法律效力。第三，通过社保机构引入国有公司，有利于改变传统国有股权单一的弊端，促进国有企业的混合所有制改革，优化国有公司治理机构，促进国有企业进一步做强做优做大。

当然，实践中股权划转模式需要解决以下四个方面的关键问题：一是应如何确定国有股权划转的比例并选择正确的划转时机；二是应如何确定国有股权在划转社保基金后的利益归属，并对这些已划转出来的股权实施保护；三是应如何建立国有股权划转社保基金的反馈机制，对划转股权的国有企业进行有效保护和激励，确保其正常发展，甚至优化其股权结构，促进其更好、更快发展；四是应如何制定国有股权划转社保基金的科学方案，根据各省的国有企业发展差异，允许并鼓励各省采取差异化的划转方式和划转进度安排，并在划转实践中不断总结经验教训，不断完善划转流程。

第十五章

完善国有企业红利分配制度的财务监督机制

现行的红利上缴制度实质上是国家股东作为委托人和企业内部管理层作为代理人所签订的关于股利如何分配的契约，它以国有企业会计盈余的一个固定比例作为契约执行的基础。由于国有企业的委托人与代理人之间信息不对称和利益的不一致，具有信息优势的代理人往往会采取一系列行动，通过操纵会计盈余数字来调节企业利润的高低，从而使契约的签订或履行更加有利于自己。在股利契约执行的过程中，对于国有企业自身来说，由于向国家进行分红后，企业的自留利润减少，企业经营者是否会为了企业或管理者自身的各种利益，做高成本，降低利润，以达到减少分红的目的？应当如何完善国有企业财务监督体系，才能确保国企分红政策得以有效的实施，从而达到预期的效果？这些问题就是本章所要研究的内容。

第一节 红利分配制度下国有企业财务监督体系

一、国企的委托代理机制需要强化财务监督

委托—代理理论是随着社会生产力的发展而出现的规模化的生产而产生的，生产力的发展使社会分红进一步细化，出现了职业的资本所有者和职业的经理人。在现代化企业中，资本所有者充当股东投入资金，将企业交给职业经理人员进行日常经营管理，这样就出现了典型的所有权与经营权的分离，因此产生了资金所有者作为委托人，职业经理人员作为代理人的委托—代理关系，那么委托人就成为了企业的外部人员，而代理人却是生产经营工作的直接参与者，相对于委托人，代理人拥有着更多的企业经营状况的信息，委托人和代理人之间就存在着不同程度的信息不对称问题，而正因为这点使得代理人员操控会计信息成为可能。在缺乏有效的制度

安排和监管机制下,企业内部管理人员很有可能根据自身的利益而对企业的信息进行选择性披露,这样就可能损害到委托人以及更广大利益相关者的利益。所以,由于所有权与经营权的分离而带来的信息不对称问题是委托—代理理论所要面对的首要问题,在这种情况下如何有效发挥信息披露制度的作用,从而实现真实有效的信息披露,达到信息对称的理想状态就是重中之重的问题。

在我国国有企业的经营过程中,委托—代理问题则更为严重,国有企业的真正所有者是每一个公民,但是让每个人都直接行使所有者的权力,这显然是不现实的,因此只能让国家代表全民来行使这一权力,但是国家并不是一个实体,无法直接负责日常的经营管理,因此就只能将权力进一步下放到中央或者地方政府来执行,又由于国有企业的数量之多,只能由直接负责的管理人员行使日常管理权利。国有企业的产权经过了这样一次次的下放,信息不对称的问题必然更加的严重,因此国有企业更应当要求内部管理层进行公开有效的信息披露,才能有效消除信息不对称问题,使得企业内部所有人员都朝着国有资本保值增值的目标而努力(见图15-1)。

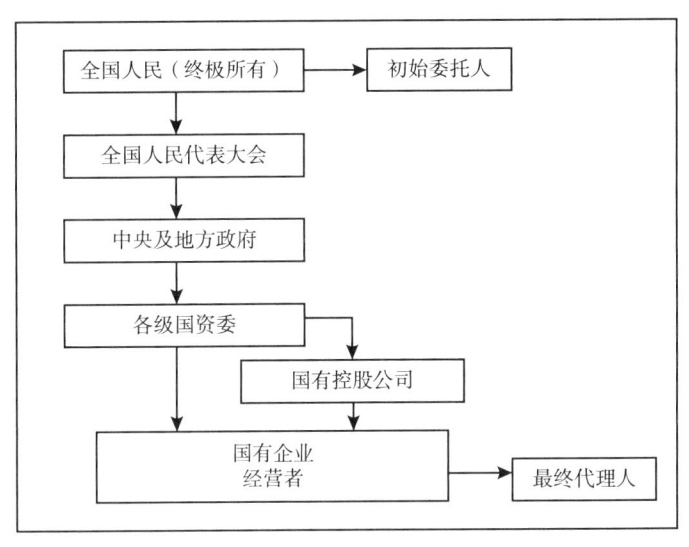

图15-1 国有企业委托代理结构

二、我国国有企业财务监督的主要模式

我国的财务监督模式是在改革进一步深化的基础上建立起来的,主要历程体现在:1993年《公司法》规定在股份有限公司和有限责任公司内部设立监事会;1994年国务院发布的《国有企业财产监督管理条例》要求对国家重点大型企业采用外派监事会;1998年国务院签署《稽查特派员条例》向国有重点大型企业派驻

稽查特派员；2000年国家实施财务总监委派制；2002年发布《上市公司治理准则》要求上市公司建立独立董事制度，董事会下设审计委员会。2003年3月，代表国家履行出资人职责的国务院国有资产监督管理委员会成立，此后，形成了由国有资产管理部门向企业委派财务总监和国务院实施的审计署审计等多重的财务监督模式。下面针对各种监督模式①进行比较分析：

（一）政府审计

《审计法》第二十条规定，"审计机关对国有企业的资产、负债、损益，进行审计监督"。国有企业审计一直是我国政府审计的重点之一，政府审计作为"国家的经济卫士"，与国有企业一直保持着监督与被监督的关系，发挥着保护国有企业中国有资产权益、防范国有企业风险以及保证国有企业信息披露真实性等一系列重要作用。

由于审计机关是一个独立于出资人和经营者的第三方，因此，其更具有独立性，更能发挥财务监督职能。每年针对国有企业财务收支的审计抽查结果，都揭露了许多国有企业中存在的各种问题，但由于审计机关的人力、物力等客观原因的限制，只能采取抽样审计的方法。以审计署为例，面对100多家中央企业，每年只能抽取10多家进行审计，这就给那些没有被抽查到的企业留下了可乘之机。与此同时，国家对国有企业财务造假行为惩戒力度较弱，缺乏相关法律法规的限制，导致了被审计单位屡审屡犯的现象十分普遍。这也在一定程度上削弱了政府审计监督的影响和效果。

（二）外派监事会监督

早在1998年，我国就开始实行外派监事会制度，由国家大型独资企业的稽查特派员代为行使国家监督权。这一举措是实现政企分开，加强国企监管方式的重大探索。根据有关规定，外派监事会主要监督企业财务活动及企业经营者行为等事项，在规范经营者行为的同时避免国有资产流失。一般而言，外派监事会利用"听""看""查""询"等多种方式定期开展企业专项检查，其行使监督权的同时并不干预企业的经营管理活动。

尽管外派监事会的设立在一定程度上增强了国有企业监督力度，但仍存在诸多问题：例如外派监事会制度仅适用于大型国有独资企业，伴随着企业投资主体多元化，国有股东外派监事会进入股份制企业这一行为将存在法律障碍。而且根据《国有企业监事会条例》，对监事会主席一职的任免更多的是强调其政治素养，忽视对其专业水平的要求。如此，专业知识水平的限制必然不利于监督工作的深入开展，降低财务监督效用水平；此外，从外派监事会组织结构上看，其一般是由一名监事会主席和三名专职监事构成,如此小规模的监事组织却负责着 2~3 个大型国有企业集团的监督工作。这些公司的业务复杂,子公司众多,监事会难以完全顾及,只能将时间和精力主要放在母公司的监督上,从而也就造成对集团子公司监督无力的局面。

(三) 内部监事会的设立

根据《公司法》规定,监事会是公司内部设立的负责监督董事会及经营者行为的机构,是出资者所有权的延伸。具体而言,公司监事会主要是对公司财务以及公司董事、经理等高级管理人员日常经营行为合规性的监督,意在维护股东的合法权益。监事会的日常监督记录及定期专项检查结果应成为企业经营者绩效评价的重要依据。

不可否认,监事会的设立及其职能的完全履行将大大提高企业财务监督水平,然而,在当前国有企业法人治理结构不健全的情况下,公司对监事会的职责规定并不明晰,导致本应对经营者进行监督的责任并未完全履行。监事会功能弱化使得公司财务腐败、信息造假、内部人控制等一系列消极现象频频出现。可以说,建立健全国有企业监事会机制依然任重而道远。

(四) 财务总监的委派

在国有企业所有权与经营权相分离的条件下,委派财务总监主要是指国有资产管理部门向其管辖的国有企业或者说是国有企业母公司向子公司派驻财务总监,对其目标企业各项经济活动实施监督控制的一种特殊行为。在委托代理契约中,财务总监主要负责跟进企业重要财务活动并参与其日常的经营管理决策,全面观察和系统反映企业经营者权利和义务履行情况,使得代理契约得到高效而低成本的履行。这不仅有利于规范国有企业经营者的行为,而且有利于维护所有者权益,实现国有资产的保值增值。

然而,国有企业委派财务总监的实际运转情况几乎背离了初始目的,对国有企业的监督有效性大打折扣。当前,国有企业财务总监主要扮演总会计师角色,参与企业日常经营,这在一定程度上造成其形式上和实质上的不独立,大大降低企业监督效果。并且现行国有企业绩效考评办法也将财务总监视同企业管理层的一员,财务总监与企业其他经营者的行为动机存在一致性,从而妨碍其监督责任的履行。由于独立性的丧失,财务总监很可能基于自身效用最大化目标,与企业经营者构成利益共同体,进而联合组成"内部人控制"团队,制约了国有企业监督效能的发挥,甚至可能产生侵占国有资产等不端行为。

(五) 审计委员会模式

国有企业上市公司董事会一般下设审计委员会，其成员包括公司董事，但还是外部独立董事占多数并且担任召集人。审计委员会履行公司审计项目的相关职责，例如提议聘请或更换外部审计机构，负责内外部审计机构之间的信息沟通。其核心职能是审核并披露公司的财务信息，审查并披露公司内控制度情况。除此之外，审计委员会还负责监督公司内部审计制度的实施，监督公司财务运行机制是否规范，所提供的财务信息是否真实，等等。需要强调的是，审计委员会成员中至少有一名独立董事的专业是会计，这就进一步为财务监督质量提升奠定人才基础。应当承认，审计委员会是国有企业财务监督的一种有效模式，但由于各种问题，其财务监督有效性并未真正发挥。

第二节 红利分配制度下国有企业财务监督的有效性分析

有效的财务监督不仅能够减少会计舞弊，操纵利润等现象，提高企业会计信息质量和会计盈余的可靠性，而且对提高国有企业经营业绩具有积极的作用。因此，国有企业财务监督的有效性，直接影响到国企分红的效率和企业未来的发展。本节拟分别对历年审计署对国有企业财务收支的审计结果、国有上市公司的会计舞弊，以及盈余管理水平进行分析，探讨红利分配制度下国有企业财务监督的有效性。

一、红利分配制度下审计署对国有企业的审计结果分析

国企红利上缴政策使得国有企业的自有现金流量减少，影响到内部管理者的可支配现金流量。与非国有企业不同，国有企业同时具有了公共性和企业性，公共性是为了体现国有企业的社会作用以及国有企业管理人员的升迁和政治地位，企业性则是追求利润最大化的一面。国家作为股东分得红利应在确定国企真实利润的基础上，红利上缴使得国有企业的公共性得到了体现，但是对于国有企业的内部管理人员其企业性却受到削弱。在这样的背景下，国有企业将一部分的税后利润通过红利的方式上缴给国家，使得企业内部的自留现金流量较少，这对于目前国有企业普遍存在的过度投资问题和在职消费问题起到了很好的抑制作用，但是对于内部管理人员的既得利润却受到了侵害。

审计署对中央企业的审计中发现了不少少计利润的现象。2018年6月20日，

审计署公布了对 35 户中央企业的 2016 年度财务收支等情况审计结果，发现 35 户中央企业 2016 年多计利润 28.65 亿元，占同期利润的 0.77%；有 175 项重大经济决策事项涉嫌违规或盲目决策等，556 项经营管理事项不够规范，共造成资产损失、损失风险和闲置等 203.67 亿元。以上实例均表明，国有企业隐瞒利润的现象确实普遍存在。

近年来审计署对国有企业的审计抽查同样表明：国有企业普遍存在财务收支中的弄虚作假行为，除了部分国有企业出于各种目的多计利润外，大部分国有企业不同程度地存在虚减利润问题。

国有企业治理机制不健全，国企内部人控制现象严重，财务约束和监督机制不健全，以及过去多年来国有企业不缴利润带来的制度惯性，国有企业会计违规操作成本较低，被揭露概率小，即使被揭露处罚的力度也不够，这些诸多因素导致了国有企业会计违规的现象比较严重。

二、红利分配制度下国有上市公司会计舞弊的现状分析

随着国有企业改革的不断推进，目前中央企业公司制股份制改制面已经达到 70%，控股的境内外上市公司 396 家，80% 优质资产已经进入上市公司，因此，国有上市公司的会计舞弊行为能够在一定程度上衡量国有企业财务监督的有效性。本书根据国泰安 CSMAR 数据库违规处理研究库中选取 2005~2013 年在上海证券交易所和深圳证券交易所上市的国有企业会计舞弊案件为研究对象，分析红利分配制度实施以来，我国国有上市公司会计舞弊的特征（见表 15-1）。

表 15-1　国有上市公司会计舞弊类型分布

舞弊类型	中央控股上市公司		地方控股上市企业		合计	
	数量	占比（%）	数量	占比（%）	数量	占比（%）
推迟披露	47	25.54	131	29.31	178	28.21
虚假记载	39	21.2	92	20.58	121	20.76
重大遗漏	20	10.87	54	12.08	74	11.73
虚构利润	7	3.8	11	2.46	18	2.85
一般会计处理不当	5	2.72	11	2.46	16	2.54
披露不实	3	1.63	4	0.86	7	1.11
占用公司资产	3	1.63	11	2.46	14	2.22
内幕交易	11	5.98	14	3.13	25	3.96

续表

舞弊类型	中央控股上市公司		地方控股上市企业		合计	
	数量	占比（%）	数量	占比（%）	数量	占比（%）
违规买卖股票	22	11.96	61	13.65	83	13.15
其他	27	14.67	58	12.98	85	13.47
合计	184	100	447	100	631	100

注：一家公司如果在不同年度发生同一类型的舞弊行为作为1个样本统计。

从表15-1中可以看出国有上市公司会计舞弊发生最多的是类型是推迟披露、虚假记载，以及重大遗漏，占比分别为28.21%、20.76%、11.73%，这三种信息披露舞弊占了舞弊合计数量的60%以上，这表明我国上市公司在信息披露方面有着重大改进的必要。

表15-2统计了国有上市公司财务舞弊处理年度的分布，我们发现，披露的违规国有上市公司数总体上呈现逐年增加的态势，2005年为70家，到2012年达到169家，2013年略有下降。这是因为监管机构对违规检查具有滞后性，会计舞弊自发生到稽查，再到处罚和公告，常常历经数年。2013年发生会计舞弊的公司有可能在2014年及以后年度的检查中陆续被发现，因此，研究的时间不同，样本的数量有可能存在差异。

表15-2　　　　2005～2013年国有上市公司会计舞弊年度分布

违规公司	2005年	2006年	2007年	2008年	2009年	2010年	2011年	2012年	2013年	合计
中央企业	11	17	29	39	32	36	46	50	27	287
地方国企	59	52	80	101	121	100	116	119	48	796
合计	70	69	109	140	153	136	162	169	75	1083

注：一家公司如果在不同年度发生舞弊分别计算，一家公司同一年度舞弊种类在2个以上分别计算。

从表15-3和表15-4看出：在2007年和2012年，国有上市公司会计舞弊都呈现出爆发式的增长。2007年是我国首次实行国有企业红利上缴制度的年度，而在2012年，国家大幅扩大了纳入国有资本经营预算范围的企业，并提高了国有企业红利上缴的比例。可见国有企业红利上缴政策的推行对国有上市公司的信息披露行为具有明显的影响。

表 15-3　　　　　2005~2013 年国有上市公司舞弊开始年份分布表

项目	2005年	2006年	2007年	2008年	2009年	2010年	2011年	2012年	2013年	合计
中央企业	3	12	20	23	12	21	22	33	15	161
地方国企	26	19	52	52	58	45	44	69	25	392
合计	29	31	72	75	70	66	66	102	40	553

注：从国有上市公司违规样本中剔除指标不完整的样本。

表 15-4　　　　　2005~2013 年国有上市公司舞弊结束年份分布表

项目	2005年	2006年	2007年	2008年	2009年	2010年	2011年	2012年	2013年	合计
中央企业	0	4	14	19	14	15	29	39	27	161
地方国企	13	16	21	38	65	45	49	100	45	392
合计	13	20	35	57	79	60	78	139	72	553

三、红利上缴制度下国有上市公司真实盈余管理的现状分析

盈余管理，是指企业管理者运用会计手段或者安排交易来改变财务报告，以误导利益相关者对企业业绩的理解或者影响以报告会计数字为基础的合约的结果。按照实施手段划分，盈余管理可分为应计盈余管理和真实盈余管理两大类。其中应计盈余管理是指通过变更会计政策、会计估计或调节应计项目等会计处理方法对利润进行调整的一种方式；它一般不改变公司的现金流和经济活动，只影响会计盈余在各个期间的分布，但不影响各期的会计盈余总额。真实盈余管理是通过安排真实的经营交易来调节利润，如期末异常促销活动、提供更为宽松的信用政策、削减研发性支出费用及降低单位生产成本等。它不但会影响各期和总的报告盈余以及各期实际现金流量，甚至还可能对企业价值产生不利影响。

我国国有上市企业的终极所有者是国家，国家的控股作用由政府或国有资产管理公司通过向国有企业委派管理者来实现的，国有企业中存在着多层且多级的委托代理关系，最终的代理人就是国有企业的经营管理层，而高层管理人员作为大股东的代言人，具有管理权力。在这种情况下，国有企业的经营管理层不仅具有盈余管理的动机，还具有盈余管理的能力。近年来国内外学者对国企管理层进行盈余管理动机的研究主要集中在资本市场动机、契约动机和政治成本动机等方面，但是从国企分红角度进行研究的文献还很少。仅有李静（2010）、周歌（2011）、马磊（2011）三位学者从应计盈余管理的角度对国企分红的效果进行分析，发现在一定

程度上，代理人可以利用信息不对称的特殊条件操纵会计盈余，降低报表上的利润数额，从而减少上缴的红利，获得更多的留存利润。但已有的研究成果主要是围绕着运用会计方法的应计盈余管理，没有研究国企分红制度下的公司的真实盈余管理活动。

红利分配制度实施以来，随着会计准则的不断完善、监管力度的不断加强，公司管理层进行应计盈余管理的压力越来越大，空间也变得越来越小，并且操纵应计盈余项目并非公司进行盈余管理的唯一途径，因此管理层逐渐将目光转向真实盈余管理。多数公司更倾向于采用较为隐蔽的真实活动操控来实现盈余管理目标。因此，接着拟对真实盈余管理方式进行研究，探究红利分配制度实施以后，国有企业是否会动用真实盈余管理来作为隐瞒利润的手段。

（一）样本选择与数据来源

本书选取2007~2013年在上交所和深交所上市的A股国有上市公司作为初选样本。同时采取以下筛选程序：（1）剔除金融类上市公司样本；（2）剔除ST和PT上市公司；（3）剔除2005年及以后上市的公司样本；（4）剔除实际控制人发生变动的上市公司；（5）剔除样本期间财务数据缺失的上市公司，最后我们得到459家公司，其中由中央政府控制的上市公司125家，由地方政府控制的上市公司334家，共计3213个观测值。本书所使用的财务数据和实际控制人数据均来自国泰安数据库（CSMAR），数据整理和统计使用Excel和SPSS19.0软件完成。

（二）真实盈余管理模型简介

从已有的真实盈余管理相关文献来看，罗伊乔杜里（Roychowdhury, 2006）对真实盈余管理的估算模型具有较高的代表性。其文章中将真实盈余管理的种类具体分为三类：第一类为销售手段，企业管理当局利用异常的降价促销或者异常放宽赊销条件等方式来提高当期的销售量，在保证边际利润率为正的前提下，销售量的增长必定会带来当期的利润上升，同时当期的现金流量反而下降；第二类为生产手段，企业管理当局异常增加当期的产品生产量，这样可以降低每个产品所分摊到的固定成本，当下降的固定成本幅度超过边际成本上升的幅度时，这种异常增多产量就能够带来利润的上升，同时成本和期末存货都会相应上升；第三类手段为经营手段，企业管理当局可以通过异常削减企业日常经营过程中各项费用支出，来达到短期增多当期利润的目的，这样伴随着期间费用的下降，当期利润必定随着上升。对应于三种手段，罗伊乔杜里（Roychowdhury, 2006）构建了三个计量模型以估计企业内部真实盈余管理强度的大小，后来，科恩（Cohen, 2008），科恩和扎罗文（Cohen and Zarowin, 2010），李彬、张俊瑞等（2009）等学者又进一步对 Roychowdhury 的模型进行改良。本书借鉴这些学者的研究方法,使用异常经营活动现金流净额(ACFO)、异常产品成本(APROD)和酌量性费用(ADISE)作为真实盈余管理水平的替代变量。

$$CFO_{it}/A_{it-1} = \alpha_0/A_{it-1} + \alpha_1(S_{it}/A_{it-1}) + \alpha_2(\Delta S_{it}/A_{it-1}) + \alpha_3(TC_{it}/A_{it-1}) + \alpha_4(EC_{it}/A_{it-1}) + \alpha_5(OC_{it}/A_{it-1}) + \zeta_t \quad (15.1)$$

$$PROD_{it}/A_{it-1} = \alpha_0/A_{it-1} + \alpha_1(S_{it}/A_{it-1}) + \alpha_2(\Delta S_{it}/A_{it-1}) + \alpha_3(\Delta S_{it-1}/A_{it-1}) + \zeta_t \quad (15.2)$$

$$DISE_{it}/A_{it-1} = \alpha_0/A_{it-1} + \alpha_1(S_{it-1}/A_{it-1}) + \zeta_t \quad (15.3)$$

以上三式,变量 CFO_{it} 表示 i 公司第 t 期经营活动现金流量; $PROD_{it}$ 表示 i 公司第 t 期生产成本,即营业成本与存货变动之和; $DISE_{it}$ 表示 i 公司第 t 期费用,即销售费用与管理费用之和; A_{it-1} 表示 i 公司第 t-1 期的资产总额; S_{it}、S_{it-1} 分别表示 i 公司第 t 期和第 t-1 期的营业收入;ΔS_{it}、ΔS_{it-1} 分别表示 i 公司第 t 期和第 t-1 期的营业收入变动额。TC_{it},EC_{it},OC_{it} 分别表示 i 公司第 t 期各项税费开支,支付给职工以及为职工支付的现金,以及其他与经营活动有关的现金。

使用上面三个计量模型(15.3)对分行业的研究样本进行横截面回归,估算出企业当期正常的经营现金净流量、生产成本和酌量性费用;然后根据企业这三个项目当年发生的实际数减去相对应的正常值,得到异常经营活动现金净流量 ACFO,异常生产成本 APROD,异常可操控费用 ADISE。将 ACFO 和 ADISE 各乘 -1,然后和 APROD 相加,即可得到出衡量企业真实盈余管理总体计量指标 EM:

$$EM = -ACFO + APROD - ADISE \quad (15.4)$$

EM 代表了公司采用真实盈余管理手段进行盈余管理的程度。如果 EM > 0,我们就认为企业管理者实施了正向真实盈余管理,企业通过进行真实盈余管理提高当期盈利,反之,如果 EM < 0 则代表企业实施了负向真实盈余管理,通过增加职务消费、提高管理者薪酬、加大税前支出、滥发奖金、超标准提高职工工资等方式,将国企利润从末端向前端转移,以规避利润上缴。

(三) 实证结果及分析

表 15-5 是 2007~2013 年国有上市公司的真实盈余管理,从表 15-7 中可以看出,国有上市公司真实盈余管理总体计量指标 EM 的均值为 -0.02746452,中值为 -0.02238600,二者均为负数,2007~2013 年间每年真实盈余管理的均值和中位数始终小于零,可见红利上缴政策实施以来国有上市公司中普遍存在隐瞒利润的现象。与此同时,随着红利上缴比例的不断提高,负向盈余管理的程度呈现出加大的趋势,2010 年之后趋于稳定。

表 15-5　　　　　2007~2013 年国有上市公司的真实盈余管理

年份	均值	中值	标准差	极小值	极大值
总体	-0.02746452	-0.02238600	0.260038780	-2.397855	4.356471
2007	-0.01917646	-0.03763717	0.344782367	-2.397855	4.356471
2008	-0.00650038	-0.00879576	0.250676167	-1.128121	1.565905
2009	-0.05162394	-0.03391150	0.280695547	-1.330335	2.336374
2010	-0.03256054	-0.01976877	0.243516196	-1.411106	1.014488
2011	-0.02517791	-0.01682862	0.234535247	-1.618485	0.819837
2012	-0.02640264	-0.01832910	0.227857116	-1.019954	1.734486
2013	-0.03080979	-0.02001706	0.215313704	-1.193861	1.292100

表 15-6 和表 15-7 分别报告了地方控股上市公司和中央控股上市公司的真实盈余管理。中央企业和地方国企是政策的主要实施对象，然而由于二者的特点不同，其对上市公司盈余管理方向和水平的影响也会有所不同。

地方控股上市公司真实盈余管理总体计量指标 EM 的均值和中值分别为 -0.4166281 和 -0.03377000，2007~2013 年间每年真实盈余管理的均值和中位数也均为负数，说明地方控股上市公司负向盈余管理的程度大于正向盈余管理的程度。地方控股上市公司的盈余管理的变动轨迹与全体国有上市公司样本十分相似，可见，地方控股上市公司普遍存在隐瞒利润的现象。

表 15-6　　　　2007~2013 年地方控股上市公司的真实盈余管理

年份	均值	中值	标准差	极小值	极大值
总体	-0.04166281	-0.03377000	0.268947468	-1.618485	4.356471
2007	-0.02658497	-0.04344449	0.353435845	-1.023129	4.356471
2008	-0.01925183	-0.01939116	0.256040188	-1.128121	1.565905
2009	-0.06286056	-0.04341762	0.300864983	-1.330335	2.336374
2010	-0.04166895	-0.02592022	0.260643815	-1.411106	1.014488
2011	-0.04671996	-0.02923206	0.239935726	-1.618485	0.819837
2012	-0.04159505	-0.02975469	0.237521551	-1.019954	1.734486
2013	-0.04528464	-0.03371955	0.205173031	-1.193861	0.475445

第十五章　完善国有企业红利分配制度的财务监督机制

表 15-7　　　　2007~2013 年中央控股上市公司的真实盈余管理

年份	均值	中值	标准差	极小值	极大值
总体	0.01047330	0.00338200	0.230469804	-2.397855	1.292100
2007	0.00040316	-0.00389583	0.321318598	-2.397855	0.817453
2008	0.02719987	0.00510578	0.233546965	-0.628816	1.055126
2009	-0.02192717	-0.00845698	0.216888881	-0.894361	0.652892
2010	-0.00848830	-0.00915176	0.189828067	-0.603549	0.543155
2011	0.03175467	0.01975641	0.210089683	-0.735216	0.788874
2012	0.01374872	0.00943972	0.195316736	-0.779761	0.732324
2013	0.00744516	-0.01180601	0.236691341	-0.752840	1.292100

中央控股上市公司真实盈余管理的表现更为复杂，其中 2008 年、2011 年、2012 年这三个年份，真实盈余管理 EM 的中位数为正数，向上的盈余管理的企业数量大于向下的盈余管理的企业数量。其余 4 个年份，中央企业控股的上市公司的真实盈余管理 EM 的中位数均为负数。中央控股上市公司和地方控股上市公司在真实盈余管理上表现出的差异，其可能的原因有以下几个方面：

首先，中央企业多为涉及国家安全的行业、自然垄断行业、提供重要公共产品或服务的行业以及一些高新技术产业领域内的大型和特大型国有企业。由于此类公司属于关系国计民生的重点行业，在国民经济中占有重要地位，中央政府更倾向于对其提供融资、经营等方面的支持。因此中央企业比地方国企享有更多的资源，它们也通常具有较好的经营绩效和经济实力，现金流比较充裕。国企分红政策所产生上缴红利的现金流出对企业造成的影响不大，所以中央企业负向盈余管理的动机要比地方国企小。

其次，中央企业承担着更多的社会责任。国企分红政策实施以来，中央企业管理者经营企业的目标分为两个部分：一是调低企业报告盈余，减少红利上缴，从而增加企业的自留利润。二是追求个人经济利益和政治利益的最大化。调高企业报告盈余，上缴更多的红利，体现出自己的政绩，同时也能得到更多的薪酬奖励。这就使得国企分红政策实施后，企业管理者在进行盈余管理时出现了矛盾，管理者进行盈余管理的动机不再单一化，不同的动机会造成不同的盈余管理手段，这也使中央企业控股上市公司在盈余管理方面所表现出来的结果更加复杂。

最后，中央企业面临着比地方国有企业更为严格的监管。中央企业隶属于中央政府，直接面临着中央政府部门，尤其是国资委的严格监管和来自审计署的审计。地方所属国有企业也面临着来自当地政府或者当地国有资产管理机构的监管，但地方政府监管其所属国有企业的而有效性程度则视地区不同会有很大差异。由于我国在司法体系、法律执行程度等方面的不完善,在远离权力中心的地方,法律和法规的执行程度会大打折扣。这样,地方所属国有企业所面临的各方面的监管程度就会比较弱。而且中央企业很多在海外上市,受到的监管更加严格,其实施盈余管理的成本就更高。因此,相比较地方国企,中央企业经营管理层的机会主义行为可能受到了更多的约束,盈余管理的程度也就更低。

第三节 我国国有企业财务监督有效性不高的原因分析

从当前我国国有企业财务收支的审计结果、国有上市公司的会计舞弊数据,以及盈余管理水平来看,我国国有企业财务监督的有效性不高,审计时发现有隐瞒利润的现象,会计舞弊现状愈发严重,从真实盈余管理角度上验证了国有企业存在着负向的盈余管理,规避利润上缴。此种现状与我国国有企业的"内部人控制"问题、公司治理结构不合理、经营者激励约束机制不健全以及信息披露不规范是分不开的。

一、"内部人控制"与"外部人控制"并存

(一)产权关系模糊下的"内部人控制"问题

国有企业财务监督有效的前提是产权关系明晰,即国有企业的所有权清晰且各财务治理主体的责权利明确。然而我国当前国有企业产权关系却是相当模糊,人民对国有企业的所有权和控制权实际上为部分管理层或经营者所享有。由于企业所有者与管理层利益的不一致性,国有企业管理层很可能因为自身利益做出不利于所有者利益的经营或投资决策,甚至可能侵吞国有资产。

国有企业产权关系模糊背景下,经营者道德风险及逆向选择行为也是司空见惯。一方面由于委托代理机制的影响,国有企业"内部人控制"问题十分严重,突出表现为国有企业高级管理人在职消费、信息披露不充分、国有资产流失等问题,大大增加了委托代理成本;另一方面随着国有企业大规模的投资扩张,管理层往往基于自身利益最大化目标进行财务投资决策而忽视企业所有者利益。

(二)畸形股权结构下的"外部人控制"现象

"外部人控制"是指外部人自身凭借对企业享有的控制权利影响企业管理层做

出不符合企业发展的决策。众所周知，当前我国国有企业基本是国有独资或绝对控股，国有股东主持股东大会并决定企业收益分配、投资决策等重大事项。众多中小股东由于投资数量有限，实质上仅享有收益分配权，导致国有企业缺乏多元股权结构的财务制衡。在这样的条件下，政府官员凭借其政治上赋予的国有企业管理权干预企业管理层的经营决策。例如为了完成相关经济数据，强制性地要求国有企业搞"拉郎配"。此外，国有企业集团母公司越权干预子公司财务活动的现象也十分常见，甚至出现母公司董事长或总经理兼任目标公司重要职务，并利用大量内幕信息开展不正当的关联交易，导致国有资产变相流失。

总而言之，当前国有企业出现"内部人控制"与"外部人控制"并存的畸形状态。主要由于国有企业产权关系模糊，企业管理层基于委托代理契约所享有的管理决策权导致"内部人控制"问题。

二、公司治理结构不合理

（一）监督主体缺失

政府既是具有社会公共事务的管理者，又是国有资产代理人。由于政府双重身份的特点，当政治目标与企业价值最大化目标相背离时，国有企业代理人很可能因为某些需要与经营者实现"互利共赢"，使得企业价值受到影响。

在国有企业股权结构中，由于国有股东一股独大的特点，公司股东大会实质上只是单一股东会议。如此高度集中的股权结构必然会诱发公司治理问题。具体而言，一股独大的股权结构意味着企业产权高度集中，国有股东处于绝对控股地位，决定着公司重大决策，其他中小股东只是按照持股比例享有相应权益，基本不参与或不干涉企业日常经营活动。可以说，这种单一主体的股东大会本难以实现自身内部制衡，同时对于董事会和经营者的约束效力有限。

在国有企业的治理结构中，由于国有股东一股独大，董事会成员与高级管理人员基本上由其任命。这也就意味着国有股东掌控了董事会应有的相关权利，而且，国有企业董事会一般以内部董事为主体、国有股代表占绝大多数，这不仅难以体现和保证中小股东权利的履行，而且由于缺乏制衡机制，无法客观评价经营者行为及绩效水平。

国有企业监事会主席及其成员基本由企业内部人员担任，并且大部分是公司高级管理人员，这就自然而然地形成了"自我监督"，大大降低了监事会应有的监督效力。可以说，国有企业监事会基本上是"有责无权"，监督乏力。

(二) 财权配置失衡

简单来讲，财权配置主要是指财权在财务治理主体之间的分配，这里特指财务决策权在股东会、董事会、监事会、经理层之间的划分。合理的财权配置有利于实现企业相关者利益最大化，但其要求存在一个有效的财务治理结构，即各财权主体各司其职并形成有效制衡。当前有些国有企业财权配置并不合理，集中表现为两点，一是财权过度集中或分散，二是财务监督权虚置。一方面，目前有些国有企业的财务决策权集中于少数高层管理者手中，使得相关决策不仅具有独裁性更具有主观性，大大降低企业财务资源配置的效率，甚至危及企业的生存发展。大量实践证明，财权过度集中引起的非民主决策容易产生国有资产流失、企业财务危机甚至是破产等问题。另一方面，目前有些国有企业集团内部并未形成集权式的财务管理体系，大部分财权依然下放至子公司，造成企业预算控制性能差，资金管理混乱，会计信息失真等各种财务问题。此外应当指出，尽管现行国有企业财务治理结构存在内外部监督机制，但内部监督往往流于形式，而外部监督的作用又被严重制约，企业财务监督机制总体失效。

(三) 财务内控薄弱

财务治理基本明确了企业财务整体运作框架，而财务内控则是在既定框架下完善企业财务治理环境，目的在于实现既定财务目标。当前，国有企业对会计控制方法的应用水平较低，对于授权审批、预算、财产保全等相关财务内部控制事项无法及时到位地开展合理控制，使得企业会计信息失真、费用支出过度、不良资产过多等问题频频发生。由于国有企业管理层薄弱的控制意识，加上有限的内审部门监督作用，国有企业内控行为十分随意，这在一定程度上弱化了财务治理基础，降低了各财务主体之间权力制衡作用。

三、经营者激励约束机制不健全

(一) 经营者选拔机制不合理

目前，国有企业经营者多数还是以行政任命为主，这一机制使得经营者一方面利用政府的"超强控制"推卸责任或转嫁风险；另一方面利用国有产权性质的模糊性和不完善的经理人市场实现"内部人控制"，集中表现为高管基于自身效用最大化的利己行为，如在职消费、自付薪酬等。而且，当现有薪资福利小于不规则交易可能产生的隐性收入时，高级管理人很可能为了追求自身高额收益而产生道德风险行为，出现经济腐败、国有资产流失等恶劣问题。笔者认为，类似问题的出现还可能是由于当前国有企业尚未构建科学规范的绩效考评体系，难以正确评价经营者绩效水平。再加上工资奖金模式的单一化激励办法和行之无效的法律道德约束机制使得经理层不仅缺乏工作积极性，甚至产生弄虚作假、违规运营等行为。

（二）经营者激励机制不健全

不可否认，有效的激励机制可以在一定程度上调动经营者积极性，使其自身经营目标与企业价值最大化目标同步推进。当前由于所有者角色的缺位，在委托代理契约下，国有企业财务决策权、执行权和监督权主要掌握在经营者手中。尽管经营者对公司日常经营决策享有较大控制权，但作为契约的受托方，其劳动报酬仅仅是按劳取酬，并不享有公司剩余收益分配权。而且目前国有企业所构建的激励机制主要以工资奖金等短期物质激励为主，缺乏与企业共生的长期激励方式，类似股票、期权等，如此不健全的激励机制必然导致经营者的短期行为。再加上上述不合理的经营者绩效考评体系，使得经营者的经营目标与"企业价值最大化"经营理念越发背离，进而出现逆向选择和道德风险问题。

（三）对经营者的监督约束乏力

我国国有企业所有者与经营者之间的委托代理关系，本就使得经营者与所有者之间处于信息不对称状态。加上国有企业一股独大的股权结构和不合理的公司治理结构，经营者缺乏强有力的监督约束机制，进而很可能利用信息优势来谋求个人利益，导致股东及债权人利益受损。而且基于外部中小股东或债权人"搭便车"的心理，其对企业财务状况和经营成果的监督更是乏力，经营者谋求私利的行为愈加"猖狂"。

强有力的监督约束机制能够规范经营者行为。但是由于上述问题的存在导致国有企业内控机制不健全，进而引起财务监管失效、会计信息失真等各类问题，经营者的财权愈发膨胀。以国有企业财务报告为例，其公信力的提高一般要经过外部独立机构审计，然而审计机构的选择是由企业经营者决定的，并且审计费用也由被审计单位支付，这难免对审计结果的外部独立性产生影响。即国有企业经营者很可能通过对外部审计独立性和公正性施加影响，从而达到操纵企业经营业绩的目的。

四、国有企业信息披露不规范

作为平衡利益相关者信息不对称的有效手段，信息披露质量的高低对公司财务监督和财务治理结果产生重大影响。近年来的大量实践证明，我国国有企业信息披露质量日趋提升，较好地发挥了财务监督效用。但深入分析不难发现，国有企业信息还存在披露不真实、不主动、不充分、不及时等各类问题，一定程度上降低了国有企业财务治理效果。

国务院国资委于2003年成立，成立之初中央企业有196家，在"做大做强"理念的指引下，经过一系列的兼并和重组。截止到2017年7月30日，中央企业共有101家。下面以中央企业为例来说明国有企业的信息披露现状。（见表15-8、图15-2）

表15-8　　　　　　　　　　中央企业信息披露现状

项目	企业概况	业务范围	组织机构	人力资源	社会责任	资产总额	主要财务数据	集团年报	营业额或利润
有信息披露的企业数目	101	101	97	75	86	47	22	10	38
企业总数	101	101	101	101	101	101	101	101	101
百分比	100	100	96.04	74.26	85.15	46.53	21.78	9.9	37.62

资料来源：根据101家中央企业信息披露报告整理所得。

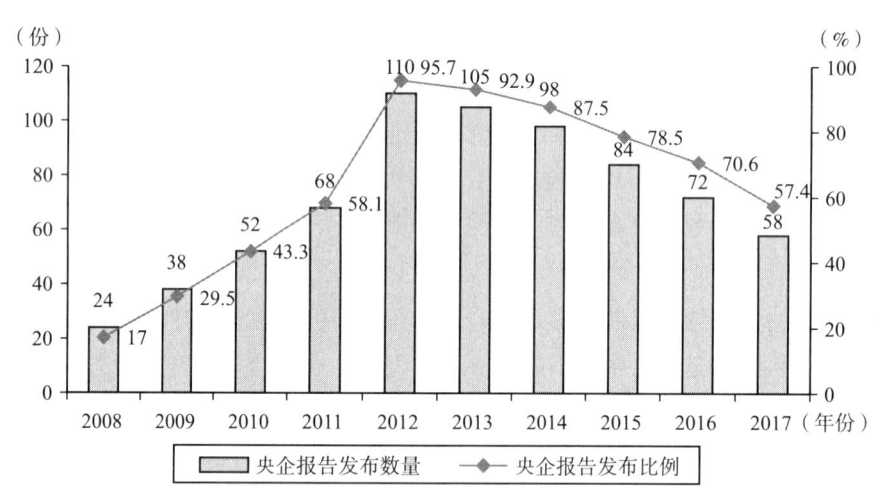

图15-2　2008~2017年中央企业社会责任报告发布数量及比例

资料来源：皮书数据库，《中央企业社会责任发展报告（2017）》。

国有企业目前的信息披露方式包括强制性信息披露和自愿性信息披露。国务院国资委自成立以来共颁布法令31条，其中有14条涉及国有企业信息报告。但是，强制性信息披露还是存在着信息的可靠性不足问题，国有资产流失现象时有发生，审计署对中央企业的审计中经常发现了少计利润的现象。自愿性信息披露方面，中央企业较过去相比是有进步的，但是目前的透明度还是不高。并且国有企业的信息披露中定性披露较多，定量披露比例严重不足，集团年报比例只有7.83%，导致信息披露的可比性差。社会责任报告是目前自愿性披露的主要形式之一。2008~2017年，中央企业报告发布数量呈现先升后降的趋势。2010年提出中央企业三年内要全部发布社会责任报告，2012年报告发布数量和比例达到高峰。2014年以后部分企业对社会责任报告的重视程度减弱，编制和发布的积极性降低。2017年，99家中央企业共发布2016年度社会责任报告58份，发布比例为57.4%，报告发布数量和发布比例创近六年来新低，同时，社会责任报告对于实质性方面往往"轻描淡写"，规范性不足，质量有待提升。究其原因，主要有以下几个方面：

（一）我国关于国有企业信息披露的法律法规缺失

目前，涉及国有企业信息披露的法律法规主要有两项。一项是《中华人民共和国国有资产法》，是2008年全国人民代表大会常务委员会通过的，在国有资产监督章节中规定国务院和地方人民政府应当依法向社会公布国有资产监督工作情况，接受社会公众的监督，但是对于需要公开多少信息，公开到什么程度都没有具体要求，同时没有针对国有企业个体的信息披露要求。另一项是《国有资产监督管理信息公开实施办法》，是国资委制定的部门规章，其中明确要求国资委应当公开所出资企业生产经营总体状况，及所出资企业国有资产有关统计信息。但是由于此项是由国资委自身制定的规章来要求自身的行为，在立法地位上缺乏独立性，存在着利益冲突，因此目前还未真正落实。

（二）我国国有企业自愿披露动力不足

自愿性信息披露可以体现国有企业履行责任的情况，同时也表明其对自身经营的自信。公众可以获取的国有企业的信息越多，国有企业的口碑就越好，舆论压力也就越小。国有企业历来一直依靠着国家作为后盾进行经营，没有主动应对市场变化的能力，对于自身的综合实力的关注度不够，这是由过时的公司治理观念所决定的。2004年，中国诚通集团在自身网站上首次公开披露了企业经营年度报告，开创了我国国有企业自愿披露财务信息的先例，然而效仿此种行为的国有企业不多，大部分国有企业公司治理观念过时，缺乏参与市场竞争的意识，进行信息披露的动力严重不足。

（三）我国对于国有企业信息披露的监督机制不完善

我国国有企业信息披露的监督机制主要分为自愿性信息披露的监督机制和强制性的监督机制。自愿性披露制度是国有企业根据自身需要，自行决定是否披露信息的一种机制，是由企业的内部监督机制所决定的。目前，我国国有企业的内部监督机制主要是监事会，对于这些内部监事而言，尽管《公司法》规定监事会能够对于董事会的决策权起制衡作用，然而在实际工作中由于监事会仅有部分监督权，并没有实际控制权，导致在实际上监事会发挥的作用非常有限，对大部分国有企业来说形同虚设。强制性披露制度是属于行政监督的范畴，监督主体是国资委，但是国资委同时是国有企业的代为履行出资人机构，这样就造成了"管理者同时是监督者"的现象，导致强制性信息披露的信息质量受到质疑，无法保证披露信息的真实性和完整性，国有资产的安全性不足，国有资产增值保值的目标很难实现。

（四）我国民众作为国有企业的真正所有者的监督意识薄弱

我国一直注重国家秘密的保护，传统观念中将国有企业作为保护对象之一，并且国有企业的信息确实不容易获取，因此对于公众来说，国有企业一直笼罩着"神秘"的面纱。近年来，我国网络技术突飞猛进，公民可以通过网络方式获取的信息与日俱增，国有企业"神秘"的形象有所改善。但是，公众将国有企业视为国家秘密保护对象的观念依然根深蒂固，无法意识到自身是国有企业真正的所有者，也就不会主动要求公开国有资产信息。由于主人翁的意识感不强，导致了民众监督意识薄弱。

第四节 完善国有企业红利分配制度的财务监督机制

国企分红政策实施以来，由于管理层具有调节利润的动机，他们往往会利用自身的信息优势采取一系列行动，通过操控会计盈余数字来调节企业利润的高低，从而使契约的签订或履行更加有利于自己。与此同时，随着制度的不断完善，管理层利用传统手段调节利润的空间却在不断缩小，他们往往会寻找新的手段调节利润。因此，应当通过完善当前国有企业的财务治理机构，健全经营者激励约束机制，建立透明的国有企业信息披露制度，以及完善国有企业的外部监督机制四个方面来完善国有企业红利分配制度的财务监督机制。

一、完善国有企业财务治理结构

当前国有企业财务治理结构中存在股权结构不合理、所有权主体缺位、内部监督失效等诸多问题，严重制约财务信息披露质量。完善的财务治理结构是提高信息披露质量的前提。

（一）实施产权多元化，带动更多投资者关心企业经营业绩

股权结构的多元化能够带来更多利益相关者对企业的关注，从而增多信息披露的有效需求，这种外部作用力有助于解决信息披露不规范、披露动力不足等问题。根据当前信息披露现状，国有企业很有必要引进较大持股比例的战略投资者或机构投资者，他们对信息披露的强烈需求有助于企业财务信息的公开化和透明化，从而在一定程度上降低国有企业控股股东的"独断"地位，降低信息披露质量被操纵的可能性。

（二）强化董事会的功能

董事会在现代会公司治理结构中处在重要位置，对于股东权益的保障和公司的发展决策都有直接的决定作用，强化董事会的功能能够有效优化公司治理结构。目前，为了有效提升董事会决策的正确性，应当逐步建立和完善独立董事制度。北京市国资委在2005年颁布了《关于进一步加强国有独资公司董事会建设的指导意见》中规定了国有独资公司中必须有独立董事，并且2名以上（含2名）外部董事如果认为资料不充分或论证不明确时，可通过联名的方式提出缓开董事会会议或缓议董事会会议议题，董事会应当予以采纳。随着公司法人治理结构的完善，应当逐步提高外部董事的比例，通过独立董事强化对经营者操纵信息披露的制衡作用，减少控股股东剥夺中小股东信息知情权的现象，强化财务监控。

（三）完善监事会制度

监事会在现代化公司治理结构中担任着财务监督的重任。应当赋予监事会实质性权利，从而形成对大股东、董事会以及经理层的有效制约机制，加强职工监事的权利赋予，建立起真正对财务信息监督与制衡的有序机制，来实现监督会使命——监督企业的日常经营活动、及时发现并纠正失真乃至虚假的财务信息，保证国有企业的信息披露质量。

（四）建立健全内部信息披露管理体系

建立健全信息披露管理体系分为内部和外部两个方面，企业内部信息披露管理体系包括信息披露制度、信息生成过程、信息传递过程和信息监督过程。这些过程都是由企业的不同人员来完成，董事会负责信息披露的基本制度的制定，经理层负责信息生成过程，董事会秘书及证券事务负责人员负责信息传递过程，监事会主要负责信息监督过程。其中决定信息披露质量的关键环节是财务信息生成过程，其是否存在人为操纵信息行为是质量高低的决定性因素，为防止经营者对财务信息的利

用，必须强化财务总监、独立董事以及审计委员会对财务报表编制过程起到良性的监督作用，防止出现虚假信息。企业外部信息披露管理体系是一系列的法律法规和监管部门组成的，其对信息披露质量的保证起到至关重要的作用。

二、健全国有企业经营者激励约束机制

激励约束机制是当前企业内部控制的主要手段，当前国有企业内部经营者的短视行为可通过健全内部激励约束机制，充分调动其工作的积极性，保证目标与企业的价值最大化保持一致。

（一）完善经理人选聘与激励机制

委托代理契约下，企业价值最大化目标实现的前提是国企所有者和经营者利益尽可能协同，经营者更加关注公司发展而非操纵利益。为实现这一目标，在目前经理人市场供给不足的情况下，建立健全经理人选聘与激励约束机制显得尤为重要。因此，应尽快发展和完善国有企业经理人市场和相应的激励约束机制。例如在选择或任命经理人员时，国有企业董事会应当采用公开招聘的方式，通过相关网站发布招聘公告并按照筛选简历、初次面试、复试等多轮考核机制选择职业经理人，而非简单地采用政府行政任命。在激励方式的设置上，除了经营管理人员的基本薪酬之外，应当通过股票、期权等股权激励方式实现其自身利益与企业整体利益和谐共生。实践中，为提高经营者与股东的利益共生性，可给予高层管理人员一定数额的本公司股票（本人年基本工资的 3~5 倍），并明确规定持有这些股票职工的最低服务年限、转售条件等。当前，上市公司经理人持有本公司股票的现象已较为常见，但持股数量依然偏低，难以实现约束经理人的效果。对此，可借用发行或增发中的余股来建立股权奖励"基金"，即通过增加股权来源渠道来提高经理人股权持有量。如此，才能将经营者利益与国有企业发展一同捆绑，使其更专注于追求企业真实业绩。

（二）建立健全国有企业监督体系

当前国有企业经营者基于信息不对称优势谋求自身利益，产生了一系列"逆向选择"或"道德风险"问题，严重损害了公司利益。对此，应当建立健全国有企业经营者的监督体系，主要包括内部监督和外部监督。其中内部监督主要是指企业监事会对经理人的监督，外部监督主要是指监管部门和其他中小股东、债权人等对经理人的监督。一般而言，完善国有企业监督体系应当从以下几个方面着手：一是完善国有企业相关信息披露制度。针对我国当前企业会计信息披露制度执行不规

范的特点，应当进一步建立健全相关法律规范，通过法治规范加强信息披露执行力度。二是强化监事会的权威。监事会成员应当是那些了解公司日常经营事项、发展战略、运营风险并且有较高威望的专业化人才，并通过公司章程的形式赋予其独立行使监督检查权。三是实行股东代表诉讼制度。应当在公司法中明确规定股民开展民事诉讼的条件、程序等内容，从立法上规范和保护公司、股东和债权人的合法权益不受伤害。这不仅提高了公司管理规范性，而且有利于调动中小股民监督国有企业经营者行为的积极性。

三、建立透明的国有企业信息披露制度

我国《宪法》规定企业的国有资产属于国家所有，即全民所有，因此国有企业的真正所有者是我们每一位公民，企业的所有者对于企业的经营状况都应当拥有知情权。但是，目前国有企业经营信息不公开，全民无法对国有资本发挥自己应有的知情权，也就更无法对国有资本进行有效的监督。因此，唯有建立国有企业的信息披露制度，要求国有企业公开各项信息，才能够督促经营者严格要求自我，不损害国有企业价值，使经营者目标与所有者的目标趋于一致，从而有效监控经营者隐瞒利润的现象，保证国有企业红利的足额上缴。

（一）明确各级国资委、国有企业的信息披露义务

我国国有企业真正所有者是每一位公民，政府只是代表人民行使所有者权益，并进一步委托给国务院和各级国资委，各级国资委又指定专门人员进行国有企业的经营生产，因此国有企业内部存在着多重的委托—代理关系，各自所拥有的信息是不对称的。在信息披露质量还不透明的背景下，经营者就存在着很高的道德风险。只有通过强制要求各级国资委、国有企业进行信息披露，才能有效地遏制"内部人控制"现状。但是国有企业之间规模差距比较大，有中央企业级别的"巨无霸"，也有较小规模的地方国企。因此可以根据各个国有企业注册资本和资产的差别划分为不同的等级，根据等级的不同承担的信息披露义务应当有所差别。当然国有企业在类型上也有区别，有营利性企业和公益性企业两大类。营利性国有企业与普通企业在本质上没有差别，应当要求其参照上市公司的信息披露做法，通过定期发布财务报告和不定期披露重大事项来公开企业的信息。那么对于公益性国有企业，由于其多涉及国家安全和国民经济的重要行业和关键领域，应当遵循保密性原则，不对外界公开披露其关键信息，仍实行财务报送制度。

(二) 构建我国非上市公司信息披露法规体系

国有上市公司必须严格遵循证券市场的相关法规要求，而非上市公司往往是没有硬性要求，导致信息完全不公开。要规范国有企业的信息披露质量，首先应当制定非上市公司信息披露的相关法规体系。一方面，根据现有国有公司信息监管中的漏洞，需要对《中华人民共和国企业国有资产法》进行适当补充，在该法律第七章"国有资产监督"相关章节中，将非上市国有企业信息披露的要求补充进去，要求国有企业及时、可靠和完整地向社会公众进行信息披露，但是涉及国家秘密等信息可以除外。另一方面，应当制定《国有企业信息公开披露条例》，由国务院制定，明确国有企业信息披露的具体要求。在《国有企业信息公开披露条例》中单独列一章来规定非上市国有企业要向社会公众披露的内容，以此来保证公众的信息需求。针对不同的披露主体在制定法律法规时可以有不同的要求，对于国有企业主体应当注重经营成果的呈现，而对于所有权主体——国资委则应当注重整体财务状况的列报，体现国有资本的保值增值情况。同时，国资委也应当制定进一步的部门规章，如信息披露的格式要求、信息披露的内容规范以及信息的真实性要求等。

(三) 通过行业协会加强对国有企业信息披露的监管

行业协会在每个行业中都发挥着不可替代的积极作用，其具有更为可靠的信息优势，通过潜在行规要求行业内的各个企业依法生产经营，对于促进整个行业的有序发展有着不可替代的作用。当前，我国企业普遍存在着不及时、不真实或不完整的信息披露问题，需要利用行业协会的自律性监管来提升信息披露质量。国有企业的信息披露问题则更为复杂，内容要求差距也大，这与国有企业所涉及的行业跨度大是离不开的。通过注重建设和鼓励行业协会的制度建设，从而提高国有企业的信息披露质量。因此，不同的行业应当根据自身行业的特色，在信息披露方面有不同的侧重点，通过行业行规的形式要求国有企业做出相应的信息披露行为。利用行业协会的规范作用，对企业信息披露的质量进行监管，必定会达到不一样的效果。

(四) 强化信息披露的问责机制

强化国有企业信息披露的问责机制，明确信息披露的责任承担。董事会和监事会全体成员对信息的准确性和真实性负责。企业内部应当制度明确的问责机制，每个信息生成环节都应当标明负责人员。并且信息披露一旦出现问题，应当能够确定出错环节。这样强化问责机制能够在一定程度上对企业的信息披露违规行为起到抑制作用，同时也能够找出负责人员，有目标地实施相应的措施。

四、强化国有企业的外部监督和惩罚力度

外部监督力量是缓解国有企业委托代理关系中存在弊端的重要外部保障,就国有企业而言,由于其外部监督很可能并不完全独立,或者说是与企业有着千丝万缕的联系,国有企业财务监督成效不高的一个重大原因是缺乏强有力的外部监督机制。

(一) 明确国有企业法律责任,加大利润操纵行为的惩罚力度

我国国有企业高级管理人员利润操纵的现象已相当普遍,这与其惩处力度不足有很大关系。因此笔者认为,要抑制国有企业经理人利润操纵行为,应当通过法律法规的形式加大惩处力度,明确这一行为应承担的法律责任。目前我国对于上市公司利润操纵行为的惩处威力远远不够,例如警告处分对于管理层来说仅仅只是一种无关紧要的处罚;撤职或者开除这一相对严峻的处罚往往也只是工作岗位调动;没收的违法所得也仅占实际违法所得的小部分。因此加大利润操纵行为的惩处力度首先必须从法律上提高惩处的严厉程度,充分利用各种民事处罚手段严厉打击这一违法行为。当然,仅通过提高法律责任严重程度难以真正起到威慑作用,还应当提高法律责任的确定性程度,例如在相关法律法规上明确规定惩处主体、执行方式,等等。

(二) 强化披露企业会计准则规定事项,丰富国企特殊性内容披露

首先,强化会计准则应披露事项。我国企业会计准则明确规定了企业财务报告应披露事项,但由于监管不严,相关应披露事项并未及时、完整地披露,严重影响企业财务信息的有效性。据不完全统计,当前企业会计准则明确规定应披露的事项包括但不限于以下方面:合营及联营企业资产负债信息;待处置固定资产名称、价值、处置费用信息;无形资产寿命估计的依据;重大资产减值;资产可回收金额的确定及计算基础;职工非货币性福利及计算依据;或有资产成因、计量及可能产生的财务影响;未确认递延所得税资产或负债;企业合并中被并购方各项可辨认资产、负债的账面价值和公允价值,等等。据此,国有企业应当按照有关规定在年度财务报告的附注中翔实、准确地予以披露或列报各类重要信息,以确保披露的会计信息及时、有效和完整。

其次,丰富国企特殊性披露内容。除了企业会计准则要求应披露的具体事项外,就国有资产管理存在的特殊问题,也应当加强信息披露。当前国有企业日常经营存在职工高薪酬高福利、内控不充分不到位、风险管理效率低下等诸多问题,由于缺乏有效的监督机制,经理层利润操纵、重组改制不规范等不良行为使得企业经

营管理效率十分低下。因此,针对这些国有企业特有的经营薄弱环节及重点事项,应当建立国有企业信息披露规范,明确规定其重点披露事项,包括资产减值损失及转回情况、企业职工薪酬计量事项、企业非经常性损益、其他综合收益等高风险事项及非日常性重大业务。此外,根据《企业财务通则》,国有企业应于每个会计年度公开披露企业职工薪酬实施方案、财务会计报告审计结果以及可能涉及的企业重组事项。

(三) 强化国有企业"全民共有"的观念,合理引导社会监督力量

应当强化国有企业"全民共有"的观念,主人翁观念的提升必定能够促使全民自觉关注国有企业的各类信息,同时会通过舆论压力要求国有企业披露各种财务信息,这种积极的外部监督会迫使国有企业注重信息披露制度的建设。同时,国有企业也应当时刻谨记自身只是代为管理全民资产,应当严格要求自己,对全民资产负责。

为了保证国有企业的信息披露质量,实现公开公正的红利上缴,应当加强信息披露的监督机制。中央国有企业正是因为面临着更为严格的监管环境,呈现出了比地方国有企业更高的质量。同时国有企业的外部监督中应当引入第三方对国有企业提供的信息披露进行审计,从而有效监督国有企业信息披露的可靠性。证监会首先应当对会计师事务所等中介机构加强监管,保证其独立性地位。

在国有企业的信息披露质量的监督力量中不能忽视新闻媒体的作用,其往往能够引起大众的关注,扩大社会影响,使得国有企业信息披露质量更为公开地为广大民众所了解。先是要保证媒体从业者的正当采访权利,接着应当给予这些人员敢于真实报道的环境氛围,最后应当规范并且约束不实报道或者夸大报道,从而引导新闻媒体这一监督力量发挥其应有的作用。

第十六章

国有企业红利全民共享改革：
制度框架与政策建议

党的十八大首次提出"建立公共资源出让收益合理共享机制"这一改革的重大思路，党的十八届三中全会则进一步提出要"完善国有资本经营预算制度，提高国有资本收益上缴公共财政比例，2020年提到30%，更多用于保障和改善民生。"党的十八届五中全会提出了"创新、协调、绿色、开放、共享"的五大发展理念，指出要"坚持共享发展，必须坚持发展为了人民、发展依靠人民、发展成果由人民共享，做出更有效的制度安排，使全体人民在共建共享发展中有更多获得感，增强发展动力，增进人民团结，朝着共同富裕方向稳步前进。"① 这意味着，随着国有企业改革的逐步深入，党中央对国有企业的收益分配制度改革越来越重视，不断强调要把国有企业收益用于民生，让全民能够共享国企红利收益。在实践中，国有企业红利分配制度主要是通过调整和完善国有资本经营预算的各项规章制度来实现的。现行的国有资本经营预算制度结束了国有企业长达14年红利未上缴的状态，恢复了国有企业红利上缴制度，具有重要的划时代意义，但由于制度施行初期面临的各项阻力和困难，国有资本经营预算制度还存在诸多不完善的地方，实践中的国有企业红利分配总体上还难以比较有效地让全民进行共享，还未能充分体现国家"共享发展"的基本理念。当然，现行的国有资本经营预算制度只是国资经营预算试行阶段的一个过渡方案，许多细则还需在实际运行中加以完善和补充，尤其是如何按照党中央精神，建立一套符合我国"共享发展"基本理念，适合我国国情的国有企业红利全民合理共享机制，这是一项摆在理论界和实务界面前的一项重要课题。基于前文的研究，本书提出建立国有企业红利全民共享机制的改革思路、制度框架和政策建议，仅供决策层参考。

---

① 中共中央关于制定国民经济和社会发展第十三个五年规划的建议. 国务院，2015-10-26.

第一节　国有企业红利分配改革的基本原则

作为一项顶层设计框架下的具体制度安排,国有企业红利分配必须要遵循一定的原则,不仅要符合国有企业改革的总体方向和思路,还要体现党中央和国务的基本发展战略和要求,也要符合人类社会发展的基本经济规律。系统概括和梳理国有企业红利分配的基本原则,有助于明确国有企业红利分配的各项基本要求,有助于规范实践中国有企业红利分配的具体行为。

一、公平与效率兼顾原则

党的十七大明确提出,在初次分配和再分配中都要正确处理效率与公平的关系,再分配过程中应更加偏重公平性,这一改革思路在党的十八大报告中得到再次强调。党的十九大报告则进一步明确"坚持在经济增长的同时实现居民收入同步增长、在劳动生产率提高的同时实现劳动报酬同步提高",这意味着我国深化社会主义市场经济改革发展,必须要将效率和公平原则贯穿于经济活动各环节,实现初次分配效率原则的公平性与再分配公平原则的效率性辩证统一。我国国有企业红利分配改革,也要遵循这一基本改革思路。首先,效率是实现公平的基础,只有通过不断地提高效率,创造更多的社会财富,才有可能实现公平分配,所以,国企红利分配必须坚持效率原则。在市场经济下,割除"父爱"的国有企业,将完全归位于市场,归位于市场的企业将在竞争中求生存、求发展,接受市场经济中价值规律的考验,并优胜劣汰。这就必然迫使国有企业视效率为生命。效率是进行资源优化配置的基本要求,国有企业红利分配改革要能激发国有企业的经营效率,充分发挥国有企业的制度和效率优势。对国有企业来说,高效率是国有企业作为企业的一个基本要求,要能够及时捕捉市场信息,优化企业人财物等各项资源配置,实现既定产量下的最低成本或者既定成本下的最大产量,实现国有企业最大化的经营效益,只有这样才能在高度竞争的市场中生存发展;而低效率意味着企业对市场信息反映迟钝,对所控资源未实现最佳组合,产品不能为市场广泛承认,并实现创益,显然低效率的企业将被市场抛弃。社会主义市场经济的基本价值规律要求以效率原则,刺激企业实现所控资源的最佳配置,面对市场组织生产,改善技术,改善管理,提高生产效率,努力节约企业人财物等各项资源耗费。国有企业红利分配以效率原则,进一步体现价值规律作用,一则为充分调动出资者的投资积极性,其所投资本的贡献会被合理评价,并在国有企业收益分配中体现;二则为调动经营者的积极性，其管理才能及所面临风险的价值会被合理评估，并在企业收益分配中体现；三则为国有企业的远景发展，企业法人财产权会得到合理承认，并在国有企业收益分配中体现。与此同时，效率原则还促使企业充分发挥企业收益分配对优化资本结构的作用，并实施合理的分配政策，最终达到以经济效率为公平标准的企业收益分配目标。

国有企业红利分配在注重效率的同时，也还必须坚持效率与公平并重。因为，公平是提高效率的保障，公平也是现代文明社会发展的基本要求，社会创造财富的结果如果没有得到公平的有效保障，经济活动主体没有得到公平的激励，经济活动就会失去活力，从而阻碍效率的提高。国有企业红利分配要注重公平原则，首先体现在国有企业内部收益分配要公平，体现在国有企业劳动者之间、劳动者与经营者之间收益分配的相对公平，以及国有企业与非国有企业之间经营者和劳动者的收益分配的公平；其次，国有企业收益分配的公平性还体现在国有企业红利上缴比例，以及上缴比例后的收益再分配过程，尤其是要让广大的民众作为国有企业所有者能够享有公平的国有企业收益。

我国是社会主义国家，因此国有企业收益分配必须坚持效率与公平并重和统一。这种公平与效率兼顾原则，具体到国有企业红利分配中，就是要处理好以下利益关系：（1）国有企业经理人和劳动者的薪酬分配问题。既要从公平的角度出发，着手解决当前国企经理人和劳动者薪酬收益高于非国有企业经理人和劳动者薪酬收益的问题，适当减少国企职工和经理人的薪酬收益，也要从效率的角度出发，考虑国企职工和经理人的正当合法收益，要考虑到薪酬分配能够调动国有企业职工和经理人的积极性和主动性；（2）国有企业剩余利润的留存比例和上缴分红比例。从市场经济的公平角度出发，国有企业必须像非国有企业一样，向其所有者进行分红，适度提高分红比例，但也必须从效率的角度出发，要考虑到国有企业自身的发展需要，要保留一定比例的剩余利润，以保证国有企业的可持续发展需要。

二、产权明晰原则

产权即财产权利，内含有若干与财产有关的诸如归属权、使用权、收益索取权、处置权、监督权等单项权利，本质上是一种排他性权力。在计划经济体制下，国有企业不具有独立的法人财产权，实质只是国家这个大工厂的一个生产车间，财产权利高度集中于政府手中。这种高度集中的财产权利，表面上产权归属于国家，但现实中这种非人格化的产权主体容易造成实践中的"无人负责"的产权模糊性，这导致了国有企业的"大锅饭"平均分配倾向和效益预算软约束，国有企业效率低下，缺乏活力。改革开放后，国有企业改革思维由"放权让利"转向"产权重组"充分说明，国有企业改革多年的实践已经让改革者认识到明晰国有企业产权的重要性，现代企业制度改革后国有企业效率的提升也印证了这一点。在现代西方产权理论看来，产权的明晰一直是现代市场经济效率的基础，只要产权明确，市场交易的双方就能够明确各自交易中的收益边界和成本边界，从而才能在这种情况下追求个人收益的最大化，提升资源配置效率。① 在国有企业红利分配中之所以要以明晰产权为原则，一是因为"产权重组"改革下的现代企业制度创立，使企业产权演变出分权型结构，这一方面要求明确界定出资者与企业法人之产权。另一方面包括企业收益分配在内的企业经营行为，在经济上也产生了进一步要明晰产权的客观要求。二是因为产权之根本在于收益的索取权。产权作为排他性的财产权利，是包含归属权、使用权、收益索取权、处置权、监督权等一系列权利的集合，但产权之所以被人们所追求和喜爱，最根本的原因是可以获得其收益索取权，可以说，产权中最重要的是收益索取权。在产权的交易转让中，产权价格的高低，在很大程度上也取决于产权主体能享有的收益索取权的高低，即能带来较高预期收益的产权，必将以较高价格转让；能带来较低预期收益的产权，必将以较低价格转让。三是因为产权明确了成本、收益与风险的边界。只有产权主体拥有明确的收益和成本预期，承担的风险可控，产权主体才能为获取最大化收益或最小化成本而努力，资源配置才能优化，而要达到这一点，就必须通过产权分割收益和成本的边界，才能发挥产权中收益索取权的激励与约束作用，也才能处理好市场交易主体间的利益分配关系。

三、分之有据原则

恩格斯曾经一针见血地指出："人与人之间的关系在经济上首先表现为物质利益关系。"具体到国有企业，这种利益关系又集中体现为各收益分配参与者对国有企业收益的索取上。国有企业收益的产生涉及全民股东、国有企业职工、国有企业经营者、政府等诸多利益主体，这些利益主体之间在国有企业收益产生过程中都发挥了各自的作用，理应获得各自相应的回报。然而，在国有企业收益总量一定的情况下，这些利益主体之间的收益分配又呈现出此消彼长的相互矛盾和冲突的一面。因此，兼顾各方利益，按照一定的依据合理分配各方利益，是化解冲突和矛盾的关键。而要做到这一点，关键就是要分之有据，只要分之有据，国有企业收益分配有一个客观的分配标准，收益分配过程才能符合收益分配规律，才有有效地约束和激励各利益主体，使利益各方达成一个均衡点，形成相互制约、相互促进、共同发展

---

① 张军. 现代产权经济学 [M]. 上海：上海三联书店，1991：150.

的国有企业发展局面。

四、制度约束原则

制度经济学家康芒斯认为,制度"起因于利益冲突"[①],为了化解冲突,因而通过"集体行动控制个体行动",以形成个体行动间的协调和统一[②]。同样,国有企业收益分配过程也是一个涉及全民股东、国有企业职工、国有企业经营者等诸多收益分配参与者相互交织、错综复杂的过程。在这个过程中,利益各方在发挥各自优势和相互协作下才产生了国有企业收益,是具有利益统一性的一面,但是在国有企业收益分配上,利益各方矛盾冲突却时刻存在。尽管国有企业收益分配主体通过理性行事,按照分之有据的规则可以一定程度上调和化解矛盾,但在市场经济下"理性经济人"的行为动机驱使下,如果没有一定的制度约束各方行为,很难能够保证利益主体各方行为的长期理性,因此,必须要根据国有企业发展的需要,制定相互约束和相互促进的国有企业收益分配制度安排,以达到对个体行为的约束。国有企业收益分配制度对国有企业收益分配行为的约束是广泛的,一则在从事国有企业收益分配活动之前,由于制度,如与收益分配制度相关的成本费用制度等,约束人们规范从事会计核算及计量工作,从而使国有企业收益分配客体——国有企业收益显得真实,而且也从横向上使国有企业收益变得可比。二则在国有企业收益分配活动中,由于制度,如收益分配顺序的规定等,约束国有企业收益分配主体规范从事收益分配活动,收敛"寻租"行为,从而使国有企业收益分配参与者的合理利益得以保障。与此同时,制度还可整合个体理性行为,避免个体理性集合化后,对国有企业长远发展产生负面影响。

五、比例合理原则

为保证国有企业生产经营的高效率及长远发展,必然要理顺国有企业中的各种比例关系。大的方面讲,国有企业收益分配内含或影响到的比例主要有两个:一是积累与消费的比例关系;二是资本结构比例。企业收益无论弥留于何方,其使用不外乎积累和消费两个方面。积累与消费的比例,说到底又是保证生产发展的留存性收益与分配参与者的消费性支付收益的比例关系。在收益一定的情况下,积累与消费二者此消彼长,关系是既矛盾又统一。消费代表着国有企业收益分配参与者的当

---

① 康芒斯. 制度经济学(上)[M]. 北京:商务印书馆,1981:90.
② 康芒斯. 制度经济学(上)[M]. 北京:商务印书馆,1981:92.

前利益，积累则代表收益分配参与者的长远利益。过多积累，势必影响对分配参与者的收益支付，暂时影响分配参与者的消费水平，可能会挫伤分配参与者的投资热情，影响国有企业生产发展。过多消费，又会影响企业扩大再生产，不利于国有企业的长远发展，最终损害到收益分配参与者收入的成长。因而片面强调积累或片面强调消费，都是有失偏颇的。资本结构比例主要包括负债权益比率（长期负债与自有资本之比）和负债比率（长期负债与总资本之比）。其中负债权益比率是资本结构中最重要的比率。财务杠杆原理告诉我们，如果投资收益率高于借入资本利息率，则负债权益比率越大，自有资本的收益率就越大，反之则相反。国有企业对收益分配参与者支付的消费性收益越多，留存的收益就越小，负债权益比例就越大。国有企业对分配参与者支付消费性收益的比例越小，国有企业留存收益就越大，负债权益比例就越小。负债权益比例并非越小越好，也非越大越好，从理论上讲，而是以综合资金成本率最低为佳。当然在实践中，最佳的负债权益比例，还要依据国有企业各方对风险的态度综合财务杠杆的情况确定。

六、惠及全民原则

首先，国有企业社会属性要求扩大民生分红。国有企业是国有经济运行的主要形式，它具有经济功能和社会功能双重属性。第一，作为市场经济的有机组成部分，它与普通企业一样追求利润最大化，集中表现为实现国有资产的保值增值，具有企业性。第二，作为政府调控经济的重要手段，它与普通企业相比，承担了更多的社会责任，集中表现为优化经济布局，调节产业结构和增进社会福利，具有公共性。简言之，国有企业是"企业目标"和"公共目标"的对立统一体。既然如此，国有企业应兼顾效率和公平，既要实现国有资产的保值增值，获得经营利润，也要承担社会责任，回馈民众。实践中，国有企业的双重经营目标很难协调统一。国有企业在处理效率和公平关系时，目前还没有很好地选择一个平衡点（即使这个平衡点是优先考虑效率的），一定程度上背离了双重目标约束，过度地追求企业利润最大化[1]。尽管，国有企业在基础设施建设、产业结构升级、区域经济平衡等方面发挥着举足轻重的作用，但这并不意味着公有性质的国有企业不需要履行社会责任。当前，国有企业主导国民经济的发展格局已然形成并且日益固化。在此背景下，国有企业履行社会责任既有坚实的物质基础，也是发展成果为人民共享的题中之义。由于国有企业兼具的经济功能和社会功能很多时候都是相互排斥、相互矛盾的，为了实现国有企业的社会功能需要让渡部分经营利润。而扩大国企红利的民生

---

[1] 林裕宏．国企红利分配的民生导向探讨［J］．地方财政研究，2012（8）．

分配比例则是国有企业承担社会责任的很好体现。实践中，国有企业在平衡经济目标和社会目标时有时会有失偏颇，此时，强调国有企业利润分配的民生导向既是国有企业社会属性的理性回归也是施惠于民的有效途径。

其次，国有企业产权所有者拥有分红权。国有企业产权的公有制赋予每个公民平等地享有使用权和收益权，然而，由于我国人口众多，不可能大部分人都作为产权实际控制人直接参与国有企业经营管理和利润分配。在此情况下，我国实行委托代理机制，聘用或任命职业经理人管理国有企业。尽管国企管理层和员工有权按照劳动投入获取劳动报酬，但这并不意味着产权的雇佣者能够取代产权所有者享有国有资产经营的经济利益。理应属于全民所有的国企红利以违规补贴、高额福利等形式在国企内部私自分配，形成"取之于民，用之于国企"的内部循环。显然，这不仅影响了全民作为产权所有者的合法权益，也不符合当前国家发展战略中一直强调的共享发展理念。

第二节　构建国有企业红利分配的制度框架

在上述国有企业红利分配原则的约束下，如何构架具体的国有企业红利分配制度架构，是国有企业红利分配制度安排的核心内容。如前所述，国有企业红利分配制度的总体内容主要涉及企业经营者个人收入、法人企业留存收益、国有企业红利股东上缴以及股东红利上缴后的分配等方面的问题。这样，构架的国有企业红利分配制度就应由企业经营者个人收入分享制度、法人企业留存收益制度、国有企业红利收缴制度以及国有企业红利共享制度等构成。

一、经营者个人收入分享制度

"两权分离"后，国有企业经营者是国有企业收益最大化实现的关键承担者。但是国有企业经营者并非是国有企业的终极所有者，他只是以代理人的身份存在于国有企业内部（即使国企经营者拥有国有企业部分股权，仍是国有企业剩余股权所有者的代理者），这样，他与委托者之间始终存在着利益矛盾。而经营者本身又是"经济人"，作为"经济人"，他要尽其所能使自身财富最大化，这就必然使经营者存在有对其委托者如股东等利益侵害的潜在动机。股东等委托者为了促使经营者能根据自己的最佳利益来经营国有企业，就不得不对经营者实施有效监督，但监督是有代价的，即要发生监督成本，或称代理成本。有时过分监督的结果，可能会使经营者坐失创益良机，而产生诸多的机会成本。为尽量降低代理成本，最好的方法就是，使经营者在寻求自身利益最大化的同时，亦能使国有企业收益及其委托者利益最大化的实现。为此，笔者认为应赋予经营者以剩余收益索取权，且认为经营者收入应包括月薪和年薪收入两部分。月薪源于成本，是对经营者劳动力价值的一般承认。年薪源于国有企业收益，是对经营者拥有产权权能中的经营权的承认。对月薪而言，只要经营者作为一般的劳动者进入企业就能获得，这并不构成对其创新能力的激励。构成激励的则是年薪的获得。从而如何设计经营者年薪的获得方式，就成为使企业产生的收益最可能地接近于经营者非常规性挖掘和开创性努力的关键。要达到这一效果的途径是使经营者收入的获得与企业收益呈同幅波动，也就是说，经营者创造的效益越多，个人所得就越多，反之就越少。

对经营年薪支付的方式通常有两种，一是"绩效股"支付；二是现金支付。所谓绩效股支付就是根据企业经营者的经营业绩，奖励经营者一定数量的企业股票。这种办法的确会对经营者产生激励作用，但其副作用也极为明显。一则经营者理性选择，通过操纵盈余利润，损害国有企业长期收益。二则同数量的"绩效股"可能因不同时期股价不一，造成价值不同，而使得同等劳动不能获得相同报酬，并由此对经营者产生不良心理影响。

现金支付就是根据企业经营者的经营业绩，给予经营者一定数额的现金报酬。这种支付方式也有两种：一是拟定经营者应完成的收益目标，给予经营者固定报酬；二是按比例提取经营者个人收入。对于第一种方法，给予经营者固定报酬，并使报酬获得与收益目标的实现紧密相连，无疑在目标范围内对经营者有极强的激励作用，有利于收益目标的实现，但却缺乏对经营者超目标完成收益的激励。由此这种方法对于一些更具有良好增长潜力的企业是不利的。能否对超目标完成部分，再给予经营者额外补偿，以激励经营者超额完成呢？实践的结果并非理想，因为经营者会更多地担心超额完成后，次年目标进一步提高，使其难保既得利益。因此，从理论上讲，允许经营者按一定比例从实现收益中提取个人收入，可以真正实现经营者个人收入与企业收益同幅波动，由此对经营者产生了最大化的激励。但这种做法也并非完美，改进的办法就是设计一个起提点，达到起提点，经营者才可按比例提取个人收入。

总之，只要经营者与其委托者的利益矛盾存在，对经营者收入制度的设计就存在缺陷，股东等委托者的监督成本就必不可少，我们所寻求的就是在尽量减少代理成本的前提下，能使经营者竭力发挥其创新性才能，使企业收益能够最大化地实现。因此，根据企业的具体情况架构经营者的收入分享制度是必要的。同时，为防止经营者的不合理短期行为，对经营者创新性收入分为即时收入与风险收入并在不同的条件下支付也是必需的。

二、法人企业留存收益制度

对经营者的激励，一方面来源于其个人收入制度的构造，使其收入能与其所带来的结果直接挂钩。另一方面还来源于经营者本身的成就感和社会地位的提高。经营者的成就感源于企业的发展壮大。社会地位则源于企业的规模大小，通常一个大企业的经营者总是比一个小企业的经营者能够得到社会更多的尊重。而企业规模的扩大与企业留存收益密不可分，同时，企业留存收益作为经营者可支配收益，也是其尽显才能的空间。我们很难说清企业留存收益应该以多大为宜，但在市场经济条件下，其上下限边界却是明显的。就上限边界而言，只要有良好的投资机会，并预期能为各参与者带来更大的收益回报，企业实现收益都可能会转化为留存收益。就其下限边界而言，由于举债是市场中每一个法人企业必然为之事。作为债权人，在其出借资本之前会对企业信用情况进行评估，以规避投资风险。评估中，企业留存收益的大小，常常是债权人考虑的一个重要因素。实际上大多数国家的法律制度中都有企业留存收益最低限度的规定，这一限度常常被视为企业获得债务合同的最低界限，当然也就成为法人企业留存收益的下限边界。对于留存收益如何做进一步的分配，则应根据企业发展的要求及市场导向，分为生产性积累如公积金和非生产性积累如公益金等。

三、国有企业红利收缴制度

推进国有企业分红改革，关键就是要恢复国企税后利润的上缴，探索建立合理的国有企业红利收缴制度。目前我国从2007年开始实行的国有资本经营预算改革已经恢复了中央企业税后利润上缴制度，并且在之后的几年里也逐步提高了税后利润上缴比例，但还是存在以下问题需要逐步完善：第一，合理上缴比例的确定。目前国有企业的税后利润上缴比例还偏低，党的十八届三中全会改革也明确提出到2020年税后利润上缴比例要提高到30%。但必须明确的是，国有独资企业税收利润上缴比例多少合适，不能够简单地"一刀切"，而应该根据行业差别、企业绩效差别而有所调整。我们认为应该要有一个合理的基准上缴比例，再根据行业利润差别、企业绩效差别，以及国有企业布局和结构调整的需要，进行浮动调整，既要能够给企业经营者带来一定的绩效约束，也要能够顾及企业可持续发展的需要，而要把握好这个度，关键是要合理确定国有企业利润上缴比例。因此，科学并且合理的国有企业利润分配制度安排应该达到这一目标，即在国家代表全民股东的法定权益（资本最低要求报酬率）得到保障的前提下，国有企业的红利分配不能影响国有企业的正常发展需要。对于国有控股或参股企业，目前我国主要是参照其上市公司的分红政策来进行，但这一制度是否合理，也有待于我们后续探索完善；第二，利润上缴范围的确定。目前在中央企业实行的国有资本经营预算收益收缴范围，主要是国资委下属的100多家中央企业，还有诸如金融国有资本、教育文化国有资本等其他部署下属的国有企业还没有纳入国有资本经营预算收益收缴范畴。至于地方国有企业，由于各地的政策差异，未实行国有资本经营预算的地方国有企业还为数不少，这些未纳入国有资本经营预算的国有企业，其利润还滞留在国有企业内部。由此可见，要建立合理的国有企业红利收缴制度，需要进一步扩大利润收缴范围，要实现国企收益上缴全覆盖。

四、国有企业红利共享制度

推进国有企业全民共享分红，在完成国企利润上缴第一步后，就必须探索建立合理的国有企业收益共享制度，让收缴上来的国有企业收益能够真正地惠及全民。目前我国实行的国有资本经营预算制度，虽然已经恢复了国有企业税后利润的上缴，但是收缴后的国企利润，大都还是以各种形式返回到国企，国有企业的税后收益大都还是在国企"体制内循环"，这种国有企业收益分配制度，显然不能够让国企的真正所有者——全民共享国企收益。因此，当前完善国有资本经营预算制度应该尽快探索建立合理的国有企业收益共享制度，推行国有企业全民共享分红，让国企收益惠及全民。当然，让全民共享国有企业收益，可以有多种形式。我们认为，可以有两种基本形式：一种是间接共享分红形式，即国有企业收益上缴后有国家统一安排提供公共产品和公共服务，让全民间接受益。比如，党的十八届三中全会提出的，要让国有资本收益更多地补充社保基金，填补社保基金缺口，这也是间接共享分红的一种形式；另一种形式是直接共享分红，即把上缴的国有企业收益在政府主持下直接分配给全民，让广大民众能够直接共享到国企的收益，提高民众对国企的主人翁意识。这两种分红形式，各有优势，也各有不足，需要部门不断探索，建立合理的国有企业收益共享制度。

五、国有企业红利分配监管制度

国有企业实行"全民共享分红"之后，国有企业将不能再独享巨额利润。因此，基于效用最大化的经济人动机，国有企业经营者必然会有相应的策略调整。可以预见的是，国企经营者将利用信息不对称进行"内部人控制"，通过增加职务消费、提高管理处薪酬、加大税前支出，滥发奖金、超标准提高职工工资等方式，将国企利润从末端向前端转移，以规避利润上缴。因此，必须建立有效的国企收益分配监管制度，完善国企经营者激励约束机制，防止国企"内部人控制"。比如，可以在企业的内部，将经营者的工资和职工的收入同经济效益挂钩，鼓励生产经营者的积极性，同时也约束企业的生产经营行为，避免工资收入侵占利润，保证"全民共享分红"的资金来源。

此外，建立健全法律法规，完善国企监督体系。"全民共享分红"的实行离不开法律。为了促进"全民共享分红"，就必须先制定一个健全的法律体系。如果法律体系不健全，容易发生财产纠纷，容易导致"全民共享分红"的过程中利用法律漏洞谋私利的现象。健全的法律体系能够确保"全民共享分红"严密、完整、统一的进行，避免出现各个部门职责不清晰的纷争，有利于提高整体的工作效率，有利于防止国企红利在分配过程中被个人占有。同时，"全民共享分红"的进行还需要一个完善的监督体系。在分红过程中，政府内部监督和民众的外部监督都至关重要。只有统一的内部监督体系和外部监督体系才能使分红能够公平公正的进行。因此，一方面要加强政府审计，提高政府审计的质量和效率；另一方面要落实全民作为国有资本所有者的权利主体，提高民众监督国企运行的积极性。

第三节 逐步完善国有资本经营预算制度

国有企业红利分配制度改革是国企改革中一个至关重要的环节，其涉及的利益主体较多，且关系复杂，必须明确改革所应遵循的基本原则和改革思路，以科学的态度对改革进行设计和规划，才能保障我国国有企业红利分配制度改革的顺利进行。

一、扩大国有资本经营预算实施范围

目前，国有资本经营预算实施范围还比较窄。尽管，财政部多次扩容最终将840户中央部门和中央企业集团所属的一级企业纳入中央国有资本经营预算实施范围。然而，根据审计署向全国人大提交的《审计报告》显示，截至2017年底，中央部门所属事业单位的4900余户企业中，有4100余户（占83%）尚未纳入国有资本经营预算范围，虽然国有资本经营预算内上缴税后利润的中央企业数量相比过去已呈现出增加的态势，但所占比例仅为所有中央各部委下属企业数目的大约1/8，还有大量的中央国有企业没有将其税后红利上缴国家财政。尤其是利润丰厚的金融类国有企业，到2017年都还未被列入上缴红利的范围之内。从地方国有资本经营预算的实施情况来看，还有一定数量的省市未出台国有资本经营预算具体的

实施办法，未能有效编制国有资本经营预算①。由此可见，国有资本经营预算实施覆盖范围有待进一步拓宽。这不仅是国有资本经营预算制度日益完善的必然趋势，也是日渐明晰的改革取向。全面实施国有资本经营预算，有助于国有资产出资人履行职能，确立国有企业市场主体地位，加快国有经济优化布局。

2009年出台的《中华人民共和国企业国有资产法》明确规定国家出资企业分得的利润等国有资本收入应编制国有资本经营预算②。这为全面实施国有资本经营预算提供了法律依据。扩大国有资本经营预算实施范围可以分两步走。首先，逐步将余下的4000户中央部署企业涵盖其中，由垄断性中央企业向竞争性中央企业再向公益性中央企业依次过渡，重点突破金融类国有独资及控股企业。解决金融类国有资本经营预算编制难题，可以由财政部牵头，出台类似《金融企业国有资产转让管理办法》《金融企业国有资产监督管理暂行办法》等指导意见。其次，要求尚未实施国有资本经营预算的省区市地方政府结合自身实际，借鉴其他地区的成功经验，加快实施步骤。随着国有资本经营预算实施范围的延伸，预算管理监督的完善也应同步进行。只有点面结合，规范编制，严格执行，国有资本经营预算的全面实施才不会有名无实。

二、细化国有企业利润征缴对象的层次

自2007年实行国有资本经营预算以来，我国国企红利上缴比例经历了5次调整，截止到目前，按照行业性质的划分标准，中央企业利润上缴比例确定为：第一类企业为25%；第二类企业为20%；第三类企业为15%；第四类企业为10%；第五类企业免缴当年应缴利润。这样的制度设计考虑了不同行业的利润实现能力，但其忽略了同行业中不同企业各自的经营环境、盈利情况、融资成本、市场竞争能力等因素。对同一行业实行统一的上缴比例，忽视了不同企业之间的盈利能力的差异性，造成两种极端的现象：盈利能力强的企业将巨额利润留存于国企内部，而造成过度投资侵占国有资本的行为。盈利能力弱的企业则为了足额上缴红利，则挪用企业经营发展所需的后备资金，因没有充足的资金支撑，容易导致企业发展动力不足的后果。

因此，为了避免上述情况，本书建议采用固定与浮动组合式的双重结构分红比例③。其中，固定比例部分可按照国际惯例上按企业占有资源的程度来划分，若个

---

① 财政部：关于推动地方开展国有资本经营预算工作的通知［EB/OL］. 和讯网, http://www.hexun.com/.
② 《中华人民共和国企业国有资产法》.
③ 张春霖, 王丽虹, 等. 有效约束、充分自主：中国国有企业分红政策进一步改革的方向［R］. 世界银行, 2010.

别国有企业业务涵盖涉及多个行业，可再根据企业的主营业务进行细分。实行初期可以参考国内同行业上市公司的分红比例，在具备一定条件后，将比例逐渐调整为国际上市公司实行的分红比例的水平。对于浮动比例而言，应以国家政策的导向、企业盈利能力、市场前景为依据，若是国家重点支持发展、市场前景良好的企业、则应制定较小的浮动比例，让其留有充足的企业风险基金用于技术创新与经营管理，提升企业价值。若是产能过剩、国家限制发展的企业，应提高红利上缴的比例。一般而言，为了保证国企红利上缴的稳定性与持续性，红利上缴固定比例部分应保持稳定，而浮动比例部分可根据企业具体的经营情况、国家的宏观经济发展战略进行调整，保证国有红利上缴政策的灵活性。

另外，在双重结构的分红比例框架下，浮动比例的高低还应该结合国有企业的垄断性质进行划分。具体而言，按是否具有垄断性质划分，可将国有企业分为垄断性企业与非垄断性企业。对于垄断性国企而言，其实现的利润一般有两部分组成。一部分是凭借国家政策的倾斜而以资源垄断权而拥有的高额利润，这部分的利润应以绝大比例或全数上缴红利的方式纳入国家财政；另一部分是企业通过技术改造、创新经营而实现的竞争型利润，这部分所得应优先满足企业自身的经营发展所需，剩余部分再向政府支付红利。对于一般竞争性企业而言，其利润主要是通过管理创新与参与市场竞争中而实现的，因此这类企业的利润应优先作为企业用于壮大经营规模、提高市场竞争力的后备基金。在留于足够的企业备用金后，才可将剩余利润向国家支付红利。因此，浮动比例的设置还应结合国有企业的垄断性质进行统筹考虑。

三、逐步提高国有企业红利上缴比例

经过自2007年以来的数次对中央企业上缴利润比例的提高，党的十八届三中全会决定提出到2020年国有资本收益上缴比例提高到30%，更多用于保障和改善民生。这在顶层设计上已经为进一步提高红利上缴比例奠定了基础，突破当前国有企业红利分配格局已经是大势所趋。但是相对于成熟国家的红利上缴比例来说，仍存在分红比例过低的问题，难以保障国家出资人、国有资本终极所有者即全体人民的利益，还是有进一步提高的空间。具体而言，当前国有企业上缴利润的比例按平均数来算是15%。最近几年国有企业利润上缴比例的速率是每次调整5%，到2020年30%的目标意味着还需上调1~2次。

根据前文委托代理博弈模型的分析，国有企业红利上缴比例与政府收入呈倒"U"型关系，即二者之间存在一个"拐点"，当红利上缴比例小于"拐点"时，上缴比例与政府收入呈正向变化，只有当红利上缴比例超过"拐点"后，二者呈反方向变化。并且在信息不对称的现实条件下，国企红利上缴比例应高于信息完全对称下40%的红利上缴比例。在完善国有企业红利上缴制度的实践中，提升国企红利上缴比例，减少企业的内部留存收益，有利于减少企业低效投资、过度投资的不规范经营行为，提升国企的投资效率。因此，在完成30%的目标后，国有企业利润上缴的比例应当向国外成熟市场国家的分红比例靠近，最终应当稳定在50%～60%左右与国际水平较为相符。为了减少改革阻力，兼顾多方主体的利益，提高国企红利上缴比例应继续采取渐进式改革路线，也应当切实地考虑到国有企业实际的情况，而不是盲目地快速提高比例，否则不但没有达到增加财政收入的目的，反而挫伤了国有企业的积极性，甚至影响到企业正常运营。

国企红利上缴比例的设计应引入多方协商机制，通过交流会、调研会、研讨会、听证会等方式听取来自国有企业、专家学者和公众代表的意见。通过共商机制确定的参数指标体系能够平衡多方利益诉求，降低公众质疑，增强公信力和透明度。经过合理评估、仔细论证的国企红利上缴比例应以法律或规章等形式确立下来，最好能够纳入《企业国有资产法》的界定范畴，确保权威性[1]。如果能够以责任书的形式确定每年红利上缴比例，并把是否按期、足额缴纳红利作为国企年度考核和管理层任期绩效考核的重要内容的话，那么国企红利上缴的渐进性改革就能够有效地推进，并最终实现。

四、预算支出更加向民生领域倾斜

国有企业利润的上缴是国有资本经营预算的重要的收入来源方式，上缴的利润如何支出显得尤为重要，因为它既涉及国有企业的发展，同时也涉及民生领域的改善。不仅要看到国有企业上缴了多少利润，同时还要关注这些利润都用在了哪些方面。我国是社会主义国家，这决定了上缴的利润应该加大对公共事业建设的投入，以及弥补社会保障基金等方面。我国目前正处于经济转型期，并且随着人口老龄化的到来，中国劳动人口不再全面过剩，并出现局部的紧缺，中国社科院学者高培勇指出，在现有社保制度框架下，要确保2020年中国每个退休者都能领取养老金，以替代率52.4%计算，中国城镇职工养老保险会出现支付缺口。当前社会保障基金面临资金缺口问题，形成"空账"，但是财政预算也时常吃紧，建议国有资本收益应该首先用于弥补社会保障基金的缺口，完善社会保障覆盖面积，维护社会稳定。

国有企业的所有者是全国人民，国有企业的利润属于全民，应该由人民共享。

---

[1] 何国华. 国有独资企业利润分配与上缴法律制度探究 [D]. 北京：中国政法大学，2009.

当前我国在教育、基础建设、农村建设等方面都急需资金，面临着巨大的挑战。国有企业上缴的红利应当更多地投入民生领域中去，推动公共事业的发展，有效降低民众的生活成本。一方面能够改善百姓的生活条件，提高社会总的福利；另一方面也能够体现社会主义公有制的本质，体现国有企业的社会价值，让社会公众能切实地感受到经济发展带来的社会进步与生活水平的提高。从市场运行规律上看，民生领域国资预算支出的边际效用较高，以民生性为导向的国资预算支出规模的扩大将减少收入分配差距，刺激人民的边际消费倾向，有利于扩大内需，刺激消费，促进我国产业结构的转型升级。因此，扩大国有资本收益在民生领域的比例，是符合国有资本属性与市场运行规律的必然选择。

具体而言，必须改变国有企业利润回流到企业内部，以及补充社保基金和民生领域比例过低的现状。应从法律层面设置国资预算用于民生性支出的最低比例，确保其刚性需求、并且对民生支出的投入范围、投入方式进行政策量化安排，保证这部分资金首先投入与资金缺口最大、对民众受益程度最高的领域，（如社保基金预算领域）从法理的角度体现国资经营预算的民生财政导向。2016年中央国有资本预算在民生领域的支出为14.38%，本书建议到2020年，补充社保基金与投入民生领域的国企红利应扩大到30%的水平，在进一步改善之后，实现与国际接轨的50%民生支出比例。

五、加大国企自留利润去向的监督力度

虽然国有企业自留了一部分的利润，但是这并不意味着国家就要放弃国有企业对这部分利润使用的监督力度，也并不意味着国有企业就要放弃自主经营的权利。相反的，国家加大对国有企业自留利润去向的监督正是对全民所有资产的负责，因为这可以防止国有资本的流失、保护国家和公众的利益。首先，政府要充分发挥监管作用，监督企业的日常运营，尤其是企业的成本和费用的支出以及利润的分配。政府可以通过委托相关审计机构来确认企业财务信息的真实性，同时检查成本费用的税前扣除是否合理；其次对于国企贪污腐败的高管要加大惩罚力度，只有这样才能起到更好的震慑作用；第三就是要充分发挥审计机构和社会的监督作用，审计机构的监督检查可以有效地对国企成本费用利润进行监督，社会的监督则可以使企业减少不必要的费用开支，规范企业的利润分配行为。总之，政府应该强化各种激励机制，在编制预算时尽可能地将各项预算指标细化，尽快建立季度预缴、年终结算的上缴方式，另外要加快完善国有企业的各项制度和机制，包括治理机制、会计制度、财政监督机制和惩罚机制，以争取能够对国有企业进行更好的监督和管理。

六、强化国企利润分配制度的刚性机制

强化国企利润分配模式的刚性机制,为进一步健全国企利润分配制度提供良好的外部环境。首先,应建立健全国企利润分配的相关法律保障制度,为规范国企利润分配模式奠定法律基础。建立健全的法律体系能对规范当今社会活动,解决社会问题,保障社会的稳定发展起到积极的作用。而对于国有企业这个在国家经济中起到主导作用的经济参与者来说,颁布一套健全的法律制度是非常重要的。因此,应尽快出台有关法律法规,使国企的产生、发展、运营等环节有法可依,同时对国企利润的上缴和分配制度进行明确规定,为国家分享国企利润提供法律保障,从法律上保障了国企的所有者全体人民的根本利益。其次,应该在国企内部实行强制性的信息披露。国有企业是全民所有制企业,具有公共性,所以向公众披露企业的财务等方面的重要信息是国有企业应该履行的义务。此外,应该对国有企业未上缴利润的流向进行审计,保证国有企业未上缴利润的流向科学合理。最后,要进一步改进国企公司治理结构、完善国企内部监督机制。应在国有企业内部设立脱离国企的监督机构,保证监督机构的公共性,从而对国有企业红利的来源和利润分配的流向进行严格把关,保证国有企业利润分配的科学合理流向,同时,健全公共或人民取向的国有资产管理绩效评价制度[①],维护出资人全体人民的共同利益。

第四节 探索国有企业红利全民共享的改革模式

国有企业改革经过多年的探索,已经大多扭亏为盈,初步解决了国有企业的效率问题,实现了国有资产的保值增值,在此背景下,国有企业改革就应该重视改革中面临的公平问题,尤其是如何让作为国有企业所有者的全民实实在在共享国有企业的红利收益,只有这样才能真正发挥社会主义公有制的优越性,也才能真正贯彻执行党的十八届五中全会提出的"共享发展"基本理念,因此,必须明确国企红利全民共享的改革目标,在实践中分阶段探索推进国有企业红利全民合理共享的改革模式,使国有企业红利以灵活的多种形式惠及全民。

一、加强国企红利全民共享的思想认识

在进行国资收益分配民生化制度设计之前,必须先明确公民为国有资产收益最

---

① 侯普光,赵公社. 改革红利论与国有资产管理体制的完善[J]. 理论探索,2013:93-96.

终所有者的地位，这是制度设计成功的前提。之所以必须明确国有资产收益"全民共享"的基本目标，有两方面原因。一方面，国有资产收益"全民共享"的基本目标，是由国有资产的本身属性决定的。在理论上，由于全体公民是国有资产最终所有者，那么全体公民有权以所有者身份要求政府对国有资产经营所得收益进行分配，即全体公民共同享受国有资产收益。另一方面，国有资产收益"全民共享"的最终目标也是社会主义国家的以公有制为主体的生产资料所有制决定的。在公有制的制度背景下，国有企业作为经营性国有资产的运作主体，其经营所需生产资料为全体公民所共有，因此，国有企业理应将经营性国有资产的收益所得向全体公民进行分红。此外，让全民共享国有企业红利，才能实现公平与效率的内在统一，才能发挥社会主义公有制的优越性，实现共同富裕，才能符合党的十八届五中全会提出的"共享发展"基本理念。

当前，要让全民共享国有企业红利，就应该首先提高全民的思想认识，明确国有企业红利全民共享的基本目标，使国有企业红利全民共同共享成为一种社会共识，从而为推行国有企业红利分配统一思想认识，减少制度推行的阻力。

具体来说，首先政府应该加强重视。目前国有企业的全民所有权现实中主要通过人大的委托授权由政府代表全民进行管理，所以政府在推行国有企业红利全民合理共享的改革中发挥着至关重要的作用，是改革的主导者。可以说国有企业全民股东能否合理共享国企红利收益，关键取决于政府的重视和推动。政府应该从国有企业改革的全局出发，制定国有企业红利全民共享改革的阶段性任务，统筹安排改革的各项进程，克服改革中面临的困难和阻力，积极化解改革中出现的各种利益矛盾和冲突，为推进国有企业红利分配改革创造良好的舆论宣传环境，把国有企业红利分配"全民共享"这一基本目标作为国企红利分配改革制度设计的标尺，在平衡经济发展和公民福利的前提下，尽量将国有企业红利"全民共享"体现在国有企业红利分配制度的制定和运行中。

其次，对于国有企业员工和经营者而言，也必须深刻认识到国有企业"全民所有"这一基本产权性质。国有企业红利的形成，离不开国有企业职工和经营者的努力，他们为国有企业的发展做出了重要贡献，这是应该肯定过的。但是，不能因此就否定全民作为国有企业所有者的股东权益。国企员工和经营者，都应该立足于自己的本职工作，自觉把维护股东利益也就是全民利益作为国企业各项生产经营活动的基本原则，不能把国有企业视为企业职工和经营者的"地盘"，不能把国有企业红利全民共享视为对国有企业职工和经营者利益的侵害，更不能利用国有企业内部人的信息优势采用各种形式阻挠国有企业红利分配行为。

最后，对于全民来说，则是要充分地认识到，国有企业是全民包括自己共同所有的财产，法律赋予了国有企业全民所有的财产权，全民包括自己有合法的权益享有国有企业红利分配。在过去国有企业长达 14 年只缴税不缴利润的时期，国有企业由于垄断和低效率等负面因素，国有企业盈利越多，遭到社会的质疑和非议就越多，民众作为全民所有者不仅没有因为国有企业盈利而高兴，反而因为国有企业通过垄断而获利损害社会福利而不满，因此全民作为国有企业所有者反而在一定程度上有敌对国有企业的不良情绪。这种情况随着国有企业盈利的上缴并最终采用合适的形式让全民共享，可以从源头上化解全民与国有企业之间的敌对不满情绪，建立正常的全民所有者与国有企业之间相互约束、相互促进、共同发展的新局面。因此，当前最重要的就是要加大政策宣传，扭转民众对国有企业的错误认识，让民众明白自己作为全民的一分子可以享有国有企业的红利，从而主动关心国有企业发展，加强对国有企业经营行为的社会监督，促进国有企业的健康发展。

二、分阶段探索国企红利全民共享改革模式

国有企业红利全民共享改革，已经成为未来国有企业红利分配改革的趋势和方向。虽然在国外，有多个国家和地区有过探索，积累了一定的可供借鉴的经验，但在我们国家这么面大量广的国有企业实现红利全民共享，还需要很多的制度创新。基于前文所述直接共享分红和间接共享分红模式的综合比较，本书认为国有企业红利全民共享改革应该考虑我国国企改革的现实情况以及制度基础，采取分阶段模式推进的方式。

（一）现阶段：直接共享分红与间接共享分红有机结合

通过前文分析国外国有资产收益全民共享模式，可以发现有不少国家和地区已经实践采用直接共享分红模式，并取得较大的成功，例如阿拉斯加的永久基金模式和新加坡的财政盈余分红模式，但总体上大多数还是采取间接共享分红的模式，尤其是大多采用将国资收益和国企红利上缴国家财政，再由国家财政统筹安排，加大民生财政支出，间接让全民受惠。与国外相比，我国国有企业量大面广，利润总量巨大，促进红利全民共享有更坚实的盈利基础，因而也更具有紧迫性和重要意义。现阶段，如果采用直接共享分红模式让全民直接共享国有企业红利收益，现实条件还不太成熟，由于我国当前的红利收缴制度还不够健全，红利上缴面临的阻力大，难以保证红利能够及时足额上缴，相关的配套措施还不健全，加上我国当前人口多，流动性大，城乡户籍差异等诸多因素，采用直接共享分红在全国范围内直接给全体国民发放红利还缺乏较完善的基础条件。而且，我国当前公共财政民生支出还比较薄弱，目前我国财政支出中用于教育、医疗、卫生和社会保障等民生支出占我国 GDP 的比重只有 6% 左右，远远低于发达国家 28% 的民生支出比重，这意味着

社会公众民生需求还有很多得不到满足，加强民生财政支出，提升民生财政支出占GDP的比重就十分迫切。因此，基于当前社会公众民生需求的渴望，国家在全国范围内采用间接共享分红模式，即把中央国有企业的红利收益上缴财政，由财政统筹安排用于教育、医疗、社会保障等民生支出，让全体国民能够比较平等地享有中央提供的公共服务，发挥国有资本经营预算的宏观调控作用，提升社会整体福利，这是当前中央国有企业红利全民共享的现实选择。因此，在当前社会保障体系不够完善、法律制度不够健全的条件下，我国应贯彻党的十六大"充分发挥中央和地方两个积极性"的精神，赋予地方政府更多产权，以提高国有资本的运营效率，保障国有资产的安全。鉴于国有企业红利量大面广、中央短期内难以统一支配的现状，全民共享分红的政策设计应分别中央和地方，采取不同的红利共享模式，以减少过长的委托代理链条带来的交易成本，因地制宜地进行国有企业红利的管理。

对于有条件的地方性国有企业，可根据直接共享分红模式来设计国有企业红利全民共享政策，根据地区实际适当地将红利直接返还给当地居民。由于其体量小、范围窄的特点，人口统计等工作易于开展，试点困难相对较小；即使试点失败，也方便及时修正，不会产生大范围的不利影响。对于中央国有企业，由于涉及面广，大都关系国计民生，若贸然直接分配红利，风险不可估量。这类国有企业可通过间接共享分红的方式，调整红利支出流向，以服务于公共服务均等化为目标，使其更多用于民生领域，通过公益事业将国有企业红利返还给公民。待时机成熟，再慢慢过渡到直接共享分红模式。

现阶段，采取上述直接共享分红与间接共享分红有机结合的红利共享模式，不仅有利于平衡区域发展、促进直接红利分配的稳步推进，还有助于解决教育、医疗、住房、养老等体系的不完善问题。中国社会科学院金融研究所所长王国刚教授[①]指出，当前中国经济可持续增长的瓶颈，是现行教育、医疗投资不足，无法满足人民群众日益增长的"住行学"需求。如果通过间接共享分红的方式将国有企业红利用于教育、医疗等方面的投资，可以在很大程度上弥补"住行学"的供给缺口，提高全民福利水平，真正实现拉动内需、带动经济增长的目标。中央的间接共享分红和地方的直接共享分红相结合，是现阶段最适合的红利全民共享方式。

（二）最终模式：直接共享分红

直接共享分红模式可以最大限度地保障公平，真正提高全民股东对国有企业红利的关注程度，是红利分配的最佳途径。国外部分地区甚至我国港澳台地区都已用实践证明，用财政资金或国企利润等进行全民共享分红是可行的。老百姓也更希望

---

① 王国刚在福建师范大学关于《城镇化建设与中国经济发展方式转变》的报告。

通过直接共享分红，让自身生活得到实实在在的改善。只有实行直接共享分红，才能真正发挥全民股东的监督作用，减少国有资产的流失和浪费。我国是实行生产资料公有制的社会主义国家，国有经济控制着国家的经济命脉。与世界各国相比，我国国有企业的利润占 GDP 的比重更大，直接共享分红模式更能保障全民平等收益，提升全民对国有企业的关注度，增强民众对国有企业的主人翁意识，因此直接共享分红模式应该是全民红利共享的最终模式。

虽然目前在全中国实施全民共享分红政策还缺少一些条件，全民共享分红不可能一蹴而就，但随着我国社会保障体系和教育医疗体系的日渐完善，随着国资预算体系和法律制度的日益健全，随着地方性国有企业全民共享分红的稳步推进，国内各省份各地区将涌现出一批国有企业红利全民共享的成功典型。总结各地区的国有企业特色及其全民红利分配实践的经验教训，可以为中央国有企业推广直接共享分红模式提供很好的指引。届时，在全国范围内推广直接红利分配模式便成为全民合理共享国有企业红利的逻辑必然。在我国地方的成功案例及国际先进经验的基础上，直接红利分配模式应逐渐从地方过渡到全国。可通过详尽的数据分析和合理的政策设计，避免国外一次红利分配的弊端，确保国有企业红利的可持续性，从而实现人人年年有红利的终极目标，真正做到让全民合理共享国有企业发展成果。

对于直接共享分红模式的具体实施形式，可以视每个企业的盈利情况，决定直接分发现金或股票，或者以社保基金的形式设立账户。由于国有企业的税后利润需要留出一部分来继续投资、扩大生产，相对而言，可持续性最佳的直接共享分红形式是股票分红。我国国有企业数量庞大，截至 2015 年，单单纳入国资预算范围的非金融性中央企业就有 832 户。如果将国有金融企业也纳入预算范围，并将全部国有企业的股份都按适当的比例分给全民股东，人民得到的红利收益将十分可观。

三、加强国有资本划转社保基金的机制建设

（一）关于划转范围及对象

《划转方案》明文规定，国有资本划转充实社保基金的划转范围是中央和地方国有及国有控股大中型企业、金融机构，并未对其做出进一步的细化规定。本书课题组认为，由于各类国有企业功能性质不同，承担的社会责任各异，应当分情况纳入划转范围。例如部分企业其国有资产规模大、超额垄断利润丰厚，理所应当纳入划转范围。而对于部分涉及国家安全和国家必须垄断的企业如军工产业、制币业、特殊药品行业企业等，则不宜划转。就地方国有企业而言，应当首先考虑划转省属国有资本。这主要基于以下原因：一是省属国有资本为省国资委直接监督管理，划

转操作面临的困难相对较小；二是省属国有资本的规模相对较大，划转的规模比较可观；三是省属国有企业的公司化改革，股权改革相对走在前面，为划转奠定了基础；四是省属国有资产的分布相对集中，并且可起到带头示范作用。当然，地方省属国有资产的优先划转并不意味着地市级所属的国有资本不用划转，应当在考虑各地县市国有企业分布状态、盈利能力状况的基础上推进地方国资划转工作。此外，国有资本划转充实社保基金方案规定国资划转对象为已完成公司制改革的中央和地方企业集团，对于未完成公司制改革的，要求在改制后按规定划转。这就要求加快地方国有企业公司制改革，条件和时机一旦成熟，就应该及时办理国有资本划转手续。

（二）关于划转比例

由于不同国有企业面临的市场环境及生存压力不同，《划转方案》目前统一采用10%的划转比例对一部分盈利能力强的国有企业而言相对轻松，对另一部分盈利能力弱乃至亏损中的国有企业而言可能就显得相对困难。因此为协调国有企业发展，建议采用分类定比的方式推进国有资本划转。2015年10月13日，中央全面深化改革领导小组第十七次会议通过的《关于国有企业功能界定与分类的指导意见》明确规定，国有企业应当根据国有资本的战略定位和发展目标，结合其在经济社会发展中的不同作用、现状和发展需要，分为商业类和公益类，其中商业类又可进一步分为主业处于充分竞争行业和领域的商业类国有企业和主业处于关系国家安全、国民经济命脉的重要行业和关键领域、主要承担重大专项任务的商业类国有企业。本书课题组认为，可借鉴这一分类方式确定国有资本划转社保基金的比例。具体方案如下：商业类国有企业以实现国有资产保值增值为主要目标，通过市场的竞争可以获得相当可观的经济收入来源，其有能力并且有义务为划转国有资本充实社会保障基金多做贡献。因此对于主要处于充分竞争行业和领域的商业类国有企业，根据实际情况，划转国有资本充实社会保障基金的比例可逐步提升为30%；对于主要处于关系国家安全、国民经济命脉的重要行业和关键领域、主要承担重大专项任务的商业类国有企业，考虑到其特殊地位，划转比例可相对低一些，可逐步提升为20%。公益类国有企业本身就是以保障民生、服务社会、提供公共产品和服务为主要目标，其经济收入来源也主要用于保障该目标的实现，其每年的收支基本是属于持平状态，没有较多的利润用于划转，故划转国有资本充实社会保障基金的比例可保持为当前的10%。如此分门别类地执行国有资本划转充实社保基金的比例，不仅更好地弥补了社保基金缺口，而且符合国有企业自身功能定位及发展需要。

(三) 关于承接主体

《划转方案》规定地方国有企业股权统一划转至省国有独资投资公司或者是具有投资运营功能的国有投资公司进行管理。本书课题组认为，从改革的长远进程来看，这一举措实际上仅仅是国有企业之间的股权整合，并未明确部分国有股权充实社保基金这一层划转关系。为明确地方社保机构对地方国有企业的股权关系，国有资本划转社保基金可以考虑成立省级社会保障基金理事会，统一负责本省域的划转工作。这不仅能够明确国资充实社保这一划转关系，而且从划转的步骤和程序上来说，可以更好地统筹地方国有企业国资划转工作。当然，省社会保障基金会的设立应该根据发展需要准确定位，明确区分省社会保障基金理事会是利益上的投资者还是国有企业改革的助力者。如若省社会保障基金理事会扮演的是国有企业改革助力者角色，则国家需要将其在划转国有企业中所拥有的股东职权载入章程内；若省社会保障基金承担的仅是利益投资者角色，则国家只要定期发放社保基金会持有国企股权相应享有的收益即可。针对未来国有股权变现问题，本书课题组建议从国家层面授予社会保障基金理事会一定的权力：一是国有资本划转部分所涉及的分红权，当省社会保障基金理事会将划转部分的国有资产进行变现前，可以被允许获取相应持股比例的国有股权分红；二是国有资产的处置权，通过拥有这一项权力，省社会保障基金理事会可以自主地对划转国有资产进行充分利用，达到基金收益的最大化。

第五节　国有企业红利分配改革的配套政策建议

近年来，尽管国有企业利润分配制度正在逐步完善，但国家与国企财政分配关系的制度变迁仍然存在较强的路径依赖，国企红利上缴处处受到掣肘。这严重制约了国有企业红利上缴比例的提高，阻碍了国企红利流向民生领域。深化国有企业红利分配改革必须打破日益固化的制度瓶颈，重新调整利益关系。由于国有企业面广量大，利益关系交叉重叠，处理不好很可能产生反噬效应。因此，推进国有企业红利分配改革不能单兵突进，必须与国有企业改革其他领域协调推进。笔者认为可以从主体定位、制度保障和监督完善三方面着手突破日益固化的制度藩篱。

第十六章 国有企业红利全民共享改革：制度框架与政策建议

一、职能主体定位清晰

随着国有企业改革不断朝向市场化推进，如何设置合理的权利边界既保证国有企业享有独立的法人资格又允许政府履行必要的所有者代表职能是横亘在改革者面前的难题。准确定位财政部、国资委和国有企业等利益相关的权责，是按时足额收取国有资本收益的首要前提。

（一）财政部的职能定位：国企利润的收支主体

1. 确立国企红利上缴方案和程序

财政部是国有资本经营预算的主管部门，负责制定预算管理制度，编制预算草案，掌握着国企红利征缴和分配的主导权。以法律或行政办法明确规定国企红利上缴比例确定办法和程序，以刚性的制度防范外部力量的干预和滋扰。

2. 逐步提高与民生领域相关的预算支出

尽管，国有资本收益以资本性支出和费用性支出为主的分配格局短期内很难改变，但是各项支出所占的比重并没有具体规定，而且政策也允许根据宏观经济发展需要统筹安排国有资本收益。既然制度安排已经预留了调整的余地，在不改变国企红利主要流向的前提下，财政部可以逐步地提高国企红利民生分配比例。党的十八届三中全会明确提出2020年将国企红利上缴公共财政比例提高到30%。制度的顶层设计为国企红利分配改革设置了目标，而实现的方式可以通过增加预算收支科目也可以直接提高现有预算科目的经费安排如增加调入社会保障的资金。当然，这种调整只是为了减少阻力而采取的权宜之计。从长期来看，彻底打破既定利益格局，实施以民生为导向的国企红利分配，势在必行。

（二）国资委的角色定位：国有资产出资人代表

1. 严格编制国有资本经营预算建议草案

国资委应严格按照既定的规章制度核实国企利润、编制建议草案、催收国企红利并接受财政部的监督。与此同时，国资委对欠缴、少缴、缓缴利润的国有企业应查明原因，上报财政部，采取必要的补救措施。

2. 妥善处理国有资产"代理人"和"委托人"的关系

一方面，国资委是国有资产的法定出资人代表，代理全民管理国有企业。这就要求国资委对国企实施严格监管，以实现国有资产的保值增值。另一方面，国资委扮演着委托国有企业管理者运营国有资产的角色。为了确保国企管理者规范运作国有资产，实现盈利，国资委必须下放部分国有企业的管理权，同时收回或集中国有资本收益分配权，逐步实现政企分离、政资分离。

(三) 国有企业的市场定位：制度完善的竞争性企业

1. 逐步完善现代企业制度

近年来，大多数国有企业通过并购重组和结构调整，实现了改革脱困、稳步发展，但仍有一些国有企业存在管理不严、经营不善等问题。尽管90%以上的国有企业完成了公司制、股份制改革，但要真正发挥股东会、董事会和监管会等议事机构的监管职能尚需时日。首先，这些议事机构人员的选拔、任用与评价机制并不完善也不透明，事实上，核心管理人员的任免权牢牢地控制在政府手中，这些高层既是经营者也是政府官员，其中也不乏离退休高干担任独立董事的情况。其次，各个机构之间并未形成有效制衡机制，理论上来说，股东会、董事会和经理层各司其职，相互监督、相互制约。党的十八届三中全会确立了这一国企改革目标，而实现的路径则是全面推进公司制、股份制改革，逐步强化《公司法》框架下国企董事会、监事会等机构的职权。

2. 深入推进市场化改革

党的十八届三中全会确立了市场配置资源的决定性作用。这为国有企业改革奠定了市场化的基调。虽然市场化改革极有可能稀释国有股权，但国有企业的经济控制力并不会因此削弱，表现上股权分散导致分红总量减少，但单位股权增值显著提高足以弥补该部分损失。当前国有企业改革取得了显著成绩，拥有了相对独立的管理权限，形成了多元结合的产权结构，成为了市场竞争的重要主体，但不可否认国有企业仍未实现市场化，与民营企业、外资企业相比，国企拥有的政策优势显而易见，而国家为国有企业提供财政补贴和支付转制成本的做法也屡见不鲜。数据显示，2012年，政府对沪深两市35家钢铁企业的财政补助为61.457亿元[①]。

强调国有企业的市场化改革实质上就是利用完善的管理机制解决国有企业发展存在的体制积弊问题即管理松懈、机制僵化、人浮于事等。尽管市场化改革会淘汰部分国有企业，减少国有企业的数量，但国有企业资本增值率的提高足以弥补这部分损失，从长远来看，放置于市场经济中的国有资产将具有更强的竞争活力与更大的增殖潜力。坚定不移地进行国有企业市场化改革，首先，需要分清国有企业所属的性质和类别，区分自然垄断或完全竞争的成分，分别确定控股的形式是完全独资还是绝对或相对控股。其次，逐步放开完全竞争领域，利用股份制改革的契机，吸

---

① 钢铁业绩回暖真伪：政府补贴成倍增加.21世纪经济报道，http://finance.qq.com/a/20130829/001981.htm?pgv_ref=aio2012&ptlang=2052.

收民资参与其中，形成多元产权结构，特别是要允许、鼓励民资股东进入管理层，避免只投资不运作的表面的参与现象，实现真正的市场化改革。

二、配套制度保障有力

国有企业利润征缴势必受到一定阻碍，不可能毕其功于一役，而推进国企改革又必须破除日益固化的坚冰。实现 2020 年国有企业红利上缴 30% 的目标，不仅要协调主体权责也要求强化制度保障，唯有多管齐下，方能确保国企红利征缴在法律的刚性约束下有序进行。

（一）健全国企利润征缴的配套法律体系

1. 完善相关的纲领性法规

现行的国有企业利润上缴制度主要有国务院、财政部、国资委发布的实施意见、执行办法、部门规章。从法的形式要件来看，这些行政法规位阶较低，约束力较弱。[①] 目前，与国有资产监管相关的具有较高级别的法律规范是 2008 年出台的《企业国有资产法》。然而，该法涉及国有资本经营预算内容仅有第六章 58～62 条，不足 500 字，并且条款的内容大多是概括性的表述或简略的说明，不具有实际的操作性。高阶的法律制度在实践中难以发挥约束作用，而低阶的行政规章又缺少权威性。由此可见，完善国有企业利润上缴的相关纲领性法规需要尽快提上日程。《企业国有资产法》第 62 条规定："国有资本经营预算管理的具体办法和实施步骤，由国务院规定，报全国人民代表大会常务委员会备案。"这为国有资本经营预算纲领性法规的完善预留了空间即在该制度框架下出台具有高位阶、高效力的行政规范。

2. 建立配套的法律规范

国有企业利润上缴作为国有资本经营预算建立的重要环节既需要纲领性法规的约束，也要求配套法律规范的制约，特别是要完善国企利润征缴各个环节的操作办法如利润核定、征缴程序、催缴方案等。这些制度缺失很容易将国有企业利润上缴的制度安排异化为财政部、国资委与国有企业内部的利益分配。这不仅加大了利润征缴的难度也增强了国有企业讨价还价的能力。因此，涉及国有企业利润上缴的诸多环节都有必要以规章制度的形式加以明确。

---

① 法的形式要件指的是法的表现形式（形式渊源），是国家命令人人必须遵守的文件，这种文件中有国家确认的判断公正不公正的标准，一般以成为法、判例法、习惯法等形式出现。

(二) 设计有效机制防范国企规避利润上缴

1. 建立制衡机制规范利润上缴程序

制度的不完善为国有企业少缴、缓缴、迟缴红利提供了操作空间。不论是少计利润、少计所有者权益还是多计负债本质上都是规避利润上缴。因此，如果片面地根据国企提供的报表征缴税后利润无异于默许国有企业弄虚作假的行为。但是要求财政部、国资委或审计署实行全面监督又不具备现实可行性。因此，有必要设计制衡机制防范国企规避利润上缴。首先，强化国企内部财务稽查的职能，建立必要的追责问责制度，严厉查处会计造假行为；其次，发挥监事会的监管职责。监事会成员应按照《国有企业监事会暂行条例》严格检查企业的财务会计资料，认真审查财务报表和报告，实地考察复核企业财务情况等。再者，实行严格审计。除了审计署定期组织审查之外还应不定期引入权威会计师事务所对国有企业利润的核算、上缴、使用进行全面审计，确保国有企业真实上报会计利润。

2. 引入职业经理人优化内部治理结构

委托代理机制下国有企业内部管理面临着所有者缺位的情况，代理人和所有者利益诉求不一致使得国企管理者利用信息不对称进行"内部人控制"。现实中，国企管理者以让渡国有资产为代价换取个人利益的行为屡见不鲜，国有资产收益内部流转已成为不争事实。解决这一难题需要改变国企内部行政化管理模式，打破"只进不出、只上不下"的人事任免制度，引入职业经理人或进行市场化选聘。通过对管理结构的重新布局，既能够突破行政化管理模式形成的僵化格局，也可以产生独特的"鲶鱼效应"。而且采取多元组合的管理结构有利于实现激励与约束的协调统一。因此，当务之急是实行类似于公务员聘任制的国有企业职业经理人制度，赋予职业经理人实质的管理权。至于职业经理人的人员配置以及权力安排，笔者认为可以容后再议。

(三) 实行国有企业利润上缴奖惩制度

为了确保国有企业利润申报、核算及征缴工作有序进行，有必要逐步实行国有企业利润上缴奖惩制度。首先，将利润上缴完成情况纳入国企年度考核体系。设置的考核标准：一是，上缴利润的比例和时间；二是，上缴工作的规范性和配合度；三是，参照证监会发布的《上市公司监管指引第3号——上市公司现金分红》检查上市国企的现金分红情况。其次，将利润上缴完成情况作为国企管理者的绩效考核。由于国企管理者具有行政级别，对其进行效能考察时除了重点检查国有资产的运行情况还应审查利润上缴工作。最后，建立追责问责制度。对国企利润申报过程中出现的财务造假行为追究当事人的责任，涉及违法时应该移交司法机关。对不能按时足额完成利润上缴工作的管理者进行必要的惩罚，采取行政记过、警告或降级降薪等方式加以惩处，严重时予以免职。

三、内外监管体系完善

国有企业利润征缴是涉及多个部门、关系多重利益的系统工作，推进这项工作既需要各部门通力合作也要求强化监督。尽管，财政部和国资委多次对国有企业资产运作情况、薪资福利等进行检查，但还是不能避免国企红利征缴在封闭的体制内变相操作。这主要归因于监管法律位阶过低、制约机制不完善和监管缺失。事实上，我国早已出台若干国有企业的监管制度，包括《国有企业监事会暂行条例》《国有企业领导人员廉洁从业若干规定》《国有企业负责人职务消费行为监督管理暂行办法》等。然而，这些监管制度在执行中发挥的约束作用有所打折有时甚至形同虚设。强化国有企业监管需要在内部治理结构不断完善的基础上实施外部监督。

（一）国有企业的自我监管：健全信息披露制度

首先，建立国有企业账本公开制度。一直以来，大多数国有企业并未向公众公开国有资产经营状况和收益分配情况。除了上市国有企业按期发布的季报和年报之外，公众难以获取最新的国有资产运作情况。即便国有企业公开必要利润分配信息和重大投资事项，但涉及具体的资金来源和去向，公众大多无从得知更不用说舆论监督了。既然国有资产产权在法理上属于全民所有，那么产权的雇佣者作为国有资产的管家理应给东家交个账本，并且是真实完整详细的账本。没有公开财务信息，国有企业实在难以取信于民[1]。

其次，披露利润上缴的相关内容。目前，国有企业上缴利润需要提交的会计报表并没有向公众披露。一是，把信息披露纳入国企常规工作建章立制，确定信息披露的内容、形式、时间等。二是，除了公开证监会要求披露的信息之外还应向公众发布国有企业利润上缴情况，逐步提高披露信息的广度和深度[2]。三是，适时建立披露信息网上公开和公示制度，便于公众查阅和监督。

（二）审计部门的外部监管：建立有效的审计制度

1. 将国有企业审计纳入常规工作

审计署具有避免和预防国有资产流失，查处和抵御国有企业违规经营的功能。

---

[1] 王晓颖. 国有企业利润分配问题研究 [D]. 太原：山西财经大学，2010.
[2] 常伟勇. 基于博弈论视角的国有资本收益收缴研究 [D]. 秦皇岛：燕山大学，2012.

2009 年以来，审计署开始定期对大中型国有企业的财务收支情况进行审计①，审计内容涵盖了国有企业会计核算、薪酬福利、内部控制、人事任免、投资经营等方面。截至 2018 年 10 月底，有关部门、单位和地方已整改问题金额 2955.58 亿元；同时，深入剖析问题原因，认真研究采纳审计建议，从体制机制上巩固整改成果，共制定完善相关规章制度 2944 项；还通过约谈、追回违规所得、移送司法机关等强化问责，共处理处分 3299 人次，而涉事的责任人或被降职降薪或移交司法机关②。为了发挥审计署的监督功能，有必要将国有企业审计纳入常规工作，逐步实现国有企业审计全覆盖。

审计署对国有企业实施监管应着重从以下几方面入手。一是，绩效审计。重点检查国有资产运作情况，避免国有资产无效率流失。二是，经济责任审计。主要是对国有企业管理人员的薪资福利、职务消费、管理职权进行审计。三是，财务审计。检查国有企业财务制度是否健全、会计利润是否作假、财务报表是否真实、信息披露是否完整。通过多层次全方位的监管实现审计署感知风险、揭露问题、查处违规的审计功能。

2. 从法律层面明确国有企业审计的方式和内容

尽管，审计署对国有企业实施常规监管发挥了很好的监督作用，但随着审计范围的扩大和深入，审计工作的独立性势必受到影响。而国有企业也会采取更为隐蔽的财务手段规避审计。可想而知，审计工作的难度会越来越大，审计人员的技能需要同步提高。为了顺利实施审计、发挥监管职能必须从法律层面明确国有企业审计的方式和内容。目前，审计署主要依据《审计法》《审计基本准则》等法律开展审计工作。这些纲领性的制度尽管适用于国有企业审计但针对性不强、权威性不够。

2008 年出台的《企业国有资产法》明确了国有资产监管的方式和内容。该法第 64 条、第 65 条规定："审计机关有权按照《审计法》对出资人职责履行进行监督。"这从法律层面赋予了审计署的监管职权。在此基础上，有必要完善国企审计监管内容，细化监管程序，将概括性的法律赋权转变为现实的监管实权，避免审计工作失去纠偏功能。

（三）社会公众的舆论监督：建立渠道畅通的反馈机制

当前，国企红利以隐性福利和补贴等形式变相地在国企内部流转已成为不争的事实。法理上的国有资产产权全民所有在实践中很难得到保障。首先，产权全民所

---

① 2009 年开始审计署对国有企业实施定期监管，当年审计了华电集团、中石化等 6 家企业；2010 年，审计中石油、中石化等 15 家央企；2011 年，审计中粮、兵装集团等 17 家企业；2012 年，审计华能集团、国电集团等 10 家企业。

② 光明网. 审计署发布 2017 年度审计查出问题整改情况报告. http://politics.gmw.cn/2018-12/24/content_32229652.htm.

有不具备大多数人参与管理国有企业的可能；其次，委托代理机制下的内部控制为产权雇佣者提供了套利的机会；再者，国有企业利润分配仍然处于所有者缺位、监管者难以到位、雇佣者实际行使的状态。产权雇佣者一再发生越位行为，除了与产权所有者主体虚置有很大关系之外，缺乏有力的公众监督也是重要的原因。

尽管《企业国有资产法》第66条规定："国有资产状况应依法公布并接受社会公众的监管。"然而，除了国资委定期发布中央管理的一级国有企业的经营状况之外，其他经营性国有资产的相关信息，社会公众大多不能知晓，更谈不上进行监督了。目前，社会公众对国有企业实施监督是通过全国人大审议国有资本经营预算实现的，而普通民众则很难获取国有资产经营信息[①]。即便相关信息能够披露，恐怕也是经过筛选过滤的。退一步说，公众能够便捷地知悉国有资产经营情况。但公众发现问题如何监督？向谁反馈？谁来受理？这些都是横亘在公众行使监督权的难题。

化解这一困境需要在《企业国有资产法》的框架下构建国有企业监管体系，明确公众实施监管的程序和方式。然而，短期内要实现产权主体发挥监管职能十分困难，即使能够实现也必然是少数人行权的公众监督，但这并不影响监督的效果。只要渠道畅通、反馈有效，公众监督必然能够成为如网络反腐一般强大的舆论软约束。而这种监督方式所具有成本低、覆盖广、见效快等优势从长远来看也是可取的。要实现这一目标，首先是要打破国企红利征缴与管理的封闭系统，设置必要的听证程序或论证环节，听取公众代表的意见。其次是明晰产权所有者、监管者和雇佣者的关系，赋予国资委实质的监管职权，限制雇佣者的管理职权；最后，在主体权责逐步理顺的基础上建立监管制度。

第六节 加大国有"僵尸企业"的处置力度

"僵尸企业"，大多是国有企业，加快国有"僵尸企业"的处置，对于加快实现国有企业红利全民合理共享，具有重要的意义。建立国有企业红利全民合理共享的分配制度，必然要涉及加快对国有"僵尸企业"的处置。这是因为，从收入来看，实现国有企业红利的全民合理共享，既包含了实现国有盈利企业红利的足额上缴，也包含了国有非盈利企业的经营管理，实现扭亏为盈，使国有企业红利分配有坚实的利润基础，而这其中，大量国有"僵尸企业"的处置就是夯实国有企业红

---

① 中央本级国有资本经营预算从2007年起试行，2008年起正式实施中央本级国有资本经营预算。按照全国人大要求，中央本级国有资本经营预算于2010年首次提交全国人大审查。

利基础的重要内容;从支出看,实现国有企业红利的全民合理共享,包含了上缴国家财政后的国企红利在支出安排上以间接分红形式增加教育、社保等民生支出,或者以直接分红形式让全民直接分享,但也必须保留一定比例的红利用于国有企业改革的费用性支出,主要用于国有企业历史遗留问题处理和职工安置等费用支出,那么,国有"僵尸企业"的处置,也必然要涉及职工安置和债务处理等问题,在国资预算支出上就必然加大了费用性支出,减少了可供全民合理共享的红利分配。基于此,本书课题组认为,要实现国有企业红利的全民合理共享,必须加快对国有"僵尸企业"的处置,夯实国有企业红利基础,减少资本性支出,增加国有企业红利全民共享的份额。

一、"僵尸国企"处置的难点

"僵尸企业"既然危害极大,为何难以退出市场,这主要在于"僵尸企业"与政府、银行之间保持着某种独特的关系,正式这种关系导致独特关系导致其得以一直存在。具体来说,"僵尸企业"的处置难点主要在于人员安置和债务处理,以及法制的不完善。

(1)退出难,难在人员安置问题。很多"僵尸企业"都曾经是地方上的纳税大户,甚至是作为标杆企业通过招商引资而来,为当地经济发展、吸纳就业做出了巨大贡献。将这些企业出清,一方面使得当地税收减少,经济增速放缓;另一方面还涉及对失业职工的就业指导与安置,稍有不慎,还有可能引发群体性事件,因此是处置"僵尸企业"的重大难题。尤其是目前一部分"僵尸企业"是20世纪90年代末国企改革中难啃的"硬骨头",这些企业或体量过大,或产权与债务纠纷过于复杂,始终"僵而不死",遗留至今。以东北规模最大的煤炭企业——龙煤集团为例[①],2012年净亏8亿元,2013年亏损23亿元,2014年亏损接近60亿元,处于过剩产业又严重亏损的龙煤,产能只是同行翘楚神华集团的1/10,却有与其规模相当的约20万职工。无论要减员增效,还是退出市场,都绕不开约20万职工的安置。这不仅包括补缴长期拖欠职工的工资以及各种社保费用,还要创造相应的就业岗位。20万人,几乎相当于一个小型城市或中等县城的人口规模,再就业非常困难,完全推向社会又容易产生不可预料的影响,这些都是企业和地方政府不得不慎重考虑的问题。

(2)退出难,更难在资金匮乏。大部分"僵尸企业"资产质量不高,债务负

---

① 国务院国资委宣传工作局,国务院国资委新闻中心.国企热点面对面[M].北京:中国经济出版社,2016.

担沉重又复杂，资产抵押、质押限制难以解除，还存在欠税欠费的情况，依靠企业自身改制，资金缺口过大；完全依靠市场力量，又很难吸引资本收购重组。"僵尸企业"的退出中，银行贷款的处理尤其困难。银行是"僵尸企业"最大的债权人，"僵尸企业"的退出必然涉及银行贷款的回收问题。从日本、美国处置"僵尸企业"的经验来看，银行恰恰是造成"僵尸企业"形成的根源，也是"僵尸企业"的核心盟友。如果企业倒闭破产，银行的贷款就可能难以收回，不良贷款率就会迅速上升，呆坏账问题也会立刻显露，容易诱发银行金融风险的爆发。

（3）退出难，也和相关法律法规不够完善有关。一是《破产法》有待完善。由于我国《破产法》有些规定较为原则化，需要进一步明晰和细化，在处置"僵尸企业"的司法实践过程中，依然面临三大"难题"：启动破产程序难，进入破产协调难，破产案件审理难。"僵尸企业"债务关系复杂，在清算、注销时，许多债权、债务需要通过诉讼途径解决，处置周期过长，导致企业难以注销。而且，即使能够注销，企业要想完成注销，至少要补齐欠税以及员工工资和社保，还需要通过法律诉讼解决债务问题，承担一大笔诉讼费和律师费，造成清退"僵尸企业"缺乏动力。二是资本市场退市制度有待完善。由于 A 股市场退市制度的不健全，股市成立二十多年来，真正宣布退市的上市公司只有 40 多家。所以"僵尸企业"发现，自己的"壳资源"不仅能通过重组、并购等卖出好价钱，还可以作为一个题材受到二级市场投机资金的热炒。所以"僵尸公司"能保壳就保，就算无力扭亏为盈，也可以被市场认作"利空出尽"的重组、并购股票，而受到热棒。

二、国外的经验教训和启示

处置"僵尸企业"的难点在于其退出后的相关机制、配套政策是否完善，是否能够帮助"僵尸企业"平稳地退出市场，又不带来较高的失业率或加重债务。美国、日本曾出现类似情况，其经验教训具有一定的借鉴意义。[①]

（一）日本的经验教训及启示

20 世纪 90 年代，日本"泡沫经济"破灭，股市和楼市暴跌，出现大量负债累累、濒临倒闭的"僵尸企业"，这些企业主要依靠银行借贷存活。日本银行为防止大量呆账坏账的出现，选择持续放贷给"僵尸企业"，由此造成了日本经济长期陷入低迷甚至停滞。日本处置"僵尸企业"的过程可分为两个阶段，主要特征是政

---

① 周振华，肖林，权衡. 风险防范与经济转型中国经济分析 2016 – 2017 [M]. 上海：汉语大词典出版社，2017：4.

府、银行和企业通力合作,先银行自救,后政府主导。

第一个阶段:1990~2000年。这一阶段日本政府对大量"僵尸企业"及银行不良资产问题的危害和认识不足,选择了放任不管,在银行持续给"僵尸企业"提供放贷后,长期积累的银行不良资产问题终于集中爆发,大量银行面临倒闭。在没有政府的支持下,日本银行业各机构共同出资,成立了共同债权收购公司,目的是处理日益暴涨的不良资产问题,但因为力量不足,终究收效甚微,银行不良资产问题进一步恶化。1996年,日本政府意识到了银行大量不良资产问题的严重性,成立整理回收银行,1999又成立整理回收机构,主要对负责过重、濒临倒闭的企业进行重组处置,帮助企业重建,恢复产业活动;1997年出台《稳定金融体系的紧急对策》,强化和重组整理回收机构功能,全面清理金融体系的不良资产,创设债权交易市场,赋予整理回收机构以通过信托、证券化等方式处理不良资产;出台新《外汇法》(1998)、《银行法》(1998)、《早期健全法》(1998)、《金融再生法》(1998),促进日本银行业的国际化、公开化和自由化,化解银行巨额不良资产,决定对破产金融机构不再保护。这一系列措施有一定的成效,但由于该措施已错过处置"僵尸企业"和银行业不良资产的最佳时机,日本银行不良资产总额仍然由1992年的40万亿日元飙升到1999年的80.6万亿日元,且仍在上升,银行业的金融中介功能下降,企业资金筹措困难,大量企业倒闭,对经济发展产生了较大的负面影响,日本经济陷入长期低迷期。自此,日本政府用了长达10余年来解决银行巨额不良资产问题。[1]

第二阶段:2001~2005年。这一阶段,日本政府意识到了"僵尸企业"的危害,开始采取一系列措施处置"僵尸企业"。出台《关于今后的经济财政运行及经济社会结构改革基本方针》(2001),要求银行自身自查不良资产,并在三年内,将无法清理的不良资产转移到整理回收银行,完善相关法律促进企业再建与重组;解决"僵尸企业"倒闭后的就业问题。出台《公司更生法》(1952)、《产业再生机构法》(2003),设立财产管理人和调查委员,进行财产调查过程的取证、鉴定和监督;召集关系人会议,法院听取各方意见,制定更生计划方案,在听取工会、主管行政厅、专家等意见修改更生计划方案。出台《反通货紧缩综合对策》(2002),严格审查银行不良资产,在2002年9月前的旧不良资产在两年内处理完毕,2002年9月后的新不良资产在三年内处理完毕。成立产业再生机构(IRCJ)(2003~2008年),存续期间为五年,两年内审查确定所有需要重组的企业名单,在成立五年内企业重组或转让全部完成。出台《零短工劳动法》《雇佣派遣法》

---

[1] 周振华,肖林,权衡. 风险防范与经济转型中国经济分析2016-2017 [M]. 上海:汉语大词典出版社,2017:4.

《合同工保护法》,一方面满足企业发展实际需要,另一方面从法律上保护临时工等非正式就业者。出台《能力开发促进法》《职业训练法》《教育训练补贴》,促进劳动者适应就业岗位的变化,建立职业培训机构,加强职工指导。

日本治理"僵尸企业"的经验教训对中国有如下启示:一是日本的失败教训表现为当大量"僵尸企业"出现、不良资产上涨时,政府处置不及时,其滞后性最终造成了银行不良资产问题大范围的爆发,造成大量银行、企业破产,对经济发展产生了严重影响。二是日本的成功经验表现为从法律完善、政策配套、成立专门机构构建了混合型政策框架,涵盖了金融重生、产业再生、公司重建、就业保障、人力资源培训等方面,其中《金融再生法》《公司再生法》《产业再生机构法》从银行、企业、产业等共生角度给出明确的政策指向,一切都围绕"再生、重建"的主题,帮助日本企业获得重生,产业恢复了活力。三是在"僵尸企业"处置上,日本的一个政策亮点是制定《产业再生机构法》,对企业重建、经营资源再利用、经营资源融合、资源生产性革新等方面进行明确规定,并依照该法律成立产业再生机构。产业再生机构站在企业重建、产业再生的战略高度而不是银行、企业或政府机构各自立场上,处理银行和企业之间的债务问题,"僵尸企业"破产出局不是根本目的,关键问题是促进企业重建、产业再生。产业再生机构既有公司的特点,又有政府性质,是处理政府、银行"僵尸企业"共生关系的第三方机构,具有独立性,在处置"僵尸企业"债务关系时保持中立,能有效防止地方政府和银行因自身利益在处置"僵尸企业"时的拖延和隐瞒问题。产业再生机构有健全的监管制度,设有内审部门和守法室,主要负责评估和监管,同时还接受社会监督,产业再生机构的每一个决定都会在新闻媒体上公布。四是日本在处置"僵尸企业"时,把预防失业和促进再就业列为政府重点目标,从完善相关劳动法、加强职工培训、发放教育训练补贴等多方面保障就业。

(二)美国的经验教训及启示

美国在处置"僵尸企业"方面,既有成功经验,又有失败教训,其处置模式的主要特征是政府主动引导,政府、银行和企业通力合作。

失败教训主要是 20 世纪 80 代末美国对航空业"僵尸企业"的破产保护。1978 年《取消航空业国家管制法案》通过,美国航空业由限制竞争转向鼓励竞争,掀起了航空业"兼并风",同时也出现了大量中小型航空公司,新增公司过多,造成市场竞争非常激烈,"低价战"成为常态,加之受经济形势日益恶化、油价上涨的影响很多航空公司严重亏损,无力偿还巨额债务,纷纷申请破产保护。经营困难、无生存希望的航空业"僵尸企业"本应退出市场,但美国政府给予了保护,保障其继续生存,避免破产,由此导致航空业的亏损状况进一步恶化,陷入长期低迷。

美国处置"僵尸企业"的成功经验是处理2008年的汽车业"僵尸企业"事件，一方面对公司重整希望大的"僵尸企业"给予救助进行重整，另一方面让无力生存的企业退出市场。2007年次贷危机后，美国金融业、汽车业、零售业等许多行业都出现了"僵尸企业"，美国及时出台了《2008年经济紧急稳定法案》，投入7000多亿美元，制定了不良资产救助计划（TARP）。针对不同行业的"僵尸企业"问题，制定了不同的产业救助计划，如资本购买项目、汽车产业融资项目、住房救援计划、小企业债券购买项目等，分别对金融业、汽车业、房地产业等行业进行了政策性救助。美国财政部还成立了专门的执行机构——金融稳定办公室，由国会监管小组、TARP特别督察长、金融稳定监管委员会等多家监管机构进行监管。在这次危机中，美国汽车业遭受了沉重打击，美国汽车业三巨头——通用、福特和克莱斯勒——都面临破产。在汽车产业融资项目中，美国财政部直接提供贷款给通用和克莱斯勒两家公司，以股东身份帮助其重建，两家公司很快扭亏为盈，政府也分到了红利，美国汽车业很快恢复了活力。

美国治理"僵尸企业"的经验教训给中国以如下启示：一是即使在市场化程度较高的美国，在处置"僵尸企业"问题时，政府也应积极干预，但政府干预是有时限的，应及时主动退出，防止过度干预；二是美国在处置"僵尸企业"的具体做法上，针对不同行业成立专项资金救助计划，并成立专门的处置机构，设立多家监管机构进行监管。对重整有望成功的中小型"僵尸企业"，美国政府协调银行等金融机构给予融资帮助，如小企业债券购买项目；对具有重要战略意义的大型企业，包括一些"大而不能倒"的企业，政府通过持股国有化或直接注资进行直接救助，如汽车产业融资项目；三是美国公司有非常严格的重整流程，按照美国《破产法》，公司重整流程为：进入破产法庭申请破产重整；审查重整申请；制定重整计划；2/3债权总量以上和1/2债权人以上或2/3股权总量以上的股东人数通过重整计划；破产法院审查批准重整计划。只有在重组计划通过并批准时，才能得到政府的救助。另外，如果企业重组失败进行破产清算，必须偿还政府贷款本息，一方面降低政府救助风险，另一方面刺激企业自救。

三、加快"僵尸国企"处置的政策建议

通过美国、日本政府处置"僵尸企业"的经验启示可知，在"僵尸企业"治理过程中，应明确政府的作用：积极引导，战略规划，适当干预，但不过分干预。政府参与的时机、程度和方式都很重要。在参与时机上，政府参与越早越好，把"僵尸企业"对经济造成的不良影响降到最低限度；在参与程度上，既要关注产业重生，又要"落地"到企业重建；既要重视"僵尸企业"处置前的债务问题，又

第十六章 国有企业红利全民共享改革：制度框架与政策建议

要重视"僵尸企业"出局后的再就业问题；在参与方式上，应区别对待，避免过多的行政干预。"僵尸企业"处置的难点在于既涉及银行不良资产处置问题，又关乎企业重建、产业再生和职工安置等问题。基于这些难点，政府需要从法律完善、配套政策、成立专门机构、制定产业再生计划、就业保障等多维度、多方面构建处置"僵尸企业"的混合型政策框架。

具体到我们国家，处理国有"僵尸企业"，涉及银行贷款、地方政府财税、民生就业等多方面的复杂利益关系，需要从经济社会发展全局的角度，构建统一的政策处理框架，既保证"僵尸企业"的有序退出，又确保不发生系统性风险。处置"僵尸企业"后续问题，主要涉及债务清理、不良资产处理、生产设备回收、资本回收、职工安置等问题，需要构建一套完善的退出机制，包括短期和长期措施。①

短期措施主要是对现有的"僵尸企业"的处理，包括：

第一，统一"僵尸企业"标准，分类制定对策。建立科学合理的"僵尸企业"识别标准，提高"僵尸企业"处置效率。虽然"僵尸企业"问题从2012年起陆续见诸报端，各地政府乃至中央政府也相继出台政策下达处理"僵尸企业"问题的指导意见，然而时至今日，中国仍没有形成科学统一的识别"僵尸企业"的标准。2015年12月9日，国务院常务会议上首次将"僵尸企业"定义为"持续亏损三年以上且不符合结构调整方向的企业"，但是该识别范式没有考虑到新兴行业的成长性企业在建立初期难以实现盈利的情况，因此该标准易将"僵尸企业"问题扩大化。2016年7月中国人民大学国家发展与战略研究院报告中提出若企业获得的贷款利息率低于正常的市场最低利息率，那么该企业在当年就是"僵尸企业"。② 此外，各省市在处置"僵尸企业"问题中，也各自规定了本地的"僵尸企业"识别标准，虽然多数省份将连续亏损三年以上、靠政府补贴或银行续贷等维持生产经营、资产负债率超过85%等列为识别"僵尸企业"的核心指标，但各地的标准仍有差别：如广东的认定标准还包括连续三年以上欠薪、欠税、欠息、欠费，生产经营困难造成停产半年以上或半停产一年以上的规模以上工业企业等相关指标，重庆则将长期没有业务的"空壳公司"纳入处置范围，青海则经营活动产生现金净流量连续三年为负数以及产能利用率低于50%等指标列入识别"僵尸企业"的指标内容。③ 因此，需要制定出在全国范围内适用的、可操作性强、科学合理的量化指标，作为处理"僵尸企业"问题的指挥棒，同时严格执行环保、能耗、质量、安全等相关法律法规和标准。

---

① 周振华，肖林，权衡. 风险防范与经济转型中国经济分析2016-2017 [M]. 上海：汉语大词典出版社，2017：4.
② 聂辉华. 我国僵尸企业的现状、原因与对策 [J]. 宏观经济管理，2016（9）.
③ 21世纪经济报道. 地方去产能路线图初现僵尸企业认定标准出炉. 2016-03-9，http://finance.qq.com/a20160309/011155.htm.

第二,分类处置"僵尸企业",防止"一刀切"。建立统一的"僵尸企业"识别标准并不代表在处理过程中对所有"僵尸企业"一视同仁。"僵尸企业"按照不同的分类标准可以划分出不同的类别,一方面,从"僵尸企业"的"病情"来划分,可分为"有望型"和"无望型",前者指部分企业虽然满足"僵尸企业"的识别条件,但是拥有一定数量的知识产权、土地等其他有形或无形资产,企业仍拥有相对较高的公允价值,这类企业可以通过积极促进企业间的并购来达到资源整合的目的;后者代表的部分企业则是长期停产、扭亏无望且有形和无形资产价值较低,这类企业则要坚定不移地启动破产退出机制。另一方面,从"僵尸企业"面临的主要矛盾来划分,"僵尸企业"可分为"债务型"和"就业型",前者指部分债务问题较为严重、债券债务问题较为复杂的"僵尸企业",这类企业承担就业较少,处理的过程中重点是有关银行及其他债权人的不良资产剥离问题;后者指承担大量就业的企业,在处置这类"僵尸企业"的过程中,需要为下岗职工再就业制定完善的补贴及再就业扶持计划,安排好就业兜底工作。

第三,设立临时性"僵尸企业"处理机构,提高处置效率。处置"僵尸企业"问题涉及银行等金融机构、地方政府、企业管理者、员工等利益主体,难以由现有的一家机构主导。若依靠地方政府、银行来处置"僵尸企业",将不可避免存在隐瞒或拖延情况。对此,可以参考日本处理"僵尸企业"的经验,设置类似日本产业再生机构的临时性"僵尸企业"处理机构,站在相对超脱、中立的立场,公平、公正地快速处置"僵尸企业",避免陷入各利益相关者推诿的困境。通过产业再生机构,可以从激发产业活力层面,对社会资源进行最有效的整合,以深入帮助企业退出或重建其经营策略,助其快速扭亏为盈,提高处置"僵尸企业"的有效性、战略性和经济性。另外,在严格的审查和监管制度下,通过产业再生机构处置"僵尸企业",可以有效解决政府在处置"僵尸企业"时责任主体不清的问题,从而降低政府风险。日本的经验告诉我们,政府只注资抓政策,是难以解决"僵尸企业"问题的。日本正是在成立"公私合营"的产业再生机构后,才有效防止了"僵尸借贷",把处置企业的目标着重放在重建上,快速恢复了企业活力。负责审查"僵尸企业"的运行状况,对"僵尸企业"进行分类鉴别,判断其是否符合被救助的条件,对符合条件的"僵尸企业"则推进其重组和合并进程。该机构聘用在经济、金融、智库领域经验丰富、权威性高的专家学者,保证在处理"僵尸企业"的同时也考虑到对产业结构调整和升级的长期影响。

第四,强化银行预算约束,解决不良贷款问题。日本处理"僵尸企业"的经验表明:欲治"僵尸",先治银行。[①] "僵尸企业"之所以能长期"僵而不死",银行

---

① 何帆,朱鹤. 应对僵尸企业的国际经验[J]. 金融博览:财富,2016(9).

对它的"输血"是重要原因。在某种程度上,银行已被"僵尸企业"所"俘获",若银行不对"僵尸企业"继续贷款,则已有的贷款会立即转化为银行的不良资产。同时,在整体信贷资源有限的情况下,对"僵尸企业"的不断"输血"降低了其他实体企业可获得的信贷资源,挤压了其他实体企业的生存空间。针对这种情况,央行要强化商业银行的预算约束,完善信贷质量考核指标。现有的《贷款分类指导原则》于1998年制定,将贷款划分为5级,包括2级正常贷款和3级不良贷款,分类仍相对较粗,且对贷款的分类标准大多是定性描述,实际应用中主要依赖银行的主观判断,准确性不强,另外,对不良贷款无法进行早期预警。因此,首先,央行应适时出台《贷款分类指导原则》的更新版本,对新时期银行信贷面临的风险与问题进行更有针对性的指导。其次,减少行政力量对商业银行贷款流向的干预,制定相关法律法规提高商业银行的决策独立性,从源头上减少不良贷款产生的概率。最后,针对已经形成的不良贷款,除了常规的清收、重组等措施外,应积极利用资产管理公司以及资产证券化等手段进行处理。

第五,完善破产制度,提高司法程序破产效率。现阶段,中国关于处置"僵尸企业"的法律依据主要为《企业破产法》,但该法在很多细节上还不完善。在具体执行过程中,可操作性还存在模糊的地方,譬如如何判断企业仍有再生重建的可能性。在这一点上日本《公司更生法》有明确要求要听取工会、主管行政厅、专家等方面的意见;中国《企业破产法》规定重整计划主要由债务人或管理人提出,"债务人或者管理人未按期提出重整计划草案的,人民法院应当裁定终止重整程序,并宣告债务人破产";而美国、日本则规定,在债务人没能提出重整计划的情况下,债权人可以制定重整计划,只要企业有重整意愿,就以防止企业破产为优先目标,通过严苛的流程和标准筛选重建可能性大的企业。"僵尸企业"处置案件涉及的相关利益者众多,而法官审理经验不足,美国的做法就是成立专门的破产法庭,来集中审理企业破产重整案件。为更快处置"僵尸企业",需要建立专门的破产法庭,培养这方面有经验的法官。借鉴美日等国的经验,中国应完善企业重整制度,简化司法流程,降低司法处置成本。因此,在促进"僵尸企业"有序破产清算方面,一方面,最高法院及其他有关部门应出台《企业破产法》的相关司法解释和实施细则,以指导司法部门处理破产案件,提高司法效率。另一方面,各级法院应成立专门的破产法庭,简化司法流程,集中审理企业破产重组案件,积极培养专门审理企业破产案件的法律人才,从而促进"僵尸企业"有序重组和退出。

第六,完善就业和社保托底机制,确保"僵尸企业"退出"软着陆"。相较于20世纪90年代的国企改革时期,当前中国的社会保障制度已取得了长足的进步。但是,仍需各级财政和社会保障部门未雨绸缪,提前制定相应对策措施以面对大批"僵尸企业"倒闭情况的发生:首先,对于有劳动能力的下岗职工,各级政府应积极提供就业培训和再就业机会,优先给予"僵尸企业"职工创业支持。其次,设立企业员工安置基金,从原有对"僵尸企业"的补贴和"僵尸企业"破产清算后获得的土地出让金等收入中专门划拨出部分资金作为职工安置基金。再次,完善劳动、社保、医疗保险体系的一体化联网服务,减少下岗职工办理各项保险的交易费用和成本。最后,对于已丧失劳动能力的下岗职工,则要在其养老和医疗等方面提供相应的社会救助。

处置"僵尸企业"的长期措施,主要是破坏"僵尸企业"的产生环境,防止新生"僵尸企业"的出现,包括:

一是积极调整产业结构,提高产品附加值。"僵尸企业"问题虽然涉及银行不良贷款、地方政府政绩诉求等利益关系,但最根本的是企业丧失了竞争优势其背后是产品技术含量较低,产品供给结构难以满足消费需求升级的变化。"僵尸企业"问题往往和产能过剩问题交织,"僵尸企业"比重较多的行业是产能过剩行业,上述行业中的企业占用了大量的社会资源,挤压了实体经济。因此,要建立防范"僵尸企业"死灰复燃的长效机制,最根本是要坚定不移地调整产业结构和促进产业结构升级:在传统产业方面,对传统产业进行技术改造和关键技术的攻关,提高钢铁等传统产业的技术水平和产品附加值;在战略性新兴产业和高端制造业中,则要加强共性技术和前沿技术的研发,注重培养企业的自主创新能力,提高产业政策的精准性,避免只"做大"而不"做强"企业。

二是深化国企改革,降低产业进入壁垒。从"僵尸企业"的所有制分布来看,国有企业中"僵尸企业"占比较高,这与经济危机后大规模刺激政策以及国企在财政补贴和信贷资源方面的优势不无关系。因此,要建立防范"僵尸企业"的长效机制,一方面,要进一步深化国企改革特别是混合所有制改革,积极推进国有资本和社会资本的整合重组,提高国企的效率和活力,同时确保其他所有制企业与商业类国企在获取资源和市场竞争中的平等地位,确保市场在资源配置中起基础性的作用。另一方面,降低不必要的行政性进入壁垒,破除行政垄断。除了进一步对自贸区的外商投资"负面清单"进行瘦身外,应尽快将自贸区的先行试经验在全国范围内推广,将外商投资"负面清单"在全国范围内、在不同所有制资本中统一实施,以拓展产业资本可投资的领域和空间,减少资源错配程度,激发国企及其他所有制企业的活力和创造力。

三是降低实体企业制度性成本,改善实体经济环境。较高的资产负债率不仅是僵尸企业的特征之一,也折射出当前实体经济普遍面临的成本较高的问题:第一,实体经济面临的融资成本较高。中国当前的融资渠道仍以银行信贷融资为主,在整体信贷资源有限的前提下,商业银行在放贷过程中,必然偏向于大型企业和国有企业,使中小企业和民营企业所能获得的信贷资源较为稀缺,融资成本也较高。第二,实体经济也面临相当程度的制度成本。中国在知识产权保护、营商环境等方面仍有不少尚未完善的地方,从而推高了企业家从事实体行业的风险。实体企业在经营过程中要承担大量的税收。第三,从事实体经济面临较高的机会成本。近年来金融市场、房地产行业的高收益现象,间接提高了从事实体经济的机会成本。因此,在降低融资成本方面,除了要从制度上强化银行预算硬约束和差异化信贷,也要积极拓展企业的多种融资渠道,完善股票市场和债券市场等多层次金融市场,减少企业对银行信贷的依赖,降低实体经济融资成本。在降低制度成本方面,除了要探索合理降低企业税负的改革方案,也要把建设法治化的市场营商环境放在更加重要的位置,提高各级政府的服务水平,让企业家对从事实体经济的回报产生合理预期。在降低机会成本方面,坚定不移地防范虚拟经济过热和泡沫化,引导资本市场回报率向实体经济回报率回归,平衡虚拟经济与实体经济发展。

总之,我国的"僵尸企业"不仅比重不容忽视,而且由于其地域、行业分布较高,多数具有较大的社会负担,导致处置这些"僵尸企业"面临着很多问题,处置不当极易导致系统性的风险。处理"僵尸企业",涉及银行贷款、地方政府财税、民生就业等多方面的复杂利益关系,需要从经济社会发展全局的角度,构建统一的政策处理框架,既保证"僵尸企业"的有序退出,又确保不发生系统性风险。重点在于建立制度性的"僵尸企业"处置机制,短期来看,对"僵尸企业"宜分类处置,防止"一刀切"。对于拥有一定数量的知识产权、土地等其他有形或无形资产,具有相对较高的公允价值的企业可以通过积极促进企业间的并购来达到资源整合的目的;对于长期停产、扭亏无望且有形和无形资产价值较低的这类企业则要坚定不移地启动破产退出机制。同时,设立临时性"僵尸企业"处理机构,提高处置效率,在此过程中要完善就业和社保托底机制,确保"僵尸企业"退出"软着陆"。长期而言,完善市场机制,积极推进简政放权的工作,降低实体企业的制度性成本,切断政府、银行与企业的"畸形脐带输血"机制才是根本之道。

参考文献

[1] [德] 卡尔·马克思. 资本论 [M]. 北京：人民日报出版社，2006.

[2] 马克思. 恩格斯. 马克思恩格斯选集 [M]. 北京：人民出版社，1972.

[3] [英] 雷恩. 政府与企业 [M]. 上海：复旦大学出版社，2007.

[4] [美] 亨利·汉斯曼. 企业所有权论 [M]. 北京：中国政法大学出版社，2001.

[5] [美] 詹姆斯·M. 布坎南，[美] 里查德·A. 马斯格雷夫. 公共财政与公共选择 [M]. 北京：中国财政经济出版社，2000.

[6] [英] F. H. 劳森，B. 拉登. 财产法 [M]. 北京：中国大百科全书出版社，1998.

[7] [日] 美浓部达吉. 公法与私法 [M]. 北京：中国政法大学出版社，2003.

[8] [美] 瑞宾，林奇. 国家预算与财政管理 [M]. 北京：中国财政经济出版社，1990.

[9] [美] 理查德·A. 波斯纳. 法律的经济分析 [M]. 北京：中国大百科全书出版社，1997.

[10] [美] 哈罗德·德姆塞茨. 所有权、控制与企业 [M]. 北京：经济科学出版社，1999.

[11] [美] 布坎南. 公共财政 [M]. 北京：中国财政经济出版社，1991.

[12] [美] 布坎南. 自由、市场与国家 [M]. 北京：北京经济学院出版社，1988.

[13] [美] Y. 巴泽尔. 产权的经济分析 [M]. 上海：上海人民出版社，1997.

[14] [美] R. H. 科斯等. 财产权利与制度变迁 [M]. 上海：上海人民出版社，1994.

[15] 薛贵. 国有资本经营预算制度研究 [M]. 北京：中国财政经济出版社，2016.

[16] 谢志华. 完善国有资本预算经营制度研究 [M]. 北京：经济科学出版社，2015.

[17] 廖添土. 国有资本经营预算 [M]. 北京：社会科学文献出版社，2015.

[18] 李燕. 新《预算法》释解与实务指导［M］. 北京：中国财政经济出版社，2015.

[19] 工业经济研究所课题组. 国有资本投资与运营［M］. 北京：经济管理出版社，2015.

[20] 庄序莹. 国有资本优化配置［M］. 北京：对外经济贸易大学出版社，2014.

[21] 俞可平. 论国家治理现代化［M］. 北京：社会科学文献出版社，2014.

[22] 刘银国. 基于公平正义视角的国有企业高管薪酬制度研究［M］. 北京：经济科学出版社，2014.

[23] 张涛. 国有资本、利润分红与经营预算问题研究［M］. 北京：经济科学出版社，2013.

[24] 神野直彦. 体制改革的政治经济学［M］. 北京：社会科学文献出版社，2013.

[25] 楼继伟. 中国政府间财政关系再思考［M］. 北京：中国财政经济出版社，2013.

[26] 丁敏. 垄断行业国有企业高管薪酬决定问题的研究［M］. 合肥：合肥工业大学出版社，2013.

[27] 张东生. 中国居民收入分配年度报告［M］. 北京：经济科学出版社，2012.

[28] 徐永胜. 经济社会转型中的公共预算监督［M］. 北京：中国时代经济出版社，2012.

[29] 黄娟娟. 行为股利政策［M］. 厦门：厦门大学出版社，2012.

[30] 陈少晖，廖添土. 公共财政框架下的省域国有资本经营预算［M］. 北京：社会科学文献出版社，2012.

[31] 陈鸿. 国有经济布局［M］. 北京：中国经济出版社，2012.

[32] 曹强. 财务重述的审计治理研究［M］. 成都：西南财经大学出版社，2012.

[33] 谢志华. 国有资本预算经营与管理前沿理论研究［M］. 北京：经济科学出版社，2011.

[34] 马德林. 股权制衡下合谋、激励与高管薪酬问题研究［M］. 南京：东南大学出版社，2011.

[35] 林朝南. 中国上市公司控制权私利影响因素理论与实证研究［M］. 北京：中国经济出版社，2011.

[36] 李昌庚. 国有财产法原理研究［M］. 北京：中国社会科学出版社，

2011.

[37] 王雍君. 公共预算管理 [M]. 北京：经济科学出版社，2010.

[38] 王景升. 国有资本经营预算组织与编制研究 [M]. 大连：东北财经大学出版社，2010.

[39] 汪平. 基于价值管理的国有企业分红制度研究 [M]. 北京：经济管理出版社，2010.

[40] 高明华. 中国上市公司信息披露指数报告 [M]. 北京：经济科学出版社，2010.

[41] 陈少晖. 国有资产管理 [M]. 北京：社会科学文献出版社，2010.

[42] 王保平. 资本监管博弈论 [M]. 北京：经济科学出版社，2009.

[43] 李晓丹. 建立国有资本经营预算制度研究 [M]. 北京：中国财政经济出版社，2009.

[44] 周永坤. 宪政与权力 [M]. 济南：山东人民出版社，2008.

[45] 张卓元. 中国国有企业改革30年回顾与展望 [M]. 北京：人民出版社，2008.

[46] 张先治等. 国有资本经营预算制度研究 [M]. 北京：中国财政经济出版社，2008.

[47] 张文魁. 中国经济改革30年 [M]. 重庆：重庆大学出版社，2008.

[48] 张建文. 转型时期的国家所有权问题研究 [M]. 北京：法律出版社，2008.

[49] 史际春等. 企业国有资产法理解与适用 [M]. 北京：中国法制出版社，2008.

[50] 罗新宇. 国资新思维 [M]. 上海：上海交通大学出版社，2008.

[51] 刘玉平. 国有资产管理 [M]. 北京：中国人民大学出版社，2008.

[52] 郭洁. 中国自然垄断产业规制权法律控制绩效研究 [M]. 北京：经济科学出版社，2008.

[53] 文宗瑜. 国有资本经营预算管理 [M]. 北京：经济科学出版社，2007.

[54] 王金秀. 国家预算管理 [M]. 北京：中国人民大学出版社，2007.

[55] 郭复初. 完善国有资产管理体制问题研究 [M]. 成都：西南财经大学出版社，2007.

[56] 章迪诚. 中国国有企业改革编年史 [M]. 北京：中国工人出版社，2006.

[57] 徐晓松. 国有企业治理法律问题研究 [M]. 北京：中国政法大学出版社，2006.

[58] 王军. 中国转型期公共财政 [M]. 北京: 人民出版社, 2006.

[59] 王加林. 发达国家预算管理与我国预算管理改革的实践 [M]. 北京: 中国财政经济出版社, 2006.

[60] 石磊. 垄断行业国有独资公司制度创新研究 [M]. 成都: 西南财经大学出版社, 2006.

[61] 饶晓秋. 国有公司治理中的财务监督体制研究 [M]. 北京: 中国财政经济出版社, 2006.

[62] 彭健. 政府预算理论演进与制度创新 [M]. 北京: 中国财政经济出版社, 2006.

[63] 李松森. 中央与地方国有资产产权关系研究 [M]. 北京: 人民出版社, 2006.

[64] 何加明. 国有资本营运新论 [M]. 成都: 西南财经大学出版社, 2006.

[65] 顾功耘等. 国有经济法论 [M]. 北京: 北京大学出版社, 2006.

[66] 邓子基, 陈少晖. 国有资本财政研究 [M]. 北京: 中国财政经济出版社, 2006.

[67] 单凤儒. 国有企业治理的利益驱动与制衡机制 [M]. 大连: 东北财经大学出版社, 2006.

[68] 梅夏英. 物权法·所有权 [M]. 北京: 中国法制出版社, 2005.

[69] 毛程连. 国有资产管理学 [M]. 上海: 复旦大学出版社, 2005.

[70] 柳华平. 中国政府与国有企业关系的重构 [M]. 成都: 西南财经大学出版社, 2005.

[71] 李连仲. 国有资产监督与经营 [M]. 北京: 中国经济出版社, 2005.

[72] 冷兆松. 国有企业改革新论 [M]. 北京: 中国经济出版社, 2005.

[73] 郭广辉. 王利军. 我国所有权制度的变迁与重构 [M]. 北京: 中国检察出版社, 2005.

[74] 曹均伟. 李南山. 探索国资监管的创新之路 [M]. 上海: 上海财经大学出版社, 2005.

[75] 安秀梅. 公共治理与中国政府预算管理改革 [M]. 北京: 中国财政经济出版社, 2005.

[76] 张馨. 财政公共化改革 [M]. 北京: 中国财政经济出版社, 2004.

[77] 原红旗. 中国上市公司股利政策分析 [M]. 北京: 中国财政经济出版社, 2004.

[78] 李松森. 国有资本运营 [M]. 北京: 中国财政经济出版社, 2004.

[79] 黄少安. 产权经济学导论 [M]. 北京: 经济科学出版社, 2004.

[80] 高培勇,崔军. 公共部门经济学 [M]. 北京:中国人民大学出版社,2004.

[81] 许新. 转型经济的产权改革 [M]. 北京:社会科学文献出版社,2003.

[82] 漆多俊. 国有企业股份公司改组法律问题研究 [M]. 北京:中国方正出版社,2003.

[83] 毛程连. 公共财政理论与国有资产管理 [M]. 北京:中国财政经济出版社,2003.

[84] 张蕊. 企业战略经营业绩评价指标体系研究 [M]. 北京:中国财政经济出版社,2002.

[85] 屈茂辉. 中国国有资产法研究 [M]. 北京:人民法院出版社,2002.

[86] 史金平. 国有企业:委托代理与激励约束 [M]. 北京:中国经济出版社,2001.

[87] 吴宣恭. 产权理论比较 [M]. 北京:经济科学出版社,2000.

[88] 魏杰. 现代产权制度辨析 [M]. 北京:首都经济贸易大学出版社,2000.

[89] 马建堂. 刘海泉. 中国国有企业改革的回顾与展望 [M]. 北京:首都经济贸易大学出版社,2000.

[90] 李晓丹. 国有资产管理与经营 [M]. 北京:中国统计出版社,2000.

[91] 黄少安. 国有资产管理概论 [M]. 北京:经济科学出版社,2000.

[92] 邓子基. 国家财政理论思考 [M]. 北京:中国财政经济出版社,2000.

[93] 张馨. 公共财政论纲 [M]. 北京:经济科学出版社,1999.

[94] 张维迎. 企业理论与中国企业改革 [M]. 北京:北京大学出版社,1999.

[95] 王全兴. 范士英. 企业国有资产法 [M]. 武汉:湖北科学技术出版社,1999.

[96] 金碚. 中英国有企业改革比较 [M]. 北京:经济管理出版社,1999.

[97] 郑海航. 国有企业亏损研究 [M]. 北京:经济管理出版社,1998.

[98] 杨涧华. 中国国有资产管理发展简史 [M]. 北京:经济科学出版社,1997.

[99] 伍柏麟. 席春迎. 西方国有经济研究 [M]. 北京:高等教育出版社,1997.

[100] 世界银行编. 官办企业问题研究 [M]. 北京:中国财政经济出版社,1997.

[101] 史际春. 国有企业法论 [M]. 北京:中国法制出版社,1997.

[102] 张德霖. 产权：国有企业改革与国有资产监管 [M]. 北京：中国财政经济出版社，1993.

[103] 史际春. 国有资产管理国际惯例 [M]. 海口：海南出版社，1993.

[104] 王利明. 国家所有权研究 [M]. 北京：中国人民大学出版社，1991.

[105] 邓子基. 马克思恩格斯财政思想研究 [M]. 北京：中国财政经济出版社，1990.

[106] 洪正，袁齐. 非国有股东治理与国企分红——兼论混合所有制改革 [J]. 商业研究，2019（1）：39-48.

[107] 郑晓洁. 民生导向下国有企业红利分配制度研究 [J]. 福建商学院学报，2018（4）：20-27.

[108] 余维成. 国有企业分红改革的必要性及合理比例 [J]. 发展改革理论与实践，2018（8）：16-20.

[109] 李春玲，袁润森，尚卉. 国有企业混合所有制改革红利计量体系构建 [J]. 财会月刊，2018（7）：47-54.

[110] 李雄伟. 基于社会分红视角的国企利润分配路径探析 [J]. 会计之友，2018（6）：8-11.

[111] 严晓玲. 国有企业红利分配制度改革研究综述 [J]. 河北北方学院学报（社会科学版），2018，34（1）：66-70+87.

[112] 陈少晖，陈平花. 基于WACC的国有垄断企业分红比例优度检验——以能源型国有上市公司为例 [J]. 福建论坛（人文社会科学版），2018（1）：27-38.

[113] 陈平花. 基于股利理论的国有垄断企业红利分配方案改进 [J]. 石家庄铁道大学学报（社会科学版），2017，11（3）：14-19.

[114] 高文亮，罗宏，潘明清. 政府管制、国企分红与企业创新 [J]. 当代财经，2017（9）：70-79.

[115] 时祎. 股利分配理论视角下国企分红与过度投资的关系 [J]. 重庆交通大学学报（社会科学版），2017，17（4）：62-67.

[116] 张铭慎，刘泉红. 国有企业改革的增长红利——释放机理与"十三五"效应预测 [J]. 经济与管理研究，2017，38（7）：26-34.

[117] 骆伟. 国有企业利润上缴文献综述 [J]. 福建商学院学报，2017（2）：28-32+46.

[118] 池若梅. 国企利润分红向养老保险倾斜探析——基于全民分红视角 [J]. 莆田学院学报，2016，23（6）：41-47.

[119] 陈平花. 国有企业红利分配制度的运行现状 [J]. 郑州航空工业管理学

院学报, 2016, 34 (6): 71-74.

[120] 冯荣凯, 尹博, 侯军利. 国有企业技术红利现象消失了吗?——基于上市国有企业与非国有企业的研究 [J]. 中国科技论坛, 2016 (12): 48-53.

[121] 吴萍萍, 陈玲芳. 红利上缴背景下国有企业经营者激励研究 [J]. 武夷学院学报, 2016, 35 (6): 38-44.

[122] 王佩琦. 国有企业红利上缴政策代理成本控制效应研究——基于随意性收益支出视角 [J]. 铜陵学院学报, 2016, 15 (3): 49-53.

[123] 乔丽. 国有企业红利分配政策缺陷与改进 [J]. 石家庄铁道大学学报 (社会科学版), 2015, 9 (4): 10-16.

[124] 艾贞言. 当前国企红利分配研究综述 [J]. 广东开放大学学报, 2015, 24 (6): 100-104.

[125] 张晨, 刘宇佳. 社会责任视角下国有企业分红对绩效的影响 [J]. 财会月刊, 2015 (29): 11-14.

[126] 张锡书, 陈少晖. 国企红利征缴下政府与国企内部人行为的博弈分析 [J]. 首都经济贸易大学学报, 2015, 17 (5): 99-105.

[127] 王国俊, 陈浩. 政府财政收支平衡目标影响国企分红吗?——基于"掠夺之手"视角的分析 [J]. 山东社会科学, 2015 (8): 117-122.

[128] 苏贵斌. 公平视角下的国有企业红利分配制度改革 [J]. 石家庄铁道大学学报 (社会科学版), 2015, 9 (2): 38-42+54.

[129] 胡梅玲. 论国有企业利润分配: 制度变迁与改革出路 [J]. 成都大学学报 (社会科学版), 2015 (3): 21-25.

[130] 王君祎. 国企红利分配视角下的养老金支付分析 [J]. 学习月刊, 2015 (12): 18-19.

[131] 刘章胜. 国有企业分红制度反思与重构 [J]. 合作经济与科技, 2015 (11): 128-129.

[132] 李丽琴. 国有企业分红比例的评估与再思考——基于资本成本的国企理财目标 [J]. 首都经济贸易大学学报, 2015, 17 (3): 103-110.

[133] 孙刚. 国企分红再分配与投资决策价值相关性研究——基于国有资本红利返还的初步证据 [J]. 经济理论与经济管理, 2015 (4): 30-43.

[134] 苏贵斌. 现行国有资本经营预算制度的现状及缺陷 [J]. 内蒙古农业大学学报 (社会科学版), 2015, 17 (2): 25-29.

[135] 王娇娇. 浅析国有企业的红利分配问题 [J]. 商场现代化, 2015 (4): 67.

[136] 李青. 中国国有企业利润上缴制度完善研究——以欧洲三国为中心

[J]．江苏社会科学，2014（6）：138－144．

[137] 杨俊青，赵卫娜，杨卓耸．煤炭资源型地区非国有企业薪酬、盈利与吸纳农业劳动力研究——基于山西数据的分析［J］．经济问题，2014（12）：91－97．

[138] 陈林，唐杨柳．混合所有制改革与国有企业政策性负担——基于早期国企产权改革大数据的实证研究［J］．经济学家，2014（11）：13－23．

[139] 卢雁影，赵双，王芳．企业现金分红与可持续增长率——基于企业生命周期视角的实证研究［J］．财会通讯，2014（30）：42－45＋129．

[140] 中国社会科学院工业经济研究所课题组，黄群慧，黄速建．论新时期全面深化国有经济改革重大任务［J］．中国工业经济，2014（9）：5－24．

[141] 王佳杰，童锦治，李星．国企分红、过度投资与国有资本经营预算制度的有效性［J］．经济学动态，2014（8）：70－77．

[142] 刘怀．完善农业国资预算项目申报的几点建议［J］．中国农业会计，2014（8）：4－5．

[143] 林鹏风．国外社会分红理论的实践及启示［J］．时代金融，2014（21）：15＋20．

[144] 李静婷．基于国际经验的我国国企红利上缴机制合理性分析［J］．中国物价，2014（7）：65－68．

[145] 李翃楠．国企高管薪酬的法律规制及其合理化途径［J］．江西社会科学，2014，34（7）：147－154．

[146] 周茂青，陈少晖．《企业国有资产法》框架下国有资本经营预算的功能定位［J］．福建论坛（人文社会科学版），2014（7）：16－21．

[147] 肖锦生．基于财务管理理论的国有企业红利分配问题研究［J］．太原理工大学学报（社会科学版），2014，32（3）：41－45．

[148] 张文魁．从国资管理到国资治理［J］．改革，2014（5）：25－26．

[149] 许志涛，丁少群．各地区不同所有制企业社会保险缴费能力比较研究［J］．保险研究，2014（4）：102－109．

[150] 焦健，刘银国，张琛，于志军．国企分红、过度投资与企业绩效——基于沪深两市国有控股上市公司的面板数据分析［J］．经济与管理研究，2014（4）：104－112．

[151] 陈林．什么是国有资本经营预算制度［J］．求是，2014（7）：61．

[152] 谭静．论国有资本经营预算管理改革的着力点［J］．中央财经大学学报，2014（3）：24－30．

[153] 张斌．构建兼顾公平与效率的政府收入体系［J］．中国国情国力，2014

(3): 14-16.

[154] 汪立鑫, 刘钟元. 竞争性行业中央企业利润最优上交比例: 内部代理成本与外部融资成本的权衡 [J]. 中国工业经济, 2014 (2): 84-96.

[155] 朱彦刚. 国有企业的红利分配: 制度演变与改革前瞻 [J]. 现代经济信息, 2014 (3): 81+90.

[156] 李新龙. 国有资本收益问题的相关理论思考——从国家与国有企业利益分配关系视角观察 [J]. 经济研究参考, 2013 (69): 48-52.

[157] 池巧珠. 国有企业红利分配制度: 国际经验与改革导向——基于米德社会分红理论的视角 [J]. 西安电子科技大学学报 (社会科学版), 2013, 23 (6): 35-41.

[158] 吕凯波. 公共财政框架下的国有资本经营预算资金配置: 专款专用或专款通用 [J]. 经济体制改革, 2013 (5): 128-131.

[159] 程侃, 罗婧. 逆向第三财政与收入分配不公 [J]. 经济理论与经济管理, 2013 (9): 64-73.

[160] 张舒. 我国国有企业收益分配情况研究 [J]. 山西财经大学学报, 2013, 35 (S2): 43-44.

[161] 王曙东. 国企要实现利润与责任的良性互动 [J]. 中国邮政, 2013 (8): 28-29.

[162] 张东明. 国有垄断企业收入"双高"问题及治理思路 [J]. 经济体制改革, 2013 (4): 169-172.

[163] 刘安长. 我国国有资本经营预算研究述评及展望 [J]. 经济纵横, 2013 (7): 120-124.

[164] 朱珍, 陈少晖. 国有资本经营预算的政策演替与实践效果——基于中央企业PVAR模型的分析 [J]. 经济与管理研究, 2013 (7): 5-12.

[165] 张馨. 再论第三财政——"双元财政"视角的分析 [J]. 财政研究, 2013 (7): 31-36.

[166] 冯建, 王丹. 货币政策紧缩、资产配置与企业绩效 [J]. 宏观经济研究, 2013 (6): 21-28.

[167] 张杰, 吴迪. 银行与企业的关系: 共生抑或掠夺 [J]. 经济理论与经济管理, 2013 (6): 77-90.

[168] 李燕, 唐卓. 国有企业利润分配与完善国有资本经营预算——基于公共资源收益全民共享的分析 [J]. 中央财经大学学报, 2013 (6): 7-12.

[169] 李杰, 段龙龙. 国有经济主导作用弱化的深层次因素分析 [J]. 四川大学学报 (哲学社会科学版), 2013 (3): 53-61.

[170] 杨博源. 关注国企利润分配改革: 经验与路径 [J]. 现代营销 (学苑版), 2013 (5): 29.

[171] 杨汉明, 刘广瑞, 向伶双. 制度环境、国企分红与企业价值关系的实证检验 [J]. 统计与决策, 2013 (9): 159-162.

[172] 林裕宏. 国企红利分配的民生导向探讨 [J]. 中国财政, 2013 (8): 61-62.

[173] 杨兰品, 郑飞. 国有企业分红问题研究的评价与展望 [J]. 福建论坛 (人文社会科学版), 2013 (4): 36-40.

[174] 啜华, 王桂娇. 民生财政导向下的国有资本经营预算 [J]. 中国流通经济, 2013, 27 (3): 119-122.

[175] 何国华. 国有企业利润上交关系中的权力 (利) 义务配置 [J]. 中国社会科学院研究生院学报, 2013 (2): 81-86.

[176] 蒋建湘. 国企利润分配、公司治理及改进 [J]. 政法论坛, 2013, 31 (2): 180-185.

[177] 林岗, 张晨. 关于进一步推进国有经济改革发展的一些意见 [J]. 经济理论与经济管理, 2013 (2): 5-15.

[178] 廖添土, 廖雅珍. 国有企业红利分配: 制度变迁与改革前瞻 [J]. 龙岩学院学报, 2013, 31 (1): 99-104.

[179] 池巧珠, 陈少晖. 权责发生制: 国有资本经营预算的会计基础选择 [J]. 福建论坛 (人文社会科学版), 2013 (2): 45-50.

[180] 简泽. 银行债权治理、管理者偏好与国有企业的绩效 [J]. 金融研究, 2013 (1): 135-148.

[181] 王玉涛, 陈晓, 薛健. 限售股减持: 利润平滑还是投资收益最大? [J]. 金融研究, 2013 (1): 164-176.

[182] 丁永健, 王倩, 刘培阳. 红利上缴与国有企业经理人激励——基于多任务委托代理的研究 [J]. 中国工业经济, 2013 (1): 116-127.

[183] 顾功耘, 胡改蓉. 国有资本经营预算的"公共性"解读及制度完善 [J]. 法商研究, 2013, 30 (1): 77-84.

[184] 张舒. 我国国有资本经营预算理论研究进展及评述 [J]. 财政研究, 2013 (1): 16-18.

[185] 邓伟, 叶林祥. 金融发展、所有制性质差异与收入分配水准波及 [J]. 改革, 2012 (11): 75-82.

[186] 钱雪松, 孔东民. 内部人控制、国企分红机制安排和政府收入 [J]. 经济评论, 2012 (6): 15-24+64.

[187] 吴晓东. 国有资本经营预算绩效评价体系研究 [J]. 财经问题研究, 2012 (10): 68-73.

[188] 廖添土. 国企红利"全民分红"的改革探析 [J]. 湖北经济学院学报, 2012, 10 (5): 77-81.

[189] 杨汉明, 刘广瑞. 终极控制人、可持续增长与国企分红 [J]. 统计与决策, 2012 (12): 182-185.

[190] 张世贤. 美国干吗关心中国国企上缴红利 [J]. 中国经济周刊, 2012 (24): 17.

[191] 周耀东, 余晖. 国有垄断边界、控制力和绩效关系研究 [J]. 中国工业经济, 2012 (6): 31-43.

[192] 贾华强. 国企分红顶层设计的三种可能 [J]. 人民论坛, 2012 (15): 35-36.

[193] 罗章, 刘啸. 历史否决点: 针对当前国有企业利润分配制度变迁阻力的解释 [J]. 理论探讨, 2012 (3): 75-79.

[194] 陈少晖, 朱珍. 民生财政导向下的国有资本经营预算支出研究 [J]. 当代经济研究, 2012 (4): 32-38.

[195] 王雨飞, 丁浩. 国有企业全民分红对国内需求的影响分析 [J]. 经济问题探索, 2012 (3): 98-102.

[196] 林裕宏. 民生财政视角下国企红利征缴和流向问题探析 [J]. 上海金融学院学报, 2012 (1): 110-117.

[197] 陈少晖, 朱珍. 省域国有资本经营预算制度的建构 [J]. 经济纵横, 2012 (2): 52-57.

[198] 曲亮, 任国良. 高管政治关系对国有企业绩效的影响——兼论国有企业去行政化改革 [J]. 经济管理, 2012, 34 (1): 50-59.

[199] 刘瑞明, 石磊. 上游垄断、非对称竞争与社会福利——兼论大中型国有企业利润的性质 [J]. 经济研究, 2011, 46 (12): 86-96.

[200] 陈少晖, 朱珍. 国有经济改革与国有企业利润分配制度的历史嬗变 [J]. 经济研究参考, 2011 (63): 19-27.

[201] 陈少晖, 朱珍. 国有上市公司利润分配与国有资本经营预算的建构——以钢铁行业为例 [J]. 东南学术, 2011 (6): 104-115.

[202] 张建华, 王君彩. 国企分红、国企绩效与过度投资: 实证检验——基于国有资本金预算新政前后的对比分析 [J]. 中央财经大学学报, 2011 (8): 66-69.

[203] 张建华. 国有企业分红: 综述与思考 [J]. 会计师, 2011 (8): 105-

108.

[204] 丁冰. 对央企"分红权"激励与"全民平均分红"的实质辨析 [J]. 综合竞争力, 2011 (4): 3-8.

[205] 匡贤明, 梅东海. 公共产品短缺时代国有企业合理分红比例研究 [J]. 中南财经政法大学学报, 2011 (4): 46-52.

[206] 李永刚. 国有资本经营预算制度构建探析 [J]. 当代经济科学, 2011, 33 (4): 37-43+125.

[207] 徐传谌, 冯电波, 艾德洲. 企业社会责任的利益相关者悖论与国有企业包容性增长 [J]. 江汉论坛, 2011 (7): 60-64.

[208] 陈少晖, 朱珍. 国企分红与国资经营预算建构——基于钢铁业国有上市公司的实证分析 [J]. 综合竞争力, 2011 (3): 13-18.

[209] 李光贵. 资本成本、可持续分红与国有企业EVA创造——系统框架分析 [J]. 经济与管理研究, 2011 (5): 39-48.

[210] 李韬, 苑林. 国企红利分配问题及政策建议 [J]. 企业研究, 2011 (8): 63-64.

[211] 叶林祥, 李实, 罗楚亮. 效率工资、租金分享与企业工资收入差距——基于第一次全国经济普查工业企业数据的实证研究 [J]. 财经研究, 2011, 37 (3): 4-16.

[212] 卢伟. 国有企业惠及全民不妨从多分红开始 [J]. 经济研究参考, 2011 (12): 32-33.

[213] 张晨, 张宇. 国有企业是低效率的吗 [J]. 经济学家, 2011 (2): 16-25.

[214] 徐忠, 张雪春, 张颖. 初始财富格局与居民可支配收入比重下降趋势 [J]. 金融研究, 2011 (1): 15-27.

[215] 张杰, 黄泰岩, 芦哲. 中国企业利润来源与差异的决定机制研究 [J]. 中国工业经济, 2011 (1): 27-37.

[216] 征汉文. 再论公平分配应首先从第一次分配开始 [J]. 当代经济研究, 2011 (1): 55-60.

[217] 孟庆春. 基于竞争考虑MBO与ESOP的国有企业产权改革模型研究 [J]. 经济管理, 2010, 32 (12): 137-142.

[218] 魏建翔. 国有资本经营预算的内涵界定与必要性分析 [J]. 福建论坛 (人文社会科学版), 2010 (S1): 61-62.

[219] 何平. 工业企业改革的成效与应关注的问题 [J]. 中国国情国力, 2010 (11): 40-42.

[220] 周阳敏. 房地产中央企业经营效率研究 [J]. 中国工业经济, 2010 (7): 14-25.

[221] 陈少晖. 国有企业利润上缴: 国外运行模式与中国的制度重构 [J]. 财贸研究, 2010, 21 (3): 80-87.

[222] 朱珍. 国企分红制度: 现行模式探讨与宪政框架重构 [J]. 金融与经济, 2010 (5): 32-35.

[223] 张春敏. 国有企业改革中的地租问题 [J]. 教学与研究, 2010 (5): 24-28.

[224] 王中保. 国有企业改革和发展的几个理论问题——从"国进民退"的争论谈起 [J]. 教学与研究, 2010 (5): 15-19.

[225] 张晨. 国有企业绩效提高主要来源于垄断吗 [J]. 经济理论与经济管理, 2010 (5): 14-19.

[226] 杜宁. 国有资本经营预算研究述评 [J]. 山东大学学报 (哲学社会科学版), 2010 (3): 96-102.

[227] 盖月强, 王志军. 论我国国有企业红利上缴制度的构建 [J]. 中国乡镇企业会计, 2010 (3): 35-36.

[228] 尹碧波, 刘长庚. 国企分配模式表征及其现实检验 [J]. 改革, 2010 (3): 93-98.

[229] 郑小玲. 中央与地方国有资产收益分配的博弈分析——基于国资分级所有的视角 [J]. 当代财经, 2010 (2): 37-42.

[230] 严海宁, 汪红梅. 国有企业利润来源解析: 行政垄断抑或技术创新 [J]. 改革, 2009 (11): 128-133.

[231] 杜宁, 王桂媛. 转型经济下复式预算硬化国有资本约束的机理分析 [J]. 财政研究, 2009 (11): 24-27.

[232] 翁杰, 周礼. 中国工业企业利益分配格局快速变动的原因分析: 1997—2007 [J]. 中国工业经济, 2009 (9): 47-55.

[233] 陈少晖, 廖添土. 近年来国有资本经营预算研究问题的讨论与反思 [J]. 福建论坛 (人文社会科学版), 2009 (9): 26-30.

[234] 公共财政框架下的省域国有资本经营预算研究课题组, 陈少晖, 廖添土. 近年来国有资本经营预算研究进展综述 [J]. 经济理论与经济管理, 2009 (8): 76-80.

[235] 徐晓松, 林文彪. 国有资本经营预算之资本性支出及其制度构建 [J]. 天津师范大学学报 (社会科学版), 2009 (4): 32-37.

[236] 陈健. 论国有制的可能 [J]. 当代经济科学, 2009, 31 (4): 36-

43+125.

[237] 韩朝华,周晓艳. 国有企业利润的主要来源及其社会福利含义 [J]. 中国工业经济, 2009 (6): 17-26.

[238] 杨汉明. 国企分红、可持续增长与公司业绩 [J]. 财贸经济, 2009 (6): 23-28.

[239] 曾焱鑫. 国企利润分配制度中政府与企业的一个博弈分析 [J]. 全国商情 (经济理论研究), 2009 (10): 34+38.

[240] 陈少强. 政府与国有企业分配关系回顾与思考 [J]. 经济纵横, 2009 (4): 41-44.

[241] 谢申祥,王孝松. 技术外溢、国有企业并购与FDI [J]. 世界经济研究, 2009 (4): 63-68+89.

[242] 徐孟洲,贾剑非. 论国有资本经营预算制度的法理基础与法价值 [J]. 政治与法律, 2009 (4): 2-7.

[243] 曹越,黄灿. 国有资本经营预算编制主体:问题与争论 [J]. 生产力研究, 2009 (2): 131-133.

[244] 李长英,付红艳. 混合寡头竞争条件下的购买势力研究 [J]. 中国管理科学, 2008, 16 (6): 156-163.

[245] 陈燕,罗宏. 新阶段的国企分红:来自上海证券市场的经验证据 [J]. 中国管理信息化, 2008, 11 (24): 50-52.

[246] 张秀烨,张先治. 转型经济视野的政府与国有企业财务契约关系重构 [J]. 改革, 2008 (11): 109-115.

[247] 盖地,梁淑红,李秀玉. 基于社会责任角度对垄断国企上缴利润的思考 [J]. 河北经贸大学学报, 2008 (6): 47-52.

[248] 陈艳. 国企投资、分红及可持续发展研究与分析 [J]. 财会通讯 (综合版), 2008 (10): 102-103.

[249] 张卓元. 中国国有企业改革三十年:重大进展、基本经验和攻坚展望 [J]. 经济与管理研究, 2008 (10): 5-19.

[250] 陈艳利. 国有资本经营预算制度的构建:体系框架与难点解析 [J]. 财政研究, 2008 (10): 24-27.

[251] 罗宏,黄文华. 国企分红、在职消费与公司业绩 [J]. 管理世界, 2008 (9): 139-148.

[252] 李重华,李真男. 国企分红纳入国家财政预算问题研究 [J]. 经济经纬, 2008 (5): 129-131.

[253] 周明生. 国企分红迈上改革路 [J]. 中国改革, 2008 (8): 42-45.

[254] 盛如. 国企红利上交并非终点 [J]. 中国改革, 2008 (8): 46-48.

[255] 董方军, 王军. 应适时制定科学、合理的国有企业分红政策 [J]. 生产力研究, 2008 (11): 117-119.

[256] 汪平, 李光贵, 袁晨. 国外国有企业分红政策: 实践总结与评述 [J]. 经济与管理研究, 2008 (6): 78-86.

[257] 陈华, 韩丽. 基于公平的国有企业利润分配问题研究 [J]. 理论与现代化, 2008 (3): 58-61.

[258] 吴学安. 国企分红: 跨入施惠于民时代 [J]. 经济导刊, 2008 (5): 95.

[259] 苏志强, 万方. 国有企业红利分配及其困境——文境综述 [J]. 财会研究, 2008 (8): 64-67.

[260] 汪平. 基于现代财务理论的中国国有企业利润分红问题研究 [J]. 首都经济贸易大学学报, 2008 (2): 9-16.

[261] 钱雪松. 国有企业富余现金流量规制及其国际比较 [J]. 改革, 2008 (2): 106-110.

[262] 赤天. "国企分红": 跨入施惠于民时代 [J]. 中外企业文化, 2008 (2): 24-25.

[263] 赵凤彬, 韩丽. 基于公平的国有企业利润分配问题 [J]. 经济导刊, 2008 (2): 81-82.

[264] 汪平. 国企分红与国企改革的深化 [J]. 财务与会计, 2008 (2): 11-13.

[265] 文宗瑜, 刘微. 国有资本经营预算如何与公共收支预算对接 [J]. 财政研究, 2008 (1): 24-28.

[266] 郑汉慧, 蒋朝阳. 基于利润性质的国企利润分配方法 [J]. 商业时代, 2007 (36): 59-60.

[267] 刘富江, 江源. 我国企业盈利水平进入明显上升期 [J]. 统计研究, 2007 (12): 3-8.

[268] 吴国玖. 全民分红理论及实践的国际比较和借鉴 [J]. 企业家天地下半月刊（理论版）, 2007 (12): 80-81.

[269] 邹恒甫. 西方发达国家国企分红的三种模式 [J]. 中国总会计师, 2007 (10): 15.

[270] 陈华, 施琳琳. 基于和谐的国有企业分红制度研究 [J]. 经济与管理, 2007 (9): 93-96.

[271] 丁孝智, 宋领波, 张华. 国有企业目标调整与分类改革 [J]. 生产力研究, 2007 (17): 103-105.

[272] 刘永泽, 陈艳利, 孙光国. 国有资本预算制度的构建目标、原则与基本框架 [J]. 财经问题研究, 2007 (9): 72-77.

[273] 吴海民. 国有企业红利上缴: 理由、原则与制度设计 [J]. 中外企业家, 2007 (8): 67-71.

[274] 耿秀珍. 关于国有企业向政府支付红利的探讨 [J]. 会计之友 (中旬刊), 2007 (5): 7.

[275] 程斌宏. 软预算约束与国企改革: 从要素投入的视角分析 [J]. 中国管理科学, 2007 (2): 15-20.

[276] 高明华. 国企本性与红利走向 [J]. 中国报道, 2007 (2): 86-88.

[277] 方涌, 蒲勇健. 基于选拔机制的国企经营者行为的博弈分析 [J]. 中国管理科学, 2007 (1): 136-141.

[278] 李正强. 国企利润分红之争 [J]. 经济视角 (中国纳税人), 2007 (1): 16-20.

[279] 李建川, 盖建华. 国有企业激励无效性分析及对策 [J]. 生产力研究, 2007 (1): 107-108+129.

[280] 侯利强. 国有企业资本结构优化标准探析 [J]. 山西财经大学学报, 2006 (S2): 70.

[281] 黄群慧. 管理腐败新特征与国有企业改革新阶段 [J]. 中国工业经济, 2006 (11): 52-59.

[282] 白明, 雷箐青. 垄断型国有企业绩效分析 [J]. 开发研究, 2006 (5): 87-90.

[283] 卢淑艳, 刘永泽. 国有资本收益管理的实践与思考 [J]. 财政研究, 2006 (10): 70-72.

[284] 方涌, 蒲勇健. 我国国有企业隐瞒利润行为的一种博弈解释 [J]. 系统工程理论与实践, 2006 (8): 42-47.

[285] 李友忠. 政府应享受国企红利 [J]. 中国投资, 2006 (4): 50-51.

[286] 程言君. 人力产权、利润分享与国企改革 [J]. 前沿, 2006 (3): 32-38.

[287] 程斌宏, 古志辉. 要素投入、软预算约束与国有企业改革 [J]. 生产力研究, 2006 (3): 194-195+203.

[288] 于立, 唐要家. 所有权激励与公用企业的反竞争行为 [J]. 财经问题研究, 2006 (2): 33-37.

[289] 邴志刚. 建立国有资本经营预算: 筹措国有企业改革成本 [J]. 财政研究, 2006 (1): 44-46.

[290] 周建锋,肖宏伟. 国有企业规模不经济:规模与利润非对称视角分析 [J]. 管理现代化, 2005 (5): 35-37.

[291] 焦建国. 国有资本预算与国有资产管理体制改革——国有资本预算到底要解决什么问题 [J]. 经济与管理研究, 2005 (8): 29-34.

[292] 陈怀海. 国有资本经营预算:国有企业产权改革的财政制度约束 [J]. 当代经济研究, 2005 (5): 67-69.

[293] 冯瑞菊. 国有资本经营预算编制中的博弈关系初探 [J]. 经济经纬, 2005 (3): 130-132.

[294] 吴祥云. 建立国有资本经营预算的若干思考 [J]. 当代财经, 2005 (4): 32-37.

[295] 谢贞发. 所有权、成本函数与市场竞争结构 [J]. 财经研究, 2004 (12): 15-27.

[296] 陈红兵. 市场结构与企业伦理行为研究——兼论合理有效的委托—代理关系的建构 [J]. 开发研究, 2004 (4): 65-69.

[297] 王艳,王浣尘. 市场开放与国有企业民营化:一个博弈分析模型 [J]. 经济科学, 2004 (4): 9-17.

[298] 眭国余,蓝一. 企业目标与国有企业改革 [J]. 北京大学学报(哲学社会科学版), 2004 (3): 22-35.

[299] 李燕. 论建立我国国有资本经营预算制度 [J]. 中央财经大学学报, 2004 (2): 1-4+8.

[300] 平新乔,范瑛,郝朝艳. 中国国有企业代理成本的实证分析 [J]. 经济研究, 2003 (11): 42-53+92.

[301] 高宜新. 利润分享与国有企业治理结构创新 [J]. 生产力研究, 2003 (2): 207-208.

[302] 章道云. 会计利润应向经济利润改造——兼评债权转股权是国有企业扭亏增盈有效方法的观点 [J]. 经济体制改革, 2003 (1): 68-70.

[303] 文艺文. 国企改革与发展中的伦理原则探讨 [J]. 道德与文明, 2003 (1): 53-54+75.

[304] 贾希为. 中国国有企业的多层代理及其改革的选择 [J]. 经济社会体制比较, 2002 (6): 69-76.

[305] 袁志刚,黄立明. 国有企业隐性失业与国有企业绩效 [J]. 管理世界, 2002 (5): 42-46+54.

[306] 戴文标,任熹真. 国有企业资本结构优化标准探析 [J]. 经济学家, 2001 (4): 25-30.

[307] 高寒松. 中国社会总资产规模与结构变动分析 [J]. 经济理论与经济管理, 2001 (4): 5-10.

[308] 俞肖云. 国有企业: 2392 亿元利润从何而来 [J]. 中国国情国力, 2001 (4): 20.

[309] 鲍国泉. 国有企业新课题: 人力资本参与企业利润分配 [J]. 中国人力资源开发, 2000 (10): 45-46.

[310] 林长泉, 张跃进, 李殿富. 我国国有企业及上市公司的利润操纵行为分析 [J]. 管理世界, 2000 (3): 88-95.

[311] 刘翌. 盈利性国有企业经营者招聘机制设计 [J]. 当代财经, 2000 (4): 60-63.

[312] 赵凌云. 1978~1998 年间中国国有企业改革发生与推进过程的历史分析 [J]. 当代中国史研究, 1999 (Z1): 199-218.

[313] 戴小明. 关于税利分流的法律思考 [J]. 中南民族学院学报（哲学社会科学版）, 1999 (4): 33-35.

[314] 金碚. 搞好国有企业必须具备的基本条件 [J]. 经济管理, 1999 (9): 7-10.

[315] 李培林, 张翼. 国有企业社会成本分析——对中国 10 个大城市 508 家企业的调查 [J]. 中国社会科学, 1999 (5): 41-56+205.

[316] 顾钰民. 国企利润分配制度改革的回顾与启示 [J]. 社会科学, 1999 (2): 13-15.

[317] 聂德宗. 人力资本所有权与我国国有企业改革 [J]. 天津社会科学, 1998 (6): 51-54+81.

[318] 资本市场发育与国有企业改革 [J]. 管理世界, 1998 (5): 77-85.

[319] 李传林, 李玉梅, 文萍. 搞好国有企业的一种新思路——产业选择与组织选择并重的发展路子 [J]. 四川大学学报（哲学社会科学版）, 1998 (2): 29-33.

[320] 江春. 利息理论与利率政策 [J]. 管理世界, 1998 (2): 54-63+218-219.

[321] 杨瑞龙, 周业安, 张玉仁. 国有企业双层分配合约下的效率工资假说及其检验——对"工资侵蚀利润"命题的质疑 [J]. 管理世界, 1998 (1): 166-175.

[322] 熊义杰. 国有企业改革需要从理论上正本清源——兼论企业利润的实质 [J]. 经济问题, 1997 (12): 15-17.

[323] 许保利. 对国有企业负债的探讨 [J]. 财经问题研究, 1997 (10): 52-55.

[324] 王兰丽. 从国有企业与政府的特殊关系看国有企业改革 [J]. 财经问题研究, 1997 (10): 56-59.

[325] 陈守中. 也谈国有企业改革 [J]. 经济理论与经济管理, 1997 (4): 44-48.

[326] 丁学东, 李国中. 1993-1994年: 新企业财务管理体制的建立 [J]. 当代中国史研究, 1997 (4): 81-90.

[327] 王琢. 关于国有经济的认识误区及治理对策 [J]. 经济纵横, 1997 (6): 30-36.

[328] 王琢. 治理国有经济的新思路与新对策 [J]. 财经科学, 1997 (3): 12-20.

[329] 于鸿君. 从代理问题看国有企业改革 [J]. 财贸经济, 1997 (5): 37-43.

[330] 黄俊青. 评判国有企业绩效应科学、全面和公正 [J]. 中央财经大学学报, 1997 (3): 52-57.

[331] 马骁. 企业利润分配制度的创新 [J]. 财经科学, 1996 (6): 15-17.

[332] 徐传谌. 现代经理型厂商理论及其对国有企业改革的启示 [J]. 经济纵横, 1996 (2): 37-39+57.

[333] 叶振鹏. 《税利分流研究》评述 [J]. 财政研究, 1995 (11): 63-65.

[334] 陈毓圭. 国家怎样管理国有企业的财务 [J]. 财政研究, 1995 (10): 43-48.

[335] 刘小玄. 国有企业与非国有企业的产权结构及其对效率的影响 [J]. 经济研究, 1995 (7): 11-20.

[336] 史泰丽, 银温泉. 中国的国有企业为什么亏损 [J]. 经济研究, 1995 (4): 21-28.

[337] 唐宗. 要正视国有企业利润形成基础的变化 [J]. 党校科研信息, 1994 (14): 8-9.

[338] 柯美成. 关于全面推行税利分流的思考 [J]. 经济管理, 1994 (1): 20-24.

[339] 郑新立. 按现代企业制度的要求规范国家与企业的分配关系 [J]. 宏观经济管理, 1993 (10): 22-24.

[340] 岳福斌, 吕勇. 税利分流与税后利润分配制度——税利分流研究报告之五 [J]. 中央财政金融学院学报, 1993 (4): 5-9.

[341] 李玉根. 对转换企业经营机制的理论思考 [J]. 天津师大学报 (社会科学版), 1993 (2): 1-7.

[342] 张鹏宇. 论税利分流的客观依据 [J]. 财经问题研究, 1993 (4)：12-13+18.

[343] 唐宗焜. 国有企业利润转移和企业再生产能力 [J]. 经济研究, 1992 (7)：9-19.

[344] 郭晋刚. 利润留成制对中国国有企业生产行为的影响 [J]. 数量经济技术经济研究, 1992 (7)：58-64.

[345] 巫克飞. 论国有资产管理与国家财政的联系及相关体制改革 [J]. 厦门大学学报（哲学社会科学版）, 1992 (2)：79-85+45.

[346] 谢国满. 利税分流前的思考 [J]. 暨南学报（哲学社会科学）, 1991 (3)：51-56.

[347] 谢国满. 税利分流的理论探讨与近期操作 [J]. 财经研究, 1990 (10)：28-30.

[348] 金周英. 关于国家与国有企业利润分配方案的探索 [J]. 数量经济技术经济研究, 1990 (3)：42-46.

[349] 王学峰. 国有企业税后利润分配的探讨 [J]. 改革, 1990 (3)：164-167.

[350] 李映青. 我对社会主义国有企业生产经营目的之认识——兼与李光远同志商榷 [J]. 人文杂志, 1986 (6)：100-103.

[351] 邱树芳, 刘吉瑞. 国有企业的双重依赖——匈牙利的经验 [J]. 经济研究, 1985 (10)：10-24.

[352] 吴泓, 陈少晖. 国有资本收益分配"体内循环"机制的影响因素与矫正路径——基于国有上市公司 Tobit 模型的实证分析 [J]. 改革与战略, 2018, 34 (8)：36-40+46.

[353] 张兰君, 贾永国, 王治爱, 陈淑英, 朱婷. 习近平对社会主义本质论的发展与实践创新 [J]. 潍坊学院学报, 2017, 17 (5)：42-46.

[354] 李丽琴. 国资预算支出与国有企业改革：基于优化国有经济布局的分析与检验 [J]. 上海商学院学报, 2016, 17 (1)：90-97.

[355] 陈玲芳. 基于盈余管理视角的企业环境信息披露行为分析 [J]. 统计与决策, 2015 (21)：179-182.

[356] 吴俊培, 赵斌. 国有资本经营预算：概念界定、地位作用和问题分析 [J]. 地方财政研究, 2015 (9)：38-44.

[357] 李丽琴, 陈少晖. 国有资本经营预算民生支出的优度检验——基于适度普惠型社会福利视角 [J]. 福建师范大学学报（哲学社会科学版）, 2015 (2)：31-37+167.

[358] 赖宝君. 国企利润分配制度的历史嬗变与模式探索 [J]. 天津商业大学学报, 2014, 34 (4): 27-31.

[359] 肖锦生. 基于财务管理理论的国有企业红利分配问题研究 [J]. 太原理工大学学报 (社会科学版), 2014, 32 (3): 41-45.

[360] 周婷. 国有企业信息披露的现状、原因及对策 [J]. 经济论坛, 2014 (1): 159-161.

[361] 张舒. 我国国有企业分红研究 [J]. 经济研究参考, 2013 (53): 40-42+63.

[362] 国务院发展研究中心 陈清泰. 超越争议 公平竞争 [N]. 人民日报, 2012-06-04 (17).

[363] 许日. 上市公司股利分配政策理论研究综述 [J]. 财会研究, 2010 (1): 56-58.

[364] 许金柜. 论我国国有企业利润分配制度60年变迁 [J]. 安徽工业大学学报 (社会科学版), 2009, 26 (6): 30-33.

[365] 郑小玲, 李丽琴. 改革与重建：渐行渐近的农村社会保障制度——基于路径依赖理论的分析视角 [J]. 福建师范大学学报 (哲学社会科学版), 2009 (4): 27-35.

[366] 姜爱林, 陈海秋. 国有资本经营预算制度研究概述 (下) [J]. 重庆工学院学报 (社会科学版), 2007 (12): 5-10+203.

[367] 姜爱林, 陈海秋. 国有资本经营预算制度研究概述 (上) [J]. 重庆工学院学报 (社会科学版), 2007 (11): 1-9.

[368] 沙南安, 杨敏. 国营企业实行企业基金利润留成制度的演变情况 (上) [J]. 财政研究, 1981 (5): 77-81.

[369] 沙南安, 杨敏. 国营企业实行企业基金利润留成制度的演变情况 (下) [J]. 财政研究, 1981 (6): 72-82+15.

[370] 国家与企业的财政分配关系 [J]. 经济研究参考, 1993 (Z5): 69-82.

[371] 陈姝蓉. 国有资本经营预算对企业绩效的影响研究 [D]. 北京：对外经济贸易大学, 2018.

[372] 李琴. 民生财政导向下国有资本经营预算管理研究 [D]. 北京：首都经济贸易大学, 2018.

[373] 马洁华. 国有企业改革社会成本的社会政策学研究 [D]. 长春：吉林大学, 2018.

[374] 焦晨洋. 国企利润上缴财政制度研究 [D]. 北京：中国财政科学研究

院，2018.

[375] 刘文凯. 国有企业过度投资与企业财务困境应对措施研究［D］. 济南：山东大学，2018.

[376] 魏羽. 基于EVA的煤炭国有企业绩效评价研究［D］. 太原：太原理工大学，2018.

[377] 周宗光. 人力资本密集度对国有企业股权激励影响研究［D］. 广州：暨南大学，2018.

[378] 张洁琼. 财务公司设立对中央企业盈利能力影响的研究［D］. 北京：北京交通大学，2018.

[379] 耿含星. 国有企业混合所有制改革路径与资本优化配置［D］. 北京：北京交通大学，2018.

[380] 宋嘉宁. 治理理论视角下的我国经营性国有资产管理体制改革研究［D］. 北京：中国财政科学研究院，2018.

[381] 徐同伟. 国有资本经营预算制度、管理层激励与企业价值创造［D］. 大连：东北财经大学，2017.

[382] 肖旭. 国有资本增值、利润分配与代理成本的关系研究［D］. 北京：首都经济贸易大学，2018.

[383] 沈根泉. 国有企业改革的社会主义方向问题研究［D］. 北京：中共中央党校，2017.

[384] 韩晓洁. 国有企业混合所有制改革及其绩效研究［D］. 深圳：深圳大学，2017.

[385] 云少峰. 内蒙古国有资本经营预算管理研究［D］. 呼和浩特：内蒙古大学，2017.

[386] 于洋. 混合所有制企业盈余管理方式与信贷融资的实证研究［D］. 烟台：山东工商学院，2017.

[387] 严金国. 地方国有控股上市公司现金股利分配研究［D］. 北京：中国财政科学研究院，2017.

[388] 陈科延. 国有资本经营预算管理研究［D］. 北京：中国财政科学研究院，2017.

[389] 范婧. 国有企业高管薪酬制度设计研究［D］. 北京：首都经济贸易大学，2017.

[390] 宋旭. 所有权性质、政治关联与中国企业社会责任履行［D］. 西安：西北大学，2017.

[391] 赵光辉. 马克思工资理论视域下国有企业工资增长机制研究［D］. 南

宁：广西民族大学，2017．

[392] 杨茹兰．我国上市国有企业和民营企业盈余管理探究 [D]．福州：福州大学，2017．

[393] 胡梅玲．国有企业利润分配：制度演进与改革路径（1949 – 2015）[D]．福州：福建师范大学，2017．

[394] 薛皎薇．朝阳区国有资本经营预算工作的现状、问题及对策研究 [D]．北京：北京工业大学，2017．

[395] 凌静．我国国有资本经营预算管理问题研究 [D]．南宁：广西大学，2017．

[396] 任笑笑．高管薪酬、分红与经营业绩 [D]．成都：西华大学，2017．

[397] 宋全胜．我国国有企业的特殊法律地位 [D]．南京：南京大学，2017．

[398] 郭沛廷．基于国家治理的国有资本经营预算改革研究 [D]．北京：中央财经大学，2017．

[399] 吕霄云．国有资本经营预算管理研究 [D]．武汉：中南财经政法大学，2017．

[400] 王俊．国有能源企业利润分配的财税法律制度研究 [D]．太原：山西财经大学，2017．

[401] 迟怡君．国有资本收益、行业竞争与企业绩效 [D]．大连：东北财经大学，2016．

[402] 江剑平．中国国有企业收入分配制度改革效果评估研究 [D]．湘潭：湘潭大学，2016．

[403] 柴冰倩．国有工业企业利润来源研究 [D]．杭州：浙江大学，2016．

[404] 乔丽．国有企业利润分配的理论与实践研究 [D]．福州：福建师范大学，2016．

[405] 黄东贤．国有资产收益分配民生化：国外实践及其借鉴 [D]．福州：福建师范大学，2016．

[406] 吴萍萍．管理层权力与国有企业现金股利政策的关系研究 [D]．福州：福建师范大学，2016．

[407] 蒋勇．基于股权结构稳定的国有资本收益研究 [D]．天津：天津财经大学，2016．

[408] 沈钰祥．国有非上市企业会计信息失真问题研究 [D]．天津：天津财经大学，2016．

[409] 刘琴．国有企业红利上缴制度的探讨 [D]．成都：西华大学，2016．

[410] 张可．国有资本经营预算支出绩效评价研究 [D]．长春：吉林大学，

2016.

［411］戚振宇．国有资本经营预算实施中的问题及对策研究［D］．长春：吉林大学，2016．

［412］孙荣珍．国有资本经营预算法律制度的完善［D］．北京：中国社会科学院研究生院，2016．

［413］焦健．基于自由现金流视角的国企分红与企业可持续增长研究［D］．合肥：合肥工业大学，2016．

［414］胡良才．国有资产出资人法律制度研究［D］．重庆：西南政法大学，2015．

［415］齐鲁光．国有企业高管权力制衡机制下的股利政策研究［D］．天津：天津财经大学，2015．

［416］赵红云．国有资本经营预算实施对企业非效率投资的影响研究［D］．大连：东北财经大学，2016．

［417］弓锐．国有资本经营预算对国有企业经营绩效的影响研究［D］．大连：东北财经大学，2016．

［418］汪洋．高管权力、高管薪酬与现金股利分配［D］．重庆：重庆大学，2015．

［419］肖锦生．基于资本成本理论的国有企业分红比例研究［D］．福州：福建师范大学，2015．

［420］周婷．红利上缴背景下的国有企业信息披露质量研究［D］．福州：福建师范大学，2015．

［421］李学通．国有企业利润分配制度的演进轨迹与改革路径研究［D］．福州：福建师范大学，2015．

［422］马君．我国国有资本经营预算研究［D］．北京：财政部财政科学研究所，2015．

［423］王红建．产权保护、会计政策选择及其经济后果［D］．武汉：武汉大学，2015．

［424］陈利娟．论中国国有企业收益分配体制的改革与完善［D］．昆明：云南财经大学，2015．

［425］杜倩怡．分红对上市公司代理成本的影响研究［D］．长沙：湖南大学，2015．

［426］于泽涵．国有企业收入分配存在的问题及对策［D］．长沙：吉林大学，2015．

［427］徐一丹．基于EVA评价法的我国国有企业绩效审计评价方法研究［D］．

昆明：云南大学，2015.

[428] 张玮. 国有企业经济增加值（EVA）考核方案设计研究 [D]. 北京：财政部财政科学研究所，2015.

[429] 刘小蒙. 国有资本经营预算实施效果研究 [D]. 大连：东北财经大学，2015.

[430] 韩亚龙. 国有资本经营预算绩效评价体系构建研究 [D]. 大连：东北财经大学，2015.

[431] 谭啸. 我国国有资本经营预算改革研究 [D]. 北京：财政部财政科学研究所，2014.

[432] 龚宛琪. 国有资本经营预算监督体系研究 [D]. 上海：复旦大学，2014.

[433] 刘超. 管理层权力对国有企业分红的影响研究 [D]. 大连：大连理工大学，2014.

[434] 康艳芳. 政治关联、在职消费与盈余管理 [D]. 南宁：广西大学，2014.

[435] 李文娟. 国有企业利润分配制度研究 [D]. 长沙：中南林业科技大学，2014.

[436] 赵存丽. 企业社会责任对财务绩效的影响研究 [D]. 大连：东北财经大学，2014.

[437] 林裕宏. 国有企业利润分配制度：历史嬗变和改革前瞻 [D]. 福州：福建师范大学，2014.

[438] 朱珍. 国有资本财政：历史考察与未来走向 [D]. 福州：福建师范大学，2014.

[439] 赵尔军. 利益相关者视角的国有企业业绩评价研究 [D]. 青岛：中国海洋大学，2014.

[440] 薛贵. 国有资本经营预算制度研究 [D]. 北京：财政部财政科学研究所，2015.

[441] 王倩. 国有企业红利上缴中的参照点效应研究 [D]. 大连：大连理工大学，2014.

[442] 刘超. 国有垄断行业高收入问题治理研究 [D]. 新乡：河南师范大学，2014.

[443] 车东. 基于分配正义理论完善国有企业利润分配制度探索 [D]. 广州：中共广东省委党校，2014.

[444] 李寅. 国有企业高管薪酬法律规制研究 [D]. 长沙：湖南师范大学，

2014.

[445] 孙晓伟. 中国国有企业改革对贫富差距影响的实证研究 [D]. 长春：吉林大学，2014.

[446] 石华丽. 国有资本经营预算审计相关问题研究 [D]. 兰州：兰州理工大学，2014.

[447] 吴晓红. 我国国有企业利润分配法律制度研究 [D]. 合肥：安徽大学，2014.

[448] 张舒. 我国国有资本经营预算研究 [D]. 北京：北京交通大学，2014.

[449] 吉婧. 国有资本收益管理研究 [D]. 北京：首都经济贸易大学，2014.

[450] 薛阳. 基于EVA的我国国有企业价值管理实践研究 [D]. 呼和浩特：内蒙古工业大学，2013.

[451] 王蓓. 中国国有企业亏损补贴问题研究 [D]. 大连：东北财经大学，2013.

[452] 王玲玲. 制度设计、管理者重塑与国有企业治理效率 [D]. 昆明：云南大学，2013.

[453] 丁钒桦. 我国地方企业国有资产政府监管研究 [D]. 上海：上海师范大学，2013.

[454] 赵惠萍. 国有资本收益分配机制研究 [D]. 天津：天津财经大学，2013.

[455] 唐留昌. 国有垄断行业收益分配问题及其效应研究 [D]. 武汉：武汉理工大学，2013.

[456] 汪立元. 国有企业高管经济责任审计评价研究 [D]. 上海：东华大学，2013.

[457] 陈俊龙. 中国国有企业海外投资软预算约束问题研究 [D]. 长春：吉林大学，2013.

[458] 姜华欣. 中国国有企业对外直接投资研究 [D]. 长春：吉林大学，2013.

[459] 宋晓舒. 我国现阶段国有企业工资制度研究 [D]. 长春：吉林大学，2013.

[460] 李欢. 国有资本经营预算监督体系研究 [D]. 北京：财政部财政科学研究所，2013.

[461] 王永. 我国国有垄断行业收入分配机制研究 [D]. 济南：山东大学，2013.

[462] 谢志强. 国有企业绩效评价研究 [D]. 泉州：华侨大学，2013.

[463] 王飞.论国有资本收益分配制度改革[D].北京:财政部财政科学研究所,2013.

[464] 赵新洁.公司治理背景下中国国有企业管理者激励问题研究[D].北京:北京外国语大学,2013.

[465] 孙婷.中国国有企业竞争力研究[D].济南:中共山东省委党校,2013.

[466] 庄媛.综合收益观下非金融类中央企业绩效评价体系的改进[D].北京:财政部财政科学研究所,2013.

[467] 刘淑贤.高管薪酬、企业分红与企业绩效关系研究[D].济南:山东财经大学,2013.

[468] 刘洁.国有资本收益分配法律制度研究[D].上海:华东政法大学,2013.

[469] 李新龙.国有资本收益与国有企业改革问题对策研究[D].北京:财政部财政科学研究所,2013.

[470] 刘啸.中国国有企业利润分配制度的结构性变迁与历史性变迁[D].重庆:重庆大学,2013.

[471] 王聪.所有权性质、企业社会责任与财务绩效[D].成都:西南财经大学,2013.

[472] 刁培莲.中国国有企业收益分配研究[D].上海:上海社会科学院,2013.

[473] 王惠.我国国有资本经营预算立法研究[D].合肥:安徽大学,2013.

[474] 刘钟元.国有资本收益上缴比例研究[D].上海:复旦大学,2013.

[475] 梁晓敏.当前我国国有企业改革方向研究[D].成都:西南财经大学,2013.

[476] 常伟勇.基于博弈论视角的国有资本收益收缴研究[D].秦皇岛:燕山大学,2012.

[477] 郑飞.中国国有垄断性行业利润分配制度研究[D].武汉:武汉理工大学,2012.

[478] 刘泽明.国有资本经营预算制度研究[D].大连:东北财经大学,2012.

[479] 姚明岩.企业集团国有资本经营预算编制问题研究[D].大连:东北财经大学,2012.

[480] 高艳梅.长沙市企业国有资本经营预算管理研究[D].长沙:湖南大学,2012.

[481] 李晶. 国有企业随意性收益支出与自由现金流量相关性研究 [D]. 合肥：安徽财经大学，2013.

[482] 姜雅. 我国国有企业利润上缴机制探寻 [D]. 石家庄：河北经贸大学，2012.

[483] 何召滨. 国有企业财务治理问题研究 [D]. 北京：财政部财政科学研究所，2012.

[484] 丁敏. 垄断行业国有企业高管薪酬决定问题的研究 [D]. 沈阳：辽宁大学，2012.

[485] 李琦. 基于经济增加值业绩评价的国有企业非效率投资治理研究 [D]. 大连：东北财经大学，2012.

[486] 纪新伟. 国有企业合理分红比例研究 [D]. 天津：南开大学，2012.

[487] 张菡. 基于完全信息动态博弈的国有资本收益收取研究 [D]. 郑州：郑州大学，2012.

[488] 李悦. 论我国国有资本经营预算制度的完善 [D]. 北京：中央民族大学，2012.

[489] 孙晓原. 论国有企业利润分配法律矫正机制 [D]. 太原：山西财经大学，2012.

[490] 刘培阳. 红利上缴背景下国有企业经理人激励研究 [D]. 大连：大连理工大学，2011.

[491] 王雪蓓. 我国地方政府国有资本经营预算管理问题研究 [D]. 济南：山东大学，2011.

[492] 王新. 我国国有企业收益分配制度研究 [D]. 北京：财政部财政科学研究所，2011.

[493] 李媛. 完善陕西省公共财政框架下的国有资本经营预算制度分析 [D]. 西安：西北大学，2011.

[494] 朱珍. 国家与国企财政分配关系的历史变迁及制度重构 [D]. 福州：福建师范大学，2011.

[495] 雷文文. 国有资本经营预算法律制度研究 [D]. 合肥：安徽大学，2011.

[496] 周歌. 央企控股上市公司盈余管理的实证研究 [D]. 成都：西南财经大学，2011.

[497] 马磊. 国企分红政策与国有上市公司盈余管理研究 [D]. 成都：西南财经大学，2011.

[498] 夏敏. 基于合作博弈的国有企业分红问题研究 [D]. 镇江：江苏大学，

2010.

[499] 张凤梅. 中国垄断性行业收益分配问题研究 [D]. 武汉：武汉理工大学，2010.

[500] 董晶晶. 国资法下国有资本经营预算问题研究 [D]. 北京：财政部财政科学研究所，2010.

[501] 陈映川. 国有资本经营预算法律问题研究 [D]. 武汉：华中科技大学，2010.

[502] 李静. 国企分红效果分析与检验 [D]. 成都：西南财经大学，2010.

[503] 廖添土. 国有资本经营预算：历史考察与制度建构 [D]. 福州：福建师范大学，2010.

[504] 王晓颖. 国有企业利润分配问题研究 [D]. 太原：山西财经大学，2010.

[505] 房文晓. 经济法视角下国有资本经营预算制度的定位分析 [D]. 北京：首都经济贸易大学，2010.

[506] 李光贵. 资本成本、可持续增长与分红比例估算研究 [D]. 北京：首都经济贸易大学，2010.

[507] 刁建欣. 国有企业收益分配制度改革问题研究 [D]. 西安：西安建筑科技大学，2009.

[508] 刘一鸣. 我国国有资本经营预算编制主体的研究 [D]. 贵州：贵州大学，2009.

[509] 宋文阁. 国有资本经营预算管理研究 [D]. 南京：江苏大学，2009.

[510] 陈艳. 国有企业非效率投资行为研究 [D]. 北京：首都经济贸易大学，2009.

[511] 黄振东. 公共财政框架下的国有资本经营预算研究 [D]. 长沙：湖南大学，2009.

[512] 毛专. 我国政府国有资本经营预算管理研究 [D]. 青岛：中国海洋大学，2009.

[513] 何国华. 国有独资企业利润分配与上缴法律制度研究 [D]. 北京：中国政法大学，2009.

[514] 王娟. 我国国有企业分红比例问题探讨 [D]. 成都：西南财经大学，2009.

[515] 高莉. 国有资本经营预算的考核评价体系构建 [D]. 成都：西南财经大学，2009.

[516] 罗琼芳. 国有资本经营预算管理研究 [D]. 成都：西南财经大学，

2009.

[517] 宋静. 国有资本经营预算管理的框架体系研究 [D]. 镇江: 江苏大学, 2008.

[518] 张婷. 我国国有资本经营预算支出管理绩效评价研究 [D]. 镇江: 江苏大学, 2008.

[519] 王瑾. 国有资本经营预算制度下国有企业融资渠道研究 [D]. 西安: 西北大学, 2008.

[520] 张瑞云. 国有资本经营预算体系编制研究 [D]. 保定: 河北农业大学, 2008.

[521] 闫甜. 国企分红制度中的资本成本估算研究 [D]. 北京: 首都经济贸易大学, 2008.

[522] 张瑞琰. 国有资本经营预算性质与管理研究 [D]. 成都: 西南财经大学, 2008.

[523] 陈静. 福州市国有资本经营预算体系设计 [D]. 重庆: 重庆大学, 2008.

[524] 伍鹏. 国资监管部门与财政部在国有资本经营预算中职权配置问题研究 [D]. 北京: 中国政法大学, 2008.

[525] 孙书青. 论国有资本经营预算政策过程 [D]. 北京: 中国政法大学, 2008.

[526] 郑焕. 国有资本经营预算构建中的相关问题研究 [D]. 大连: 东北财经大学, 2007.

[527] 沈小刚. 国有资本经营预算管理体系研究 [D]. 合肥: 安徽大学, 2007.

[528] 陈勇强. 公共财政框架下的国有资本经营预算制度建设研究 [D]. 厦门: 厦门大学, 2007.

[529] 陈苏琼. 我国国有资本经营预算研究 [D]. 南昌: 南昌大学, 2007.

[530] 王圆圆. 国有资本经营预算管理研究 [D]. 南宁: 广西大学, 2007.

[531] 邰志宇. 国有资本经营预算设计与研究 [D]. 厦门: 厦门大学, 2007.

[532] 都炳军. 国有企业利润分配研究 [D]. 北京: 首都经济贸易大学, 2007.

[533] 陈雪峰. 国有资本经营预算管理研究 [D]. 青岛: 青岛科技大学, 2007.

[534] 陈军. 建立国有资本经营预算制度研究 [D]. 长沙: 中南大学, 2006.

[535] 许雅雯. 国有资本经营预算体系建构的研究 [D]. 福州: 福建师范大

学，2006．

[536] 谢英姿．国有资本经营预算制度研究 [D]．长沙：长沙理工大学，2006．

[537] 陈小兵．国有资本经营预算的模式研究 [D]．沈阳：沈阳工业大学，2006．

[538] 汪瑶．差异化现金分红监管政策如何影响股利分配 [D]．杭州：浙江财经大学，2019．

[539] 胡梅玲．国有企业利润分配：制度演进与改革路径（1949－2015）[D]．福州：福建师范大学，2017．

[540] 乔丽．国有企业利润分配的理论与实践研究 [D]．福州：福建师范大学，2016．

[541] 黄东贤．国有资产收益分配民生化：国外实践及其借鉴 [D]．福州：福建师范大学，2016．

[542] 赖霏．国有企业社会责任与财务绩效的相关性研究 [D]．福州：福建师范大学，2016．

[543] 肖帅．混合所有制导向下企业国有资产管理体制变迁和改革研究 [D]．福州：福建师范大学，2016．

[544] 赖宝君．建国以来国有资产管理体制的历史嬗变与模式选择 [D]．福州：福建师范大学，2015．

[545] 肖锦生．基于资本成本理论的国有企业分红比例研究 [D]．福州：福建师范大学，2015．

[546] 周婷．红利上缴背景下的国有企业信息披露质量研究 [D]．福州：福建师范大学，2015．

[547] 李学通．国有企业利润分配制度的演进轨迹与改革路径研究 [D]．福州：福建师范大学，2015．

[548] 朱珍．国有资本财政：历史考察与未来走向 [D]．福州：福建师范大学，2014．

[549] 许金柜．我国政府预算制度的历史演进与改革模式研究（1949－2013）[D]．福州：福建师范大学，2014．

[550] 林裕宏．国有企业利润分配制度：历史嬗变和改革前瞻 [D]．福州：福建师范大学，2014．

[551] 薛贵．国有资本经营预算制度研究 [D]．北京：财政部财政科学研究所，2015．

[552] 张舒．我国国有资本经营预算研究 [D]．北京：北京交通大学，2014．

[553] 何召滨. 国有企业财务治理问题研究 [D]. 北京：财政部财政科学研究所，2012.

[554] 王茂昌. 论企业国有资产出资人制度的法律完善 [D]. 武汉：华中师范大学，2012.

[555] 朱珍. 国家与国企财政分配关系的历史变迁及制度重构 [D]. 福州：福建师范大学，2011.

[556] 郑小玲. 中国财政管理体制的历史变迁与改革模式研究（1949-2009）[D]. 福州：福建师范大学，2011.

[557] 廖添土. 国有资本经营预算：历史考察与制度建构 [D]. 福州：福建师范大学，2010.

[558] 付青山. 国有资本收益分配的研究 [D]. 上海：复旦大学，2009.

[559] 张在茂. 财政分权与地方经济发展研究 [D]. 长春：吉林大学，2008.

[560] 郑小玲. 国有资产管理体制的历史变迁与改革模式研究 [D]. 福州：福建师范大学，2008.

[561] 潘蕾. 基于不同股权结构下的现金股利政策研究 [D]. 长沙：湖南大学，2006.

[562] 鲁贵宝. 社会主义公有制问题的哲学思考 [D]. 福州：福建师范大学，2005.

[563] State-owned Enterprises, Competition and Product Quality. M. H. Nabin, P. M. Sgro, N. Xuan, C. C. Chi. [J]. *International Review of Economics & Finance*, 2016.

[564] The Influence of Age and Size on Family-Owned Firms Financing Decisions: Empirical Evidence Using Panel Data. Serrasqueiro Z., Nunes P. M. Da Silva J. V. Long Range Planning, 2016.

[565] Understanding Overall Output Efficiency in Public Transit Systems: The Roles of Input Regulations, Perceived Budget and Input Subsidies. K. Obeng, R. Sakano, C. Naanwaab. Transportation Research, 2016.

[566] Equity Risk Premiums (ERP): Determinants, Estimation and Implication. Aswath Damodaran. http://people.stern.nyu.edu/adamodar, 2012.

[567] Noncontractible Investments and Reference Points. Hart, O. NBER Working Paper, No. 16929. 2011.

[568] A Taxonomy of the Perceived Benefits of Accrual Accounting and Budgeting: Evidence from German States. T. Jagalla, S. D. Becker, J. Weber. Financ Account Manag, 2011.

[569] Competitive Neutrality and State – OwnedEnterprises. Capobianco A., Christiansen H. OECD Corporate Governance Working Papers, No. 1. 2011.

[570] Contracts as Refer – ence Points: Experimental Evidence. Fehr E, O. Hart, C. Zehnder [J]. *The American Economic Review*, 2011.

[571] How do Informal Agreements and Renegotiation Shape Contractual Reference Points. Fehr E., et al. NBER Working Paper, No. 17545, 2011.

[572] A Theory of Firm Scope. Oliver Hart, Bengt Holmstrom [J]. *The Quarterly Journal of Economics*, 2010.

[573] Chinese State – Owned Enterprises: Why Aren't They Efficient?. Shaomin Li, Yingchou Lin, David D Selover, 2010.

[574] Managing Development: The Governance Dimension. Bank W.. 2010.

[575] Hold – up, Asset Ownership, and Reference Points. Hart Oliver [J]. *The Quarterly Journal of Economics*, 2009.

[576] A Review of Capital Budgeting Practices. Jacobs D. Imf Working Papers 8/160. 2008.

[577] Real and Accrual Based Earnings Management in the Pre and Post Sarbanes Oxleyperiods [J]. Cohen D., Dey A., Lys T. [J]. *The Accounting Review*, 2008.

[578] The Financial Factors Influencing Cash Dividend Policy: A Sample of U. S. Manufacturing Companies. Ahmad, H. Juma'h,, Carlos J. Olivares Pacheco [J]. *Inter Metro Business Journal*, 2008.

[579] State – Owned Enterprise Reform. Ha – Joon Chang. . 2007.

[580] The Accrual Anomaly: International Evidence. Pincus, M., Rajgopal, S., M. Venkatachalam [J]. *The Accounting Review*, 2007.

[581] Integrating Government Budget Management and Investment Planning. Tandberg E, 2007.

[582] The Power of Governance. Reuel J. Khoza, Mohamed Adam [J]. *Journal of Women's Health*, 2007.

[583] The Accrual Anomaly.. Hirshleifer, D., K. Hou, S. H. Teoh, 2006.

[584] Principles of Economics. Alfred Marshall [J]. *Journal of Women's Health*, 2006.

[585] *Public Accountability*. Bovens, Mark. The Oxford Handbook of Public Management, 2005.

[586] Economic Effect of Tightening Accounting Standards Restrict Earnings Management. Ewert, R., A. Wagenhofer [J]. *The Accounting Review*, 2005.

[587] GFOA and the Evolution of Performance M. easurem ent in Governm ent. Steven R. Kreklow, and John Ruggin i. *Government Finance Review*, 2005.

[588] Public Accountability. M. Bovens. The Oxford Handbook of Public Management, 2005.

[589] Revenue Statistics of OECD Member Countries. OECD [J]. *Journal of Women's Health*, 2005.

[590] Taxation and Corporation Payout Policy. James Poterba, http://www.nber.org/p apers/w10321. 2005.

[591] Voluntary Disclosure and Segment Information: Further Australian Evidence. SamHan, J. D., Chia, C. W. L, Loh, A. S. [J]. *Accounting and Finance*, 2005.

[592] Twenty-five Years of Budgeting Reform. Allen Schick [J]. *OECD Journal on Budgeting*, 2004.

[593] Use of Capital Budgeting Techniques and an Analytic Approach to Capital Investment Decisions in Canadian Municipal Governments. Yee-ching, Lilian Chan [J]. *Public Budgeting & Finance*, 2004.

[594] Advanced Corporate Finance: Polices and Strateges. Seth Armitige, Frank C. Jen, Philip F. O. Connor. 2003.

[595] Competition Law for State-owned Enterprises. D. Sappington, J. Sidak [J]. *Antitrust Law Journal*, 2003.

[596] Priniples of Finance. Scott Besley, Eugene F. Brigham. . 2003.

[597] Multi-year Perspective in Budgeting and Public Investment Planning. Spackman M. 2002.

[598] The OECD Report on Regulatory Reform Synthesis. OECD. 2002.

[599] The Theory of Incentives: the Principal-agent Model. Laffont J. J., Martimort M. [J]. *Journal of Women's Health*, 2002.

[600] Estimating the Value of Political Connections. Fama [J]. *The American Economist*, 2001.

[601] Performance-Based Budgeting. Miller, G. J., Hildreth, W. B., Rabin, J.. 2001.

[602] Theoretical Foundations of Corporate Finance. Joao Amaro de Maths, 2001.

[603] Accrual Budgeting: Experiences of Other Nations and Implications for the United Sates. GAO [J]. *Journal of Women's Health*, 2000.

[604] Control of Public Money: The Fiscal Machinery in Developing Countries. Premchand, A.. 2000.

[605] Management Control Systems. Robert Anthony, and Vijay Govindarajan. . 2000.

[606] A Economic Analysis of Law. Posner, Richard [J]. *Journal of Women's Health*, 1999.

[607] Conceptualizing Accountability. Schedler, Andreas. The Self – restraining State: Power and Accountability in New Democracies. 1999.

[608] Incomplete Contracts: Where do We Stand? Tirole J. Econometrica. 1999.

[609] Reforming Financial Management in the Public Sector: Lessons U. S. Officials Can Learn from New Zealand. Ian Ball, Tony Dale, William D. Eggers, John Sacco. . 1999.

[610] The Politics of Public Budgeting. Robert, Irene. . 1999.

[611] The Role of Big Auditor in the Credible Reporting of Accruals. Francis, J., E. Maydew, and H. Sparks [J]. *Auditing: A Journal of Practice & Theory*, 1999.

[612] Unforeseen Contingencies and Incomplete Contracts. Maskin E, Tirole J. The Review of Economic Studies, 1999.

[613] A Contenporay Approach of Public Expenditure Management. Schick, A. . 1998.

[614] Dividend Policy Determinants. An Investigation of the Influences of Stakeholder Theory. Holder M., Langrehr F., Hexter L. Financial Management, 1998.

[615] Power in a Theory of the Firm. Rajan Raghuram G., Luigi Zingales [J]. *Quarterly Journal*, 1998.

[616] Resource Accounting and Budgeting: Rational and Background. Andrew Likierman. Re – source Accounting and Budgeting, 1998.

[617] State Capital and Private Enterprise. Kramer D. C. [J]. *Journal of Women s Health*, 1998.

[618] Megginson, W. L. Corporate Finance Theory [J]. *Journal of Women's Health*, 1997.

[619] Economic Value Added: An Empirical Examination of a New Corporate Performance Measure. Chen S., Dodd J. L. [J]. *Journal of Management*, 1997.

[620] Governance of Stakeholder Relationships. Gelauff, George, Corina den Broeder. The German and Dutch experience, 1997.

[621] Management Control in Nonprofit Organization. Anthony, Young. . 1997.

[622] New Zealand's Public Sector Management Reform Implications for the United States. Graham Scott, Ian Ball, Tony Dale [J]. *Journal of Policy Analysis and Manage-*

ment, 1997.

[623] Budgeting Capital Outlays and Implementation. Vogt, A. John. Budgeting: Formulation and Execution, 1996.

[624] Rational Capital Budgeting in an Irrational World. Stein Jeremy C. [J]. *Journal of Business*, 1996.

[625] Using an Affordability Analysis to Budget Capital Expenditures. Singhvi S. Healthcare Financial Management [J]. *Journal of the Healthcare Financial Management Association*, 1996.

[626] Budget Deficits and Budget Institutions. Alesina. A., R. Perotti. NBER Working Paper, No 5556. 1995.

[627] Improving State Enterprise Performance: The Role of Internal and External Incentives. MUIR, SABA. . 1995.

[628] Private Sector Development in Low-Income Countries. World Bank. . 1995.

[629] Dividend Policy and Corporate Monitoring: Evidence from the Regulated Electric Utility Industry, Robert S. Hansen, Raman Kumar, Dilip K. Shome [J]. *Financial Management*, 1994.

[630] Economic Reform and State-Owned Enterprises in China: 1979-1987. Hay, Donald, D. Morris, G. S. Liu, S. Yao [J]. *Journal of Women's Health*, 1994.

[631] Improving the Operating Budget Process at Abbott Northwestern Hospital. Roovers T. J. [J]. *The Quality Letter for Healthcare Leaders*, 1994.

[632] Operating Room Budget Factors: A Pocket Guide to or Finance. Shelver S. R., Moss M. T.. Nursing EconomicMYM. 1994.

[633] The Dividend Policies of All-equity Firms: A Direct Test of the Free Cash Flow Theory. Agrawal A., Jayaraman N. Managerial and Decision Economics. 1994.

[634] Putting the Balanced Scorecard to Work. Robert S. Kaplan, David P. Norton [J]. *Harvard Business*, 1993.

[635] The Investment Opportunity Set and Corporate Financing, Dividend, and Compensation Policies. Clifford W. Smith, Ross L. Watts [J]. *The Journal of Finance*, 1992.

[636] An Assessment of Voluntary Disclosure in the Annual Reports of Japanese Corporations. Cooke, T. E. [J]. *International Journal of Accounting*, 1991.

[637] Earnings Management during Import Relief Investigation. Jones J. J. [J]. *Journal of Accountancy*, 1991.

[638] Insider Trading around Dividend Announcements: Theory and Evidence. John,

K., Lang, L. H. P. [J]. *The Journal of Finance*, 1991.

［639］Performance and Accountability: Budget Reform in New Zealand. Goldman Frances, Edith Brashares [J]. *Public Budgeting and Finance*, 1991.

［640］The Operating Expense Budget. One Part of a Manager's Arsenal. Baker J. D. Aorn Journal. 1991.

［641］Dividend Policy and Financial Distress: An Empirical Investigation of Troubled NYSE Firms. Harry DeAngelo, Linda DeAngelo [J]. *The Journal of Finance*, 1990.

［642］The Theory of Property. Stephen R. Munzer [J]. *Journal of Women's Health*, 1990.

［643］Dividend Announcements: Cash Flow Signalling vs. Free Cash Flow Hypothesis?. Larry H. P. Lang, Robert H. Litzenberger [J]. *The Journal of Finance*, 1989.

［644］State－Owned Enterprises in a Mixed Economy: Micro Versus Marco Economic Objectives. HARIRIAN. . 1989.

［645］Economics of The Public Sector. Stiglitz J. E. [J]. *Journal of Women's Health*, 1988.

［646］Privazation: An Economic Analysis. John Vickers, George Yarrow [J]. *Journal of Women's Health*, 1988.

［647］The Costs and Benefits of Ownership: A Theory of Vertical and Lateral Integration. Grossman, S. O. Hart [J]. *Journal of Econometrics*, 1988.

［648］Agency Cost of Free Cash Flow, Corporate Finance and Takeover. Jensen, M. C. [J]. *The American Economist*, 1986.

［649］Development of an Operating Room Pharmacy Substation on a Restricted Budget. Buchanan E. C., Gaither M. W. [J]. *American Journal of Hospital Pharmacy*, 1986.

［650］Externalities in Economies with Imperfect Information and Incomplete Markets. Bruce C. Greenwald, Joseph E. Stigli [J]. *The Quarterly Journal of Economics*, 1986.

［651］Liberty, Market and State: Political Economy in the 1980s. Buchanan, James M. [J]. *Journal of Women's Health*, 1986.

［652］Dividend Policy and It's Relationship to Investment and Financial Policies: Empirical Evidence. Graham, H. P. [J]. *Journal of Business*, 1985.

［653］Market Rationality and Dividend Announcements. Eades K., Hess P., Kim E. [J]. *The Journal of Finance*, 1985.

[654] An Examination of Market Reaction to Substantial Shifts in Dividend Poliey. Benesh, G. A., Arthur J. K., Pinkerton, J. M. [J]. *The Journal of Finance*, 1984.

[655] Government Budgeting and Expenditure Controls. Theory and Practice by A. Premchand. Wille E, 1984.

[656] Linking Managers with Ministers: Dilemmas of the State – Owned Enterprise. Vernon [J]. *Policy Analysis and Management*. 1984.

[657] Wealth Redistributions or Changes in Firm Value: An Analysis of Returns to Bondholders and Stockholders around Dividend Announcements. Handjinicolaou G., A. Kalay [J]. *The Journal of Finance*, 1984.

[658] Implicit Contracts under Asymmetric Information. Grossman S. J., Hart O. D. [J]. *Quarterly Journal*, 1983.

[659] Managing State – Owned Enterprises. Shirley. World Bank Staff Working Papers, 1983.

[660] Growth, Beta and Agency Costs as Determinants of Dividend Payout Ratios. Rozeff M. S. [J]. *The Journal of Finance*, 1982.

[661] Moral Hazard in Teams. Holmstrom B. [J]. *The Bell Journal of Economics*, 1982.

[662] Regulation and Its Alternatives. Alan Stone [J]. *Journal of Women's Health*, 1982.

[663] Sustainable Growth under Inflation. Higgins Robert C. [J]. *Financial Management*, 1981.

[664] Takeover Bids, the Free – rider Problem, and the Theory of the Corporation. Grossman S. J, Hart O. D. [J]. *The Bell Journal of Economics*, 1980.

[665] Disclosure Regulation in Financial Markets: Implications of Modern Finance Theory and Signaling Theory. Stephen Ross [J]. *Financial Regulation*, 1979.

[666] Transaction – Cost Economics: The Governance of Contractual Relations. Williamson Oliver E. [J]. *The Journal of Law and Economics*, 1979.

[667] The Determination of Financial Structure: The Incentive – Signalling Approach. Ross, Stephen A. [J]. *The Bell Journal of Economics*, 1977.

[668] The Theory of the Firm: Managerial Behavior, Agency Costs and Ownership Structure. Jensen M., Meckling W. [J]. *The Journal of Finance*, 1976.

[669] Socialist Ownership and Political Systems. Brus W. [J]. *Journal of Women's Health*, 1975.

[670] The Theme in American History. Marcus Cunliffe [J]. *Journal of Women's*

Health, 1974.

[671] Production, Information Costs and Economic Organization. Alchian Armen A., Demsetz Harold [J]. *The American Economist*, 1972.

[672] The Corporate Dividend–Saving Decision. Robert C. Higgins [J]. *The Journal of Finance*, 1972.

[673] Separation of Ownership and Control in the Modern Corporation, Hindley, B. J. Law Econ. 1970.

[674] Taxes, Market Valuation and Corporate Financial Policy. Brennan, Michael J. [J]. *National Tax Journal*, 1970.

[675] Market Socialism Revisited. Bergson, A. O. [J]. *Journal of Politieal Economy*, 1967.

[676] Some Economics of Property Rights. Alchian, Armen. Politico, 1965.

[677] The New Politics of the Budgetary Process. Aaron Wildavsky, 1964.

[678] The Politics of the Budgetary Process. Wildavsky A. 1964.

[679] Dividend Policy. It's Influence on the Value of the Enterprise. James E. Walter [J]. *The Journal of Finance*, 1963.

[680] Optimal Investment and Financing Policy. Gordon M. J. [J]. *The Journal of Finance*, 1963.

[681] The Investment, Financing and Valuation of the Corporation. Gordon, Myron J. [J]. *Journal of Women's Health*, 1962.

[682] Dividend Policy, Growth, and the Valuation of Shares. Merton H. Miller, Franco Modigliani [J]. *Journal of Business*, 1961.

[683] The Problem of Social Cost. Coase Ronald H. [J]. *The Journal of Law and Economics*, 1960.

[684] Distribution of Income of Corporations among Dividends, Retained Earnings and Taxes. Lintner J. [J]. *The American Economist*, 1956.

[685] Dividend Policies and Common Stock Prices. Walter, J. E. [J]. *The Journal of Finance*, 1956.

[686] Introduction to Economic Analysis and Policy. Meade J. E., Hitch C. J. 1938.

[687] Studies in Detoxication. II. (a) The Conjugation of Isomeric 3–Menthanols with Glucuronic Acid and the Asymmetric Conjugation of dl–menthol and dl–isomenthol in the Rabbit. (b) d–isoMenthylglucuronide, a New Conjugated Glucuronic Acid. Williams R. T. [J]. *The Biochemical Journal*, 1938.

[688] The Nature of the Firm. Coase R. H. Economica, 1937.

[689] The Modern Corporation and Private Property. Berle A., Means G. [J]. *Journal of Women's Health*, 1932.

[690] A Catering Theory of Dividends. MalcolmBaker, Jeffrey Wurgler [J]. *The Journal of Finance*, 2005 (3).

[691] The Cost of Capital, Corporation Finance and the Theory of Investment. Franco Modigliani, Merton H. Miller [J]. *The American Economic Review*, 1958 (3).

附表　中央国有资本经营预算相关表格

附表1：

中央国有资本经营预算支出表

填报单位：　　　　　　　　　　　　　　　　　　　　　　　　　　　金额单位：万元

科目编码	科目名称（功能）	××××年执行数				××××年预算数				××年为××年的%
		小计	资本性支出	费用性支出	其他支出	小计	资本性支出	费用性支出	其他支出	
	一、教育									
	……									
	二、科学技术									
	……									
	三、文化体育与传媒									
	……									
	四、社会保障和就业									
	……									
	五、节能环保									
	……									
	六、城乡社区事务									
	……									
	七、农林水事务									
	……									
	八、交通运输									
	……									
	九、资源勘探电力信息等事务									
	……									
	十、商业服务业等事务									
	……									
	合计									

附表2: 中央国有资本经营预算支出明细表

填报单位： 金额单位：万元

企业名称（一级企业）	合计	资本性支出	费用性支出	其他支出
合计				

附表3: 中央国有资本经营预算支出项目表

填报单位： 金额单位：万元

项目名称	项目编码	项目排序号	起始年	终止年	承担项目企业	总支出		截至上年底累计安排支出		本年安排支出	
						金额	其中：财政安排支出	金额	其中：财政安排支出	金额	其中：财政安排支出
一、资本性支出											
（一）新设企业注入国有资本											
1.××××											
2.××××											
……											
（二）补充企业国有资本											
1.××××											
2.××××											
……											
（三）认购股权、股份											
1.××××											
2.××××											
……											
（四）其他资本性支出											
1.××××											
2.××××											

续表

填报单位：　　　　　　　　　　　　　　　　　　　　　　　　　　　　　　金额单位：万元

项目名称	项目编码	项目排序号	起始年	终止年	承担项目企业	总支出		截至上年底累计安排支出		本年安排支出	
						金额	其中：财政安排支出	金额	其中：财政安排支出	金额	其中：财政安排支出
……											
二、费用性支出											
（一）××××											
（二）××××											
（三）××××											
……											
三、其他支出											
（一）××××											
（二）××××											
（三）××××											
……											
合计											

附表4：　　　　　　　　　　**中央预算单位国有资本经营预算支出表**

填报单位：　　　　　　　　　　　　　　　　　　　　　　　　　　　　　　金额单位：万元

科目编码	科目名称（功能）	合计	资本性支出	费用性支出	其他支出
	一、教育				
	……				
	二、科学技术				
	……				
	三、文化体育与传媒				
	……				
	四、社会保障和就业				
	……				
	五、节能环保				
	……				
	六、城乡社区事务				
	……				

续表

填报单位：　　　　　　　　　　　　　　　　　　　　　　　　　　金额单位：万元

科目编码	科目名称（功能）	合计	资本性支出	费用性支出	其他支出
	七、农林水事务				
	……				
	八、交通运输				
	……				
	九、资源勘探电力信息等事务				
	……				
	十、商业服务业等事务				
	……				
	合计				

附表5：　　　　　中央预算单位国有资本经营预算支出明细表

填报单位：　　　　　　　　　　　　　　　　　　　　　　　　　　金额单位：万元

企业名称（一级企业）	合计	资本性支出	费用性支出	其他支出
合计				

附表6：　　　　　中央预算单位国有资本经营预算支出项目表

填报单位：　　　　　　　　　　　　　　　　　　　　　　　　　　金额单位：万元

项目名称	项目编码	项目排序号	起始年	终止年	承担项目企业	总支出		截至上年底累计安排支出		本年安排支出	
						金额	其中：财政安排支出	金额	其中：财政安排支出	金额	其中：财政安排支出
一、资本性支出											

续表

填报单位：　　　　　　　　　　　　　　　　　　　　　　　　　　　　金额单位：万元

项目名称	项目编码	项目排序号	起始年	终止年	承担项目企业	总支出		截至上年底累计安排支出		本年安排支出	
						金额	其中：财政安排支出	金额	其中：财政安排支出	金额	其中：财政安排支出
（一）新设企业注入国有资本											
1.××××											
2.××××											
……											
（二）补充企业国有资本											
1.××××											
2.××××											
……											
（三）认购股权、股份											
1.××××											
2.××××											
……											
（四）其他资本性支出											
1.××××											
2.××××											
……											
二、费用性支出											
（一）××××											
（二）××××											
（三）××××											
……											
三、其他支出											
（一）××××											
（二）××××											
（三）××××											
……											
合计											

附表7：　　　　　　　　　中央企业国有资本经营预算支出表

填报单位：　　　　　　　　　　　　　　　　　　　　　　　　　　　　金额单位：万元

项目名称	总支出		本年安排支出	
	金额	其中：财政安排支出	金额	其中：财政安排支出
一、资本性支出				
（一）新设企业注入国有资本				
（二）补充企业国有资本				
（三）认购股权、股份				
（四）其他资本性支出				
二、费用性支出				
三、其他支出				
合计				

附表8：　　　　　　　　　中央企业国有资本经营预算支出明细表

填报单位：　　　　　　　　　　　　　　　　　　　　　　　　　　　　金额单位：万元

企业名称（承担项目企业）	合计	资本性支出	费用性支出	其他支出
一、××××公司				
……				
合计				

附表9：　　　　　　　　　中央企业国有资本经营预算支出项目表

填报单位：　　　　　　　　　　　　　　　　　　　　　　　　　　　　金额单位：万元

项目名称	项目编码	项目排序号	起始年	终止年	承担项目企业	总支出		截至上年底累计安排支出		本年安排支出	
						金额	其中：财政安排支出	金额	其中：财政安排支出	金额	其中：财政安排支出
一、资本性支出											

续表

填报单位：　　　　　　　　　　　　　　　　　　　　　　　　　　　　　　　　金额单位：万元

项目名称	项目编码	项目排序号	起始年	终止年	承担项目企业	总支出		截至上年底累计安排支出		本年安排支出	
						金额	其中：财政安排支出	金额	其中：财政安排支出	金额	其中：财政安排支出
（一）新设企业注入国有资本											
1.××× ×											
2.××× ×											
……											
（二）补充企业国有资本											
1.××× ×											
2.××× ×											
……											
（三）认购股权、股份											
1.××× ×											
2.××× ×											
……											
（四）其他资本性支出											
1.××× ×											
2.××× ×											
……											
二、费用性支出											
（一）××××											
（二）××××											
（三）××××											
……											
三、其他支出											
（一）××××											
（二）××××											
（三）××××											
……											
合计											

后 记

2020年是国际形势风云变幻的一年。这一年，新冠肺炎疫情危机暴发，至今仍在世界各国疯狂肆虐，造成了数千万的人员感染和数百万的人员死亡，全球经济急剧衰退；这一年，中美关系急剧恶化，国际形势波诡云谲。面对百年未有之大变局，中国共产党带领全国人民把握全局，沉着应对，使中国不仅最先控制住了新冠肺炎疫情，成为疫情暴发以来首个恢复增长的主要经济体，而且在严峻的国际形势下依然完成了全面建成小康社会的伟大壮举，实现了第一个百年奋斗目标，开启了全面建设社会主义现代化国家、向第二个百年奋斗目标进军的新征程。这一切，不仅彰显了中国强大的国家治理能力，也彰显了中国强大的制度优势和制度自信。

国有企业是中国特色社会主义经济的"顶梁柱"。作为中国特色社会主义制度的一项重要内容，国有企业是我国制度优势和制度自信的重要来源。国有企业不仅在应对新冠肺炎疫情冲击，促进企业复工复产，保障人民生活中发挥了重要作用，而且在国际上贯彻中国"一带一路"建设，抢占科技创新高地，落实国内国际"双循环"互促发展中发挥了重要的引领带动作用。因此，尽管国有企业今天依然存在不少问题，但坚持国有企业"做强做大做优"一直是国家的重要战略，这也是本课题组始终坚持国有企业改革研究的信念基础。

正是基于对国有企业改革问题的长期思考和研究，2013年我们申报了国家社科基金项目《公共资源收益合理共享视角下的国有企业红利分配研究》，并成功获得立项资助。课题组经过近七年的不懈努力与通力合作，终于完成了该课题的全部研究任务，并于2020年2月顺利通过了全国社科规划办的结项验收，项目成果鉴定等级为良好。此后，在课题研究最终成果的基础上，我们对研究报告进行了进一步的充实、修改和完善，形成了这部学术专著——《公共资源收益合理共享视角下的国有企业红利分配研究》，即将付梓。

本书研究的开展以及最终研究成果得以顺利出版问世，除了课题组成员不辞辛苦、勤勉高效的工作外，更重要的是，得到了校内外诸多领导、前辈、导师以及同仁的热情鼓励和鼎力支持。首先要衷心感谢我国著名马克思主义经济学家、福建师范大学原校长、博士生导师李建平教授长期以来对本课题的指导、鼓励和帮助。感谢陈征教授、李建建教授、郭铁民教授、杨立英教授、黄茂兴教授、林建荣研究员、林子华教授、张华荣教授、黄瑾教授、黎元生教授、颜隆忠副教授等经济学院领导与同仁，同时也在不同程度上得益于他们在学习上的指导、工作上的支持和学术上的探讨与交流。此外，福建省社科联的王秀丽副主席、福建师范大学原副校长汪文顶教授、福建师范大学研究生院张清国副院长、福建师范大学学工处汪启思副处长、福建省国资委的周金昭处长、福建省社科规划办的陈飞主任、福州市国资委的王刚主任、福建省《东南学术》总编辑杨健民研究员、福建省社科院的曾志兰主编、吉林财经大学的梁洪学教授、福建省理工学校的邹雄伟校长、莆田市农商行的钱建英行长、南京师范大学的蒋伏心教授、泉州师范学院的刘义圣教授、温州大学的李元华教授等，均对本课题的研究过程进行过不同形式的支持和帮助，谨在此一并致以诚挚的谢忱！

特别感谢厦门大学资深教授、博士后导师、我国著名财政学家邓子基教授。邓老是我国财政学泰斗、国有资本财政研究的先驱者，当本书定稿后向他提出作序的请求时，邓老欣然应允，为本书写下了出版序言。今年适逢邓老98华诞，敬祝邓老福寿安康，教泽绵长，学术青春永驻，生命之树常青！

本书由廖添土副教授、陈少晖教授提出研究选题和总体思路、拟定研究大纲、组织研究团队、确定分工职能并主持全书的各章节的研讨、协调和修改。肖帅博士协助完成了研究大纲的修改、实地调研的组织、部分章节的撰写和修改完善、书稿清样的校对等大量工作。李丽琴副教授、陈玲芳副教授、郑小玲副教授、罗正月教授、池巧珠教授、朱珍博士、吴泓博士、谢伟杰博士、严晓玲博士、陈平花博士、陈冠南博士、杨臻煌博士、伍琳博士、许金柜博士、王捷博士、张锡书博士、胡梅玲博士等参与了本书部分章节的撰写。硕士生肖锦生、李学通、刘琼芳、乔丽、郑晓洁、苏贵斌、黄东贤、李建秋、林裕宏、艾贞言、陈秋星、时祎、周婷、林佳彬、戴宁、池若梅等参加了本课题资料数据的采集整理、问卷设计、统计分析等前期工作，并围绕本书的研究思路发表了许多阶段性研究成果。福州市委党校的兰荣禄副教授参与了课题的实地调研和组织协调工作。全书最后由廖添土副教授、陈少晖教授和肖帅博士进行修改、统稿和定稿。

本书的顺利出版得益于经济科学出版社的倾力支持，尤其是经济理论分社孙丽丽主任和责任编辑胡蔚婷女士的宝贵意见和精心编辑，使本书的质量得以保证。谨此致以衷心的感谢！此外，在本书撰写过程中，参阅并吸收了大量国内外学者的相关研究成果，均以参考文献的形式标注于书稿的附录之中。在此，一并表示真诚的敬意和感谢！

最后，感谢全国哲学社会科学规划办公室对本课题的立项资助，感谢福建省财政厅对本课题研究和出版的资助，课题组全体成员将继续砥砺前行，再创佳绩！

廖添土
2020年10月15日于福州